한 글자씩 풀어가는
명심보감

한 글자씩 풀어가는 明心寶鑑 명심보감

세상인심이 메마르고 예의와 도덕이 사라지면
명심보감을 생각할 때가 온 것이다!

金喆彦
金澈洙
共同 譯解

머리말

明心寶鑑은 '마음을 맑게 하고 본보기가 될 만한 일들을 적은 귀중한 책'이라는 뜻이다. 著者가 누군 가에 대해서 一說에는 高麗 忠烈王 때 文臣이었던 秋適이라고도 하나 筆者는 明나라 范立本이라는 주장을 따른다.

원래는 많은 분량이었던 것이 (때와 사연은 알 수 없으나) 大幅으로 삭제된 通行本(一名 流行本)이 나오게 되었다. 이는 총 25항목으로 그중에 저자의 글은 20항목(但 省心 篇이 上下로 나뉘기 전에는 총 24항목에 저자의 글은 19항목)이고 끝부분의 5항목(增補 篇, 八反歌八首, 孝行 篇, 廉義 篇, 勸學 篇) 은 우리나라 학자들이 추가한 것이어서 중국의 명심보감에는 이 5항목이 없다.

여하튼 이 (通行本) 명심보감은 우리나라 백성의 敎材가 되어 학교가 없던 시절 전국 坊坊曲曲의 글 방(書堂)에서 이를 가르쳤고 웬만한 가정이면 안방에 (한 권 정도) 꽂혀 있을 만큼 널리 사랑을 받았던 古典 중의 古典이다(此本도 通行本임).

"집이 가난하면 어진 아내를 생각하고 나라가 혼란하면 어진 재상을 생각한다(家貧思良妻, 國亂思 良相)"라고 했으니 세상인심이 메마르고 예의와 도덕이 사라지면 명심보감을 생각할 때가 온 것이고, "밤이 깊으면 새벽이 가깝다(夜深則晨近)"라고 했으니 지금 極에 달하고 있는 漢字(한문)에 대한 疏外 現狀이 반드시 한자 붐(Boom)의 시대를 열어 줄 것을 기대하면서 이 책은 한자를 배우고자 하는 사람 에게 (獨學의) 自習書가 되도록 노력했다.

많은 叱正과 鞭撻을 바라면서 끝으로 金澈洙 선생의 컴퓨터 작업으로 인한 獻身的인 노고가 없었다 면 이 책은 세상에 나올 수가 없었으며 출판에 협조해주신 하움출판사와 이 책을 만들기까지 도와준 가 족 모두에게 감사를 전한다.

당부하는 말

이 책을 읽을 때는 가급적이면 다른 책(명심보감 譯本)과 비교하면서 함께 읽어 나아가기 바란다. 그 래야 이해가 빠르고 기억이 잘 되며 재미가 난다. 사실은 "가급적"이 아니고 "반드시" 그렇게 하라고 당 부하고 싶다.

일러두기(凡例)

1. 항목마다 제일 먼저 원문(본문)을 적고 그 밑에 해석(풀이)을 다는데, 그 해석은 의역을 원칙으로 하고 다음 순서인 **字句 풀이**에서의 설명이 직역의 역할을 맡는다.

2. **字句 풀이**: 이 欄에서는 원문에 나오는 모든 글자와 낱말 및 句節에 대해서 (읽어나가는 순서대로) 하나하나 뜻을 달고 例文을 들어가며 상세히 설명함으로써 원문 해석의 근거와 바탕이 되도록 한다. 同一한 글자라도 뜻이 다르면 별개의 글자로 간주한다.

3. **類似**: 한글 유사한 글을 소개하며 원문의 해석과 **字句 풀이** 사이에 둔다.

4. **俗談**: 우리말 속담을 漢字化한다.

5. **參考**: 주로 원문의 話者와 出處를 紹介한다.

6. **出典**: 원문의 출처를 밝힌다.

7. **기호(記號)**

    ※ → 참고, 보충 설명, 기타

    ⑩ : 成語 → 四字成語(四字가 넘기도 함)

    ⑫ : (주로) 중국의 속담

8. **기타(其他)**

    譯本 "명심보감 譯本"의 준말

필자가 所藏하고 있는 辭典(玉篇)

1. 檀國大學校編 大韓漢辭典

2. (株)敎學社編 大漢韓辭典

3. 民衆書林 編輯局編 漢韓大字典

4. 두산동아(주) 동아 프라임 中韓辭典(탁상판)

5. 民衆書林編 엣센스 中國語辭典(특장판)

6. 高麗大學校 民族文化硏究院編 全面 改訂 中韓辭典

7. ㈜ 교학사編 現代 中韓辭典

차례(目次)

< 繼善 篇 >

(1) 子曰, 爲善者 天報之以福 爲不善者 天報之以禍

공자가 말씀하시기를 "선행을 하는 사람은 하늘이 그에게 복으로 갚아 주시고 악행을 하는 사람은 재앙으로 갚아 주시느니라"라고 하셨다.

| 類似한 글 |

爲善者 天報之以福 爲非者 天報之以殃(史記)

| 字句 풀이 |

子: 스승 → 스승에 대한 존칭이기도 하며 여기에서는 孔子를 지칭한다.

子曰朝聞道 夕死可矣: 공자 가라사대 "아침에 道(진리)를 듣고 깨달으면 저녁에 죽어도 좋다"라고 하셨다[論語(里仁)].

曰: 가라사대(가로되) ~라고 할, ~(라)고 말할, ~(가)이 말하기를

孟子曰 人皆有不忍人之心: 맹자가 말하기를 "사람은 모두 차마 남을 모질게 하지 못하는 마음이 있다"라고 하였다[孟子(公孫丑上)]. / 其誰曰不然: 도대체 누가 그렇지 않다고 말할 것인가?

爲: (행)할

行也 與人爲善: 남에게 선행을 하다. / 爲惡不悛: 뉘우치지도 않고 악행을 (계속)하다.

善: 선행, 착한 일, 좋은 일

行善積德: 선행(좋은 일)을 하고 덕을 쌓다. / 俄 勸善懲惡: 선행을 권장하고 악행을 징벌하다.

者: 놈, 사람

敗者戰 진 사람끼리 승부를 겨루는 경기 / 知者樂水, 仁者樂山: 지혜로운 사람은 물을 좋아하고 어진 사람은 산을 좋아한다[論語(雍也)].

天: 하늘

"하늘이 높다"고 할 때의 하늘은 "공중(Sky)"을 의미하고 "하늘이 무섭지도 않느냐?" 할 때는 "하느님, 조물주"를 의미하지만 해석할 때는 구분 없이 "하늘"이라고 할 것이다.

報: 갚을, 보답할

無以爲報: 보답할 길이 없다. / 俄 以德報怨: 원한을 덕(은혜)으로 갚다.

之: 그것, 그(사람), 이것, 이 (사람) → 사람과 사물을 대신하는 목적어

與之談判: 그와 (그 사람과) 담판하다. / 求之不得: (그것을) 구하려고 해도 구할 수가 없다.

以: ~ (으)로(써), ~(을)를 가지고

[成] 以熱治熱: 열은 열로 다스리다. / 以管闚天 以蠡測海 東方朔: 대롱으로 하늘을 들여다보고 표주박으로 바닷물을 헤아린다. 좁은 식견을 비유하는 말

福: (행)복

[諺] 一人喫苦 萬人享福: 한 사람이 고생하여 만인이 복을 누린다. / 五福(다섯 가지의 복) → 壽, 富, 康寧, 考終命, 攸好德 / 康寧: 몸과 마음이 건강하고 평안함 / 考終: 제명대로 살고 편안하게 죽음, / 攸好德: 덕 베풀기를 좋아함 → 이때, 攸는 어조사

不: (~하지) 아니할

[成] 不卑不俗: 수준이 낮거나 속되지 않다. 비속하지 않다. / [成] 不大不小: 크지도 작지도 않다. 알맞다. 안성맞춤이다. / 不善: 나쁜 일, 못된 짓, 악행 → "착하지 않음"에서 轉義됨 / 作善 降之百祥 作不善 降之百殃: 선행을 하면 온갖 복을 내리고 악행을 하면 온갖 재앙을 내려준다(書經).

禍: 재앙, 재난 → 福의 對

[成] 禍從口出: 화는 입에서 나온다.

禍福無門 唯人自招: 화와 복은 정해진 것이 아니고 자기가 불러들일 뿐이다(左傳).

| 俗談 |

죄는 지은 대로 가고 덕은 닦은 대로 간다(善有善報 惡有惡報).

| 參考 |

孔子: 春秋時代 魯나라의 大思想家로 이름은 丘(B.C. 551~479) 字는 仲尼, 儒家의 학설을 集大成하였으며 仁을 사상의 核心으로 하고 禮로 하여금 仁을 실천하는 수단으로 삼았다.

| 出典 |

孔子家語(在厄 篇)

(2)漢昭烈將終 勅後主曰 勿以善小而不爲 勿以惡小而爲之

한나라 소열 황제가 막 숨을 거두려 하면서 후주에게 申飭[1]하여 이르기를 "선행이 작다고 해서 (그래서) 그 일을 不履行하지 말고 악행이 작다고 해서 (그래서) 그 짓을 (무심코라도) 범하지 말지니라"라고 하였다.

1) 거듭 타일러 훈계하다.

| 字句 풀이 |

將: 곧, 막(~하려고 할)

太陽將落: 해가 막 지려고 하다. / 鳥之將死其鳴也哀 人之將死其言也善: 새가 막 죽어갈 때는 그 울음소리가 애처롭고 사람이 막 숨을 거둘 때는 그 말이 선하다[論語(泰伯)].

終: 죽을(≒死也)

文王九十七乃終: 문왕은 97세에 마침내 죽으셨다(禮記).

㉚ 壽終正寢: 천수를 다하고 집에서(편안히) 죽다.

※ 여자일 때는 壽終內寢이라 하며 (남자일 때의) 壽終正寢과 함께 訃告文의 용어로 쓰인다.

勅: 신칙할, 타이를, 경계할(≒誡也: 타이르고 경계할)

至於君臣相勅: 임금과 신하로 말하면 서로 신칙해야 한다(史記). / 戒勅(=戒飭): 경계하여 타이른다. 훈계하여 정신을 가다듬게 하다. / 其所戒勅 無所不至: 경계하여 타이름이 미치지 않는 곳이 없었다[三國志(吳, 孫奮傳)]. / ※ 중국인들도 勅을 "告誡(타이르다. 훈계하다)"로 해석한다.

後: 자손, 후손, 후대, 후계자

後嗣 絶後: 후대가 끊기다.

不孝有三 無後爲大: 불효에 세 가지가 있는데 자손 없는 것이 제일 큰 불효다.

主: 임금, 군왕, 군주

主倡而臣和 主先而臣從: 임금이 提唱하면 신하는 화답하고 임금이 앞서가면 신하는 따른다(史記).

後主: 뒤를 잇는 군주 / 劉後主: 촉한(蜀漢)의 후주(劉禪) / 李後主: 남당(南唐)의 후주(李煜)

※ 결과적으로 이들은 모두 마지막 임금이 되었음

勿: (하지) 말 → 금하는 말

請勿吸烟: 담배를 피우지 마시오. / 閑人勿入: 일없는 (용무가 없는) 사람은 들어오지 마시오.

以: ~까닭에, ~ 때문에, ~(으)로 인하여, ~한 이유로 → 원인을 나타냄

不以言擧人 不以人廢言: 말 때문에 (말을 잘한다고) 사람을 등용하지 않고 사람 때문에 옳은 말까지 묵살하지 않는다[論語(衛靈公)].

不以失敗自餒 不以成功自滿: 실패했다고 낙심하지 않고 성공했다고 자만하지 않는다.

小: (정도나 역량 등이) 작을, 적을, 좁을, 약할, 얕을

氣力小: 힘이 약하다. / 學問小: 학문이 얕다. / 管仲之器小哉: 관중의 도량이 좁구나[論語(八佾)].

而: 그래서, 그러므로, ~ 때문에, ~로 인해 → (등으로) 말을 잇는 접속사

玉在山而草木潤 淵生珠而崖不枯: 옥이 산에 있기에 초목이 윤기가 나고 연못에 진주가 나기에 가장자리가 마르지 않는다[荀子(勸學)].

惡: 악(행), 못된 짓

㓌 無惡不作(=作惡多端): 갖은 악행을 다하다. / 㓌 惡有惡報: 악행을 하면 악의 보응이 따른다.

| 參考 |
漢昭烈: 蜀漢의 초대 황제이며 성은 劉, 이름은 備(162~223). 자는 玄德, 廟號가 昭烈皇帝이고 史書에서는 先主라고도 한다.

| 出典 |
三國志, 蜀志(劉備傳)

---

(3) 一日不念善 諸惡皆自起

하루라도 선(행)을 마음에 두고 있지 않으면 온갖 악한 생각이 모두 제 스스로 (머리를 쳐들고) 일어 난다(莊子).

| 字句 풀이 |

日: 날, 하루

一日: 하루 / 一日游: 하루 코스의 관광 / 㓌 日長如歲: 하루가 일 년 같이 길다. / 多日不見: 여러 날 못 보다, 오랜만이다. / 㓌 一日之雅: 하루의 교분, 깊지 않은 교제

※ "어느 날"일 때는 孝行 篇(續) (3)과 廉義 篇 (2) 참조

念: 생각할, 마음(염두)에 둘

念舊: 옛 친구를 생각하다(그리워하다). / 伯夷叔齊 不念舊惡: 백이와 숙제는 남이 전에 저지른 잘못을 염두에도 두지 않았다[論語(公冶長)].

諸: 모든, 여러, 온갖, 많은

在座的諸位同志: 참석하신 동지 여러분! / 㓌 諸惡莫作: 모든 악을 범하지 말라(불교 용어).

皆: 다, 모두, 전부

㓌 人人皆知: 누구나 다 알고 있다. / 㓌 有口皆碑: 모든 사람이 칭찬하다, 칭송이 자자하다.

自: (자기) 스스로, (자기) 자신이, 자진하여, 몸소, 친히

自愧之心: 스스로 부끄러워하는 마음 / 㓌 自强不息: 제 스스로 힘쓰고 쉬지 않는다.

起: 일어날, 몸을 일으킬(立也)

㓌 起立致敬: 일어서서 경의를 표하다. / 㓌 早起晚睡(=夙興夜寐): 아침 일찍 일어나고 저녁 늦게 자다.

| 參考 |
莊子: 戰國時代 宋나라 사람으로, 성은 莊 이름이 周(B.C. 369~286)이고 莊子는 높은 스승이라는 존칭이면서 著書名이며, 淸靜無爲를 주장하였다.

(4) 太公曰 見善如渴 聞惡如聾 又曰善事須貪 惡事莫樂

태공이 말하기를, "(남의) 선행을 보면 (자기도 하고 싶어서) 목마른 것같이 하고 (남의) 악행을 들으면 귀먹은 체하라" 하고, 또 말하기를 "착한 일(선행)은 모름지기 탐을 내고 악행(못된 짓)은 즐겨하지 말라"라고 하였다.

| 字句 풀이 |

見: (눈으로) 볼

㉿ 只見樹木不見森林: 나무만 보고 숲은 보지 못한다.

見賢思齊: 어진 이를 보면 그와 같이 되기를 생각하라[論語(里人)].

如: ~와 같게 할, ~처럼 할

見惡 如農夫之務去草焉: 악한 것을 보면 마치 농부가 잡초 제거에 힘쓰는 것 같이해야 한다(左傳).

恰如以前所說的那樣: 꼭 전에 말한 것처럼 하다.

渴: 목마를, 갈증이 날

載飢載渴: 배도 고프고 목도 마르네[詩(小雅)].

渴者易爲飮: 목마른 자는 음료를 (무엇이거나) 가리지 않는다[孟子(公孫丑上)].

聞: (귀로) 들을

㉿ 聞一知十: 하나를 들으면 열을 안다.

耳聞不如目見: 귀로 듣는 것은 눈으로 보는 것만 못하다(=百聞不如一見).

聾: 귀먹을, 귀머거리

耳朵聾: 귀가 먹다. / 聾啞: 귀머거리와 벙어리 / ㉿ 裝聾作啞: 귀머거리나 벙어리인 체하다. / 不癡不聾 不爲姑公: 어리석지 않고 귀가 먹지 않으면 시어미와 시아비 노릇을 못 한다(宋書).

又: 또, 다시, 거듭

看了又看: 보고 또 보다. / 又一次: 또 한 번, 또다시

善: 어질, 착할, 선(량)할

善行無轍迹: 선행은 흔적도 없어야 한다(老子). / 人性之善也: 사람의 성품은 선하다[孟子(告子上)].

事: 일

廣行善事: 널리 선행을 베풀다. / 善事: 선한 일, 자선 사업 → 善行을 뜻함

㉿ 事在人爲: 일은 (일의 성공 여부는) 사람이 하기에 달렸다.

㉿ 好事多魔: 좋은 일에 마가 든다. 좋은 일에는 방해가 있다.

須: 모름지기(마땅히, 반드시) ~하여야 할

大丈夫須當如此: 대장부는 마땅히 이래야 한다. / 人爲學 須要及時立志勉勵: 사람이 배우려면 마땅히 제때 뜻을 세우고 힘써 노력해야 한다(言志錄).

貪: 탐할, 욕심을 부릴

㊌ 小貪大失: 작은 것을 탐하다가 큰 것을 잃는다.

㊌ 貪多嚼不爛: 지나치게 탐하면 다 씹어 소화를 못 시킨다.

惡: 악할, 나쁠, 불량할

惡事: 악행, 못된 짓 / 心術可惡: 심보가 나쁘다. / 幷無惡意: 결코 악의(나쁜 뜻)는 없다. /

㊌ 惡事傳千里: 악행(의 소문)은 천 리까지 전해진다.

莫: (하지) 말

㊌ 莫管閑事: 쓸데없는 일에 참견하지 말라. / 莫多飮酒: 술을 지나치게 마시지 말라(魏志).

樂: 즐길, 즐겁게 여길

知之者不如好之者 好之者不如樂之者: (道를) 아는 자는 좋아하는 자만 못 하고 좋아하는 자는 즐기는 자만 못 하다[論語(雍也)]. / ㊌ 樂天知命: 천명(타고난 운명)을 즐기고 자기의 분수를 알아서 만족하다.

| 參考 |

太公: 周初의 賢臣으로 성은 姜 이름은 尙이다. 渭水가에서 낚시질을 하다가 사냥 나온 朱文公을 만나 그의 軍師가 되었으며 훗날 周武王을 도와서 殷을 멸하고 周를 세웠다. 姜太公, 太公望, 呂尙 등으로 불리며 저서로 兵書인 六韜와 三略이 있다. 俗語로 "강태공"은 낚시꾼을 말한다.

---

(5) 終身行善 善猶不足 一日行惡 惡自有餘

한평생 선행을 하더라도 그 선행은 오히려 모자라고 하루만 악행을 하더라도 그 악행은 (평생의 범행에 비하여) 여전히 가득 차고도 남음이 있느니라(馬援).

| 字句 풀이 |

終: 마칠, 다할, 끝날, 끝낼

終講: 강의를 마치다. 끝마친 강의 / ㊌ 善始善終: 좋게 (잘) 시작해서 좋게 (잘) 끝나다(끝내다).

身: 한평생, 일생, 일평생, 필생

終身: 일생, 평생(을 마치다) / 終身敎育: 평생 교육 / 敝衣菲食 以終其身: 해어진 옷과 거친 음식으로 그의 평생을 마치다(明, 陳本立). / 鍾子期死 伯牙終身不復鼓琴: 종자기가 죽자 백아는 일생을 마치도록 다시는 거문고를 타지 않았다(漢書).

行: (행)할, 실행할

行善: 선행을 하다 ↔ 行惡: 악행을 하다 / 行善不以爲名 而名從之: 선행을 할 때는 명성을 생각하지도 않지만 그래도 명성이 그를 따른다(列子).

猶: 오히려, 아직도, 여전히, 그래도

言猶在耳: 그 말이 아직도 귀에 맴돈다.

困獸猶鬪 況人乎: 궁지에 몰린 짐승도 오히려 대드는데 하물며 사람이랴(左傳)?

足: 족할, 넉넉할, 충분할

不足: 모자라다, 불충분하다. / 力量不足: 힘(능력)이 모자라다.

㉞ 豊衣足食: 의식이 풍족하다. / ㉞ 酒足飯飽: 술도 밥도 많이 먹었습니다. → 대접에 대한 인사말

㉞ 美中不足: 다 좋은데 약간의 결함이 있다, 옥에 티가 있다.

自: 여전히, 변함없이, 무변

古牆猶竹色 虛閣自松聲: 옛 담장은 아직도 竹色이고 텅 빈 누각에는 여전히 솔바람 소리 들리고 있네(杜甫).

有: 있을

㉞ 有勇無謀: 용기는 있으나 꾀가 없다. / ㉞ 有頭無尾(=有始無終) ↔ ㉞ 有頭有尾(=有始有終)

餘: 나머지, 여분, 여유

有餘: 여유가 있다. 남음이 있다. 남는다. / ㉞ 綽綽有餘(=餘裕綽綽): 여유가 있다. → 언행이 침착하고 여유가 있을 때 쓰는 말 / 不但够用 而且有餘: 충분할 뿐 아니라 또한 여분이 있다.

| 參考 |

馬援: 後漢(B.C. 14~A.D. 49) 때 사람으로 자는 文淵, 시호는 忠成, 벼슬은 伏波將軍 이었고 光武帝를 도와 외효(隗囂)의 반란을 진압하는 등 많은 무공을 세웠으며 "老益壯"의 출처인 다음의 문장을 남겼다.

窮當益堅 老當益壯: (사람은) 궁할수록 마땅히 더욱 굳세고 늙을수록 마땅히 더욱 씩씩해야 한다[後漢書(馬援傳)].

---

(6) 積金以遺子孫 未必子孫能盡守 積書以遺子孫 未必子孫能盡讀 不如積陰德於冥冥之中 以爲子孫之計也

황금을 쌓아서 자손에게 남겨주어도 그 자손이 반드시 다 지킨다고 할 수 없고, 서책을 모아서 자손에게 남겨주어도 그 자손이 반드시 다 읽는다고 할 수 없을 것이니, (그보다는) 남이 보지 않는 데서

덕행을 쌓아 (그것을) 자손을 위한 계책으로 삼는 편이 나을 것이니라(司馬溫公).

| 字句 풀이 |

積: 쌓을, 쌓일, 모을, 누적할

⑳ 積土成山: 흙을 쌓으면 산이 된다(=티끌 모아 태산).

積善之家必有餘慶, 積不善之家必有餘殃: 선행을 (많이) 쌓은 집은 반드시 자손에게까지 미치는 복이 있고, 악행을 쌓은 집은 반드시 자손에게까지 미치는 재앙이 있다(易經).

金: (황)금

⑳ 金科玉條: 금이나 옥처럼 귀중히 여기는 법률이나 규칙 / 金有三等 黃金爲上 白金爲中 赤金爲下: 금에는 세 등급이 있으니 황금이 上이고 백금이 中이고 적금이 下이다(史記).

遺: (후세에) 남겨줄, 끼칠

遺志: 생전에 다하지 못하고 남긴 뜻 / ⑳ 遺芳百世(=流芳百世): 꽃다운 이름(빛나는 명성)을 후세에 길이 남기다. / ⑳ 遺臭萬年: 악명(더러운 이름)을 천추에 남기다.

子: 아들

獨生子: 외아들 / 長子: 큰아들

孫: 손자

子孫: 아들과 손자, 후손 / 祖孫三代: 할아버지에서 손자에 이르는 3대 / 子孫萬代: 자자손손의 매우 많은 세대 / 子孫滿堂: 자손이 집에 가득하다. 자손이 번영하다. 후손이 많다.

未: 아닐(否定을 나타냄), ~하지 못할

未知數: 알지 못할 앞일의 셈속 / 未練: ① 익숙하지 못함(미숙함) ② 단념하지 못하는 마음

未詳: 자세하지 않다, 확실하지 않다, 알려져 있지 않다.

必: 반드시, 꼭

必有曲折: 반드시 무슨 사정(까닭)이 있다. / 事必歸正: 모든 일은 반드시 正道로 돌아간다(歸結된다).

未必: 반드시~하는 것은 아님, 꼭 그렇다고는 할 수 없음

⑳ 未必盡然: 반드시 다 그렇다고는 할 수 없다.

這消息未必可靠: 이 소식은 반드시 믿을 수 있다고는 할 수 없다.

能: ~할 수 있을, ~할 힘이 있을, ~할 줄 앎 → 능력이 있다는 뜻

鳥能飛: 새는 날 수 있다. / 我能耕地: 나는 땅을 갈 줄 안다. 蜜蜂能釀蜜: 꿀벌은 꿀을 만들 수 있다.

盡: 다, 모두, 전부, 완전히

不盡然: 다 그렇지는 않다. / 山上盡是蒼: 산이 온통 다 푸르다.

守: 지킬, 보전할, 보존할, 유지할, 수호할

創業難 守業更難: 창업이 어렵지만 그것을 지키기란 더 어렵다.

㉥ 因循守舊: 옛것(낡은 것)을 답습하고 지키다.

書: (서)책, 서적

一本書: 한 권의 책 / 背書包: 책가방을 메다.

讀: 읽을 → ① 경서를 읽음(讀經) ② 佛經을 소리 내어 읽음

讀書: 책을 읽다. / ㉥ 讀書三昧: 오직 책 읽기에만 골몰하다. / 讀十遍不如寫一遍: 열 번 읽는 것이 한 번 쓰는 것만 못하다. / 讀書百遍意自見(현): 책을 반복하여 읽으면 뜻이 저절로 통해진다.

如: (~와)같을, 다르지 않을

㉥ 如魚得水: 물고기가 물을 만난 것 같다.

如白駒之過隙: 흰 망아지가 문틈을 지나가는 거와 같다(세월이 빠르다).

不如: ~하는 편이 낫다, ~만 못하다

不如歸去: 돌아가는 편이 낫다. / 不如不說: 말을 안 하는 것만 못하다.

陰: 숨을, 남이 알지 못할, 겉으로 드러나지 아니할, 감추어진

陰功: 숨은 공(덕) / 陰事: 비밀스러운 일/ ㉥ 陰報不爽: 음덕(陰德)의 果報는 영락없다(→ 틀림없다)

㉦ 陰一面 陽一面(=陽一套 陰一套): 겉 다르고 속 다르다, 표리부동하다, 면종복배하다.

德: (공)덕, 덕행, 선행, 은혜, 은덕

陰德: 숨은 덕, 남모르게 베푸는 덕행 / 以德報怨:덕으로 원한을 갚다.

㉥ 德才兼備: 덕과 재능을 함께 갖추다. / 有陰德者必有陽報: 숨은 덕이 있는 사람은 반드시 公公然한 善報가 있다(淮南子). "㉦ 陰德陽報"의 출처

於: ~에(서) → 장소나 범위를 나타내며 在에 해당

我生於漢城: 나는 서울에서 태어났다. / 船舶失踪於海上: 선박이 바다에서 실종되다.

喜怒不形於色: 희로(기쁨과 성냄)의 기색이 얼굴에 드러나지 않다.

冥: 어두울, 캄캄할

天漸冥暗: 날이 점차 어두워지다. / 風雨大作 天地晦冥: 비바람이 거세게 몰아치고 천지가 어두컴컴하다.

冥冥: 남의 눈에 띄지 않는 곳 → "어둡다"에서 轉義됨

行乎冥冥而施乎無報: 남이 보지 않는 데서(좋은 일을) 행하고 보답이 없는 데서 베푼다[荀子(修身)].
 行乎冥冥 謂行事不務求人之知: "行乎冥冥"이란 (좋은) 일을 할 때 남이 알아주기를 애써 바라지 않는다(楊倞注).

之: ~(하)는, ~한 → 일반적 수식 관계를 나타냄

無價之寶: 값을 매길 수 없는 귀한 보배 / 必經之路: 반드시 거쳐야 하는 길 / 光榮之家: (전사자나 출정 군인을 낸) 영광스러운 집

中: 안, 속, 내부 → 장소, 처소를 나타냄

家中無人: 집안에 아무도 없다. / 在山中伐木: 산속에서 벌목하다. / [成] 水中撈月: 물속에서 달을 건지다(헛수고하다).

爲: ~(으)로 삼다, 간주하다, 여기다, 생각하다, 치다

乾爲馬 坤爲牛: 건(乾)은 말로 치고 곤(坤)은 소로 친다(易經). / [成] 畫地爲牢: 땅에 원을 그리고 감옥으로 삼다, 자신을 스스로 제한하다. / [成] 四海爲家: 사해(천하)를 자기 집으로 삼다(유랑하다).

之: ~의 → 종속 관계를 나타냄

鐘鼓之聲: 종과 북의 소리 / [成] 赤子之心: 갓난아이의 마음, 순진한 마음 / [成] 一臂之力: 한 팔의 힘, 미약한 힘

計: 계획, 계책

[成] 百年大計(=百年之計): 먼 앞날을 내다본 큰 계획

也: 어조사 → 어구의 끝에 쓰여 판단 결정 설명의 어감을 나타냄

此城可克也: 이 성은 함락시킬 수 있다. / 王之不王 不爲也 非不能也: 왕께서 어진 왕 노릇을 하지 않음은 스스로 하지 않는 것이지 할 수 없는 것이 아닙니다[孟子(梁惠王上)].

| 參考 |

司馬溫公: 北宋의 학자로 성이 司馬, 이름은 光(1019~1086). 시호가 文正公이고, 死後에 太師溫國公으로 追贈되었기에 司馬溫公이라고 일컬었으며, 저서로 資治通鑑이 있다. ※ 司馬는 南宮, 司空, 鮮于, 皇甫 등과 함께 複姓이다.

(7) 恩義廣施 人生何處不相逢 讐怨莫結 路逢狹處難回避

은혜와 의리를 널리 베풀어라. 사람이 사는 동안 어디서인들 서로 만나지 않으랴? (누구와도) 원한을 맺지 말라. 길이 좁은 곳에서 만나면 피하기 어려우니라(景行錄).

| 字句 풀이 |

恩: 은혜, 은덕, 혜택

[成] 忘恩負義: 은혜를 잊고 의리를 저버리다, 배은망덕하다.

[成] 大恩不(言)謝: 크나큰 은혜에는 예사 인사치레를 하지 않는다.

義: 의리, 정의

恩義: 은혜와 의리 / 不負恩義: 은혜와 의리를 저버리지 않다. / [成] 義不容辭: 의리상(도의상) 거절할

수 없다. / ⑭ 無情無義: 정도 의리도 없다, 피도 눈물도 없다.

廣: 넓을, 박야

帝德廣運: 제왕의 덕이 널리 미치다(書經). / 廣求賢才: 재덕을 겸비한 인재를 널리 찾다.

施: 베풀, 줄, 희사할

⑭ 博施濟衆: 널리 (은혜를) 베풀어 많은 사람을 구제하다.

⑭ 施不望報(=施恩不望報): 은혜를 베풀고 보답을 바라지 않는다.

人: 사람, 인간

⑭ 人窮呼天: 사람이 다급하면 하느님을 찾는다.

⑳ 人不知鬼不覺: 사람도 귀신도 모른다, 쥐도 새도 모른다, 감쪽같다.

生: 살(아갈), 생존할, 생을 유지할 → 順命 篇 (1) 참조

生死岐路: 삶과 죽음의 갈림길(고비) / 忙于生計: 생계(살아갈 방도)를 꾸려 가기에 바쁘다.

何: 어디

其目的何在: 그 목적은 어디에 있는가? / 汝將何往: 그대는 어디로 가려고 하느냐?

處: 곳, 장소

何處去: 어디로 가느냐? / 住在何處: 어디에 사느냐? / 住處: 사는 곳, 주소

相: 서로

⑭ 相扶相助: 서로 돕다. / ⑭ 氣味相投: 서로 의기투합하다.

逢: 만날, 마주칠

⑭ 逢人輒說(=逢人卽說): 사람을 만나는 족족 이야기하여 퍼뜨리다.

⑭ 狹路相逢: 좁은 길에서 만나다, (원수가) 외나무다리에서 만나다.

讐: 원한, 앙심

深讐大恨: 깊고 큰 원한 / 讐殺: 원한에 의한 살해 / 有讐報讐: 원한이 있으면 원한으로 갚다(보복하다).

怨: 원한

讐怨(=讐恨): 원한 / 宿怨(=舊怨): 오래된 원한 / 滿腔讐怨(=滿腔讐恨): 원한으로 가득 차다. / 增其讐怨: 원한이 쌓이다(唐, 柳宗元). / 釋其讐怨: 그 원한을 풀다(漢, 董仲舒). / 構怨於諸侯: 제후들과 원한을 맺다[孟子(梁惠王上)].

結: (관계를) 맺을

⑭ 結者解之: 맺은(일을 저지른) 사람이 푼다. / 結義兄弟: 의리로서 형제 관계를 맺다. (또) 그 형제

路: 길, 도야

引路: 길을 안내하다. / 柏油路: 아스팔트 길 / ⑭ 路不拾遺: 길에 떨어진 물건을 줍지 않는다. 태평성대를 뜻하는 말

狹: 좁을

地狹人稠: 땅은 좁고 인구는 조밀하다. / 坡陡路狹: 비탈이 가파르고 길이 좁다.

難: 어려울

㉌ 難言之隱: 말하기 어려운 (말 못 할) 사연 / ㉌ 難上難(=難上加難): 설상가상(이다), 엎친 데 덮친 격 (이다).

回: (회)피할

無所回隱: 피하여 숨을 곳이 없다(漢書). / 外擧不避仇讐 內擧不回親戚: 연고가 없는 사람을 추천할 때는 원수도 피하지 않고, 연고가 있는 사람을 추천할 때는 친척도 회피하지 않는다(新序).

避: 피할, 비킬

㉌ 避强打弱: 강한 적은 피하고 약한 적은 공격한다.

㉌ 避坑落井: 겨우 구덩이를 피했더니 우물에 빠졌다. 산 넘어 산이다.

回避: (회)피하다, 비켜가다

回避敏感的問題: 민감한 문제를 피하다. / 想回避也回避不了: 피하고 싶어도 피할 수가 없다.

| 俗談 |

원수는 외나무다리에서 만난다 / ① 獨木橋冤家遭 / ② 冤家路窄 / ③ 狹路相逢

| 參考 |

景行錄: 宋나라 때 만들어진 책으로 현재 전해지지는 않으나 훌륭한 덕행담을 실었을 것으로 추측한다.

※ 景行에는 "큰길(大道)"과 "훌륭한 덕행"이라는 두 가지 뜻이 있다. 예를 들면 "高山仰止 景行行止: 높은 산이면 우러러보고 큰길이면 걸어간다, 덕이 높고 크면 존경하고 따른다[詩(小雅)]." ※ 이때 止는 어조사임

---

(8) 於我善者 我亦善之 於我惡者 我亦善之 我旣於人無惡 人能於我無惡哉

나에게 착하게 대하는 자에게 나도 역시 그에게 착하게 하고 나에게 악하게 대하는 자에게도 나는 역시 그에게 착하게 대하느니라. 내가 이미 남에게 악하게 하지 않았으니 남도 이처럼 나에게 악하게 하지 않을 것이다(莊子).

| 字句 풀이 |

於: ~에게

㉌ 問道於盲: 소경에게 길을 묻다.

己所不欲 勿施於人: 자기가 원하지 않는 것을 남에게 행하지 말라[論語(衛靈公)].

我: 나, 자기

㊌ 我心如秤: 내 마음은 저울과 같다(공평무사하다).

㊌ 我田引水: 제 논에 물 대기 → 매사를 자기에게만 이롭게 하다.

亦: ~도, 또한, 역시

㊌ 反之亦然: 뒤집어도(바꿔 말해도) 역시 그렇다.

生亦我所欲也 義亦我所欲也: 삶도 내가 바라는 바이고, 정의도 내가 바라는 바이다.

旣: 이미, 벌써

方針旣定: 방침이 이미 정해졌다.

旣來之 則安之: 이미 그들을 오게 했으면 편히 살도록 해야 한다[論語(季氏)].

人: 남, 타인, 다른 사람

㊌ 人敬人高: 남을 존경하면 남도 나를 존경한다.

㊌ 人一己百: 남이 한 번으로 해내면 나는 백 번으로 한다.

無: 아니할(=不)

無記名: 이름을 쓰지 아니함 → 無記名投票 / ㊌ 無偏無倚(=不偏不黨): 어느 편으로든지 치우치지 않는다.

能: 이와 같이, 이처럼

芳意何能早: 봄기운이 어찌 이처럼 빠른고[張九齡의 詩(庭梅)].

哉: (문장 끝에 쓰여) 짐작이나 추측을 나타냄 → ~吧에 해당함

君豈有斗升之水而活我哉: 당신에게 약간의 물만 있었더라도 나를 살렸을 텐데. → 豈는 哉와 호응하여 추측을 나타냄[莊子(外物)]

---

(9) 一日行善 福雖未至 禍自遠矣 一日行惡 禍雖未至 福自遠矣 行善之人 如春園之草 不見其長 日有所增 行惡之人 如磨刀之石 不見其損 日有所虧

단 하루만 착한 일을 해도 복이 비록 아직 오지는 않았을지라도 재앙은 자연히 멀어지고, 단 하루만 악한 일을 해도 재앙이 비록 아직 미치지는 않았을지라도 복은 자연히 멀어진다.

착한 일을 하는 사람은 마치 봄철 동산의 풀과 같아서 그 자라나는 것이 보이지는 않으나 날마다 커지는 바가 있고, 악한 일을 하는 사람은 마치 칼을 가는 숫돌과 같아서 그 磨耗됨을 보지는 못하지만 날마다 닳아 줄어듦이 있느니라(東嶽聖帝垂訓).

| 字句 풀이 |

雖: 비록(~라도)

⑳ 雖死猶生: 비록 죽었어도 살아 있는 것 같다. → 값진 죽음

雖聖人亦有所不知焉: 비록 성인이라도 역시 모르는 것이 있다(中庸).

至: 이를, 도달할, 올, 갈

接踵而至(=接踵而來): 계속 잇달아 오고 있다.

道雖邇 不行不至: 길이 비록 가까워도 가지 않으면 이르지 못한다(荀子).

自: 자연히, 당연히, 저절로

公道自在人心: 사람의 마음에는 당연히 정의라는 것이 있다.

桃李不言下自成蹊: 복숭아와 오얏은 말이 없으나 그 밑에는 자연히 길이 생긴다(史記).

遠: (거리가) 멀

⑳ 遠見卓識: 멀리 내다보는 탁월한 식견 / ㉾ 站得高 看得遠: 높은 곳에 서면 멀리까지 보인다.

矣: 결정(단정) 판단 등을 나타내는 어조사

如此則事危矣: 이와 같다면 일(사건)은 위험하다. / 雖曰未學 吾必謂之學矣: (여차여차히 행동하면)
비록 배우지 않았다고 말하더라도 나는 그가 반드시 배웠다고 단언한다[論語(學而)].

春: 봄

㉾ 春雉自鳴: 봄 꿩은 시키지 않아도 제출물에 운다.

⑳ 一場春夢: 한바탕의 봄꿈 → 인생의 덧없음을 비유함

園: 동산 →집이나 마을 곁에 있는 작은 산이나 숲

園徑: 동산의 오솔길 / 園林: 동산의 숲 / 園亭: 동산의 정자 / 園客: 동산에 노니는 사람 / 園池: 동산의 연못

草: 풀

草根木皮: 풀뿌리와 나무껍질 → 맛이나 영양 가치가 없는 음식

⑳ 三顧草廬: (劉備가 諸葛亮의) 초가집을 세 번 찾아감 → 인재를 찾는 노력

其: 그(의), 그들(의), 그것(의)

⑳ 名符其實: 명성과 그의 실제가 부합하다. / 人盡其才 物盡其用: 사람도 물건도 그의 역할을 다하다.

長: 자랄, 클, 성장할

莊稼長得很旺: 농작물이 매우 왕성하게 자란다.

揠苗助長: 모가 빨리 자라도록 뽑아 올리다[孟子(公孫丑上)].

日: 나날이, 날로, 날마다, 매일

⑳ 日就月將(=日將月就): 날로 달로 진보하다. / 天氣日漸炎熱: 일기가 날로 점점 무더워지다.

所: (~하는) 바, (~할) 바 → 「所+동사」 형태로 쓰이며 동사를 명사형으로 만듦

🏵 無所不能: 못하는 것이 없다, 만능이다.

耳所聞 目所見: 귀로 듣고 눈으로 본 것 → 직접 보고 들은 것

增: 늘, 더해질, 많아질, 증가할

增益減損: 이익은 늘고(늘리고) 손해는 줄어든다(줄인다).

🏵 有增無減(=有增無已): 증가 일로이다, 계속 늘기만 한다.

磨: 玉石과 骨角 및 쇠나 칼 따위를 갈다(문지르다).

🏵 切磋琢磨: 옥이나 돌 및 뼈나 상아를 자르고 쪼고 갈고 닦다(서로 격려하여 학문과 덕행을 닦다).

🏵 鐵杵磨成針: 쇠 절굿공이를 갈아 바늘을 만들다(꾸준히 노력하면 성공한다).

刀: 칼

🏵 刀扎肺腑: 칼로 폐부(허파)를 찌르다, 깊은 감명을 받다.

🏵 刀來槍擋: 칼로 쳐들어오면 창으로 막는다, 한 치의 양보도 없다.

磨刀: 칼을 갈다

磨刀背: 칼등을 갈다, 헛수고하다. / 🏵 磨刀霍霍(=霍霍地磨刀): 칼을 쓱쓱 갈다, 전쟁을 준비하다.

石: 숫돌

密石: 결이 고운 숫돌

損: 덜, 감(소)할, 줄(일), 줄어들, 적어질

損耗: 닳아 없어지다, 소모(손실)되다, 축나다. / 不能損益一字: 한 자도 감하거나 더할 수 없다. / 損價出售: 값을 낮춰 팔다. 손해 보고 팔다.

虧: 감소할, 줄, 줄어들, 모자랄, 부족할

還虧一半: 아직 절반이 모자라다. / 身大力不虧: 체격도 크고 힘도 부족하지 않다. / 🏵 功虧一簣: 성공을 눈앞에 두고 한 삼태기의 흙이 모자랐다(그래서 실패했다). / ※ "爲山九仞 功虧一簣"에서 나온 말로, 아홉 길 높이의 산을 쌓을 때 그런 일이 있었다는 뜻(書經).

| 參考 |

東嶽聖帝: 성명 등 일체 미상이나 道教界에서 聖人의 지위에 있었고 五嶽 중의 하나인 東嶽을 관장했던 사람이라고 한다. / 五嶽: 東嶽(泰山), 西嶽(華山), 南嶽(衡山), 北嶽(恒山), 中嶽(崇山) / 垂訓: (후세에 전하는) 교훈 / 山上垂訓: 산 위에서 하신 예수님의 교훈(마태복음 제5장)

---

(10) 見善如不及 見不善如探湯

남이 선한 것을 보면 자기의 선함이 그에 못 미쳐서 애가 타는 것처럼 하고, 남이 선하지 못한 것을 보

면 끓는 물에 손을 넣어 보는 것처럼 조심하고 경계하여 他山之石[2]으로 삼을지니라(孔子).

|字句 풀이|

及: 미칠, 따라잡을, 추급할

⑩ 望塵莫及: 앞사람이 일으킨 먼지만 바라볼 뿐 따라잡지 못하다(앞사람의 발밑에도 못 미치다).

柳木不及松木堅固: 버드나무는 소나무만큼 단단하지 못하다.

不及: 미치지 못하다, 따라잡지 못하다, 필적할 수 없다

駟不及舌: 말은(입 밖에 나오면) 사두마차도 못 따른다[論語(顏淵)].

論學問 我不及你: 학문으로 말하면 나는 너를 따라갈 수 없다.

探: (손을 내밀어) 더듬을, 떠볼, 알아볼, 엿볼

⑩ 探賾索隱: 심오한 이치를 더듬어 찾다(캐내다). / 探虎穴: 호랑이 굴을 더듬다. → 위험한 짓을 하다.

湯: 끓는 물

⑩ 如湯沃雪: 끓는 물을 눈 위에 붓는 듯하다, 일을 쉽게 해결하다.

⑩ 赴湯蹈火(=湯火不避): 끓는 물이나 타는 불도 가리지 않고 뛰어들다.

探湯: 끓는 물에 손을 넣어 보다. → 두려워하고 경계하다(조심하다).

情好新交接 恐懍若探湯: 친분을 새로 사귈 때는 두려워하고 경계함이 마치 끓는 물을 더듬어 보는 듯이 해야 한다(漢, 張衡).

|出典|

論語(季氏)

< 天命 篇 >

(1) 順天者存 逆天者亡

하늘의 뜻을 따르는 자는 살고 (흥하고) 거역하는 자는 망한다(孟子).

※ 天은 天命(하늘의 명령 또는 하늘의 뜻)으로 해석하며 存 대신 昌으로도 쓴다.

---

2) 남의 옳지 못한 언행도 자기의 수양에 도움이 된다.

| 字句 풀이 |

順: 따를, 복종할, 순종할

(成) 百依百順: 남의 말에 맹종하다.

(成) 順我者昌 逆我者亡: 나를 따르는 자는 흥하고 거역하는 자는 망한다(독재 군주의 말).

順天: 하늘의 뜻을 따르다

(成) 順天應人: 하늘의 뜻을 따르고 민심에 순응하다. → 王朝를 칭송하는 말

存: 살아남을, 생존할

(成) 存亡之秋: 사느냐 죽느냐의 절박한 때 / 父母俱存 兄弟無故 一樂也: 부모가 모두 살아계시고 형제가 무고한 것이 첫 번째 즐거움이요[孟子(盡心上)]….

逆: 거스를, 거역할, 어길, 불순할

逆天: 하늘의 뜻을 어기다. / 逆耳之言: 귀에 거슬리는 말 / 逆天違衆: 하늘의 뜻을 어기고 백성을 저버리다. / 逆了孔孟之道: 공맹(공자와 맹자)의 도리를 어기다(거스르다).

亡: (멸)망할

亡國之臣 不可言智: 망한 나라의 신하는 지혜를 말하지 말라(說苑).

國家興亡 匹夫有責: 나라의 흥망은 필부에게도 책임이 있다.

| 參考 |

孟子: 戰國時代의 철학자로 魯나라 鄒 사람이며 이름은 軻(B.C.372~289). 자는 子輿임, 性善說을 주창하여 荀子의 性惡說과 대립되고 諸侯들에게 王道와 仁政을 遊說했으며 孔子 다음이라 하여 亞聖으로 존중을 받고 있다. 저서에는 孟子七 篇이 있다

| 出典 |

孟子(離婁上)

---

(2) 天聽寂無音 蒼蒼何處尋 非高亦非遠 都只在人心

고요하며 아무 소리도 없는 소리(無音之音)를 하늘이 듣고 있는데 끝도 없이 드넓은 천지 어디에서 (그 소리를) 찾을꼬? 높이 있지도 않고 또한 멀리 있지도 않고 이미 (그 소리는) 바로 사람의 마음 속에 있느니라(康節邵 先生). / ※ 無音(=無音之音)은 聽의 목적어이고 尋의 의미상 목적어이며 또한, "그 소리 → 양심의 소리"라는 뜻으로 해석되어 在人心의 의미상 주어가 된다.

| 字句 풀이 |

聽: (귀로) 들을

[成] 聽而不聞: 건성으로 듣다. 들어도 관심이 없다. / 聽於無聲 視於無形: 소리가 없는 데서 듣고 형체가 없는 데서 보다(記禮). → 어버이를 섬길 때 세심하게 살피고 주의를 기울여야 한다는 뜻으로 쓰인다.

寂: 고요할, 조용할

寂無一人: 인기척 하나 없이 조용하다. / [成] 寂天寞地: 천지가 숨을 죽인 듯 고요하다.

無: 없을

無聲之聲(=無音之音): 아무 소리가 없는 데서의 소리[영적(靈的)인 소리] / 有聲之聲 不過百里 無聲之聲 施於四海: 소리가 있는 소리는 백 리를 더 못 가지만 소리가 없는 소리는 온 세상에 널리 퍼진다(淮南子).

音: 소리

足音: 발자국 소리 / 騷音: 시끄러운 소리 / 轟音: 요란한 소리

大音希聲: 지극히 아름다운 소리는 소리가 고요하다(老子).

無音: (아무) 소리가 없다, 아무 소리도 들리지 않는다

無形者物之大祖也 無音者聲之大宗也: 형체가 없는 것이 만물의 시초이고 소리가 없는 것이 소리의 근본이다(淮南子). / 聽有音之音者聾 聽無音之音者聰: 소리가 있는 소리를 듣는 자는 귀가 어둡고 소리가 없는 소리를 듣는 자는 귀가 밝다(淮南子). / ※ 본문에서의 無音을 無音之音의 준말로 간주한다.

蒼: 광활하여 가없는 모양(廣闊無邊之貌)

蒼茫: 넓고 멀어 아득하다, 광활하다, 망망(茫茫)하다. / 蒼茫大地: 광활한 대지 / 蒼茫的海天景色: 끝없이 펼쳐진 바다와 하늘의 풍경

蒼蒼: 끝없이 넓고 멀어 아득하다

蒼蒼的大海: 끝없이 넓은 바다 / 天蒼蒼 野茫茫: 하늘은 끝없이 넓고 들판은 광막(廣漠)하다.

閒遊登北固, 東望海蒼蒼: 한가로이 노닐며 북고산에 올라 동쪽으로 바다를 바라보니 끝없이 넓고 멀어 아득하구나(五代, 齊己).

尋: 찾을

尋着頭緖: 실마리를 찾았다. / 尋人: 사람을 찾다. 찾는 사람

※ (절에서 볼 수 있는 尋牛圖에서의) 尋牛: 소를 찾다 → (잃어버린) 본성을 찾는다는 뜻

非: 아닐, 부정(否定)의 뜻을 나타냄

非一非再: 한두 번이 아니다. / 人非生而知之者: 사람은 나면서부터 아는 존재가 아니다(韓愈).

高: 높을

不登高山 不知天之高也: 높은 산에 오르지 않고는 하늘이 높은 줄을 모른다[荀子(勸學)].

都: 이미, 벌써 → 뒤에 놓인 말을 강조할 때 쓰인다.

都十二點了還不睡: 이미 12시인데 아직도 안 자니? / 飯都凉了 快喫吧: 밥이 벌써 식었으니 빨리 먹어라.

只: 바로, 곧, 틀림없이

松下問童子 言師採藥去 只在此山中 雲深不知處: 소나무 아래에서 동자에게 물으니 스승은 약초 캐러 가셨다고 한다. 바로 이 산속에 계시건만 구름이 짙어 계신 곳을 모르겠구나[賈島(尋隱者不遇詩)].

在: ~에 있을

我今晚上不在家: 나는 오늘 저녁 집에 없다.

道在邇而求諸遠: 도(진리)는 가까운 데에 있는 것을 먼 데서 찾는다[孟子(離婁上)].

心: 마음

心廣體胖: 마음이 너그러우면 몸도 편안하다(大學). / ㉠ 心急腿慢: 마음은 급한데 발이 말을 안 듣는다.

| 參考 |

康節邵 先生: 宋의 儒學者로 성은 邵, 이름은 雍(1011~1077). 자는 堯夫, 시호가 康節이며 伊川擊壤集에 있는 격양시를 지었다.

| 出典 |

伊川擊壤集(天聽吟).

(3)人間私語 天聽若雷 暗室欺心 神目如電

세상에서 (사람들이) 소곤소곤하는 말도 하늘은 우렛소리 같이 들으시고 어두운 방에서 양심을 속이는 짓을 해도 神靈님은 번갯불과 같이 환하게 보시느니라(玄帝垂訓).

※ 이 글의 앞 구절인 "人間私語, 天聽若雷"는 중국의 속담이며 대개 聽을 聞으로 쓴다.

| 字句 풀이 |

間: 막연한 장소나 범위를 나타냄

民間: 일반 백성들 또는 그들의 사회 / 世間: 일반 세상 / 腰間: 허리 / 此間: 이곳 / 田間: 논밭

人間

① 사람

人間愛: 사람에 대한 사랑 / 人間味: 사람다운 (따뜻한) 맛 / 人間性: 사람의 본성 / 人間主義: 사람의 가치와 능력을 중시하는 주의

② (사람이 사는) 세상

天上人間: 천계(天界)와 下界(人間界 → 이 세상) / 生于此人間: 이 세상에 태어나다. / 換了人間: 세상이 변했다. / ※ 다음은 鼈主簿傳(토끼전)에 나오는 글이다.

"경은 수고를 아끼지 말고 다시 토 처사와 함께 人間에 나가라."

私: 비밀의, 은밀한

私話: 비밀 이야기 / 講私房話: 베갯머리송사를 하다. → 房話: 부부간의 잠자리 대화

語: 말, 언어

㉙ 流言蜚語: 뜬소문 / ㉙ 甛言蜜語: (연인 간의) 달콤한 속삭임

㉙ 語不成說(=語不成句): 말이 사리에 맞지 않다.

私語: 내밀한 이야기, 남몰래 하는 말, 소곤거리는 말, 속삭임

大絃嘈嘈如急雨 小絃切切如私語: 大絃의 굵고 묵직한 소리는 소나기 같고 小絃의 가늘고 낮은 소리는 남몰래 속삭이는 말과 같다[白居易(琵琶行)]. / ※ 大絃: 현악기의 굵은 줄 ↔ 小絃: 현악기의 가는 줄 / 怎麽知道他們的私語: 어떻게 그들의 비밀 이야기를 알았느냐?

若: 같을

㉙ 欣喜若狂: 미친 듯이 기뻐 날뛰다. / ㉙ 危若朝露: 위태롭기가 아침 이슬과 같다.

雷: 우렛소리, 우레와도 같은 큰 소리(如雷之聲音)

雷蘇: 봄의 우렛소리에 만물이 소생하다 → 깨끗한 정치를 비유 / 雷鳴: 우렛소리가 울리다, 요란하게 코를 골다. / 衆呼成雷: 뭇사람의 탄식 소리가 우렛소리를 이루었다(淮南子).

涸魚思雨潤 僵燕望雷蘇: 수레바퀴 자국에 괸 물속의 고기는 빗물을 그리워하고, 지쳐서 쓰러진 제비는 봄의 우렛소리에 만물이 소생할 때가 오기를 기다린다(唐, 李紳).

暗: 어두울

㉙ 暗中摸索: 어두움 속에서 더듬어 찾다.

㉙ 不欺暗室: 어두운 방에서도 양심에 부끄러운 짓을 하지 않는다.

室: 방

室友: 한방을 쓰는 벗, 룸메이트 / 臥室: 침실 / 室溫: 실내 온도 / 室內樂: 실내 음악

欺: 속일

㉙ 欺君罔上: 임금을 속이다. / ㉙ 欺世盜名: 세상 사람을 속이고 명예를 훔치다.

神: 귀신, 신령

用兵如神: 병사 부리는 솜씨가 귀신 같다. / ㉙ 神出鬼沒: 귀신같이 나타났다 사라졌다 한다.

目: (지켜)볼, 주시(注視)할

返首目之: 고개를 돌려 지켜보다. / 目於眢井而拯之: 마른 우물을 주시하고서 그를 구조했다(左傳).

電: 번개

電閃: 번갯불이 번쩍이다. / 電擊: 번개같이 단숨에 치다.

㉙ 電光石火: 번개와 부싯돌의 불꽃 → 빠른 동작을 비유

| 參考 |

玄帝: 道家의 인물로 추정할 뿐, 未詳임

---

(4) 惡鑵若滿 天必誅之

악의 그릇이 만일 (악으로) 가득 차면 하늘이 반드시 죽일 것이다(益智書).

| 字句 풀이 |

惡: 악 → 善의 對로서 도리에 어긋나고 올바르지 않은 것

有惡因必有惡果: 악의 원인이 있으면 반드시 악의 과보(果報)가 있다.

鑵: (주로 물을 담는) 그릇 → 항아리, 단지, 독, 동이, 두레박 등

空罐子: 빈 그릇 / ※ 鑵과 罐은 同字이며 원문에 鑵 대신 罐字를 쓴 譯本도 있다.

若: 만일, 만약, ~라면

若不努力 必將失敗: 만약 노력하지 않으면 장차 반드시 실패한다.

若不早做準備 一定要誤事: 만일 빨리 준비하지 않으면 필시 일을 그르치게 된다.

滿: 가득 찰, 가득할

㉩ 滿山紅葉: (단풍 든) 붉은 잎이 온 산에 가득하다, 산에 가득한 붉은 잎

㉩ 滿而不溢: 가득 차도 넘치지 않는다, 재주나 재산이 많아도 겸손하다.

誅: 벨, 죽일, 살육할, 처단할

聞誅一夫紂矣 未聞弑君也: 한 사나이에 불과한 紂[3]를 죽였다는 말은 들었으나 임금을 시해했다는 말은 듣지 못했다[孟子(梁惠王下)]. / ㉩ 罪不容誅: 죄로 말하면 죽여도 시원치 않다.

| 參考 |

益智書: 宋나라 때 만들어진 교양서적

---

(5) 若人作不善 得顯名者 人雖不害 天必戮之

만약 어떤 사람이 못된 짓을 하고도 높은 명성을 얻는다면 비록 사람들이 해치지 않아도 하늘이 반드

---

3) 殷의 마지막 王

시 징벌하느니라(莊子).

| 字句 풀이 |

人: 어떤 사람

或人: 누군가 / 他打發人來叫我: 그는 나를 부르려고 누군가를 보내 왔다. / 人謂子産不仁 吾不信也: 어떤 사람이 자산은 어질지 않다고 하는데 나는 (그 말을) 믿지 않는다(左傳).

作: (행)할

㉙ 作惡多端(=爲非作歹): 온갖 악행만 일삼는다. / 畢生作善助人: 평생 좋은 일만 하고 남을 돕는다. /

㉙ 自作自受(=自業自得): 자기가 한 일의 과보를 자기가 받는다.

不善: 나쁜 일, 못된 짓, 악행 → 繼善 篇 (1) 참조

得: 얻을, 손에 넣을, 획득할

得名: 이름(명성)을 얻다. / 得功: 공을 얻다(이루다).

㉙ 得不償失: 득보다 실이 많다. / ㉙ 得隴望蜀: 농 땅을 차지하자 (이제는) 촉나라가 욕심이 난다.

顯: (명성이나 지위가) 높을, 고귀할, 영달할

顯名: 드높은 명성, 널리 알려진 명성 / 而未嘗有顯者來: 그런데도 이제껏 명성이나 지위가 높은 사람이 찾아오는 일이 없었다[孟子(離婁下)].

名: 명성, 명예, 평판

㉙ 名揚四海: 명성이 온 누리에 떨치다. / ㉙ 名噪一時: 명성이 한 시대 (한때)에 자자했다.

者: ~(하)면 → 順接의 접속사

秋霜降者草花落 水搖動者萬物作: 가을에 서리가 내리면 꽃은 지고 물이 요동하면 만물이 소생한다(史記).

害: 해칠

害心: 남을 해치려는 마음 / 害衆: 많은 사람을 해치다.

㉙ 害人反害己: 남을 해치는 것이 도리어 자기를 해치는 것이다.

戮: 형벌에 처할, 징벌할, 죄주다

搏而戮之: 체포하여 형벌에 처했다(周禮). / 防淫除邪 戮之以五刑: 음란과 사악을 방지하고 제거함에 다섯 가지 형벌로 징벌하였다[荀子(王制)].

---

(6) 種瓜得瓜 種豆得豆 天網恢恢 疏而不漏

오이를 심으면 오이를 거두고 콩을 심으면 콩을 거두나니 하늘의 그물(法網)은 광대무변(廣大無

邊)하여 그 구멍이 비록 성글어도 (결코) 새는 일이 없느니라.

※ 이 글의 前半部에서 因果應報를 언급하고 후반부에서는 그 인과응보대로 죄인은 빠져나갈 수도 없고 벌을 면치 못한다는 이치를 力說하고 있다.

| 字句 풀이 |

種: 심을

㊞ 種在田裏 出在天裏: 심기는 밭에 했으나 소출은 하늘에 달렸다(=盡人事待天命).

種瓜得瓜, 種李得李: 오이를 심으면 오이를 거두고 오얏을 심으면 오얏을 거둔다(涅槃經).

瓜: 오이

㊞ 賣瓜的說瓜甛: 참외 장수가 제 참외 달다고 한다(自畫自讚).

㊌ 瓜園裏挑瓜: 오이밭에서 오이를 고르다(선택을 망설이다).

豆: 콩

豆粥: 콩죽 / 豆渣: 콩비지 / 豆餅: 콩깻묵 / 豆芽: 콩나물

㊌ 豆剖瓜分: 콩이나 오이같이 쉽게 갈라지다(국토가 분할되다).

網: 그물, 법망(法網)

撒網(=張網): 그물을 치다 ↔ 收網: 그물을 거두다

㊌ 網開一面: 그물의 한쪽을 열어 놓다, 살길을 열어 주다.

恢: 넓고 클, 광대할

恢廓的胸襟: 넓고 큰 도량 / 恢然如天地之苞萬物: 그 넓고 큰 모양이 마치 천지가 만물을 감싸고 있는 것과 같다[荀子(非十二子)].

恢恢: (도량이나 사물이) 심히 넓고 큰 모양, 크게 포용하는 모양

恢恢有餘: (도량이) 심히 넓고 커서 여유작작(餘裕綽綽)하다.

天所網羅恢恢甚大 雖疏遠 司察人善惡 無有所失: 하늘이 친 그물은 넓고도 심히 커서 비록 (구멍의 사이가) 성글고 멀어도 인간의 선악을 감찰하는 데는 놓치는 일이 없다(老子).

疏: 성글, 촘촘하지 않을, 드문드문할, 듬성듬성할, 엉성할

此布似疏實密: 이 베는 올이 성긴 것 같지만 실제는 촘촘하다.

㊌ 疏星淡月: 듬성듬성 떠 있는 별들과 어슴푸레한 달(빛)

而: ~(이)나. ~지만, 그러나, 그런데도 → 역접(逆接)의 접속사

㊌ 華而不實: 꽃은 있으나 열매가 없다. 겉은 화려하나 내실이 없다.

溫而厲 威而不猛: 온화하지만 엄하셨고 위엄이 있으나 매섭지 않으셨다[論語(述而)].

漏: 샐, 빠질

漏網之魚: 그물을 벗어난 물고기, 법망을 피한 범인 / 千里之隄 以螻蟻之穴漏: 천 리나 되는 제방도 땅 강아지와 개미의 굴 때문에 샌다[淮南子(人間)].

| 俗談 |

콩 심은 데 콩 나고 팥 심은 데 팥 난다.

① 種瓜得瓜 種豆得豆 / ② 種麥得麥 種稷得稷

---

(7) 獲罪於天 無所禱也

하늘에 죄를 지으면 빌 데가 없느니라(孔子).

| 중국인의 해설 |

得罪了上天 就沒地方禱告祈求寬恕了

하늘에 죄를 지으면 너그럽게 용서해 달라고 기도하여 간구할 데가 없다.

| 字句 풀이 |

獲: 얻을

㉭ 如獲至寶: 더없이 귀한 보물을 얻은 것과 같다. / ㉭ 獲隴望蜀(=得隴望蜀): 농 땅을 얻으면 蜀을 넘본다.

罪: (범)죄, 죄악

㉭ 罪上加罪: 죄를 거듭 짓다. / 罪無可恕: 죄가 (커서) 용서받을 수 없다.

低頭認罪: 머리를 숙이고 죄를 자복하다.

獲罪: 죄를 짓다, 득죄하다

恐獲罪焉: 죄를 지을까 두렵도다(史記). / 動輒獲罪: 걸핏하면(툭하면) 죄를 짓는다.

所: 곳, 장소, 자리

安身之所: 몸을 의탁할 곳 / ㉭ 適材適所: 알맞은 인재에 알맞은 자리

禱: 빌

向耶穌禱告: 예수님께 기도드리다. / 禱爾于上下神祇: 너를 위해 천지신명께 빌었다[論語(述而)].

| 出典 |

論語(八佾)

< 順命 篇 >

---

(1) 死生有命 富貴在天

죽고 사는 것은 운명에 정해져 있고 부귀는 하늘에 달려 있다(孔子).

| 字句 풀이 |

死: 죽을

天子死曰崩: 천자가 죽으면 "崩(붕어하다)"이라 한다(禮記).

春蠶到死絲方盡 蠟炬成灰淚始乾: 봄누에는 죽게 되어서야 실 뽑기를 비로소 끝내고 (양)초는 재가 되어서야 눈물(촛농)이 비로소 마른다(唐, 李商隱). → 蠟炬는 "(양)초"로 해석한다.

生: 살, 생(삶)을 유지할, 생존할, 死의 對 → 繼善 篇 (7) 참조

有: (방침 예정 등이) 결정될

有主意了: 마음(결심, 생각)이 정해졌다. → 主意: 마음, 생각, 결심

有日子起身: 출발할 날짜가 정해졌다. → 起身: 출발하다.

㉠ 萬般皆有命 半點不由人: 만사는 모두 운명에 정해졌고 조금도 사람에게 달린 것이 아니다.

命: 운명, 천명

認命: 운명이라 여기고 받아들이다(단념하다).

不知命 無以爲君子也: 천명(운명)을 모르면 군자라고 할 수 없다[論語(堯曰)].

富: 부유할, 재산이 많을

富豪: 재산이 많고 권세가 있는 사람 / 富而無驕: 부유해도 교만하지 않다[論語(學而)].

貴: 신분이나 지위가 높을, 높은 지위

富與貴是人之所欲也: 부와 귀는 (모든) 사람들이 원하는 바이다[論語(里仁)].

不挾長 不挾貴 … 友其德也: (벗이란) 나이가 많은 것이나 지위가 높음(등등)을 내세우지 않고 덕을 벗하는 것이다[孟子(萬章下)].

富貴: 재산이 많고 지위가 높음

富貴不能淫: 부귀로도 미혹시킬 수 없다[孟子(滕文公下)].

㉣ 富貴功名: 부귀하며 공을 세워 이름을 떨치다 또는 부귀와 공명

在: ~에 달려 있을, ~로 결정될, ~때문일 → 책임 원인 등을 나타냄

山不在高, 有仙則名 水不在深 有龍則靈: 산(의 명성)은 높은 데 있지 않고 신선이 있으면 명산이고 물은 깊은 데 있지 않고 용이 있으면 신령하다(唐, 劉禹錫). / ㉚ 兵不在多在精 將不在勇在謀: 병사는 수가 아니라 정예함에 달려 있고 장수는 용맹보다 智謀에 달려 있다.

| 出典 |
論語(顏淵)

---

(2) 萬事分已定 浮生空自忙

모든 일은 운명에 이미 정해져 있는데도 덧없는 인생이 공연히 바쁘기만 하구나.

※ 浮生을 "덧없는 人生"으로 해석을 하는바 "人生"에는 다음과 같이 다섯 가지의 뜻이 있으며 이 글에서는 "사람의 一生"을 말한다.

① **사람의 一生**

人生如夢: 사람의 一生은 꿈과 같다(蘇軾).

㉚ 人生如寄(=人生如寓): 사람의 一生은 나그네가 잠시 쉬어 가는 것과 같다.

② **인생살이 → 사람이 살아가는 일**

"人生은 苦海와 같다" "고달픈 人生"

③ **사람의 목숨**

人生如朝露: 사람의 목숨은 아침 이슬과 같다(漢書). / ㉚ 人生如風燈: 사람의 목숨은 風前燈火와 같다.

④ **사람**

人生七十古來稀: 사람이 70까지 살기란 예부터 드물다(杜甫). / 人生自古誰無死: 사람이 예부터 죽지 않는 자가 누구냐. / ㉚ 人生五福壽爲先: 사람의 五福중에 長壽가 으뜸이다.

㉚ 人生在世喫穿二字: 사람은 세상에서 먹고 입는 두 글자가 제일이다.

⑤ **사람이 (세상에) 태어나다**

人生十年曰幼學: 사람이 태어나서 10세가 되면 (이때, 처음으로 배움의 길에 나아간다는 뜻으로) "幼學"이라 한다(禮記).

| 字句 풀이 |
萬: 많을

萬事: 온갖 일, 모든 일 / 萬事休矣: 모든 일이 끝장이다. / ㉚ 萬惡滔天: 온갖 죄악이 하늘까지 닿다. /

㋈ 森羅萬象: (우주에 존재하는) 온갖 사물과 현상 / ㋈ 萬事俱備 只欠東風: 모든 일이 다 준비되었으나 하나(동풍)만 모자라다. → 三國演義에서 周瑜가 曹操陣營에 火攻할 때의 故事에서 유래함.

分: 命運(=운명) 分福(=分之福 → 타고난 복, 운명에 있는 복)

浮世有定分 飢飽豈可逃: 덧없는 세상에 정해진 운명이 있으니 고달픈 생활에서 어찌 벗어날 수 있겠는가(杜甫). → 飢飽: 가난한 사람이 굶주리다가 때로는 배부르기도 한 상태로서 고달픈 생활을 뜻함

已: 이미, 벌써

已發之矢: 이미 쏜 화살 / 已過之事: 이미 지난 일 / 事已至此: 일이 이미 이 지경에 이르렀다.

定: 정해질, (결)정할

定業: 전생의 業因에 따라 이승에서 받도록 정해진 業報

眞定業難逃哉: 참으로 定業은 피하기 어렵도다(明, 沈德符)!

浮: 덧없을 → 세월이 빠르다, 무상(無常)하다, 헛되다

逍遙浮世: 덧없는 세상을 悠悠自適하다(阮籍). →悠悠自適: 여유가 있고 한가하며 아무런 거리낌 없이 마음 내키는 대로 살다.

生: 일생, (한)평생, 생애

一生坎坷: 일생 동안 (내내) 불우(不遇)하다.

㋈ 生不逢時: 평생 좋은 때를 만나지 못하다. / ㋈ 終生莫忘(=終生難忘): 평생토록 잊지 못하다.

浮生: 덧없는 인생

浮生若夢 爲歡幾何: 덧없는 인생이 꿈과 같으니 즐거움을 누림이 그 얼마이겠느뇨[李白(春夜宴桃李園序)]. / 浮生急馳電: 덧없는 인생이 번뜩이는 번개처럼 빠르다(南朝宋, 鮑照).

空: 공연히, 헛되이, 쓸데없이, 부질없이, 덧없이, 보람없이

㋈ 空勞無益: 헛수고하다. / 空歡喜: 공연히(괜히) 기뻐하다, 헛물을 켜다. / 空過了一年: 덧없이 한 해를 보냈다.

空自: 공연히, 쓸데없이, 헛되이, 부질없이

檻外長江空自流: (누각의) 난간 밖에는 양자강만 부질없이 흐르고 있다[王勃(滕王閣序)]. / 樽酒誰爲滿 靈衣空自披: 술잔에 담긴 술은 누구를 위하여 가득 채워졌는가? 亡人의 옷만 부질없이 걸쳐져 있구나(南朝梁). / 我自幼空自學了一身武藝: 나 어려서부터 공연히 혼자 하는 무예를 배웠다(儒林外史).

忙: 바쁠

農忙季: 농번기

㋈ 手忙脚亂: 바빠서 허둥지둥하다. / ㋈ 忙裏偸閑: 바쁜 중에 틈을 내다 → 忙中閑을 즐기다.

(3) 禍不可倖免 福不可再求

재앙은 요행으로 면할 수 없고 복은 다시 얻을 수 없다(景行錄).

| 字句 풀이 |

可: ~할 수 있을

可耕地: 경작할 수 있는 땅 / ㊛ 屈指可數: 손가락으로 (손꼽아) 셀 수 있다. → 소수(少數)이다.

不可: ~할 수 없다

㊛ 不可逾越: 뛰어넘을 수 없다. / 金剛山之美不可勝言: 금강산의 아름다움은 말로 다 할 수 없다.

倖: 요행히, 요행으로, 다행히, 운 좋게 → 倖과 幸은 同字이다. 그러나 대부분 幸 자를 쓴다.

幸存者: (재난에서) 요행히 살아남은 사람 / 幸免于死: 요행으로 죽음을 면하다.

人之生也直 罔之生也 幸而免: 사람의 삶은 정직에 있는데 바르지 않으면서 살아 있음은 요행으로 죽음을 면했을 뿐이다[論語(雍也)].

免: (모)면할, (재앙 따위에서) 벗어날, 비킬, 피할

免無識: 무식을 면하다, 무식을 면할 정도밖에 되지 않는다.

免懷之歲: 부모의 품에서 벗어나는 나이, 3살을 지칭함[論語(陽貨)]

臨難毋苟免: 위난(죽음)에 직면하여 구차하게 모면하지(살아남지) 말라(禮記).

再: 다시, 또, 재차, 거듭

再說一遍: 다시 한번 말하다. / 再試一次: 다시 한번 시도하다. / 時不再來: 때는 다시 오지 않는다.

求: 얻을, 획득할, 달성할

富而可求也 雖執鞭之士 吾亦爲之: 富가 만일 얻을 수 있는 것이라면 비록 말채찍을 잡는 짓이라도 내 그 일을 하겠다[論語(述而)].

(4) 時來風送滕王閣 運退雷轟薦福碑

때가 돌아오니 바람이 등왕각으로 보내주고 운수가 물러가니 벼락이 천복비를 치느니라.

| 類似한 글 |

一夕雷轟薦福碑: (運退하니) 하룻밤에 벼락이 천복비를 쳤다더라(蘇軾).

時: (길흉을 낳게 하는) 때, 시운, 운수

㉌ 時不可失: 때를 놓쳐서는 안 된다. / 天時不如地利: 하늘의 때는 지세의 이로움만 못하다[孟子(公孫丑下)]. / 力拔山兮氣蓋世 時不利兮騅不逝: 힘은 산을 뽑고 기개는 세상을 덮는데, 때가 불리하니 추가 달리지 않네[史記(項羽本紀)]. /※ 騅 → 항우가 타던 천하의 名馬(一名 烏騅馬)

來: (돌아)올, 이를, 도달할

快來呀: 빨리 와라! / 來言去語: 오가는 말 / 春來不似春: 봄이 와도 봄 같지 않네(王昭君).

風: 바람

㉌ 風餐露宿: 바람과 이슬을 무릅쓰고 한데에서 먹고 자다.

㉌ 풍수지탄: 효도를 다 하지 못한 채 부모를 여읜 자식의 한탄

送: 보낼

送付: (물건을) 보냄 / 送別: 이별하여 보냄 / 送稿: 원고를 보냄

㉌ 送舊迎新: 묵은해(낡은 것)를 보내고 새해(새것)를 맞이하다.

運: 운수, 운세, 운명

運到時來: 운수가 닿아서 때가 오다. / 鴻運(=大運): 큰 행운, 왕조가 융성할 운

漢承堯運: 한나라는 요나라의 운세를 계승했다(史記).

退: 물러날

㉌ 臨戰無退: 싸움터에 나아가 물러섬이 없다(世俗五戒).

㉌ 進退兩難(=進退維谷): 나아가기도 물러서기도 둘 다 어렵다(이러지도 저러지도 못하다).

雷: 우레, 천둥, 벼락

雷擊: 벼락이 치다. / 雷殛: 벼락 맞다, 벼락 맞아 죽다. / ㉌ 雷打不動: 벼락이 쳐도 꿈쩍 않다. 무슨 일에도 흔들리지 않는다.

轟: 벼락 칠, 뇌격(雷擊)할, 포격(폭격)할, 폭파할

炮轟敵艦: 적함을 포격하다. / 雷轟電閃: 벼락이 치고 번개가 번쩍이다. / 敵人的碉堡被轟: 적의 토치카가 폭파되었다.

| 參考 |

滕王閣: 揚子江 유역 南昌에 세워진 누각이며 王勃이 지은 滕王閣序로 유명하다.

薦福碑: 江西省 薦福寺에 있던 비석으로 운명이 기구함의 상징물이 되었다. 비문은 명필 歐陽詢이 썼다고 한다. / 時來한 王勃: 왕발(648~675)은 唐나라 때 絳州 사람이고 자는 子安이다. 어느 날 꿈에 백발노인이 나타나 滕王閣 낙성식에 참석하라고 하는 꿈을 꾸고 깨어나 생각하니 南昌까지 거리가 칠백리나 멀어 갈 자신이 없으면서도 이말무지로 배에 오르자 기다렸다는 듯이 순풍이 불어 주어 제시간에 댈 수 있었다. 이에 곧 연회장에 참석한 王勃은 滕王閣序라는 名文을 씀으로 인하여 楊炯, 盧照隣, 駱

賓王 등과 함께 初唐四傑로 칭송받기에 이르렀다. / 運退한 書生: 한 서생이 그 고을 太守인 范仲淹을 찾아가 가난함을 호소하자 太守가 당시 每張當 천금에 팔리고 있는 천복비의 비문을 拓本해 오라고 하면서 먹과 종이 千 張을 마련해 주니까 서생이 곧 출발하여 천신만고 끝에 도착은 했으나 이내 밤이 되고 비바람이 몰아치는지라 절에서 머물고 아침에 나가 보니 薦福碑는 전날 밤 벼락에 맞아 부서져서 허사가 되고 말았다.

(5) 癡聾痼啞家豪富 智慧聰明却受貧 年月日時該載定 算來由命不由人

어리석은 사람, 귀머거리, 고질병자, 벙어리, 이런 사람들도 집이 권세가 있고 부유할 수 있으며 지혜롭고 총명한 사람도 도리어 가난해질 수 있다.
(사람이 태어난) 年, 月, 日, 時(四柱八字 → 운명)는 모두 애초부터 정해져 있으니 따져보면 (잘 살고 못 살고는) 운명 때문이지 사람에게 달린 것이 아니다(列子).

| 字句 풀이 |

癡: 어리석을, 바보(같을), 멍청할

[諺] 癡人癡福: 바보도 나름대로 타고난 복이 있다.

[成] 癡人說夢: 바보가 꿈 이야기를 하다, 황당무계한 말을 지껄이다.

聾: 귀먹을, 귀머거리 → 繼善 篇 (4) 참조

痼: 고치지 못한 채 오래된, 고질적인

痼疾: 고질병 / 痼疾纏身: 고질병이 떠나지 않는다. 고질병으로 시달리다.

飮之者痼疾皆愈: (그 물을) 마신 사람은 고질병이 모두 나았다(後漢書).

啞: 벙어리

[成] 啞口無言: 벙어리처럼 말을 못하다.

[成] 啞子喫苦瓜: 벙어리가 쓴 오이를 먹고도 말을 못 하다, 벙어리 냉가슴 앓다.

家: 집(안)

[成] 家和萬事成: 집안이 화목하면 모든 일이 잘된다.

[諺] 家醜不可外談: 집안의 허물은 밖에서 말하지 않는다.

豪: 권세가 있는

豪富: 권세 있고 부유함 / 豪富之家: 권세가 있고 부유한 집 / 豪門貴胄: 권문세가의 자제, 호족의 후예

智: 지혜(로울), 꾀, 기지

智囊: 꾀주머니, 지혜가 많은 사람, 브레인(Brain) / ㉿ 窮極智生: 궁하면 통한다. 궁함이 극에 달하면 지혜가 생긴다. / 智者見於未萌: 지혜로운 사람은 일이 일어나기 전에 이미 안다.

慧: 지혜(로울), 슬기(로울), 총명할, 현명할

㉿ 慧眼識英雄: 꿰뚫어 보는 지혜의 눈만이 영웅(인재)을 알아본다.

小慧: 작은 지혜 → (轉義되어) 잔꾀, 잔재주(論語, 衛靈公)

智慧: 지혜(로울), 슬기(로울) → 옳고 그름과 잃고 얻음을 가려내는 힘

雖有智慧 不如乘勢: 비록 지혜가 있어도 時機(알맞은 때)를 타는 것만 못하다[孟子(公孫丑上)].

聰: 총명할, 똑똑할, 영리할

聰敏的頭腦: 총명하고 민첩한 두뇌 / 夫人小而聰了 大未必奇: 무릇 사람이란 어려서 총명하다고 해서 커서도 반드시 뛰어난 것은 아니다.

明: 총명할, 현명할, 슬기로울, 명철할

聞言易悟曰聰 睹事易辨曰明: 말을 듣고 쉽게 깨달으면 "聰 → 총명하다"라고 하고 사물을 보고 쉽게 분간하면 "明 →현명하다"라고 한다(司馬光).

知人者智, 自知者明: 남을 알면 지혜롭고 자기를 알면 명철하다(老子).

聰明: 영리하고 슬기롭고 기억력이 좋음 → "총명한 사람"으로 해석하기도 함

㉿ 聰明一世, 糊塗一時: 평생 총명하다가도 한 때 어리석을 수 있다. 원숭이도 나무에서 떨어진다.

却: 도리어, 오히려, 반대로, 그러나, ~(하)지만 → 역접(逆接)의 접속사

她想哭却哭不出來: 그녀는 울고 싶었지만, 울음이 나오지 않았다.

文章雖短却很有力: 문장은 비록 짧지만, 매우 힘이 있다.

受: 당할, 받을, 맞을, 만날, 입을 → 피동사(被動詞)

受病: 병에 걸리다. / 受傷: 부상당하다. / 到處受斥: 가는 곳마다 배척을 당하다.

貧: 가난할

㉿ 脫貧致富: 가난에서 벗어나 부유해지다. / ㉿ 貧無立錐之地: 가난하여 송곳을 꽂을 만한 땅도 없다. / 年月日時: (사람이 태어난) 해, 달, 날짜, 시간 → 사주팔자(운명)

該: 모두, 다, 전부

該備: 완비하다, 다 갖추다. / 招具該備: 혼을 불러들이는 기구를 다 갖추어 놓았다(楚辭).

崔公博學 無不該悉: 최공은 박학하여 통달하지 않음이 없다(宋, 沈括).

載: (맨 먼저) 시작할, 개시할

促織兮始鳴 秋蛾兮載飛: 귀뚜라미가 울기 시작하면 가을 나방도 (비로소) 날기 시작한다(南朝梁, 江淹). / 七月鳴鵙 八月載績: 칠월에 때까치가 울면 (날씨가 추워짐을 예고함) 팔월에 길쌈을 시작한다 [詩(豳風)].

湯始征 自葛載: 탕 임금이 정벌을 개시할 때 맨 먼저 葛나라부터 시작했다[孟子(滕文公下)].

算: 계산할, 따져 볼

口算(=心算): 암산하다. / 算錯: 잘못 계산하다.

斗筲之人 何足算也: 변변치 못한 사람을 어찌 따질 가치가 있겠느냐[論語(子路)]?

來: 동사 뒤에 붙는 어조사

說來說長: 말을 하자면 말이 길어진다. / 歸去來兮 田園將蕪 胡不歸: 돌아가자! 전원이 지금 황폐해지고 있거늘 어찌 돌아가지 않으랴[陶淵明(歸去來辭)]?

由: ~에 달려 있을, ~에 말미암을, ~때문일

成敗由己不由人: 성공과 실패는 자기에 달려 있지 남의 탓이 아니다.

㊟ 由人不由天: 사람에게 달려 있지 하늘 탓이 아니다.

| 參考 |

列子: 戰國時代 鄭나라의 사상가로 성이 列, 이름이 禦寇이며, 《列子》는 그의 저서명이다. 그는 黃老의 학문을 따랐고 道家書인 列子 8권을 남겼다.

< 孝行 篇 >

(1) 父兮生我 母兮鞠我 哀哀父母 生我劬勞 欲報深恩 昊天罔極

아버님이시여! 나를 낳으시고, 어머님이시여! 나를 기르셨으니 애달프고 애달프도다. 부모님이시여! 나를 낳아 기르시느라고 (참으로) 고생이 많으셨습니다. 그 깊은 은혜에 보답하고자 하지만 (그 은혜가) 저 하늘처럼 끝도 없이 너무나 크옵나이다(詩). → 크신 은혜에 비하여 보답할 힘의 미약함을 탄식하는 뜻이 담겨 있음 / ※ "欲報深恩"에서 恩 대신 德을 쓰기도 한다.

| 字句 풀이 |

父: 아버지

父爲子隱: 아비는 자식을 위하여 잘못을 숨겨 준다[論語(子路)].

㊟ 虎父無犬子: 호랑이 아비에게 개새끼는 없다. 용장 밑에 약졸 없다.

兮: 句中이나 句末에 쓰이어 감탄을 나타내는 어조사

虞兮虞兮奈若何: 우여! 우여! 그대를 어찌할꼬[項羽(垓下歌)]! / 嫋嫋兮秋風, 洞庭波兮木葉下: 가을 바람 솔솔 부니 동정호에 물결이 일고 나뭇잎이 떨어지누나(楚辭)!

生: (아이를) 낳을

生孩子: 아이를 낳다. / 生子育女: 아들딸을 낳아 기르다. / ㊅ 生男佛供: 아들을 낳으려고 드리는 불공

母: 어머니

母親節: 어머니날 / 遭母憂: 모친상을 당하다. / ㊌ 孟母三遷: 맹자의 모친이 (교육을 위하여) 세 번 이사하다.

鞠: (낳아) 기를 양육할

鞠養之恩: 길러주신 은혜 / 鞠養敎誨: 기르고 가르치다.

哀: 애달플, 가슴 아플, 한스러울 → "슬프다"와 구별됨

曠安宅而弗居 舍正路而不由 哀哉: 편안한 집을 비워두고 살지 않으며 바른길을 버려두고 가지 않으니 애달프도다[孟子(離婁上)]!

※ "애달프다"의 사전적 정의(辭典的 定義): ① 안타깝거나 쓰라리다. ② 애처롭고 딱하다.

生: 기를, 키울, 양육할

其母竊擧生之: 그의 모친이 몰래 낳아서 그를 길렀다(史記). → 擧는 "(아이를) 낳다"임

凡節奏欲陵, 生民欲寬: 모든 예절과 제도는 준엄해야 하고 백성을 가르치고 기르는 데는 관용해야 한다(荀子). → 生民: (이 글에서는) "백성을 기르고 가르치다"임

劬: 고생할, 수고할, 애쓸, 힘들일

劬學: 고생하면서 수고롭게 배우다, 고학(苦學)하다.

勞: 수고할, 일할

㊌ 勞而無功: 애쓴 보람이 없다. / 沒有不勞而獲的事: 일하지 않고 얻어지는 것은 없다.

劬勞: 고생할, 수고할, 애쓸 → 자식을 기르는 부모의 고생을 말할 때 씀

劬勞之恩: 자식을 낳아 고생하며 기른 부모의 은혜 / 劬勞之感: 자식을 낳아 길러준 부모의 은혜를 생각하는 마음 / 劬勞日: 부모가 자기를 낳느라고 애쓴 날 → 자기의 생일

欲: 하고자 할, 바랄, 원할, 희망할

㊌ 暢所欲爲: 원하는 것을 실컷 하다. / ㊌ 欲擒故縱: (더 큰 것을) 잡으려고 일부러 놓아주다.

深: 깊을

深深山川: 깊고 깊은(매우 깊은) 산과 내(자연) / 意味深長: 말이나 글의 뜻이 깊고도 길다(매우 깊다).

昊: 가없이 넓을

昊蒼(=昊乾, 昊空, 昊穹): (가없이 넓은) 하늘 / 昊天: (가없이 넓은) 하늘 → 한없이 넓고 큰 부모의 은혜에 비유함 / 昊天不忒: 하늘은 변하지(바꾸지, 어긋나지) 않는다(詩經).

罔: 없을

罔替: 변함이 없다. / ⑭ 藥石罔效: 약이 효과가 없다.

極: 끝

哀痛無極: 애통하기 그지없다. / 無極(=無盡極): 끝이(한이, 그지) 없다. / 罔極: 끝이 없다, 무한하다, 그지없다. / 罔極之痛: 그지없는 애통 → 부모나 임금의 喪事에 쓰는 말 / 昊天罔極: 부모의 은혜는 넓고 큰 하늘처럼 한도 끝도 없다. / 罔極之恩: 다함이 없는 임금이나 부모의 은혜 ※ "聖恩(임금의 은혜)이 罔極하옵나이다"라고도 쓰인다.

| 參考 |

詩(=詩經): (四書三經에서) 三經 중의 하나

四書: 論語, 孟子, 中庸, 大學 / 三經: 詩經, 書經, 易經

(2) 孝子之事親也 居則致其敬 養則致其樂 病則致其憂 喪則致其哀 祭則致其嚴

효자가 어버이를 섬길 적에 평소 집에 계실 때에는 공경을 다하고 奉養을 함에는 마음이 즐겁도록 至誠을 다하고 병이 나시면 근심을 다하고 作故하시면 슬픔을 다하고 제사를 지낼 때면 엄숙을 다해야 하느니라(孔子). / ※ 奉養: 물질적인 효도에서 더 나아가 마음을 편안하고 즐겁게 해 드리는 섬김

| 字句 풀이 |

孝: 효도할, 부모를 잘 섬길(善事父母)

孝子: 부모를 잘 섬기는 아들 / 孝子愛日: 효자는 부모와 함께할 날을 아끼며 효도에 최선을 다하다. / 弟子入則孝 出則弟: 나이 어린 사람은 집에 들어가면 효도하고 밖에 나가면 윗사람을 공경한다[論語(學而)].

之: ~가, ~이, ~는(은) → 主格에 붙는 토임

速度之快: 속도가 빠르다. / 水之就下: 물은 낮은 데로 흐른다. / 皮之不存, 毛將焉附: 가죽이 없으면 털이 어디에 붙겠는가?

事: 섬길, 모실

事親以孝: 효도로써 어버이를 섬긴다[4]. / 一女不事二夫: 한 여자가 두 남편을 섬기지 않는다.

親: 어버이, 부모

---

4) 신라 花郞의 世俗五戒.

樹欲靜而風不止 子欲養而親不待也: 나무는 가만히 있으려 해도 바람이 그치지 않고 자식은 모시려 해도 부모가 기다려 주시지 않네(韓詩外傳). / 事孰爲大 事親爲大: 누구를 섬김이 가장 소중하냐고 하면 부모를 섬김이 가장 소중하다[孟子(離婁上)].

也: 어조사 → 다음 문장을 이끌어내는 역할

夫子至於是邦也 必聞其政: 선생이 어느 나라에 가시면 반드시 그 나라의 정사를 들으신다[論語(學而)].

居: 평소(집에서 지낼), 평(상)시

居處: 평소의 몸가짐, 행동거지(行動擧止) / 居處恭: 평소에 몸가짐이 공손하다[論語(子路)]. / 仲尼居曾子侍: 공자께서 평소 집에 계실 때는 증자가 시중을 들었다(孝經).

則: ~는(~은) 곧, ~하면 ~하다 → 順接의 접속사

此則吾之過也: 이는 곧 내 잘못이다. / 有則改之 無則加勉: 잘못이 있으면 고치고 없으면 더욱 노력한다.

致: (힘이나 의지를) 다할, 극진하게 할, 진력할

致力(=盡力, 竭力): 있는 힘을 다하다, 진력하다. / 喪, 致乎哀而止: 상례는 슬픔을 다할 뿐이다[論語(子張)]. / [成] 專心致志: 오로지 한 일에만 심혈을 다 기울이다.

其: 그(의) → 繼善 篇 (9) 참조

敬: 공경(할), 존경(할)

敬之以禮: 예로서(예를 다하여) 공경하다. / [成] 敬若神明(=奉若神明): (사람을) 신처럼 공경하다(받들다).

養: 봉양할(부모나 조부모를 받들어 모심), 사봉(事奉)

養口體: 입과 몸만을 봉양함 ↔ 養志: 뜻을 받들어 그 마음을 즐겁게 함(孟子, 離婁上)

惰其四肢 不顧父母之養 一不孝也: 수족을 게을리하여 부모의 봉양을 돌보지 않는 것이 첫째 불효요[孟子(離婁下)]… / [成] 養生送死(=養老送終): 생전에도 사후에도 효도를 다하다, 생전에 잘 모시고 죽어서 장례를 잘 치르다.

樂: 기쁠, 기뻐할, 즐거울, 즐거워할

樂洋洋的空氣: 기쁨이 가득 찬 분위기 / [成] 樂不可支: 기뻐서 어쩔 줄을 모르다, 기쁘기 그지없다.

病: 병이 날, 앓을

身病了三天: 3일간 몸이 아팠다. / [成] 生老病死: 낳고 늙고 병들고 죽는 인생의 네 가지 고통

憂: 걱정(할), 근심(할)

憂國憂民: 나라와 백성을 걱정하다. / [成] 杞人憂天: 기나라 사람이 하늘이 무너질까 걱정하다(杞憂). / 君子憂道不憂貧: 군자는 道(진리)를 걱정하되 가난을 걱정하지 않는다(論語, 衛靈公).

喪: 죽을, 사망할

[成] 如喪考妣: 마치 제 부모가 돌아가신 것처럼 하다. / 偏喪曰寡: 한쪽 부모를 여읠 때는"寡"라고 한다(詩經). / 人死謂之喪: 사람이 죽으면 (그것을) "喪"이라고 한다(漢, 班固).

哀: 슬플, 슬퍼할

(成) 哀毁骨立: (거상 중) 슬퍼함으로 몸을 해쳐 뼈만 앙상하다.

樂而不淫 哀而不傷: 기뻐하되 지나치지 않고 슬퍼하되 심신을 해치지 않는다[論語(八佾)].

祭: 제사 지낼

天子祭天 諸侯祭土: 천자는 하늘에 제사를 지내고 제후는 땅에 제사 지낸다(公羊傳).

祭如在 祭神如神在: (공자께서) 제사를 지낼 적에는 (조상이 그곳에) 계신 듯이 하셨고 神에게 제사 지낼 적에는 신이 계신 듯이 하셨다[論語(八佾)].

嚴: 엄숙할, (태도가) 진지할

嚴肅的態度: 엄숙한 태도 / 神色嚴峻: 표정이 엄숙하다. / 氣氛嚴肅: 분위기가 엄숙하다.

(3) 父母在 不遠遊 遊必有方

부모님이 살아 계시면 멀리 돌아다니지 (유람하지) 말고 (부득이) 그렇게 하더라도 반드시 행선지가 있어야 한다(孔子).

| 字句 풀이 |
在: 살아 있을, 생존해 있을

他在世的時候: 그의 생전에 / 在世之日: 살아 있는 동안 / 父在觀其志 父沒觀其行: 부친이 살아계시면 그분의 뜻을 살펴 따르고 돌아가신 후에는 그분의 행적을 살펴 본받는다[論語(學而)].

不: (하지) 말

不要隨便出去: 제멋대로 (함부로) 나가지 말라. / 病愈 我且往見 夷子不來: 병이 나으면 내가 잠시 가서 만날 것이니 이자(夷子)는 오지 마시오[孟子(滕文公上)].

遊: 유람할, 널리 돌아다니며 구경하거나 놀

遊春: 봄놀이 가다. / 遊伴: 여행의 길동무 / 遠遊: 먼 곳을 두루 돌아다니며 유람하다. / 周遊(成) 天下: 천하를 두루 돌아다니며 구경하다. / (成) 遊山玩水: 산천을 유람하며 감상하다.

願輕擧而遠遊: 세상을 피하여 은둔하며 먼 곳을 두루 돌아다니고 싶구나(楚辭). → 輕擧, 세상을 피하여 운둔하다(檀國大學校編 大韓漢辭典 참조).

方: 곳, 장소, 지방

有朋自遠方來 不亦樂乎: 벗이 먼 곳에서 찾아오니 (이) 또한 즐겁지 않으랴[論語(學而)]!

| 出典 |
論語(里仁)

(4) 父命召 唯而不諾 食在口則吐之

아버지께서 부르시면 "唯(예!)" 하면서 즉시 공손하게 대답하되 "諾(예)" 하면서 공손하지 않은(緩慢한) 태도로 대답하지 말며 음식이 입안에 있으면 뱉어야 하느니라(孔子).

※ 禮記에는 命召가 命呼로 되어 있으며 뜻은 같다.

| 字句 풀이 |

命: 부를(=召喚, 呼喚, 召也, 呼也)

命侶: 짝을 부르다. / 臨水登山 命儔嘯侶: 명승지를 유람하려고 벗들을 불러 모은다(元帝). / 攬轡命徒侶: (후한의 范滂이 冀州의 도적 떼를 소탕하라는 命을 받고 수레에 올라) 말고삐를 잡고 또래들을 부른다[晉 劉琨 (扶風歌)].

召: 부를, 呼也 → (윗사람이 아랫사람을) 말이나 글로 오라고 함

召見: (상급자가 하급자를) 불러서 만나다(회견하다).

㉒ 召之卽來 揮之卽去: 부르면 즉시 오고 가라면 곧 간다.

唯: (즉시 "네!" 또는 "예!" 하고) 대답할 → 공손하면서도 빠른 대답

子曰參乎 吾道一以貫之 曾子曰唯: 공자 가라사대 "삼아, 나의 道는 하나의 원리로 (모든 것을) 꿰뚫느니라"라고 하시니 증자가 즉시 공손하게 "예! 그렇습니다"라고 대답했다[論語(里人)]. → 參(삼)은 曾子의 이름이다.

而: ~하되, ~하나, ~하지만, ~하면서 → 대립적인 사실을 이을 때 쓰인다.

君子 和而不同 小人 同而不和: 군자는 화목은 하되 부화뇌동하지 않고 소인은 부화뇌동하되 화목은 하지 못한다[論語(子路)].

心不在焉 視而不見 聽而不聞: 마음이 없으면 보아도 보이지 않고 들어도 들리지 않는다(大學).

諾: (천천히 "네" 또는 "예" 하고) 대답할 → 應之緩: 대답이 느림으로써 唯보다 공손하지 않고 느린 대답

父召無諾 先生召無諾 唯而起: 아버지나 선생이 부르시면 "諾"하지 말고 즉시 "唯!"하면서 일어서야 한다(禮記).

食: 음식, 먹을 것

主食: 밥 같이 主로 먹는 음식 ↔ 副食: 주식에 곁들이는 음식, 반찬 등

惡食: 거친 음식, 맛없는 음식 ↔ 好食(=美食, 玉食): 좋은 음식

口: 입

開口: 입을 열다(=말하다). ↔ 閉口: 입을 닫다(=말하지 않다).

ⓢ 糊口之策: 입에 풀칠하듯 생계를 이어 가는 방책

ⓢ 口雖喎直吹螺: 입은 비뚤어져도 소라(악기 이름)는 바로 불어라(말은 바로 하라).

吐: 뱉을

柔則茹之 剛則吐之: 부드러우면 먹고 딱딱하면 뱉는다[詩(大雅)]. / ⓢ 吐哺握髮: 먹던 밥을 뱉고 감던 머리를 쥐고 달려가 손님을 맞이한다. → 어진 인재(선비)를 우대한 周公의 故事

之: 그것, 그 사람, 이것, 이 사람 → 사람과 사물을 대신하는 목적어 ※ 繼善 篇 (1) 참조

---

(5) 孝於親 子亦孝之 身旣不孝 子何孝焉

(내가) 부모에게 효도하면 (내) 자식도 (나에게) 효도하지만 (나) 자신이 이미 불효했다면 (내) 자식이 어찌 (나에게) 효도하겠는가(太公)?

| 字句 풀이 |

於: ~에게 → 繼善 篇 (8) 참조

亦: 역시, ~도 또한 → 繼善 篇 (8) 참조

身: 자기, 자신

ⓢ 以身作則: 자신이 모범이 되다. 솔선수범하다. / ⓢ 身臨目睹: 자신이 (그곳에) 가서 (직접) 눈으로 보다.

旣: 이미, 벌써 → 繼善 篇 (8) 참조

何: 어찌, 어째서, 무엇 때문에, 왜

ⓢ 談何容易: 말하기가 어찌 쉽겠는가? / 吾何畏彼哉: 내가 어째서 그를 두려워하겠는가?

焉: 文末語氣助詞 → 文末에 쓰여 어기를 강조함

又何慮焉: 또 무엇을 걱정하랴! / 有厚望焉: 큰 희망이 있다네!

夫子言之 於吾心有戚戚焉: 선생께서 말씀하시니 내 마음에 (크게) 감동되는 바가 있습니다.

---

(6) 孝順還生孝順子 忤逆還生忤逆子 不信但看簷頭水 點點滴滴不差移

(부모에게) 효도하면 역시 효도하는 자식을 낳고, 불효하면 역시 불효하는 자식을 낳는다. 믿어지지 않으면 단지 처마 끝의 낙숫물을 보라. 한 방울 한 방울 (그 자리에) 떨어지는 모양이 (조금도) 어긋

나지 않느니라.

| 字句 풀이 |

順: 따를, 순종할, 복종할 → 天命 篇 (1)참조

孝順: 효도하다 ↔ 忤逆: 불효하다 / 孝順父母: 부모에게 효도하다.

觀人之道 幼則觀其孝順而好學: 사람을 보는 방법으로 어릴 때 그가 효도하고 (또) 배우기 좋아했는가를 본다(晉, 袁宏). / ※ "孝順(효도하다)" 속에 順의 의미가 이미 포함되어 있으므로 해석할 때 "순종하다"를 덧붙이지 않는 것이 좋다.

還: 역시 → "또한" "마찬가지로" 등과 같은 말

還是機器的效力大: 역시 기계의 힘이 크구나. / 回鄉下去住一兩天還挺新鮮: 시골에 돌아가서 하루나이틀 머물면 역시 기분이 무척 새로워진다.

生: 낳을 → 孝行 篇 (1) 참조

忤: 거스를, 거역할, 복종하지 않을, 반항할, 어길

忤耳: 귀에 거슬리다 / 忤情: 마음에 거슬리다. 마음에 안 든다

皆以忤旨抵罪: 모두가 왕의 명령을 거역함으로 죄를 지어 벌을 받았다(後漢書).

逆: 거스를, 어길, 거역할 → 天命 篇 (1) 참조

忤逆: 불효함

忤逆兒(=忤逆之子): 불효자 ↔ 孝順子: 효자 / 棄德背恩多忤逆: 배은망덕하면 대개 불효한다(敦煌變文集).

信: 믿을, 신용할, 신임할

信不信由你: 믿고 안 믿고는 네게 달렸다.

㋭ 信言不美 美言不信: 진실한 말은 꾸밈이 없고 꾸민 말은 믿을 수 없다.

但: 다만, 단지, 오직

㋖ 但求無過: 오직 잘못이 없기만을 바란다. / 但知一二: 단지 하나둘만을 안다, 조금밖에 모른다.

看: (바라)볼

㋖ 走馬看山: 말을 달리며 산을 보다, 대충대충 보다.

看晨月坐自夕: 새벽달 보려고 초저녁부터 나앉았다, 일을 너무 서두르다.

簷: 처마

簷滴: 낙숫물 / 簷際(=簷端, 簷頭): 처마 끝 / 簷堦: 댓돌 / 簷響: (처마 끝에서 떨어지는) 낙숫물의 소리 / 簷下: 처마 밑

頭: 끝

筆頭: 붓끝 / 兩頭尖: 양쪽 끝이 뾰쪽하다. / 中間粗 兩頭細: 가운데는 굵고 양 끝은 가늘다.

水: 물

㊌ 水火不相容: 물과 불은 서로 용납하지 않는다. / 牧民逐水草而居: 유목민은 물과 풀을 따라다니며 산다.

點: (액체의) 방울

水點(=水滴): 물방울 / 雨點(=雨滴): 빗방울 / 掉下雨點: 빗방울이 떨어지다.

雨大點地落下來了: 비가 굵은 방울로 떨어졌다.

滴: (액체가) 한 방울씩 떨어질, 방울져 떨어질

㊌ 滴水穿石: 떨어지는 물방울이 돌을 뚫는다. 작은 힘도 계속하면 성공한다.

握手淚再滴: 손을 잡을 때 눈물이 다시 떨어진다(杜甫).

滴滴: (물방울이) 한 방울씩 계속 떨어지는 모양

古巖泉滴滴, 幽谷鳥關關: 오래된 바위에서 솟는 물이 톰방톰방 떨어지고 깊숙한 계곡에는 새들이 정답게 지저귄다[唐, 令狐楚(賦山詩)]. / 只愛槽牀滴滴聲: 술 빚는 그릇을 올려놓은 상에서 한 방울씩 떨어지는 소리를 그저 좋아할 뿐일세[唐, 段成式(醉中吟)].

差: 어긋날, 차이 날, 다를, 틀릴

差不遠: 크게 다르지 않다. 별 차이가 없다 ↔ 差得遠: 크게 다르다

一點不差: 조금도 다르지 않다. / 差不多: 큰 차이가 없다, 거의 비슷하다.

移: 변(동)할, 바꿀, 바뀔, 변경할, 고칠

移名(=改名): 이름을 바꾸다. / ㊌ 貧賤不移: 가난하고 천해도 뜻을 바꾸지 않는다.

㊌ 堅定不移: (의지가 이미) 확고부동하여 조금도 변하지 않는다.

差移: 어긋남, 틀림, 변경됨 변동됨

人心或可昧 天道不差移: 사람의 마음은 혹 어긋날지라도 하늘의 도리는 변하지 않는다(古今小說).

< 正己 篇 >

(1) 見人之善而尋己之善 見人之惡而尋己之惡 如此方是有益

남의 선행을 보면 자기에게도 그런 선행이 있는지 찾아보고 남의 악행을 보면 자기에게도 그런 악행이 없는지 찾아보아야 한다. 이와 같이 하여야 비로소 이로 말미암아 유익하게 되느니라(性理書).

| 字句 풀이 |

而: ~(하)면 → 말을 잇는 접속사

[成] 脣亡而齒寒: 입술이 없으면 이가 시리다.

尋: 찾을 → 天命 篇 (2) 참조

己: 자기, 자신

[成] 舍己爲人: 남을 위하여 자기를 희생하다.

知彼知己 百戰百勝: 상대방을 알고 자기를 알면 백 번 싸워 백 번 이기다[孫子兵法(謀攻)].

此: 이(것, 곳, 때) → 가까운 사물 등을 가리키는 지시대명사, 彼의 對

[佛] 此岸: (번뇌의) 이 세상 ↔ 彼岸: (열반의 경지인) 저세상

[成] 此唱彼和: 이쪽이 노래 부르면 저쪽이 화답하다, 맞장구치다.

如此: 이와 같다, 이러하다

理當如此: 이치상 당연히 이러해야 한다.

事已如此 後悔也是枉然: 일이 이미 이렇게 되었으니 후회해도 소용없다.

方: 비로소, 마침내

雨到晚方停: 비가 저녁이 되어서야 비로소 멎었다.

如此做方可說是對: 이렇게 함으로써 비로소 옳다고 말할 수 있다.

是: 이로 말미암아[5)]

刑罰罕用 罪人是希: 형법으로 벌하는 일을 드물게 시행하니 이로 말미암아 죄인이 적어졌다[史記(呂太后紀)].

益: 이익, 이득, 도움

受益地區: 수혜지역 / 徒勞無益: 공연히 수고만 하고 이익이 없다, 헛수고하다. / 受益很多(=受益良多): 이득을 얻는 바가 매우 많다.

有益: 이롭다, 유익하다

開卷有益: 독서는 유익하다. / [成] 有益無損: 이로울 뿐 손해는 없다. ↔ [成] 有損無益

| 參考 |

性理書: 人性과 天理를 논한 儒家의 哲學書로 宋 때 쓰여짐

5) 敎學社編 大漢韓辭典 참조

(2) 大丈夫當容人 無爲人所容

대장부는 마땅히 남을 포용할지언정 남에게 포용 당하지는 말라(景行錄).

| 字句 풀이 |

大: 클

⑩ 廣大無邊: 넓고 커서 끝이 없다. / 天下大勢: 세상이 되어 가는 큰 흐름이나 방향

丈: 사나이, 성년의 남자

→ 丈이 단독으로는 "사나이"라는 뜻을 나타낼 수 없고 반드시 夫와 결합해야 한다.

夫: 사나이, 성년의 남자

⑩ 匹夫匹婦: 평범한 사나이와 여자, 서민

無求備於一夫: 한 사나이에게 모두 다 갖추어 완벽하기를 바라지 않는다(書經).

丈夫: 사나이, 성년의 남자, 대장부

丈夫淚: 사나이의 눈물

⑫ 丈夫一言重千金: 장부의 말 한마디는 천금같이 무겁다. 약속은 꼭 지킨다.

大丈夫: 사내답고 씩씩한 남자, 지조가 굳어 불의에 굽히지 않는 남자

大丈夫說一不二: 대장부는 한 입으로 두말하지 않는다. / 富貴不能淫 貧賤不能移 威武不能屈 此之
謂大丈夫: 부귀에도 미혹되지 않고 빈천에도 변하지 않고 권위와 무력에도 굽히지 않는다면 이런 사람
이 바로 대장부라 할 수 있다[孟子(滕文公下)].

當: 마땅히(반드시, 당연히) ~해야 할 → 조동사

當說則說: 마땅히 해야 할 말은 한다. / 當辦就辦: 마땅히 해야 할 일이라면 곧 한다.

容: 포용할, 받아들일, 관용할

容納: 포용하다, 받아들이다. / 大度包容: 넓은 도량으로 포용하다. / 容人之量: 남을 받아들이는 도량,
포용력 / 他氣量不大 容不得人: 그는 도량이 작아서 남을 포용하지 못한다.

無: ~하지 말(=莫, 毋, 勿, 不可, 不要 등)

無多言: 쓸데없는 말을 하지 마라. / 無友不如己者: 자기보다 못한 자와 벗하지 말라[論語(學而)]. / 無
若宋人然: (전에) 송나라 사람과 같이 하지 말라[孟子(公孫丑上)].

爲: ~될, ~당할 → 피동형: 「爲+명사+所+동사」

爲歌聲所吸引: 노랫소리에 매료되었다. / 敵軍爲我軍所敗: 적군은 아군에게 패배당했다.

所: ~될, ~당할 → 동사 앞에 와서 또 그 앞의 爲와 호응하여 피동(수동)이 됨

爲人所笑: 남에게 웃음거리가 되다. / 爲實踐所證明: 실천에 의해 증명되었다. / 不大爲人所知: 별로 사람들에게 알려지지 않았다.

(3) 勿以貴己而賤人 勿以自大而蔑小 勿以恃勇而輕敵

자기만 귀하게 여김으로써 남을 천대하지 말고 自慢함으로써 弱者를 멸시하지 말며 용기를 믿고서 적을 가벼이 여기지 말지니라(太公).

| 字句 풀이 |

勿: (~하지) 말, 금하는 말 → 繼善 篇 (2) 참조

以: ~까닭에, ~ 때문에, ~(으)로 인하여, ~한 이유로 → 원인을 나타냄

※ 繼善 篇 (2) 참조

貴: 중시할, 귀(중)히 여길, 존중할

[成] 貴耳賤目: 눈으로 본 것보다 귀로 들은 것을 더 믿는다.

[成] 兵貴精不貴多: 군대는 量(숫자)보다 質(정예함)을 중시한다.

而: 그래서, 그러므로, ~ 때문에, ~로 인해 → 인과관계를 나타내는 접속사 ※ 繼善 篇 (2) 참조

賤: 경시할, 얕볼, 업신여길

賤視: 업신여겨 보다, 천하게 여기다. / 賤待: 낮게 보아 예로써 대우하지 않다, 업신여겨 푸대접하다. / 人皆賤之: 사람들이 모두 그를 무시한다.

大: 교만(오만)할, 잘난 체할, 과장(과시)할, 자랑할

閔馬父笑 景伯問之 對曰笑吾子之大也: 민마의 부친이 웃기에 경백이 물으니 대답하기를 "내 아들이 잘난 체해서 웃었소이다"라고 했다(國語)[6]

君子不自大其事 不自尙其功: 군자는 자기의 일이나 공로를 스스로 자랑하지 않는다(禮記).

自大: 교만(오만)함, 自慢함, 잘난 척함, 뽐냄, 우쭐거림, 주제넘음

[成] 驕傲自大: 교만하여 우쭐대다(=[成] 自高自大)

[成] 夜郎[7] 自大: 분수도 모르고 거만을 떨다. 우물 안 개구리 식이다.

---

6) 閔馬: 춘추시대 魯나라의 大夫인 閔子馬의 약칭
景伯: 춘추시대 노나라 子服何의 시호

7) 夜郎은 漢代에 西南 오랑캐 중에 가장 강했던 나라로 夜郎侯가 漢나라 사신에게 자기 나라와 漢나라와의 優劣을 물었다는 故事에서 유래되었다.

蔑: 멸시할, 업신여길, 깔볼

輕蔑: 깔보고 업신여기다. / 蔑視: 업신여겨서 보다. / 侮蔑: 멸시하고(무시하고, 업신여기고) 얕보다.

小: (역량이나 정도 등이) 작을, 적을, 좁을, 약할, 얕을 → 繼善 篇 (2) 참조

㊍ 小材大用: 능력이 모자란 사람이 크게 쓰임을 받다.

恃: 믿을, 의지할

㊍ 有恃無恐: 믿는 구석이 있어 겁이 없다. / ㊍ 恃强凌弱: 힘(이 강함)을 믿고 약자를 능욕하다.

勇: 용기

有勇無謀: 용기는 있으나 꾀(지략)가 없다. / ㊍ 智勇雙全: 지혜와 용기를 겸비하다(모두 갖추다).

輕: 경시할, 업신여길, 가볍게 여길, 멸시할

㊍ 輕敵必敗: 적을 깔보면 반드시 패한다. / ㊍ 輕財重義: 재물을 경시하고 의리를 중시한다.

敵: 적, 원수

敵國破謀臣亡: 적국이 망하면 모신은 죽는다(史記).

分淸敵我: 적과 아군을 확실히 함 ↔ 敵我不分: 적과 아군을 혼동함

---

(4) 聞人之過失 如聞父母之名 耳可得聞 口不可言也

남의 잘못에 대한 말을 들으면 마치 자기 부모의 銜字를 듣는 것같이 하여 귀로 단지 듣기만 하는 것은 좋으나 입으로 말하지는 말지니라(馬援). / ※ 銜字 → 남의 이름을 높여드리는 말

| 字句 풀이 |

過: 잘못, 허물, 실수, 과실

㊍ 改過遷善: 잘못을 고치고 착하게 되다. / 聖人且有過與: 성인도 허물이 있습니까[孟子(公孫丑下)]?

失: 잘못, 허물, 착오, 과오, 과실, 실수

閃失: 뜻밖의 실수 / 小心免得有閃失: 뜻밖의 실수도 생기지 않도록 조심하라.

㊓ 智者千慮 必有一失: 지혜로운 사람도 천 번의 생각 중에 한 번쯤은 반드시 실수가 있다.

過失: 잘못, 허물, 과오, 실착, 실수

偶然過失: 우연한 실수 / 犯了過失: 과오를 범하다. 실수를 저지르다.

如: ~처럼 할, ~과 같게 할 → 繼善 篇 (4) 참조

名: 이름

命名: 이름을 짓다. / 署名捺印: 손수 이름을 쓰고 날인하다.

[成] 指名道姓(=提名道姓): 이름을 똑똑히 대다.

耳: 귀

耳鳴症: 귀울잇증 / 耳明酒: 귀밝이술 → 옛 풍습으로 음력 정월 보름날 아침에 마신다.

附耳低言(=附耳細語, 附耳交談): 귓속말로 말하다.

可: (~해도) 좋을, 괜찮을, 관계없을 → 동의나 허락

可大可小: 커도 좋고 작아도 좋다. / 皆以爲可: 다들 좋다고 생각하다. / 大致尙可: 대체로 아직은 괜찮다. → 大致: 대체로

得: 다만, 단지, 겨우 → 강조나 그것뿐임

此恐不得削地而已: 이에 다만 땅을 삭감하지나 않을까 하고 걱정할 뿐이었다(史記).

不可: (~해서는) 안 됨

不可或緩: 조금이라도 늦추면 안 된다. / 不可偏廢: 어느 하나라도 버리면(소홀히 하면) 안 된다.

言: 말할

言必稱: 말을 할 때마다 반드시 / [成] 不言而喩: 말하지 않아도 안다. 말할 것도 없다.

| 出典 |

後漢書(馬援傳), 小學(嘉言 篇)

---

(5) 聞人之謗未嘗怒 聞人之譽未嘗喜 聞人之惡未嘗和 聞人之善則就而和之 又從而喜之 其詩曰樂見善人 樂聞善事 樂道善言 樂行善意 聞人之惡 如負芒刺 聞人之善 如佩蘭蕙

남이 비방하는 말을 들어도 언제나 노여워하지 말고 남의 칭찬을 들어도 (언제나) 기뻐하지 말라. 남의 악행을 듣더라도 (언제나) 同調하지 말고 남의 선행을 들으면 곧 그에게 다가가서 맞장단을 쳐 줄 것이며 또한 그리하여 그를 기쁘게 해 줄지니라. 이미 詩經에서 이르기를 "착한 사람 만나는 것이 기쁘고 善行談 듣는 것이 즐거우며 좋은 말(유익한 말) 하는 것이 기쁘고 善한 뜻 실천하는 것이 즐겁다. 남의 악행을 들으면 가시를 등에 진 것 같이 불쾌하고 남의 선행을 들으면 香草를 가슴에 달고 있는 것처럼 유쾌하다."라고 하였다(康節邵先生).

| 字句 풀이 |

謗: 비방할, 헐뜯을

謗書: 남이나 세상일을 비방하는 글 / 信而後諫 未信 則以爲謗己也: 신임을 얻은 후에 간언을 해야 한

다. 신임을 얻지 못하고 간언을 하면 자기를 비방한다고 여긴다[論語(子張)].

未: (~하지) 말 → 금하는 말

帶甲且未釋: 갑옷을 입고 잠시 벗지를 말라(杜甫). / 未怪平陽客, 雙淚落: 평양 손님을 원망하지 (탓하지) 말라고 하면서 재차 눈물을 흘렸다[周邦彦(大酺 春雨詞)].

嘗: 언제나, 늘, 항상(常과 통용됨)

公子光 嘗陰養謀臣: 공자 광은 항상 책략에 능한 신하를 남몰래 길렀다(史記). / 雪每先秋降 花嘗近夏生: 눈은 언제나 초가을에 내리고 꽃은 항상 여름이 가까워야 핀다(唐, 卿雲).

怒: 성낼, 화낼

[成] 怒髮衝冠: 성난 머리털이 곤두서서 冠을 밀어 올리다. 노발대발하다.

文王一怒而安天下之民: 문왕이 한 번 노하시어 천하의 백성을 편안히 하셨다[孟子(梁惠王下)].

譽: 기릴, 칭찬할

過譽: 과찬하다. / 譽不絶口: 칭찬이 끝이 없다. / 譽之爲英雄: (그를) 영웅으로 기리다. / 誰毁誰譽: 누구를 비방하고 누구를 칭찬하랴[論語(衛靈公)].

喜: 기뻐할, 즐거워할

[成] 喜不自勝: 기뻐서 어찌할 바를 모르다. / 喜色滿面: 기뻐하는 빛이 얼굴에 가득하다.

和: 덩달아 따를, 부화(附和)할, 붙좇을, 추종할

[成] 附和雷同: 남의 말이나 행동에 줏대 없이 덩달아 따르다.

[成] 一唱百和: 한 사람이 노래를 부르니 뭇사람이 따라 부르다(한 사람이 제창하니 뭇사람이 추종하다).

則: ~하면 곧, ~하면 ~할(순접의 접속사) → 孝行 篇 (2) 참조

物體熱則脹 冷則縮: 물체는 더우면 팽창하고 식으면 줄어든다.

寒往則暑來: 추위가 가면 곧 더위가 온다(易經).

就: 가까이 갈, (곁에) 다가갈, 접근할

就火取暖: 불에 다가가 따뜻하게 하다. / 就着燈光看書: 등불을 가까이하고 책을 보다.

按劍就之: 칼을 어루만지면서 그에게 다가갔다(國語).

和: 화답할

奉和一首: 삼가 시 한 수로 화답합니다. / 和韻: 남이 지은 시의 韻字에 맞추어 화답하다.

又: 또한, 게다가, 그 위에 → 일의 정도가 차츰 더해져 감

天很黑又下着雨: 날은 매우 어둡고 게다가 비까지 내린다.

冬季日短 又是雪天: 겨울은 해가 짧고 게다가 눈이 오는 계절이다.

從而: (그렇게) 함으로써, 그리(이리)하여, 그래서, (이에) 따라서, ~하고 나서

※ 문장의 앞부분이 원인, 방법에 해당하고 뒷부분이 결과, 목적, 진일보한 행동 등을 나타낼 때 두 부분

을 연결하는 접속사 역할을 한다. / 經過討論 從而深入研究: 토론을 거침으로써 깊이 연구하게 되었다. / 農業發展 從而爲輕工業提供了充足的原料: 농업이 발전함에 따라서 경공업에 충분한 원료를 제공하였다. / 交通發展 從而爲工業發展提供了很好的環境: 교통이 발전함으로써 공업 발전에 매우 좋은 환경을 제공하였다.

其: 이미, 벌써

宋其復爲紂所爲 不可不誅: 송미자는 이미 紂王이 한 짓을 다시 범해서 죽이지 않을 수 없었다[史記(宋微子世家)].

詩: 시경(詩經)을 뜻함

[成] 詩云子曰: 시경과 공자가 말하다. 古人의 문자를 쓰다. / 詩三百 一言以蔽之 曰思無邪: 시경 삼백편의 시를 한마디로 요약하면 "생각에 사악함이 없다"이다[論語(爲政)].

見: 만날, 마주칠

[成] 一見如故: 한 번 만났는데 옛친구 같다. / 不能見人: 사람을 볼(만날, 대할) 낯(면목)이 없다.

道: 말할

[成] 微不足道: 하찮아서 말할 가치조차 없다.

[成] 說長道短: 남의 장단점을 들어 왈가왈부하다(이러쿵저러쿵 말하다).

言: 말(씀)

[成] 閉口無言: 입을 다물고 말이 없다. / [成] 言多必失(=言多語失): 말이 많으면 실수하기 마련이다.

意: 뜻, 마음, 생각

[成] 意不相投, 뜻이 맞지 않는다. / [成] 言簡意賅: 말은 간략하나 뜻은 다 들어 있다.

負: (등에) 질, 멜

負戴: 짐을 등에 지고 머리에 이다. → [成] 負戴之恩: 부모의 은혜

[成] 負荊請罪: 가시를 짊어지고 처벌을 청하다. → 정중히 사죄하다.

芒: 가시

尖刺 → 주로 刺와 결합하여 "가시"의 뜻이 됨

刺: 가시

話裏有刺: 말에 가시가 있다. / 手上扎了一個刺: 손에 가시가 하나 박혔다.

芒刺: 가시

[成] 芒刺在背: 등에 가시가 박혀 있는 것 같다(바늘방석에 앉은 것 같다).

佩: (가슴이나 어깨에) 달, (허리에) 찰

佩勳章: (가슴에) 훈장을 달다. / 腰佩手槍: 허리에 권총을 차다. / 佩長劍: 긴 칼을 (허리에) 차다. / 佩帶一朵康乃馨: 카네이션 한 송이를 (가슴에) 달다.

蘭: 난초

[成] 春蘭秋菊: 봄 난초와 가을 국화 → 제철에 맞는 꽃

同心之言 其臭如蘭: 한마음으로 하는 말은 향기롭기가 난초와 같다.

蕙: 향초(香草) 이름

薰草(=蕙草): 난초에 속하는 향기로운 풀 / 蕙若: 혜초와 杜若 → 둘 다 향초임 / 蕙氣: 향초의 향기 / 蕙芷: 혜초와 구리때 → 둘 다 향초임 / 蕙圃: 향초밭 / 蘭蕙(=蕙蘭): 향초 → 향기로운 풀 곧 난초와 혜초를 말한다. / 被褐懷金玉 蘭蕙化爲芻: 누더기를 입고 금과 옥을 품고 있기도 하고 향초가 변하여 牧草가 되기도 한다(漢, 趙壹).

---

(6) 道吾善者是吾賊 道吾惡者是吾師

나의 장점만을 말해 주는 사람은 나의 적이요, 나의 단점을 말해 주는 사람은 나의 스승이다.

| 字句 풀이 |

道: 말할 → 正己 篇 (5) 참조

吾: 나, 우리

我善養吾浩然之氣: 나는 나의 호연지기를 잘 기른다[孟子(公孫丑上)].

先生教誨, 吾輩必將銘記在心: 스승님의 가르침을 우리는 꼭 마음에 새기겠습니다.

善: 옳을, 좋을, 훌륭할

莫不稱善: 누구나 다 좋다고 말한다. / [成] 盡善盡美: 더할 나위 없이 훌륭하고 아름답다.

善哉 問: 참으로 좋은 질문이로다[論語(顔淵)]!

※ 중국인들의 譯本에는 (원문에서) 善이 好(좋다)로 되어 있다.

是: ~이다 → 영어로 "is" 에 해당

敵是敵 友是友: 적은 적이고 벗은 벗이다.

去年是去年 今年是今年: 작년은 작년이고 금년은 금년이다.

賊: (역)적, 반역자(=賣國賊: 매국노)

民賊: 백성의 적(=賊軍, 敵軍) / 漢賊不兩立: 한나라와 敵徒는 양립할 수 없다[諸葛亮(後出師表)].

惡: 나쁠 → 繼善 篇 (4) 참조

惡夢: 나쁜(불길한) 꿈 / 惡俗: 나쁜 풍습 / 惡癖: 나쁜 버릇

有惡因必有惡果: 나쁜 원인이 있으면 반드시 나쁜 과보가 따른다.

師: 스승, 선생

戌 良師益友: 훌륭한 스승과 유익한 벗

溫故而知新 可以爲師矣: 옛것을 익히고 새것을 알면 (남의) 스승이 될 수 있다[論語(爲政)].

---

(7) 勤爲無價之寶, 愼是護身之符

근면은 값을 칠 수 없는 귀중한 보배요 삼가함은 몸을 지켜주는 부적이다(太公).

| 字句 풀이 |

勤: 근면, 부지런함

戌 勤能補拙: 근면은 모자란 재간도 채워 준다.

勤儉建國勤儉持家: 근면과 검소로 나라를 세우고 집안을 꾸려 간다.

爲: ~이다

學習期限爲三年: 학습 기한은 3년이다. / 十寸爲一尺: 10寸은 一尺이다

大韓民國首都爲漢城: 대한민국의 수도는 서울이다.

價: 값, 가격, 금

漲價: 값이 오르다 ↔ 落價(=跌價): 값이 내리다 / 戌 物美價廉: 물건도 좋고 값도 싸다.

之: ~(하)는, ~한 → 繼善 篇 (6) 참조

寶: 보배, 보물, 진귀한 것

傳家之寶: 대대로 전해 내려오는 家寶, 戌 無價之寶: 값으로 따질 수 없는 귀중한 보물

愼: 삼갈, 신중할, 조심할

戌 謹言愼行: 언행에 조심하다. / 戌 愼之又愼: 신중에 신중을 기하다.

護: 지킬, 막을, 보호할, 수호할

護僑: 해외 교민을 보호하다. / 守護神: 지키고 보호하여 주는 신 / 護守祖國江山: 조국강산을 수호하다.

身: 몸, 신체, 身高(=身長), 키

身姿: 몸매 / 戌 身外之物: 몸 이외의 것, 명예·지위·재산 등을 말하며 이것들은 별로 중요하지 않다는 뜻을 담고 있다.

護身: (자기) 몸을 보호하고 지키다

護身刀: 호신용 칼 / 護身術: 호신용 무술

符: 부적

護身符: 몸에 지니면 災厄을 막아 준다는 호신용 부적 / 或夜行身帶此符 諸邪不敢近: 혹 밤길을 갈 때 이 부적을 몸에 지니면 모든 재앙이 감히 접근을 못한다(陽宅十書).

(8) 保生者寡慾 保身者避名 無慾易 無名難

목숨을 보전하려는 자는 욕심을 절제해야 하고 明哲保身 하려는 자는 명성을 피해야 하는데 욕심을 비우기는 쉬우나 명성을 추구하지 않기는 어렵다(景行錄).

| 字句 풀이 |

保: 보전할, 보존할, 유지할

保命: 생명을 유지하다. 목숨을 부지하다. / 保鮮: 신선도를 유지하다. / 保溫: 온도를 유지하다.

生: 목숨, 생명

殺生: 생명을 죽이다. / 輕生: 목숨을 가볍게 여기다. / 戒 舍生取義: 목숨을 버리고 정의를 따르다(孟子, 告子上).

寡: 적게 할, 줄일, 감소시킬

夫子欲寡其過而未能也: 선생께서는 그의 과실을 줄이려고 애쓰시지만, 아직 잘 안 되고 있습니다[論語(憲問)].

慾: 욕심, 욕망

寡慾: 욕망을 절제하다. / 貪慾: (만족을 모르고) 탐하는 욕심 / 求知慾: 지식욕(심) / 食慾: 음식이 먹고 싶은 욕심 → 食慾不振: 식욕이 떨어짐 또는 그 현상 / 淸心寡慾: 마음을 깨끗이 하고 욕심을 절제하다.

保身: 이 글에서 保身은 明哲保身을 말한다. 명철보신이란, "매사를 총명하고 지혜롭게 처리하여 자기 一身을 위험에 처하거나 욕됨을 당하지 않게 잘 보전하다"라는 뜻이다.

※ 중국인들도 保身者避名을 "明哲保身的人回避名聲"으로 해설하는데, 國譯하면 "명철보신 하려는 자는 명성을 회피해야 한다"가 된다.

避: 피할, 비킬 → 繼善 篇 (7) 참조

名: 명성, 명예, 평판 → 天命 篇 (5) 참조

易: 쉬울, 용이할

輕而易擧: 가벼워서 들기 쉽다. / 戒 易如反掌: 손바닥 뒤집기 같이 쉽다, 식은 죽 먹기다.

無名: 명성을 추구하지 않음

至人無己 神人無功 聖人無名: 至人은 사심이 없고 神人은 功을 추구하지 않고 聖人은 명성을 추구하

지 않는다(莊子). / ※ 道家에서 至人은 "無我의 경지에 이른 사람"이고 神人은 "道를 깨친 사람"이며 聖人은 "仙人에 대한 높임말"임,

(9) 君子有三戒 少之時 血氣未定 戒之在色 及其壯也 血氣方 剛 戒之在鬪 及其老也 血氣旣衰 戒之在得

군자는 세 가지 경계할 것이 있으니, 젊을 때는 혈기가 안정되지 않아서 경계함이 女色에 있고, 壯年이 되면 원기가 한창 왕성해서 경계함이 싸움에 있으며, 노년에 이르면 원기가 이미 쇠해졌으나 (아직도) 경계할 것이 탐욕에 있느니라(孔子).

| 字句 풀이 |

君子: 학식과 덕망이 높은 사람, 小人의 상대어

君子憂道 不憂貧: 군자는 道(정의)를 걱정하지 가난을 걱정하지 않는다[論語(衛靈公)].

君子必愼其獨也: 군자는 홀로 있을 때도 반드시 마음을 바로 가지도록 삼간다(大學).

戒: 경계할, 삼갈, 주의할, 조심할

懷有戒心: 경계심을 품고 있다. / ⓥ 戒驕戒躁: 교만과 조급함을 경계하다.

少: 젊을 → 나이 서른 살 이전[8]

陳涉少時 嘗與人傭耕: 진섭은 젊었을 때 남에게 고용되어 농사를 지은 적이 있었다(史記).

之: ~(하)는, ~한 → 繼善 篇 (6) 참조

時: 때, 시기

ⓥ 風行一時: 한때 유행하다. / 彼一時 此一時也: 그때는 그때고 지금은 지금이다[孟子(公孫丑下)].

血: 피, 혈액

血絲: 핏발, 핏줄기 → 帶血絲的眼: 핏발 선 눈

口血未乾而背之: (피를 마시면서 세운 맹세를) 입에 피도 마르기 전에 어기다. 배반하다(左傳).

氣: 기(운), 원기[9]

傷了元氣: 원기를 잃다. ↔ 恢復元氣: 원기를 회복하다.

氣虧: (원)기가 부족하다. / 氣虛多病: (원)기가 허약하면 병이 많다.

---

8) (株)敎學社編 大漢韓辭典의 해설

9) 한의학에서 인체 각 기관의 기능을 제대로 작용케 하는 힘

血氣

① 激하기 쉬운 감정이나 기질 → 血氣未定에 해당함

血氣之憤: 혈기로 부리는 공연한 분노 / 血氣之勇: 일시적 충동으로 부리는 용기

② 元氣, 精力 → 血氣方剛과 血氣旣衰에 해당함 / 血氣方壯(=血氣方盛): 원기가 한창 왕성하다.

耆老之人 髮齒墮落 血氣衰微: 노인은 머리와 이빨이 빠지고 원기가 쇠약해진다(漢書).

未: 아닐, ~하지 못할 → 繼善 篇 (6) 참조

定: 안정될, 가라앉을, 다스려질

大局已定: 큰 국면이 이미 안정되었다. / 正家而天下定矣: 가정을 바르게 하면 천하가 안정된다[易(家人)].

之: 주술(主述)구조의 문형(文形)에서 앞에 있는 동사를 명사형으로 바꾼다.

哭泣之哀: 흐느낌이 구슬프다.

在: ~에 있을 → 天命 篇 (2) 참조

色: 여색, 미모의 여성, 색정, 성욕

食色性也: 식욕과 성욕은 본성이다[孟子(告子上)]. / 寡人好色: 과인이 여색을 좋아합니다[孟子(梁惠王下)]. / ㉆ 傾國之色: (임금이) 나라가 기울어져도 모를 만한 미인

及: 미칠, 이를, 도달할

水深及腰: 물의 깊이가 허리에 이른다.

及齡兒童要及時入學: 학령이 된 아동은 제때 입학해야 한다.

其: 동사의 뒤에 쓰이는 어조사 → 완료나 진행을 나타내고 了나 着에 해당함

天子親到御園 向東南方打其一彈: 천자가 친히 황실의 동산에 납시어 동남쪽으로 총알 한 발을 쏘았다(元, 佚名氏).

壯: 장년, 남자의 나이 삼십 세

人生十年曰幼學 二十曰弱冠 三十曰壯: 사람이 태어나 십 세면 幼學, 이십 세면 弱冠, 삼십 세면 壯이라 한다(禮記).

也: 문장의 중간에 쓰여 잠시 멈춤의 어감을 나타낸다.

大道之行也 天下爲公: 大道가 행해지면 천하가 공평해진다.

斯人也 誠篤好學: 이 사람은 참으로 독실하게 학문을 좋아한다.

方: 바야흐로, 한창

國家方興: 나라가 한창 흥왕하고 있다. / ㉆ 來日方長: 바야흐로 앞날이 창창하다.

剛: 굳셀, 강(성)할, 기운찰, 힘찰, 힘이 셀

剛健體: 기운차고 활기 있게 표현하는 文體의 한 가지 / 旅力方剛: 체력이 한창 강성하다, 힘이 세다[詩(小雅)].

鬪: 싸움, 전투

鬪鷄戲: 닭싸움(싸움닭) 놀이 / 戰鬪場: 싸움터 / 格鬪(=搏鬪): 맞닥뜨려 치고받는 싸움

老: 노년, 만년(晩年), 늘그막

發憤忘食 樂以忘憂 不知老之將至: (학문에) 분발하며 (도가) 즐거워서 먹는 일과 근심조차 다 잊고 노년이 지금 막 다가오고 있는 줄도 모르다[論語(述而)].

聊優遊以娛老: 다소나마 유유자적하면서 만년을 즐겁게 보내다(晋 陸機, 歎逝賦).

旣: 이미, 벌써 → 繼善 篇 (8) 참조

衰: 쇠(퇴)할, (쇠)약해질

風勢漸衰: 바람이 점점 약해지다. / 經久不衰: 오래도록 쇠할 줄 모른다. / 年老力衰: 나이가 들어 힘이 약해지다.

得: 욕심을 부릴, (이익을) 탐할

貪得: (재물이나 권익을) 탐내다. / 老謂五十以上 得謂貪得 血氣旣衰 多好聚斂 故戒之: 노년은 50세 이상을 말하고 得은 탐득을 말하는데, 원기가 이미 쇠해졌어도 대부분이 재물을 긁어모으기를 좋아하므로 이를 경계하는 것이다(邢昺疏). / ※ 邢昺: 宋나라 사람으로 論語正義를 서술했다.

| 出典 |

論語(季氏)

---

(10) 怒甚偏傷氣 思多太損神 神疲心易役 氣弱病相因 勿使悲歡極 當令飮食均 再三防夜醉 第一戒晨嗔

분노가 심하면 꼭 원기를 해치고 思念이 많으면 精氣를 크게 잃는다. 精氣가 피로하면 마음이 쉽게 혹사되고 (이로 인하여) 기운이 약해지면 萬病이 이 틈을 노린다. 슬픔도 기쁨도 절정에 이르도록 하지 말고 제철 음식을 고루 섭취하며 밤술에 취하는 것을 거듭 피하고 새벽에 화내는 것을 으뜸으로 경계해야 하느니라(孫眞人養生銘).

| 字句 풀이 |

怒: 분노, 노여움, 화, 성

發怒: 화내다, 성내, 노하다. / [成] 怒形於色: 분노가 얼굴에 드러나다. 얼굴에 노기를 띠다.

[成] 怒不可遏: 분노를 억제하지 못하다. 성을 참지 못하다.

甚: 심할, 지나칠

無甚于此者: 이것보다 더 심한 것은 없다. / 甚矣吾衰也: 심하도다 나의 노쇠함이여[論語(述而)]!

偏: 굳이, 꼭, 기어코, 한사코, 무슨 일이 있어도

他偏不聽: 그는 한사코 듣지 않는다. / 我說白他偏說黑: 내가 희다고 해도 그는 굳이 검다고 한다. / 明知山有虎 偏向虎山行: 산에 범이 있는 줄을 뻔히 알면서도 기어코 범이 있는 산으로 간다.

傷: 상할, 해칠, 해로울

㉖ 傷生害命: 생명을 해치다. / 烟酒傷身: 담배와 술은 몸을 해친다(몸에 해롭다).

暗箭傷人: 남몰래 (쏘는 화살로) 사람을 해친다.

氣: 기(운), 원기 → 正己 篇 (9) 참조

思: 생각, 사념(思念)

春思: 봄을 느끼어 설레는 생각 혹은 마음(=情緒) / ㉖ 思深慮遠: 생각이 깊고 사려가 멀리까지 미치다.

多: 많을

㉖ 多如牛毛: 쇠털같이 많다. / ㉖ 多多益善: 많으면 많을수록 좋다.

太: 너무, 심히, 매우, 몹시, 크게, 지나치게

太好: 너무 좋다. / 天太熱了: 날씨가 너무 덥다. / 太過和不及是一樣的: 지나친 것과 미치지 못함은 같다.

損: 잃을, 상실할

損元氣(=損元力): 기력(원기)을 잃다. / 損命: 목숨을 잃다. / 損德: 덕을 잃다.

㉖ 損兵折將: 장병을 다 잃다. 패전하다(水滸傳).

神: 생명의 원천이 되는 정수(精粹)한 기운 → 精氣, 元氣, 腎氣, 生氣, 活力 등으로도 표현됨

說話帶神: 말투에 생기가 돌다. 말하는 데 활기가 있다. / 天之神棲乎日 人之神棲乎目:하늘의 정기는 태양에 깃들고 사람의 정기는 눈에 깃들어 있다(皇極經世).

疲: 피로할, 지칠, 고달플

㉖ 筋疲力盡: 근력이 지치고 녹초가 되다. 기진맥진하다. / 疲馬不畏鞭箠: 피로한 말은 채찍을 두려워하지 않는다. 피폐한 백성은 형벌을 두려워하지 않는다.

役: 부릴, 부려질, 일을 시킬, 사역을 당할

奴役: 노예같이 혹사당하다. / 天下無道 小役大 弱役强: 천하에 도가 없으면 작은 자가 큰 자에게 부림을 당하고 약자가 강자에게 부림을 당한다[孟子(離婁上)].

弱: (허)약할

㉖ 弱不勝衣: 옷을 이기지 못할 정도로 허약하다.

强將下無弱兵: 강한 장수 밑에 약한 병사가 없다(蘇軾).

病: (질)병

稱病缺席: 병을 핑계로 결석하다. / 假病: 꾀병 / 臥病: 몸져눕다. / 生病: 병이 생기다.

相: 단음절 동사 앞에서 한쪽이 다른 한쪽에 행하는 일방적인 동작이나 태도를 나타내며, 어조사로 간주

할 수 있다. 해석할 때 "서로"라는 표현을 쓰지 않도록 유념한다.

我不相信: 나는 믿지 않는다. / 實不相瞞: 정말 속이지 않는다.

煮豆燃豆萁 豆在釜中泣 本是同根生 相煎何太急: 콩대를 태워 콩을 삶으니 콩이 솥에서 울고 있구나. 본래 한 뿌리에서 나왔거늘 (目下) 들볶음이 어찌 이리도 태급한고[曹植(七步詩)].

因: (시간이나 기회 등을) 틈탈

因其無備 卒然擊之: 무방비를 틈타서 갑자기 공격하다.

不如因其機而遂取之: 그 기회를 틈타서 즉시 공격하는 편이 낫다[史記(項羽紀)].

使: 하여금, ~하도록 할, ~하게 할, ~시킬

使人感動: 사람으로 하여금 감동하게 하다.

虛心使人進步 驕傲使人落後: 겸허함은 사람을 향상시키고 교만함은 사람을 퇴보시킨다.

悲: 슬픔

㉖ 悲喜交集: 희비가 교차하다. / ㉖ 悲不自勝: 슬픔을 이기지 못하다.

㉖ 含悲忍淚: 슬픔을 머금고 눈물을 참다.

歡: 기쁨, 즐거움, 희열

啜菽飲水 盡其歡 斯之謂孝: 가난하면서도 (어버이의 뜻을 잘 받들어) 그들의 즐거움을 다 누리도록 하면 이것을 일컬어 효도라고 한다(禮記). / ※ 啜菽飲水는 직역하면 "콩을 먹고 찬물을 마시다"인데 "가난한 생활을 하면서도"라고 轉義된다.

㉖ 悲歡離合: 슬픔과 기쁨 이별과 만남 → 인생살이의 무상함

極: 극도(최고도)에 이를, 절정에 달할, 극진할

極力: 있는 힘을 다하다 → 極力反對: 극력 반대하다.

㉖ 物極必反: 사물의 발전이 극에 달하면 반드시 반전한다.

當: 그 → 무슨 일이 일어난 때나 장소를 가리킴

當年種 當年收: 그 해에 심어서 그 해에 거두다. / 當日的事 當日做完: 그 날 일은 그 날 다 한다.

當時喫藥 當時有效: 약을 먹는 그 즉시 효과가 있다.

令: 철, 때, 계절

時令: 시절(=時節) / 春令: 봄철 / 夏令: 여름철 / 冬令: 겨울철

當令: 그 계절 → 제철

當令蔬菜: 제철 채소 / 當令的水果: 제철 과일 / 飲食: 먹고 마시는 음식물 / 飲食合口: 음식이 입에 맞다. / 飲食無味: (병 따위로) 입맛이 없다. / 飲食俱廢: 식음을 全廢하다.

均: 고르게 할, 균등하게 할, 過不足이 없게 할

均攤: 고르게 할당하다. / 均分: 고르게 나누다. / ㉖ 利益均霑: 이익을 골고루 받아 누리다.

再三: 거듭, 몇 번이고, 여러 번

再三挽留: 거듭 만류하다.

防: 막을, 방지할

防患未然: 재난을 미연에 막다. / 抗旱防澇: 旱害를 막고 수해를 방지하다.

夜: 밤

(成) 夜以繼日(=日以繼夜): 밤낮없이 계속하다.

(成) 夜不閉戶: 밤에도 대문을 닫지 않는다. 사회가 안정되다. 인심이 좋다.

醉: 취할

(諺) 一醉解千愁: 한 번 취함으로 모든 시름이 가시다.

第: 제 → 수사(數詞) 앞에 쓰여 순서를 나타냄

第四階級: 노동계급 / 無産階級: 프롤레타리아 / 第三者: 당사자 이외의 사람이나 단체

第一: 첫(번)째, 으뜸, 가장 중요함

第一要務: 가장 중요한 일 / 第一人者: 한 방면에서 첫손 꼽는 사람

晨: 새벽

晨鐘暮鼓: (절에서) 새벽에 치는 종과 저녁에 치는 북

昏定而晨省: (자식이 부모에게) 조석으로 문안하다(禮記).

嗔: 성낼, 화낼

(諺) 嗔掌不打笑臉: 웃는 낯에 침 뱉으랴. / 嗔目而視: (화가 나서) 눈을 부라리고 보다.

| 參考 |

孫眞人: 성명은 孫思邈(581?~682). 唐의 名醫로 道家에 속했으며 저서에 醫書인 千金方과 千金翼方이 있음 / 眞人: 도가에서 道를 깨달은 사람을 말하며 주로 칭호로 쓰이고 있는데 예를 들어 南華眞人은 莊子이다. / 養生: 섭생(함) → 병이 걸리지 않게 노력함 / 早起早睡 生活規律 是養生有道: 일찍 일어나고 일찍 자며 규칙적인 생활을 하는 것이 법도 있는 양생이다. / 銘: (쓰거나 새겨서) 자신의 교훈으로 삼는 글 / 座右銘: 항상 자리 옆에 두고 경계로 삼는 글

---

(11) 食淡精神爽, 心淸夢寐安

음식이 담백(淡白)하면 정신이 상쾌하고, 마음이 맑으면 꿈에도 편안하다(景行錄).

| 字句 풀이 |

淡: 담박(淡泊)할, 맛이 느끼하지 (진하지) 않고 맑을, 濃의 對

※ 淡泊과 淡白은 同義語임 / 大味必淡 大音必希: 가장 순수한 맛은 반드시 담박하고 가장 아름다운 음악은 반드시 고요하다[漢書(楊雄傳)].

精: 정신, 영혼, 마음

㉇ 聚精會神: 정신(마음)을 집중하다.

神: 정신, 마음, 신경

精神: 사물을 느끼고 생각하며 판단하는 마음의 능력 / 神馳故土: 마음은 고향으로 달린다. / ㉇ 神淸氣爽: 정신이 맑고 기분이 상쾌하다. / 精神一到何事不成: 정신을 한곳에 쏟으면 무슨 일이 안 되겠는가(朱子語類)?

爽: 상쾌할, 시원할, 개운할, 맑을

身體不爽: 몸이 개운치 않다. / 天凉風爽: 날씨는 서늘하고 바람은 시원하다. / ㉇ 秋高氣爽: 가을 하늘은 높고 공기는 맑다, 가을의 맑은 날씨

淸: 맑을 깨끗할

水淸如鏡: 물이 거울 같이 맑다.

滄浪之水淸兮 可以濯我纓: 창랑의 물이 맑으면 내 갓끈을 빨 수 있고[孟子(離婁上)]…

夢: 꿈꿀

淨夢好事: 오직 좋은 일만 꿈꾸고 있다.

晉侯夢與楚子搏: 진후가 초자(초나라 왕)와 맞붙어 싸우는 꿈을 꾸었다(左傳).

寐: (잠을) 잘

喜而不寐: 기뻐서 잠을 이루지 못하다. / ㉇ 寤寐思之: 자나 깨나 그 일(또는 사람)만 생각하다.

夢寐: 꿈을 꾸며 잠을 자다 (또는) 그동안 → 해석할 때는 "꿈에도" "꿈속에서도" "몽매간에도" 등으로 표현한다.

㉇ 夢寐難忘: 꿈에도 잊지 못하다. / ㉇ 夢寐而求: 꿈속에서도 바라다, 자나 깨나 바라다, 갈망하다.

安: 편안할

坐不安 立不安: 앉으나 서나 안절부절못하다. / ㉇ 安貧樂道: 가난한 중에도 편안한 마음으로 도를 즐긴다. / ㉇ 安不忘危: 편안할 때에도 위험할 때를 잊지 않고 대비하다.

---

(12) 定心應物 雖不讀書 可以爲有德君子

마음을 차분하게 하여 사람들을 응대하고 사물을 처리하면 비록 공부를 하지 않아도 덕이 있는 군

자라고 말할 수 있다.

| 字句 풀이 |

定: 안정될, 가라앉을, 다스려질 → 正己 篇 (9) 참조

定心: 마음을 안정시킴(가라앉힘, 차분히 함)

做甚麽都不定心: 무엇을 하든 마음을 잡지 못하겠다.

定心廣志 余何畏懼兮: 마음이 침착하고 포부가 원대하면 내 무엇을 두려워하리오(楚辭)?

應: 응대할, 상대할, (대)응할, 대(처)할, 당할 → 닥치는 일을 감당함

從容應敵: 차분하게 (침착하게) 적을 상대하다. / [成] 應接不暇: 사람을 接待하느라 눈코 뜰 새 없다. / [成] 臨機應變: 기회나 고비가 닥치면 그때의 형편(변화)에 따라 잘 대처하다.

物

① 남, 다른 사람

受物議: 사람들로부터 이러니저러니 말을 듣다.

[成] 物議沸騰: 뭇사람의 비난이 들끓다. / [成] 物望所歸(=衆望所歸): 뭇사람의 신망이 한 사람에게 쏠리다. / 恐招物議: 사람들의 비난을 초래할까 두렵다.

② (나와 상대되는 개념으로서의) 사물, 환경

[成] 待人接物: 사람을 응대하고 사물(또는 환경)에 접하다(처세하다).

應物: 사람을 응대하고 사물에 접하다(처세하다).

虛己應物: 마음을 비우고 허심탄회하게 사람을 응대하고 사물에 접하다(晉書). / 每以誠恕應物: (劉曠은) 항상 진실하고 관대함으로 사람과 사물을 접했다, 처세했다(隋書, 劉曠傳).

讀: 읽을 → 繼善 篇 (6) 참조

書: (서)책, 서적 → 繼善 篇 (6) 참조

讀書: 책을 읽다 →繼善 篇 (6) 참조

可以: ~할 수 있을 → 가능함을 나타냄

有兩天就可以做完了: 이틀이면 해낼 수 있다.

這些蔬菜都可以生喫: 이 채소들은 모두 날것으로 먹을 수 있다.

爲: ~라고 부를, 말할, 이를, 일컬을

[成] 指鹿爲馬: 사슴을 가리키며 말이라고 하다.

北冥有魚 其名爲鯤: 북쪽 바다에 한 고기가 있는데 그 이름을 "곤"이라고 한다[莊子(逍遙遊)].

德: 덕 → "인격적으로 남을 敬服시키는 힘"을 말하며 "덕이 높다" "덕을 갖추다" 등으로 쓰인다.

德不孤 必有隣: 덕은 외롭지 않고 반드시 이웃이 있다[論語(里人)].

(13) 懲忿如救火, 窒慾如防水

분노를 억누르기는 불을 끄듯이 하고 욕심을 억제하기는 물을 막듯이 한다(近思錄).

| 이해를 돕는 말 |
분노는 불같이 일어나므로 鎭火하듯이 하고 욕심은 샘물처럼 끊임없이 솟아남으로 물을 막듯이 한다.

| 字句 풀이 |
懲: 억누를, 억제할, 제지할

民之訛言 寧莫之懲: 백성들의 헛소문은 차라리 억제하지 말라[詩(小雅)].

忿: 분노, 성, 화

懲忿: 분노를 억누르다.

如: 같게 할 → 繼善 篇 (4) 참조

救: (위험, 재난 등을) 막을, 저지할, 제지할

㊀ 遠水不救近火: 멀리 있는 물은 가까운 데의 불을 끄지 못한다.

火: 불

火攻: 불로 공격함 / 閃閃的火光: 반짝이는 불빛 / 火戲: 불놀이 / ㊀ 烟消火滅: 연기도 사라지고 불도
꺼지다. 일(사건)이 종식되다.

救火: 불을 끔, 消火함

救火隊: 소방대 / 救火梯子: 소방용 사다리 / ㊀ 救火以薪: 섶나무로 불을 끄다, 더 큰 화를 부르다.

窒: 막을, 억제할, 저지할

窒慾: 욕심을 억제하다, 禁慾하다. / ㊀ 懲忿窒慾: 분노를 억누르고 욕심을 억제함, 감정을 자제하고 금욕함

慾: 욕심 → 正己 篇 (8) 참조

| 參考 |
近思錄: 宋 때 朱熹(1130~1200)와 呂祖謙이 편찬했으며 근사록이란 책명은 論語(子張)의 切問而近
思에서 땄고 내용에는 修身, 齊家, 治國과 일상생활에서 지켜야 할 일들을 담았다.

切問而近思: 모르는 것을 간절하게 묻고 현실에 필요한 가까운 것부터 생각하다.

(14) 避色如避讐 避風如避箭 莫喫空心茶 少食中夜飯

女色 피하기를 원수 피하듯 하고 찬바람 피하기를 화살 피하듯 하며 빈속(空腹)에 차를 마시지 말고 밤중에는 밥을 적게 먹을지니라(夷堅志).

※ 女色 → ① 여자와의 성적 관계 ② (남자가 보는) 여자의 미모

| 字句 풀이 |

避: 피할, 비킬 → 繼善 篇 (7) 참조

色: 여색, 미모의 여성, 색정, 성욕 → 正己 篇 (9) 참조

讐: 원수

[成] 恩將讐報: 은혜를 원수로 갚다. / [成] 嫉惡如讐(=疾惡若讐): 악(인)을 원수처럼 미워하다.

風: 바람 → 順命 篇 (4) 참조

箭: 화살

[成] 光陰似箭: 세월이 (화)살 같이 빠르다.

[成] 箭在弦上 不得不發: 화살을 시위에 메긴 이상 당기지 않을 수 없다.

喫: 먹을, 마실, 피울, 빨

喫飯: 밥을 먹다. / 喫茶: 차를 마시다. / 喫烟: 담배를 피우다. / 喫奶: 젖을 빨다.

空: (속이) 빌

屋裏空無一人: 방이 텅 비어 한 사람도 없다. / 獨守空房(=獨宿空房): 남편 없이 혼자 빈방을 지내다.

心: 배, 속, 胃

心鬧: 속이 메스껍다(불안하다). / 冬朝勿空心 夏夜勿飽食: 겨울에는 아침에 속을 비우지 말고 여름에는 밤에 배불리 먹지 말라抱朴子(養生論).

空心: 빈속, 공복(空腹)

昨日早 空心飮十數杯 遂醉: 어제 새벽 공복에 열서너 잔을 마셨더니 마침내 취했다(歐陽脩).

茶: 다, 차

一盒綠茶: 한 통의 녹차 / 茶匙: 찻숟가락, 티스푼

茶飯事: (차와 밥처럼) 늘 있는 사소한 일 / 倒茶: 차를 따르다.

少: 적을, 많지 아니할, 多의 對

少而精: 적지만 알차다. / [成] 少喫儉用: 적게 먹고 아껴 쓰다.

食: 먹을

㉙ 食不甘味: (몸이나 마음이 아플 때) 먹어도 맛이 없다. / 不勞動者不得食: 일하지 않는 자는 먹지 말라.

中: (한)가운데, (한)중간, 중심, 중앙, 복판

㉙ 中途而廢: 중도에 그만두다. / 居中斡旋: 중간에서 주선하다.

中夜: (한)밤중, 夜半, 半夜, 中宵

蟋蟀何感 中夜哀鳴: 귀뚜라미는 무엇이 서러워서 밤중에 슬피 우는고(晉, 傅玄).

飯: 밥

㉙ 飯囊酒甕: 밥주머니와 술독, 쓸모없는 인간.

喫飯喫麪隨便: 밥을 먹든 국수를 먹든 마음대로 하라.

| 參考 |

夷堅志: 宋의 洪邁(1123~1202)가 민간에 전해지는 괴상한 일이나 귀신과 神仙에 관한 일을 적은 책으로 원래 420권이었으나 현재 50권만 전해진다.

---

(15) 無用之辯 不急之察 棄而勿治

쓸데없는 논쟁과 不要不急한 (일에 대한) 살핌을 내버려두고 상관하지 말라(荀子).

※ 다음 글은 (여기에서는 생략되었으나) 이 원문의 끝에서 이어지는 글임

若夫君臣之義 父子之親 夫婦之別 則日切磋而不舍也: 그렇지만 군신간의 의리나 부자간의 친애함이나 부부간의 분별함에 대해서는 (중요한 일이니) 날마다 갈고 닦고 끊임없이 노력해야 한다.

| 字句 풀이 |

用: 쓸데, 쓸모, 용도

有用之材: 쓸모 있는 인재(재목)要使人盡其才 物盡其用: 사람은 그 재능을 다하도록 하고, 물건은 그 쓸모를 다하도록 해야 한다.

無用: 쓸데(쓸모, 필요)가 없음

無用功: 헛된 일 / 人皆知有用之用 而莫知無用之用也: 사람은 모두 쓸모있는 것의 필요함만 알고 쓸모없는 것의 필요함은 모른다[莊子(人間世)].

之: ~(하)는, ~한 → 繼善 篇 (6) 참조

辯: 논쟁할, 따질

眞理愈辯愈明: 진리는 따지면 따질수록 명백해진다.

予豈好辯哉: 내 어찌 논쟁하기를 좋아하겠는가[孟子(滕文公下)]?

急: 중요할, 긴요할

急所: ① 사물의 가장 중요한 곳, 요점(要點) ② 몸에서 목숨에 관계되는 중요한 곳

不急: 절실하게 필요하지 않음, 不要不急함

不急之察: 필요하지도 급하지도 않은 살핌 / 不急官(=冗官): (옛날) 없어도 되는 벼슬

㉾ 不急之務: 긴요하지 않은 일, 불요불급한 일

察: 살필, 조사할

察言觀色: 말과 안색을 살펴 의중을 헤아리다[論語(顔淵)].

㉾ 察見淵魚: 연못의 고기를 살펴보다. 하찮은 일을 따지다.

棄: (내)버릴

棄之可惜: 버리기에는 아깝다. / ㉾ 棄之如敝屣: 헌신짝처럼 버리다.

㉾ 棄短取長: 단점을 버리고 장점을 취하다.

治: 이 글에서 治의 새김(訓)으로 "상관하다" "참견하다" 등이 적절하다고 보는데 마침 중국인들이 棄而勿治를 다음과 같이 해설한다.

就要放棄不管: 곧 내버려두고 상관하지 말라. / 抛棄掉不用去管: 내버려두고 참견하지 말라.

이상과 같이 治를 管으로 번역하는데, 모두가 일치하고 있음에 주목하고 필자도 이에 따른다. 管의 새김은 "상관하다" "참견하다" "간섭하다" 등이다(중한사전 참조).

| 參考 |

荀子: 戰國時代 趙나라의 학자로 성은 荀, 이름이 況(B.C. 313~238)이고, 荀子는 존칭이며 저서명이기도 하다. 또한 사람의 본성은 악하기 때문에 禮로서 바로잡아야 한다는 性惡說을 주장하여 맹자의 性善說과 대립한다.

---

(16) 衆好之 必察焉 衆惡之 必察焉

뭇사람이 좋아해도 반드시 살펴보아야 하고 뭇사람이 싫어해도 반드시 살펴보아야 한다(孔子).

| 字句 풀이 |

衆: 뭇사람, 많은 사람

㉾ 衆寡不敵: 적은 수효로 많은 수효를 대적할 수 없다. / 羊羹雖美 衆口難調: 양고깃국이 비록 맛이 있어도 뭇사람의 입맛을 맞추기는 어렵다(元, 登玉賓).

好: 좋아할, 애호할

好生: 생명을 아끼고 사랑하다. / 各人有各人的好惡: 각 사람에게는 저마다의 좋아함과 싫어함이 있다. / 🔖 好船者溺, 好騎者墮: 배 타기 좋아하면 물에 빠지고, 말 타기 좋아하면 말에서 떨어진다.

之: 문미(文末)에 쓰여 의미상 목적어 역할을 하는 어조사

窈窕淑女 寤寐求之: (그) 요조숙녀를 자나 깨나 찾고 있다네[詩(周南, 關雎)]. / 老者安之 朋友信之 少者懷之: 노인들을 편안하게 해 주고 벗들을 신뢰하고 연소자들을 감싸 주다[論語(公治長)].

焉: 文末語氣助詞 → 孝行 篇 (5) 참조

惡: 싫어할, 미워할

🉑 好善惡惡: 선을 좋아하고 악을 미워하다. / 人皆有好惡之心: 사람은 모두 좋아하고 싫어하는 마음이 있다. / 惟仁者 能好人 能惡人: 오직 어진 사람만이 사람을 좋아할 수도 있고 미워할 수도 있다[論語(里人)].

| 出典 |

論語(衛靈公)

---

(17) 酒中不語 眞君子 財上分明 大丈夫

술에 취해서도 말이 없으면 참다운 군자요, 재물에 관해서 떳떳하면 대장부이다.

| 字句 풀이 |

酒: 술 마실, 음주할

🉑 酒後吐眞言: 취중에 진담이 나온다. / 常酒者 天子失天下 匹夫失其身: 항상 술을 마시면 천자는 천하를 잃고 필부는 그 몸을 망친다(韓非子).

中: 술에 취할, 취음(醉飮)할

或時得名酒 亭午猶中聖: 간혹 좋은 술이 생기면 한낮에도 이미 만취가 되어 있다(宋, 秦觀).

※ 中聖은 中聖人의 준말로써 中聖人이란, 술에 취한 사람이나 술에 취하여 있음을 隱語로 하는 말인데 그 유래는 漢末에 금주령이 내려졌을 때 백성들이 술이란 말을 피하여 淸酒를 聖人, 濁酒를 賢人이라고 했던 故事에서 비롯된다.

語: 말할, 이야기할

耳語: 귓속말을 하다. / 🉑 笑語喧嘩: 농담을 하며 떠들썩하다.

🉑 低言悄語: 낮은 소리로 소곤소곤 이야기하다.

不語: 말을 하지 아니함

🉑 不言不語: 아무 말도 하지 않다.

食不語 寢不言: (공자는) 식사 중이나 잠자리에서 말이 없으셨다[論語(鄕黨)].

眞: 참될, 진짜일, 정말일

🈴 信以爲眞: 정말이라고 믿는다. / 🈺 眞金不怕火煉: 진짜 금은 불에 달궈도 두려워하지 않는다.

財: 재물

🈴 財能通神: 돈이면 귀신도 부릴 수 있다.

以財交者 財盡而交絕: 재물로 사귀는 자는 그 재물이 다 없어지면 사귐도 끊어진다.

上: ~적으로, ~에 관한, ~상, ~의 관계로

體面上: 체면 관계로, 체면에 관한 / 精神上: 정신적으로, 정신에 관한 / 節次上: 절차 관계로, 절차에 관한

分: 분명할, 명확할, 뚜렷할

是非之經 不可不分: 옳고 그름의 경계는 분명하지 않으면 아니 된다(呂氏春秋).

明: 분명할, 명백할, 확실할, 똑똑할

問明: 분명하게 묻다. / 賞罰不明: 상벌이 명확하지 않다. / 已明眞相: 진상이 이미 밝혀졌다.

分明: 떳떳함, 분명함, 공명정대함, 명백함, 확실함

涇渭(=是非, 黑白, 分明): (사리의) 옳고 그름이 분명하다.

行止俱要分明: 행동거지는 모두 떳떳해야 한다[李漁(蜃中樓)].

大丈夫: 사내답고 씩씩한 남자, 지조가 굳어 불의에 굽히지 않는 남자 → 正己 篇 (2) 참조

---

(18) 萬事從寬 其福自厚

모든 일을 관대하게 처리하면 (이로 인하여) 장차 복이 저절로 많아질 것이다.

| 字句 풀이 |

萬事: 모든 일, 온갖 일 → 順命 篇 (2) 참조

從: 어떤 동사 앞에서 그 동사의 (방침에 따른다는 뜻을 내포하고 있는) 어조사 격으로 쓰이고 있다. 그래서 해석할 때는 從의 본래의 뜻인 "따르다" "좇다" 등을 덧붙이지 말아야 한다.

婚事從簡: 혼사를 간소하게 하다. / 食宿從儉: 숙식을 검소하게 하다. / 過去從寬 今後從嚴: 지난 일은 관대히 하고 앞일은 엄하게 한다. / 批判從嚴 處理從寬: 비판은 엄격하게 (하고) 처리는 관대하게 (하다).

以下因時間關係從略: 이하는 시간 관계로 생략하다.

寬: 관대할, 너그러울

請你寬恕這一次: 이번 한 번만 너그러이 용서해 주십시오.

嚴以律己 寬以待人: 엄하게 자신을 다스리고 관대하게 남을 대하다.

其: 장차

其奈之何: 장차 이를 어찌할꼬. / 今殷其淪喪: 오늘의 은나라가 장차 몰락하여 망할 것이다(書經). / 百廢其興: 폐기했던 많은 일을 장차 (다시) 일으키려 하다.

自: 자연히, 당연히, 저절로 → 繼善 篇 (9) 참조

厚: 클(大也), 많을(多也)

厚利: 큰 이익 / 厚福: 큰 복, 많은 복 / 厚勝: 큰 승리, 크게 이기다. / 寄予厚望: 나에게 큰 기대를 걸다. / ※ 厚의 새김(訓)으로 "두텁다"도 있지만, 福과 관련해서는 "큰 복" "많은 복" "복이 많다"라고 말하는 것이지 "복이 두텁다"라고는 하지 않는다.

---

(19)欲量他人 先須自量 傷人之語 還是自傷 含血噴人 先汚其口

남을 평가하려면 그에 앞서 반드시 자기부터 헤아려 보아야 한다. 남을 해치는 말은 끝내 자기도 해치게 되는 것이며, 입에 피를 머금어 남에게 뿜으면 먼저 자기의 입부터 더러워지느니라(太公).

| 字句 풀이 |

欲: 하고자 할, 바랄, 원할, 희망할 → 孝行 篇 (1) 참조

量: 평가할, 헤아릴, 가늠할

㉭ 量材錄用: 재능을 헤아려 임용하다. / 量輕處罰: 헤아려서(참작하여) 가볍게 처벌하다.

他: 다른, 다를, 딴

另有他故: 다른 원인(이유)이 별도로 있다. / 他山之石 可以攻玉: 다른 산의 하찮은 돌도 나의 귀중한 玉을 갈 수 있다. 남의 언행이 나의 수양에 도움이 된다[詩(小雅)].

先: (시간이나 순서상의) 먼저, 우선, 미리, 앞서

㉭ 捷足先登: 빠른 발이 먼저 오르다, 민첩해야 앞선다.

㉭ 先公後私: 공적인 일을 먼저 하고 사적인 일을 뒤로 미루다.

須: 모름지기(마땅히) ~하여야 한다 → 繼善 篇 (4) 참조

傷: 상할, 해칠, 해로울 → 正己 篇 (10) 참조

還: 역시, 또한, 마찬가지로 → 孝行 篇 (6) 참조

還是: 역시, 끝내

雖然時間緊 我們還是圓滿地完成了任務: 시간이 촉박했지만 우리는 끝내 원만하게 임무를 완수했다.

含: (입에) 머금을

含淚: 눈물을 머금다(글썽이다). / 含笑: 웃음을 머금다, 미소짓다. / 含着一口水: 물 한 모금을 머금다.

血: 피, 혈액 → 正己 篇 (9) 참조

噴: (액체 기체 분말 등을) 내뿜을, 분출할

火山噴火: 화산이 불을 내뿜다. / 噴飯: (웃음이 나서) 밥을 내뿜다. / 含血噴人: 입에 피를 머금어 남에게 뿜다, 악독한 말로 남을 헐뜯다, 근거 없는 일을 조작해서 남을 모함하다. / 這是毫無理由的含血噴人: 이것은 아무 근거 없는 함혈분인이다.

汚: 더러울, 불결할, 더러워질, 더럽힐

衣服爲泥水所汚: 옷이 흙탕물로 더러워지다. / 白衣服爲煤烟所汚: 흰옷이 매연으로 더러워지다. / 河水汚濁 不能飮用: 강물이 더럽고 흐려서 마실 수 없다.

其: 나, 자기, 자신

眇不知其所蹠: 장님이 자기가 밟고 있는 곳도 알지 못하네(楚辭).

口: 입 → 孝行 篇 (4) 참조

---

(20) 凡戲無益 惟勤有功

모든 놀이는 유익하지 않고 오직 근면만이 보람이 있다.

| 字句 풀이 |

凡: 모든

凡事起頭難: 모든 일은 처음이 어렵다. 시작이 반이다.

凡參與者都有獎勵: 모든 참여자에게 다 상(금)이 돌아간다.

戲: 놀이, 유희

兒戲: 아이들 놀이 / 集體游戲: 단체 놀이 / 做猜謎之戲: 수수께끼 놀이를 하다.

無: 아니할(=不) → 繼善 篇 (8) 참조

益: 유익할, 이로울, 이익이 될

啄木鳥是益鳥: 딱따구리는 유익한 새이다. / 益者三友 友直 友諒 友多聞 益矣: 유익한 세 가지 벗함이 있으니, 정직한 자와 벗하고 신실한 자와 벗하고 견문이 많은 자와 벗하면 유익하다[論語(季氏)].

惟: 오직, 오로지, 다만, 단지(唯와 통용)

惟德動天: 오직 덕만이 하늘을 감동시킨다. / ㊌ 惟我獨尊(=唯我獨尊): (하늘과 땅 사이에) 오직 나만이 홀로 존귀하다. / ※ 이는 "天上天下惟我獨尊"의 준말이며 원래는 부처를 높이는 말이었으나 후세에 와서 (남이) 교만스럽고 제 잘난 척한다는 말로 쓰이고 있다. 또한, 전설에 따르면 부처가 태어나자마자(世尊生下) 일곱 걸음을 걸어가(行七步) 사방을 둘러보고(遍觀四方) 한 손으로는 하늘을 가리키며(一手指天) 한 손으로는 땅을 가리키면서(一手指地) 이 말을 했다고 전해진다(續傳燈錄, 長阿含經).

勤: 근면, 부지런함 → 正己 篇 (7) 참조

功: 보람, 성과, 업적, 효과

㉙ 事半功倍: 적은 노력으로 큰 성과를 거두다. / ㉙ 徒勞無功: 공연히 일만 하고 아무런 보람도 없다.

| 筆者의 所見 |

孔子도 論語(陽貨)에서 "장기와 바둑이라는 것도 있지 않느냐? 그런 것을 하더라도 오히려 아무것도 하지 않는 것보다는 낫다(不有博奕者乎 爲之猶賢乎已)."라고 했다. 그러나 그것도 옛말이고 우리는 지금 凡戲를 중요시하는 시대에 살고 있기에, 이 시대에는 "凡戲無益"이라는 말이 도리어 무익한 말이라고 생각한다.

---

(21) 瓜田不納履 李下不整冠

오이밭에서 신을 고쳐 신지 말고 오얏나무 밑에서 갓을 고쳐 쓰지 말라. → 이 글은 중국의 속담이다(太公).

| 字句 풀이 |

瓜: 오이 → 天命 篇 (6) 참조

田: 밭

旱田: 밭 ↔ 水田(=稻田): 논 / 麥田: 보리밭

牽牛徑人田 田主奪之牛: 소를 끌고 남의 밭을 통과하니 밭 주인이 그의 소를 빼앗았다(史記).

納: (신을) 신을, 착용할(穿也)

納履: 신을 신다. / ㉙ 納履踵決(=納屨踵決): 신을 신으니 뒤꿈치가 터지다, 몹시 가난하다.

履: 신(발)

草履: 짚신 / 革履: 가죽신(구두) / 冠雖敝必加於首 履雖新必關於足: 갓은 비록 해어져도 반드시 머리에 쓰고 신은 비록 새것이라도 반드시 발에 신는다(史記).

李: 오얏(나무). 자두(나무)

㉙ 桃李滿天下: 문하생이 천하에 가득하다. / 挑李: 복숭아와 오얏 → (引伸하여) 門下生, 門人

下: 아래, 밑

樹下: 나무 밑 / 山下: 산밑, 산기슭 / 向下看(=往下看): 밑을 (아래를) 내려다보다.

整: 가지런히 할, 바로잡을, 정돈할, 정리할

整裝: 복장을 정돈하다. / 整髮: 머리를 가다듬다. / [成] 整襟危坐: 옷깃을 여미고 단정히 앉다.

冠: 갓, 모자

衣冠整齊: 옷차림을 단정히 하다.

冠禮: 남자가 20세가 되면 成年이 되는 표시로 갓을 씌우고 거행하던 예식

---

(22) 心可逸 形不可不勞 道可樂 心不可不憂 形不勞則怠惰易弊 心不憂則荒淫不定 故逸生於勞而常休 樂生於憂而無厭 逸樂者 憂勞豈可忘乎

마음이 편안할 수 있으려면 몸이 수고롭지 않으면 아니 되고 道가 즐거울 수 있으려면 마음이 근심하지 않으면 아니 된다. 몸이 수고롭지 않으면 느슨해져서 쉽게 망가지고 마음이 근심하지 않으면 방탕함이 끝이 없고 그칠 줄을 모르게 된다. 그래서 편안함은 수고(고생) 끝에 나와야 변함없이 행복하고 즐거움은 근심 끝에 나와야 싫증 없이 즐길 수 있으니 편안함과 즐거움을 누리는 자라면 근심과 수고(고생)의 고마움을 어찌 잊을 수 있겠는가(景行錄)?

| 字句 풀이 |

可: ~할 수 있을 → 順命 篇 (3) 참조

逸: 편안할, 안일할, 안락할

飽食煖衣 逸居而無敎 則近於禽獸: 배불리 먹고 따뜻이 입고 편안히 살면서도 가르치지 않으면 금수(새나 짐승)에 가깝게 된다[孟子(滕文公上)].

[成] 一勞永逸: 한 번의 노고로 (한번 고생해 두면) 오래도록 편안할 수 있다.

形: 몸, 육체

甘口而病形: 입을 달게 하면 몸에 병이 생긴다(韓非子).

以心爲形役: 정신을 육체의 일꾼으로 삼았다[陶潛(歸去來辭)].

不可不: ~하지 않을 수 없음, (마땅히) ~해야 함(=不得不)

不可不看: 꼭 보아야 한다. / 父母之年 不可不知也: 부모의 나이는 알아야 한다[論語(里仁)].

勞: 수고할, 일할 → 孝行 篇 (1) 참조

道: 도(종교상으로 깊이 깨달은 경지) → "道를 닦다" "得道하다" 등으로 쓰임

樂: 기쁠, 기뻐할, 즐거울, 즐거워할 → 孝行 篇 (2) 참조

憂: 걱정(할), 근심(할) → 孝行 篇 (2) 참조

則: ~하면 ~할, 순접의 접속사 → 孝行 篇 (2), 正己 篇 (5) 참조

怠: 게으를, 나태할, 태만할, 해이할

懈怠: 게으르다, 태만하다. / 怠耕: 농사를 게을리하다. / 懈怠鬼兒: 게으름뱅이

惰: 게으를, 나태할, 태만할

惰農: 게으른 농부, 농사를 게을리하다. / 怠惰(=惰怠): 게으르다. 나태하다. 느슨해지다. 해이해지다. / 間者 民彌惰怠: 근래 백성들이 점점 더 게을러진다(漢書). / 身體怠惰 四肢不欲動: 몸이 느슨해지고 사지가 꼼짝도 하지 않는다(素問). / 佚而不惰 勞而不僈: 편안해도 게으르지 않고 일을 해도 게으름 피우지 않는다[荀子(非十二子)].

易: 쉬울, 용이할 → 正己 篇 (8) 참조

弊: 해질, 해어질, 해져(닳아서) 떨어질

弊衣: 해어진 옷(=敝衣) / 弊履(=弊屣): 헌신짝, 쓸모없는 물건 / 弊袴: 해진 바지

衣弊履穿: 옷은 해어지고 신은 구멍이 났다[莊子(山木)].

荒: (주색 등에) 빠질, 탐닉할, 방종할, 무절제할

色荒: 여색에 빠지다. / 禽荒: 사냥에 빠지다. / 荒酒縱獵: 술과 사냥에 빠지다(晉書).

淫: 음탕할, 음란할, 방탕할

荒淫: 주색에 빠지다, 방탕하게 생활하다. / 淫心盪漾: 음욕이 꿈틀대다. / 荒淫無道: 방탕하여 사람의 도리도 저버리다. / 荒淫無度: 방탕함이 끝도 없이 심하다. / 🈸 淫爲萬惡之首: 음란은 모든 악의 시작이다. / 淫辭悅耳 不利于德: 음탕한 말은 귀를 즐겁게 하지만 덕을 해친다.

定: 멈출, 그만둘, 중지할

不定: 멈추거나 그치지 않는다. / 反而定三革 偃五兵 合天下: 도리어 삼혁과 오병을 멈추고 천하를 통합했다(荀子). / ※ 三革: 甲(갑옷), 冑(투구), 盾(방패) / 五兵: 矛(창), 戟(갈라진 창), 鉞(큰 도끼), 楯(방패), 弓矢(활과 화살) / 鶯鶯感此, 閣不定粉淚漣漣: 기생들은 이에 감격하여 모두가 줄줄 내리는 눈물이 멈추지 않았다(金, 董解元). → 粉淚: 여자의 눈물을 이르는 말

故: 고로, 그러므로, 그래서, 때문에, 까닭에

此句重複 故刪去: 이 구절은 중복되었기 때문에 삭제한다.

因有信心 故能戰勝困難: 신념이 있으므로 곤란을 이겨 낼 수 있다.

生: 나올, 생길, 일어날, 야기할

無中生有: 無에서 有가 나오다. / 米裏生了蟲子: 쌀에서 벌레가 나왔다.

常: 항상, 늘

常來常往: 늘 오고 가고 하다. / 四季常綠: 사시사철 항상 푸르다.

休: 기쁨, 즐거울, 경사스러울

休戚: 기쁨과 슬픔, 禍와 福 / 休戚與共: 화와 복(기쁨과 슬픔)을 함께 하다. / 與百姓同休: 백성과 더불어 기뻐하다.

厭: 싫증 날, 물릴

厭食症: 거식증(拒食症) / 喫厭了: 너무 먹어서 물렸다. / 食不厭精 膾不厭細: 밥은 정미한 것을 싫증 내지 않고 회는 잘게 썬 것을 싫증 내지 않으셨다[論語(鄕黨)].

豈: 어찌, 어떻게

⑱ 豈有此理: 어찌 이럴 수 있는가? 당치도 않다. / 豈可袖手傍觀: 어찌 수수방관할 수 있는가?

忘: 잊을

⑱ 忘寢廢食(=廢寢忘食): 침식을 잊다. / ⑱ 得魚忘筌: 고기를 잡고 나면 통발을 잊는다. 은혜를 잊다.

乎: ~느냐? → 문미(文末)에서 의문이나 반문(反問)의 어기로 쓰인다.

王侯將相寧有種乎: 왕후장상이 어찌 (따로) 씨가 있겠느냐(史記)? / 禮後乎: 예가 (忠信보다) 뒤입니까[論語(八佾)]? / 知禮乎: (昭公이) 예를 알았습니까[論語(述而)]?

---

(23) 耳不聞人之非 目不視人之短 口不言人之過 庶幾君子

귀로는 남의 非行을 듣지 않고 눈으로는 남의 단점을 보지 않으며 입으로는 남의 허물을 말하지 아니하면 (그 사람은) 거의 군자에 가까워졌느니라.

| 字句 풀이 |

非: 잘못, 악행, 허물

⑱ 爲非作歹: 온갖 악행을 다하다. / 痛改前非: 이전의 잘못을 (뉘우치고) 철저히 고치다.

目: 눈

⑱ 目不忍見: 차마 눈으로 볼 수가 없다.

⑱ 目不見睫: 제 눈에는 제 눈썹이 보이지 않는다, 제 허물은 못 본다.

視: 볼

⑱ 視若不見: 보고도 못 본 척하다, 본체만체하다.

俯視山下: 산 아래를 내려다보다. / 俯而視之: (몸을) 구부리고 보다.

短: 결점, 단점, 허물

勿揭人之短: 남의 허물을 들추어내지 마라.

㉓ 取長補短: 남의 장점을 취하여 자기의 단점을 채우다.

過: 과실, 실수, 잘못, 허물 → 正己篇 (4) 참조

知過必改: 잘못을 알았으면 반드시 고쳐야 한다.

庶: 거의(대체로), 거의(대체로) 비슷할

庶不致誤: 잘못되는 일은 거의(대체로) 없을 것이다.

幾: 거의 ~가까울(가까워질), 거의 되려 할

幾望: 음력 14일 → 15일은 望(보름) / 知樂則幾於禮: 음악을 알면 禮에 거의 가깝다(禮記).

到會者幾三千人: 회의에 온 사람은 거의 3천 명에 가깝다.

庶幾: 거의 (대체로) ~에 가까움(근사함, 근접함), 거의(대체로) ~일(할) 것임

※ 庶幾와 庶幾乎 및 庶乎는 통용되며 어떤 일에서 완벽의 수준에 이를 수 있음을 나타냄

庶幾有成: 거의(대체로) 이루어질 것이다. / 庶幾乎可也: 거의(대체로) 그만하면 괜찮다. / 庶幾無愧: 거의 부끄러운 줄도 모른다, 유들유들하다. / 齊國其庶幾乎: 제나라는 아마 거의 이상적 수준에 가까워질 것입니다[孟子(梁惠王下)]. / 全我社稷 可以庶幾乎: 우리 종묘사직의 보전은 거의 완벽에 가까울 것이다. / 回也 其庶乎: 안회는 이미 道의 경지에 거의 가까워졌다[論語(先進)].

君子: 학식과 덕망이 높은 사람, 소인의 상대어 → 正己篇 (9) 참조

---

(24) 喜怒在心 言出於口 不可不愼

기쁨과 노여움의 감정은 마음속에 있고 (그것을 표현하는) 말은 입에서 (입을 통해) 나가는 것이니 (그 입을) 조심하지 않으면 안 되느니라(蔡伯喈).

| 字句 풀이 |

喜: 기쁨

㉓ 喜不自禁: 기쁨을 억제하지(주체하지) 못하다. / ㉓ 喜形于色: 기쁨이 얼굴에 드러나다, 희색이 만면하다.

怒: 분노, 노여움, 성, 화 → 正己篇 (10) 참조

喜怒: 기쁨과 노여움 / ㉓ 喜怒無常: 희로가 일정하지 않다, 변덕스럽다. / 喜怒不形色: 희로애락의 감정을 안색에 드러내지 않는다.

出: (안에서 밖으로) 나갈, 나올

出院: 퇴원하다. / 出門上街: 문을 나서서 거리로 나가다. / ㉓ 出不來進不去: 나올 수도 들어갈 수도 없다.

於: 에(서) → 장소나 범위를 나타내며 在에 해당함 ※ 繼善 篇 (6) 참조

愼: 삼갈, 신중할, 조심할 → 正己 篇 (7) 참조

| 參考 |

蔡伯喈: 後漢 때의 학자로 이름은 邕(132-192)이고 伯喈는 字이며 저서에 獨斷, 蔡中郞集 등이 있다.

(25) 宰予晝寢 子曰: 朽木不可雕也 糞土之墙不可圬也

재여가 낮잠을 자기에 공자께서 가라사대 "썩은 나무로는 조각을 할 수 없고, 썩은 흙으로 쌓은 담장은 흙손질을 할 수 없느니라"라고 하셨다.

| 字句 풀이 |

晝: 낮

晝夜不息(=晝夜不停): 밤낮 쉬지 않는다. / 晝長夜短: 낮은 길고 밤은 짧다. / 晝伏夜出: 낮에는 숨고 밤에 나온다.

寢: (잠을) 잘

寢食不安: 먹고 자는 일이 편치 않다.

㉿ 寢苦枕塊: 흙덩이를 베고 거적에서 자다. 부모 상중에 자식의 잠자리를 뜻함

子: 스승(여기에서는 공자를 지칭한다) → 繼善 篇 (1) 참조

曰: 가라사대 (가로되), ~(라)고 말할, ~(가)이 말하기를 → 繼善 篇 (1) 참조

朽: 썩을, 부패할

朽木: 썩은 나무 → 교육할 가치가 없는 (전망이 없는) 사람 / 不朽: 명성이나 업적이 후세에 길이 남음 / 不朽的名作: 불후의 명작

木: 나무

㉿ 木本水源: 나무에는 뿌리가 있고 물에는 근원이 있다.

㉿ 木已成舟: 나무가 이미 배로 만들어졌다, 엎질러진 물이다.

雕: 조각할, 새길, 彫와 통용

雕版: (인쇄하기 위하여 글자를) 版木에 새김 및 그 판목

必使玉人雕琢之: 반드시 玉工으로 하여금 새기고 쪼게 하다[孟子(梁惠王下)].

糞: 썩을 → 糞은 土와 만나야만 "썩는다"는 뜻으로 쓰인다.

土: 흙

用土把種子蓋上: 흙으로 씨앗을 덮다.

㉾ 土崩瓦解: 흙이 무너지고 기왓장이 깨지다. 조직이나 사물이 힘없이 무너지다.

糞土: 썩은 흙 → 쓸모없는 인간(하찮은 것)의 비유

糞土言: 무가치한 말 / 糞土臣: 비천한 신하 →신하가 자기의 겸칭으로 쓴다. / 糞土之墻: 썩은 흙으로 쌓은 담장, 게을러서 가르쳐도 전망이 없는 사람

墻: 담(장)

墻外漢: 담 밖의 남자, 제삼자, 관계없는 사람 / ㉾ 墻有縫 壁有耳: 담에 눈이 있고 벽에 귀가 있다.

圬: 흙손질할, 흙칠할

圬工: (옛날) 미장공, 미장이, 미장 일 / 圬墻: 담장에 흙손질하다. 흙손으로 벽을 바르다.

| **參考** |

宰予: 춘추 때 魯나라 사람으로 성은 宰, 이름은 予(B.C. 522~458), 자는 子我이고, 孔子의 제자로서 孔門十哲 가운데 한 사람이다.

| **出典** |

論語(公冶長)

---

(26) 紫虛元君誠諭心文曰 福生於淸儉 德生於卑退 道生於安靜 命生於和暢 患生於多慾 禍生於多貪 過生於輕慢 罪生於不仁 戒眼莫看他非 戒口莫談他短 戒心莫自貪嗔 戒身莫隨惡伴 無益之言莫妄說 不干己事莫妄爲, 尊君王 孝父母 敬尊長 奉有德 別賢愚 恕無識 物順來而勿拒 物旣去而勿追 身未遇而勿望 事已過而勿思 聰明多暗昧 算計失便宜 損人終自失 依勢禍相隨 戒之在心 守之在氣 爲不節而亡家 因不廉而失位 勤君自警於平生 可歎可驚而可畏 上臨之以天鑑 下察之以地祇 明有王法相繼 暗有鬼神相隨 惟正可守 心不可欺 戒之戒之

자허원군의 "성심으로 마음을 깨우쳐주는 글"에 이르기를 "福은 청렴과 검소에서 나고 德은 겸손하고 양보하는 데서 나고, 道는 고요한 데서 나고, 생명은 따뜻하고 쾌적한 데서 나고, 근심은 지나친 욕심에서 나고, 재앙은 과도한 탐욕에서 나고 과실은 경솔하고 태만한 데서 나고, 죄는 어질지 않

은 데서 나느니라. / 눈을 경계하여 남의 비행을 보지 말고 입을 경계하여 남의 단점을 말하지 말며, 마음을 경계하여 마땅히 탐욕을 부리거나 성내지 말아야 하고, 몸을 경계하여 나쁜 친구를 따라다니지 말지니라. / 쓸데없는 말을 함부로 하지 말고 자기와 상관없는 일에 멋대로 나서지 말라. 임금을 높여 드리고 부모에게 효도하며 웃어른을 공경하고 덕이 있는 사람을 받들며, 賢者와 愚者를 분별하고 식견이 없는 사람을 너그러이 동정해 줄지니라. 재물이 순리로 왔으면 거절하지 말고 (또) 재물이 이미 (남에게) 건너갔으면 되찾으려고 하지 말라. / 자신이 등용되지 못해도 원망하지 말고 어떤 일이 이미 시일이 지나고 끝난 일이면 생각하지 말고 단념하라. 총명한 사람도 우매할 때가 많고 계산에 능한 사람도 (利)得을 잃는 (손해를 보는) 수가 있느니라. 남에게 손해를 입히면 결국 자기도 빼앗기고 잃게 되며 권세에 의지하면 재앙이 따른다. / (이상 열거한 일들을) 경계함이 마음에 달렸고 지켜 나아감이 정신에 달려 있다. 절제를 하지 않아서 집안을 망하게 하고 청렴하지 않아서 地位를 잃느니라. 그대들이 평생토록 스스로 경계하라고 권면하는 바인데 참으로 감탄스럽고 놀랍고 또한 두렵도다(보라). / 하늘에서는 天鑑으로 내려다보고 땅에서는 地祇로 살피게 하며 낮에는 王法(국법)이 뒤를 따르고 밤에는 귀신이 붙어 다니며 감시하고 있구나. 오직 正道만을 지켜야 하고 양심을 속이지 말며 (부디) 경계하고 (또) 경계하여야 하느니라."라고 하였다.

| 字句 풀이 |

誠: 참으로, 진실로, 眞正으로

子誠齊人也: 그대는 참으로 제나라 사람이로다[孟子(公孫丑上)].

心悅誠服: 마음에서 우러나 기뻐하고 진심으로 복종하다[孟子(公孫丑上)].

諭: 깨우칠, 타이를, 깨닫도록 일러줄 → 주로 윗사람이 하는 명령임

諭旨: 제왕이 신하와 백성에게 내려 알도록 하는 명령 / 奉諭辦理: 훈시를 받들어 처리하다.

文: 글, 문장

㉯ 文如其人: 글은 (글을 쓴) 그 사람과 같다. 그 글에 그 사람

誠諭心文: 섬심으로 마음을 깨우쳐 주는 글

生: 나올, 생길 → 正己 篇 (22) 참조

淸: 청렴할, 결백할

淸(白)吏: 청백한 관리 / 爲人淸白: 사람됨이 청백하다. / ㉾ 淸官無後淸水無魚 :청렴한 관리는 물려주는 것이 없고 맑은 물에는 고기가 없다.

儉: 검소할, 아낄

㉯ 省喫儉用: 아껴 먹고 아껴 쓰다.

禮與其奢也寧儉: 예는 사치하기 보다는 차라리 검소해야 한다[論語(八佾)].

德: 덕(인격적으로 남을 敬服시키는 힘) → 正己 篇 (12) 참조

卑: 낮출, 겸손할, 공손할

㉙ 卑辭厚禮: 공손한 말과 후한 예물 / 自卑而尊人: 자기를 낮추고 남을 높이다(禮記).

退: 양보할, 겸양할

退一步: 한걸음 물러서다(양보하다). / 毫不退讓: 추호도 양보하지 않다.

道: 도(종교상으로 깊이 깨달은 경지) →正己 篇 (22) 참조

安: 조용할, 안존할, 침착할

恭而安: (공자께서는) 공손하시면서 침착하셨다[論語(述而)].

安穩: (행동거지가) 조용하고 무게가 있다, 침착하다[10].

靜: 고요할, 조용할

靜寂的原野: 고요한 벌판 / ㉙ 風平浪靜: 바람도 자고 물결도 고요하다, 무사 평온하다.

安靜: 고요할, 정막할, 조용할

保持安靜: 조용히 하십시오! / 病房周圍要安靜: 병실 주위에는 조용해야 한다. / 這院子裏眞安靜 連個猫狗的叫聲都聽不見: 이 정원은 정말 고요해서 고양이와 개의 울음소리 조차 들리지 않는다.

命: 생명, 목숨

拼命: 목숨을 걸다. / 白白送命: 헛되이 목숨을 잃다. / 人命有關: 사람의 목숨이 걸려 있다.

和: 따뜻할, 온난할

草榮識節和 木衰知風厲: 풀이 무성하면 계절이 따뜻함을 알고 나뭇잎이 시들면 바람이 매서움을 안다(陶潛). / 春風扇微和: 봄바람이 부니 약간 따뜻해진다(陶潛).

暢: 상쾌할, 시원할, 쾌적할

暢適: 기분이 좋아 흐뭇하다, 쾌적하다. / 和暢: (날씨가) 따뜻하고 상쾌하다(쾌적하다).

讀書取暢適性靈: 책을 읽으면 정신이 쾌적해진다(陸游). → 性靈: "정신"임

氣序和暢 風俗淳質: 기후가 화창하고 풍속이 꾸밈없이 순박하다(唐, 玄奘).

悠然暢心目 萬慮一時消 薛戎: 오랜만에 마음속이 쾌적해지고 온갖 시름이 일시에 사라진다.

天朗氣淸, 惠風和暢: 하늘이 맑고 공기가 깨끗하며 봄바람이 따뜻하고 상쾌하다(晉, 王羲之).

患: 근심, 걱정

後患: 뒷걱정 / 何患之有: 무슨 걱정이 있는가? / ㉙ 後患無窮: 후환이 끝이 없다.

多: 지나칠, 쓸데없을, 불필요할

別多嘴: 쓸데없이 수다를 떨지 마라. / 多說一句: 쓸데없이 한마디 하다. / 不必多心: 지나친 걱정은 할

---

10) 중한사전 참조

필요가 없다.

禍: 재앙, 재난 → 繼善 篇 (1) 참조

貪: 욕심을 부릴, 탐할 → 繼善 篇 (4) 참조

輕: 경솔할, 경박할, 신중하지 않을

言行輕薄: 말과 행동이 경박하다. / 偏聽輕信: 한쪽 말만 듣고 경솔하게 믿어준다.

慢: 태만할, 나태할, 소홀할,

[成] 慢藏誨盜: 태만하게 간수하면 도둑질을 가르치는 격이다. / 君子寬而不慢: 군자는 느긋하지만 태만하지는 않다.

仁: 어질

仁心仁聞: 어진 마음과 어질다는 소문[孟子(離婁上)]

仁者不憂: 어진 사람은 근심하지 않는다[論語(子罕)].

戒: 경계할, 삼갈, 주의할, 조심할 → 正己 篇 (9) 참조

處于戒備狀態: 경계 태세에 있다.

眼: 눈

一雙眼: 양쪽 눈 ↔ 一隻眼: 한쪽 눈, 외눈, 애꾸눈 / [成] 眼下無人: 눈에 보이는 사람이 없다.

他: 남, 타인

兄弟匪他: 형제는 남이 아니다[詩(小雅)].

談: 말할, 이야기할

不可戲談: 농담으로 말하지 말라. / [成] 談笑自若: (위급한 중에도) 태연하게 이야기하며 웃는다.

自: 당연히, 응당(히), 물론,

公道自在人心: 사람의 마음에는 당연히 정의라는 것이 있다.

[成] 自不待言(=自不必說): 당연히 두말할 나위도 없다(두말하면 잔소리다).

嗔: 성낼, 화낼 →正己 篇 (10) 참조

身: 몸, 신체 →正己 篇 (7) 참조

隨: (뒤를)따를, 추종할

隨行: (누구를) 뒤따라 다님, 同行함 / 隨陪: (아전이 원님을) 뒤따라 모시다.

[成] 隨踵而至: 뒤꿈치를 따라오다, 연달아 (잇달아) 오다.

伴: 벗, 짝, 친구

結伴同行: 길동무가 되어 동행하다. / 搭伴: 동반하다, 길동무가 되다, 짝이(파트너가) 되다.

益: 이익, 이득, 도움 →正己 篇 (1) 참조

無益: 쓸데(쓸모)없다

無益之擧: 쓸데없는 행동 / ㊗ 徒勞無益(=徒勞無功): 쓸데없이 헛수고하다.

妄: 함부로, 마구, 멋대로

膽大妄爲: 간덩이가 커져서 함부로 굴다. / 無知妄說: 알지도 못하고 함부로 말하다.

說: 말할, 이야기할

我有話跟你說: 내가 네게 할 말이 있다.

㊗ 說曹操 曹操就到: 조조 이야기를 하자 곧 조조가 온다, 호랑이도 제 말 하면 온다.

干: 관계될, 관련될

干他甚麽: 그 사람과 무슨 관계가 있는가? / 這件事與我無干: 이 일은 나와 무관하다.

爲: 행(할) → 繼善 篇 (1) 참조

尊: 높일, 존중할, 존경할

㊗ 尊師愛徒: 스승을 존경하고 제자를 사랑하다. / ㊗ 尊老愛幼: 노인을 존경하고 어린이를 사랑하다.

君: 임금

㊗ 欺君罔上: 임금을 속이다. / 事君以忠: 임금을 섬김에 충성으로 한다(世俗五戒).

王: 임금

王道: 임금이 어진 덕으로 다스리는 정치 ↔ 霸道: 仁義가 없는 정치 / 王侯將相: 임금과 제후와 장수와

재상 / 君王: 國王, 君主, 主君 等의 임금에 대한 많은 호칭 중의 하나

敬: 공경할, 존경할 → 孝行 篇 (2) 참조

尊: 나이나 항렬이 높을, 그러한 사람

尊長: 웃어른, 손윗사람 / 尊長於己踰等 不敢問其年: 존장이 자기보다 월등하면 감히 그의 나이를 물

어서는 아니된다(禮記). / ㊗ 目無尊長: 안중에 어른도 없다, 웃어른도 몰라보다.

長: 어른, 연장자, 손윗사람

挾長: 연장자임을 믿고 유세부리다[孟子(盡心上)].

長幼有序: 어른과 어린이 사이에는 차례가 있다. → 五倫의 하나

奉: 받들, 존중할

奉命而行: 명(령)을 받들어 시행하다. / ㊗ 奉若神明: (사람이나 사물을) 神처럼 받들다.

有德: 덕이 있는 사람

先王尙有德: 옛 聖君은 덕이 있는 사람을 숭상했다(禮記).

有德不可敵: 덕이 있는 사람은 대적할 수 없다(左傳).

別: 분별할, 구별할, 辨別할

別其眞僞: 그 진위를 (참과 거짓을) 분별하다. / 夫婦有別: 부부간에는 분별함이 있어야 한다. → 五倫

의 하나

賢: 어진 이, 현명한 사람, 유능한 사람

選賢擧能: 어질고 유능한 사람을 발탁하다. / 尊仁尙賢: 어진 이를 존중하고 숭상하다(後漢書).

愚: 어리석을

愚昧無知: 무지몽매하다. / ㉿ 大智若愚: 큰 지혜를 지닌 사람은 (겉으로) 어리석어 보인다.

㉿ 愚不可及: 어리석기 짝이 없다(論語, 公冶長).

恕: 자신에 비추어 남을 헤아릴, 너그러울, 관대할, 동정해 줄

㉿ 恕己及人: 자신에게 관대하듯이 남에게도 관대하다.

忠恕: 儒家의 도덕 규범의 하나이며 자기의 心力을 다하여 남을 위하는 것을 忠이라 하고 자기의 마음을 미루어 남의 처지를 이해해 주는 것을 恕라한다. → 論語(里仁)에 있는 말임

識: 지식, 식견

無識: 지식이나 식견이 없음 / 無識君子: 무식해도 말과 품행이 올바른 사람 / 遠見卓識: 멀리 내다보는 탁월한 식견 / 常識: 보통 사람이 가지고 있거나 가지고 있어야 할 標準的 지식

物: 재물, 재화

物主: "재물의 소유주"라는 뜻으로 장사판이나 공사판에 밑천을 대주는 사람

順: 도리에 따를, 합리적일, 이치에 맞을

㉿ 名正言順: 명분이 바르면 말이 사리에 맞는다. / 虛心順理 學者當守此四字: "마음을 비우고 도리를 따르다" 학문을 하는 사람은 이 네 글자를 마땅히 지켜야 한다(朱子語類).

拒: 거절할, 거부할

拒不受賄: 뇌물을 거절하고 받지 않다.

來者不拒: 오는 사람은 거절하지 않는다. / 遭了拒絶: 거절당했다.

去: 갈, 떠날

來去自由: 오가는 것은 자유다. / 一去不回: 한번 가더니 돌아오지 않는다.

追: 되찾을, 되돌릴, 환수할

追回借款: 빚을 회수하다. / 追回贓物: 훔친 물건을 회수하다. / 追出款子來: 돈을 되찾다.

身: 자기, 자신 → 孝行 篇 (5) 참조

遇: 때를 만날, 뜻을 얻을(得志), 몸은 등용되고 說은 받아들여질

㉿ 懷才不遇: 재능을 지니고도 (등용의) 때를 만나지 못하다. / 仲尼干七十餘君 無所遇: 중니(공자)는 70여 임금과 간여했으나 說이 받아들여지지 않고 등용되지 못했다(史記).

望: 원망할, 불만스럽게 생각할

絳侯望袁盎: 강후는 원앙을 원망했다(史記). / 信由此日夜怨望 居常鞅鞅: 이리하여 韓信은 밤낮으로 원망하고 항상 불만스러워했다[史記(淮陰侯傳)].

已: 이미, 벌써 → 順命 篇 (2) 참조

過: (시간이) 경과할, 지날, (날이) 갈

過冬: 겨울을 나다. / 過節: 명절을 쇠다. / 過日子: 살아가다. / 過期作廢: 기한이 지나면 무효(다)

思: 생각할, 고려할

請君三思之: 자네 잘 생각해보게 / ㉵ 前思後想: 앞뒤로 곰곰 생각해보다, 深思熟考하다.

聰明: 영리하고 슬기롭고 기억력이 좋음 → "총명한 사람"으로 해석함 ※ 順命 篇 (5) 참조

暗: (사리에) 어두울, 어리석을

明于知彼 暗于知己: 남을 아는 데는 밝고 자기를 아는 데는 어둡다.

上暗而政險: 임금이 어리석으면 정사가 위태롭다[荀子(天論)].

昧: (사리에) 어두울, 어리석을

暗昧: 우매함, 어리석고 사리에 어두움 / 愚頑暗昧: 완고하고 우매하다. / 昧于世故: 세상 물정에 어둡다. / 愚昧落後: 어리석고 사리에 어두워서 뒤떨어지다. / ㉵ 無知蒙昧: 아는 것이 없고 사리에 어둡다.

算: 계산할, 따져볼 →順命 篇 (5)참조

計: 계산할, 셈할

按時計價: 시간에 따라 가격을 계산한다. / 不計其數: 셀 수 없을 만큼 많다(=不知其數) / 算計: 계산하다. → 이 글에서는 "계산에 능한 사람"으로 해석함 / 數量太多 很難算計: 수량이 너무 많아서 계산하기 참 어렵다.

失: 잃을, 놓칠

時哉 不可失: 때야말로 놓치면 안 된다(書經). / ㉵ 坐失良機: (눈뜨고) 앉아서 좋은 기회를 놓치다.

便宜: "편리함" "값이 쌈" 등의 뜻이 있으나 이 글에서는 "이득" "이익"의 뜻을 적용한다.

占便宜: 이득을 (재미를) 보다. 잇속(실속)을 차리다. / 占小便宜: 작은 (약간의) 이득을 챙기다.

㉝ 占小便宜喫大虧(=貪小便宜喫大虧): 작은 이익을 탐하다가 크게 손해 보다. → 小貪大失과 같음

※ 중국인들은 便宜를 "好處"로 번역하는데 好處의 뜻은 "得" "이득" "이익"이다.

損: 손해를 입힐(끼칠)

無損于友情: 우정에 해를 끼치지 않는다.

㉵ 損人利己: 남에게 손해를 입히고 자기의 이익만을 챙기다.

終: 결국, 끝내, 마침내

終必成功: 마침내 꼭 성공할 것이다.

㉝ 送君千里 終有一別: 그대를(임을) 천 리까지 배웅해도 결국에는 헤어져야 했다.

失: 빼앗길 → 남의 손으로 넘어감

其未得之也 患得之 旣得之 患失之: 그들은 (이득을) 얻기 전에는 얻을 것을 걱정하고 이미 얻고 나서

는 빼앗길 것을 걱정한다[論語(陽貨)].

依: 의지할, 기댈

[成] 無依無靠: 의지가지없다. / [成] 脣齒相依: 입술과 이처럼 서로 밀접하게 의지하다.

勢: 권세, 세력

權門勢家: 대대로 권세가 있는 집안 / [成] 仗勢欺人: 권세를 믿고 남을 업신여기다.

相: 설명과 예문 모두 正己 篇 (10) 참조

氣: 기, (중국 철학에서 말하는 사람의) 정신

浩然之氣: 천지간에 (또는 사람의 마음에) 가득 찬 공명정대하고 강직한 기운[孟子(公孫丑上)].

勇氣百倍: 날래고 씩씩한 기운(정신)으로 충만하다.

爲: ~ 때문에, ~(으)로 인하여, ~까닭으로, 이 때문에

爲何(=爲甚麽): 무엇 때문에, 왜 / 爲甚麽不來: 무엇 때문에 오지 않는가? / 大家都爲這件事高興: 모두 이 일 때문에 기뻐했다.

節: 절제할, 절약할

節食減肥: 음식을 절제하여 체중을 줄이다. / [成] 節衣縮食(=縮衣節食): 의식을 (생활비를) 절약하다.

亡: 망하게 할, 멸망시킬, → 天命 篇 (1) 참조

亡家: 집안을 결단내다(망치다), 망한 집 / 亡國: 나라를 망치다, 망한 나라 / 亡國輩: 나라를 망친 무리

因: ~ 때문에, ~로 말미암아, ~(으)로 인하여

因故: 사정으로 인하여 / 因病: 병 때문에

因君樹桃李 此地忽芳菲: 그대가 桃李나무를 심었기 때문에 이 곳이 홀연 향기가 난다네(李白).

廉: 청렴할, 깨끗할

爲官淸廉: 관료 됨됨이가 청렴하다. / 廉正無私: 청렴하고 정직하고 사심이 없다.

位: 지위, 직위, 벼슬자리

位卑而言高 罪也: 지위가 낮으면서 政事를 논평함은 죄이다[孟子(萬章下)].

勸: 권(고)할, 충고할, 타이를

勸他戒酒: 그에게 술을 끊으라고 권고(충고)하다. / [成] 勸善懲惡: 선행을 권장하고 악행을 징계하다.

君: 그대, 자네 → 윗사람이 아랫사람을 부르는 말

君能來此否: 그대가 이리로 올 수 없을까?

諸君: "그대들" 또는 "여러분"의 뜻으로 平交나 손아랫사람에게 쓴다.

警: 경계할, 조심할, 주의할

提高警惕: 경각심(경계심)을 높이다. / [成] 懲一警百(=懲一戒百): 일벌백계하다.

平: 온, 전체, 전부

平呑: 통째로 삼키다. / 張飛恨不得平呑馬超: 장비는 마초를 통째로 삼키지 못한 것을 아쉬워했다(三國演義).

生: 일생, (한)평생, 생애 →繼善 篇 (7) 참조

平生: 일생, 살아 있는 동안

平生之計: 일생의 生計

可: 참으로, 정말, 과연, 확실히, 틀림없이 → 감탄이나 강조의 어기를 나타냄

他寫字可快: 그는 글씨를 정말 빨리 쓴다.

他學習可認眞了: 그는 참으로 성실하게 배운다. → 認眞: 착실(성실)하다.

嘆: 감탄할, 찬탄할

嘆詞: 감탄사 / 嘆號: 감탄 부호 → ! / 不勝嘆羨: 감탄하며 부러워해 마지않다.

驚: 놀랄

㎢ 大驚失色: 몹시 놀라 얼굴빛이 변하다. / 十分驚愕 手足無措: 몹시 놀라 어찌할 바를 모르다.

而: 그 위에 (또), 또(한), 그리고, 게다가 → 병렬의 관계임

聰明而勇敢: 총명하고 게다가 용감하다.

質直而好義: 순박하고 정직하며 또한 義를 좋아하다[論語(顔淵)].

畏: 두려울, 두려워할

無所畏懼: 두려울 것이 없다. / ㎢ 畏縮不前: 두려워 움츠리고 앞으로 나아가지 않다.

上: 하늘, 上天, 天空

㊞ 上有天堂 下有蘇杭: 하늘에 천당이 있듯이 땅에는 蘇杭이 있다. / ※ 蘇杭 → (중국의) 蘇州와 杭州를 말하며 강남에서 경치가 좋은 곳으로 유명함 / 嗚呼 乃罪多參在上: 오호라! 마침내 죄가 많아 하늘에서 탄핵을 하겠구나(書痙). / ※ 參에는 "탄핵하다"는 뜻이 있음

臨: (높은 데서) 내려다볼

居高臨下: 높은 곳에서 아래를 내려다보다.

㎢ 背山臨水: (땅의 형세가) 산을 등지고 강을 내려다보다.

鑑: 거울

波平如鑑: 물결이 잔잔하여 거울과 같다.

以銅爲鑑 可正衣冠: 구리 거을(銅鏡)을 거울로 삼아 의관을 바르게 할 수 있었다(新唐書).

下: 땅

禱爾于上下神祇: 너를 위해 하늘과 땅의 神明에게 기도하였다[論語(述而)]. → 神明, 神의 총칭

察: 살필, 조사할 →正己 篇 (15) 참조

地: 땅

㎢ 天高地厚: 하늘은 높고 땅은 두껍다.

地利不如人和: 땅의 좋은 조건도 人和만 못하다[孟子(公孫丑下)].

祇: 땅귀신, 토지신

神地祇: 천지의 여러 신, 天地神明 / 地祇: 땅귀신, 地神, 토지신

明: 낮, 주간(晝間)

晦明兼程: 밤낮으로 길을 재촉하다. / 靡明靡晦: 낮도 밤도 없다. 일이 많다[詩(大雅)]. / 明淫心疾: 대낮에 음욕으로 괴로워하다(左傳).

有: (뜻은 없고 어기만 고르는) 어조사 → 여기서는 명사 앞에 쓰이는 조사

惟孝 友于兄弟 施於有政: 효도를 하고 형제간에 우애하면 (이것이 곧) 정사에 파급된다[論語(爲政)].

法: 법(령), 법률

貪贓枉法: 뇌물을 탐내어 법을 어기다.

王法: (국)법 → 古代에는 나라의 법을 제왕이 정했으므로 이르는 말

目無王法: 법은 안중에도 없다. / 沒王法: 법도 없이 제멋대로 하다.

繼: 뒤따를, 뒤이을, 수후(隨後)

繼之而來: 뒤따라서 계속해 오다. / 繼而有師命: 곧 뒤따라서 군대의 출동 명령이 있었다[孟子(公孫丑下)].

暗: 밤, 낮의 對

車駕逼暗乃還: 천자의 수레는 밤이 될 무렵에 겨우 돌아왔다(晉書). / 暗風吹雨入寒牎: 밤에 바람이 불고 비가 (객지에서의) 차갑고 쓸쓸한 창으로 들이치고 있다(唐, 元稹).

鬼: 귀신

鬼伯: 귀신의 王, 염라대왕(閻羅大王) / ⑱ 神出鬼沒: 귀신같이 홀연히 나타났다 사라졌다 하다.

正: 바른 道, 바른 일, 정도(正道)

以順爲正者 妾婦之道也: 순종을 正道로 삼는 것은 여자의 도리이다[孟子(滕文公下]. → 妾婦: 여자의 범칭

可: 마땅히(응당) ~하여야 할

你可別忘了阿: 너는 마땅히 잊지 말아야 한다.

晚上一個人走路可得小心: 저녁에 혼자 다닐 때는 마땅히 조심해야 한다.

之: 뜻은 없고 어기(語氣)만 고르는 어조사

久而久之: 오랜 시일 (긴 시간)이 지나다.

沛然下雨 則苗浡然興之矣: 비가 세차게 쏟아지니 모가 쑥쑥 일어선다[孟子(梁惠王上)].

不覺手之舞之足之蹈之: 자기도 모르게 손과 발이 춤을 추고 있다.

| 參考 |

紫虛元君: 도교에서 道를 깨달은 眞人이었을 것으로 추측할 뿐 일체 미상

< 安分 篇 >

(1) 知足可樂 務貪則憂

만족함을 알면 즐겁고 탐욕을 밝히면 근심한다(景行錄).

| 字句 풀이 |

知: 알

只知其一 不知其二: 하나만 알고 둘은 모른다. / 知止不辱 知足不殆 功成名遂而身退: 멈출 줄 알면 욕되지 않고 만족을 알면 위태함이 없으니, 공과 명성을 이루었으면 자신은 용퇴해야 한다(漢, 荀悅).

足: 족할, 넉넉할, 충분할 → 繼善 篇 (5) 참조

可: 참으로, 정말, 과연 → 강조의 어기를 나타냄 ※ 正己 篇 (26) 참조

可樂: 즐겁다 → 간단하게 표현했지만, 여기에는 (이 글에 한해서) "참으로" 등 강조의 어기가 들어 있다.

務: 힘쓸, 일삼을, 추구할 → "밝히다(=지나치게 좋아하다)"로 意譯했음

務本: 근본에 힘씀 ↔ 務末: 지엽적이고 하찮은 일에 힘씀

㊎ 務實力行: 구체적이고 실속 있는 일에 힘써 행하다.

(2) 知足者貧賤亦樂 不知足者富貴亦憂

만족할 줄을 아는 사람은 빈천해도 역시 즐겁고 만족할 줄을 모르는 사람은 부귀해도 역시 근심한다.

| 字句 풀이 |

賤: (미)천할, 지위나 신분이 낮을

卑賤貧窮 非士之恥也: 비천과 빈궁은 선비의 수치가 아니다(韓詩外傳). / ※ 卑賤: 신분이 낮고 미천함 / 貧窮: 가난하고 곤궁함 / 人賤物亦鄙: 사람이 천하면 (그 사람의) 물건도 천하게 보인다(古詩).

貧賤: 가난하고 미천하다

貧賤之交不可忘 糟糠之妻不下堂: 빈천할 때의 벗은 잊지 말아야 하고 조강지처는 버릴(내쫓을) 수 없다(後漢書). / ※ 糟糠之妻: (지게미와 쌀겨를 먹으며) 고생을 함께 한 아내

(3) 濫想徒傷神 妄動反致禍

분수에 지나친 생각은 다만 정신을 해칠 뿐이요 妄動을 거듭하면 禍를 부른다.

| 字句 풀이 |

濫: 외람(猥濫)할, 분수에 넘칠(지나칠)

僭濫: 분수에 맞지 않게 지나치다. / ⑳ 寧缺勿濫: (차라리) 부족할지언정 분수에 넘치지는 말라.

不僭不濫 不敢怠遑: 분수에 넘치지도 않고 감히 한가하게 게으름을 피우지도 않는다(詩經).

想: 생각, 사고, 사념(思念)

出塵之想: 속세를 벗어나 은둔할 생각

淸風滌煩想: 맑은 바람이 번잡한 생각을 씻어 준다(唐, 韋應物).

徒: 다만, 단지, 오직

徒具形式: 단지 형식만 갖추다. / ⑳ 徒有其名: 단지 이름뿐 실질이 없다. 유명무실하다.

神: 정신, 마음, 신경 → 正己 篇 (11) 참조

勞神: 정신(신경)을 쓰다, 걱정하다.

妄: 망령될, 터무니없을, 황당할, 분수에 넘칠, 도리에 맞지 않을

勿妄言: 헛소리 하지 마라. / 妄言妄動: 망령된 (터무니없는 황당한) 말과 행동(을 함)

此亦妄人也已矣: 이 사람 역시 妄人일 뿐이다[孟子(離婁下)].

※ 妄人 → 망령된 사람, 분수에 벗어난 (터무니없는) 언동을 하는 사람

動: 움직임, 동작, 행동

動靜: 행동거지, 동태 / ⑳ 起居動靜(=起居動作): 일상생활에서의 모든 행동

⑳ 一擧一動(=一擧手一投足): 손 한 번 들고 발 한 번 내딛는 모든 행동

妄動: 분수에 넘치는 망령된 행동(을 함)

⑳ 輕擧妄動: 경솔한 행동과 망령된 행동(을 함)

反: 되풀이할, 거듭할, 반복할

每讀必三反: 항상 글을 읽을 때 반드시 세 번 반복한다(陸游). / 子與人歌而善 必使反之: 공자께서는 남과 함께 노래를 부르시다가 그가 잘 부르면 반드시 반복하게 하셨다[論語(述而)]. / ※ 反의 뜻풀이에 대한 필자의 所見 / 대부분의 譯本에서 反을 "도리어"라고 풀고 있는데 이는 잘못이라고 생각한다. (왜 냐하면) "도리어"란 "예상이나 기대와는 반대되거나 다르게"라는 뜻으로 (좋은 의미와 나쁜 의미의) 두 相反된 말이나 글을 연결하는 역할을 하는바 예를 들면 다음과 같다. 將恥辱反以爲榮(치욕을 도리어

영광으로 여기다). 그러나 이 原文의 경우는 다르다. 妄動이 致禍로 이어지는 것은 예상대로의 일임으로 "도리어"가 적용될 수 없다. 그래서 필자는 次善策으로 "거듭하다"라고 했지만 누군가로부터 더 좋은 풀이가 나오기를 기대한다.

致: 초래할, 부를, 야기할, 가져올, 빚어낼

致癌物質: 발암물질 / 致災: 재난을 부르다(초래하다). → 재난을 당하다. / 致殃: 재앙을 부르다(초래하다) → 재앙을 입다. / 致傷: 부상당하다, 부상을 입히다. / 致病: 병에 걸리다.

---

(4) 知足常足 終身不辱 知止常止 終身無恥

만족한 줄을 알고 항상 만족하면 평생 욕되지 않고 멈춰야 할 때와 장소를 알아서 언제라도 그만두면 평생 부끄럽게 되는 일이 없을 것이다.

| 字句 풀이 |

常: 늘, 항상 → 正己 篇 (22) 참조

終身: 일생, 평생(을 마치다) → 繼善 篇 (5) 참조

辱: 욕될, 부끄럼 당할, 욕되게 할, 명예 등을 더럽힐

㉠ 喪權辱國: 주권을 잃고 나라를 욕되게 함, 나라가 망함.

士可殺 不可辱: 선비는 죽일 수는 있어도 욕되게 하면 안 된다.

止: 멎을, 그칠, 그만둘

明鏡止水: 맑은 거울과 잔잔한 물 / 貪物而不知止者 雖有天下不富矣: 재물을 탐함에 그칠 줄을 모르는 자는 비록 천하를 소유했어도 부유하지 않다(韓詩外傳).

恥: 부끄러울, 부끄러워할, 수치스러울, 수치스럽게 여길

不恥下問: 아랫사람에게 묻는 것을 부끄럽게 여기지 않는다[論語(公冶長)].

可恥的事: 부끄러운 일 / 恥心: 수치심

無恥: 부끄러운 일이 없다, 부끄럽게 되는 일이 없다, 수치를 당하지 않는다

※ 거의 모든 譯本에서 無恥를 "부끄러움이 없다"로 풀고 있는 바 이는 잘못된 해석임을 다음 글을 통해서 확인하기로 한다.

人不可以無恥 無恥之恥 無恥矣: 사람은 부끄러움이 없으면 안 되며 부끄러움이 없음을 부끄러워한다면 부끄럽게 되는 일이 없을 것이다[孟子(盡心上)]. / 이 글에서 無恥가 세 번 나오며 그중에 두 번째까지가 "부끄러움이 없다"인데 이 말은 곧 "부끄러움을 (수치를) 모른다" "후안무치(厚顔無恥)하다" "뻔뻔스

럽다” 등과 같은 말이고 마지막 세 번째 無恥가 이 글의 無恥에 해당한다.

(5) 滿招損 謙受益

교만하면 손해를 보고 겸손하면 이익을 본다(書). =교만은 화를 부르고 겸손은 복을 부른다.
※ 이 글(원문)의 끝에서 時乃天道(이는 곧 하늘의 도리이다)가 이어진다(이때, 時=是).

| 字句 풀이 |

滿: 교만할

其滿之甚也: 그의 교만함이 심하다(國語).

驕爲滿 恭爲謙: 驕(교만함)는 滿(교만함)이고 恭(공손함)은 謙(겸손함)이다(韋昭注).

招: 부를, 초래할

招蒼蠅: 파리를 불러들이다. → 파리가 꾀다. / 樹大招風風損樹 人爲名高名喪身: 나무가 크면 바람을 불러들여 그 바람이 그 나무를 해치고 사람이 이름이 높아지면 그 이름이 자신을 망친다(金瓶梅詞話).

損: 손해, 손실

損益表 → 損益計算書

[成] 有益無損: 유익할 뿐 손해는 없다. ↔ [成] 有損無益: 손해만 있고 이익은 없다.

謙: 겸손할

謙謝不受: 겸손하게 사양하고 받지 않다. / [成] 謙卑退讓: 겸손하게 자기를 낮추고 양보하다.

受: 받을, 얻을

[成] 自作自受: 자업자득(自業自得) / 受授(=授受): 주고받다. / 受託: 부탁을 받다. / 受益: 이익을 얻다. / 受室: (장가들어) 아내를 얻다.

| 參考 |

書(=書經): 三經(詩經, 書經, 易經) 의 하나로 공자가 堯舜 때부터 周代까지의 政事에 관한 기록을 수집하여 편찬한 책이며 일명 尙書라고도 하고 20권 58편으로 되었다. 書傳은 이에 대한 注解書이다.

(6) 安分身無辱 知機心自閑 雖居人世上 却是出人間

(자기의) 분수에 만족하면 자신이 욕됨을 당하지 않고 (그 安分의) 비결을 알면 마음이 여유가 있고

한가로워 비록 몸은 세상에 살고 있으나. 그런데도 (마음은) 세상을 (속세를) 떠났느니라(安分吟).

| 字句 풀이 |

安: (생활 일 등에서)만족할

安于: ~에 만족하다. / 安于現狀: 현상에 만족하다. / 安居樂業: 만족하게 살면서 즐겁게 일에 종사하다. / ㉿ 安分守己: 자기의 분수에 만족하며 본분을 지키다.

分: 분수, 分限(신분 귀천 존비의 차등)

守分: 자기의 분수를 지키다.

天命有定端[11] 守分絶所欲: 천명에 정해진 운수가 있으니 분수를 지켜서 하고 싶은 것을 끊는다(李白).
㉿ 守分安命: 제 분수를 지키고 운명을 만족하게 여기다.

機: 기밀 → 중요한 비밀

軍機: 군사 기밀 / 天機: 하늘의 비밀, 큰 비밀 / 天機不可漏洩: 천기를 누설하면 안 된다. / 陰其謀 密其機 高其壘: 계략과 비밀은 숨기고 보루는 높이 쌓는다(六韜).

閑: 한가할

小人閑居爲不善: 소인은 한가하면 나쁜 짓을 한다. / 定端: 정해진 운수(檀國大學校編 大韓漢辭典 참조) / ㉿ 閑時不燒香 急時抱佛脚: 한가할 때는 향을 피우지 않다가 급하면 부처님 다리에 매달린다.

自閑: 여유롭고 만족스럽다, 유유자적(悠悠自適)[12] 하다.

問君何事栖碧山 笑而不答心自閑: 그대는 무슨 일로 청산에 사는가? 하고 묻기에 웃기만 하고 대답은 안 했으나 마음은 여유롭고 만족스러웠다 李白(山中問答詩).

居: 살, 거주할

僑居國外: 해외에서 살다. / 久居鄕間: 오랫동안 고향(시골)에서 살다. / ㉿ 居安思危: 편안히 살면서도 위태할 때를 생각하다.

人: 몸

人小志大: 몸은 작아도 뜻은 크다. / ㉿ 人老心不老: 몸은 늙었어도 마음은 늙지 않았다. / 人在曹營心在漢: 몸은 曹操 진영에 있으나 마음은 漢나라에 있다, 마음은 콩밭에 있다. / 我今天人不大舒服: 나는 오늘 몸이 그다지 좋지 않다.

世: 세상

不懂世情: 세상 물정을 모르다. / ㉿ 擧世聞名: 온 세상에 이름이 나다. / 公之于世: 세상에 공개하다.

---

11) 定端: 정해진 운수(檀國大學校編 大韓漢辭典 참조)

12) 거리낌 없이 여유가 있고 한가롭다

上: ~에(서) → 명사 뒤에 붙는 접미사(接尾辭)로 그 범위 안에 있음을 나타냄

村上只有十多戶人家: 마을에는 단지 10여 가구만이 있다.

心上人: 마음에 두고 있는 (異性의) 사람, 사랑하는 사람

却是: 그런데도, ~에도 불구하고

他們都答應了 却是甚麽也沒有辦: 그들은 모두가 승낙하고서도 그런데도 아무것도 처리하지 않고 있다.

出: 떠날, 벗어날, 이탈할

出家當和尙: 집을 떠나 중이 되다. / 死徙無出鄕: (백성들은) 죽거나 이사하더라도 고향을 떠나지 않는다[孟子(滕文公上)]. / 緣高出險 管子: 높은 데를 기어올라 위험한 곳을 벗어났다.

人間: (사람이 사는) 세상, 속세 → 天命 篇 (3) 참조

| 參考 |

안분음(安分吟): 격양시(擊壤詩)라고도 하며 伊川擊壤集의 저자인 宋나라 邵雍이 지은 詩로 추정한다. / 吟: 시체명(詩體名) → 고대 시가(古代詩歌) 형식의 한 종류

[예] 백두음(白頭吟), 수룡음(水龍吟), 진부음(秦婦吟)

(7) 不在其位 不謀其政

그 지위에 있지 않으면 그의 일을 (이러쿵저러쿵) 논하지 말지니라(孔子).

※ 이 글은 譯本에 따라 싣지 않기도 한다.

| 字句 풀이 |

位: 지위, 직위 → 正己 篇 (26) 참조

謀: 의논할, 토의할

不謀而合: 의논 없이도 의견이 일치하다. / 二人對議 謂之謀: 두 사람이 마주하여 의논하면 이를 "謀"라고 한다(晉書). / (成) 與虎謀皮: 호랑이와 (그 호랑이의) 가죽을 벗기자고 의논하다(=이해 관계의 충돌로 협상이 불가하다).

政: (가정이나 단체의) 일, 사무

家政: 집안일(=家事) / 校政: 학교 사무 / 家政服務: 가사 관리 서비스 / 家政服務員: 가사 도우미 / 家政出於舅姑: 집안일은 시부모에게서 나온다[宋, 陳亮(墓志銘)].

| 出典 |

論語(泰伯)

存心 篇

(1) 坐密室如通衢 馭寸心如六馬 可免過

은밀한 방에 앉아 있어도 (그곳이) 마치 큰길로 통하고 있는 것처럼 조심하고 마음 (하나) 다스리기를 마치 六馬를 모는 것처럼 신중하면 결코 과오를 범하지 않을 것이니라(景行錄).

| 字句 풀이 |

坐: 앉을

坐視不救: 앉아서 보기만 하고 구해주지 않다.

㉙ 坐井觀天: 우물 안에 앉아 하늘을 보다, 식견이 좁다.

密: 비밀(의), 은밀한

絶密: 극비, 1급 비밀 / 密詔(=密勅, 密諭, 密旨): 옛날 왕의 비밀 명령

室: 방 → 天命 篇 (3) 참조

密室: 은밀한 방 / 藏于密室: 밀실에 감추다.

通: (길이) 통할, 이를, 도달할

㉙ 四通八達: 길이 사방으로 통하고 팔방으로 통하다.

道遠難通: 길이 멀면 도달하기 어렵다(國語). / 京仁線修通了: 경인선이 개통되었다.

衢: (네)거리, 대로, 사달지로(四達之路)[13]

衢巷: 길거리, 큰길과 골목 / 康衢煙月: 번화한 큰길과 으스름달, 태평한 시대에 큰길거리의 평화로운 정경 / ※ 康은 오달지도(五達之道)임

馭: (말을) 몰, 다스릴

馭馬: 말을 몰다. / 馭國: 나라를 다스리다. / 馭風客(=馭風之客): 신선 / 馭下無方: 부하를 제대로 거느리지 못하다.

寸: 치, 촌 → 길이를 재는 단위, 한 자(尺)의 10분의 1

方寸之地: 사방 한 치의 땅, 근소한 땅 / 十分爲寸 十寸爲尺: 10푼이 1촌이고 10촌이 1척이다(漢書).

寸心: 마음 → 마음이 한 치 사방의 심장에 있다고 여겼기에 하는 말

---

13) 사달지로(四達之路): 사방으로 통하는 큰길

得失寸心知: 장단(長短)과 우열(優劣)을 마음이 잘 알고 있다[杜甫(偶題詩)].

六馬: 천자(天子)의 수레를 끄는 여섯 마리의 말

可: 참으로, 정말, 과연, 확실히, 틀림없이 → 강조의 어기를 나타냄

※ 正己 篇 (26) 참조

免: 피할, (스스로) 그만둘, 아니할, 하지 않을

人情之所不能免也: 인정의 도리로 그만둘 수가 없다(禮記). / 事前做好準備 以免臨時忙亂: 일을 당하고 허둥대지 않도록 사전에 충분히 준비하다. / ※ 以免은 "~하지 않도록"으로 해석함

酒後請勿開車 以免發生交通事故: 교통사고가 나지 않도록 음주 후에는 운전을 하지 마시오.

過: 과오(실수)를 범할, 잘못할, 과실로 죄를 지을

過而殺傷人: 실수를 범하여 사람을 살상하다(呂氏春秋). / 過則勿憚改: 잘못했으면 고치기를 주저하지 말라[論語(學而)]. / 人誰無過 過而能改 善莫大焉: 사람이 어느 누가 허물이 없겠느냐? 잘못했어도 고치면 이에서 더 큰 선한 일이 없다(左傳).

---

(2) 富貴如將智力求 仲尼年少合封侯 世人不解靑天意 空使身心半夜愁

부귀를 만약 지혜와 능력으로 얻을 수 있다면 공자는 나이 젊을 때 마땅히 제후에 봉해졌을 것이다. 세상 사람들은 저 푸른 하늘의 뜻을 알지 못하고 공연히 몸과 마음을 밤이 깊도록 근심하게 하는구나(擊壤詩).

| 字句 풀이 |

如: 만약, 만일

如果如此: 만일 이와 같다면 / 如有不當處 請斧正: 만약 틀린 점이 있으면 고쳐 주십시오.

將: ~로(으로)써

將鷄蛋碰石頭: 계란으로 바위치기 / ㉓ 恩將讐報: 은혜를 원수로 갚다, 배은망덕하다.

智: 지혜(로울) → 順命 篇 (5) 참조

力: 힘, 능력

㉓ 盡力而爲: 전력을 다해서 하다. 최선을 다하다.

㉓ 力不從心: 할 마음은 있으나 힘(능력)이 따르지 못하다.

求: 얻을, 획득할, 달성할 → 順命 篇 (3) 참조

仲尼: 공자의 字

仲尼之徒: 공자의 門人들[孟子(梁惠王上)].

年: 나이

㊜ 年高德劭: 나이도 많고 덕망도 훌륭하다. / 年方二八: 나이가 바야흐로 16세(이팔청춘)

合: 마땅히(응당, 당연히, 틀림없이) ~해야 할

合亟通知: 응당 빨리 알려야 한다. / 理合聲明: 이치로 보아 마땅히 입장을 밝혀야 한다.

封: 봉할 → 天子가 제후에게 땅을 주어 나라를 세우게 하다.

封侯: 제후로 봉하다.

侯: 제후

㊜ 侯服玉食: 제후의 옷을 입고 珍味를 먹다, 호화롭다.

世: 세상 → 安分 篇 (6) 참조

解: 알, 이해할, 깨달을

通俗易解: 대중적이어서 알기 쉽다. / 大惑者 終身不解: 크게 미혹된 자는 평생 깨닫지 못한다(莊子).

靑: 푸를

靑出於藍而靑於藍: 푸른 물감이 쪽에서 나왔으나 쪽보다 더 푸르다. 제자나 후배가 스승이나 선배보다 낫다는 말로 쓰인다.

意: 뜻, 마음, 생각 → 正己 篇 (5) 참조

空: 공연히, 부질없이, 쓸데없이 → 順命 篇 (2) 참조

使: 하여금, ~하게 할, ~시킬 → 正己 篇 (10) 참조

半: (한)가운데의, (한)중간의

半空: 중천, 공중, 하늘 / 半路上: 도중(에) / 半夜(=半夜三更): 한밤중, 심야(深夜) / 半山亭子: 산 중턱의 정자

愁: 근심할, 걱정할

愁容: 근심하는 얼굴 ↔ 笑容: 웃는 얼굴 / ㊜ 愁喫愁穿: 먹고 입을 것(衣食)을 걱정하다.

| 參考 |

擊壤詩: 격양가라고도 하는데 농부가 (배부르게 먹고) 땅을 두드리며 태평성대를 구가(謳歌)한 노래로 堯나라 때부터 불리었다 한다.

다음은 그 노랫말임 / 吾日出而作 日入而息 鑿井而飮 耕田而食 堯何等力

우리는 해 뜨면 일하고 해 지면 쉬고 우물을 파서 물 마시고 밭을 갈아 밥 먹고 그렇게 잘도 사는데, 요 임금님은 (우리 때문에) 어찌 그토록 수고를 하시는지요(漢, 王充)?

(3) 范忠宣公戒子弟曰 人雖至愚 責人則明 雖有聰明 恕己則昏 爾曹但當以責人之心責己 恕己之心恕人 則不患不到聖賢地位也

범충선공이 자제들에게 훈계하여 이르기를 "사람이란 비록 지극히 어리석어도 남을 責하는 데는 총명하고 비록 총명해도 자기에게 관대한 데는 사리에 어둡다. (그러나) 너희들이 만일 마땅히 남을 책하는 마음으로 자기를 책하고 자기에게 관대한 그 마음으로 남에게 관대하기만 한다면 (너희들이) 성현의 지위에 이르지 못할까 하고 걱정하지 않아도 되느니라"라고 하였다.

| 字句 풀이 |

戒: 훈계할, 타이를

不戒視成, 謂之暴: 미리 훈계하지도 않고 결과만을 보고 책하는 것을 포악한 짓이라 한다[論語(堯曰)].

弟: 동생, 아우

舍弟: 자기 아우의 겸칭 / 令弟: 남의 아우의 존칭 / 胞弟(=親弟): 친동생

子弟: 子弟의 뜻에는 "남의 집 자녀와 젊은이에 대한 존칭"을 비롯해서 몇 가지의 뜻이 있으나 여기에서는 자기의 권속(眷屬)에 속하는 자녀와 弟 및 姪 등을 아우르는 뜻으로 한다.

雖: 비록(~라도) → 繼善 篇 (9) 참조

至: (지)극히, 가장, 제일, 최고로(極, 最에 해당함)

㉝ 至善至美(=盡善盡美): 가장 좋고 훌륭하다. / 至好的(=最好的): 가장 좋은 것

愚: 어리석을 → 正己 篇 (26) 참조

責: 꾸짖을, 책(망)할

鞭責: 채찍으로 때리며 꾸짖다.

責人要寬 責己要嚴: 남을 책함에는 관대하고 자신을 책함에는 엄격해야 한다.

明: 총명할 → 順命 篇 (5) 참조

有: (동사 앞에 놓이는) 어조사

我看這事有成: 나는 이 일이 성공한다고 본다. / 學業有成: 학업을 완성하다.

三年有成: 삼 년이면 (뜻한 바를) 성취한다[論語(子路)]. → 有成: 성공하다, 성취하다, 완성하다.

聰明: 영리하고 슬기롭고 기억력이 좋음 → 順命 篇 (5) 참조

恕: 관대할, 너그러울 → 正己 篇 (26) 참조

昏: (사리에) 어두울

昏君: 사리에 어두한 군주 / 老朽昏庸: 늙어서 사리에 어두워지다.

爾: 너, 그대, 당신

非爾之過: 너의 잘못이 아니다. / 爾曹(=爾輩): 너희들, 그대들 / 兒曹: 아이들 / 吾曹: 우리들 / 冠其曹: 그들 중에 뛰어나다. / ※ 曹: ~들 → 複數를 나타냄

出乎爾者 反乎爾者也: 네게서 나온 것은 네게로 돌아간다[孟子(梁惠王下)].

但: 만일 ~만 한다면

但能節省就節省: 만일 절약할 수만 있다면 절약해야 한다. / 汝但妄奏事 會當斬汝: 네가 만일 터무니없는 거짓으로 일을 임금에게 아뢴다면 반드시 너를 참수할 것이다(資治通鑑).

當: 마땅히(반드시, 당연히) ~해야 할 → 正己 篇 (2) 참조

患: 근심할, 걱정할

何患之有: 무슨 걱정할 게 있는가? / 有國有家者 不患寡而患不均: 나라나 집을 다스리는 자는 적은 것을 걱정하지 말고 고르지 못함을 걱정해야 한다[論語(季氏)].

到: (~에) 이를, 도달할, 미칠

到頂: 절정(최고조)에 이르다. / 到站: (차, 기차, 배 등이) 정거장(종점)에 도착하다. / 到位: 요구하는 위치나 장소 또는 지위에 도달하다.

聖: 성인

賢: 성인과 현인 / 地位: 신분에 따르는 어떤 자리나 계급, 개인이 차지하는 사회적 위치 / 地位顯赫: 지위(자리)가 높이 드러나 빛나다. / ⓤ 聖人門前賣孝經: 성인(공자) 앞에서 문자 쓰다.

人非聖賢 孰能無過: 사람이 성현이 아닌데 누군들 잘못이 없을 수 있겠는가?

| 參考 |

范忠宣公: 宋 때 范仲淹(989~1052)의 둘째 아들로 이름이 純仁이고 재상을 지냈으며 시호가 忠宣임

| 出典 |

小學, 嘉言 篇(宋名臣言行錄)

---

(4) 子曰 聰明思睿 守之以愚 功被天下 守之以讓 勇力振世 守之以怯 富有四海 守之以謙

공자께서 말씀하시기를 "총명하고 생각이 슬기로워도 어리석은 체하여 그것을 지키고 공로가 천하를 뒤덮어도 양보함으로 그 공을 지키며 용기와 힘이 세상을 진동(震動)시켜도 겁쟁이인 체해서 그 勇力을 지키고 부유하여 온 세상을 소유하고 있어도 겸손함으로 그 부유함을 지켜야 하느니라"라고 하셨다.

※ 이 원문은 子路의 질문에 대한 공자님의 답변이고 다음은 자로의 질문으로 원문 앞에 놓이는 글이다.

子路進曰 敢問持滿有道乎: 자로가 앞으로 나와 "감히 여쭙겠습니다. 충만함 (이미 이룩한 업적이나 높은 지위 등)을 잘 保全하는 방도가 있습니까?" 하고 물으니...,

| 字句 풀이 |

思: 생각 → 正己 篇 (10) 참조

睿: 슬기로울, 총명할, 지혜로울, 통달할, 밝을

睿智(=睿知): 밝고 뛰어난 슬기 / 睿博: 슬기롭고 해박하다. / 睿達: 슬기롭고 사리에 통달하다.

視曰明 聽曰聰 思曰睿: 보는 데는 눈이 밝아야 하고 듣는 데는 귀가 밝아야 하며 생각하는 데는 슬기로워야 한다[書(洪範)].

守: 지킬 → 繼善 篇 (6) 참조

功: 공(로)

功過相抵: 공과 과실이 서로 상쇄되다. / 立功: 공을 세우다.

㉅ 功成身退: 공을 세웠으면 자신은 물러나야 한다.

被: 덮을

㉅ 澤被天下: 은택이 세상을 덮다(곳곳에 미치다). / 積雪被覆着大地: 쌓인 눈이 대지를 덮고 있다.

天下: 온 세상

得民心者得天下: 민심을 얻는 자가 천하를 얻는다. / 天下無不是的父母: 세상에 나쁜 부모는 없다.

讓: 사양할, 양보할

讓一步: 한 발 양보하다. / 讓路(=讓道): 길을 비켜주다. / 爲孕婦讓座: 임산부에게 자리를 양보하다.

勇: 용기 → 正己 篇 (3) 참조

振: 깜짝 놀라게 할, 진동(震動)할(震과 통용)

振世: 세상을 진동시키다. / 公子威振天下: 魏公子의 위엄이 천하를 진동시켰다[史記(魏公子傳)].

怯: 겁이 많을, 나약할, 담이 작을, 심약할, 소심할

怯夫: 겁쟁이 / 怯懦: 겁이 많고 나약하다. / 怯懼: 겁내다, 무서워하다.

㉅ 怯頭怯腦: 겁이 나서 기를 펴지 못하다.

富: 부유할, 재산이 많을 → 順命 篇 (1) 참조

有: 가질, 가지고 있을, 소유할

他有錢: 그는 돈을 가지고 있다. / 我有魯迅全集: 나는 노신 전집을 가지고 있다.

他有一套三居室的房子: 그는 방 세 개가 딸린 집 한 채를 가지고 있다.

海: 바다

海拔: 뭍이나 산이 평균해면에 비하여 높은 정도 → 백두산은 해발 2,749m이다.

[成] 海底撈針: 바다(밑)에서 바늘 건지기(=불가능한 일)

四海: 온 천하(세상)

四海之內 皆兄弟也: 온 세상 사람이 모두 형제이다[論語(顔淵)].

謙: 겸손할 → 安分 篇 (5) 참조

| 出典 |

孔子家語(三恕 篇)

---

(5) 薄施厚望者不報 貴而忘賤者不久

적게 베풀고 크게 바라는 자에게는 보답할 수 없고 귀하게 되고 나서 (자기가) 卑賤했던 때를 잊어버리는 자는 (그 귀함이) 오래가지 못한다(素書).

| 字句 풀이 |

薄: 조금, 약간

躬自厚而薄責於人 則遠怨矣: 몸소 자기에게는 책망을 무겁게 하고 남에게는 가볍게(적게) 하면 원망이 멀어진다[論語(衛靈公)].

施: 베풀, 줄 → 繼善 篇 (7) 참조

厚: 크게

未可厚非(=無可厚非): 크게 비난할 수도 없다. / 厚勝: 크게 이기다, 대승(大勝)하다 또는 큰 승리

望: 바랄, 기대할, 희망할

[成] 望子成龍: 자식이 훌륭한 인물이 되기를 바라다.

若大旱之望雨: 마치 큰 가뭄이 비를 바라듯 하다, 애타게 기다리다.

厚望: 크게 바라다 또는 큰 희망

薄施而厚望 畜怨而無患者 古今未之有也: 적게 베풀고 크게 바라며 (그리하여) 원망을 쌓고도 화가 미치지 않는 자는 옛날이나 지금에 없다(淮南子).

報: 갚을, 보답할 → 繼善 篇 (1) 참조

貴: (신분이나 지위가) 높을 → 順命 篇 (1) 참조

貴人: (신분이나 지위가) 높은 사람, 고귀한 사람 / [諺] 貴人語遲: 귀인은 입이 무겁다, 경솔히 말하지 않는다.

忘: 잊을 → 正己 篇 (22) 참조

賤: (비)천할, 지위나 신분이 낮을 → 安分 篇 (2) 참조

久: 오래 갈, 오랠, 장구(長久)할, (시간이) 길

久別: 오래(오랫동안) 헤어지다. / [成] 久旱逢甘雨: 오랜 가뭄 끝에 단비를 만나다.

久後你會知道: 먼 훗날에 너는 알게 될 게다.

| 參考 |

素書: 秦나라 末葉(B.C. 210년경)의 隱士이며 병법가인 黃石公의 저서로 일종의 兵書

---

(6) 施恩勿求報 與人勿追悔

은혜를 베풀 때는 보답을 바라지 말고, 남에게 무엇을 주었으면 후회하지 말라.

| 字句 풀이 |

恩: 은혜, 은덕, 혜택 → 繼善 篇 (7) 참조

求: 바랄, 기대할, 희망할

不求有功 但求無過: 공로가 있기를 바라지 않고 단지 과오가 없기를 바란다.

[成] 求仁得仁: 仁을 원하고 仁을 얻다, 뜻대로 되다[論語(述而)].

報: 보답, 갚음, 대가 → 省心 篇 (上) (51) 참조

先王[14] 遠施 不求其報: 先王은 먼 곳에 은혜를 베풀어도 보답을 바라지 않았다[史記(文帝紀)]

與: 줄, 베풀

生殺與奪權: 살리고 죽이고 주고 빼앗는 권한 → 절대권력 / 可以與 可以無與 與 傷惠: 주어도 좋고 주지 않아도 좋을 적에 주는 것은 참다운 은혜를 손상시킨다[孟子(離婁下)].

追: 후회할, 뉘우칠

追誤: 잘못을 후회하다.

悔: 후회할, 뉘우칠

立悔過書: 시말서를 쓰다.

[成] 悔罪自新: 죄를 뉘우치고 새로 출발하다. / [成] 悔之已晚: 후회해도 이미 늦었다.

追悔: 후회하다

追悔莫及: 후회해도 소용없다. / 追悔不已: 후회해 마지않다.

---

14) 先王: 예전의 덕이 높은 어진 임금

(7) 膽欲大而心欲小 智欲圓而行欲方

담력은 커야 하고 마음은 섬세해야(세심해야) 하며 지혜는 (융통성 있게) 원만해야 하고 행실은 모가 나도록 반듯해야 한다(孫思邈).

| 字句 풀이 |

膽: 담력, 배짱, 용기

[成] 膽小如鼠: 쥐새끼처럼 겁이 많다. / [成] 膽大妄爲: 담(력)이 커서 겁 없이 함부로 날뛰다.

欲: ~하여야 할, 마땅히, 반드시, 응당

秋耕欲深 春夏欲淺: 가을갈이는 깊게 갈아야 하고 봄과 여름에는 얕게 갈아야 한다[齊民要術(耕田)].

小: 가늘, 미세할 정세(精細)할

小心: 세심하다, 삼가고 조심하다, 신중하다 / [諺] 小心無過逾: 조심은 지나침이 없다. 돌다리도 두드려 보고 건넌다. / 成王功大心轉小: 성왕은 업적이 크지만, 마음은 도리어 세심했다(杜甫).

智: 지혜 → 順命 篇 (5) 참조

是非之心 智之端也: 옳고 그름을 가릴 줄 아는 마음은 지혜의 단서이다[孟子(公孫丑上)].

圓: (처세가) 원만할, 모나지 아니할, 융통성이 있을

孔子能方不能圓: 공자는 方正했으나 원만하지는 못했다(漢, 桓寬).

行: 행실, 행동

[成] 言行一致: 말과 행동이 일치하다. / 獸行: 인륜(人倫)을 벗어나 짐승과 같은 행위

方: 모날, 네모질, 圓의 對, (올)바를, 정직할

方正 / ① (물건 등이) 네모지고 반듯하다. / 字體方正: 글자의 체(體)가 반듯하다.

② (언행이) 똑바르다. (올)바르다, 정직하다, 단정하다. / 品行方正(=品行端方): 품행이 방정하다(단정하다). / 爲人方正(=爲人端方): 사람됨이 정직하다(단정하다).

| 參考 |

孫思邈(581?~682): 唐의 名醫로서 百家, 佛典, 의약, 천문에 정통했고 太白山에 살면서 唐高宗의 부름에도 나가지 않고 1백 여세를 살았으며 저서로는 千金方, 千金翼方이 있다.

(8) 念念要如臨戰日 心心常似過橋時

(긴장하기를) 끊임없이 늘 생각하여 마치 전쟁터에 나가는 날처럼 해야 하고 (조심하기를) 한결같은 마음으로 항상 외나무다리를 건널 때처럼 해야 한다.

| 字句 풀이 |

念: 생각할, 마음에 둘 → 繼善 篇 (3) 참조

念念: 늘(항상) 생각하다

念念不忘美好的往事: 아름다운 옛일을 늘 생각하며 잠시도 잊지 않는다.

要: 마땅히, 모름지기 ~해야 할

要努力學習: 공부에 힘써야 한다. / 借東西要還: 빌린 물건은 반드시 돌려줘야 한다.

要言簡意賅: 말은 간단하면서 뜻은 모두 들어 있어야 한다.

臨: 임할 → "임하다"의 여러 뜻 중에 여기에서는 "다다르다(이르다, 오다, 가다)"를 적용한다

身臨其境: 몸소 그곳에 가다(오다). / 親臨指導: 친히 가서(와서) 지도하다. / 喜事臨門: 집에 경사가 찾아오다.

戰: 싸움, 전쟁

挑戰: 싸움을 걸다. ↔ 應戰: 싸움에 응하다.

王好戰 請以戰喩: 왕께서 전쟁을 좋아하시니 전쟁으로 비유하겠습니다[孟子(梁惠王上)].

心: 마음 → 天命 篇 (2) 참조

心心: 일념(一念)으로, 전심(專心)으로

這位老太太 心心念念她的小孫子: 이 할머니는 어린 손자만 한결같은 마음으로 생각하고 있다.

心心在一藝 其藝必工: 일념으로 하나의 기술에만 종사하면 그 기술은 반드시 정교하게 된다(淸, 紀昀).

常: 늘, 항상 → 正己 篇 (22) 참조

似: (똑)같을, 마치 ~과(와) 같을

風景似畵: 풍경이 그림과 같다. / 似而非(=似是而非): 겉으로는 진짜 같으나 속은 아니다. / 似有若無: 있는 것 같기도 하고 없는 것 같기도 하다.

過: 건널

過江(=過河): 강을 건너다. / 過海: 바다를 건너다, 항해하다. / 過橋: 다리를 건너다.

橋: 다리, 교량

架橋(=搭橋): 다리를 놓다(가설하다) / ⑩ 過河拆橋: 강을 건넌 뒤 그 다리를 부수다, 배은망덕하다.

(9) 懼法朝朝樂 欺公日日憂

법을 두려워하면 아침마다 즐겁고 조정을 속이면 날마다 근심한다.

→ "아침마다"는 "날마다"로도 가능함

| 字句 풀이 |

懼: 두려워할, 겁낼

懼內: 아내를 무서워하다. → 懼內的: 공처가 / 毫無所懼: 조금도 겁낼 것 없다.

法: 법(령), 법률 → 正己 篇 (26) 참조

朝: 아침

朝朝: 아침마다, 날마다, 매일 / 朝露暮靄: 아침 이슬과 저녁놀, 덧없는 것, 짧은 인생

㉝ 朝思暮想: 아침저녁으로 그리워하다. / ㉝ 朝朝暮暮: 매일, 조석으로 → 어찌씨(副詞)로 쓰임

朝朝寒食夜夜元宵: 아침마다 한식이고 저녁마다 정월 보름날 밤 → 날마다 잔치로 즐거운 삶을 형용함

欺: 속일 → 天命 篇 (3) 참조

公: 국가, 조정

拾物交公: 습득물은 국가(기관)에 바친다(신고한다). / 虜獲品歸公: 전리품은 국가가 몰수한다.

日日: 날마다, 매일

日日新: 날마다 새로워지다, 끊임없이 진보하다(大學).

祖國的面貌日日一新: 조국의 면모가 나날이 새로워진다.

憂: 근심할, 걱정할 → 孝行 篇 (2) 참조

(10) 守口如瓶 防意如城

입을 지켜 말조심하기를 마치 (병마개로) 병을 막듯이 하고 私慾을 막고 억제하기를 마치 城을 지키는 것처럼 해야 한다(朱文公). / ※ 要約하자면 "말조심하고 私慾을 막자"이다

| 字句 풀이 |

守口: 말조심하다, 입을 다물다.

瓶: 병

熱水甁(=暖水甁): 보온병 / 花甁: 꽃병 / 酒甁: 술병 / 甁蓋: 병마개 / 甁頸: 병목

㘉 守口如甁: 병마개로 병을 막듯이 입을 다물거나 말조심하다.

防: 막을, 방지할 → 正己 篇 (10) 참조

意: 사욕(私慾), 사심(私心)

子絶四 毋意 毋必 毋固 毋我: 공자는 네 가지를 없도록 했으니 곧 사욕과 기필함과 고루함과 아집을 없이했다[論語(子罕)]. / 防意: 사욕을 막다.

※ 중국인들도 防意를 遏止私慾으로 풀었는데 이는 "사욕을 막다(억제하다)"는 뜻이다.

城: 성을 지킬, 수성(守城)할

㘉 防意如城: 사욕을 막고 억제하는 것은 (철저한 경계로) 성을 지키는 것과 같다. 또한, 聖賢이 克己하는 노력과도 같다.

李應庚發兩路兵城南城: 이응경은 두 길로 병사를 보내어 南城을 지키게 했다[宋史(李庭芝傳)].

| 參考 |

朱文公: 南宋의 大儒學者로 이름은 熹(1130~1200), 자는 元晦와 仲晦이고, 호는 晦菴과 遯翁이며, 시호가 文이고 朱子는 그의 존칭이다. 저서로 小學, 資治通鑑綱目이 있음

---

(11) 心不負人 面無慙色

마음에 (어떤 일로) 남을 저버리지 않았다면 얼굴에 부끄러워하는 기색이 없을 것이다.

| 字句 풀이 |

負: 저버릴 → 신의, 약속, 은혜, 호의 등을 잊거나 어기거나 배반하다

我不負人: 나는 남을 (남의 호의를) 저버리지 않는다.

㘉 負恩忘義(=忘恩負義): 은혜와 의리를 저버리다, 배은망덕하다.

面: 얼굴, 낯

面帶笑容: 얼굴에 웃는 모습을 띠다. / 面對面坐着: 얼굴을 맞대고 앉다.

慙: 부끄러울, 부끄러워할

王曰 吾甚慙於孟子: 왕이 말하기를 "나는 맹자에게 매우 부끄럽다"라고 했다[孟子(公孫丑下)].

㘉 大言不慙: 부끄러워하지도 않고 (뻔뻔스럽게) 큰소리치다.

色: 얼굴빛, 안색, 기색

㘉 大驚失色: 크게 놀라 안색이 하얗게 변하다.

⑭ 面不改色: 얼굴에 안색 하나 바꾸지 않는다, 태연자약하다.

慙色: 부끄러워하는 기색

滿面慙色: 온 얼굴에 부끄러워하는 기색이다. / 面有慙色: 얼굴에 부끄러워하는 기색이 있다.

---

(12) 人無百歲人 枉作千年計

사람은 백 살을 사는 사람이 없건만 부질없이 천년의 계획을 세우는구나.

| 字句 풀이 |

百: 백(열의 열 배) → "수많은" "온갖" "많은 수" 등의 뜻으로도 쓰인다 ※ 戒性 篇(2) 참조

⑭ 百尺竿頭: 백 척 높이의 장대 끝 → 위태함이 막다른 곳(상황)

⑭ 百步穿楊: 백 보 떨어져서 버들잎을 쏘아 맞히다. → 백발백중이다.

歲: 나이, 살, 연령(年齡)

七歲上小學: 일곱 살이면 소학교에 입학한다.

男女七歲不同席: 일곱 살만 되면 남녀가 한자리에 같이 앉지 않는다(禮記). → 옛 도덕

枉: 공연히, 괜히, 부질없이, 쓸데없이, 헛되이

枉費: 허비하다 / 枉活了半輩子: 반평생을 헛되이 살았다.

⑭ 枉費脣舌(=枉費口舌): 헛되이 말하다, 공연히 입만 아프다. → 말해도 소용없다는 뜻

作: 만들, 지을

孔子懼 作春秋: 공자께서 (이를) 염려하여 춘추를 지으셨다[孟子(滕文公下)].

述而不作: 전술(傳述)하기만 하고 창작하지 않으셨다[論語(述而)].

⑭ 作舍道邊: 길가에 집을 짓다. → 의견이 분분(紛紛)하여 결정을 못 하다.

千: 천(백의 열 배) → "매우 많다"라는 뜻으로도 쓰임

※ 訓子 篇 (3), 言語 篇 (2) 참조 / 悠久五千年的光輝歷史: 유구한 (우리나라) 반만년의 빛나는 역사 /
三千里錦繡江山: 아름다운 우리나라 (남북의) 국토를 일컫는 말

年: 해, 년

⑭ 年盡歲畢: 한 해가 저물다. / 一年有十二個月: 1년은 열두 달이다.

計: 계책, 계획 → 繼善 篇 (6) 참조

⑭ 千萬百計: 온갖 계략(방법), 모든 수단을 다 해보다.

(13) 寇萊公六悔銘云 官行私曲失時悔 富不儉用貧時悔 藝不少學過時悔 見事不學用時悔 醉後狂言醒時悔 安不將息病時悔

구래공의 육회명(여섯 가지 후회할 일을 경계하는 글)에서 이르기를, "관리가 불공정한 행위를 하면 벼슬을 잃었을 때 후회하고, 부유할 때 아껴서 쓰지 않으면 가난해졌을 때 후회하고, 재주(技藝)를 어려서 배우지 않으면 때가 지난 뒤에 후회하고, (어떤) 일이 생겼을 때 (그 일로부터) 배우는 바가 없으면 (훗날 그 일이) 필요해졌을 때 후회하고, 술에 취해서 미친 듯이 (허튼) 말을 하면 술이 깼을 때 후회하고, 건강할 때 몸을 돌보지 않으면 병이 났을 때 후회하느니라"라고 하였다.

| 字句 풀이 |

六: 여섯

六畜: 여섯 종류의 가축 → 소, 말, 양, 닭, 개, 돼지 / 六方: 여섯 방향 → 동, 서, 남, 북, 상, 하

悔: 후회할, 뉘우칠 → 存心 篇 (6) 참조

銘: (쓰거나 새겨서) 교훈으로 삼는 글 → 正己 篇 (10) 참조

云: 이를, 말할

詩云: 시경에 이르기를 / [成] 人云亦云: 남이 말하는 대로 따라 말하다.

官: 관리, 공무원, 벼슬아치

[成] 官逼民反: 관리가 핍박하면 백성은 반항한다.

[諺] 官大有險 樹大招風: 관리가 높아지면 위험이 따르고 나무가 커지면 바람을 부른다.

行: (행)할, 실행할 → 繼善 篇 (5) 참조

私: 불공정할, 불공평할, 불공평하게 할, 바르지 못할, 부정당할

賞不私親近: 상을 줄 때 친하고 가까워도 불공정하게 하지 않는다(戰國策).

皇天無私阿兮: 하느님은 불공정하거나 한쪽을 두둔하는 일이 없느니라(楚辭).

曲: 불공정할, 불합리할, 부당할, 도리에 맞지 않을

理曲: 불합리하여 이치가 닿지 않다. ↔ 理直: 합리적이어서 이치가 닿다. / [成] 是非曲直: 옳고 그름과 굽고(불공정하고) 곧음(공정함) / 歪曲是非: 옳고 그름을 왜곡하다(비틀어서 구부러지게 함). / 私曲: 불공평, 불공정 행위 → (편애나 아첨 등으로) 불공정한 일 / 耿介無私曲: (사람됨이) 강직하여 불공정함이 없다. / 公法行而私曲止: 공정한 법도가 행해지니 불공정한 행위가 멈추어졌다(管子).

失: 잃을, 놓칠 → 正己 篇 (26) 참조

儉: 검소할, 아낄 → 正己 篇 (26) 참조

用: 쓸, 사용할

㉿ 大材小用: 큰 인물 (재목)을 작은 일에 쓰다. / 用一個人就够了: 한 사람만 쓰면 충분하다.

藝: 재주, 재능, 기예, 기술, 기능

手藝: 손재주 / 工藝: 공작물을 만드는 재주 / ㉿ 多才多藝: 다방면에 재주가 있다. 기술과 재주가 많다.

少: 어릴(幼也, 稚也) → 勤學 篇 (2) 참조

㉿ 少年老成: 소년으로 (어리지만) 조숙(早熟)하다.

學: 배울

㉿ 勤學苦練: 열심히 배우고 힘써 연습하다.

學如不及: 배울 때는 앞선 자를 따라잡지 못하여 애타는 것처럼 해야 한다[論語(泰伯)].

過: (시간이) 경과할, 지날 → 正己 篇 (26) 참조

見: 만날, 마주칠 → 正己 篇 (5) 참조

見事: 일을 만나다, 일이 생기다

㉿ 見事風生: 어떤 일이 생기면 바람이 나듯 신속히 해치운다.

㉿ 見事勇爲: 어떤 일이 생기면 용감히 나서서 처리한다.

用: 필요로 할, 요구될

寧用終日: 어찌 온종일을 필요로 하겠는가(易經)?

醉: (술) 취할 → 正己 篇 (10) 참조

後: 뒤, 다음, 나중 → 先, 前의 對

後日: 뒷날, 타일(他日) / 後患: 뒤탈, 뒷걱정 / 落在人後: 남의 뒤로 처지다.

狂: 미친 듯이, 제멋대로, 마음껏, 실컷

狂亂: 미친 듯이 날뛰다. / 狂歡: 미친 듯이 기뻐하다, 마음껏 즐기다. / 狂笑: 실컷 웃다. / 通宵狂飮: 온 밤을 새우며 미친 듯이 (마음껏) 술을 마시다.

言: 말할 → 正己 篇 (4) 참조

醒: (취기, 마취, 혼수 등에서) 깰, 깨어날

酒醒: 술이(술에서) 깨다. / 醒酒: 술을 깨다(깨도록 하다). → 醒酒湯: 해장국 / 睡醒: 잠이(잠에서) 깨다. / 酒醉未醒: 술에 취해서 아직 깨지 않았다.

安: 건강(할)

近日安否: 요즘 건강하신지요? / 欠安: 건강을 해치다, 몸이 편치 않다(아프다). / 今日安否何如: 오늘 건강 상태가 어떠한가[禮記(文王世子)]? / ※ 安否: 건강을 비롯하여 평안의 여부를 묻는 말 / 你欠安 多多保重吧: 그대가 몸이 아픈데 부디 몸조심하라.

聽說你欠安了 已經大好了嗎: 몸이 편찮으시다고 들었는데 벌써 다 나으셨는지요?

將: (몸을) 가꿀, 몸조리할, 조섭할, 섭생할, 보양할, 양생(養生)할

將養: 몸조리하다, 조섭하다, 섭생하다. / 將愛: 몸을 소중히 하다, 보양(保養)하다.

將養身體: 몸을 섭생하다. / 靜心將養: 마음을 진정시키고 몸을 조섭하다.

息: 쉴, 휴식할

安息: 편히 쉬다. / 歇息: 휴식하다. / 今日休息: 오늘(은) 쉽니다. / 按時作息: 신간대로 쉬다.

將息: 몸조리하다, 몸을 소중히 돌보다, 보양하다, 휴양하다, 양생(養生)하다

將息之道 當先理其心: 몸을 섭생하는 도리로 마땅히 먼저 그 마음을 다스려야 한다(韓愈).

你的病剛好 還要將息數日: 너의 병은 이제 막 좋아진 것이니 아직도 며칠 더 몸조리해야 한다.

病: 병이 날 → 孝行 篇 (2) 참조

| 朱子十悔 |

不孝父母死後悔: 부모에게 효도하지 않으면 돌아가신 뒤에 후회한다.

不親家族疎後悔: 가족 간에 친밀하지 않으면 멀어진 뒤에 후회한다.

少不勤學老後悔: 어려서 부지런히 배우지 않으면 늙어서 후회한다.

安不思難敗後悔: 편안할 때 재난을 생각하지 않으면 일이 망쳐진 뒤에 후회한다.

富不儉用貧後悔: 부유할 때 아껴 쓰지 않으면 가난해진 뒤에 후회한다.

春不耕種秋後悔: 봄에 밭 갈고 씨 뿌리지 않으면 가을에 후회한다.

不治垣墻盜後悔: 담장을 고치지 않으면 도적 맞은 뒤에 후회한다.

色不謹愼病後悔: 여색을 삼가지 않으면 병든 뒤에 후회한다.

醉中妄言醒後悔: 취중의 망령된 말은 술 깬 뒤에 후회한다

不接賓客去後悔: 손님 대접을 잘못하면 (손님) 떠난 뒤에 후회한다.

| 參考 |

寇萊公: 北宋(960-1127)의 眞宗 때 재상으로 성은 寇, 이름은 準, 자는 平仲이다. 寇萊公은 遼나라가 침입했을 때 잘 수습한 공으로 萊國公에 封해졌기 때문에 붙여졌다.

---

(14) 寧無事而家貧 莫有事而家富 寧無事而住茅屋 不有事而住金屋 寧無病而食麁飯 不有病而服良藥

차라리 무사하면서 집이 가난할지언정 집에 (불행한) 일이 있으면서 부유한 쪽은 되지 말고, 차라리 무사하면서 초가집에 살지언정 (불행한) 일이 있으면서 화려한 집에 사는 쪽은 되지 말며, 차라리 병이 없으면서 거친 밥을 먹을지언정 병이 있어서 좋은 약을 먹는 쪽은 되지 말지니라(益智書).

| 字句 풀이 |

寧: 차라리 (~할지언정) ~하다 → 더 나은 것을 끌어내는 말

寧爲鷄口勿爲牛後[15]: (차라리) 닭 주둥이가 될지언정 쇠꼬리는 되지 말라(戰國策).

事: 사고, 사건, 변고

出事: 사고가 나다, 사건이 발생하다.

無事不登三寶[16]殿: 탈이(변고가) 없으면 삼보전에 오르지 않는다.

莫: (~하지) 말 → 繼善 篇 (4) 참조

住: 살 거주할

你住在何處: 너는 어디에 사느냐? / 我住樓上 他住樓下: 나는 위층에 살고 그는 아래층에 산다.

茅: 띠(풀)

茅塞: 띠가 자라 길을 막는 것같이 마음이 物慾에 가리어 어리석고 무지함을 비유하는 말(孟子, 盡心下).

/ [成] 茅塞頓開: (띠로) 막혔던 생각이 갑자기 열리다. → 모르던 어떤 이치를 문득 깨닫다.

屋: 집, 가옥

茅屋: 띠로 이은 집, 초가집 ↔ 金屋: (금으로 장식한) 화려한 집

屋上架屋(=屋上加屋): 집 위에 거듭 집을 세우다. → 쓸데없는 일을 중복하다.

不: (~하지) 말 → 孝行 篇 (3) 참조

※ 중국인들의 譯本에는 원문에서 不이 莫으로 되어 있다.

麤: 거칠, 부정(不精)할, 조잡할

麁布: 올이 굵고 거친 베 / 麁飯(=麁食): 거친 밥 / [成] 麁服亂頭: 허술한 옷과 흐트러진 머리

※ 麁는 麤의 俗字임

服: (약을) 먹을, 복용할

按時服藥: 시간에 맞춰 (제때) 약을 먹다. / 日服三次 每次兩片: 하루에 세 번, 매번 두 알 복용한다.

良: 좋을

良田: 좋은 밭, 기름진 / 良種: (곡식이나 가축의) 좋은 종자, 우량(품)종

藥: 약

藥衡: 약저울 / [成] 藥中甘草: 약방에 감초 → 어디 없이 참석하는 사람, 꼭 필요한 것

[諺] 三分喫藥 七分養: 복약 3할 몸조리 7할

良藥: 좋은 약

---

15) [成] 계구우후(鷄口牛後)의 출처

16) 三寶(佛, 法, 僧)는 불교이고 三寶殿은 불전(佛殿)임

良藥苦口而利於病 忠言逆耳而利於行: 좋은 약은 입에 쓰나 병에 이롭고 충고는 귀에 거슬리나 행실에 이롭다(說苑).

(15) 心安茅屋穩 性定菜羹香

마음이 편안하면 초가집도 안온(安穩)하고 성정(性情)이 안정되면 (화가 풀리면) 나물국도 맛이 있다.

| 字句 풀이 |

安: 편안할 → 正己 篇 (11) 참조

穩: 평온할, 편안할, 안온(安穩)할[17]

客枕[18] 終難穩: 손님 베개가(잠자리가) 끝내 편안하지 않았다(朱熹). / 穩宿(=穩寢, 穩睡): 편안하게 잠을 자다. / 時局不穩: 시국이 어수선하다(평온하지 않다).

性[19] : 화, 성, 노여움, 화낼

性起: 성내다, 화를 내다. / 性發: 화가 나다, 화를 내다. / 騾子犯了性了: 암말을 건드렸더니 화가 났다. / 你別欺負人 老牛也有性發的時候: 너, 사람 얕보지 마라. 소도 화를 낼 때가 있어.

定: 안정될, 가라앉을, 다스려질 → 正己 篇 (9), 正己 篇 (12) 참조

菜: 나물, 남새, 푸성귀, 채소, 야채, 소채

菜鋪: 채소 가게 / 菜田(=菜圃, 菜園, 菜畦): 채소밭

羹: 국

羹湯: 국 / 肉羹: 고깃국 / 羹沸: 국이 끓다. → 시국이 시끄럽고 어지럽다.

菜羹: 나물국

雖疏食菜羹 必祭 必齊如也: 비록 거친 밥과 나물국이라도 반드시 고수레를 하시되, 반드시 정중하게 하셨다[論語(卿黨)].

香: (음식이) 맛있을, 맛이 좋을

香餑餑: 맛있는 떡(과자) / 喫得眞香: 참 맛있게 먹었다. / 這飯眞香: 이 밥 정말 맛있군! / 這杯酒很香: 이 술 참 맛이 좋다. / 喫甚麼都不香: 무얼 먹어도 다 맛이 없다.

---

17) 안온하다: 조용하고 편안하다

18) 손님의 베개, 객이 여행 중에 밤을 지내는 일을 비유함

19) 중국인들도 性을 (필자와 같이) 성정(性情)으로 풀고 있는바 性情을 바꾸어 말하면 성질(性質)인데 성질은 본래 "사람 마음의 본바탕"이라는 뜻이지만 "성질을 내다" "성질을 부리다"라고 쓰일 때는 "화를 내다"와 같은 말이 된다. 그래서 성정(性定)에는 "화가 풀리다"라는 뜻이 들어 있다.

(16) 責人者不全交 自恕者不改過

남을 책(망)하는 자는 親交를 온전히 유지할 수 없고 자기에게 관대한 자는 잘못을 고치지 않는다 (景行錄).

| 字句 풀이 |

責: 꾸짖을, 책(망)할 → 存心 篇 (3) 참조

全: 유지할, 보전할, 보존할, 완전(무결)하게 할, 훼손시키지 않을

全面子: 체면을 유지하다(세우다) / 兩全其美: 쌍방이 모두 좋게 하다.

苟全性命於亂世: 혼란한 세상에서 구차하게 생명을 보전하다(諸葛亮).

交: 교제, 사귐, 우의(友誼), 우정, 친분

結交: 친교를 맺다. ↔ 絶交(=斷交): 친교를 끊다.

我和他沒有深交: 나와 그는 (서로) 깊은 교제가 없다.

全交: 우의(友誼)를 보전(保全)하다, 우의를 온전하게 하다

舍命全交: 목숨을 바쳐서라도 우의를 온전하게 하다.

恕: 너그러울, 관대할 → 正己 篇 (26), 存心 篇 (3) 참조

改: 고칠, 바로잡을

知錯不改: 잘못을 알고도 고치지 않는다. / ㉓ 改邪歸正: 그릇됨을 고쳐 정도(正道)로 돌아가다.

㉓ 知過必改: 잘못을 알면 반드시 고친다.

過: 잘못, 허물, 과실 → 正己 篇 (4), 正己 篇 (23) 참조

改過: 잘못(허물)을 고치다, 개심(改心)하다, 회개하다

㉓ 改過遷善: 잘못을 고치고 착하게(착한 사람이) 되다.

勇于改過: 잘못을 고치는 일에 과감하다, 과감하게 잘못을 고치다.

(17) 夙興夜寐 所思忠孝者 人不知 天必知之 飽食煖衣 怡然 自衛者 身雖安 其如子孫何

아침 일찍 일어나서 밤늦게 잠자리에 들기까지 (부지런히 일을 하면서) 온통 충성과 효도만을 생각하는 사람은 인간들이 몰라주어도 하늘은 반드시 알아주느니라. 배불리 먹고 따뜻이 옷을 입고 즐기면서 자

기만 보호하기에 급급한 자는 비록 자신 한 몸이야 편안하더라도 도대체 자손들은 어찌하려는고?

※ "其如子孫何"는 "자손들에게 忠과 孝의 본보기가 되지 못하고 있으니 어찌하려는가?"라고 묻고 있는 것이다.

| 字句 풀이 |

夙: 이른 아침

夙夜憂慮: (이른 아침부터 밤늦게까지) 밤낮으로 걱정하다.

夙夜匪懈(=夙夜不怠): 이른 아침부터 밤늦게까지 부지런히 일하다.

興: (잠자리에서) 일어날

興寢: 일어나고 자는 일 → 起居: 평소의 생활 / ㉵ 祝先生興寢吉祥: 선생님의 건강과 행복을 축원합니다.

夜: 밤 → 正己 篇 (10) 참조

※ 夙興夜寐에서의 夜는 "깊은 밤" "심야(深夜)" "밤중" 등으로 해석하여 夙(이른 아침)과 對照를 이룬다.

寐: (잠을) 잘 → 正己 篇 (11) 참조

所: 모두, 완전히, 죄다, 일체, 전혀

所事: 모든 일, 일마다 / 所是夏天了: 완전히 여름이 됐다. / 所睡不着: 전혀 잠을 잘 수 없다.

思: 생각할 → 正己 篇 (26) 참조

忠: 충성

爲國盡忠: 나라를 위하여 충성을 다하다.

事君以忠: 임금을 섬김에 충성으로 하다. → 신라 화랑의 세속오계(世俗五戒)

孝: 효도

㉵ 百善孝當先: 모든 선행 중에 효도를 첫째로 친다.

夫孝者德之本也: 무릇 효도라는 것은 덕의 근본이다(孝經).

飽: 배부를

君子食無求飽 居無求安: 군자는 먹을 때에 배부름을 구하지 않고 거처할 때 편안함을 구하지 않는다 [論語(學而)].

食: 먹을 → 正己 篇 (14) 참조

煖: 따뜻할

㉵ 春煖花開: 봄 날씨는 따뜻하고 꽃은 피어 아름답다. / ㉵ 風和日煖: 바람은 부드럽고 햇살은 따스하다.

衣: 옷을 입을

衣布衣: 베옷을 입다. → (관복을 벗고) 평민이 되다.

衣錦還鄉(=錦衣還鄉): (출세하여) 비단옷 입고 고향에 가다(오다).

怡: 기쁠, 즐거울, 유쾌할, 기뻐할

怡神: 정신을 유쾌하게 하다, 유쾌한 마음 / 怡顔悅色: 희색이 만면하다.

⑰ 心曠神怡: 마음이 탁 트이고(후련하고) 기분이 유쾌하다.

然: 형용사나 부사 뒤에 쓰여 (사물이나 동작의) 모양이나 상태를 나타내는 접미사

仍然: 여전히 / 突然: 갑자기 / 忽然: 문득, 갑자기 / 欣然: 기꺼이 / 偶然: 우연히 / 怡然: 기뻐하는(즐거워하는) 모양 / 怡然自得: 스스로 기뻐하고 만족하다. / 怡然自若: (언제나) 즐거운 모습으로 자약(自若)하다. → 自若: (큰일을 당해도) 평소처럼 아무렇지도 않다.

※ 중국인들은 "怡然自衛者"를 "保護好自己的(자기만 보호하기를 즐기는 자)"으로 해석하여서 "怡然"을 "好(즐기다, 좋아하다)"로 풀었다

衛: 지킬, 보호할, 보위할

保家衛國: 집을 보호하고 나라를 지키다.

自衛權: 개인이나 국가가 스스로를 지키기 위해 실력을 행사할 수 있는 권리

身: 자신, 자기 → 孝行 篇 (5), 正己 篇 (26) 참조

其: 도대체

其奈我何: 도대체 나를 어쩌자는 건가? / 其奈之何: 도대체 이를 어찌할꼬?

如: 어찌하랴 → 대개는 何와 연용(連用)함

匡人其如予何: 광 땅 사람들이 도대체 나를 어찌하겠는가[論語(子罕)]?

何: 여기에서의 何의 역할은 如와 연용함에 있다.

---

(18) 以愛妻子之心事親 則曲盡其孝 以保富貴之心奉君 則無往不忠 以責人之心責己 則寡過 以恕己之心恕人 則全交

(자기의) 처자(妻子)를 소중하게 여기는 마음으로 부모를 섬긴다면 그의 효성이 곡진(曲盡)할 것이요 (자기의) 부귀(富貴)를 수호(守護)하는 마음으로 임금을 받든다면 어떠한 경우에도 충성을 다하지 않을 수 없을 것이다. 남을 힐책하는 마음으로 자신을 (엄하게) 꾸짖으면 과오를 줄일 수 있고 자신에게 관대한 그 마음으로 남에게도 관대하면 좋은 친분을 유지할 것이다.

| 字句 풀이 |

以: ~(으)로(써), ~ (을)를 가지고 → 繼善 篇 (1) 참조

愛: 소중히 여길, 귀중하게 여길, 아낄

愛名譽: 명예를 소중히 여기다. / 愛公物: 공공물(公共物)을 아끼다. / 不知自愛: 자신을 소중히 여길 줄 모르다, 자중(自重)할 줄 모르다. / 愛錢如命: 돈을 생명처럼 귀중히 여기다.

妻: 아내

妻父(=丈人) ↔ 妻母(=丈母)

妻舅: 처남 / 妻子: 아내와 자식(아들과 딸) / 國 妻子不避: 처자도 만나게 할 만큼 허물없는 사이

事: 섬길 → 孝行 篇 (2) 참조

親: 어버이 → 孝行 篇 (2) 참조

曲: 곡진할, 정성을 다할, 간절할

曲允微誠: 작은 정성이나마 허락해 주실 것을 간절히 바랍니다(庾信).

盡: 다할, 힘껏 할, 전부 발휘할

國 盡人事待天命: 사람이 할 수 있는 일을 다하고 하늘의 뜻을 기다리다. / 國 盡心竭力: 마음을 다하고 힘을 다하다, 전심전력하다. / 曲盡: 정성이 극진하다(지극하다), 마음과 힘을 다하다, 정성을 다하다.

保: 지킬, 보호할, 수호(守護)할

保護森林: 삼림을 보호하다. / 保衞平和: 평화를 수호하다. / 保護環境: 환경을 보호하다.

奉: 받들 → 正己 篇 (26) 참조

往: 어떠한 경우에도, 언제나

無往非道: 어떠한 경우에도 도리에 어긋남이 없다(傳習錄).

忠: 충성할, 충성을 다할

忠于祖國: 조국에 충성하다. / 國 忠臣不事二君: 충성된 신하는 두 임금을 섬기지 않는다.

寡: 줄일, 적게 할, 감소시킬 → 正己 篇 (8) 참조

---

(19) 爾謀不臧 悔之何及 爾見不長 敎之何益 利心專則背道 私意確則滅公

그대의 계략이 좋지 않았는데 후회한들 어찌 (바라는 수준에) 미칠 수 있겠으며 그대의 생각이 옳지 않은데 가르친들 무엇이 유익하겠는가, 탐심이 가득 차면 도의(道義)를 저버리고 이기심(利己心)이 확고하면 공정성(公正性)이 사라지느니라.

| 字句 풀이 |

爾: 너, 그대, 당신 → 存心 篇 (3) 참조

謀: 계책, 계획, 꾀, 지략, 계략

㉙ 有勇無謀: 용기는 있으나 지략이 없다.

臧: 좋을, 훌륭할, 옳을, 착할

其言也微而臧: 그 말은 심오하고 훌륭하다. / 不忮不求 何用不臧: (남을) 시기하지도 않고 탐욕을 부리지도 않는데 어찌 착하지 않다고 할 것인가[論語(子罕)]?

及: 미칠, 이를, 도달할 → 正己 篇 (9) 참조

見: 생각, 견해, 의견, 식견

成見: 선입견, 선입관, 고정관념, 편견 / 高見: 남의 의견의 높임말 ↔ 淺見: 자기 생각의 낮춤말

破除成見: 선입견을 버리다 ↔ 固執成見: 선입견을 고집하다

長: 옳을, 좋을, 훌륭할

長點(=長處): 좋은 점 / 賢妹所見甚長 再不出去: 어진 여동생의 생각이 매우 좋아서 다시는 (밖으로) 나가지 않았다(西遊記).

敎: 가르칠

㉙ 互敎互學: 서로 가르치고 서로 배우다. / 被壞人敎壞: 악인에게 나쁜 짓을 배우다, 나쁘게 물들다.

何: 무엇 → 省心 篇 (下) (22) 참조

益: 이로울, 유익할, 이익이 될 → 正己 篇 (20) 참조

利: 탐할

先財而後禮 則民利: 재물을 앞세우고 예도를 뒤로하면 백성들이 탐욕을 부린다(禮記).

利心無足而佯無慾者也: 탐심이 끝이 없는데도 욕심이 없는 사람인 척하다[荀子(非十二子)].

專: 가득 찰, (꽉) 찰

名譽專四海: 명예가 온 세상에 가득 차다(司馬光). / 吳伐越 墮會稽 獲骨焉 節專車: 吳가 越을 공격하여 회계를 무너뜨린 때 뼈를 거두니 뼈마디가 수레에 가득 찼다[國語(魯下)].

背: 저버릴, 배반할, 어길, 거역할, 위반할, 위배될

背約: 약속(계약)을 어기다. / ㉙ 背信棄義: 신의를 저버리다. / ㉙ 背恩忘德: 은혜와 덕을 잊고 배반하다.

道: 도덕, 도의(道義) → 인의(仁義)의 도(道)

㉙ 得道者多助 失道者寡助: 도의에 맞으면(부합하면) 돕는 자가 많고 도의에 어긋나면 돕는 자가 적다 [孟子(公孫丑下)].

私: 이기적인, 이기심

㉙ 大公無私: 공명정대하고 이기심이 없다.

私心: 이기심

私心太重: 이기심이 매우 많다. / 存有私心: 이기심을 품고 있다.

意: 마음, 생각, 뜻 → 正己 篇 (5), 存心 篇 (2) 참조

確: 굳을, 견고할, 확고할, 단호할

確守信義: 신의를 굳게 지키다. / (成) 確固不動(=確乎不拔): 확고하여 꿈쩍도 하지 않다.

滅: 없어질, 사라질, 소멸할, 없앨, 소멸시킬

滅種: 씨가 없어지다, 씨를 없애다. / 磨滅: 닳아 없어지다.

(成) 自生自滅: 저절로 나서 저절로 사라지다.

公: 공정할, 공평무사할, 공변될, 사사로움(사심)이 없을

自環者謂之私 背私謂之公: 자기의 이익을 꾀함을 "私"라 하고 私를 버리는 것을 "公"이라 한다(韓非子). / ※ 背는 音이 "패"로서 "버리다"라는 뜻이고 環의 뜻은 "도모하다, 꾀하다"이다.

---

(20) 生事事生 省事事省

일을 만들면 일이 생기고 일을 줄이면 일이 줄어든다.

| 字句 풀이 |

生: 만들, 만들어 낼, 조작(造作)할, 생산할, 불(릴), 증식(增殖)할

生財有大道 生之者衆 食之者寡 爲之者疾 用之者舒 則財恒足矣: 재물을 늘리는 데 정도(正道)가 있으니 생산자는 많고 사용자는 적고 만들기는 빠르고 쓰기가 느리면 재물은 항상 풍족하다(大學). / 生之有時 而用之亡度 則物力必屈: 만들기는 때가 있고 쓰기에 한도가 없으면 (사용 가능한) 물자는 반드시 품절된다(漢書, 食貨志上).

事: 일 → 繼善 篇 (4) 참조

生: (사건 등이) 생길, 발생할, 일어날, 야기될

生病: 병이 나다. / 生變: 변고가 생기다, 사고가 일어나다. / 無中生有: 무에서 有가 생기다. / 注意生事: 사고가 나지 않도록 주의하다.

省: 감할, 덜, 뺄, 생략할, 줄일, 간략하게(간편하게) 할

省事: 일(수고, 품, 힘)을 덜다(줄이다). / 省事之本 在於節用: 省事의 근본은 경비를 절약함에 있다(淮南子). / 這樣做可以省許多事: 이렇게 하면 많은 일(수고, 품)을 덜 수 있다.

省刑罰 薄稅斂: 형벌을 경감하고 세금을 감해서 거두다[孟子(梁惠王上)].

< 戒性 篇 >

(1) 人性如水 水一傾則不可復 性一縱則不可反 制水者必以堤防 制性者必以禮法

사람의 성품(性稟)은 물과 같아서 물이 한 번 쏟아지면 도로 담을 수 없듯이 성품도 한 번 방종하게 되면 돌이킬 수 없다. (그러니) 물길을 다스리려면 반드시 둑(제방)으로 막아야 하는 것처럼 성품을 다스리려면 반드시 禮度로 본보기로 삼도록 해야 한다(景行錄).

| 字句 풀이 |

性: 사람의 성품(性稟), 본성(本性)

性相近也 習相遠也: 사람의 성품은 서로 비슷하나 습관에 의하여 (배우고 익힘에 따라) 서로 멀어진다[論語(陽貨)]. / 性猶湍水也 決諸東方則東流 決諸西方則西流: 사람의 성품은 여울물과 같아서 동쪽으로 터주면 동으로 흐르고, 서쪽으로 터주면 서로 흐른다[孟子(告子上)].

傾: (그릇을 뒤집거나 기울여) 쏟을, (퍼)부을

傾倒穢水(=傾倒汚水): 구정물을 쏟다. / 瀑布傾瀉下來: 폭포가 쏟아져 내리다.

[成] 傾盆大雨: 물동이의 물을 붓듯이 쏟아지는 큰비, 장대비, 억수 같은 비

復: 본디대로 될, 원상태로 복귀할, 회복할

復健: 건강을 회복하다. / 復歸: 먼저 있던 곳이나 지위(地位)로 되돌아가다. / 復古: 옛 제도나 풍습으로 되돌아가다. / 復原狀: 원상으로 되다.

縱: 방종할, 방자(放恣)할 → 제멋대로 굴다

放縱(=放恣): 거리낌 없이(제멋대로, 함부로) 행동하다, 버릇없다. / 縱欲(=縱慾): 절제 없이 성욕에 빠지다(탐닉하다). / 縱酒: 무절제하게 술을 마시다.

反: (그전으로) 되돌아갈, 돌아갈, 돌이킬, 되돌릴, 바꿀, 반대로 ~할

[成] 撥亂反正: 혼란을 수습하고 正常的인 상태로 되돌리다. / 迷途知反: 미로(迷路)에서 바른길로 돌아올(돌아갈) 줄을 알다. / 反本: 근본으로 돌아가다. → 근본을 잊지 않다.

制: 다스릴, 제어할, 제지할, 통제할

[成] 先發制人: 선수를 써서 남을 제압하다.

先卽制人 後則爲人所制: 앞서면 남을 다스리고 뒤지면 남에게 지배당한다(史記).

堤: 둑, 제방

河堤: 하천 제방 / 海堤: 해안 방파제 / 修堤: 제방을 쌓다.

防: 막을 → 正己 篇 (10), 存心 篇 (10) 참조

禮: 예(절), 예도(禮度)

㊀ 禮多人不怪: 예절은 지나쳐도 남들이 탓하지 않는다.

人而無禮 胡不遄死: 사람으로서 예절도 없는데 왜 빨리 죽지도 않는가(詩經)?

法: 본보기로 삼을, 본뜰, 본받을, 좋은 점을 배울

法古: 옛것(사람)을 본받다. → 法古而不泥古: 옛것을 본받되 고집하지 않는다.

法其遺志: 그가 남긴 뜻을 본보기로 삼다, 그의 유지를 본받다.

師法先賢: 옛 어진 이를 본받다. → 師法: (스승으로) 본받다, 본보기로 하다.

---

(2) 忍一時之忿 免百日之憂

잠깐의 분노를 참으면 하고많은 날의 근심을 면할 수 있다.

| 類似한 글 |

㊀ 忍得一時之氣 免得百日之憂: 이 글은 위 원문과 같으며 중국의 속담이다. → 得은 어조사이고 氣는 忿과 뜻이 같다.

| 字句 풀이 |

忍: 참을, 견딜

小不忍則亂大謀: 작은 일을 참지 못하면 큰 계책을 그르친다[論語(衞靈公)].

㊀ 忍無可忍: 참으려야 참을 수 없다, 더는 참을 수 없다.

時: 때, 시기 → 正己 篇 (9) 참조

一時: 잠시, 단시간, 짧은 시간, 잠깐 / 一時半刻: 잠시, 잠깐, / 不能一時報答: 단시간에(짧은 시간에) 갚을 수는 없다. / 一時想不起他是誰: 그가 누구인지 잠시 생각이 떠오르지 않았다.

忿: 분노, 성, 화 → 正己 篇 (13) 참조

免: (모)면할, 벗어날, 피할 → 順命 篇 (3) 참조

百: 백(열의 열 배) → "수많은" "온갖" "많은 수" 등의 뜻으로도 쓰임 ※ 存心 篇 (12) 참조

百忍堂中 有泰和: 잘 참고 견디는 집안에는 큰 화평이 있다(安重根)[20].

憂: 근심, 걱정

㉙ 無憂無慮: 아무런 근심(걱정)도 없다.

㉙ 高枕無憂: 베개를 높이고 걱정 없이 자다, 마음이 편안하다.

---

(3) 得忍且忍 得戒且戒 不忍不戒 小事成大

마땅히 참고 또 참아야 하며 마땅히 조심하고 또 조심해야 한다. 참지도 않고 조심하지도 않으면 작은 일도 큰 일이 된다.

| 字句 풀이 |

得: 마땅히, 모름지기, 반드시

得努力學習: 마땅히 공부에 힘써야 한다. / 得快去快回來: 반드시 빨리 갔다가 빨리 돌아와야 한다. / 으면 안 된다. / ※ 중국인들도 "得忍"을 "該忍"으로 "得戒"를 "當戒"로 풀었는데, 該와 當은 모두 "마땅히(당연히, 반드시) ~해야 한다"라는 뜻을 가지고 있다.

且: 또(한), 더욱이, 그 위에, 게다가, 그리고 또

高且大: 높고도 크다. / 勇且智: 용감하고 또한 지혜롭다. / 孔子貧且賤: 공자는 가난하고 또한 천했다, 신분이 낮았다(史記).

戒: 경계할, 삼갈, 조심할 → 正己 篇 (9), 正己 篇 (26) 참조

成: ~(이)가 될, ~(으)로 될(변할)

雪化成水: 눈이 녹아 물이 되다. / 不成問題: 문제가 되지 않는다.

---

(4) 愚濁生嗔怒 皆因理不通 休添心上火 只作耳邊風 長短家家有 炎凉處處同 是非無實相 究竟摠成空

어리석고 멍청한 사람이 화를 내는 것은 모두 다 사리를 알지 못하기 때문이니 (그 일로) 마음에 (분

---

20) 백인(百忍)의 유래(由來): 당나라 장공예(張公藝)라는 사람이 구대(九代)의 가족들을 함께 거느리고도 화목하게 산다는 소문을 들은 고종(高宗) 황제가 그 집을 친히 찾아가 비결을 묻자 장공예가 "忍, 字, 百" 자를 써서 드렸다는 고사(故事)에서 비롯됨

노의) 불길을 지피지 말고 다만 귓전을 스치는 바람 소리로 여길지니라. 장단점은 사람마다 있고 염량세태는 곳곳마다 동일하며 옳고 그름이라는 것도 그 실제의 참모습이 없는 것이므로 결국은 모두가 헛될 뿐이다.

| 字句 풀이 |

愚: 어리석을 → 正己 篇 (26), 存心 篇 (3) 참조

濁: 어리석을, 우매할, 멍청할, 바보스러울

濁物(=濁人): 멍청이, 바보, 우둔한 사람 / 愚濁: 어리석고 멍청함 / 指着武大臉上罵道 混沌濁物: 무대의 얼굴을 가리키며 사리를 모르는 멍청이라고 욕을 했다(水滸傳). / 孩兒 此非汝的罪過也 則是我的愚濁: 아이야, 이는 네 잘못이 아니고 바로 내가 어리석고 멍청했단다(元, 王子一).

生: "사람"의 뜻으로 쓰이는 경우가 있다.

儒生: 유도(儒道)를 닦는 선비 / 學生: 배우는 사람 / 書生: 샌님, 세상 물정에 어두운 사람 / 醫生: (한)의사 / 蒼生: 백성 / 事死如事生: 죽은 사람 섬기기를 산 사람 섬기듯 한다(中庸).

嗔: 성낼, 화낼 → 正己 篇 (10), 正己 篇 (26) 참조

怒: 성낼, 화낼 → 正己 篇 (5) 참조

嗔怒: 성냄, 화냄, 노발대발함

齊吏部侍郎房文烈 未嘗嗔怒: 제나라의 이부시랑 방문열은 일찍이 화를 낸 적이 없다(顔氏家訓).

皆: 모두, 다 → 繼善 篇 (3) 참조

因: 말미암을 → 어떤 현상이나 사물이 원인이나 이유가 됨

㉿ 因敗爲成: 실패로 말미암아(인하여) 성공하다. / ㉿ 因禍爲福: 화로 말미암아(인하여) 복이 되다.

理: 이치, 도리, 사리

按理說: 이치대로 말하면 / ㉿ 理屈詞窮: 이치에 맞지 않아 말이 막히다.

通: (잘) 알, 이해할, 정통할

無所不通: 정통하지 않은 것(모르는 것)이 없다. / 我不通這一門: 나는 이 방면에는 잘 알지 못한다.

休: (하지) 말

休憂: 걱정하지 마라. / 休怪: 언짢게(나쁘게) 생각하지 마라. / 休想逃脫: 달아날 생각 하지 마라. / 休提舊事: 지나간 일은 꺼내지도 말라.

添: 더할, 덧붙일, 보탤

添火: (난로나 아궁이에) 불을 지피다. / ㉿ 添枝加葉: 가지와 잎을 더하고 보태다. (사실보다) 과장하다.

上: 에(서) → 명사 뒤에 붙는 접미사로 그 범위 안에 있음 ※ 安分 篇 (6) 참조

只: 다만, 단지, 오직

只此一次: 오직 이 한 번뿐 / ㊙ 只知其一 不知其二: 단지 하나만 알고 둘은 모른다.

作: (~라고) 여길, ~(으)로 간주할(삼을, 여길, 칠)

㊙ 認賊作父: 도둑(원수)을 아비로 삼다. → (기꺼이) 적에게 투항하다.

邊: 가, 가장자리, 옆, 변두리

江邊(=河邊): 강가 / 海邊: 바닷가 / 路邊: 길가 / 邊境: 국경 / 耳邊風(=耳旁風): 귓가를 스치는 바람 소리 → 馬耳東風과 같으며 귀담아듣지 않거나 무관심하다는 뜻

長: 장점, 장기(長技), 특기

特長: 특기, 장기, 장점 → 特長生: 특기생 / ㊙ 揚長補短: 장점은 드높이고(살리고) 단점은 보완하다.

短: 단점, 결점, 허물 → 正己 篇 (23) 참조

長短: 장점과 단점, 옳음과 그름(是非), 나음과 못함(優劣)

公大悟 遂不復言人之長短云: (黃喜) 公이 크게 깨닫고 끝내 다시는 남의 長短을 말하지 않았다(芝峯類說). / 物有優劣 人有長短: 물건은 좋고 나쁨이 있고 사람은 장단점이 있다.

家: 사람

① 전문인: 小說家(소설가), 文學家(문학가), 藝術家(예술가), 美術家(미술가), 畫家(화가), 彫刻家(조각가), 政治家(정치가)

② 직업인: 農家(농민, 농부), 船家(선원, 뱃사공)

③ 어떤 사람, 아무개 / 是家志不好樂: 이 사람의 심정이 음악도 좋지 않았다(後漢書).

家家: 사람마다, 사람 사람이

家家自以爲稷契 人人自以爲皐陶: 사람마다(어떤 사람들은) 자기를 직설(稷契)로 여기고 다른 사람들은 자기를 고도(皐陶)로 여겼다(揚雄, 解嘲)[21].

炎: 뜨거울, (무)더울

炎天: 찌는 듯이 무더운 날(씨) / ㊙ 炎熱難當: 못 견디게 덥다. / 炎夏時節(=炎熱的夏季): 뜨거운 여름철 / 炎暑蒸人: 뜨거운 한더위가 사람을 찐다. / 炎夏三伏: 한여름 삼복더위

凉: 찰, 차가울

凉水(=冷水): 찬물 / 凉飯(=冷飯): 찬밥, 식은밥 / 凉麵(=冷麵): 냉국수, 냉면 / 凉熱(=冷熱): 추위와 더위 / 凉血動物(=冷血動物): 찬피동물 / 凉氣(=冷氣): 찬기

炎凉: 더위와 추위, 따뜻함과 냉담함 → (引伸되어) 세력의 성함과 쇠함, 인정의 후함과 박함, 상대의 지위나 재산에 따라 달라지는 야박한 인정의 세태

---

21) 稷契: 舜임금 때 신하인 稷(농업 담당)과 契(교육 담당).
   皐陶: 순임금 때 신하로 獄官의 長인 司寇를 지냈음

炎凉主義: 세력이 더 좋은 쪽으로 이리저리 붙좇는 기회주의 / [成] 炎凉世態(=世態炎凉): 돈이나 권세가 있으면 빌붙고 그렇지 않으면 냉담해지는 세속의 야박함

※ 중국인들도 炎凉을 世態炎凉(=炎凉世態)로 해석했다.

處: 곳, 장소 → 繼善 篇 (7) 참조

處處: 곳곳(에), 도처(에), 어디든지, 어디서나, 가는 곳(마다)

[諺] 處處老鴰一般黑: 어느 곳의 까마귀나 다 검다. → 악인도 그와 같다.

同: 같을, 동일할

[成] 大同小異: 대체로 (크게 따져서) 같고 조금 틀리다.

[成] 同病相憐: 처지가 같은 사람끼리 서로 동정하다.

是: 옳을, 맞을

一無是處: 하나도 옳은 데가 (맞는 것이) 없다. / 到底誰是誰非: 도대체 누가 옳고 누가 그르냐?

非: 옳지 않을, 그를

覺今是而昨非 陶淵明(歸去來辭): 오늘의 생각이 옳고 어제까지의 생활이 그릇됨을 이제야 깨달았노라.

是非: 옳음과 그름, 선함과 악함, 잘잘못

無是非之心 非人也: 是와 非를 가릴 줄 아는 마음이 없으면 사람이 아니다[孟子(公孫丑上)].

[成] 是非曲直: 옳고 그름과 굽고 곧음, 잘잘못

實: 실제, 사실

照實說: 사실대로 말하다. / 傳聞失實: 소문이 사실이 아니다(진실성을 잃었다). / [成] 名實相符: 명성과 사실이 딱 들어맞다.

相: 생김새, 모양, 모습

坐相: 앉은 모습(자세) / [成] 眞相大白: 진상(참모습)이 환히 (백일하에) 밝혀지다. / 睡相不雅: 잠자는 모습이 우아하지 못하다.

實相: 실제의 모양, 진면모, 참모습 → 원문에서 실상(實相)이 상실(相實)로 된 역본(譯本)도 있다.

究: 결국(에는), 필경

究欲何爲: 결국 뭘 하려는 것인가?

竟: 결국, 끝내, 마침내, 필경

竟無一言: 끝내 말 한마디가 없었다. / [諺] 有志者事竟成: 뜻이 있는 자는 일을 결국 이루어 낸다. 뜻이 있는 곳에 길이 있다.

究竟: 결국, 필경

究竟這意味着甚麽呢: 결국 이것은 무엇을 뜻하는가?

謊言究竟代替不了事實: 거짓말은 결국 진실을 대신할 수 없다.

摠: 모두, 다 → 總과 同字(總의 古體字)

總動員: 모두 동원하다. / 摠攝百揆: 온갖 정무(政務)를 다 맡아 다스렸다(三國志).

成: ~이(가) 될, ~(으)로 될 → 戒性 篇 (3) 참조

桑田變成海: 뽕밭이 변하여 바다로 되다(劉希夷).

玉不琢 不成器: 옥도 다듬지 않으면 그릇이(인재가) 못 된다(禮記).

空: 헛될, 공허할, 쓸데없을, 내용이 없을

說空話: 헛된 (쓸데없는) 말만 하다. / 不務空名: 헛된 명성을 추구하지 않다.

紙上空談(=卓上空論): 실현성이 없는 헛된 말

---

(5) 子張欲行 辭於夫子 願賜一言 爲修身之美 子曰百行之本 忍之爲上 子張曰何爲忍之 子曰 天子忍之國無害 諸侯忍之 成其大 官吏忍之進其位 兄弟忍之家富貴 夫妻忍之終其世 朋 友忍之名不廢 自身忍之無禍害

자장이 (길을) 곧 떠나려고 하면서 스승(공자)에게 작별을 아뢸 때 "원하건대 한 말씀을 주시면 (그 말씀으로) 저의 심신(心身)을 닦는 데 좌우명으로 삼고자 합니다"라고 여쭈니, 공자 가라사대 "모든 행실의 근본 중에 참는 것이 으뜸이니라"라고 하셨다. 이에 자장이 "무엇 때문에 참아야 합니까?" 하고 말씀드리자, 공자 가라사대 "천자가 참으면 나라에 재난이 없고, 제후가 참으면 그의 봉토(封土)가 커지고, 관리가 참으면 그의 지위가 올라가고, 형제가 참으면 집이 부귀하게 되며, 부부가 참으면 평생 해로(偕老)하고, 벗끼리 참으면 우정이 변하지 않고, 자신이 (스스로) 참으면 (신변에) 화근(禍根)이 없어지느니라"라고 하셨다.

| 字句 풀이 |

欲: 곧(막, 바야흐로) ~하려고 할(~할 것 같을)

山雨欲來風滿樓,: 산에는 비가 막 내리려 하고 바람은 누각에 가득 차다(許渾).

⑱ 搖搖欲墜: 흔들흔들하는 것이 곧 떨어질 듯하다.

行: 떠날, 떠나갈

與子俱行: 아들과 더불어 함께 떠나다(詩經). / 彷徨翱翔 或留而不行 或行而不留: 이리저리 빙빙 돌며 날다가 혹자는 머무르므로 떠나지 못하고, 혹자는 떠나므로 머무르지 못하다(漢, 王褒).

辭: 고별(이별, 작별)할, 이별의 인사를 할

126

握手辭別: 악수하고 이별하다. / 不辭而別: 이별의 인사도 없이 떠나다. / ⑳ 與世長辭: 세상과 영원히 이별하다. 별세하다.

於: ~에게 → 繼善 篇 (8), 孝行 篇 (5) 참조

夫: 선생, 스승, 사부(師傅)

夫也不良 國人知之: 선생도 역시 선량하지 않으면 백성들이 다 알게 된다[詩(陳風)].

夫子: 스승, 공자 → 繼善 篇 (1) 참조

願: 원할, 희망할, 바랄

⑳ 甘心情願: 진정으로 기꺼이 원하다. / ⑳ 願打願捱: 때리기를 원하고 매 맞기를 바라다. 쌍방에 합의되다.

賜: 하사할, 내릴, (내려)줄

敬請賜敎: 삼가 가르침을 내려 주시기 바랍니다.

賜藥: 임금이 사형에 처할 자에게 (독)약을 내리다 또는 그 (독)약

一言: 한마디의 말씀, 한 말씀

金口玉言: 귀중한 말, 天子의 말 / 有一言而可以終身行之者乎: 한 말씀으로써 종신토록 실천할 만한 그런 것이 있습니까[論語(衛靈公)]?

爲: ~(으)로 삼을(간주할, 여길, 생각할, 칠) → 繼善 篇 (6) 참조

修: ~(심신을) 닦을[22]

靜坐修省: 조용히 앉아 심신을 닦고 반성하다. / 修心積德: 마음을 닦고 덕을 쌓다.

修身: 심신을 닦다, 심신을 도야(陶冶)하다.

⑳ 修身齊家: 자기의 심신을 닦은 후에 집안을 다스린다. / 自天子以至於庶人 壹是皆以修身爲本: 천자로부터 서인에 이르기까지 한결같이 모두 수신을 근본으로 삼는다(大學).

之: ~(하)는, ~한 → 繼善 篇 (6), 正己 篇 (7), 正己 篇 (9) 참조

美: 귀중한(좋은, 훌륭한) 것(일, 점)

兩全其美: 쌍방이 모두 좋게 하다. / ⑳ 成人之美: 남의 좋은 일을 도와 성사시켜 주다.

⑳ 美中不足(=白璧微瑕): 옥에 티, 좋은(훌륭한) 것 중에 약간의 부족한 점

子: 공자 → 繼善 篇 (1), 正己 篇 (25) 참조

曰: 가라사대 → 繼善 篇 (1), 正己 篇 (25) 참조

百: 백(열의 열 배) → "수많은" "온갖" "많은 수" 등으로 쓰임. 存心 篇 (12), 戒性 篇 (2) 참조

行: 행실 → 存心 篇 (7) 참조

之: ~의 → 繼善 篇 (6) 참조

---

22) 이때, "닦다"는 심신을 다스려서 행동이 바르도록 정진하는 행위임

本: (사물의) 근본

別忘本: 근본을 잊지 말라. / 農爲邦本: 농사는 나라의 근본이다.

忍: 참을, 견딜 → 戒性 篇 (2) 참조

之: 앞에 있는 동사를 명사형으로 만든다. → 正己 篇 (9) 참조

爲: ~이다 → 正己 篇 (7) 참조

上: 윗자리, 상급(上級)

㉉ 上行下效: 윗사람이 (행)하면 아랫사람이 본받는다.

何爲: 무엇 때문에, 어째서, 어찌하여, 왜

孔子何爲而作春秋哉: 공자는 왜 춘추를 지었는가(史記)?

之: 뜻은 없고 어기(語氣)만 고르는 어조사 → 正己 篇 (26) 참조

天子: 황제, 제왕(帝王)[23]

天子作民父母: 천자는 백성의 부모가 된다[書(洪範)].

國: 나라, 국가

㉉ 國泰民安: 나라가 태평하고 백성이 평안하다. / ㉉ 國利民福: 나라의 이익과 백성의 행복

害: 재난, 재앙, 재해, 화(禍)

水害: 수재(水災), 큰물로 인한 재해 / 禍害: 재난, 재해

黃河在歷史上 經常惹出禍害: 황하는 역사적으로 자주 재해를 빚어냈다.

諸侯: 봉건 시대에 천자로부터 봉토(封土)를 분봉(分封)받아 역내(域內)의 백성을 다스리는 반면, 천자에게 조공(朝貢)하던 작은 나라의 군주들

其: 그(의) → 繼善 篇 (9), 孝行 篇 (2) 참조

大: 클 → 正己 篇 (2) 참조

官: 관리, 공무원, 벼슬아치 → 存心 篇 (13) 참조

吏: 아전, (옛날의) 하급 관리, 관아(官衙)의 심부름꾼

胥吏: 관아의 속료(屬僚)인 아전(衙前)

㉐ 吏不擧 官不究: 하급 관리가 적발하지 않으면 상급 관리는 캐묻지 않는다.

官吏: 벼슬아치(국가 공무원)의 총칭

㉉ 貪官汚吏: 재물을 탐하고 행실이 부정(不淨)한 관리

進: (지위가) 올라갈

進級: 학년이나 관계(官階)가 오름

---

23) 하느님의 아들이란 뜻으로, 제왕의 권한을 하늘로부터 받았다는 것을 나타내고자 함

位: 지위, 직위 → 正己 篇 (26), 安分 篇 (7) 참조

兄: 형

胞兄: 친형(님) / 家兄: 저의 형 → 자기의 형을 남에게 말할 때 겸사

弟: 동생, 아우 → 存心 篇 (3) 참조

兄弟: 형과 아우

兄弟鬩于墻 外御其侮: 형제가 집안에서는 다투다가도 외부의 모욕에는 합심하여 맞선다[詩(小雅)].

夫: 남편

夫兄: 시아주버니 / 夫弟: 시동생 / [成] 夫唱婦隨: 부부간의 호흡이 맞다. 화목하다.

妻: 아내 → 存心 篇 (18) 참조

夫妻: 부부 / 結髮夫妻: 상투를 틀고 쪽을 찌어 맺은 부부, 처녀-총각 때 만난 부부

終: 마칠, 다할, 끝날, 끝낼 → 繼善 篇 (5) 참조

世: 생애, 일생, (한)평생

人生一世: 사람의 한평생 / 沒世不忘: 평생 (일생을 다하도록) 잊지 못하다.

朋: 벗, 동무, 친구

朋輩歡聚: 같은 또래 친구들이 즐겁게 한자리에 모이다.

붕정(朋情): 우정, 우의(友誼) ↔ 泛泛的朋情: 깊지 않은 (평범한) 우정

友: 벗, 친구

舊友: 옛친구 / 加深友情: 우정을 더욱 돈독(敦篤)히 하다. / 爲友誼乾杯: 우정을 위하여 건배합시다.

朋友: 벗, 동무, 친구

酒肉朋友: 술친구 ↔ 知心朋友: 마음이 통하는 친구 / 不分彼此的老朋友: 네 것과 내 것을 가리지 않는 오랜 친구 / [諺] 朋友門檻七品官: 친구네 집 문에도 관원이 막고 있다(=친구 사이에도 예의를 지켜야 한다).

名: 명분(名分) → 명칭과 그에 따르는 本分

아들이나 신하(臣下)는 그들의 부모나 임금에 대하여 명칭인 동시에 그들에게는 효도와 충성이라는 본분(本分)이 각각 따른다. 이 글의 명불폐(名不廢)에서도 붕우(朋友)는 명칭이고 그에 따르는 본분(本分)이 우정(友情)이며 그 우정이 곧 붕우로서의 名(=名分)이다[24].

廢: 쇠퇴할, 쇠미(衰微)해질, 해이(解弛)할

國之所以廢興存亡者亦然: 나라가 쇠하고 흥하고 존속하고 멸망하는 까닭도 역시 그러하다[孟子(離婁上)]. / 王道衰 禮儀廢: 임금이 어진 덕으로 백성을 다스리는 도리가 쇠퇴하니 예의도 해이해지다(詩

24) 중국인들 또한 名을 "名分(명분)" 또는 "交情(우정)"으로 하여 필자와 견해를 같이한다.

經). / ※ 廢에는 "바뀌다" "변하다" 등의 뜻도 있다[25].

名不廢: 우정이 변하지 않는다

(원문에서) "朋友忍之名不廢(벗이 참으면 우정이 변치 않는다)"는 다음 回(6項)의 "朋友不忍情意疏 (벗이 참지 않으면 우정이 멀어진다)"와 짝을 이룬다[26].

禍: 재앙, 재난 → 繼善 篇 (1), 正己 篇 (26) 참조

禍害: 골칫거리, 문젯거리, 화근(禍根)

這孩子是個禍害: 이 아이는 문제아다.

這夥搶匪是當地的一大禍害: 이 강도 패거리는 현지의 큰 화근이다.

| 參考 |

子張: 춘추 시대 陳나라 출신으로 성은 顓孫[27], 이름은 師, 字가 子張이며, 공자의 제자로 말솜씨가 뛰어났다. 子張은 論語의 篇名이기도 하다.

---

(6) 子張曰不忍則如何 子曰 天子不忍國空虛 諸侯不忍喪其軀 官吏不忍刑法誅 兄弟不忍各分居 夫妻不忍令子孤 朋友不忍情意疏 自身不忍患不除 子張曰 善哉善哉 難忍難忍 非人不忍 不忍非人

자장이 아뢰어 "참지 않으면 어떻게 됩니까?"하고 여쭈니 공자 가라사대 "천자가 참지 않으면 (백성이 떠나므로) 나라가 텅 비고, 제후가 참지 않으면 목숨을 잃고, 관리가 참지 않으면 형법으로 징벌을 받고, 형제가 참지 않으면 각기 헤어져서 등지고 살며, 부부가 참지 않으면 자식을 고독하게 하고, 벗이 참지 않으면 우정이 멀어지며, 자기 스스로 참지 않으면 근심이 떠나지 않느니라"라고 하시자 자장이 감탄하여 이르되 "말씀이 지당(至當)하고 지당하시오며 과연 그렇습니다. 참는 일은 어렵고도 어렵고, 사람답지 못하면 참지도 못하며, 참지도 못한다면 사람으로 칠 수도 없을 것입니다"라고 대답했다.

---

25) [株] 敎學社編 大漢韓辭典

26) 원래 이 글(5項)과 다음 回(6項)는 나뉘지 않고 같은 項에서 이어지는 글이었다. 그래서 중국인들의 譯本에는 한 항목의 글로 되어 있다.

27) 顓孫은 複姓임

| 字句 풀이 |

如: 어찌하랴 → 存心 篇 (17) 참조

何: 여기에서의 何의 역할은 如와 연용함에 있다 → 存心 篇 (17) 참조

如何: 어찌하랴, 어떠(하)냐, 어떠한가

[成] 無論如何: 어떠하든, 어쨌든 / 近況如何: 근황이 어떠신지요? 요즘 형편이 어떠냐?

空: (속이) 빌 → 正己 篇 (14) 참조

虛: 빌, 텅 빌, 아무것도(아무도) 없을

[成] 虛位而待: 자리를 비워 두고 기다리다. / [成] 虛心坦懷: 마음속에 아무 사념(邪念)이 없고 꾸밈없이 솔직하다. / 士不偏不黨 柔而堅 虛而實: 선비는 불편부당하고 부드러운 듯하면서 단단하고 속이 빈 듯하지만 차 있어야 한다[呂氏春秋(士容)].

空虛: 텅 비다

不信仁賢 則國空虛: 어진 이와 현명한 사람을 믿지 않으면 나라가 텅 빈다[孟子(盡心下)].

喪: 죽을, 사망할 → 孝行 篇 (2) 참조

喪命(=喪身, 喪生): 죽다

軀: 몸, 신체

身軀高大: 몸집이 (체구가) 크다. / 健壯的身軀: 건장한 몸집(체구) / [成] 爲國捐軀: 나라를 위하여 한 몸을 바치다.

刑: 형(벌), 국가에서 죄인에게 주는 벌

判刑: 형을 판결(선고)하다. / 緩刑: 형의 집행을 유예(猶豫)하다 또는 집행유예 / 刑不厭輕: 형은 가벼울수록 좋다(新語).

法: 법(령), 법률 → 正己 篇 (26), 存心 篇 (9) 참조

刑法: 범죄와 형벌에 관한 법률 ↔ 民法: 사람들의 사회생활에 관한 일반 법규

誅: 징벌할, 처벌할

[成] 口誅筆伐: 남의 잘못을 말과 글로(폭로하여) 징벌하다.

各: 각각, 각기, 각자, 저마다

[成] 各奔前程: 각기 제 갈 길을 가다. / [成] 各取所需: 각자 필요한 만큼 가지다.

分: 떠날, 떨어질, 갈라질, 헤어질, 등질

[成] 難分難舍(=難舍難分): (미련 때문에) 차마 헤어지지 못하다.

居: 살, 거주할 → 安分 篇 (6) 참조

分居: 분가하여(헤어져서) 따로 살다.

令: 하여금, ~(으)로 하여금, ~하게 할

⑱ 令人噴飯: 남의 실소(失笑)를 자아내게 하다.

⑱ 利令智昏: 이욕(利慾)은 지혜를 어둡게(이성을 잃게) 하다.

孤: 외로울, 고독할

⑱ 孤雁單飛: 외로운 기러기가 홀로 날다.

孤哀子: 양친을 모두 여읜 상제(喪制)의 자칭(自稱) → 부고(訃告)에 쓰이는 문구(文句)

情: (사람 사이의) 정, 정분, 인정, 정의

人情往復: 사람의 정은 오고 가는 것이다. / 情不得已: 인정상 부득이 / 情不可却: 인정상 거절할 수 없다.

意: 기, 기운

春意: 봄기운 / 寒意: 찬 기운(寒氣) / 醉意: 술기운

情意: 정, 감정, 애정, 호의

情意纏綿: 정에 사로잡혀 헤어나지 못하다. / 情意難却: 정을 뿌리치기 어렵다. / 情意深厚: 정이 깊다.
/ 彼此情意有隔膜: 서로의 감정에 틈이 생기다, 서먹서먹하다.

疏: 소원할, 사이(관계)가 멀, 가깝지 (친하지) 않을

與人以實 雖疏必密 與人以虛 雖戚必疏: 진실함으로 사람을 대하면 비록 멀어도 반드시 친밀해지고
거짓으로 사람을 대하면 비록 친척이라도 반드시 멀어진다(韓詩外傳).

患: 근심, 걱정 → 正己 篇 (26) 참조

除: 제거할, 없앨

⑱ 除舊布新: 낡은 것은 없애고 새로운 것을 시행하다.

⑱ 斬草除根: 풀을 베고 뿌리를 제거하다. 화근을 뿌리째 없애다.

善: 좋을, 옳을, 훌륭할 → 正己 篇 (6) 참조

善策: 훌륭한 계책 / 完善: 완벽하다.

哉: ~도다, ~로다 → 감탄을 나타내는 어조사

快哉此風: 이 바람 참으로 상쾌하구나! / 子謂子賤 君子哉: 공자께서 자천을 평하여 "군자로다!"라고
하셨다[論語(公冶長)]. / 孝哉 閔子騫: 효자로다! 민자건이여[論語(先進)]!

善哉: 좋다, 옳다, 훌륭하다 → 찬미(讚美)와 찬동(贊同)을 나타냄

子曰善哉 問: 공자 가라사대 "참으로 좋은 질문이로다!"라고 하셨다[論語(顔淵)].

公曰善哉: 齊景公이 말하기를 "참으로 옳으신 말씀입니다"라고 했다[論語(顔淵)].

難: 어려울 → 繼善 篇 (7), 正己 篇 (8) 참조

非: 어긋날, 위배될, ~에 맞지 않을

非法行爲: 위법(불법)행위

人: 인품, 사람됨 사람의 됨됨이나 품격

讀其文 則其人可知: 그의 글을 읽으면 곧 그의 인품을 알 수 있다(王安石).

頌其詩 讀其書 不知其人 可乎: 그의 시를 외우고 그의 글을 읽으면서 그의 사람됨을 모르면 되겠는가 [孟子(萬章下)]?

非人: 사람답지 않은(사람으로 칠 수 없는, 인간 이하의) 사람, 비적격자

非人的待遇: 비인간적인 대우 / 任用非人: 부적당한 사람을 쓰다. / 過着非人的生活: 인간 이하의 생활을 하다.

(7) 屈己者能處重 好勝者必遇敵

자기를 굽히는 자는 중책(重責)을 맡을 수 있고, 승부욕이 강한 자는 반드시 敵手(맞수)를 만난다(景行錄).

| 類似한 글 |

屈己者能處衆 好勝者必遇敵: 자기를 굽히는 자는 大衆들과 사이좋게 지낼 수 있고 승부욕이 강한 자는 반드시 敵手(맞수)를 만난다(景行錄). / ※ 이 글은 중국 명심보감의 원문으로 "處衆"이 우리의 "處重"을 대신하고 있는데, 그 뜻은 "많은 사람과 사이좋게 지내다"로 우리의 "중책을 맡다"와 다르다.

| 字句 풀이 |

屈: (뜻을) 굽힐, 굴복할, 굴복시킬

屈從: 뜻을 굽혀 복종하다(굴복하다). / 咸 寧死不屈: 죽을지언정 굽히지는 않는다.

咸 不撓不屈: 한번 먹은 마음을 굽히지 않는다. → 撓도 屈과 뜻이 같음

己: 자기, 자신 → 正己 篇 (1) 참조

屈己: 자기의 뜻이나 주장을 굽히다

屈己從人: 자기의 주장을 굽히고 남을 따르다.

能: ~ 할 수 있을 → 繼善 篇 (6) 참조

處: 맡을, 담임(擔任)할

處官久者士妬之: 관직을 맡아 오래 눌러있으면 선비가 시기한다(荀子).

處重責而懷薄義也: 중책을 맡고 있으면서도 변변찮은 예물을 보내다(顔氏家訓).

→ 義는 儀(예물)와 통용되고 懷는 "선사하다" "물건을 보내다"임

重: 중대한 임무

其自任以天下之重 如此: 그가 천하의 重任을 자신의 책무로 여김이 이러했다[孟子(萬章上).

好: 좋아할 → 正己 篇 (16) 참조

勝: 이길

㉰ 百戰百勝: 知彼知己 다음에 놓이는 성어(成語)

㉰ 勝不驕 敗不餒: 이겼다고 교만하지 말고 졌다고 낙심하지 말라.

好勝: 승부욕(勝負慾)이 강하다, 승벽(勝癖)이 강하다

好勝心: 승부 근성 / 强梁者不得其死 好勝者必遇其敵: 힘이 세고 사나운 자는 제명대로 살지 못하고 승부욕이 강한 자는 반드시 적수를 만난다(孔子家語).

必: 반드시, 꼭 → 繼善 篇 (6) 참조

遇: 만날, 상봉할

不期而遇: 뜻밖에 (우연히) 만나다. / 百年不遇: 좀체 못 만나다.

遇丈人以杖荷蓧: 지팡이로 삼태기를 멘 노인을 만났다[論語(微子)].

敵: 대항하는 자, 맞서는 자, 맞수, (호)적수[(好)敵手], 상대자

匹敵: 대등함, 걸맞음, 맞먹음, 상대가 됨 맞수[=(好)敵手] / ㉰ 天下無敵: 천하에 당할 자가 없다. 적수가 없다.

---

(8) 惡人罵善人 善人摠不對 不對心淸閑 罵者口熱沸 正如人 唾天 還從己身墜

악인이 선인에게 욕을 하는데 선인은 전혀 대응하지를 않는구먼, (욕을 해도) 아랑곳하지 않으니 마음이 태평하고 한가롭기만 한데도 욕을 하는 자는 입이 뜨겁게 끓고 있네그려! (이는) 마치 사람이 하늘에 침을 뱉으면 도리어 제 몸으로 떨어지는 이치와 꼭 같다네!

| 字句 풀이 |

罵: 욕할

捱打受罵: 얻어맞고 욕을 먹다.

㉪ 罵人的不高 捱罵的不低: 남을 욕하는 자가 잘난 것도 아니고 욕을 먹는 자가 못난 것도 아니다.

摠: 전혀, 전연

我摠沒知道: 나는 전혀 몰랐다. / 無論如何 他摠不灰心: 어떤 경우에도 그는 전혀 낙심하지 않는다. / ※ 摠은 總의 고체자(古體字)이며 중국인들의 역본(譯本)에는 원문에서 摠이 總으로 되어 있다.

對: 대응할, 상대할, (서로) 맞설

兩軍對壘: 양쪽 군사가 대치(對峙)하고 있다.

㊊ 力對力 槍對槍: 힘에는 힘으로 총에는 총으로 맞서다.

淸: (세상이 잘 다스려져) 태평스러울, 평온할, 조용할, 고요할

淸世(=淸時): 잘 다스려져 태평한 세상(시대) / ㊌ 淸夜捫心: 고요한 밤에 가슴에 손을 얹고 생각하다. / 當紂之時 居北海之濱 以待天下之淸也: 주왕의 때를 당하여 북해의 해변에 거처하며 천하가 태평해지기를 기다렸다[孟子(萬章下)].

閑: 한가할 → 安分 篇 (6) 참조

淸閑: 태평하고 (평온하고) 한가롭다. / 逍遙淸閑: 거리낌 없이 자유롭게 거닐며 태평하고 한가롭다. / 過着淸閑的日子: 평온하고 한가한 나날을 보내고 있다. / 淸閑之燕: 태평하고 한가한 휴식 → 燕은 "안식(安息)"임

熱: 뜨거울

㊌ 熱淚盈眶: 뜨거운 눈물이 눈에 그렁그렁하다.

㊌ 趁熱打鐵: 쇠는 (뜨겁게) 단김에 두드려라. → 쇠뿔도 단김에 빼랬다.

沸: (펄펄) 끓을, 끓일

沸熱: 끓는 듯이 뜨겁다. / 沸熱的鋼水: 끓는 듯이 뜨거운 쇳물 / 熱血沸騰: 뜨거운 피가 끓어 오르다, 열정이 넘치다.

正: 꼭, 딱, 바로 → 꼭 그대로임을 나타냄

正是他: 바로 그 사람이다. / 大小正合適: 크기가 딱 맞다. / 正合我意: 꼭 내 마음에 든다. / 時鐘正打十二點: 시계가 딱 12시를 치다.

如: 같을 → 繼善 篇 (6) 참조

正如: ~와 꼭 같다

正如俗話所說: 속담에서 하는 말과 꼭 같다.

唾: 침을 뱉을

唾面: 남의 얼굴에 침을 뱉다, 극도로 모욕하다.

㊌ 唾拳磨掌: 주먹에 침을 뱉고 손(바닥)을 비비다. → 힘을 내려고 하는 동작

還: 도리어, (정) 반대로

盡忠竭節 還被患禍: 절개를 끝까지 지키고 충성을 다했으나 도리어 화(禍)를 당했다(魏志).

從: ~로 → 통과하는 노선이나 장소를 나타냄

從小路走: 작은 길로 가다.

你從橋上過 我從橋下走: 너는 다리 위로 건너가고 나는 다리 아래로 지나간다.

墜: 떨어질, 낙하(落下)할

墜馬受傷: 말에서 떨어져 부상당하다. / 月亮墜到西邊: 달이 서쪽으로 떨어지다.

(9) 我若被人罵 佯聾不分說 譬如火燒空 不救自然滅 我心等 虛空 摠爾飜脣舌

내가 만일 남한테서 욕을 먹게 되더라도 (나는) 따지거나 힐책하지 않고 귀가 먹어 못 들은 척할 것일세, (남이 욕하는 것은) 비유컨대 공중에서 불이 타는 것과 같이 끄지 않아도 저절로 사그라질 테니까, (이처럼) 내 마음은 텅 빈 허공과 같아서 담담할 텐데도 (욕을 하는) 그대는 줄곧 말(脣舌)을 (이랬다저랬다 종잡을 수 없이) 뒤집고만 있겠네그려[28] . / ※ 이 글은 원래 前回(8項)의 후반부에 해당하는 (같은 項의) 글임으로 건너뛰지 말고 이어서 읽거나 해석하는 것이 좋다.

| 字句 풀이 |

若: 만일, 만약 → 天命 篇 (3) 참조

被: (~에게, ~에 의해) ~당할(받을, 입을) → 피동

被人重視: 남에게 중시되다. / 被人指責: 남한테서 지적당하다. / 油庫被炸毀: 기름 창고가 폭파되었다.

佯: ~척(~체)할 → 가장하다

佯攻: 공격하는 체하다. / 佯狂: 미친 척하다. / 佯醉: 취한 척하다. / 佯敗: 진 척하다. / 佯死: 죽은 척하다.

聾: 귀먹을, 귀머거리 → 繼善 篇 (4) 참조

分: 따질, 밝힐, (분명하게) 가릴

分淸敵我: 적과 아군을 분명하게 가리다(밝히다). / ㉿ 不分皂白: 흑백(시비, 선악)을 가리지(따지지) 않다.

說: 꾸짖을, 나무랄, 야단칠, 책(망)할, 힐책(詰責)할

捱說: 야단맞다. / 非說他不可: 그를 꾸짖지 않으면 안 된다. / 他捱父親說了: 그는 부친한테 꾸중을 들었다. / 爸爸說了他一頓: 아빠께서 그를 한바탕 책망하셨다.

譬: 비유할

譬諸小人: 소인에 비유하다[論語(陽貨)]. / 爲政以德 譬如北辰居其所 而衆星共之: 덕으로 정치를 하는 것은 비유하건대 마치 북극성이 제자리에 있으면 뭇별들이 그에게로 향하는 것과 같다[論語(爲政)].

燒: (불)탈

燒盡: 모조리 타 버리다. / 燒死: (불에) 타서 죽다, 태워 죽이다. / 燒痕: 불탄 흔적 / 飯燒焦了: 밥이 (까맣게) 탔다. / ㉿ 燒眉之急(=焦眉之急): 눈썹에 불이 붙는 것 같이 급함 또는 그 일

空: 공중, 하늘, 허공

---

28) 담담하다: 어떤 느낌이나 무엇에 마음을 쓰지 않고 무관심하다(우리말 큰 사전).

領空: 영토와 영해 위의 하늘 → 그 나라 주권의 범위

救: (위험, 재난 등을) 막을, 제지할, 저지할 → 正己 篇 (13) 참조

然: 형용사나 부사 뒤에 쓰여 사물이나 동작의 모양이나 상태를 나타내는 접미사 → 存心 篇 (17) 참조

自然: 자연히, 저절로

到時自然明白: 때가 되면 저절로 알게 된다. / ㉏ 功到自然成: 공을 들이면 자연히 성공한다.

滅: 불이 꺼질

火滅了: 불이 꺼졌다. / 星光明滅: 별빛이 깜박깜박하다. / 燈火明滅: 등불이 가물거리다. / 燈突然滅了: 등불이 갑자기 꺼졌다.

等: (똑)같을, 동등할

大小不等: 크고 작음이 같지 않다. / 三加五等于八²⁹⁾: 3 더하기 5는 8 / 高低長短相等: 높낮이와 길고 짧음이 서로 같다.

虛: 하늘, 공중, 천공(天空)

凌虛飛翔: 하늘 높이 날아올라 비상하다. / 馮虛御風: 하늘에 올라 바람을 타고 날아다니다(蘇軾).

虛空: 하늘, 공중, 천공(天空)

㉒ 虛空藏菩薩: 25보살(菩薩)의 하나로 지혜와 자비가 허공(虛空)처럼 무한히 크고 넓어 중생(衆生)의 모든 소원을 이루어 준다고 한다.

摠: 늘, 항상, 줄곧, 언제나, 내내 → 總의 고체자(古體字)로 동자(同字)임

中秋的月亮 摠那麼明亮: 추석의 달은 언제나 저렇게 밝다.

爾: 너, 그대, 당신 → 存心 篇 (3), 存心 篇 (19) 참조

飜: (원래의 생각, 말, 결정 등을) 뒤집을, 번복할 → 飜과 翻은 동자(同字)임

飜口: 이미 한 말을 뒤집다. / 飜供: 이미 한 진술을 번복하다. / 飜案: 이미 정한 안건을 번복하다. / 判決飜了: 판결이 뒤집혔다.

脣: 입술

㉏ 脣亡齒寒: 입술이 없으면 이가 시리다. / 脣齒之國: 이해관계가 깊은 나라

※ 脣과 唇을 우리나라에서는 통용(通用)으로 보고 있으나 중국에서는 동자(同字)로 친다.

舌: 말, 언어

舌戰: 말싸움, 논쟁 / ㉏ 舌蜜腹劍: 말은 달콤하나 배 속에는 칼이 있다.

駟不及舌: 말이 입 밖으로 나가면 사두마차도 따라잡지 못한다[論語(顏淵)].

脣舌: 말, 언어

徒費脣舌(=白費脣舌): 공연히 말만 허비하다(=말해봐야 헛수고다).

---

29) 이때, 等于는 "~와 같다"는 의미로 쓰임

(10) 凡事留人情 後來好相見

모든 일에서 인정을 남겨 두면 나중에 (그 후에) 반갑게 서로 만나게 된다.

| 字句 풀이 |

凡: 모든 → 正己 篇 (20) 참조

留: 남겨 둘, 남길

豹死留皮 人死留名: (표)범은 죽어서 가죽을 남기고 사람은 죽어서 이름을 남긴다(歐陽脩).

情: (사람 사이의) 정, 정분, 인정, 정의(情誼) → 戒性 篇 (6) 참조

人情: 인심, 선심(善心) → 남을 동정하는 따뜻한 마음

賣人情: 일부러 인심(선심)을 쓰다.

[成] 人情冷暖: 세상인심이란, 남이 실세(失勢)하면 냉담하고 득세하면 따뜻이 대한다.

後來: 그다음(에), 그 뒤(에), 그 후(에), 나중에, 이후(에) → 어떤 한 시점(時點)이 지난 뒤의 시간

後來還是那樣: 그다음에도 여전히 그러했다. / 後來再沒有來過信: 그 뒤에는 다시 편지가 오지 않았다. / 後來就沒他的消息了: 그 후에는 그의 소식이 끊어졌다.

好: 사이가 좋을, 친근할, 우호적일, 화목할

相好的朋友: 서로 사이가 좋은 친구 / 我跟他好: 그와 나는 친하다. / 他們倆很好: 그들 두 사람은 매우 사이가 좋다. / 他們對我眞好: 그들은 정말 나에게 우호적이다.

見: 만날, 마주칠 → 正己 篇 (5), 存心 篇 (13) 참조

< 勤學 篇 >

(1) 子夏曰 博學而篤志 切問而近思 仁在其中矣

자하가 이르기를 "널리 배우고 뜻을 오로지 배움에만 기울이며 (모르는 것을) 간절하게 묻고 [고원(高遠)한 이상(理想)보다] 신변에 가까운 (현실에 필요한) 일부터 반성하고 생각하면 仁(마음을 닦아 자신을 완성하는 일)은 그 안에 있느니라"라고 했다.

※ 이 글의 書頭(글머리)를 대부분의 譯本에서 "子曰"로 했으나 出典인 論語(子張 篇)에는 "子夏曰"로 되어 있으므로 차본(此本)에서는 이를 따른다.

| 字句 풀이 |

博: 넓을

㈜ 博而不精: 폭넓게 알고 있으나 정통하지 못하다. / ㈜ 博聞强記(=博聞强識): 견문이 넓고 기억력이 좋다.

學: 배울 → 存心 篇 (13) 참조

篤: 전일(專一)할 → (마음과 힘을) 오로지 한군데만 쏟다(기울이다).

君子入則篤孝 出則友賢: 군자는 집에 들면 오로지 효도에만 專念하고 밖에 나가면 어진 이와 가까이 한다(韓詩外傳).

篤學不倦: 전념으로 배우기에 지칠 줄을 모르다. → 專念: 어떤 일에만 마음을 오로지 쓰다.

志: 뜻, 의지(意志)

志堅如鋼: 뜻이(의지가) 강철같이 굳세다.

㉭ 有志竟成: 뜻이 있으면 결국 이루어진다. 뜻이 있는 곳에 길이 있다.

篤志: 뜻을 오로지 한군데만 쏟다(기울이다).

賢爲人質朴少欲 篤志於學: 韋賢은 사람됨이 소박하고 욕심이 없으며 학문에만 전념(專念)했다[漢書(韋賢傳)].

切: 간절할, 절실할

求學的心很切: 향학심(向學心)이 매우 간절하다.

切望一路平安: 여행 중에 평안하시기를 간절히 바랍니다.

問: 물을, 질문할, 문의(問議)할

不問可知: 묻지 않아도 뻔히 알 수 있다. / ㈜ 問心無愧: 양심에 물어도 부끄러운 것이 없다.

近: 가까울, 쉬울

言近而指遠者 善言也: 말이 알기 쉬우면서도 뜻이 깊으면 훌륭한 말이다[孟子(盡心下)].

㈜ 近朱者赤 近墨者黑: 붉은 것(朱砂)을 가까이하면 붉어지고 먹(검은 것)을 가까이하면 검어진다.

思: 생각할 → 正己 篇 (26) 참조

近思: [고원(高遠)한 이상(理想)보다] 신변에 가까운 (현실에 필요한) 일부터 반성하고 생각하다. ※

近思錄 → 正己 篇 (13) 참조

仁: 마음을 닦는 일, 본성을 개발하여 자신을 완성하는 일

顏淵問仁 子曰克己復禮爲仁: 안연이 仁을 묻자 공자 가라사대 "자기를 (자기 私慾을) 극복하고 禮로 돌아가는 것이 仁이다"라고 하셨다[論語(顏淵)].

成己仁也 成物知也: 자기를 완성하는 것이 仁이고 外物을 완성하는 것이 知(지혜)이다(禮記).

在: ~에 있을 → 天命 篇 (2), 正己 篇 (9) 참조

中: 속, 안 → 장소를 나타냄 ※ 繼善 篇 (6) 참조

矣: 결정, 판단을 나타내는 어조사 → 繼善 篇 (9) 참조

---

(2) 人之不學 如登天而無術 學而智遠 如披祥雲而覩靑天 登高山而望四海

사람이 배우지 않으면 마치 하늘에 오르려고 하면서 아무런 수단(방법)이 없는 것과 같다. (그러나) 배워서 지혜가 깊어지면 마치 상서로운 구름을 헤치고 푸른 하늘을 바라보는 것과 같고 (또) 높은 산에 올라 천하를 내려다보는 것과도 같다(莊子).

| 字句 풀이 |

之: ~가(~이), ~는(~은) → 主格의 토임 ※ 孝行 篇 (2) 참조

登: 오를

登泰山而小天下: (공자께서는) 태산에 오르시어 천하가 작다고 여기셨다[孟子(盡心上)].

㊤ 登高自卑 行遠自邇: 높이 오르려면 낮은 데서부터 오르고, 멀리 가려면 가까운 데서부터 간다. 천리 길도 한 걸음부터.

術: 수단, 방법

講防禦之術: 방어의 수단을 강구하다.

遠: (의미가) 깊을, 심오할

㊤ 言近指遠: 말은 쉬우나 뜻은 깊다[孟子(盡心下)].

披: (풀어) 헤칠

披襟: 옷깃을 열어 헤치다, 흉금을 털어놓다. / 披卷: 책을 펴다(펴서 읽다).

㊤ 披荊斬棘: 가시덤불을 헤치고 나아가다.

祥: 상서로울, 길할

祥兆: 상서로울 징조(=吉兆, 瑞兆) / 不祥: 불길하다. / 祥瑞: 복되고 길(吉)한 일이 있을 조짐,

雲: 구름

雲集: 구름처럼 모이다. ↔ 雲散: 구름처럼 흩어지다.

祥雲: 상서로운 구름, 전설상 신선이 타고 다닌다는 구름

若大旱之望雲霓也: 마치 큰 가뭄이 구름과 무지개(비 올 징조)를 바라듯 하다[孟子(梁惠王下)].

覩: (눈으로) 볼, 睹의 고자(古字)

㉠ 耳聞目覩: 직접 보고 듣다. / ㉠ 有目共覩: 모두가 다 보고 있다(보아 알고 있다).

靑: 푸를 → 存心 篇 (2) 참조

山: 산

江山: 강과 산, 자연의 경치, 강토[=금수강산(錦繡江山)]

㊟ 靠山喫山 靠水喫水: 산이 가까우면 산의 덕에, 물이 가까우면 물의 덕에 먹고 산다.

望: (멀리) 볼, 바라볼

㉠ 望梅止渴: 매실을 보고 갈증을 멈추다.

㉠ 望雲之情: (타향에서) 구름을 바라보며 부모를 그리워하는 마음

四海: 온 천하 (세상) → 存心 篇 (4) 참조

---

(3) 玉不琢不成器 人不學不知義

옥은 다듬지[30] 않으면 그릇이 되지 못하고 사람은 배우지 않으면 올바른 도리를 알지 못한다(禮記).

| 字句 풀이 |

玉: 아름다운 돌(=美石[31])

玉碎: 옥이 부서지다, 충절이나 공명을 위하여 깨끗이 죽다. / 玉璽: 옥으로 새긴 국새(國璽)[32]

㉠ 玉石俱焚: 옥이나 돌이 함께 불타다, 옳은 사람이나 그른 사람이 함께 화를 당하다.

琢: (옥이나 돌을) 쪼아서 다듬을, 치옥(治玉)할

精雕細琢: 정밀하고 섬세하게 새기고 다듬다.

治骨曰切 象曰磋 玉曰琢 石曰磨: 뼈를 다듬으면 切(끊다)이라 하고 상아를 다듬으면 磋(갈고 닦다)라 하고 옥을 다듬으면 琢(쪼다)이라 하고 돌을 다듬으면 磨(갈다)라 한다(毛傳).

成: ~이(가) 될, ~(으)로 될 → 戒性 篇 (3), 戒性 篇 (4) 참조

器: 그릇, 기구, 인물, 인재

---

30) 다듬다: 필요 없는 것을 떼어 내거나 깎아 내어 쓸모 있는 것으로 만들다(우리말 큰 사전).

31) 빛이 곱고 아름다워 보석으로 여기는 돌

32) 국새(國璽): 임금의 도장

器物: 그릇붙이와 기구의 총칭 / 大器晚成: 큰 그릇을 만드는 데는 시간이 오래 걸리듯, 크게 될 사람은 (큰 인물은) 늦게 이루어진다(老子).

義: (사람이 지켜야 할 올바른) 도리(道理), 정의(正義), 의로움, 의로운 일

㊌ 見義勇爲: 의로운 일을 보면 용감히 뛰어든다, 정의에 용감하다.

㊌ 義滅親: 국가의 바른 도리를 위해서는 혈친(血親)도 봐주지 않는다.

| 參考 |

禮記: 五經(易經, 書經, 詩經, 禮記, 春秋) 중의 하나 / 三禮: 周禮, 儀禮, 禮記 중의 하나

---

(4) 人生不學 如冥冥夜行

사람이 배우지 않으면 캄캄한 밤에 밤길을 걷는 것과 같다(太公).

※ "如冥冥夜行"이 "冥冥如夜行"으로 된 譯本도 있음을 알려 둔다.

| 字句 풀이 |

人生: 사람 → 順命 篇 (2) 참조

冥: 어두울, 캄캄할 → 繼善 篇 (6) 참조

冥冥: 어둡다, 어두컴컴하다

冥冥之中: 어둠 속 / 維塵冥冥: 티끌로 인하여 어두컴컴하다[詩(小雅)].

夜: 밤 → 正己 篇 (10), 存心 篇 (17) 참조

行: 걸을, (걸어)다닐

獨自夜行: 홀로 밤길을 걷다. / ㊌ 行不由徑: 좁은 길로 다니지 않는다, 행동이 떳떳하다.

---

(5) 人不通古今 馬牛而襟裾

사람이 고금(古今)의 일을 알지 못하면 (사람도 아닌) 소나 말인데도 사람의 옷을 걸치고 있는 것과 같다(韓文公).

| 字句 풀이 |

通: (잘)알, 이해할, 정통할 → 戒性 篇 (4) 참조

古: 예(전), 옛날, 고대(古代)

古典: 옛 문헌 / 古曲: 옛 노래 / 古詩: 옛시 / 上古(=太古): (역사의 시대 구분에서) 가장 오래된 옛날

今: 이제, 오늘, 지금, 현재

[成] 今昔之感: 오늘과 과거의 변천에 대한 감개(感慨)

[成] 厚今薄古: 지금(의 것)을 중시하고 옛날(의 것)을 경시하다.

古今: 고대와 현대, 예전과 지금, 옛날부터 오늘에 이르기까지

東西古今(=古今東西): 고금과 동서양(을 막론하다)

[成] 古今獨步: 고금을 통해서 비길(견줄) 데가 없다.

馬: 말

馬槽: 말구유 / 馬廏(=馬廏間, 馬房間): 말을 매어 두는 곳

馬脚露出: 마각(감추는 일)이 드러나다, 발각되다.

牛: 소

牛舍: 외양간 / 牛膝: 쇠무릎 / 牛蠅: 쇠파리 / 牛尾湯: 쇠꼬리 탕

[諺] 牛喫稻草鴨喫穀: 소는 볏짚을 먹고 오리는 곡식을 먹는다. → 타고난 팔자는 각기 다르다.

而: ~이면서, ~인데도, ~이 도리어 → 주어와 술어 사이에서 주어를 강조하는 기능

相鼠有皮 人而無儀 人而無儀 不死何爲: 쥐(相鼠)도 모피(毛皮)가 있는데 사람이면서 예절도 없구나. 사람인데도 예절이 없으려면 죽지도 않고 무얼 하느냐[詩(鄘風, 相鼠[33]))]?

襟: 옷깃

襟帶: 옷깃과 허리띠(腰帶) → (山川이 둘러싼) 험준한 지세(地勢)

[成] 正襟危坐: 옷깃을 여미고 단정하게 앉다.

裾: 옷자락

裾長曳地: 옷자락이 길어서 땅에 끌리다.

襟裾: 옷깃과 옷자락(衣裳) → "(禽獸가) 사람의 옷을 걸치다"로 전의(轉義)된다.

| 參考 |

韓文公: 唐나라의 文人으로 이름은 愈(768~824), 자는 退之, 시호가 文이고 唐宋八大家의 한 사람

33) 相鼠는 詩(鄘風)의 篇名으로 쥐를 주인공으로 하여 높은 지위에 있는 사람의 무례함을 풍자한 글임

(6) 家若貧 不可因貧而廢學 家若富 不可恃富而怠學 貧若勤 學 可以立身 富若勤學 名乃光榮 惟見學者顯達 不見學者無 成 學者乃身之寶 學者乃世之珍 是故學則乃爲君子 不學則爲 小人 後之學者 宜各勉之

집이 만약 가난하더라도 가난하기 때문에 배우기를 그만두어서는 아니 되고 집이 만약 부유하더라도 부유함을 믿고 배우기를 태만이 해서도 아니 된다. / 가난하더라도 만약 부지런히 배우면 (사회적) 지위가 확고해질 수 있고, 부유하면서도 부지런히 배우면 이름이 마침내 빛나고 영광스러워질 것이다. / (나는) 오직 배운 사람이 현달(顯達)하는 것만 보았고 배운 사람이 성공하지 못하는 것은 본 적이 없다. 배운다는 것은 곧 자기 일신(一身)의 보배이고 배운 사람은 곧 세상의 보물이다. 이런고로 배우면 드디어 군자가 되고 배우지 않으면 소인이 되는 것이니 후학(後學)들은 마땅히 저마다 배움에 힘쓸지니라(朱文公).

| 字句 풀이 |

因: ~ 때문에, ~로 말미암아, ~(으)로 인하여 → 正己 篇 (26) 참조

廢: 그만둘, 중지할, 포기할

廢業: (중도에) 일을 그만두다. / 半塗而廢: 하던 일의 중도(中途)에서 그만두다(中庸).

恃: 믿을, 의지할 → 正己 篇 (3) 참조

怠: 게으를, 나태할, 태만할 → 正己 篇 (22) 참조

勤: 부지런할, 근면할

㊌ 勤儉持家: 근면하고 검소함으로 집안을 꾸려나가다.

㊌ 人勤地不懶: 사람이 부지런하면 땅도 게으르지 않다. 부지런한 농부에게는 나쁜 땅이 없다.

可以: ~할 수 있을 → 正己 篇 (12) 참조

立: 확고히 설, 단단히 설, 성취할

三十而立: 서른 살에 自立(獨立)하다[論語(爲政)].

身: 출신, 신분, 지위

不降其志 不辱其身 伯夷叔齊與: 자기의 뜻을 굽히지 않고 (자기의) 출신을 욕되게 하지 않은 사람은 백이와 숙제뿐이로다[論語(微子)].

立身: (사회적) 지위가 확고히 서다 → 출세(出世)하다, 이름을 날리다

以文學立身: 문학으로 출세하다. / [成] 立身揚名: 출세하여 이름을 떨치다.

名: 이름 → 正己 篇 (4) 참조

乃: 결국, 드디어, 마침내 → (원문의) "名乃光榮"과 "學則乃爲君子"에 해당함

乃至于此: 결국 이 지경에 이르렀다, 마침내 이렇게 되고 말았다.

光: 빛낼, 나타낼, 영예롭게 할, 현여양(顯揚)할

光宗耀祖: 가문과 조상을 빛내다. / [成] 光前裕後: 조상을 빛내고 후손을 부유하게 하다[34].

榮: 영광스러울, 영화로울, 영예로울

光榮(=榮光): 영광스럽다, 영예롭다. / 光榮稱號: 영광스러운 칭호 / 光榮傳統: 영예로운 전통 / 無上光榮: 더없이 영광스럽다. / 榮立大功: 영예롭게도 큰 공을 세우다. / 榮獲第一名[35]: 영예롭게도 1등을 차지하다. / 仁則榮, 不仁則辱: 어질면 영화로울 것이고 어질지 못하면 치욕을 당할 것이다[孟子(公孫丑上)].

惟: 오직 → 正己 篇 (20) 참조

顯: (지위나 명성이) 높을, 고귀할, 영달할 → 天命 篇 (5) 참조

達: 지위가 높을, 높은 지위에 오를, (입신)출세할, 현달(顯達)할, 저명(著名)할

顯達: 높은 지위에 오르고 명성이 널리 알려지다, 입신출세하다. / 不求顯達: 입신출세를 바라지 않다. / [成] 顯達門庭: (현달하여) 가문의 지위를 (명예를) 높이다. / [成] 飛黃騰達[36]: 신마(神馬)가 빨리 달리듯 벼락출세하다. / 窮則獨善其身 達則兼濟天下: 궁하면 자신만을 올바르게 하고, 현달하면 천하를 모두 제한다.

成: 성공할, 성취할

成敗在此一擧: 성패가 이 한 번의 행동에 달렸다.

[諺] 成則爲王 敗則爲寇: 성공하면 왕이 되고 실패하면 역적이 된다(=잘되면 충신, 안되면 역적).

者: 동사나 형용사 뒤에 쓰여 그러한 속성을 가지고 있거나 동작을 하는 사물을 가리키며, "것"으로 해석한다. → 원문 중에 "學者乃身之寶"에서의 者에 해당함

最佳者: 가장 좋은 것 / 符合標準者: 표준에 부합하는 것

乃: 곧(바로) ~이다 → 원문 중에 "學者乃身之寶"와 "學者乃世之珍"에서의 乃에 해당함

人乃天: 사람이 곧 하늘이다[37]. / 失敗乃成功之母: 실패는 바로 성공의 어머니다.

寶: 보배, 보물, 진귀한 것 → 正己 篇 (7) 참조

珍: 보배 보물, 보배로운 사람

---

34) 가난을 극복하고 고관(高官)이 된 사람을 일컫는 말

35) 이때, 名은 "等"과 같은 의미

36) 여기서 飛黃은 "전설 속의 신마(神馬)"임

37) 천도교(天道教)의 종지(宗旨)

此固國家之珍 而社稷之佐也: 이는 참으로 국가의 보배(로운 사람)이고 사직의 보필자이다[墨子(尙賢)].

是: 이(것)

由是可知: 이것으로 알 수 있다. / 如是: 이와 같다. / 是日: 이날

故: 까닭, 원인, 이유

無緣無故: 아무 까닭도 없이 / 是故: 이런 까닭으로

爲: ~이(가) 될

㉿ 轉禍爲福: 화(禍)가 바뀌어 복(福)이 되다. / 十除以二爲五: 10을 2로 나누면 5가 된다.

小人: 신분과 지위가 낮은 사람 인격이 낮고 도량이 좁은 사람

小人不恥不仁 不畏不義: 소인은 불인(不仁)을 부끄럽게 여기지 않고 불의(不義)를 두려워하지 않는다(易經).

後: 뒤, 다음, 나중 → 存心 篇 (13) 참조

宜: 마땅히

宜鑑于殷: 마땅히 은나라를 거울삼아야 한다[詩(大雅)].

惟仁者 宜在高位: 오직 어진 사람만이 마땅히 높은 자리에 있어야 한다[孟子(離婁上)].

各: 각자, 각기, 각각, 저마다 → 戒性 篇 (6) 참조

勉: 노력할, 힘쓸, 진력할, 애쓸, 근면할, 부지런할

勉行: 힘써 하다, 역행(力行)하다. / 勉學: 학문에 힘쓰다, 부지런히 배우다.

喪事 不敢不勉: 상사에 감히 (정성껏) 힘쓰지 않음이 없다[論語(子罕)].

---

(7) 學者如禾如稻 不學者如蒿如草 如禾如稻兮 國之精糧 世之大寶 如蒿如草兮 耕者憎嫌 鋤者煩惱 他日面墻 悔之已老

배운 사람은 벼와 같고 배우지 않은 사람은 잡초와 같나니 벼와 같은 學者들이여! (그대들은) 나라의 으뜸가는 양식이고 세상의 크나큰 보배라네! (하지만) 잡초와 같은 불학자(不學者)들이여! (그대들은) 밭 가는 사람들이 싫어하고 김매는 사람들이 골치 아파한다네! 훗날 담벼락을 마주 대하듯 답답하여 후회할 때는 이미 늦었을 것일세(徽宗皇帝).

| 字句 풀이 |

禾: 벼

禾熟雀聲喧: 벼가 익으니 참새 소리 요란하다(歐陽脩).

稻: 벼

稻草: 볏짚 / 稻草人: 허수아비 / 稻糠(=稻皮): 왕겨

禾稻: 벼

土宜禾稻: 토질이 벼에 알맞다(後漢書).

其地溫暖 俗種禾稻: 그 지방은 따뜻하여 백성들이 벼를 심었다(晉書).

蒿: 쑥

蒿蘭: 쑥과 난초 → 귀천(貴賤)의 비교 / 茵蔯蒿: 인진쑥, 사철쑥 / 靑蒿(=香蒿): 개사철쑥

草: 풀 → 繼善 篇 (9) 참조

蒿草: 잡초

蒿草叢生: 잡초가 무더기로 자라다. / 戌 蒿草不值: (잡초는) 한 푼의 가치도 없다.

兮: 구중(句中)이나 구말(句末)에 쓰이어 감탄을 나타내는 어조사 → 孝行 篇 (1) 참조

精: 가장 좋을, 최고(최상)의

精品(=精貨): 일등품, 상등품 / 最上品: 최고품 / 茶中精品: 차 중의 최고품 / 精品屋: 일류 제품(메이커 제품) 상점

糧: 양식, 식량

糧店: 곡물 상점 / 糧商: 미곡상 / 糧市: 곡물 시장 / 此地稱爲糧倉: 이 고장은 곡창 지대로 알려져 있다.

世: 세상 → 安分 篇 (6), 存心 篇 (2) 참조

耕: (논)밭을 갈

戌 深耕細作: 깊이 갈고 잘 가꾸다. ↔ 戌 淺耕粗作: 얕게 갈고 대충 가꾸다.

憎: 싫어할, 미워할

愛憎分明: 애증이 뚜렷하다, 좋고 싫음이 분명하다.

嫌: 싫어할, 꺼릴

嫌惡: 싫어하고 미워하다. / 嫌濕: 습기를 싫어하다. 습기에 약하다. / 憎嫌: 싫어함, 미워함, 혐오함 / 惹人憎嫌: 남들로부터 혐오를 받다, 남들의 미움을 사다. / 戌 嫌冷嫌熱: 찬 것도 더운 것도 (아무것도) 다 싫다.

鋤: (호미나 괭이로) 김맬

鋤草施肥: 김매고 거름을 주다. / 鋤草機: 제초기 / 多鋤則饒子 不鋤則無實: 김을 많이 매면 결실이 풍성하고 김을 매지 않으면 열매가 없다(齊民要術).

煩: 걱정할, 번민할

煩事: 걱정되는 일, 걱정거리 / 你煩甚麼: 넌 무얼 걱정하느냐?

惱: 고민할, 번민할, 괴로워할

惱殺(쇄): 애가 타도록 몹시 괴로워하다. / 苦惱: (몹시) 고민하다, 괴로워하다. / 惱喪: 괴로워하다, 상심하다. / 煩惱: 고민(번민, 근심, 걱정)하다, 마음 졸이며 괴로워하다. / 這都是運氣 你不要煩惱: 이게 다

운이니 걱정하지 마라. / 那就是我煩惱的原因: 그것이 내가 번민하는 (골치 아픈) 원인이다.

他日: (오늘) 이후, 금후, 나중, 뒷날, 후일, 훗날

他日 又求見孟子: 훗날[38] 또 맹자 뵙기를 청했다[孟子(滕文公上)].

吾他日 未嘗學問 好馳馬試劍: 나는 지난날에 학문하지 않고 말달리기와 칼 쓰기를 좋아한 적이 있었소이다[孟子(滕文公上)].

面: 마주 볼(대할), 면할, 향할

面壁: 벽을 마주 대하다, 벽을 향해 좌선(坐禪)하다. / 背山面水: 산을 등지고 강을 향하다.

墻: 담(장) → 正己 篇 (25) 참조

面墻: 담(장)을(벽을) 마주함, 견문이(학식이) 좁음, (먼) 앞을 보지 못함

若其面墻則無所施用: 만일 그가 담을 마주했으면 쓸데가 없다(後漢書).

悔: 후회할, 뉘우칠 → 存心 篇 (6), 存心 篇 (13) 참조

已: 이미, 벌써 → 順命 篇 (2), 正己 篇 (26) 참조

老: 늙을

老驥伏櫪 志在千里: 늙은 준마(駿馬)는 비록 마구간에 엎드려 있어도 뜻은 천 리 밖에 있다. 뜻있는 사람은 늙어서도 여전히 원대한 이상을 품고 있다(曹操).

| 參考 |

徽宗皇帝: 北宋의 제8대 황제(1082~1135)로 성은 趙, 이름은 佶이고 시문과 서화에 뛰어나 "風流天子"라는 칭호를 얻었다.

---

(8) 學如不及 猶恐失之

배움은 마치 (무엇을) 따라잡지 못하여 애타는 것처럼 해야 하고 더 나아가 때를 놓치지나 않을까 걱정해야 한다(論語).

※ 猶 대신 惟로 쓴 譯本이 많으나 此本에서는 出典인 論語에 근거하여 猶로 한다.

| 字句 풀이 |

不及: 미치지 못함, 따라잡지 못함, 필적할 수 없음 → 繼善 篇 (10) 참조

猶: 그 위에, 더욱더 → (株)敎學社編 大漢韓辭典의 字解임

---

38) 他日은 오늘 이전(전날, 지난날)의 뜻으로도 쓰인다.

恐: 염려할, 마음을 쓸

何恃而不恐: 무엇을 믿고 걱정하지도 않느냐(左傳)?

惡莠 恐其亂苗也: 가라지를 미워함은 벼 싹을 해칠까 염려해서요[孟子(盡心下)].

失: 잃을, 놓칠 → 正己 篇 (26), 存心 篇 (13) 참조

之: 문말(文末)에 쓰여 의미상 목적어 역할을 하는 어조사 → 正己 篇 (16) 참조

| 參考 |

論語: 四書(論語, 孟子, 中庸, 大學) 중의 하나이며 공자와 그의 제자 또는 그 당시 사람들과의 문답과 제자들끼리의 문답을 모아 엮은 책으로 유가(儒家)의 경전(經典)임

| 出典 |

論語(泰伯)

< 訓子 篇 >

---

(1) 賓客不來門戶俗 詩書不敎子孫愚

손님이 오지 않으면 집안(가문)이 저속해지고 경서(經書)를 가르치지 않으면 자손이 어리석어진다(景行錄).

| 字句 풀이 |

賓: 손(님)

賓接甚厚: 손님 접대가 매우 정중하다. / ⑱ 相敬如賓: (부부가) 서로 손님을 대하듯(깍듯이) 공경하다.

客: 손(님)

請客: 손님을 초대하다, 한턱내다. / 賓客: 손님, 내빈, 내객 / 來了一位客人: 손님이 한 분 오셨다.

來: 올, 이를 → 順命 篇 (4) 참조

門: 집안, 가문

⑱ 雙喜臨門: 집안에 경사가 겹치다. / 將門出虎子: 장수 가문에 호랑이 새끼가(훌륭한 아들이) 나오다.

戶: 집안, 가문

⑱ 門當戶對: 혼사(婚事)에서 두 집안이 걸맞다.

門戶: 집안, 가문, 가풍, 문벌

門戶相當: 집안이 서로 엇비슷하다. / 甚麼門戶兒出甚麼樣兒的人: 어떤 가문인가에 따라 그 가문에 걸맞은 사람이 나온다. → 가문이 사람을 만든다.

俗: 저속할, 상스러울

俗不可醫: 저속하기가 구제 불능이다. / 俗不可耐: 상스럽기가 그지없다.

詩: 시경 → 正己 篇 (5) 참조

書: 서경 → 安分 篇 (5) 참고

詩書: 시경과 서경 → (轉義되어) 경서(經書)의 범칭으로 쓰임

詩書門第: 선비 가문 / 詩書誤儒: 경서만 읽고 세상 물정에 어두운 선비

敎: 가르칠 → 存心 篇 (19) 참조

子孫: 아들과 손자, 후손 → 繼善 篇 (6) 참조

---

(2) 事雖小 不作不成, 子雖賢 不敎不明

일이 비록 작아도 하지 않으면 이루어지지 않고 자식이 비록 재덕을 겸비했어도 가르치지 않으면 명철(明哲)하게 되지 않는다(莊子).

| 字句 풀이 |

事: 일 → 繼善 篇 (4), 存心 篇 (20) 참조

雖: 비록(~라도) → 繼善 篇 (9), 存心 篇 (3) 참조

作: (행)할 → 天命 篇 (5) 참조

成: 이룰

事成之後: 일이 이루어진 후(에) / 事情已經成了: 일은 이미 이루어졌다.

功成身退: 공을 이루면 자신은 (그 자리에서) 물러나야 한다.

賢: 재덕을 겸비할, 어질, 현명할

選賢擧能: 현명하고 능력 있는 사람을 선발하다.

任人唯賢: (연고를 떠나) 재덕(才德)만으로 사람을 임용하다.

明: 총명할, 현명할, 슬기로울, 명철(明哲)할 → 順命 篇 (5) 참조

明哲保身: 설명은 正己 篇 (8)의 "保身" 부분 참조

(3) 黃金滿籯 不如敎子一經, 賜子千金 不如敎子一藝

황금이 광주리에 가득해도 자식에게 한 권의 경서를 가르치는 것만 못하고 千金(많은 돈)을 자식에게 주는 것이 한 가지 재주를 가르치는 것만 못하다(漢書). / ※ "黃金滿籯" 앞에 "鄒魯諺曰遺子"가 생략되었는데 이 (생략된) 글을 넣어서 해석하면 다음과 같다.

(맹자와 공자가 태어난) 鄒와 魯나라의 속담에 이르기를 "황금을 (대)광주리에 가득 채워 자식에게 물려주는 것이 자식에게 한 권의 경서를 가르치는 것만 못하고... (이하 원문의 해석과 같음)"

|字句 풀이|

黃: 누를, 누런빛, 오색(五色)의 하나

天玄而地黃: 하늘은 검고 땅은 누렇다(易經). → 天地玄黃(千字文) / 稻子黃熟的時候: 벼가 누렇게 익을 때

金: (황)금 → 繼善 篇 (6) 참조

黃金: 누런 빛깔의 금 → 재물의 범칭

黃金萬能主義(=拜金主義): 돈(재물)만이 제일이라고 굳게 믿고 오직 돈 모으기에만 집착하는 경향이나 태도

滿: 가득 찰, 가득할 → 天命 篇 (4) 참조

籯: (대)광주리, (대)상자

先馴則賞籯金而賜龜綬[39] : 먼저 길이 들고 순종하면 한 광주리의 금을 상으로 내려주고 관작을 하사하겠다(後漢書).

經: 경서 → 유교의 사상과 교리를 옛 성현들이 저술한 책(=四書五經)

㉲ 引經據典: 경서나 典故(고사)를 인용하다.

賜: 하사할, 내릴, (내려)줄 → 戒性 篇 (5) 참조

千: 천(백의 열 배), (매우) 많을 → 存心 篇 (12) 참조

千夫所指 無病而死: 뭇사람의 지탄을 받으면 병이 없어도 죽는다.

金: 돈, 화폐

金融: 돈의 융통 / 融資金: 금융기관에서 융통한 돈

千金: 큰돈, 많은 돈

千金軀: 천금 같이 귀한 몸 / ㉲ 千金一諾: 천금 같은(귀중한, 확실한) 승낙

千金難買一片心: 천금으로도 사람의 마음을 사기 어렵다.

---

39) 籯金: 한 광주리의 금

藝: 재주, 기예, 기능, 기술, 재능 → 存心 篇 (13) 참조

| 參考 |

漢書: 漢의 高祖(劉邦)에서 王莽까지 229년간의 역사를 기록한 책으로, 後漢 때 班彪가 착수하고 그의 아들 班固가 大成했으며 또 未盡한 부분을 반고의 여동생 班昭가 보충하여 완성했다.

(4) 至樂莫如讀書 至要莫如敎子

가장 즐거운 것으로 독서만 한 것이 없고 가장 중요한 일로 자식을 가르치는 일만 한 것이 없다.

| 字句 풀이 |

至: 지극히, 최고로, 가장, 제일 → 存心 篇 (3) 참조

樂: 기쁠, 즐거울, 기뻐할, 즐거워할 → 孝行 篇 (2), 正己 篇 (22) 참조

莫: 없을, ~하는 사람이(자가) 없다, ~하는 것이 없다

莫不欣喜: 기뻐하지 않는 사람이 없다.

在天者 莫明于日月: 하늘에 있는 것으로 해와 달보다 더 밝은 것은 없다[荀子(天論)].

莫如: ~보다 더 좋은 일은 없다, ~와 같은 것은 없다, ~하는 것이 제일이다

重莫如國: 중요하기로는 나라만 한 것이 없다(國語).

讀書: 책을 읽다 → 繼善 篇 (6), 正己 篇 (12) 참조

要: 중요(중대)할, 가장 요긴할, 귀중할

要道: 중요한 길, 도리 / 要旨(=要指): 중요한 뜻 / 要談: 중요한 말 / 要事(=要務): 중요한 일 / 要聞: 중대한 소식, 기사(記事)

(5) 內無賢父兄 外無嚴師友 而能有成者 鮮矣

안으로는 현명한 家長(집안 어른)이 없고 밖으로는 엄한 스승과 충고해주는 벗(諍友)이 없으면서도 성공할 수 있는 사람은 드물다(呂滎公).

| 字句 풀이 |

內: 안, 속, 내부

內情: 속사정 / 內政干涉: 남의 나라 정치에 간섭함 / 內政凡節: 집안 살림살이의 범절(모든 질서와 절차) / 有諸內必形諸外: 안에 무엇인가가 있으면 반드시 밖으로 드러난다[孟子(告子下)].

父兄: 아버지와 형 → "家長(집안 어른)"으로 轉義된다.

入則事父兄: (집에) 들어오면 집안 어른을 섬긴다[論語(子罕)].

外: 밖, 바깥

家醜不得外揚: 집안 허물은 밖으로 알리지 않는다.

外賊好擋 家賊難防: 바깥 도둑은 막기 쉬우나 집안 도둑은 막기 어렵다.

嚴: 엄할, 엄격할

嚴師諍友: 엄한 스승과 충고해주는 벗 / 嚴敎子女: 엄하게 자녀를 가르치다.

師: 스승, 선생 → 正己 篇 (6) 참조

友: 벗, 친구 → 戒性 篇 (5) 참조

而: ~되, ~나, ~지만, ~면서 → 대립적인 사실을 이을 때 쓰임 ※ 孝行 篇 (4) 참조

能: 할 수 있을 → 繼善 篇 (6), 戒性 篇 (7) 참조

有: (동사 앞에 놓이는) 어조사 → 存心 篇 (3) 참조

成: 성공할, 성취할 → 勤學 篇 (6) 참조

鮮: 드물, 적을

尙鮮成效: 아직 효과가 적다. / ⑳ 寡廉鮮恥: 염치가 없다. / 此路鮮有知者: 이 길은 아는 자가 드물다. / 巧言令色 鮮矣仁: 말을 교묘하게 하고 얼굴빛을 꾸미는 사람 치고 어진 사람은 드물다[論語(學而)].

矣: 결정 판단을 나타내는 어조사 → 繼善 篇 (9), 勤學 篇 (1) 참조

| 參考 |

呂滎公: 宋나라 사람으로 성은 呂, 이름은 希哲, 자는 原明이고 재상을 지냈으며 滎陽郡公에 封함을 받은 적이 있어 滎公이라 칭하였고 저서에 呂氏雜記가 있다.

---

(6) 男子失敎 長必頑愚 女子失敎 長必麤疏

남자아이를 실기(失機)하여 가르치지 못하면 장성해서 반드시 완고(頑固)하고 어리석게 되며 여자아이를 실기하여 가르치지 못하면 장성해서 반드시 저속하고 천박(淺薄)하게 된다(太公).

| 字句 풀이 |

男: 남자, 남성, 사내

男兒一言重千金: 남자의 말 한마디는 천금과 같이 무겁다.

㊌ 男負女戴: 짐을 남자는 등에 지고 여자는 머리에 이고 가다. → 살 곳을 찾아 떠돌다.

子: 명사 뒤에 붙는 접미사

椅子: 걸상 / 卓子(=桌子): 책상, 테이블 / 帽子: 모자 / 刀子: 작은 칼, 나이프 / 亭子: 노는 곳으로 쓰려고 지은 집

失: 시기를 놓칠, 失機할, 기회를 잃을

時哉弗可失: 때야말로 놓칠 수 없다(書經).

男耕女織不相失: 남자가 농사를 짓고 여자가 베를 짜는 데도 시기를 놓칠 수 없다(杜甫).

長: 장성할, 어른이 될, 성인이 될

及長嘗爲季氏史: 장성해서는 일찍이 계씨의 속관(屬官)이 된 적이 있었다[史記(孔子世家)].

夫人 幼而恭敬 長而敦睦: 부인께서 어려서 공손하고 예의 바르시더니 장성해서도 정이 돈독하고 화목하셨다(北周, 庾信).

頑: 완고할, 고집이 셀, 미련하여 도덕을 모를, 어리석고 무지할

頑固不變(=頑固不化): 고집불통이다. / 頑固分子: 옹고집, 벽창호

父頑母囂: (순임금의) 父는 완고하고 母는 어리석었다[書(堯典)].

女: 여자, 여성, 계집

女方: 혼사에서 신부 측 ↔ 男方: 신랑 측

女兒態: 여자다운 태도, 여자다움 / 女大十八變: 여자는 크면서 여러 번 모습이 변한다.

麁: 상스러울, 저속할, 몰상식할, 버릇없을, 촌스러울, 조야(粗野)할

麁俗: 저속하다, 속되다, 촌스럽다. / 麁話: 저속한 말, 상소리, 막말 / 說話太麁: 말하는 것이 너무 버릇없다. / 擧止麁野: 행동거지가 몰상식하다. / ※ 麁는 麤의 俗字이며 중국에서는 粗와 麁가 同字임

疏: 모자랄, 변변치 않을, 열등할, 졸렬할, 천박(淺薄)할

㊌ 才疏學淺: 재능이 모자라고 학문이 얕다.

㊌ 志大才疏: 뜻은 크나 재능이 천박(淺薄)해서 따르지 못하다.

---

(7) 男年長大 莫習樂酒 女年長大 莫令遊走

아들아이가 나이가 들고 장성하면 습관적으로 술을 즐기지 말게 하고 딸아이가 나이가 들고 장성하면 일없이 쏘다니지 말게 하라.

| 字句 풀이 |

男: 아들

得男(=生男, 生子): 아들을 낳다. / 長男: 맏아들, 큰아들 / 生男育女: 아들딸을 낳아 기르다.

年: 나이 → 存心 篇 (2) 참조

長: (나이가) 많을

年長: 나이가 많다. / 年長身多病: 나이를 먹으니 몸에 병이 많다(張籍).

吾一日長乎爾: 내가 너희들보다 조금 나이가 더 많다[論語(先進)].

子之年長矣 而色若孺子: 당신은 나이가 많아도 얼굴이 어린아이와 같습니다(莊子).

大: 성장할, 클

保佑你生龍活虎似的大得快: 네가 씩씩하고 활발하게 빨리 성장하도록 (神의) 가호(加護)를 빈다.

習: 항상, 늘, 언제나

習見: 늘 보다, 눈에 익다. / 習聞: 늘 듣고 있다. / 習用語: 관용어 / 習常: 늘, 항상, 언제나 / 習見不鮮: 늘 보아서 새롭지 않다.

樂: 즐길 → 繼善 篇 (4) 참조

酒: 술

倒酒: 술을 따르다. / 樂酒: 술을 즐기다. / 酒量大: 술이 세다. / 沈湎酒色: 주색에 빠지다.

樂酒今夕: 오늘 같은 밤 술이나 즐기세[詩(小雅)].

[成] 以酒爲池 懸肉爲林: 술이 못을 이루고 매단 고기가 숲을 이룬다.

女: 딸

大女兒(=長女): 맏딸 / 得女(=生女): 딸을 낳다. / 次女(=二女兒): 둘째 딸

一兒一女(=一男一女): 아들 하나, 딸 하나

令: 하여금, ~(으)로 하여금 ~하게 할 → 戒性 篇 (6) 참조

遊: 이리저리 다닐, 떠돌아다닐, 하는 일 없이 놀, 빈둥거리며 놀

遊串: 여기저기 돌아다니다(쏘다니다). / [成] 遊門串戶: 마을을 (이 집 저 집) 돌아다니며 잡담하다. / 田荒不耕, 遊食者衆: 논밭이 황폐해도 갈지 않고 놀고먹는 사람이 많았다[漢書(明帝紀)]. / ※ 遊食: 무위도식하다, 하는 일 없이 놀고먹다.

走: 걸을, 걸어갈

走來走去: 왔다 갔다 하다, 이리저리 쏘다니다, 돌아다니다.

[成] 走街串巷(=串街走巷): 이 거리 저 골목을 돌아다님, 거리를 쏘다님

(8) 嚴父出孝子 嚴母出孝女

엄한 아버지가 효자를 길러내고 엄한 어머니가 효녀를 길러낸다.

| 字句 풀이 |

嚴: 엄할, 엄격할 → 訓子 篇 (5) 참조

出: 낳을, 출산할, 낳아 기를

何氏出者 二男一女: 하씨가 낳아 기른 자가 아들 둘 딸 하나다[韓愈(息國夫人墓志銘)].

皆陳大夫人所出也: 모두 진씨(陳氏) 대부인이 낳은 소생(所生)들이다(紀昀).

※ 大夫人: 남의 어머니의 높임말

---

(9) 憐兒多與棒 憎兒多與食

예쁜 아이는 매를 많이 주고 미운 아이는 밥을 많이 준다.

| 字句 풀이 |

憐: 사랑할, 귀여워할, 어여삐 여길

憐愛: 사랑하다, 귀여워하다, 어여삐 여기다. / 人皆憐幼子: 사람은 모두 어린아이를 귀여워한다. / 爺爺非常憐愛小孫子: 할아버지가 어린 손자를 무척이나 사랑한다.

兒: 아이, 아동, 어린이

兒歌: 동요(童謠) / 兒科醫生: 소아과 의사 / 兒時: 어린 시절 → 兒時夥伴: 어렸을 때 친구

與: 줄, 베풀 → 存心 篇 (6) 참조

棒: 막대기, 몽둥이

棒打: 몽둥이로 때리다, 매질하다. / ⑳ 棒頭出孝子: 매 끝에 효자 난다.

㊑ 棒打出孝子 嬌養忤逆兒: 매로 키우면 효자 되고 응석받이로 키우면 불효자 된다.

憎: 미워할, 싫어할 → 勤學 篇 (7) 참조

食(사): 밥

一簞食 一瓢飮: 한 대그릇의 밥과 한 표주박의 물[論語(雍也)] → 安貧樂道: 가난해도 편안한 마음으로 도(道)를 즐김 / 簞食壺漿: 대소쿠리의 밥과 단지의 국 → 백성들이 음식물을 마련하여 입성(入城)하

는 군대를 환영함[孟子(梁惠王下)]

| 俗談 |

愛子多與棒 憎子多與食: 예쁜 자식 매 더 때리고, 미운 자식 밥 많이 준다.

(10) 人皆愛珠玉 我愛子孫賢

사람들은 모두 주옥(珠玉)을 소중하게 여기지만 나는 자손이 현명해지는 것을 (더) 소중하게 여긴다.

| 字句 풀이 |

愛: 소중히 여길, 귀중하게 여길, 아낄 → 存心 篇 (18) 참조

珠: 구슬, 진주

珠簾(=珠箔): 구슬발 → 구슬을 꿰어 만든 발 / 珠汗: 구슬땀 / 珠淚: 구슬 같은 눈물

[成] 珠圓玉潤: 진주같이 둥글고 옥같이 매끄럽다. → 아름다운 노랫소리나 세련된 문장을 비유함

玉: 아름다운 돌(美石), 빛이 곱고 아름다워 보석으로 여기는 돌 → 勸學 篇 (3) 참조

珠玉: 진주와 玉, 보석, 아름답고 귀중한 것

珠玉 篇: 많은 작품 중에서 뛰어나게 훌륭한 작품 / [成] 字字珠玉: 한 마디 한 마디가 주옥같다.

事之以珠玉 不得免焉: 주옥으로 그들을 섬겨도 화를 면치 못하였다[孟子(梁惠王下)].

<省心 篇 (上)>

(1) 寶貨用之有盡 忠孝享之無窮

돈은 쓰다 보면 다 없어질 때가 있지만 충성하고 효도한 보람은 아무리 누려도 다함이 없다(景行錄).

※ 忠과 孝는 “정성껏 해 드리는 것”이지 “누리는 것”이 아니므로 “보람”이라는 말을 넣어서 意譯했다.

| 字句 풀이 |

寶: 돈, 화폐(貨幣), 전폐(錢幣)

通寶: 옛날 돈에 붙이던 명칭 / 開元通寶(=開通元寶): 중국 당나라 때 만든 엽전 / 三韓通寶: 고려 중엽에 (三韓重寶와 함께) 쓰던 엽전 / 常平通寶: 조선 때 만들어 썼던 엽전 / 鑄寶以金: 금으로 화폐를 주조했다(宋史).

貨: 돈, 화폐

金貨(=金錢, 金幣): 금돈 / 銀貨(=銀子, 銀錢): 은돈 / 銅貨(=銅錢, 銅貨弊): 구리돈 / 通貨: 한 나라 안에서 통하여 쓰는 돈 / 寶貨: 돈, 화폐 → 周景王과 (新王朝의) 王莽 때 동전의 이름으로 쓰였음[40]

用: 쓸, 사용할 → 存心 篇 (13) 참조

之: 文末에 쓰여 의미상 목적어 역할을 하는 어조사 → 正己 篇 (16), 勤學 篇 (8) 참조

盡: 다할, 다 쓸, 모두 사용할, (다) 없어질, 끝날

⑳ 苦盡甘來: 고생 끝에 낙이 온다. / ⑳ 興盡悲來: 기쁨이 다하면 슬픔이 온다.

兵少食盡: 병사도 적고 양식도 떨어지다(史記).

享: 받을, 향수(享受)할, 향유(享有)할, 누릴 → 어떤 좋은 점을 지니고 살면서 즐기다

㊞ 一人喫苦 萬人享福: 한 사람의 노고로 만인이 (행)복을 누린다.

⑳ 有福同享: 복이 있으면 함께 누려야 한다. / 共享勝利的歡樂: 승리의 기쁨을 함께 누리다.

窮: 다할, 다 없어질, 끝(장)날, 마칠, 궁진(窮盡)할, 막힐

⑳ 山窮水盡: 산길과 물길이 막바지까지 다다르다, 막다른 골목에 이르다.

⑳ 日暮途窮: 날은 저물고 갈 길이 끝장나다(막히다).

無窮: 끝(限)이 없음, 무한함, 다함이 없음

⑳ 無窮無盡(=無盡無窮): 한도 끝도 없다.

---

(2) 家和貧也好 不義富如何, 但存一子孝 何用子孫多

집안이 화목하면 가난해도 좋지만, 의리도 없으면서 부유하기만 하면 (그 집이) 어찌 되겠는가? 단지 자식이 하나라도 있어서 효도하면 (그것으로 됐지) 어찌 자손이 많아야 할 필요가 있겠는가?

| 字句 풀이 |

和: 화목할

---

40) 寶貨는 "보물"로 해석되지만, 보물은 돈처럼 직접 쓰거나 사용하는 것이 아니어서 用과 맞지 않아 이 글에서는 "돈" "화폐"의 뜻을 적용한다.

天時 地利 人和: 하늘이 내린 기회도 땅의 유리한 조건만 못하고 지리(地利)도 사람끼리의 화목함만 못하다[孟子(公孫丑下)]. / ⑳ 和而不同 同而不和: 화목하나 뇌동(雷同)하지 않고 뇌동(雷同)하나 화목할 줄 모른다. / ※ 雷同: (주관 없이) 부화뇌동하다.

也: ~(라) 해도, 그래도, 역시

我死也不能承認: 나는 죽어도 동의할 수 없다.

你去我也去 你不去我也去: 네가 가도 나는 가고, 가지 않아도 역시 나는 간다.

好: 좋을, 선량할, 훌륭할

⑳ 好事多魔: 좋은 일에 마가 든다. / 這歌很好聽: 이 노래는 매우 듣기 좋다. / 這個好 那個不好: 이것은 좋으나 저것은 좋지 않다.

不: 없을 → 存心 篇 (5) 참조

義: 의리, 정의(情誼) → 繼善 篇 (7) 참조

富: 부유할, 재산이 많을 → 順命 篇 (1), 存心 篇 (4) 참조

如何: 어찌하랴, 어떠(하)냐, 어떠한가 → 戒性 篇 (6) 참조

但: 단지, 다만, 오직 → 孝行 篇 (6) 참조

存: 있을, 존재할, 잔존(殘存)할

⑳ 名存實亡: 이름만 있고 내용이 없다, 유명무실하다.

⑳ 片瓦無存: 한 조각의 기왓장도 남아 있지 않다, 잿더미가 되다.

何用: (어찌)~할 필요가 있는가? → 그럴 필요가 없다는 뜻

對那種沒廉恥的人何用客氣: 그런 몰염치한 인간에게 겸손할 필요가 있는가?

我是常來的 何用這麽周旋呢: 저는 늘 오는 사람인데 이렇게 대접할 필요가 있습니까?

---

(3) 父不憂心因子孝 夫無煩惱是妻賢 言多語失皆因酒 義斷親疏只爲錢

아버지에게 근심이 없는 것은 아들이 효도하기 때문이고 남편에게 번뇌가 (걱정이) 없는 것은 아내가 현명하기 때문이다. (또한) 말이 많고 말을 실수하는 것은 모두 술 때문이며 의리가 단절되고 친한 사람이 멀어지는 것은 오직 돈 때문이다.

| 字句 풀이 |
不: 없을 → 存心 篇 (5), 省心 篇 (上) (2) 참조

憂心: 걱정(근심)하는 마음

㉙ 憂心如焚: 걱정(근심)으로 애가 타다.

未見君子 憂心忡忡: 군자를 보지 못해서 근심에 싸여 있다[詩(召南, 草蟲)]

因: 말미암을 → 어떤 현상이나 사물이 원인이나 이유가 됨 ※ 戒性 篇 (4) 참조

夫: 남편 → 戒性 篇 (5) 참조

煩: 걱정할, 번민할 → 勤學 篇 (7) 참조

惱: 고민할, 번민할, 괴로워할 → 勤學 篇 (7) 참조

煩惱: 걱정

似乎有甚麼煩惱: 무슨 걱정이 있는 것 같다.

是: ~때문일 → 어떠한 일의 원인

我肚子疼 是昨夜裏喫得太多了: 내 배가 아픈 것은 어젯밤에 너무 많이 먹었기 때문이다.

失: 실수할, 잘못할, 그르칠

君子不失口於人: 군자는 남에게 실언하지 않는다(禮記).

失手摔了一個碗: 실수로 공기(그릇) 하나를 떨어뜨려 깨졌다.

失手: 부주의로 잘못하다 또는 그 행위 / 失言: 부주의로 잘못 말하다 또는 그 잘못한 말

酒: 술 → 訓子 篇 (7) 참조

斷: 끊을, 자를, 절단할

斷交(=絶交): 교제를 끊다. / 斷緣: 인연을 끊다. / 二人同心 其利斷金: 두 사람의 마음을 하나로 합치면 그 날카로움은 쇠라도 끊는다(易經). → 斷金: 쇠도 끊을 만큼 우정이 깊다.

親: 친한 사람

國君不可以輕 輕則失親: 나라의 임금은 경솔할 수 없고 경솔하면 친한 사람을 잃는다(左傳).

疏: 소원할, 사이(관계)가 멀, 가깝지(친하지) 않을 → 戒性 篇 (6) 참조

只: 오직, 다만, 단지 → 戒性 篇 (4) 참조

爲: ~ 때문에, ~(으)로 인하여, ~까닭으로 → 正己 篇 (26) 참조

錢: 돈

㉙ 錢可使鬼: 돈이면 귀신도 부릴 수 있다.

---

(4) 旣取非常樂 須防不測憂

이미 특별난 쾌락을 누렸다면 모름지기 언제 닥칠지 모르는 우환(憂患)에 대비해야 한다.

| 字句 풀이 |

取: 취할, 가질, 받을, 얻을, 찾을, 구할

取利: 변리(이자)를 받다. / 取得: 가지다, 얻다, 획득하다. / 取火: 불씨를 얻다. / 取錢(=取款): (은행에서) 돈을 찾다. / 取行李: 수화물을 찾다. / 戚 取長補短: 장점을 취하여 단점을 보충하다.

常: 보통일, 범상(凡常)할, 평범할, 예사로울, 일상적일, 일반적일

後來者居上 這是常事: 후배가 선배를 앞서는 것은 흔히 있는 일이다.

尊老愛幼是人之常情: 노인을 존경하고 어린이를 사랑하는 것은 사람의 일반적인 인정이다.

非常: 예사롭지 않음, 특별(특수)함, 비정상적임, 심상치 않음

非常(的)人物: 비범한 인물 / 非常時: 위기에 처한 때 / 非常鐘: 위급한 일이 생겼을 때 울리려는 종(=비상벨)

樂: 쾌락, 기쁨, 즐거움

苦樂年華: 고락(괴로움과 즐거움)을 함께한 세월 / 戚 樂極生悲: 쾌락 끝에 슬픔이 생기다, 쾌락은 슬픔의 씨앗 / 回也不改其樂 賢哉: (누추한 골목에 살고 있어도) 안회는 그 즐거움이 변치 않으니 어질도다 [論語(雍也)]!

取樂: 쾌락을 찾아 즐김, 향락함, 향락을 누림, 즐거움을 찾음, 즐김

下棋取樂: 장기나 바둑을 두며 즐기다(재미있게 놀다). / 取樂今日 遑恤我後: 오늘날 (이렇게) 쾌락을 찾아 즐기면서 어찌 내 뒷일을 걱정할 수 있겠느냐[漢, 張衡(西京賦)]? / 舊社會裏有一部分人置姨太太取樂: (낡은) 구사회에서 일부분의 사람이 첩(妾)을 두어 향락을 누렸다.

須: 모름지기(마땅히) ~하여야 한다 → 繼善 篇 (4), 正己 篇 (19) 참조

防: 대비할, 방비(방지)할, 지킬

豫防勝于治療: 예방이 치료보다 낫다.

君子以思患而豫防之: 군자는 (편안할 때) 환란을 생각함으로써 미리 대비한다(易經).

測: 예측할, 추측할, 짐작할

變化莫測: 변화를 예측할 수 없다. / 戚 居心叵測: 저의를 헤아릴 수 없다. / 戚 事出不測: 일이 뜻밖에 터지다. / 戚 深不可測: 그 깊이를 헤아릴 수 없다. 깊이가 한량없다.

憂: 걱정거리, 재난, 우환[41)]

戚 內憂外患: (나라) 안팎의 걱정거리들 / 戚 無憂無愁: 우환도 없고 근심도 없다.

人無遠慮 必有近憂: 사람은 먼 앞일을 생각하지 않으면 반드시 재난이 가까이 있다.

---

41) 憂患: 질병과 걱정되는 일

(5) 得寵思辱 居安慮危

총애를 받을 때 욕됨을 당할 때를 생각하고 편안하게 지낼 때 위태한 때를 생각하라.

| 字句 풀이 |

寵: 총애, 사랑

得寵: 총애를 받다. ↔ 失寵: 총애를 잃다.

後宮得寵人爭附: 후궁이 총애를 받으니 사람들이 다투어 붙좇는다(唐, 秦韜玉).

思: 생각할, 고려할 → 正己 篇 (26), 勤學 篇 (1) 참조

辱: 욕될, 부끄럼 당할 → 安分 篇 (4) 참조

居: (~에) 있을, (어떤 위치에) 있을, (~에) 위치할, (~에) 처할

[成] 居高臨下: 높은 곳에서 (높은 곳에 자리하여) 아래를 내려다보다.

[成] 居中調停(=居中調解): 중간에서 분쟁을 조화시키어 그치게 하다.

連着三座房 他家居中: 연이은 세 채의 집 중에서 그의 집이 가운데에 있다.

慮: 생각할, 걱정(근심)할

慮患: 재앙을 미리 걱정하다. / 慮後: 뒷일을 염려하다.

[成] 深思熟慮(=深思熟考): 깊이 잘 생각하다.

危: 위험할, 위태할

危及生命: 생명이 위급하다. / [成] 危在旦夕: 위험이 조석(朝夕)에 달려 있다. / [成] 危如累卵: 계란을 쌓아 놓은 것처럼 위태하다. / [成] 居安慮危(=居安思危): 평화 시에 전시를 생각하고 대비하다. / 書曰 居安思危 思則有備 有備無患: 서경에 이르기를 "편안할 때 위기를 생각할지니 생각하면 준비가 있고 준비가 있으면 환란이 없다"라고 했다(左傳).

自古天子居危思安之心同 而居安慮危之心則異: 자고로 천자들이 위기에 있을 때 편안함을 생각하는 마음은 동일하나 편안한 상태에 있으면서 위기를 생각하는 마음은 같지 않다(新唐書).

(6) 榮輕辱淺 利重害深

영광이 가벼우면 수치도 가볍고 이익이 크면 손해도 많다.

| 字句 풀이 |

榮: 영광, 광영(光榮), 영예, 영화 → 辱의 對

榮辱, 영광과 치욕(수치) / 榮辱參半: 영욕이 반반(半半)이다. / 곙 榮辱與共: 영욕을 함께 하다. / 以助人爲榮: 남을 돕는 것을 영광으로 여기다.

輕: 가벼울, 경미할, 정도가 얕을

責任輕: 책임이 가볍다(경미하다). / 身輕如燕: 몸이 제비처럼 가볍다. / 油比水輕: 기름은 물보다 가볍다.

辱: 수치, 치욕, 모욕 → 榮의 對

受辱: 모욕을 당하다. / 不以爲辱: 수치로 여기지 않다. / 곙 奇恥大辱: 크나큰 수치

淺: 가벼울, 적을, 정도나 수준이 낮을

淺談: 가볍게 이야기하다. / 淺笑: 가볍게 웃다, 미소 짓다. / 곙 淺斟低唱: 가볍게 한 잔 마시고 나지막하게 노래를 읊조리다. / 곙 害人非淺(=害人不淺): 남에게 해를 입힌 것이 가볍지(적지) 않다.

利: 이로움, 이익, 이득

곙 見利思義: 이끗을 보면 도리에 합당한가를 생각하다.

곙 利弊得失: 이로움과 폐단과 얻음과 잃음(=곙 利害得失)

重: 클

重罪: 큰 죄 / 罪重: 죄가 크다. / 重金收買: 큰돈으로 사들이다. / 重金聘請: 거금으로 초빙하다. / 權重持難久: 권세가 크면 오래 유지하기 어렵다[白居易(凶宅詩)]. / 곙 禮輕情意重: 예물(선물)은 작지만 뜻은(호의는) 크다. / 辜負了父親的重望: 부친의 큰 기대를 저버리다.

곙 重賞之下 必有勇夫: 큰 상 밑에 반드시 용감한 사나이가 나온다.

害: (손)해

有害無益: 해만 있고 이익은 없다. ↔ 有益無害: 이익만 있고 손해는 없다.

害者利之反也: 害(손해)라는 것은 利(이익)의 반대다(韓非子).

深: 많을, 넉넉할, 충분할

咎深責淺: 허물은 많고 책망은 가볍다(蘇軾, 表). / 珍重主人心, 酒深情亦深: 주인의 인심이 고맙구나. 술도 충분하고 흥취(재미)도 많았으니(前蜀, 韋莊)….

---

(7) 甚愛必甚費 甚譽必甚毁, 甚喜必甚憂 甚藏必甚亡

지나치게 인색하면 반드시 크게 낭비할 일이 생기고 지나치게 칭송을 받으면 반드시 심한 비방이 뒤따르며 지나치게 기뻐하면 반드시 크게 근심하게 되고 과도하게 쌓아두면 반드시 크게 잃는 손재수(損財數)가 생긴다.

163

甚: 심할, 지나칠, 과도할 → 正己 篇 (10) 참조

⑱ 欺人太甚: 사람을 업신여김이 너무 지나치다.

旱旣太甚 滌滌山川: 가뭄이 이미 너무 심하여 산엔 초목이 없고 강엔 물이 말랐다[詩(大雅)].

愛: 인색할, 아까워할

百姓皆以王爲愛也: 백성들은 모두 임금을 인색하다고 생각했다[孟子(梁惠王上)]. / 賜也 爾愛其羊 我愛其禮: 사야, 너는 그 양을 아까워하지만 나는 그 예를 소중히 여긴다[論語(八佾)].

甚: 심히, 매우, 몹시, 아주, 대단히, 크게

進步甚快: 발전이 몹시 빠르다. / 不求甚解: 깊이 알려고 하지 않다. / 其言甚是: 그 말은 참으로 옳다.

費: 낭비할

白費寶貴的時間: 귀중한 시간을 헛되이 낭비하다.

君子惠而不費: 군자는 은혜를 베풀되 낭비하지 않는다[論語(堯曰)].

譽: 기릴, 칭찬할 → 正己 篇 (5) 참조

毀: 비방할, 헐뜯을, 중상할

惡言詆毀: 악담하며 헐뜯다. / 誰毀誰譽: 누구를 비방하고 누구를 칭찬하랴[論語(衛靈公)].

喜: 기뻐할, 즐거워할 → 正己 篇 (5) 참조

藏: 쌓아둘, 보관할, 저장할, 간직할, 간수할

藏儲: 비축하다. / 春耕 夏耘 秋收 冬藏: 봄엔 갈고 여름엔 김매고 가을엔 거두고 겨울엔 저장한다(荀子). / 我有斗酒 藏之久矣: 내겐 말술이 있는데 보관한 지가 오래되었지(蘇軾).

※ 藏 대신 臟 또는 臟 자를 쓰는 譯本들도 있으나, 此本은 老子의 道德經을 따른다.

亡: 잃을, 없어질

⑱ 亡羊補牢: 양 잃고 외양간 고치다.

⑱ 岐路亡羊: (양치기가) 갈림길에서 양을 잃다, 구도자(求道者)가 길을 잃다.

---

(8) 不觀高崖 何以知顚墜之患 不臨深泉 何以知沒溺之患 不 觀巨海 何以知風波之患

높은 절벽을 보지 않고 어떻게 굴러떨어지는 재난을 알겠으며, 깊은 연못에 가보지 않고 어떻게 물에 빠지는 재난을 알겠으며, 큰 바다를 보지 않고 어떻게 풍파로 인한 재난을 알겠느냐(孔子)?

| 字句 풀이 |

觀: (바라) 볼

走馬觀花: 말을 달리며 꽃을 보다. → 겉만 대충 보다. / 㪉 明若觀火: 불을 보듯 분명하다(뻔하다).

崖: 절벽, 낭떠러지, 벼랑

㪉 臨崖勒馬(=懸崖勒馬): 벼랑에 이르러서야 말고삐를 잡아채다.

海浪不停地拍打着崖岸: 파도가 쉬지 않고 벼랑을 치고 있다. / ※ 崖岸: 물가의 벼랑

何以: 어떻게, 무엇으로

何以教我: 무엇으로 나를 가르치겠는가? / 何以報之: 어떻게 갚을 것인가? / 何以爲生: 어떻게 살아가지?

顚: 넘어질, 거꾸러질, 쓰러질

顚而不扶 則將焉用彼相矣: (나라가) 넘어지는데도 붙들어 주지 못하면 장차 그 신하(재상)를 어디에 쓰겠는가[論語(季氏)]?

墜: 떨어질, 낙하(落下)할 → 戒性 篇 (8) 참조

顚墜: 굴러떨어지다.

患: 재난, 재앙

水患(=水災): 물난리 / 㪉 防患未然: 재난을 미연에 방지하다. / 㪉 有備無患: (사전에) 준비가 있으면 재난이 없다.

臨: 임할 → (어떤 곳에) 다다를(이를, 갈, 올) ※ 存心 篇 (8) 참조

臨淵羨魚 不如退而結網: 연못에 가서 고기를 보고 탐만 내는 것은 돌아와 그물을 엮는 것만 못하다(漢書). → 실천이 중요하다.

深: 깊을 → 孝行 篇 (1) 참조

泉: (연)못

投魚深泉放飛鳥: 물고기는 깊은 못에 던져 넣고 나는 새는 놓아준다(晉書).

魚鼈歸其泉 鳥歸其林: 물고기는 제 연못으로 돌아가고 새들은 제 숲으로 찾아든다(逸周書).

※ 唐代에 高祖의 이름인 淵을 諱하여 연못(淵)을 泉으로 썼었다. 그래서 泉을 "연못"으로 해석해야 하며 譯本에 따라 泉 대신 淵을 쓰기도 한다.

沒: 물에 잠길, 빠질, 침몰할

沒膝: 무릎까지 빠지다. / 沒頂: 정수리까지 물에 잠기다. / 淺地方沒腰: 얕은 곳은 허리까지 빠진다.

溺: (물에) 빠질

溺死(=溺水而亡): 물에 빠져 죽다. / 溺水: 물에 빠지다. / 嫂溺不援 是豺狼也: 형수가 물에 빠졌는데도 구해 주지 않으면 이는 승냥이와 이리다[孟子(離婁上)].

沒溺: 물에 빠지다

沒溺死者太半: 물에 빠져 죽은 자가 태반이었다(後漢書).

巨: 클, 거대할

巨鯨: 큰 고래 / 巨口細鱗: 큰 입과 잔 비늘 → 농어(鱸)의 雅稱 / 巨艦: 큰 군함

吾必以仲子爲巨擘焉: 내 반드시 중자를 엄지손가락으로(첫째로) 여기겠다[孟子(滕文公下)].

海: 바다 → 存心 篇 (4) 참조

風: 바람 → 順命 篇 (4), 正己 篇 (14) 참조

波: 물결, 파도

波瀾: 작은 물결과 큰 물결 → 순탄치 않은 크고 작은 일들 / 風波: 바람과 파도 → 파란곡절(波瀾曲折)
과 크고 작은 다툼 / 波瀾萬丈(=波瀾重疊): 물결의 기복이 심한 것처럼 일의 과정도 변화가 많다. / 平
地(起)風波: 평지에 풍파가 일다. → 날벼락이 떨어지다. / 引起一場風波: 한바탕 풍파를 일으키다.

| 出典 |

孔子家語, 困誓 篇

---

(9) 欲知未來 先察已然

장래의 일을 알고자 하면 먼저 지나간 일을 살펴야 한다.

| 字句 풀이 |

欲: 하고자 할, 바랄, 원할, 희망할 → 孝行 篇 (1), 正己 篇 (19) 참조

未來: 아직 오지 않은 때, 장래

未來事: 앞으로 닥쳐올 일 ↔ 過去事 / 未來記: 장래의 일을 예언한 기록 / 美好的未來: 아름다운(행복
한) 미래 / 展望未來: 장래를 내다보다.

先: (시간이나 순서상의) 먼저, 우선, 미리, 앞서 → 正己 篇 (19) 참조

察: 살필, 조사할 → 正己 篇 (15), 正己 篇 (26) 참조

然: 이루어질, 그렇게 될

已然: 이미 이루어진 사실(已往之事) ↔ 將然: 앞으로 일어날 일(未來之事) / 我不以爲其然: 나는 그
것이 이루어진다고 생각하지 않는다. / ㊂ 知其然 不知其所以然: 그것이 그렇게 된 줄은 알지만 그렇게
된 까닭은 알지 못한다. / 凡人之智 能見已然 不能見將然: 범인의 지혜로는 이미 이루어진 일은 알 수
있지만 앞으로 일어날 일은 알 수 없다(漢書).

※ "然" 字는 譯本에 따라 "往" 字로 쓰기도 한다.

(10) 明鏡所以察形 往者所以知今

맑은 거울은 얼굴을 살펴볼 수 있게 하고 지난 일은 오늘(의 일)을 알 수 있게 한다(孔子).

| 類似한 글 |

明鑑所以照形 往事所以知今: 맑은 거울은 얼굴을 비추어 볼 수 있게 하고 지난 일은 오늘(의 일)을 알 수 있게 한다(新唐書).

| 字句 풀이 |

明: 맑고 깨끗할

義及國而政明: 바른 도리가 나라에 골고루 미치면 정사가 맑고 깨끗해진다(荀子).

鏡: 거울

㊀ 鏡花水月: 거울에 비치는 꽃과 물에 비치는 달 → 詩文의 오묘한 표현

明鏡: 맑은 거울

㊀ 明鏡止水: 맑은 거울과 고요한 물 → 맑고 깨끗한 마음의 비유

湖水淸澈 猶如明鏡: 호수 물이 깨끗하여 맑은 거울과 같다.

所以: ~할 수 있을

愛以身治天下 所以託天下: 목숨을 건 애정으로 천하를 다스린다면 천하를 맡길 수 있다[文子(上仁)].
/ 人倫雖難 所以相齒: 인륜이 비록 어려워도 (일정한) 기준에 따라 位次를 배열할 수 있다[莊子(知北遊)]. / ※ "所以"가 "可以"로 된 譯本도 있는데 "可以"의 뜻도 "~할 수 있다"로 "所以"와 같다.

形: 면모(面貌), 容色(낯빛)

望遠者察其貌而不察其形: 먼 데서 보면 전체 모습을 살필 수 있지만, 얼굴은 살필 수 없다(穀梁傳).

往: 옛, 과거(의), 예전(의), 옛날(의), 이전(의), 지나간

往迹: 지난 일 / 往古: 옛날, 옛적 / 回憶往事: 지난(예전) 일을 회상하다.

一切都已成了往迹: 모두가 이미 지난 일이 되었다.

者: 동사나 형용사 뒤에 쓰이어 그러한 속성을 가졌거나 동작을 하는 사물을 가리키는 말로서 "것"으로 해석한다. → 勤學 篇 (6) 참조

往者: 과거의(지나간) 일

往者可知 來者不可知: 지난 일은 알 수 있지만, 장래의 일은 알 수 없다. / ※ 往者를 往古로 대신한 譯本도 있다. / 往者不可諫 來者猶可追: 지난 일은 간하여 고칠 수 없으나 앞으로의 일은 아직도 만회할 수 있다[論語(微子)].

今: 지금, 이제, 오늘, 현재 → 勤學 篇 (5) 참조

| 出典 |

說苑(尊賢 篇)

---

(11) 過去事 明如鏡 未來事 暗似漆

지난날의 일은 밝기가 거울과 같고 장래의 일은 어둡기가 칠흑과 같다.

| 字句 풀이 |

過: (시간이) 경과할, 지날, (날이) 갈 → 正己 篇 (26), 存心 篇 (13) 참조

去: 과거, 지나간 세월

去來今: 과거 미래 현재 → 불교 용어로 원각경(圓覺經)에 나옴

過去: 지난날, 지나간 때

回顧過去: 과거를 회고하다(돌이켜보다). / 過去的事不用再提了: 과거의 일은 다시 거론할 필요가 없다.

明: 밝을, 환할

在天者莫明於日月: 하늘에 있는 것으로 해와 달보다 더 밝은 것은 없다[荀子(天論)].

月明星稀 烏鵲南飛: 달은 밝고 별은 듬성듬성한데 까막까치는 남쪽으로 날으네[曹操(短歌行)].

暗: 어두울 → 天命 篇 (3) 참조

似: 같을, 마치~과(와) 같을 → 存心 篇 (8) 참조

漆: (옻)칠, 漆汁(옻나무의 津) → 塗料(니스, 페인트, 래커 등)의 총칭

油漆: 페인트 / 淸漆(=洋漆): 니스 / 眞漆: 래커(Lacquer) / 漆黑: (옻)칠과 같이 검다 → (轉義하여) 어둡다, 깜깜하다. / 漆黑的夜: 칠흑같이 어두운 밤 / 漆黑的頭髮: 칠흑같이 검은 머리 / 夜漆黑不見五指: 밤이 칠흑같이 어두워 다섯 손가락도 보이지 않는다.

---

(12) 明朝之事 薄暮不可必, 薄暮之事 晡時不可必

내일 아침 일을 (오늘) 저녁 무렵에 단정(斷定)할 수 없고 저녁 무렵의 일을 늦은 오후(申時)에 장담(壯談)할 수 없다(景行錄).

| 字句 풀이 |

明: 내일의, 내년의, 다음(날짜와 햇수에 씀)

明日: 내일, 다음 날 / 明年: 내년, 다음 해 / 明晩: 내일 밤 / 明春: 내년 봄 / 明早: 내일 아침

薄: 가까워질, 근접할, 바싹 다가갈, 박두할, 접근할

日薄西山: 해가 서산으로 기울다. / 肉薄戰: 바싹 맞닿아서 치고받는 싸움

暮: 저녁때, 해 질 녘

暮景: 해 질 무렵의 정경(情景) / 暮色: 날이 저물 때의 어스레한 빛, 저녁 무렵의 경치

薄暮: 저녁 무렵, 땅거미가 질 무렵, 해 질 녘, 황혼, 어두워질 무렵

天剛薄暮 大風就颳起來了: 날이 막 어두워지자 큰바람이 불기 시작했다.

必: 기필(期必)할, 단정(斷定)할, 보장할, 보증할

深念遠慮兮勝乃可必: 깊은 생각으로 (먼) 앞일을 염려하면 승리는 비로소 보장할 수 있다(馬融). / 無參驗而必之者 愚也: 검증해 보지도 않고 단정하는 자는 어리석다(韓非子).

晡: 申時 → 오후 3시에서 5시까지의 시간

日晡: 늦은 오후, 해 질 무렵

時: 시간, 시각

按時出勤(=按時上班): 제시간에 출근하다. / 時不再來: 한번 간 시간은 다시 오지 않는다.

---

(13) 天有不測風雨 人有朝夕禍福

하늘에는 예측할 수 없는 비바람이 있고, 사람에게는 어느 순간에 닥칠지 모를 禍와 福이 있다.

| 중국인들의 원문과 해설 |

원문: 天有不測之風雲 人有旦夕之禍福

해설 1

天上有不可預測的風雲 人間有旦夕之禍福: 하늘에는 예측할 수 없는 바람과 구름이 있고 사람에게는 언제 닥칠는지 모를 화와 복이 있다.

해설 2

天氣有預想不到的的變化 人有突然降臨的災禍和福氣: 날씨에는 예상치 못할 변화가 있고 사람에게는 갑자기 닥치는 재앙과 행운이 있다.

| 字句 풀이 |

測: 예측할, 추측할, 짐작할 → 性心 篇 (上) (4) 참조

雨: 비

祈雨祭: 비 오기를 비는 제사 / ㉙ 雨後竹筍: 비 온 뒤에 솟는 죽순 → 어떤 일이 한때 많이 일어남 / 下了一場大雨: 큰비가 한바탕 내렸다.

風雨: 비바람 → 시련, 고난, 고통

㉙ 經風雨 見世面: 고난을 겪으면서 세상을 알다.

㉙ 雨同舟(=同舟風雨): 비바람 속에 동주(同舟)하다. → 고난을 함께 겪다.

夕: 저녁

夕霞: 저녁놀 / 夕飯(=夕餐): 저녁밥 / 旦夕之危: 코앞의 위기 / 命在旦夕: 목숨이 경각에 달리다. / 夕煙裊裊: 저녁 연기가 모락모락 피어오르다. / 夕陽西下: 저녁 해가 서쪽으로 지다.

㉙ 朝夕不保(=不保朝夕): 순간의 일도 보장할 수 없다. / ㉙ 只爭朝夕(=只爭旦夕): 촌각을(분초를) 다투다.

朝夕(=旦夕): 아침저녁 → "늘" "날마다" "짧은 시간" "순간" 등으로 **轉義**되는데, 이 글에서는 "순간"의 뜻을 적용한다.

禍福: 화와 복

㉙ 禍福由己: 화와 복은 자기가 할 탓이다. / ㉙ 禍福倚伏: 화와 복은 서로 인연이 된다(서로 맞물려 있다).

㉙ 朝夕(=旦夕)禍福: 재난이나 행운은 언제든지(不時에) 찾아올 수 있다[42].

(14) 未歸三尺土 難保百年身, 已歸三尺土 難保百年墳

(사람이) 무덤으로 돌아가기 전에는 백 살이 되기까지 몸을 보전하기 어렵고, 이미 땅에 묻힌 뒤에는 백 년 동안 (그) 무덤을 보전하기 어렵다.

| 字句 풀이 |

未: 아직~하지 않을, 아직 ~이 아닐

未雨綢繆: 아직 비가 오기 전에 미리 (창문을) 손질하다(=有備無患)[43].

㉙ 未老先衰: 아직 늙기도 전에 늙는다, 겉늙다, 조로(早老)하다.

歸: 돌아갈

---

42) (株)敎學社編 現代 中韓辭典의 풀이임

43) 詩(豳風鴟鴞) → 孟子(公孫丑上)

[成] 歸心似箭: 돌아갈 생각이 간절하다.

歸天: 넋이 하늘로 돌아가다, 죽다. → 천상병(千祥炳) 시인의 시제(詩題)

尺: (길이의 단위) 자, 척

尺寸: 한 자(와) 한 치 → 적고 사소한 것 / 尺寸之功: 하찮은 공로 / 無尺寸之地: 손바닥만 한 땅도 없다.

土: 흙 → 正己 篇 (25) 참조

三尺土: 석 자 높이의 흙더미 곧 무덤[44]

保: 보전할, 보존할, 유지할 → 正己 篇 (8) 참조

身: 몸, 신체 → 正己 篇 (7), 正己 篇 (26) 참조

墳: 무덤, 묘지

新羅古墳: 신라의 옛 무덤 / 墳墓之地: 조상의 무덤이 있는 땅

[諺] 墳地好不如心地好: 묘지가 좋은 것보다 마음씨가 좋은 것이 낫다.

---

(15) 木有所養 則根本固而枝葉茂 棟樑之材成 水有所養 則泉源壯而流派長 灌漑之利博 人有所養 則志氣大而識見明 忠義之士出, 可不養哉

나무는 다소 잘 가꾸면 뿌리와 줄기가 튼튼하고 가지와 잎이 무성하여 마룻대와 대들보로 쓸 재목을 이루고, 물은 다소 잘 관리하면 수원(水源)이 가득 차고 물줄기가 길게 뻗어내려 물 대기의 혜택이 풍족해진다. (이처럼) 사람도 잘 기르면 포부(抱負)가 크고 식견이 밝아져 (마침내) 충성스럽고 정의로운 지사(志士)가 나올 것이다. (그러니) 나무를 가꾸는 일이나 물을 관리하는 일이나 사람을 기르는 일을 어찌 잘 하지 않을 것인가(景行錄)?

| 字句 풀이 |

木: 나무 → 正己 篇 (25) 참조

有所: 다소(어느 정도, 좀) ~하다, ~(는) 바가 있다, ~가 있다 → 뒤에는 동사나 형용사가 온다.

有所改善: 어느 정도 개선되었다. / 有所提高: 다소 향상되었다. / 有所不同: 좀 다르다. 어딘가 다르다. / 有所展前: 다소 진전이 있다. / [成] 有所恃而不恐: 다소 믿는 데가 있어 두려워하지 않는다. / 銷售價有所降低: 판매 가격이 다소 내렸다.

---

44) 檀國大學校編 大韓漢辭典의 해석

養: (초목을) 가꿀, 기를, 재배할

養花: 꽃을 가꾸다(기르다, 재배하다). / 養花雨: (이른 봄) 꽃필 무렵에 내리는 비

根: 뿌리

草根: 풀뿌리 / [成] 根深葉茂: 뿌리가 깊으면 잎이 무성하다.

本: (초목의) 줄기

枝大於本: 가지가 줄기보다 크다(史記). → 신하의 세력이 군주보다 크다.

枝大本必披: 가지가 줄기보다 크면 반드시 찢어진다.

固: 튼튼할, 견고할

[成] 本固枝榮: 줄기가 튼튼하면 가지도 무성하다.

[成] 固若金湯: 금성탕지(金城湯池)처럼 견고하다(=難攻不落).

枝: (초목의) 가지

柳枝: 버드나무 가지 / 嫩枝: 어린(연한) 가지 / 枝梢: 가지의 끝 줄기(우듬지) / 枯枝敗葉: 마른 나뭇가지와 시든 잎

葉: 잎

[成] 一葉知秋: 오동잎 하나 떨어지는 것을 보고 가을이 온 것을 안다.

[成] 葉落歸根: 잎은 떨어져 뿌리로 돌아간다. 모든 사물은 근본으로 돌아간다.

茂: 무성할, 우거질, 울창할

茂林修竹: 울창한 숲에 높이 솟은 대나무 / [成] 枝繁葉茂(=枝葉繁茂): 가지와 잎이 무성하다.

棟: 마룻대

[成] 棟折榱崩: 마룻대가 부러지고 서까래가 무너지다. → 나라가 망하다(左傳).

樑(=梁): (대)들보

棟樑: 마룻대와 대들보 / 上樑: 들보를 올리다. → 上樑式: 상량 때 베푸는 예식 / 棟樑之臣: 나라의 중임을 맡을 만한 신하 / 棟樑之材: 집안이나 나라의 중임을 맡을 만한 인재 / [成] 樑上君子: 들보 위에 숨어 있는 사람 → 도둑의 별칭

材: 재목, 목재

良材: 좋은 목재, 훌륭한 인재 / 材樹: 목재가 될 만한 나무 / 這棵樹不成材: 이 나무는 재목이 될 수 없다.

成: ~(이)가 될, ~(으)로 될 → 戒性 篇 (3), 戒性 篇 (4), 勤學 篇 (3) 참조

水: 물 → 孝行 篇 (6) 참조

養: 관리할, 보수(유지)할

養路: 도로(철도)를 보수(수리, 유지, 정비)하다, 선로(線路)를 관리하다. / 養路工作: 보선 공사 / 養路費: 도로(철도) 관리비(유지비) / 養路處: 보선 사무소

泉: (강이나 호수 및 바다의) 물

魚鱉歸其泉 鳥歸其林: 물고기는 제 강물로 돌아가고 새는 제 숲으로 날아든다(逸周書).

源: 발원지, 수원(水源), 원천(源泉)

木有本 水有源: 나무는 뿌리가 있고 물은 수원(水源)이 있다. / 源淸則流淸 源濁則流濁: 윗물이 맑으면 아랫물이 맑고 윗물이 흐리면 아랫물이 흐리다[荀子(君道)].

泉源: 물의 근원

泉源在左 淇水在右: 수원(水源)은 왼편에 있고 기수(淇水)는 오른편에 있다[詩(衛風)].

※ 淇水: 江 이름

壯: 가득 차게 될, 충만해질, 충만하게 할

這屉饅頭剛壯了汽的: 이 찜통의 만두는 이제 막 김이 가득 차기 시작했다.

壯滿了煤 上足了水 單等開車了: 석탄을 가득 차게 싣고 물도 충분히 넣어 발차만 기다릴 뿐이다.

流: 흐름, 물길, 수도(水道), 수로(水路)

流域: 물길의 언저리 → 例 漢江流域 / 從流下而忘反 謂之流: (물의) 흐름에 따라 (주견 없이) 아래로 (나쁜 쪽으로) 가다가 돌이킬 것을 잊으면 이것을 流(방탕함)라고 한다[孟子(梁惠王下)].

派: 강의 지류(支流)

流派: 물길의 지류 / 長江九派: 양자강의 아홉 개 지류(支流)

長: (공간적으로)길, (거리가) 멀

道阻且長: 길이 험하고 또 멀다[詩(秦風)]. / 流長則難竭 柢深則難朽: 물길이 길면 (물이) 마르지 않고 뿌리가 깊으면 썩지 않는다[張衡(西京賦)].

灌: 물을 댈, 관개할

引水灌田: 물을 끌어들여 밭에 대다.

漑: 물을 댈, 관개할

引漳水漑鄴: 장(漳)강의 물을 끌어 업(鄴)성에 대다(史記).

灌漑: (논밭에) 물 대기

灌漑渠: 관개 수로, 농업용 수로(水路) / 灌漑網: 물 대기 체계 / 灌漑農業: 물 대기로 하는 농업 / 灌漑地: 물 대기 하는 땅

利: 이로움, 이익, 이득 → 省心 篇 (上) (6) 참조

博: 많을, 중다(衆多)할, 풍부할

載籍極博: 책(典籍)이 심히 많았다(史記). / 中國地大物博: 중국은 땅이 넓고 물산이 풍부하다.

養: 기를, 키울, 양육할

養身父母: 키운 양부모 ↔ 生身父母: 낳은 친부모

撫養子女是父母的責任: 자녀를 정성껏 기르는 것은 부모의 책임이다.

志氣: 기개(氣槪), 義氣(의로운 기개), 포부, 패기

志氣昂揚: 패기가 넘친다. / 人小志氣大: 몸은 작아도 포부는 크다. / 目欲視色 耳欲聽聲 口欲察味 志氣欲盈: 눈은 얼굴을 보려 하고 귀는 소리를 들으려 하고 입은 맛을 보려 하고 의기(義氣)는 가득 차고자 한다(莊子).

識: 식견 → 正己 篇 (26) 참조

見: 생각, 견해, 의견, 식견 → 存心 篇 (19) 참조

明: 밝을, 환할 → 省心 篇 (上) (11) 참조

忠: 충성할, 충성을 다할 → 存心 篇 (18) 참조

義: 의로울, 옳을

春秋無義戰: 춘추 시대에 정의로운 전쟁은 없었다[孟子(盡心下)].

不義而富且貴 於我如浮雲: 의롭지 못하고서 부하고 귀함은 나에게는 뜬구름과 같다[論語(述而)].

士: (나라를 위하여 절의를 지키는) 사람(=愛國志士, 義士, 烈士)

出: (생겨)날, 산출(産出)할, 발생할

出漁: 고기가 난다. / 這裏出米: 여기서는 쌀이 난다. / 到處出煤: 도처에서 석탄이 나온다. / 是中國出的: 중국에서 나는 것입니다. → 중국산입니다.

我們部隊出過不少戰鬪英雄: 우리 부대에서는 적지 않은 전쟁 영웅이 나왔다.

可: 어찌, 어떻게(何와 통용)

若莫聞莫見 則鬼神可謂有乎: 네가 듣지도 보지도 못하고서 어떻게 귀신이 있다고 말하느냐[墨者(明鬼下)]?

哉: 의문이나 반문을 나타냄

何足道哉: 어찌 말할 만한 가치가 있겠는가?

燕雀安知鴻鵠之志哉: 연작이 어찌 홍곡의 뜻을 알랴(史記)? → 소인(小人)은 대인(大人)의 뜻을 모른다. / ※ 燕雀: 제비와 참새(작은 새) ↔ 鴻鵠: 큰 기러기와 고니(큰 새)

---

(16) 自信者人亦信之 吳越皆兄弟 自疑者人亦疑之 身外皆敵國

자기 스스로를 믿는 사람은 남도 역시 그를 믿어주어서 오월(吳越) 같은 원수 사이도 모두 형제가 되고 자기 자신을 믿지 않는 사람은 남도 그를 의심하여서 자기 이외에는 모두 원수(敵)가 된다.

| 類似한 글 |

自疑不信人 自信不疑人: 자신을 의심하면 남도 믿지 못하고 자기를 믿으면 남도 의심하지 않는다(素書).

| 字句 풀이 |

信: 믿을, 신용할, 신임할 → 孝行 篇 (6) 참조

人: 남, 타인, 다른 사람 → 繼善 篇 (8) 참조

之: 그것, 그(사람) → 繼善 篇(1) 참조

吳越: (춘추시대) 吳나라와 越나라 → "원수 사이" "적대 관계"를 의미

㊌ 吳越同舟: 오나라 사람과 월나라 사람이 한배에 타다. → 원수끼리 같은 자리(처지)에 있다.

夫吳人與越人相惡也 當其同舟而濟 遇風 其相救也 如左右手: 무릇 오나라 사람과 월나라 사람들은 서로 미워하는데 언젠가는 그들이 같은 배를 타고 강을 건너다가 풍랑을 만나자 서로 구조해 주는 모양이 마치 왼손과 오른손이 움직이는 것 같았다(孫子).

疑: 의심할, 믿지 아니할

頓起疑心: 갑자기 의심이 일다. / 解開疑點: 의문점이 풀리다.

㊌ 半信半疑(=疑信參半): 얼마쯤은 믿으면서도 한편 의심하다.

外: 밖, 바깥 → 訓子 篇 (5) 참조

敵國: 원수, 적(敵)[45]

敵國通舟: 한배를 탄 사람이 모두 적이 되다(淸, 黃遵憲). → 같은 무리가 배반하고 친한 사람이 떠나는 일을 비유함 / ※ 중국인들도 敵國을 "敵人"으로 번역했는데 敵人의 뜻은 "원수" 또는 "敵"이다.

---

(17) 疑人莫用 用人勿疑

의심스러운 사람은 쓰지 말고 (일단) 쓴 사람은 의심하지 말라.
※ 이 글은 중국의 속담이며 莫과 勿 대신 不을 쓰기도 한다.

| 字句 풀이 |

莫: (~하지) 말 → 금하는 말 ※ 繼善 篇 (4), 存心 篇 (14) 참조

用: 기용할, 등용할, 임용할, 채용할

用人之道: 사람을 쓰는 방법(도리)

善于用人: 사람을 적재적소에 잘 쓰다. ↔ 用人不當(=用人失當): 적재적소에 쓸 줄 모르다.

察之 見賢焉 然後用之: 그를 살펴보아 어질다는 것을 발견한 후에 등용한다[孟子(梁惠王下)].

---

45) 檀國大學校編 大韓漢辭典의 해설

勿: (~하지) 말 → 금하는 말 ※ 繼善 篇 (2), 正己 篇 (3) 참조

---

(18) 水底魚天邊雁 高可射兮低可釣 惟有人心咫尺間 咫尺人心不可料

물속의 고기와 먼 하늘의 기러기는 높은 데 있으면 쏘아서 잡고, 깊은 데 있으면 낚아서 잡을 수 있으나 오직 사람의 마음은 (불과) 지척 간에 있어도 그 지척 간에 있는 사람의 마음을 헤아릴 수가 없다(諷諫).

| 字句 풀이 |

底: 밑, 바닥, 속

㉕ 井底之蛙: 우물 안 개구리 → 견문(소견)이 좁은 사람

㉕ 海底撈針: 바닷속에서 바늘을 건져 올리다. → 불가능한 일(=海底植物)

魚: 물고기

㉕ 魚魯不辨: 魚 자와 魯 자를 분간하지 못하다. → 무식하다.

㉕ 魚游釜中: 물고기가 솥 안에서 헤엄치다. → 죽음이 닥친 줄 모르는 인간에 비유

邊: 가, 가장자리 → 戒性 篇 (4) 참조

天邊: 하늘가, 하늘 끝, 하늘 저편 → 아득히 먼 곳, 천애(天涯), 천제(天際)

就是天邊我也敢去: 비록 하늘 끝이라고 해도 나는 감히 가겠다. / ㉓ 遠在天邊 近在眼前: 멀리는 아득히 먼 곳에 있고 가까이는 코앞에 있다. → 찾는 것이 뜻밖에도 바로 곁에 있다.

雁: 기러기

㉓ 雁過留聲 人過留名: 기러기는 날아가면서 소리를 남기고 사람은 죽으면 이름을 남긴다. / 雁行: 형제 → 형제가 함께 갈 때 기러기가 날아가는 것처럼 아우는 형의 뒤에 조금 떨어져서 가야 한다는 데서 유래함

高: 높을 → 天命 篇 (2) 참조

射: (활 총 따위를) 쏠, 사격할, 발사할

射穿: 쏘아서 꿰뚫다, 관통하다. / 弋不射宿: 주살질은 하되 잠자는 새를 쏘지는 않는다[論語(述而)].

兮: 句의 중간이나 끝에 놓여 語氣를 일시 멈추었다가 다시 일으키는 데 쓰인다.

風蕭蕭兮易水寒 壯士一去不復返: 바람은 쓸쓸히 불고 역수는 차가운데 대장부 한 번 가면 다시 돌아오지 않으리(史記). / 大風起兮雲飛揚: 큰바람이 일고 구름이 흩날리네[劉邦(大風歌)].

低: (높이가) 낮을, 高의 對

低空: (땅에 가깝게) 낮은 공중 → 低空飛行 / 低潮: 가장 낮은 밀물(干潮) ↔ 高潮: 가장 높은 밀물(滿

潮) / 地面低濕: 지면이 낮고 축축하다. / 烏雲低垂: 검은 구름이 낮게 드리웠다.

釣: 낚을, 낚시(질)할

釣魚: 고기를 낚다, 낚시질하다. / 釣竿: 낚싯대 / 釣餌: 낚싯밥, 미끼

子釣而不綱: 공자께서는 낚시질은 하시되 그물질은 하지 않으셨다[論語(述而)].

惟: 오직, 오로지, 다만, 단지, 唯와 통용 → 正己 篇 (20), 勤學 篇 (6) 참조

有: 있을 → 繼善 篇 (5) 참조

咫: 여덟 치(八寸) → 比喩近或短: 가깝거나 짧음의 비유

咫聞: 가까이서 듣다. / 咫步: 가까운 행보나 거리 / 咫見: 짧은 식견

尺: 자, 척 → 省心 篇 (上) (14) 참조

咫尺之地: ① 협소한 땅 ② 가까운 곳 / 咫尺: 여덟 치와 한 자 → 거리가 가깝거나 사물이 협소함 / 咫尺不辨(=不辨咫尺): (어두워서) 한 치 앞도 분간하지 못하다. / ⑲ 咫尺千里(=咫尺天涯): ① 가까운데도 천 리나 멀게 느껴지다. ② 가까운데도 천 리나 먼 것처럼 만나기 어렵다.

間: 사이, 중간, 가운데

兩地之間: 두 곳 사이 / 彼此之間(=彼此間): 서로의 사이

料: 헤아릴, 짐작할, 추측할, 예측할

料度(=忖度): 미루어 헤아리다. / 不料: 뜻밖에(도) / ⑲ 料事如神: 일을 귀신같이 알아맞히다.

| 參考 |

諷諫: 어느 때 누구의 諷諫인지는 一切未詳이나 그 字句의 뜻은 다음과 같다. / 諷: 풍자할(남의 결점을 빗대어 찌름), 비유로 일깨워 줄, 변죽 울릴, 다른 사물에 가탁하여 말할, 넌지시 비출, 비꼴, 빈정댈 / ⑲ 借古諷今: 옛것을 빌어 현실을 풍자하다. / 諫: 간(언)할 → 임금이나 윗사람에게 충고함 / 諫疏: 간하는 상소 / 諫臣: 임금에게 옳은 말로 간하는 신하 ↔ 奸臣(=姦臣): 간사한 신하 / 諷諫: (임금이나 윗사람에게) 넌지시(완곡하게) 비유로 諫하다. / 以談笑諷諫: 웃고 이야기하면서 넌지시 간하다(史記).

---

(19) 畵虎畵皮難畵骨 知人知面不知心

호랑이를 그리되 겉모양은 그릴 수 있으나 뼈는 그릴 수 없고 사람을 알되 얼굴은 알 수 있으나 그 마음은 알 수 없다.

| 字句 풀이 |

畵: (그림을) 그릴

[成] 畫龍點睛: 용을 다 그리고 눈동자를 찍다. → 무슨 일을 다 하고 끝으로 가장 요긴한 부분을 마무리하다. / [成] 畫蛇添足: 뱀을 그리면서 발을 그려 넣다. → 사족(蛇足)과 같으며 쓸데없는 짓을 하여 일을 그르친다.

虎: 범, 호랑이

[成] 虎視眈眈: 범이 (먹이를) 노려보면서 (기회를) 살피고 있다.

[成] 騎虎之勢: 호랑이를 타고 달리는 형세 → 이미 시작한 일을 중도에 그만둘 수 없는 형편

皮: 겉, 표면, 외면

地皮: 지면 / 水皮兒: 수면 / 皮相: 겉, 겉모양 / 皮相的: 겉으로 보이는 현상에만 관계하는 / 皮毛: (짐승의) 털가죽, 모피, 겉모습, 겉모양, 외모 / 皮相的觀察: 겉으로 드러난 것만 본 관찰

※ 중국인들은 皮를 皮毛 또는 皮相으로 번역하는데 이들은 모두 "겉모양"이라는 뜻이다.

難: 할 수 없을[46]

衆怒難犯 專欲難成: 대중의 분노는 건드릴 수 없고 私慾에 몰두하면 성공할 수 없다(左傳).

骨: 뼈

肋骨: 갈비뼈 / 脊骨: 등뼈 / 腕骨: 손목뼈 / 骨立: 야위어서 뼈가 앙상하다.

骨肉: 뼈와 살 → 骨肉之親: 부모, 형제, 자매 등 혈육의 준말 / 面: 낯, 얼굴 → 存心 篇 (11) 참조

| 俗談 |

十丈水深可知 一丈人心難知: 열 길 물속은 알아도 한 길 사람 속은 모른다.

(20) 對面共話 心隔千山

얼굴을 마주하고 함께 대화를 나누면서도 마음은 千山(수많은 산)이 가로막은 것처럼 멀기만 하다.

| 字句 풀이 |

對: 마주할, 마주 대할(향할), 상대(相對)할

對話: 마주 대하여 주고받는 이야기 / 面對現實: 현실을 직시하다(마주 보다). / 兩軍對壘: 양쪽 군대가 대치하다.

對面: 얼굴을 마주 대하다, 맞대면하다

對面危機: 위기에 직면하다. / [成] 對面不相逢(=對面不相識): (서로의 마음을 모르면) 마주 보고 있어

46) 檀國大學校編 大韓漢辭典의 字解

도 서로 모르는 사람과 같다.

共: 함께, 같이

同卓共餐: 한 식탁에서 같이 식사를 하다. / 共話未來: 미래의 일을 함께 이야기하다.

[成] 同舟共濟: 같은 배로 함께 (강을) 건너다. → 같은 처지끼리 서로 돕다.

話: 말할, 이야기할

話舊: (오랜만에 만난 친구와) 지난 일을 이야기하다. / 話家常: 일상적인 이야기를(늘 하는 이야기를) 하다. → 家常話: 일상적인 이야기, 늘 하는 이야기

隔: 간격을(사이를) 둘, (가로) 막을(막힐), 차단할

隔河相望: 강을 사이에 두고 마주 보다. / [成] 隔岸觀火: 강 건너 불 보듯 보다. → 수수방관하다.

[成] 隔靴搔痒: 장화 신고 발바닥 긁기 → 정곡(正鵠)을 찌르지 못하다.

[諺] 隔山買老牛: 산 너머에서 늙은 소를 사다. → 실정에 어두워 손해보다.

千山: 수많은 산, 많고 많은 산

[成] 千山萬水: 수많은 산과 강 → 멀고 험한 노정 / 相隔千山萬水: (천산만수가 가로막은 것처럼) 서로 멀리 떨어져 있다. / 千山鳥飛絶 萬逕人蹤滅: 온 산엔 새 날갯짓 끊어지고 온 길엔 사람 하나 발자취 없어졌다[唐, 柳宗元(江雪詩)].

---

(21) 海枯終見底 人死不知心

바다는 마르면 마침내 그 바닥을 볼 수 있지만 사람은 죽어도 그 마음을 알 수 없다.

※ 이 글은 唐, 杜荀鶴의 詩로서 시의 뒤 句節에 해당하고 아래의 글은 그 앞 句節이다.

大海波濤淺 小人方寸深: 큰 바다의 파도는 (오히려) 얕고 소인의 (좁은) 마음이 (그보다 더) 깊다.

| 字句 풀이 |

枯: (물이) 마를

枯井: 마른 우물 / 池塘枯干: 연못이 바싹 마르다. / 河流枯涸: 강물이 마르다 / 水源枯竭: 수원이 고갈되다. → 중국에서는 枯竭임 / 海枯石爛 此心不移: 바닷물이 마르고 돌이 썩더라도 이 마음 영원히 변치 않으리. → 영원히 변치 않겠다고 맹세할 때 쓰이는 말

終: 마침내, 결국, 끝내 → 正己 篇 (26) 참조

(22) 凡人不可逆相 海水不可斗量

무릇 사람은 (앞일을) 미리 점칠 수 없고 바닷물은 말로 될 수 없다(太公).

| 類似한 글 |

凡人不可貌相 海水不可斗量: 무릇 사람은 외모로 평가할 수 없고 바닷물은 말로 될 수 없다. → 중국인들 譯本의 원문

| 字句 풀이 |

凡: 무릇, 대컨, 대저(大抵), 대체로 보아서 헤아려 생각하건대 → 일종의 발어사(發語辭)임

凡爲天下國家有九經: 무릇 천하의 나라들을 다스리는데 아홉 가지의 법도가 있다(中庸).

凡有標志的請注意: 무릇 표시가 되어 있는 모든 것은 주의하십시오. → 標志, "표시"임

逆: 미리

逆測(=逆料, 逆睹, 逆知, 逆見): 예측(예지, 예상, 예견)하다.

棄城逆遁: 성을 버리고 미리 달아났다[韓愈(張中丞傳)].

相: 占을 치거나 相을 볼, 판단할, 평가할

相面(=相形): 관상을 보다. / 人不可以貌相: 사람은 외모로 판단(평가)할 수 없다(淸, 李漁).

斗: 말 → 10되들이 용기

[成] 斗酒百 篇: 한 말의 술을 마시는 동안 백 편의 시를 쓴다. → 술을 좋아하고 시를 잘 쓴다는 뜻으로 이백(李白)이 그랬던 데서 유래됨 / 斗筲: 한 말들이 말과 한 말 두 되들이 죽기(竹器) → 식견이나 도량이 좁은 사람의 비유 ※ 斗筲之人: 도량이 좁은 사람[論語(子路)]

量: 될 → 분량을 헤아림

用斗量米: 말로 쌀을 되다. / [成] 車載斗量: 차로 싣고 말로 되다. → 물량이 매우 많다.

(23)結怨於人 謂之種禍 捨善不爲 謂之自賊

남과 원한을 맺는 것을 화근(禍根)을 심는다고 하고, 선사(善事)를 도외시(度外視)하고 행하지 않는 것을 자신을 그르치는 짓이라고 말하는 것이다(景行錄).

| 字句 풀이 |

結: (관계를) 맺을 → 繼善 篇 (7) 참조

怨: 원한 → 繼善 篇 (7) 참조

於: ~와(과) → 비교하는 대상이나 상대하는 대상을 나타냄

吾黨之直者異於是: 나와 한 고향 마을의 정직한 사람은 이와 다르다[論語(子路)].

謂: ~(이)라고 (말)하다, ~(이)라고 부르다(일컫다)

此之謂大丈夫: 이를 대장부라고 한다[孟子(滕文公下)]. / 賊仁者 謂之賊 賊義者 謂之殘: 仁을 해치는 자를 賊이라 하고 義를 해치는 자를 殘이라 한다[孟子(梁惠王下)].

種: 심을 → 天命 篇 (6) 참조

捨: 버릴, 포기할, 방기(放棄)할, 그만둘, 중지할

捨恩: 은혜를 베풀지 않다. / 四捨五入: 반올림(하다). / 捨策追羊: 보던 책을 덮어놓고 잃은 양을 찾아 나서다. / 🌐 捨命不捨財: 목숨은 버려도 돈은 버리지 못한다. → 목숨보다 돈이다.

善: 선행, 착한 일, 좋은 일 → 繼善 篇 (1) 참조

爲: (행)할 → 繼善 篇 (1) 참조

賊: 그르칠, 그릇된 방향으로 인도할

賊夫人之子: 그 남의 자식을 망치는구나[論語(先進)].

---

(24) 若聽一面說 便見相離別

만약 한쪽 말만 들으면 서로 헤어지게 된다.

| 字句 풀이 |

若: 만일, 만약 → 天命 篇 (4) 참조

聽: (귀로) 들을 → 天命 篇 (2) 참조

面: 쪽, 측, 편, 방면 → 방위(方位)를 나타내는 접미사

左面: 왼쪽, 좌측 / 西面: 서쪽 / 上面: 위(쪽) / 外面: 바깥쪽 / 前面: 앞쪽 / 一面: 한쪽(=一方) / 一面之詞: 한쪽의 말(주장) / 一面倒(=一邊倒): 한쪽으로만 쏠리다(치우치다).

說: 말, 이론, 주장, (학)설

邪說: 바르지 못한 말 / 辭說: 잔소리로 늘어놓는 말 / 社說: 신문이나 잡지에서 펴낸이의 주장

異說: 남과 다른 이론이나 학설 / 說漏: 말이 새다 → 무심결에 (말을) 입 밖에 내다.

便: ~하면, ~이면, 그렇다면 곧

說了便做: 말하면 곧 한다. / 我說去, 便去: 나는 간다면 간다.

今日不去游泳 便去爬山: 오늘 수영하러 가지 않으면 등산하러 간다.

見: ~(을)를 당할, ~(을) 받을 → 피동(被動)을 나타냄

見輕: 무시당하다. / 見棄: 버림당하다, 버려지다. / 見重: 중시되다. / 見逐: 내쫓기다, 내몰리다. / 見笑 于人: 남에게서 비웃음을 당하다. / 百姓之不見保 爲不用恩焉: 백성들이 보호를 받지 못하는 것은 은 혜를 베풀지 않기 때문이다[孟子(梁惠王上)].

離: 떠날, 헤어질, 갈라설

離散家族的痛苦: 이산가족의 아픔 / ㉿ 支離滅裂(=支離破碎): 분산되고 헤어지고 멸망하고 찢어지다. → (체계가 없이) 이리저리 흩어지고 산산조각이 나다(=四分五裂하다).

別: 이별할, 갈라설, 헤어질

永別: 영원히 헤어지다. ↔ 暫別: 잠시 헤어지다. / 離別: 이별할, 헤어질, 떠날 / ㉿ 久別重逢: 오랫동안 헤어졌다가 다시 만나다. / 我離別故鄕已經三年了: 내가 고향을 떠난 지 벌써 3년이 된다.

---

(25) 飽煖思淫慾 飢寒發道心

등 따시고 배부르면 생각나는 것은 음욕뿐이고 춥고 배고프면 도심(道心)이 일어난다[47].

| 類似한 글 |

飽暖思淫慾 飢寒起盜心[48] : 배부르고 따뜻하면 음욕이 생각나고 배고프고 추우면 도적질할 마음이 일 어난다. / 飽煖生淫慾 飢寒發善心: → (우리 원문과 비교하여) 思가 生으로 道心이 善心으로 됨(事林 廣記).

| 字句 풀이 |

飽: 배부를 → 存心 篇 (17) 참조

煖: 따뜻할 → 存心 篇 (17) 참조

淫: 음탕할, 음란할, 방탕할 → 正己 篇 (22) 참조

慾: 욕심, 욕망 → 正己 篇 (8), 正己 篇 (13) 참조

---

47) 항간(巷間)에 회자(膾炙)되는 속담 그대로를 옮겨보았으며 "따시다"는 경상도와 전라도의 사투리로 "따뜻하 다"는 뜻이다.

48) 중국인들 譯本의 원문임

淫慾: **음탕한 욕심, 성욕, 색욕, 정욕**

淫慾之孽 固爲首惡: 음욕으로 인한 죄악이 본래 으뜸가는 죄악이다(淸, 百一居士).

飢: **배가 고플, 굶주릴**

㉓ 飢不擇食: 배가 고프면 음식을 가리지 않는다. / 稷思天下有飢者 由己飢之也: 후직(后稷)은 천하에 굶는 자가 있으면 자기가 그를 굶겼다고 생각했다[孟子(離婁下)].

寒: **추울, 찰**

寒風刺骨: 찬바람이 뼈를 찌르다. → 찬바람이 살을 에다. / ㉓ 天寒地凍: 날씨는 차고 땅은 얼어붙는다.

飢寒: **굶주리고 추위에 떨다, 굶주림과 추위**

㉓ 飢寒交迫(=飢寒交湊, 飢寒交至): 굶주림과 추위가 한꺼번에 닥치다.

發: **생길, 발생할, 나올, 일어날**

發芽: 싹이 나다. / 發病: 병이 나다. / 發祥地: 문명이나 큰 사업이 처음 일어난 곳

黃河流域是中國古代文明的發祥地: 황하 유역은 중국 고대 문명의 발상지다.

道心: **도덕심에서 우러나오는 선한 마음, 본연(本然)의 양심**

※ 道義心(=菩提心): 깨달음을 얻고자 하는 마음, 불도를 믿고 행하려는 마음

---

(26) 賢人多財則損其志 愚人多財則益其過

어진 사람이 재물이 많으면 그의 德에 손상을 주고 어리석은 사람이 재물이 많으면 죄를 더 짓는다(疏廣).

| 字句 풀이 |

賢: **어질, 현명할, 재덕(才德)을 겸비할** → 訓子 篇 (2) 참조

多: **많을** → 正己 篇 (10) 참조

財: **재물** → 正己 篇 (17) 참조

損: **손상을 줄, 손상시킬, 훼손할**

損德: (나쁜 일로) 덕을 손상시키다. → 損德的事: 덕을 해치는 일 / 損名譽: 명예를 훼손하다.

㉓ 損公肥己: 공중(公衆)의 이익을 손상시키고 자기 잇속만 채우다.

志: **덕(행)**

凡擧人之本 太上以志 其次以事 其次以功: 무릇 사람을 등용하는 근본은 德을 최상으로 치고, 그다음이 재능이고, 그다음을 공로로 여긴다(呂氏春秋).

益: **더할, 보탤, 덧붙일, 늘어날, 증가할, 많아질**

ⓢ 延年益壽: 수명을 늘리다, 장수하다. / 日益强盛: 날로 강성함을 더하다. / 請益 曰無倦: (자로가 설명을) 더 해주기를 청하자 (공자께서) "게으르지 말아야 한다"라고 추가하셨다[論語(子路)].

過: 죄(악)

諸禁錮及有過者: 무릇 禁錮가 (모든) 죄가 있는 자들에게 미쳤다(漢書).

※ 禁錮: 벼슬길을 막고 정사(政事)에 참여하지 못하게 하는 일

| 參考 |

疏廣: 西漢 사람으로 자가 仲翁이며 宣帝 때 太傳(임금의 고문)의 자리에서 자청으로 물러날 때 임금이 하사금을 내리자 그 돈을 이웃과 친척들에게 나누어 주면서 한 말이 바로 이 글이다.

---

(27) 人貧智短 福至心靈

사람이 가난하면 지혜가 짧아지고, (행)복이 깃들면(형편이 좋아지면) 생각이 총명해진다.

※ 人貧智短은 "人貧志短" "人窮志短" 등과 같은 뜻으로 중국의 속담이며 대개 다음과 같이 馬瘦毛長과 짝을 이룬다.

ⓢ 人貧志短 馬瘦毛長: 사람이 궁하면 뜻이 초라해지고 말이 마르면 털이 길쭉해 보인다.

| 字句 풀이 |

貧: 가난할 → 順命 篇 (5) 참조

短: 짧을, 어느 정도나 수준에 미달하다

短才: 둔재(菲才) / 短截: 짧게 끊다. / 短縮: 짧게 줄이다. / 志大才短: 뜻은 크나 재주가 모자라다. / 短兵接戰: (칼 같은) 짧은 병기로 맞붙어 싸우다. / ⓢ 短見寡聞: 생각이 짧고 견문이 적다.

福: (행)복 → 繼善 篇 (1) 참조

至: 이를, 도달할, 올, 갈 → 繼善 篇 (9) 참조

靈: 총명할, 영리할, 깨달아 알, 사리에 통달할

ⓢ 心靈手巧: 생각이 영리하고 손재주도 있다. / 大惑者終身不解 大愚者終身不靈: 크게 미혹된 자는 평생 (그 미혹에서) 풀려나지 못하고 크게 어리석은 자는 평생 깨닫지 못한다(莊子).

(28) 不經一事 不長一智

한 가지 일을 겪지 않고는 한 가지 지혜가 늘지 않는다.

※ 이 글은 "경험은 지혜를 낳는다"라는 뜻으로 중국의 속담이다.

| 字句 풀이 |

經: 겪을, 경험할, 체험할

飽經: 온갖 경험을 다 하다. → 咸 飽經風霜: 만고풍상을 다 겪다.

咸 不經風雨 不見世面: 온갖 고생을 겪지 않고는 세상 물정을 모른다.

我這一輩子可經了不少大事: 나는 이 한평생 동안 정말 적지 않은 큰일들을 겪었다.

長: 자랄, 클, 성장할 → 繼善 篇 (9) 참조

※ 중국인들은 長을 "增長"으로 풀었는데 그 뜻은 "늘어날" "높아질" "증가할" 등이다.

(29) 是非終日有 不聽自然無

말다툼이 온종일 있더라도 듣지 않으면 저절로 없어진다.

| 字句 풀이 |

是: 옳을, 맞을 → 戒性 篇 (4) 참조

非: 옳지 않을, 그를 → 戒性 篇 (4) 참조

是非: (옳으니 그르니 하는) 말다툼, 분쟁

是非人: 말썽의 장본인, 골칫거리 / 是非窩: 분쟁의 소굴, 갈등이 많은 곳 / 惹起是非: 시비를 일으키다.

終: 마칠, 다할, 끝날, 끝낼 → 繼善 篇 (5) 참조

日: 날, 하루 → 繼善 篇 (3) 참조

終日: 하루, 낮, 온종일, 하루 종일 → 아침부터 저녁까지

終日下了大雨: 온종일 큰비가 내렸다. / 參觀者終日不斷: 참관자가 하루 종일 끊임없이 이어지다.

自然: 자연히, 저절로 → 戒性 篇 (9) 참조

無: 없을 → 天命 篇 (2) 참조

(30) 來說是非者 便是是非人

나에게 와서 남의 잘잘못을 말하는 사람은 곧 다른 곳에서 나를 비평할 사람이다. → 그 사람에게 문제가 있다. / ※ 이 글은 중국의 속담이며 說이 言으로 便이 就로 人이 者로 바뀌기도 한다.

| 字句 풀이 |

來: 올, 이를, 도달할 → 順命 篇 (4) 참조

說: 말할, 이야기할 → 正己 篇 (26) 참조

是非: 옳음과 그름, 선함과 악함, 잘잘못 → 戒性 篇 (4) 참조

便: 곧, 바로 → 여기에서의 "곧"과 "바로"는 "즉시"라는 뜻이 아니고, "곧"은 "바꾸어 말하면"이고 "바로"는 "다름이 아니라 곧"이라는 뜻이다.

他便是新到任的校長: 그는 곧(또는 바로) 새로 부임하신 교장이시다.

是: 이다(영어로 is에 해당) → 正己 篇 (6) 참조

是非: 비평하여 논하다, 잘잘못을 평하다, 시시비비(是是非非)하다, 선악을 가리다(논하다) → 동사와 형용사

無是非之心 非人也: 시비를 가리는 마음이 없으면 사람이 아니다[孟子(公孫丑上)].

來是非人 去是非者: 나에게 와서 남을 비평하는 사람은 다른 곳에 가서 나를 비평할 사람이다.

(31) 平生不作皺眉事 世上應無切齒 大名豈有鐫頑石 路上行人口勝碑

평생 (남이) 눈살을 찌푸릴 일을 하지 않았다면 세상에 (憤을 품고) 이를 가는 사람이 응당 없을 것일세, 그 高名한 이름을 어찌 하찮은 돌멩이에 새길 일인가? 길을 가는 행인들의 입 비석이 돌 비석보다 (훨씬) 나을 텐데(擊壤詩).

| 類似한 글 |

生平不作皺眉事 天下應無切齒人: 원문과 같은 글이면서 몇 字가 다른데 生平과 平生은 같고 天下와 世上도 같은 말이다(擊壤詩). / 平生莫作虧心事 世上應無切齒人: 不과 莫은 같고 皺眉 대신 쓰인 虧心은 "양심에 어긋나다"이다(明, 苑受益).

| 字句 풀이 |

平生: 일생, 살아 있는 동안 → 正己 篇 (26) 참조

作: (행)할 → 天命 篇 (5), 訓子 篇 (2) 참조

皺: 찌푸릴, 찡그릴

眉頭緊皺: 미간(眉間)을 잔뜩 찌푸리다. / 皺着眉頭說: 눈살을 찌푸리고 이야기하다.

眉: 눈썹

眉間(=兩眉間): 두 눈썹의 사이 / 眉頭: 미간 / 描眉: 눈썹을 그리다. / 濃眉: 짙은 눈썹 / 皺眉: 눈살(미간)[49]을 찌푸리다(찡그리다). / 皺眉不展: (찌푸린) 눈살을 펴지 못하다, 수심이 가득하다. / ※ 皺眉의 해석에 대한 所見 / 우리 말에 "눈썹도 까딱하지 않는다" 또는 "눈썹 새에 내 천 자를 누빈다"라는 말은 있으나 "눈썹을 찌푸린다"는 말은 없다. 눈썹이란 까딱은 할 수 있지만 찌푸릴 수는 없다. 그래서 皺眉는 "눈살(또는 미간)을 찌푸린다"라고 해야 한다. → 中韓辭典(中國語辭典)에는 모두 옳게 해석하고 있다.

應: 응당(히), 마땅히, ~하는 것이 마땅하다

應享受的權利: 당연히 누려야 할 권리 / 戉 應有盡有: 응당 있어야 할 것은 다 있다. 없는 것이 없다.

切: 맞닿을, 맞물릴, 비빌, 문지를

切膚: 피부에 와닿다, 직접 관계가 있다, 절실하다. / 切骨: (추위가) 뼛속을 파고들다. → 寒風切骨: 찬 바람이 뼛속까지 스미다. / 石壁立以切天: 돌벽이 (높이) 서서 하늘에 닿았다[張載(敍行賦)].

齒: 이, 치아, 이빨(→ 이의 낮은 말)

門齒: 앞니 / 臼齒: 어금니(犬齒), 송곳니(乳齒) 젖니 / 恒齒: 영구치 / 戉 齒亡舌存(=齒敝舌存): 이가 없어져도 혀는 남는다. → 강하면 쉽게 부러지고 부드러우면 오래 간다.

切齒: (분하여) 이를 갈다

戉 切齒腐心: (분하여) 이를 갈며 속을 썩이다.

戉 咬牙切齒: (분을 참지 못해) 이를 악물고 부득부득 갈다.

大名: 고명(高名), 존함(尊銜) → 이름의 높임말

請問尊姓大名: 존함이 어떻게 되십니까? / 久仰大名: 존함은 오래전부터 익히 전해 듣고 있습니다.

豈有: (反語에 쓰여) 어찌 ~할 수가 있는가?

豈有不可: 어찌 불가할 수 있겠는가?

豈有不勞而獲之理: 어찌 수고도 하지 않고 이치를 깨달을 수 있겠는가?

鐫: 새길, 조각할

鐫碑: 비석에 (글자를) 새기다. / 鐫金石: 쇠와 돌에 새기다. / 鐫刻圖章: 도장을 새기다.

鐫刻在自己的心上: 자기의 마음에 새기다.

---

49) 두 눈썹 사이의 주름

頑: 둔할, 둥글, 둥글둥글할

蓋山至此而頑: 대개 산들이 여기까지 이르도록 둥그스름하다(明, 徐弘祖).

石: 돌

石堆: 돌무더기 / 石堤: 돌 제방 / 石橋: 돌다리 / 石階: 층계 / 石柱: 돌기둥 / 頑石: 잡석, 다듬지 않은 막돌, 하찮은 돌멩이 / ⑭ 頑石點頭: (말을 하면) 돌멩이도 머리를 끄덕이다. → 감화력이 크다.

口: 입 → 여기에서의 口는 "口碑 → 口傳"의 뜻으로 쓰이고 있다. ※ 孝行 篇 (4), 正己 篇 (19) 참조

口碑文學(=口傳文學): 입으로 전해지는 문학 → 민요, 판소리, 무당의 노래 따위

⑭ 口碑載道: 입마다 전하는 칭송이 온 길에 가득하다. → 칭송이 자자하다.

勝: 나을, 능가할, 우월할, 劣의 對

勝劣: 나음과 못함 / 略勝一等: 약간 낫다. / 勝他一等: 그보다 한 수 위다. / 事實勝于雄辯: 사실이 웅변보다 낫다.

碑: 비(석)

碑碣: 비와 갈, 비석의 총칭 → 四角은 碑, 위쪽이 원형은 碣

⑭ 有口皆碑: 입 가진 사람은 모두 (공덕의 글이 새겨진) 비석이 된다. → 칭송이 자자하다.

(32) 有麝自然香 何必當風立

사향을 (몸에) 지니고 있으면 저절로 향내가 나는 법인데 어찌 꼭 바람을 마주하고 서 있을 필요가 있는가?

| 字句 풀이 |

有: 가질, 소유할 → 存心 篇 (4) 참조

麝: 사향 → 사향노루의 살갗샘(皮腺)으로 만든 향료, 그 냄새가 암컷을 유혹한다고 함

麝牛: 사향소 → 북아메리카 북부산(北部産)의 동물로 고기에서 사향 냄새가 난다.

香: 향내가 날, 향기로울

⑭ 鳥語花香: 새가 지저귀고 꽃은 향기롭다.

何必: 하필(구태여, 꼭) ~할 필요가 있는가? → 반어문(反語文)에 쓰여 불필(不必)의 뜻을 나타냄

何必管人家的事呢: 하필 남의 일에 상관할 필요가 있는가?

路又不遠 何必坐車呢: 길도 멀지 않은데 구태여 차를 탈 필요가 있는가?

當: 향할, 마주 볼, 마주 대할

當衆說明: 대중 앞에서 설명하다. / 當面交談: 마주 보고 이야기를 나누다.

當人一面 背人一面: 남의 앞에서와 뒤에서의 태도가 다르다. → 표리부동하다.

立: 설

對立: 맞서다 / ⑰ 坐立不安: 앉으나 서나 불안하다. → 안절부절못하다.

⑰ 鶴立鷄群(=群鷄一鶴): (한 마리의) 학이 닭의 무리 중에 우뚝 서다.

---

(33) 有福莫享盡 福盡身貧窮, 有勢莫使盡 勢盡冤相逢, 福兮常自惜 勢兮常自恭, 人生驕與侈 有始多無終

복이 있을 때 누리기를 다하지 말지니 그 복이 다하면 자신이 구차하게 되느니라. 권세가 있을 때 휘두르기를 다하지 말지니 그 권세가 다하면 원수를 만나게 되느니라. 복이란 언제나 스스로 아껴야 하고 권세란 언제나 스스로 공손해져야 한다. 사람이 교만하거나 사치스러우면 시작은 있으나 대부분 끝이 없느니라.

| 字句 풀이 |

享: 누릴 → 어떤 좋은 점을 지니고 살면서 즐기다 ※ 省心 篇 (上) (1) 참조

盡: 다 쓸, (다) 없어질, 다할, 끝날, 모두 사용할 → 省心 篇 (上) (1) 참조

窮: 가난할, 구차할, 궁할

⑰ 窮當益堅: 궁할수록 마땅히 뜻을 더욱 굳세게 지녀야 한다.

士窮不失義: 선비는 가난해도 의로움을 잃지 않는다[孟子(盡心上)].

勢: 권세, 세력 → 正己 篇 (26) 참조

使: 쓸, 사용할

⑰ 使臂使指: (팔이나 손가락을 쓰듯이) 마음대로 휘두르다, 쥐고 흔들다.

不使別人的錢: (어렵더라도) 남의 돈은 쓰지 않는다.

冤: 원수

冤家: 원수 / 秦楚結冤: 秦과 楚가 원수를 맺다(易林). / 宿世之冤: 前生의 원수(續韻府)

⑰ 冤冤相報: 원수는 원수를(보복은 보복을) 낳는다.

逢: 만날, 마주칠 → 繼善 篇 (7) 참조

兮: (句의 중간이나 끝에 놓여) 어기를 일시 멈추었다가 다시 일으키는 역할을 한다. → 省心 篇 (上) (18) 참조

惜: 아낄, 소중히 여길, 중시할

惜財: 돈(재물)을 아끼다. / 惜陰: 시간을 아끼다. / 惜福: 자신에게 한 번 주어진 복을 함부로 낭비하지

않고 검소하게 아껴서 오래 누리도록 하다. → 順命 篇 (3) 참조

恭: 공손할

恭呈御覽: 임금이 보시도록 공손히 드리다. / ㉞ 洗耳恭聽: 귀를 씻고(주의를 기울여) 공손히 듣다.

人生: 사람 → 順命 篇 (2), 勤學 篇 (4) 참조

驕: 교만할

富而不驕者鮮: 부유하면서도 교만하지 않은 자는 드물다(左傳).

㉞ 驕兵必敗 哀兵必勝: 교만한 군대는 반드시 패하고 울분에 찬 군대는 반드시 이긴다.

與: ~거나

去與不去 你自己決定: 가거나 말거나 네 스스로 결정하라.

侈: 사치스러울, 낭비가 심할, 儉의 對

侈飾: 화려하게 꾸미다, 사치스러운 차림새 / ㉞ 窮奢極侈: 극도로 사치스럽다, 사치가 극에 달하다.

始: 시작, 처음

始末: (일, 사건의) 처음부터 끝까지의 경과 → 始末書 / ㉞ 自始至終(=自初至終): 처음부터 끝까지

多: 대부분, 대개, 대체로

多有感動得流淚: 대부분 감동하여 눈물을 흘렸다.

終: 끝, 종말

㉞ 始終如一: 처음이나 끝이 한결같다. / ㉞ 始終一貫: 처음에서 끝까지 한결같이 하다.

㉞ 善始善終: 처음과 끝이 좋다, 처음에서 끝까지 잘하다, 유종의 미를 거두다.

---

(34) 留有餘不盡之巧 以還造物 留有餘不盡之祿 以還朝廷 留有餘不盡之財 以還百姓 留有餘不盡之福 以還子孫

다 쓰지 않은 여분의 재능을 남겨서 조물주에게 돌려드리고 다 쓰지 않은 여분의 봉록을 남겨서 조정에 돌려주고 다 쓰지 않은 여분의 재물을 남겨서 백성에게 돌려주고 다 누리지 않은 여분의 복을 남겨서 자손에게 돌려주어야 하느니라(王參政四留銘).

| 字句 풀이 |

留: 남길, 남겨 둘 → 戒性 篇 (10) 참조

有: 뜻은 없고 어기만 고르는 어조사 → 正己 篇 (26) 참조

餘: 나머지, 여분, 여유 → 繼善 篇 (5) 참조

之: ~(하)는, ~한 → 繼善 篇 (6), 正己 篇 (7), 正己 篇 (9), 戒性 篇 (5) 참조

巧: 재주, 솜씨, 기술, 기능, 기예

大巧若拙: 큰 재주를 지닌 사람은 도리어 서툰 것 같이 보인다(老子). / ㊌ 巧奪天工: 인공(人工)이 자연을 (神의 솜씨를) 압도하다. / 羿者 天下之善射者也 無弓失則無所見其巧: 예는 천하에서 활 잘 쏘는 사람이지만 활과 화살이 없다면 그 재주를 볼 수 없다(荀子).

以: ~(으)로(써) → 繼善 篇 (1), 存心 篇 (18) 참조

還: 돌려줄, 반납할, 갚을, 상환할

還錢: (빌린) 돈을 돌려주다. / 還債: 빚을 갚다. / 還本付息: 본전도 갚고 이자도 지불하다. / 欠債太多還也還不清: 빚이 너무 많아 갚아도 다 갚을 수 없다.

造: 만들, 지을

創造: 처음으로 만들다. 神(하느님)이 우주 만물을 만들다. / 造本: 제조 원가 / 比造本便宜一半: 제조 원가보다 반(이나) 싸다.

物: 만물 → 天地間에 있는 모든 것

萬物相: 만물의 가지가지 생김새 / 萬物流轉: 만물은 끊임없이 변화하여 무상(無常)하다는 말

造物: ① 만물을 창조하다 ② 造物主의 준말

造物主(=造物者): 천지 만물을 창조하고 다스린다는 神

祿: 녹, 녹봉

俸祿: 봉급 / 祿養: 녹봉으로 부모를 봉양함 / 祿米: 녹봉으로 주는 쌀 / 祿餌: 녹봉이라는 미끼 / 祿餌可以釣天下之中材: 녹봉이라는 미끼로 천하의 보통 인재는 낚을 수 있다(宋史).

朝: 조정(朝廷) → 임금과 신하들이 國政을 의논하고 집행하는 곳

朝野: 조정과 민간, 조정과 재야(在野) / 上朝: 조정에 나가다, 입조(入朝)하다. / 朝衣朝冠: 조정에 나갈 때 착용하는 예복과 예모

廷: 조정

朝廷莫如爵: 조정에서는 벼슬(의 등급)이 제일이다[孟子(公孫丑下)].

姓: 백성

黎民百姓: 일반 백성(=平民, 庶民) / 百姓: 국민의 옛말 → 國民: 그 나라의 국적을 가진 사람
塡國家 撫百姓: 나라를 평정(平定)하고 백성을 위무(慰撫)하다(漢書).

| 參考 |

王參政: 宋의 재상으로 이름은 旦, 자는 子明, 시호는 文正이고 參知政事를 지냈으며 參政은 參知政事의 준말이다. / 四留銘: 다 쓰지 말고 남겨야 할 네 가지에 대하여 마음에 새기는 글

(35) 黃金千兩未爲貴 得人一語勝千金

황금 천 냥이 귀중하지 않고 덕망이 높은 분의 한마디 말씀이 천 냥의 황금보다 낫다.

| 字句 풀이 |

黃金: 누런 빛깔의 금, 재물의 범칭 ※ 訓子 篇 (3) 참조

千: 천(백의 열 배) → 存心 篇 (12) 참조

兩: 량 → 무게의 단위

十六兩爲一斤: 16냥이 한 근이다.

㊇ 半斤八兩: 피장파장(이다) → 한 근은 16냥임으로 하는 말

未: 아닐 → 부정(否定)을 나타냄 ※ 繼善 篇 (6), 正己 篇 (9) 참조

爲: ~할 → 비교 句文에서 술어가 되고 뒤에 오는 형용사는 대개 단음절이다.

他的成績比同班同學爲優: 그의 성적은 같은 반 학생들보다 우수하다.

關心群衆比關心自己爲重: 많은 사람에 관심 두는 것이 자기에 관심 두는 것보다 중요하다.

貴: (귀)중할, 중요할

㊀ 春雨貴如油: 봄비는 기름과 같이 귀중하다. / 民爲貴 社稷次之 君爲輕: 백성이 (가장) 귀중하고 사직이 그다음이고 임금은 (도리어) 대수롭지 않다[孟子(盡心下)].

得: 덕(德) (一說에는) 德과 통용

尙得推賢: 덕인과 어진 이를 존중하고 받든다(荀子).

此吾得薄不能化民證也: 이는 내 德이 薄하여 백성을 교화하지 못한 증거다(吳越春秋).

人: 뛰어난 사람, 현인(賢人), 인재(人材), 걸출한 인물

子無謂秦無人: 그대는 秦나라에 人材가 없다고 말하지 말라(左傳).

一語: 한마디 말

㊇ 一語道破: 한마디 말로 설파(說破)하다. → 정곡을 찌르다.

㊇ 一語爲重 萬金輕: 한마디 말은 무겁고 만 냥의 금은 (오히려) 가볍다. → 언행은 일치해야 한다.

勝: 나을, 능가할, 우월할 → 省心 篇 (上) (31) 참조

千金: 원래의 뜻은 "큰돈" "많은 돈" 이지만 訓子 篇 (3)에서는 "천 냥의 황금"으로 의역(意譯)한다.

(36) 巧者 拙之奴, 苦者 樂之母

교자(巧者)는 졸자(拙者)의 종이 되고 고난이라는 것은 즐거움의 모체(母體)다.

※ 巧者와 拙者의 뜻은 아래 字句 풀이 참조

| 字句 풀이 |

巧

① 재주가 (솜씨가) 있을

巧匠: 솜씨 좋은 / 匠人: 기능공, 숙련공 / 手巧嘴巧: 손재주도 있고 말재간도 있다, 손재주와 말재간 / 🏮 巧婦難爲無米之炊: 재간 있는 여자라도 쌀이 없으면 밥을 지을 수 없다

② (말이) 거짓일(겉만 꾸밀, 실속이 없을)

巧言(=巧語): 입에 발린 말, 겉만 번드르르한 말, 교묘하게 꾸며대는 말, 알맹이가 없는 미사여구(美辭麗句) / 巧言令色 鮮矣仁: 입에 발린 말과 보기 좋게 꾸민 낯빛을 한 사람 치고 어진 사람은 드물다[論語(學而)]. / 🏮 花言巧語: 겉만 번드르르한 말(=甘言利說)

者: 놈, 사람 → 繼善 篇 (1) 참조

巧者: 재주가 있는 반면 말에 거짓이 있는 사람 ↔ 拙者: 아둔한 반면 꾸밈없이 순수한 사람 → 省心 篇 (下) (23) 참조

拙

① 서툴, 뒤떨어질, 둔할, 용렬할, 졸렬할, 옹졸할, 못날, 잘하지 못할, 보잘것없을

拙計(=拙謀, 拙策): 졸렬한 꾀(계책) / 拙性: 못난(용렬한) 성품 / 拙于言辭: 말주변이 없다. / 恕我眼拙: (눈이 둔해서) 알아뵙지 못해 죄송합니다. / 拙手笨脚: 손발의 동작이 굼뜨다. / 拙劣的謊言: 서툰 거짓말

② 꾸밈이 없을, 질박할, 소박할, 수수할, 자연스러울

作字惟拙筆最難 作詩惟拙句最難: 글씨를 쓸 때는 오직 서툰 글씨가 가장 어렵고 시를 지을 때는 오직 꾸밈없이 자연스러운 시구가 가장 어렵다(宋, 羅大經). / 古人拙句 如池塘生春艸: 옛사람의 꾸밈이 없고 자연스러운 싯구는 마치 연못가에서 봄풀이 자라나는 것과 같다(鶴林玉露). / 巧詐不如拙誠: 교묘하게 가장(假裝)하는 것은 (서툴되) 꾸밈없이 진실된 것만 못하다(韓非子).

奴: 종, 노예(奴隷)

奴視: 노예로 보다(취급하다). / 奴婢: 사내종과 계집종 → 노예의 총칭

🏮 奴顔婢膝: 사내종의 비굴한 얼굴과 계집종의 꿇고 있는 무릎 → 지나치게 굽실거리는 태도

苦: 괴로움, 고난, 고통

㉚ 喫苦耐勞: 갖은 고생을 참고 견디다. / 民遭塗炭之苦: 백성이 도탄에 빠진 듯한 고통을 당하다(三國志). / 喫苦在前 享樂在後: 고생은 (남보다) 먼저 하고 향락은 (남보다) 뒤에 누린다.

者: ~란, ~라는 것은 → 잠시 어감의 정지를 나타내며 뜻을 강하게 한다. ※ 言語 篇 (3) 참조

樂: 쾌락, 기쁨, 즐거움 → 省心 篇 (上) (4) 참조

母: 근본, 근원, 모체(母體)

母法: 어떤 법의 근거가 되는 법 / 母城: 위성도시(둘레도시)에 대한 大都市 / 母財(=母錢, 母金, 母本): 밑천, 원금, 본전 / 母本(=母樹, 母株): (식물의 번식 과정에서 최초의) 어미그루 / 失敗爲成功之母: 실패는 성공의 모체(母體)다.

---

(37) 小船難堪重載 深逕不宜獨行

작은 배는 무거운 짐(貨物)을 감당하기 어렵고 깊숙한 오솔길은 혼자 걷기에 적절하지 않다.

| 字句 풀이 |

船: 배, 선박

帆船: 돛단배 / 貨船: 화물선 / 拖船: 예인선(曳引船) / 開船: 출범(出帆)하다. 출항(出港)하다. / 船工(=船夫): 뱃사공 / 搭船(=坐船): 배에 오르다, 승선하다 ↔ 下船: 배에서 내리다, 하선하다.

堪: 감당할, 견딜, 참을, 이겨 낼

疲憊不堪: 피로를 견디지 못하다. / 汚穢不堪: 더러워서 견딜 수가 없다. / 人不堪其憂 回也不改其樂: 남들은 그 고생을 견디지 못하는데도 안회는 (그 속에서) 기쁨이 변하지 않으니[論語(雍也)].

重: 무거울

㉚ 重于泰山 輕于鴻毛: (사람에 따라서 죽음이) 태산보다 무겁기도 하고 기러기 털보다 가볍기도 하다. / 體積相等時 鐵比木頭重: 부피가 같을 때 쇠는 나무보다 무겁다.

載: (수레나 배로 실어 나르는) 짐, 화물(貨物)

所載之物爲載: (수레나 배에) 싣는 물건이 載이다(宋, 戴侗).

載輪爾載: 이 짐을 실어 나르자[詩(小雅)]. → 다음은 이 글에 나온 전재자(前載字)와 후재자(後載字)를 설명하는 글이다. / 前載字是語助辭 後載字指所載之物(高亨注): 앞의 載 자는 어조사이고, 뒤의 載 자는 싣는 물건을 가리킨다. / ※ 중국인들도 載를 "貨物(짐)"로 풀었다.

深: 깊을 → 孝行 篇 (1) 참조

逕: (오솔)길, 좁은 길, 소로(小路), 지름길 → 徑과 同字임

山逕: 산길 / 曲逕: 꼬불꼬불한 小路 / 逕道(=逕路): 오솔길, 좁은 길, 小路

逕 此云步道 謂人及牛馬可步行而不容車也: 逕이란, 걷는 길을 일컫는데 다시 말하자면 사람과 소나 말은 걸을 수 있으나 수레는 용납하지 않는 길이다(段玉裁注).

宜: 옳을, 마땅할, 알맞을, 좋을, 적당할, 적합할, 적절할

宜農: 농사짓기에 알맞다. / 宜于休養: 요양(섭양)에 적합하다. / 宜耕荒地: 경작에 알맞은 황무지, 미개간의 경작 적지(適地)

不宜: ~하는 것은 좋지 않다, ~하지는 말아야 한다

食後不宜做劇烈的運動: 식후에 심한 운동을 하는 것은 좋지 않다.

獨: 홀로, 혼자

[成] 獨淸獨醒: (혼탁한 세상에서) 홀로 깨끗하고 홀로 깨어 있다. / 獨斟獨酌: 혼자 술을 따라 마시다. / 獨步街頭: 혼자 길거리를 걷다.

行: 걸을, (걸어)다닐 → 勸學 篇 (4) 참조

---

(38) 黃金未是貴 安樂値錢多

황금이 귀중한 것이 아니고 (몸과 마음이) 편안하고 즐거운 것이 (황금보다) 훨씬 값진 것이니라.

| 字句 풀이 |

未是: ~이 아니다 → 是의 否定은 不是(~이 아니다)이며 未와 不은 같은 부정사이므로 未是를 不是와 같게 해석한다.

※ 다음은 不是의 용례(用例)임 / 這是我的 不是他的: 이것은 나의 것이지 그의 것이 아니다.

不是玩兒的: 장난이 아니다, 웃을 일이 아니다, 경시할 수 없다.

貴: (귀)중할, 중요할 → 省心 篇 (上) (35) 참조

値: 가질, 지닐

無冬無夏値其鷺羽: 겨울이나 여름을 막론하고 그 백로의 깃으로 만든 무구(舞具)를 항상 지니고 산다 [詩(陳風)].

錢: (추상적인 의미의) 돈, 금액, 값, 가치

値錢: 값어치가 있다, 값나가다, 값지다. / 値錢的物件: 값진 물건 / 這古董很値錢: 이 골동품은 꽤 값어치가 있다. / 這個不値甚麽錢: 이것은 아무런 값어치도 없다.

多: 훨씬, 월등히

多得多: 훨씬 많다. / 大多了: 훨씬 크다. / 好得多(=好多了): 훨씬 좋다. / 他比我强多了: 그는 나보다

훨씬 강하다. / 病人今天好多了: 환자는 오늘 훨씬 좋아졌다. / 他的成績比我好多了: 그의 성적은 나보다 훨씬 좋다.

(39) 在家不會邀賓客 出外方知少主人

(평소 자기의) 집에서 손님 초대하기를 잘하지 않았다면 집 밖에 나가서야 비로소 (자기를) 손님으로 맞아주는 사람(즉 主人)이 없음을 알게 되리라.

※ 少는 "적다"라는 뜻이지만 글의 문맥상 "없다"로 해석한다.

| 字句 풀이 |

在: ~에(서) → 장소를 나타냄

在廠工作: 공장에서 일하다. / 在禮堂開會: 강당에서 회의를 연다. / 在黑板上寫字: 칠판에 글씨를 쓰다. / 在老張家裏發生了一件事: 장 씨 집에서 사건이 발생했다.

會: ~를(을) 잘할, ~에 뛰어날

會理家: 한 가정을 잘 꾸려 나가다. / ㉚ 會道能說(=能說會道): 말을 잘하다.

會寫會畫的人: 글씨를 잘 쓰고 그림을 잘 그리는 사람

邀: (초)청할, 부를, 초대할

邀請賽: 초청 경기 / 邀請信: 초청장 / 邀集朋友: 벗들을 불러 모으다. / 特邀嘉賓: 귀빈을 특별 초대하다. / 擧杯邀明月: 술잔을 높이 들어 明月(밝은 달)을 부른다[李白(月下獨酌)].

賓: (손)님 → 訓子 篇 (1) 참조

客: (손)님 → 訓子 篇 (1) 참조

出: (안에서 밖으로) 나갈 → 正己 篇 (24) 참조

外: 밖, 바깥 → 訓子 篇 (5), 省心 篇 (上) (16) 참조

方: 비로소, 마침내 → 正己 篇 (1) 참조

知: 알 → 安分 篇 (1) 참조

少: 적을, 많지 아니할, 多의 對 → 正己 篇 (14) 참조

主(=主人): 손님을 초대하고 대접하는 사람(으로서의 主人) / ㉚ 主酒客飯: 주인은 술을 권하고 객은 밥을 권하며 정답게 먹는다. / 賓爲賓焉 主爲主焉: 객이 객다워야 주인이 주인답다(禮記). / 主人請見 賓反見 退 主人送於門外 再拜: 주인이 뵙기를 청하니 객이 답례로 방문하고 (객이) 물러가니 주인이 문 밖에서 전송하며 재배한다(儀禮). / ※ 再拜: 두 번 절하다.

(40) 貧居鬧市無相識 富住深山有遠親

가난하면 번화한 시장에서 살아도 아는 사람이라고는 찾아오는 이가 없고, 부유하면 깊은 산속에 살아도 먼 데 있는 친척이 찾아온다. / ※ 이 글은 중국의 속담인데 우리의 無相識이 중국에서는 無人間으로 되고 富住深山에서의 住가 중국에서는 在로 되는 것이 우리와 다르다.

| 字句 풀이 |

貧: 가난할 → 順命 篇 (5), 省心 篇 (上) (27) 참조

居: 살, 거주할 → 安分 篇 (6), 戒性 篇 (6) 참조

鬧: 시끄러울, 소란할, 번화할 / 鬧猛: 번화하다, 북적이다. / 戚 鬧死鬧活: 죽네 사네 하며 법석을 떨다. / 孫悟空大鬧天宮: 손오공[50] 이 천궁에서 크게 소란을 피웠다.

街上人山人海 十分鬧猛: 거리가 인산인해로 대단히 북적인다.

市: 시장, 저자

米市: 미곡 시장 / 菜市: 채소 시장 / 牲口市: 가축 시장

鬧市: 번화한 시가, 번화가(繁華街)

那個城市的鬧市可眞有得玩的: 그 도시의 번화가에는 참으로 놀 만한 것이 있다.

識: 알, 알아볼, 분간할, 변별할, 식별할

戚 老馬識途: 늙은 말은 길을 알아본다, 경험자는 능숙하다(韓非子). / 戚 目不識丁: 낫 놓고 기역 자도 모른다, 일자무식이다. / 諺 有眼不識泰山: 눈이 있어도 태산을(어른을) 미처 몰라보다.

相識: 아는 사람, 아는 사이, 구면(舊面), 지인(知人)

老相識: 오래 알고 지내는 사람 / 只是相識 不是朋友: 그저 안면이 있는 사람이지 친구는 아니다.

住: 살, 거주할 → 存心 篇 (14) 참조

遠: (거리가) 멀 → 繼善 篇 (9) 참조

親: 친척, 일가, 겨레

六親(=六戚): 여섯 가지 친족(親族)→ 父, 母, 兄, 弟, 妻, 子

諺 遠親不如近隣: 먼 데 있는 친척은 가까운 이웃보다 못 하다.

---

50) 손오공(孫悟空): 소설 서유기(西遊記)의 주인공으로 일명 손행자(孫行者)임

(41) 人義盡從貧處斷 世情便向有錢家

사람의 의리는 모두 가난해진 때부터 끊어지고 세상의 민심은 돈 있는 사람에게 치우쳐서 아부하느니라.

| 字句 풀이 |

義: 의리, 정의(情誼) → 繼善 篇 (7), 省心 篇 (上) (2) 참조

盡: 모두, 다 → 繼善 篇 (6) 참조

從: ~(로)부터, ~에서 → 동작이나 행위를 유발하는 근거

從根本上說: 근본적으로 말하자면 / 從實際情況出發: 실제적인 상황에서 출발하다.

從路線上分淸是非: 노선으로부터 시비를 분명히 가리다.

處: 때, 시각, 시간

正走處: 막 가려고 할 때 / 怒髮衝冠 憑欄處 瀟瀟雨歇: 화가 치밀어 올라 난간에 기대고 있을 때 (심란하게) 쏟아지던 비가 그쳤다(宋, 岳飛). / 留戀處 蘭舟催發: 아쉬움으로 차마 떠나지 못하고 있을 때 蘭舟가 출발을 재촉한다[柳永(雨霖鈴)]. / ※ 蘭舟: 작은 배의 미칭(美稱)

斷: 끊을, 자를, 절단할 → 省心 篇 (上) (3) 참조

情: 민심, 여론

內撫將士 外懷諸衆 甚得遠近情: 안으로는 장병들을 위무하고 밖으로는 모든 백성을 감싸 주어서 원근의 민심을 크게 얻었다(晉書).

便: 치우칠, 偏과 통용[51]

※ 중국인들의 譯本에는 (원문에서 아예) 便이 偏으로 되어 있다.

向: 아부할, 영합할, 비위를 맞출

表討契丹以向帝意: (安祿山은) 表를 올려 거란을 규탄함으로써 제왕의 뜻에 아부했다(新唐書).

吳王曰 囂止 子無乃向寡人之欲乎 此非忠臣之道: 오왕이 가로되 "비지, 그대는 과인의 욕심에 비위를 맞추고 있는 것이 아닌가? 이는 충신의 도리가 아닐세"라고 했다(漢, 袁康). ※ 囂止: 사람 이름

錢: 돈 → 省心 篇 (上) (3) 참조

㊛ 有錢難買背後好: 돈이 많아도 등 뒤의 호평까지 사기는 어렵다.

家: 사람 → 戒性 篇 (4) 참조

---

51) 檀國大學校編 大韓漢辭典의 字解임

(42) 寧塞無底缸 難塞鼻下橫

차라리 밑 빠진 독을 채울지언정 코 밑에 있는 橫字(사람의 입)를 채우기는 어렵다.

| 字句 풀이 |

寧: 차라리(~할지언정) ~하다 → 存心 篇 (14) 참조

塞: (무엇을 넣어) 채울

塞肚子: 배를 채우다. / 塞滿(=充塞): 가득 (꽉) 채우다(차다). / ⑭ 塞巷塡衢: 거리마다 사람으로 가득 채우다. / 塞了一嘴饅頭: 볼이 미어지게 만두를 입에 채워 넣다.

底: 밑, 바닥 → 省心 篇 (上) (18) 참조

缸: 독, 단지, 항아리

水缸: 물단지 / 醬缸: 장독 / 酒缸: 술 단지 / 魚缸: 어항 / 米缸: 쌀독 / 糖缸: 설탕 단지

鼻: 코

鼻梁: 콧대, 콧등, 콧날 / 流鼻血: 코피를 흘리다. / 擤鼻涕: 코를 풀다. / 鼻屎(=鼻垢): 코딱지 / ⑭ 嗤之以鼻: 코웃음을 치다. → 비웃다.

鼻下: 코밑

鼻下鬚髥: 코밑수염 / ⑭ 鼻下公事(=鼻下政事): 겨우 먹고 살아가는 일

橫: (漢字의) 가로 획(平線)

先橫後竪: 먼저 가로 획(을 긋고) 나중에 세로 획(을 긋는다) / ※ 다음은 難塞鼻下橫에 대한 중국인의 해석이다. / 却難以塡飽鼻子下面的那張嘴: 그러나 코 밑의 그 열린 입은 실컷 배를 채워주기가 어렵다.

(43) 人情皆爲窘中疏

사람의 정분은 모두 궁색한 중에 멀어진다.

| 字句 풀이 |

情: (사람 사이의) 정(情), 정분(情分), 인정(人情), 정의(情誼) → 戒性 篇 (6), 戒性 篇 (10) 참조

皆: 다, 모두, 전부 → 繼善 篇 (3), 戒性 篇 (4) 참조

爲: 당할, 될, 被에 해당

爲戮於楚: 초나라에 살육당했다(史記). / 皆爲殺戮: 모두 살육당했다(史記). / 不爲酒困: 과음으로 정신이 혼미하게 되지 않는다[論語(子罕)]. / 戰而不克 爲諸侯笑: 싸워서 이기지 못하니 제후들의 웃음거리가 되었다(左傳).

窘: 궁색할, (곤)궁할, 가난할, 궁핍할, 구차할

陷入窘境: 곤경에 빠지다. ↔ 擺脫窘境: 곤경에서 벗어나다. / 窘相(=窘態, 窘狀): 궁색한 모습 / 生活窘困: 생활이 곤궁하다. / 滿臉窘相: 얼굴에 궁색한 빛이 그득하다.

中: 가운데, 속, 안, 사이 → 상황이나 상태를 나타냄

在戰鬪中成長: 전투 속에서 성장했다. / 病人從昏迷中蘇醒過來: 환자가 혼미한 상태에서 깨어났다.

疏: 소원할, 사이(관계)가 멀, 가깝지(친하지) 않을 → 戒性 篇 (6), 省心 篇 (上) (3) 참조

---

(44) 郊天禮廟 非酒不享 君臣朋友 非酒不義 鬪爭相和 非酒不勸 故 酒有成敗而不可泛飮之

하늘에 제사를 드리고 사당(祠堂)에 제례를 올릴 때 술이 없으면 (神明이) 흠향(歆饗)하지 않을 것이고, 군신(君臣)간이나 붕우지간에 술이 없으면 정의(情誼)가 없을 것이며, 싸움을 하고 서로 화해할 때에 술이 없으면 중재(仲裁)할 수가 없을 것이다. 그런고로 술이란 성공과 실패를 좌우하는 (중요한) 것이니 함부로 마시지 말지니라(史記).

※ 泛飮: 술 마실 때 지켜야 하는 주도(酒道)도 없이 술을 마신다는 뜻

| 字句 풀이 |

郊: 제사를 지낼, 교사(郊祀)를 지낼

郊壇: 교사(郊祀)를 지내는 터 / 郊天赦: 군주가 하늘에 제사를 지낸 뒤에 죄인을 사면해 주던 일

郊祀(=郊祭): 옛날 군주가 교외(郊外)에서 하늘과 땅에 제사를 지내던 행사. 동지에 하늘에 지내는 제사(南郊祀)와 하지에 땅에 지내는 제사(北郊祀)가 있었다.

禮: 절할, 神을 공경할, 경신(敬神)할

禮山川丘陵於西門外: 서문밖에서 산과 강과 언덕(의 신)에 절을 했다(儀禮).

闇與山僧別 低頭禮白雲: 해 질 녘에 산승과 이별하면서 머리를 숙여 흰 구름에다 절을 했다(李白).

廟: 사당(祠堂) → 조상의 신주(神主)를 모셔 놓은 집의 총칭

家廟: 한 집안의 사당 / 宗廟: 역대 임금의 위패를 모시는 왕실의 사당

文廟: 공자를 비롯한 중국의 대유(大儒)와 신라 이후 조선의 큰선비들을 모신 사당

非: 없을

是以忠臣死於非罪 而邪臣起於非功: 그러므로 충신은 죄가 없어도 죽고 간신은 공이 없어도 출세한다[管子(明法)].

酒: 술 → 訓子 篇 (7), 省心 篇 (上) (3) 참조

非酒: 술이 없다 → 중국인들도 非酒를 "沒有酒(술이 없다)"로 풀었다.

享: 흠향(歆饗)할 → 신명(神明)이 제물(祭物)을 받다

使之主祭而百神享之: (순임금에게) 제사를 주관하게 하니 모든 신이 흠향하였다[孟子(萬章上)].

君: 임금 → 正己 篇 (26) 참조

臣: 신하

忠臣不怕死: 충성스러운 신하는 죽음을 두려워하지 않는다.

朋友: 벗, 동무, 친구 → 戒性 篇 (5) 참조

義: 정의(情誼), 우의(友誼), 의리

[成] 無情無義: 정도 없고 의리도 없다, 피도 눈물도 없다.

[成] 恩斷義絶: 은애(恩愛)와 정의(情誼)를 끊다, 의절(義絶)하다, (친한 사이의) 정을 끊다.

鬪: 싸울, 다툴

搏鬪: 맞붙어 때리며 싸우다. / 格鬪: 드잡이 싸움하다. / 激鬪: 격렬하게 싸우다. / 鬪嘴: 말다툼하다.

鬪志: 싸우려는 의지 → 鬪志滿滿: 싸우려는 의지가 가득 차 있다.

兩隻牛鬪起來了: 두 마리의 소가 싸우기 시작했다.

爭: 싸울, 다툴

爭訟: 송사로 싸우다. / 爭鋒: 창검으로 다투다. / 爭奪: 다투어 빼앗다, 빼앗으려고 다투다. / [成] 明爭暗鬪: 음으로 양으로 싸우다, 알게 모르게 싸우다.

鬪爭: 싸우다, 싸움

四方無鬪爭之聲 京師之人庶且豐: 사방에 싸우는 소리가 없으며 서울의 인구는 많고 또 풍족하다(韓愈).

和: 화해할

和好: 화해하다 → [成] 和好如初: 화해하여 본디 상태로 돌아가다.

講和條約: 교전국끼리 싸움을 끝내고 서로 화해하려고 맺는 조약

勸: 화해시킬, 중재(仲裁)할, 설득할, 타이를

勸解(=勸和): 화해시키다, 중재하다, 싸움을 말리다. / 多方勸和: 다방으로 중재하다. / 上前勸解: 앞장서서 싸움을 말리다. / 再三勸說: 두세 번 타이르다(충고하다). / 勸他戒酒: 술을 끊으라고 타이르다.

故: 고로, 그러므로, 그래서 → 正己 篇 (22) 참조

有: 제 마음대로 할

父母在 不敢有其身: 부모님이 살아 계시면 자기 몸을 감히 제 마음대로 해서는 안 된다(禮記).

成: 성과, 성취

一事無成: 한 가지 일도 성과가 없다. / 三年有成: 3년이면 성과가 있을 것이다[論語(子路)].

不能坐享其成: 가만히 앉아서 성과를 얻을 수 없다.

敗: 실패

成敗: 성공과 실패 / ㉙ 成敗論人: 성공과 실패를 기준으로 사람을 평가하다.

成敗之機 在於今日: 성공과 실패의 관건(關鍵)이 오늘에 달려 있다(諸葛亮傳).

泛: 마음대로 할, 제멋대로 할, 아랑곳하지 않을, 수의(隨意)로 할

臧丈人昧然而不應 泛然而辭: 장장인은 아무도 몰래 (文王의 기대에) 불응하고 자기 마음대로 사퇴했다(莊子)[52]. / ※ 泛然: 마음대로 하는 모양

飮: (술, 음료 등을) 마실

痛飮: (술을) 실컷 마시다. / 一飮而盡: 단숨에 쭉 다 마시다.

㉻ 飮水不忘掘井人: 물을 마실 때는 우물 판 사람의 고마움을 잊지 말자.

| 參考 |

史記: 漢의 司馬遷(B.C. 145~86?)이 黃帝로부터 漢武帝에 이르기까지 약 3,000년의 역사를 紀傳體로 기록한 역사서이다.

---

(45) 士志於道而恥惡衣惡食者 未足與議也

선비가 道에 뜻을 두면서 악의악식을 부끄럽게 여긴다면 (그런 자는) 함께 (道를) 논의할 가치도 없다(孔子).

| 字句 풀이 |

士: 선비 → ① 학문을 닦는 사람 ② 학식이 있되 벼슬하지 않는 사람

㉙ 士爲知己者死: 선비는 자기를 알아주는 사람을 위해서는 목숨을 바친다. / 士不可以不弘毅 任重而道: 선비는 뜻이 크고 굳세지 않을 수 없는 것이니 책임이 무겁고 갈 길은 멀기 때문이다[論語(泰伯)].

志: 뜻 둘, 뜻할, 지향(志向)할, ~할 마음을 먹을

---

52) 장장인(臧丈人)이란, 文王이 臧 땅(의 낚시터)에서 만난 재인(丈人)이라는 뜻으로 강태공(姜太公)을 말한다. 문왕이 그에게 정사(政事)를 맡겨 보니 일을 잘하는 것을 보고 이제는 그와 함께 천하를 도모하려 하자, 그날 밤 아무도 몰래 도망갔다는 고사(故事)에서 유래되었다. 이때 재인(丈人)은 옛날 노인 남자에 대한 존칭을 뜻한다.

志士: 큰 뜻을 품은 사람 / 國 志士仁人(=仁人志士): 큰 뜻을 품고 인류에 공헌하려는 사람 / 吾十有五而志于學: 나는 15세에 학문에 뜻을 두었다[論語(爲政)].

於: ~에(서) → 장소, 범위를 나타내며 在에 해당함 ※ 繼善 篇 (6), 正己 篇 (24) 참조

道: 도덕, 도의, 윤리

仁義之道: 박애와 정의(正義)의 도덕(윤리) / 君子愛財 取之有道: 군자도 돈을 좋아하지만 그 돈을 버는 데는 도덕을 지킨다. / 邦無道 富且貴焉 恥也: 나리에 道(도의)가 없는데도 부유하고 고귀하면 부끄러운 일이다[論語(泰伯)].

而: ~하면서 → 대립적인 사실을 이을 때 쓰인다. ※ 孝行 篇 (4), 訓子 篇 (5) 참조

恥: 부끄러울, 수치스러울, 부끄러워할, 수치스럽게 여길 → 安分 篇 (4) 참조

惡: 질이 나쁠, 거칠, 열악할

惡水: 더러운 물 / 惡藥: 해로운 약 / 惡酒: 맛없는 술 / 惡習: 나쁜 습관 / 惡行: 나쁜 짓

衣: 옷, 의복

國 衣架飯囊: 옷걸이와 밥주머니 → 쓸모없는 사람

衣食足而後知廉恥: 먹고 입는 것이 넉넉해야 염치를 안다.

食: 음식, 먹을 것 → 孝行 篇 (4) 참조

惡衣惡食: 거친 옷과 맛없는 음식 ↔ 好衣好食: 좋은 옷과 좋은 음식

惡衣惡食 御之不慍: (故人께서는) 악의악식을 드려도 화내지 않으셨습니다(王安石).

者: ~(하)면 → 순접(順接)의 접속사 ※ 天命 篇 (5) 참조

足: ~할 (만한) 가치가 있을, (족히) ~할 만할 → 주로 부정형(否定形)으로 쓰임

國 微不足道: 하찮아서 언급할 가치도 없다. / 國 不足挂齒: 전혀 입에 담을 만한 가치도 없다.

與: ~과, ~함께, 더불어

國 與民同樂: 백성들과 함께 즐거워하다.

與世界各國和平共處: 세계 각국과 더불어 평화롭게 공존하다.

議: 논의할, 의논할, 토의할, 협의할

議政: 정사를 논의하다. / 議親: 혼사를 논의하다. / 議定書: (전권위원이) 논의해서 정한 사항을 조인한 문서 / 國 議而不決: 의논만 하고 결정을 못 하다.

| 出典 |

論語(里仁)

(46) 士有妬友則賢交不親 君有妬臣則賢人不至

선비에게 질투하는 친구가 있으면 현명한 친구들이 (그 선비에게) 가까이 가지 않고 임금에게 질투하는 신하가 있으면 어진 사람들이 (그 임금에게) 다가가지 않는다(荀子).

| 字句 풀이 |

妬(=妒): 질투할, 시기할

療妬無方: 질투를 고칠 약은 없다. / 戚 妬賢嫉能(=嫉賢妬能): (자기보다) 현명하고 능력 있는 자를 질투하다. / 妬花女: 꽃을 질투하는 여자 → 투기(妬忌)가 심한 여자 / ※ 다음은 妬花女에 관한 글이다.

武陽女嫁阮宣 家有一株桃樹 華葉灼耀 宣嘆美之 武陽女大怒 使婢取刀斫樹: 武陽(땅이름) 여자가 완선에게 시집을 갔는데 집에 한 그루의 복숭아나무가 있어 꽃잎이 불이 붙은 것처럼 빛이 나고 있었다. 이에 완선이 그 아름다움에 감탄하자 武陽女가 크게 화가 나서 하녀로 하여금 칼로 나무를 찍게 하고 꽃을 꺾어 버렸다[摧折其華 南朝宋 虞通之(妬記)].

友: 벗, 친구 → 戒性 篇 (5), 訓子 篇 (5) 참조

則: ~하면 곧, ~하면 ~할 → 순접의 접속사 ※ 正己 篇 (5), 正己 篇 (22) 참조

交: 벗, 친구

新交: 새 친구 ↔ 舊交: 옛 친구 / 至交: 절친한 벗 / 黨必多 交必親矣: 무리(집단)는 많아야 하고 벗은 친밀해야 한다(管子). / 戚 貧賤之交(=布衣之交): 가난하고 비천할 때의 친구

親: 가까이할, 접근할, 닿을, 접촉할

新涼入郊墟 燈火稍可親: 초가을의 서늘한 기운이 성 밖 언덕에 스며드니 등불을 가까이하기에 (글을 읽기에) 꼭 좋구나(韓愈).

男女授受不親 禮也: 남녀가 (물건을) 주고받을 때 (손이) 닿지 않는 것이 예다[孟子(離婁上)].

至: 이를, 도달할, 올, 갈 → 繼善 篇 (9), 省心 篇 (上) (27) 참조

---

(47) 天不生無祿之人 地不長無名之草

하늘은 (저 먹을) 복도 없는 사람을 만들어 내지 않고, 땅은 이름도 없는 풀을 기르지 않는다.

| 字句 풀이 |

生: 만들, 만들어 낼, 조작(造作)할, 생산할 → 存心 篇 (20) 참조

禄: (행)복

福祿: 타고난 복과 나라가 주는 봉녹(俸祿) / 百祿(=百福, 多福): 온갖 복, 많은 복 많은 봉녹 / 布政優

優 百祿是遒: 너그럽고 온화하게 정사를 시행하면 온갖 복이 몰려든다(左傳). / 臣無隱忠 君無蔽言 國

之祿也: 신하가 진심을 숨기지 않고 군주가 언론을 막지 않으면 (이는 곧) 나라의 福이다(戰國策). / 罄

無不宜 受天百祿: 모두 다 좋지 않은 것이 없고 하늘이 내리는 온갖 복을 받았다[詩 (小雅, 天保)].

地: 땅 → 正己 篇 (26) 참조

長: 기를, 키울

長我育我: 나를 기르시고 나를 먹여 살리셨네[詩(小雅)].

長孤幼 養老疾: 어린 고아를 키우고 늙어 병든 사람을 부양하다(左傳).

名: 이름 → 正己 篇 (4), 勤學 篇 (6) 참조

草: 풀 → 繼善 篇 (9), 勤學 篇 (7) 참조

---

(48) 大富由天 小富由勤

큰 부자는 하늘에 달려 있고 작은 부자는 부지런함에 달려 있다.

| 字句 풀이 |

富: 부자

巨富(=大富): 큰 부자 / 甲富(=首富): 첫째가는 부자 / 猝富: 벼락부자

由: ~에 달려 있을, ~에 말미암을, ~때문일 → 順命 篇 (5) 참조

勤: 근면, 부지런함 → 正己 篇 (7), 正己 篇 (20) 참조

---

(49) 成家之兒 惜糞如金 敗家之兒 用金如糞

집안을 일으킬 아이는 똥을 황금과 같이 아끼고 집안을 망하게 할 아이는 돈을 똥처럼 (천하게) 쓴다.

※ 惜糞如金의 이해를 돕는 말: 옛날에는 논밭에 거름으로 쓰려고 새벽이면 개똥 줍는 사람이 많았으며 그 사람들을 모두가 칭찬했었다.

成: 이룰 → 訓子 篇 (2) 참조

成家: 집안을 이루다(일으키다), 부자가 되다, 가문을 부지하다. ↔ 敗家: 가문을 무너뜨리다.

㉓ 成家立業: 집안을 일으키고 가업(家業)을 세우다.

※ 중국인들은 成家를 "興家"로 풀었는데 뜻은 成家와 같다.

兒: 아이, 아동, 어린이 → 訓子 篇 (9) 참조

惜: 아낄, 소중히 여길, 중시할 → 省心 篇 (上) (33) 참조

糞: 똥, 대변

糞尿(=糞便): 똥오줌 / 糞廁(=糞溷): 뒷간, 변소 / 糞池(=糞坑, 糞缸, 糞桶): 똥통 / 糞門(=肛門): 똥구멍

金: 황금 → 繼善 篇 (6), 訓子 篇 (3) 참조

敗: 망할, 망하게 할, 망칠, 몰락할, 몰락시킬

敗家: 가정을 망하게 하다. → 가산(家産)을 탕진하여 없애다. ↔ 成家: 가정을 일으키다.

㉓ 敗家亡身: 가산을 탕진하고 몸도 망치다. / 敗家子弟: 가산을 탕진한 자제 / 家敗人亡: 집안은 몰락하고 사람은 죽고 없다.

用: 쓸, 사용할 → 存心 篇 (13), 省心 篇 (上) (1) 참조

金: 돈 → 訓子 篇 (3) 참조

---

(50) 閑居愼勿說無妨 纔說無妨便有妨, 爽口物多終作疾 快心事過必有殃, 與其病後能服藥 不若病前能自防

(무사해서) 한가로이 지낼 때 "아무런 걱정할 일이 없다"라고 제발 말하지 말라. 금방 "무방(無妨)하다"라고 말하자마자 곧바로 걱정거리가 생길 것이다. 맛있는 음식물을 많이 먹으면 결국은 병이 생기고 마음을 즐겁게 해 주는 일도 度가 지나치면 반드시 재앙이 따른다. 병이 난 후에 약을 잘 먹는 것보다는 차라리 병이 나기 전에 스스로 예방을 잘하는 편이 더 나을 것이니라(康節邵先生).

| 字句 풀이 |

閑: 한가할 → 安分 篇 (6), 戒性 篇 (8) 참조

愼: 제발, 부디, 아무쪼록 → 勿, 莫, 毋 등과 連用하여 경계의 뜻을 나타냄

此墻危險 愼勿靠近: 이 담은 위험하니 제발 접근하지 마시오.

若漢挑戰 愼勿與戰: 만약 한나라가 싸움을 걸더라도 부디 함께 싸우지 말라[史記(高祖紀)].

妨: 나쁠, 해로울, 해롭게 할, 해칠, 거리낄, 지장이 있을, 장애가 될 → 주로 부정문과 의문문에서 不妨 (=無妨), 何妨 등의 형태로 쓰인다.

無妨(=不妨): 괜찮다, 상관없다, 거리낄(방해될, 지장될) 것이 없다, 아무 문제가 (걱정할 것이, 해로울 것이) 없다, 해롭잖다.

一個人做也無妨: 혼자 해도 괜찮다. / 他的病無妨: 그 병은 크게 걱정할 것이 없다. / 這樣做到無妨: 이렇게 하더라도 지장이 없다. / ㉚ 無妨無礙: 조금도 지장이 없다, 그 어떤 어려움도 없다. / 花時啼鳥不妨喧: 꽃피는 시절에 우는 새는 시끄러워도 괜찮다(宋, 梅堯臣). / 不妨早點出發: 일찌감치 출발해도 상관없다. / 何妨試試看: 시험 삼아 해 보는 것도 괜찮지 않은가?

纔: 방금, 막, 이제(지금) 막 → 纔~便(또는 就)의 형식으로 두 개의 동작이 거의 동시에 일어남을 나타냄

纔來就要回去: 오자마자 가려고 한다. / 纔坐下就要去: 앉자마자 가려고 한다.

有: 나타날, 생길, (없던 것이) 발생하거나 출현함

我有病了: 내가 병이 났다. / 一有問題就解決: 한번 문제가 생기면 곧 해결한다. / 弟子皆有飢色: 제자들 모두에게 배고픈 기색이 나타났다(荀子).

爽: 상쾌할, 시원할, 개운할, 맑을 → 正己 篇 (11) 참조

爽口: (음식이) 맛있다, 개운하다, 상큼하다, 상쾌하다, 시원하다

喫着爽口: 먹어 보니 맛이 좋다. / 香瓜爽口: 참외가 (맛이) 시원하다. / 爽口食多應損胃 快心事過必爲殃: 맛있다고 많이 먹으면 위를 해치고, 즐거운 일도 지나치면 반드시 재앙이 된다(醒世恒言).

物: 물건 → "형용사나 동사 + 物"의 형식일 때

公物: 공공물(公共物) / 玩物: 장난감 / 浮物: 동산(動産) / 食物: 음식물

終: 마침내, 결국, 끝내 → 正己 篇 (26), 省心 篇 (上) (21) 참조

作: (생겨)날, 생길, 발생할, 발작할

作病: 병이 나다. / 作嘔: 구역질이 나다. / 令人作嘔: (사람을) 역겹게 하다. / 惟酒可以忘憂 但無如作病何耳: 오직 술만이 근심을 잊게 한다. 단 (그로 인해) 병이 나면 어떻게 할 수가 없을 뿐이다(晉書).

疾: (질)병

目疾: 눈병 / 瘧疾: 말라리아 / ㉚ 積勞成疾: 피로가 쌓여 병이 되다.

父母唯其疾之憂: 부모는 오직 (그 자식의) 병을 걱정한다[論語(爲政)].

快: 기쁘게(즐겁게) 할

大快人心: 남의 마음을 매우 기쁘게 해 주다. / 靡獘中國 快心匈奴 非長策也: 피폐한 중국이 흉노를 만족하게 해 주는 일은 좋은 계책이 아니다(史記).

過: (분수에) 넘칠, 지나칠, 초과할

過譽: 과찬하다. / 過福: 지나치게 호강하다, 복에 겹다. / 過分的生活: 분수에 넘치는 생활 / ㉚ 小心沒

過逾的: 아무리 조심해도 지나치지 않다.

殃: 재난, 재앙, 화(禍)

殃及無辜: 죄 없는 사람에게까지 화가 미치다. / [成] 城門失火 殃及池魚: 성문에 불이 나니 연못의 고기가 禍를 당한다. → 이유 없이 재난을 당한다.

與其: "~하느니(~하기보다는) 차라리 ~하는 편이 낫다"라는 뜻을 나타내는 문장의 형식은 "與其~, 不若(不如, 寧, 毋寧, 寧可)~"가 된다 → 두 單文을 비교하여 취사(取捨)하는 경우인데 與其는 捨(버리는) 쪽이다.

與其坐車 不若坐船: 차를 타는 것보다 차라리 배를 타는 것이 낫다. / 與其讀論語 不如看小說: 논어를 읽느니 차라리 소설을 읽는 것이 낫다. / 與其天冷 寧可天熱: 날씨가 추운 것보다 차라리 더운 것이 낫다. / 禮 與其奢也 寧儉 喪 與其易也 寧戚: 예는 사치하기보다는 차라리 검소해야 하고 상례는 잘 치르기보다는 차라리 슬퍼해야 한다[論語(八佾)].

能: (어떤 일을) 잘할

能事: 잘하는 일, 자신 있는 일 / 他很能喝酒: 그는 술을 매우 잘 마신다. / 我們班裏 他最能寫: 우리 반에서 그가 글씨를 가장 잘 쓴다.

病: 병이 날, 앓을 → 孝行 篇 (2), 存心 篇 (13) 참조

前: (시간으로) 앞, 이전

從前: 이전(부터) / 日前: 요전, 며칠 전 / 兩天前: 2~3일 전 / 晚飯前: 저녁 식사 전 / 史無前例: 역사상 전례가 없다.

| 參考 |

康節邵先生: 天命 篇 (2) 참조

---

(51) 妙藥難醫冤債病 橫財不富命窮人 生事事生君莫怨 害人人害汝休嗔 天地自然皆有報 遠在兒孫近在身

신묘(神妙)한 영약(靈藥)도 억울한 죗값 때문에 원통해서 생긴 병은 고칠 수 없고, 뜻밖에 들어온 큰돈도 운명적으로 가난한 사람은 부유하게 할 수 없느니라. 사건을 만들면 그 사건이 또 다른 사건을 만들더라도 그대는 불평하지 말고 남을 해롭게 하면 (보복으로) 남도 해롭게 하는 것을 그대는 탓하지 말지니라. 천지간에 존재하는 사물은 모두 다 앙갚음이(應報가) 있나니 멀리는 자손에게요, 가까이는 자기 자신에게 있느니라(梓潼帝君垂訓).

| 字句 풀이 |

妙: 미묘할, 玄妙할, 신비할, 심오할

妙用: 신묘한 작용, 불가사의(不可思議)한 효능 / 妙訣: 비결, 비방, 비법, 묘책 / 㞡 神機妙算: 신묘하고 오묘한 계략 / 㞡 妙手回春: (의사의) 현묘한 솜씨로 죽게 된 환자의 건강을 되찾아 주다.

妙藥: 특효약, 만병통치약, 신효(神效)한 약, 신약(神藥), 영약(靈藥)

㞡 靈丹妙藥: 영묘(靈妙)한 효험이 있는 특효약

難: ~할 수 없을→ 省心 篇 (上) (19) 참조

醫: 병을 고칠, 치료할

有病早醫: 병이 있으면 빨리 고치다. / 㞡 醫得病 醫不得命: 병을 고칠 수는 있어도 운명은 고칠 수 없다.→ 죽을 팔자인 사람은 구할 수 없다.

冤: 억울할, 원통할

冤案: 오판(誤判)에 의한 억울한 안건(사건) / 冤鬼: 원통하게 죽은 사람의 귀신 / 平反冤案: 원안을 바로잡아 설원(雪冤)하다. / 暴政之下 必有冤民: 폭압 정치에는 반드시 억울한 백성이 있다.

債: 빚, 부채

還債: 빚을 갚다. ↔ 借債(=負債, 欠債): 빚을 내다. / 討債: 빚을 독촉하다. / 放債: 빚을 놓다. / 冤債: 억울하게 받는 죗값 / 冤債 佛語也 以積惡而所負之罪謂之債 今非有積惡而負此罪謂之冤債: "원채"란 불교 용어다. 악한 짓을 많이 해서 짊어진 죄를 "債"라 하는데 지금 악한 짓을 하지 않았는데도 이 죄를 짊어지게 되면 이를 "冤債"라 한다(古今釋林).

橫: 뜻밖의, 의외의, 갑작스러운, 정상이 아닌

橫禍: 뜻밖의 (불의의) 재난

橫財: 뜻밖에 얻은 재물, 힘들이지 않고 얻은 재물, 부당한 방법으로 얻은 재물, 분수에 맞지 않는 재물

大發橫財: 크게 횡재하다.

富: 부유하게 할, 풍부하게 할, 사부(使富), 잘살게 할

富民政策: 백성을 잘살게 하는 정책 / 㞡 富國强兵: 나라를 부유하게 하고 군대를 강하게 하다.

旣庶矣 又何加焉 曰富之: "이미 (사람들이) 많아졌으면 또 무엇을 더 해야 합니까?" 하고 (염유가) 여쭈니 (공자께서) 말씀하시기를 "그들을 잘살게 해야 한다"라고 하셨다[論語(子路)].

命: 운명, 천명 → 順命 篇 (1) 참조

窮: 가난할, 구차할, 궁할 → 省心 篇 (上) (33) 참조

怨: 원망할, 탓할, 불평할

㞡 怨天尤人: (자신은 탓하지 않고) 하늘과 남들을 원망하다. / 別怨命不好: 운명이 나쁘다고 불평하지 마라. / 不怨別人怨自己: 남을 탓하지 말고 자신을 원망하라.

害: 해칠, 해롭게 할 → 天命 篇 (5) 참조

人: 남, 타인, 다른 사람 → 繼善 篇 (8), 省心 篇 (上) (16) 참조

汝: 너, 그대

汝輩(=汝曹, 汝等): 너희들 / 我願助汝等: 나는 너희들을 돕고 싶다

休: (하지) 말 → 戒性 篇 (4) 참조

嗔: 원망할, 탓할, 불평할

他從來不嗔人: 그는 여태껏 남을 탓한 일이 없다

枯榮不等嗔天公: (사람의) 榮枯(영고성쇠)가 고르지 않다고 하느님을 원망하다(李賀).

天地自然: 천지간에 존재하는 저절로 된 일체의 사물

報: 응보, 갚음, 보답, 대가 → 存心 篇 (6) 참조

善有善報 惡有惡報: 선행에는 선보(善報)가, 악행에는 악보(惡報)가 있다.

在: ~에 있을 → 天命 篇 (2), 正己 篇 (9), 勤學 篇 (1) 참조

兒: 아들, 사내자식

親兒子: 친아들 / 生兒育女: 아들딸을 (자녀를) 낳아 기르다. / 他有一兒一女: 그는 아들 하나와 딸 하나가 있다.

兒孫: 아들과 손자, 자손, 후손, 후대

㊉ 兒孫自有兒孫福 莫爲兒孫作馬牛: 자손들은 본래 제 복들을 타고나는 것이니 (부모들은) 그들을 위하여 마소처럼 일하지 말라.

近: 가까울 → 勤學 篇 (1) 참조

身: 자기, 자신 → 孝行 篇 (5), 正己 篇 (26), 存心 篇 (17) 참조

| 參考 |

梓潼帝君: 도교에서 인간의 功名과 祿位를 관장하는 神의 하나로 여기며 중국 四川의 梓潼廟에 奉安됨.

---

(52) 花落花開開又落 錦衣布衣更換着 豪家未必常富貴 貧家未必長寂寞 扶人未必上靑霄 推人未必塡溝壑 勸君凡事莫怨天 天意於人無厚薄

꽃은 지면 다시 피고 피면 또 진다. (花無十日紅이라고 했으니 사람도 때가 되면) 비단옷은 베옷으로 베옷은 비단옷으로 갈아입게 되느니라. 권세와 재산이 있는 집도 반드시 항상 부귀한 것이 아니고, 가난한 집도 반드시 항상 쓸쓸하고 외로운 것이 아니다(음지가 양지 되고 양지가 음지 되느니라). 사

람을 부축해 주어도 푸른 하늘(출셋길)을 반드시 오르는 것은 아니고, (또) 사람을 밀어서 떨어뜨려도 반드시 溝壑(주검의 골짜기)으로 넘어지는 것은 아니다. 그대에게 권하노니, 모든 일에서 하늘을 원망하지 말라. 하늘의 뜻은 인간에게 (누구는) 후대하고 (누구는) 박대함이 없느니라.

※ 錦衣: 존귀한 사람의 옷 ↔ 布衣: 서민의 옷

| 字句 풀이 |

花: 꽃

㊇ 花朝月夕: 꽃 피는 아침과 달 밝은 밤 → 음력 2월 15일과 8월 15일을 지칭함

蝴蝶在花叢中飛舞: 나비가 꽃밭에서 춤을 추며 날고 있다.

落: 떨어질 → 꽃이나 잎이 질

凋落: (꽃이나 잎이) 시들어 떨어지다. / 花瓣落了: 꽃잎이 떨어졌다. / 草木零落: 풀과 나뭇잎이 시들어 떨어지다(禮記). / ㊇ 葉落歸根: 잎이 떨어져서 뿌리로 돌아간다. → 모든 사물은 근본으로 돌아간다.

開: 꽃이 필

㊇ 春暖花開: 봄이 되어 날씨가 따뜻해지고 꽃이 피다. / ㊇ 開花結果: 꽃이 피고 열매를 맺다. → 일이 순조롭게 되다. / 桃花含雨開: 복숭아꽃이 비에 젖은 채 피어 있다(梁簡文帝).

又: 또, 다시, 거듭 → 繼善 篇 (4) 참조

錦: 비단, 비단옷

㊇ 錦上添花: 비단 위에 꽃을 더하다. → 좋은 일에 (또 다른) 좋은 일이 생기다. / 錦繡: 비단과 繡, 비단에 수를 놓다. → 錦繡江山: 비단에 수를 놓은 듯 아름다운 강산(우리나라를 비유) / 衣錦尙絅: 비단옷을 입은 위에 홑옷을 덧입다(中庸). → 德을 드러내지 않고 감추다.

衣: 옷, 의복 → 省心 篇 (上) (45) 참조

錦衣: 비단옷 → 화려한 옷, 존귀한 사람의 옷차림

㊇ 錦衣還鄉(=衣錦還鄉): 비단옷을 입고(출세하여) 고향에 돌아가다(돌아오다).

㊇ 錦衣夜行(=衣錦夜行): 비단옷 입고 밤길 가기 → 보람이 없는 짓을 공연히 하다.

布: (목화, 삼, 모시 등으로 짠) 베

棉布: 무명 / 麻布: 삼베 / 一匹布: 베 한 필

布衣: 베옷, 벼슬하지 않는 사람이 입는 옷 → 벼슬하지 않는 사람, 無位無官人

白衣: 평민, 서민 / ㊇ 布衣寒士: 벼슬이 없는 가난한 선비 / ㊇ 布衣(之)交: 가난했을 때부터 사귄 친구

更: 바꿀, 교대할, 교체할

更衣: 옷을 갈아입다. / 更名: 이름을 바꾸다(고치다). / 政權更迭: 정권교체(되다) / 更衣室: 옷을 갈아입는 방 → 脫衣室

換: 갈, 바꿀, 교체할, 대체할

換衣(服): 옷을 갈아입다. / 換羽: (새가) 털갈이하다. / 換節期: 계절이 바뀌는 시기 / 以貨換貨: 물물교환하다. / 換乘公共汽車: 버스로 갈아타다.

更換: (새것으로) 갈다(바꾸다, 교체하다).

更換位置: 위치를 바꾸다. / 更換零件: 부품(部品)을 갈다. / 更換比賽場地: 경기 장소를 바꾸다.

着: (옷을) 입을, (몸에) 걸칠

着衣: 옷을 입다. → 着衣鏡: 몸거울, 체경(體鏡) / 穿着: 옷을 입다, 옷차림 → 穿着整齊: 옷차림(복장)이 단정하다. / 喫着不愁: 먹고 입는 데 걱정이 없다.

豪: 권세가 있는 → 順命 篇 (5) 참조

未必: 반드시 ~하는 것은 아님, 꼭 그렇다고는 할 수 없음 → 繼善 篇 (6) 참조

常: 늘, 항상 → 正己 篇 (22), 安分 篇 (4), 存心 篇 (8) 참조

長: 늘, 항상, 언제나. 영원히

與世長辭: 세상과 영원히 고별하다. / 門雖設而長關: 비록 문은 있지만 언제나 잠겨져 있다(陶潛). / 吾長見笑於大方之家: 나는 늘 식견이 넓은 전문가에게 웃음거리가 되고 있다[莊子(秋水)]. → 謙辭로 쓴 말

寂: 쓸쓸할, 외로울, 적적할

寂寂(=孤寂): 외롭고 쓸쓸하다. → 寂寂的童時: 외롭던 어린 시절 / 枯寂的生活: 메마르고 (생기가 없고) 쓸쓸한 생활 / 幽寂的古寺: 외지고 적적한 옛 절

寞: 쓸쓸할, 외로울, 적적할

㊠ 寞天寂地: 외롭고 쓸쓸하기 그지없다.

寂寞: 쓸쓸하다, 외롭다, 적적하다, 고요하다

身邊無人陪伴 老人感到寂寞: 몸 곁에 모실 사람이 없어서 노인은 외로움을 느낀다.

晚上只剩下我一個人在家裏 眞是寂寞: 밤에 나 혼자만 집에 남아 있으니 정말 쓸쓸하구나!

扶: 붙들, 붙들어 줄, 부축할, (손으로) 떠받칠, (힘이 되어) 받쳐 줄

扶上馬: 붙들어서 말에 오르게 하다. / 扶上車: 부축하여 차에 태우다. / 把他扶起來: 그를 떠받쳐 일으켜 세우다. / ㊠ 扶老携幼: 노인은 부축하고 어린이는 이끌다.

上: (낮은 데서 높은 데로) 오를

上樓: 다락(위층)에 오르다. / 上床睡覺: 침대에 올라가 잠을 자다. / 上山求魚: 산에 올라 물고기를 찾다(=물불 안 가리다). =㊠ 緣木求魚 上刀山 下火海: 칼산을 오르고 불바다에 뛰어들다.

靑: 푸를 → 存心 篇 (2), 勤學 篇 (2) 참조

霄: 하늘

霄壤(=天壤): 하늘과 땅 / 勝利凱歌冲九霄: 개선가가 하늘 높이 울려 퍼지다. → 九霄(=九天): 가장 높은

하늘 / 氣冲霄漢(=氣凌霄漢): 의기가 하늘을 찌르다. → 霄漢: 하늘 / ※ 참고로 天漢은 天河(은하수)임

青霄: (푸른) 하늘

青霄路: 하늘로 통하는 길 → 출세를 모색하는 통로, 출셋길

青霄直上(=青雲直上): 하늘에 곧장 오르다. → 출세가 빠르다, 벼락감투를 쓰다.

推: (뒤에서) 밀, 밀칠(→ 힘껏 밀다), 밀어서 떨어뜨릴

我推了他一把: 내가 그를 한 번 밀쳤다. / 或輓之 或推之: 앞에서 끌기도 하고 뒤에서 밀기도 하다(左傳). / 推亡固存 國之道也: 망하게 될 나라는 밀어서 전복시키고 존속될 나라는 튼튼하게 해 주는 것이 나라의 도리다(左傳).

塡: 넘어질, 부도(仆倒), 顚과 통용

塡仆: 넘어지다, 쓰러지다, 거꾸러지다. / 塡仆溝壑: (주검의) 골짜기로 거꾸러지다(魏書).

溝: 도랑, 개천

挖溝: 도랑을 파다. / 淘溝: 도랑을 치다. / 旱溝: 물이 마른 도랑 / 溝中瘠: 떠돌아다니다가 죽어 도랑에 버려진 사람 / 卑宮室而盡力乎溝洫: (禹 임금은) 궁실은 낮게 하시면서 (전답의) 봇도랑 일에는 전력하시었다[論語(泰伯)].

壑: 구렁, 골(짜기), 산골짜기, 산곡(山谷) → 두 산 사이의 오목한 곳

㉿ 千山萬壑: 수많은 산과 골짜기 / 嘗有不葬其親者 其親死 則擧而委之於壑: 옛날에 어버이를 장사지내지 않는 자가 있었는데 그 어버이가 죽자 (시체를 들것에) 들어다가 구렁에 버렸다오[孟子(滕文公上)].

溝壑: 도랑이나 골짜기, 구렁 → 객사(客死)하거나 변사(變死)한 시체가 버려지는 곳

志士不忘在溝壑: 큰 뜻을 품은 사람은 자기의 시체가 구학에 버려질 것을 잊지 않고 있다[孟子(滕文公下)]. → 큰 뜻을 품은 자는 죽음을 두려워하지 않는다는 뜻

勸: 권(고)할, 충고할, 타이를 → 正己 篇 (26) 참조

君: 그대, 자네 → 正己 篇 (26) 참조

凡: 모든 → 正己 篇 (20), 戒性 篇 (10) 참조

厚: 후할, 관대할, 너그러울

爲人厚重: 사람됨이 너그럽고 듬직하다. / ㉿ 厚此薄彼: 이쪽은 후하고 저쪽은 박하다, 불공평하다, 편애하다.

薄: 야박할, 냉담할, 박정할

沒有薄厚(=無厚薄): 편파적이 아니다. / 二人的交情不薄: 두 사람의 정분이 깊다.

(53) 堪歎人心毒似蛇 誰知天眼轉如車 去年妄取東隣物 今日還歸北舍家 無義錢財湯潑雪 儻來田地水推沙 若將狡譎爲生計 恰似朝開暮落花

사람의 마음이 악독하기가 뱀과 같아서 (자못) 한탄을 자아내기에 족하도다. (세상을 살피고 있는) 하늘의 눈이 수레바퀴처럼 (쉬지 않고) 돌고 있는 것을 누가 알겠는가? (아무도 모르겠지...) 지난해에 법을 어기고 빼앗았던 동쪽 이웃의 재물을 오늘은 북쪽 집으로 돌려주는구나. 옳지 않은 돈이나 재물은 끓는 물에 눈송이를 뿌리듯이 없어지고 뜻밖에 생긴 전답은 (세찬) 물살이 모래를 밀고 가버리듯이 사라질 것이다. 만약 간교한 속임수로 생계의 수단으로 삼는다면 (이는) 흡사 아침에 피었다가 저녁에 지는 꽃과 같아서 덧없고 허망스러울 것이니라.

| 字句 풀이 |

堪: (~하기에) 족할, ~할 만할, 할 수 있을

堪議: 논의할 만하다. / 堪當重任: 중임을 맡기에 족하다. / 不堪設想: 상상할 수도 없다. / 堪稱傑作: 걸작이라고 말하기에 족하다, 걸작이라고 말할 만하다

歎: 한탄할, 탄식할

仰天長歎: 하늘을 우러러 길게 탄식하다. / ㉎ 歎老嗟卑: 늙음과 낮은 지위를 한탄하다.

毒: 악독할, 악랄할, 잔인할

用心惡毒: 심보가 악독하다. / 毒手: 악랄한 수단 → 恐遭毒手 西遊記: 악랄한 수단에 당할까 두렵다.

似: (똑)같을, 마치~과(와) 같을 → 存心 篇 (8), 省心 篇 (上) (11) 참조

蛇: 뱀

蝮蛇: 살무사 / 蛇蝎: 뱀과 전갈 → 해롭고 혐오감을 주는 사람에 비유함 / 蛇蝎視: 뱀이나 전갈처럼 여기고 싫어함 / 蛇呑象: 뱀이 코끼리를 삼키다. → 분수도 모르고 욕심을 부리다.

誰: 누구

㉎ 誰是誰非: 누가 옳고 누가 그른가? / 誰知(道): (~을) 누가 알겠는가? 아무도 (~인 줄은) 모른다.

眼: 눈 → 正己 篇 (26) 참조

轉: (빙빙) 돌, 돌아갈, 회전할

輪子轉得很快: 바퀴가 매우 빨리 돈다. / 團團轉: 빙글빙글 돌다. → 陀螺團團轉: 팽이가 빙글빙글 돌고 있다. / 詢創意造渾天儀 不假人力 以水轉之: 경순(耿詢)의 창안으로 혼천의를 만들었는데 人力을

빌리지 않고 물로 돌게 했다[隋書(耿詢)]. / 心思不能言 腸中車輪轉: 심정(心情)을 말로는 할 수 없고 마음속의 수레바퀴만 돌아가고 있다(悲歌行).

車: 수레바퀴, 차륜(車輪)[53)]

去: 이전의, 과거의, 지나간

去夜: 간밤, 지난밤, 어젯밤 / 去月: 전달, 지난달 / 去年: 간해, 지난해, 작년 / 去去月: 전전달, 지지난달 / 去去年: 그러께, 지지난해, 재작년

去日: 이미 지난 날(=過日, 往日, 舊日) → "어제"는 去日이 아니고 昨日로 쓴다.

年: 해, 년 → 存心 篇 (12) 참조

妄: 법을 어길, 법에 어긋날, 분수를 벗어날

彼好專利而妄: 그는 자기의 이익만 도모하기를 좋아하여 법을 어기고 분수를 벗어난다(左傳).

取: 빼앗을, 탈취할

取亂侮亡: (정치가) 어지러운 나라는 빼앗고 망할 나라는 업신여긴다(書經).

取亂存亡: 혼란한 나라는 빼앗고 망할 나라는 보존시킨다(唐, 陳子昂).

東: 동녘, 동쪽

[成] 東奔西走: (동쪽 서쪽을 막론하고) 사방으로 바쁘게 돌아다닌다.

[成] 旭日東升: 아침 해가 동쪽에서 막 떠오르다. → 생기가 넘치다.

隣: 이웃

四隣: 사방의 이웃 / 近隣: 가까운 이웃

德不孤 必有隣: 덕은 외롭지 않고 반드시 이웃이 있다[論語(里仁)].

物: 재물 → 正己 篇 (26) 참조

今: 오늘, 지금, 이제 → 勤學 篇 (5), 省心 篇 (上) (10) 참조

還: 돌려줄, 반환할, 돌려보낼 → 省心 篇 (上) (34), 廉義 篇 (1) 참조

歸: 돌려보낼, 돌려줄, 반환할

還歸(=歸還): 돌려주다, 반환(返還)하다. / 物歸原主(=物還歸原主): 물건을 원주인(原主人)에게 돌려주다. / [成] 完璧歸趙: 빌린 것을 주인에게 고스란히 돌려주다[54)].

北: 북녘, 북쪽

北面: 북쪽을 향하다(신하의 자리). ↔ 南面: 남쪽을 향하다(임금의 자리).

南面背北: 북쪽을 등지고 남쪽을 바라보다.

---

53) (株)敎學社編 大漢韓辭典의 字解임

54) 春秋 때 和氏璧을 秦나라에서 趙나라로 돌려준 故事에서 유래됨

舍: 집

草舍(=敝舍, 寒舍): 저의 집, 누추한 집 → 草舍는 “초가집”의 뜻도 있다.

※ 舍家의 해석에 대한 所見 → “집”이라는 뜻을 가진 두 글자가 겹쳐 있는데 이런 말은 오늘날에 쓰이지 않는다. 그러나 별수 없이 “집”이라고 해석하는 수밖에 없다고 본다.

義: 옳을, 의로울 → 省心 篇 (上) (15) 참조

錢財: 돈이나 재물

浪費錢財: 돈이나 재물을 낭비하다.

湯: 끓는 물 → 繼善 篇 (10) 참조

潑: (물 등을) 뿌릴

潑街: (길)거리에 물을 뿌리다. / 潑救: 물을 끼얹어 불을 끄다.

潑冷水: 찬물을 끼얹다. → 흥이나 분위기를 깨다.

雪: 눈

雪崩(=雪塌): 눈사태 / 雪花紛飛: 눈송이가 흩날리다. / [成] 雪上加霜: 눈 위에 서리가 덮이다, 엎친 데 덮친 격이다.

儻: 뜻밖에, 우연히, 요행히, 요행으로

儻來: 뜻밖에 생기다, 횡재하다. / [成] 儻來之物(=儻來物): 뜻밖에 생긴 재물, 횡재한 (分外의) 재물

物之儻來, 寄也: 재물이 우연히 오는 것은 (하느님이) 맡긴 것이다[莊子(繕性)]. → 그런고로 값있게 써야 한다는 뜻

田地: 논밭, 전답

田地薄 四面受敵: 논밭은 척박하고 사면으로 적의 공격을 받았다(史記).

沙: 모래

沙礫: 모래와 자갈 / 沙粒: 모래알 / 沙野: 모래벌판 / [成] 沙飛土揚: 토사(흙모래)가 흩날리다.

將: ~로(으로)(써) → 存心 篇 (2) 참조

狡: 교활할, 간교할

狡兎死走狗烹: 교활한 토끼가 죽으면 사냥개는 삶아진다(史記).

[成] 兎死狗烹의 출처 ※ 兎의 本字는 “兔”임

譎: 속일, 거짓말할

晉文公 譎而不正 齊桓公 正而不譎: 진나라 문공은 속임수를 쓰고 정직하지 않으며 제나라 환공은 정직해서 속임수가 없다[論語(憲問)]. / 狡譎: 교활하고 속임수가 많음, 간교한 꾀로 남을 속임, 교사(狡詐)와 같음 / 狡譎之徒: 간교하게 남을 속이는 무리

爲: ~(으)로 삼을(간주할, 여길, 생각할, 칠) → 繼善 篇 (6), 戒性 篇 (5) 참조

生計: 살아갈 계책(방도) / 謀生計: 생계를 모색하다. / 忙于生計: 생계를 꾸려 가기에 바쁘다. / 生計無策: 살아갈 방도가 없다.

恰: 꼭, 바로, 흡사

恰似(=恰如): 꼭(바로, 흡사) ~과(와) 같다. / 恰合時宜: 시의에 꼭 맞다. / 恰合身分: 신분에 꼭 어울리다. / 恰値梅雨時節: 바로 (마침) 장마철이다. / 恰如一幅圖畫: 저녁놀이 흡사 한 폭의 그림과 같다. / ⑱ 恰中下懷: 자기 마음에 꼭 맞다, 내 생각과 꼭 같다.

暖暖柔情恰似和煦的春風: 따뜻하고 부드러운 마음씨는 꼭 훈훈한 봄바람과 같다

---

(54) 無藥可醫卿相壽 有錢難買子孫賢

재상(宰相)의 목숨을 구(救)할 수 있는 약은 없고 돈이 많아도 자손의 현명함을 (돈으로)살 수는 없다.

| 중국인들의 해설 |

沒有藥可以延長卿相的壽命 有錢也難以買來子孫賢德: 재상의 수명을 연장할 수 있는 약은 없고 돈이 많아도 자손의 어진 품행을 살 수는 없다.

沒有妙藥可以延長卿相的壽命 有錢也買不來子孫賢德 → 해석은 동일함

| 字句 풀이 |

無: 없을 → 天命 篇 (2), 省心 篇 (上) (29) 참조

藥: 약 → 存心 篇 (14) 참조

可: ~할 수 있을 → 順命 篇 (3), 正己 篇 (22) 참조

醫

① 병을 고칠, 치료할

頭痛醫頭 脚痛醫脚 不是根本辦法: 머리가 아프면 머리를 고치고 다리가 아프면 다리를 고치는 것은 근본적인 방법이 아니다. ※ 省心 篇 (上) (51) 참조

② "병을 고쳐 사람을 구하다"는 뜻에서 더 나아가 널리 "구하다"는 뜻으로 쓰인다.

醫國手: 대정치가(大政治家) / 上醫醫國 其次醫疾人也: 으뜸가는 의사는 나라를 救하고 그다음의 의사는 아픈 사람을 고친다(國語). / ※ 이 글(원문)에서 "醫"는 ②에 해당한다. 따라서 醫壽는 "목숨을 고치다"가 아니고 "목숨을 구하다"라고 해야 한다.

卿: 경, 옛날 작위의 하나로 대부(大夫) 위의 서열이었으며 지금은 외국의 고위 관리를 지칭한다.

[옛날] 卿大夫: 경과 대부 → 이들은 집정자(執政者)들임

三公九卿: 조선 때의 삼정승(영의정, 좌우정, 우의정)과 구경(육조의 각 판서와 좌참찬, 우참찬, 한성 판윤) / [지금] 國務卿: (미국의) 국무장관

相: 재상, 대신

㉙ 出將入相: 나가면 장수요 조정에 들면 재상이라. → 문무(文武)를 겸전(兼全)하다.

王侯將相寧有種乎: 왕후(왕과 제후)와 장상(장수와 재상)이 어찌 (따로) 씨가 있겠느냐?

卿相: 재상, 대신

夫子加齊之卿相 得行道焉: 선생(맹자)께서 (만약) 제나라의 제상이 되셔서 선생님의 주장을 실현할 수 있게 되신다면[孟子(公孫丑上)]…

壽: 목숨, 수명

天壽(=天命): 타고난 목숨 / 壽終: 천수를 다 누리고 죽다, 자연사(自然死)하다. / ㉙ 壽終正寢: 천수를 다하고 자택(自宅)에서 죽다. / ※ 여자가 죽었을 때는 "正寢" 대신 "內寢"으로 표기한다.

有: 많을, 많이 있을, 풍부할, 풍성할, 풍족할, 부유할

有年: 풍년 / 大有年: 대풍년 / 有錢: 돈이 (많이) 있다, 부유하다. → 有錢的人: 부자 / ㉙ 有錢有勢: 돈이 많고 권력도 있다. / 有的是: 많이 있다, 얼마든지 있다. → 有的是錢(=錢有的是): 많은 것은 돈이다, 돈은 얼마든지 있다. / 君子有酒 旨且有: 군자에게 술이 있는데 맛도 좋고 풍족하다네[詩(小雅)].

買: 살, 구입할

買占: 사재기 → 값이 오를 것을 알고 사들여 쟁이는 일, 買春錢과 酒食의 비용

㉙ 賣刀買犢(=賣劍買牛): 칼(무기)을 팔아 송아지를 사다, 전쟁을 (끝내고) 농사로 돌리다.

---

(55) 一日淸閑一日仙

하루 동안 태평하고 한가로우면 (그게 바로) 하루의 신선이 되는 것이다.

| 字句 풀이 |

一日: 하루 → 繼善 篇 (3) 참조

淸閑: 태평하고 (평온하고) 한가롭다 → 戒性 篇 (8) 참조

仙: 신선

㉙ 仙風道骨: 신선의 풍채와 道人의 골격 → 고아(高雅)한 곡자(容姿) / 蓬萊仙島: (중국의 전설에) 동쪽 바다 가운데 있으며 신선이 살고, 불로초(不老草)와 불사약(不死藥)이 있다는 봉래산(蓬萊山) / ※ 봉래산(蓬萊山)은 우리나라 여름의 금강산(金剛山)을 일컫는 말이기도 하다. / ※ 神仙: 속세를 떠나 자연과 벗하고 고통과 질병과 죽음도 없이 산다는 상상(想像)의 사람

< 省心 篇 (下) >

(1) 知危識險 終無羅網之門 擧善薦賢 自有安身之路 施仁布
德 乃世代之榮昌 懷妬報冤 與子孫之爲患 損人利己 終無顯
達雲仍 害衆成家 豈有長久富貴 改名異體 皆因巧語而生 禍
起傷身 皆是不仁之召

위험함을 미리 알면 언제나 법망에 걸리는 일이 없을 것이요, (평소에) 착한 사람을 등용하고 현명한
사람을 천거하면 (훗날 자신이 어려운 처지에 놓이더라도) 몸을 편안하게 의탁할 길이 자연히 열리게
되기 마련이다. 사랑과 덕을 베풀면 마침내 후손이 대대로 번창하고, 질투심을 품으며 원수에게 복수
를 하고 살면 그 자손들이 근심하게 된다. 남에게 손해를 끼치고 자기만 이롭게 하면 먼 후손에 이르
기까지 내내 현달(顯達)한 자가 나오지 못할 것이며, 많은 사람을 해롭게 하고 자기만 부자가 된다
면 어찌 그 부귀가 오래 갈 수 있을까? 이름을 바꾸게 되고 몸이 잘리는 참화(慘禍)는 모두 교묘한
말 때문에 생기며 재앙이 일어나고 몸이 상하는 것은 모두 다 不仁(어질지 못함)이 불러들이기 때문
이니라(眞宗皇帝御製).

| 字句 풀이 |
危: 위태할, 위험할 → 省心 篇 (上) (5) 참조

識: 알, 알아볼, 분간할, 변별할, 식별할 → 省心 篇 (上) (40) 참조

險: 위험할, 위태로울

脫險: 위험을 벗어나다. / 驚險: 아찔하다, 아슬아슬하다, 손에 땀을 쥐게 하다. → 驚險小說: 공포 소설
/ 驚險的場面: 아슬아슬한 장면 / 眞險 差點兒摔下去: 정말 위험했어, 하마터면 떨어질 뻔했다. / 見險
而能止 知矣哉: 위험함을 내다보고 그만둘 수 있다면 지혜롭지 않은가(易經)?

終: 끝끝내, 끝까지, 내내, 늘, 항상, 언제나, 오래도록 / 一年終: 1년 내내

有斐君子 終不可諼兮: 훌륭한 군자라도 항상 옳을 수는 없다(大學).

官無常貴 而民無終賤: 관리가 언제나 고귀하지 않고 백성이 항상 천하지 않다(墨子).

羅: (새를 잡는) 그물, (捕)鳥網

撒下天羅地網: 하늘에서 땅까지 큰 그물을 치다. → 물샐틈없는 수사망을 펴다.

網: 그물, 법망(法網) → 天命 篇 (6) 참조

羅網: 그물 → (引伸하여) ① 법망(法網) ② 계략, 덫, 함정, 올가미

門: (대)문

㊌ 門可羅雀: 대문 앞에 그물을 쳐 참새를 잡을 만하다. → 손님이 없다.

無羅網之門: 법망으로 들어갈 문이 없다. → 법망에 걸리지 않는다.

※ 중국인들도 "不會落入法網"으로 풀었는데 그 뜻은 "법망에 걸리지 않을 것이다"이다.

擧: 등용할, 기용(起用)할, 올려 쓸

赦小過 擧賢才: 사소한 허물은 용서하고 어진 이와 유능한 사람을 등용하다[論語(子路)].

堯獨憂之 擧舜而敷治焉: 요임금이 홀로 이를 걱정하시고 순(舜)을 기용(起用)하여 정사를 펴 나아가도록 하셨다[孟子(滕文公上)].

善: 착한 사람

禁姦擧善: 간사한 사람을 기피하고 착한 사람을 등용하다(後漢書). / 擧善而教不能則勸: 착한 사람을 등용하여 잘 못 하는 사람을 가르치도록 하면 (백성들은 잘하려고) 힘쓰고 노력할 것이다[論語(爲政)].

薦: 천거할, 추천할 → 인재를 소개하여 쓰게 하다

薦書: 추천서, 소개장 / 昔者 堯薦舜於天而天受之: 옛적에 요임금이 순(舜)을 하늘에 천거하니 하늘이 이를 수락했다[孟子(萬章上)].

自有: 자연히(저절로, 응당, 본래) ~(이) 있다(있게 마련이다)

自有天知: 자연히 하늘이 알게 되어 있다. / 自有之情: 사람이 나면서부터 본래 지닌 정(情), 곧 인의예지(仁義禮智)에 바탕을 둔 정 / ㊌ 自有公論: (일에는) 응당 세상의 여론이 있게 마련이다.

安身: 몸을 의탁하다, 발붙이고 살다, 어려운 처지

無處安身(=沒有安身之地): 몸을 의탁할 곳이 없다. / 初來乍到 無有安身之地: 처음 막 와서 발붙일 곳이 없다. / 安身于世 任重道遠: 세상에 발붙이고 사노라면 책임은 무겁고 갈 길은 멀다.

路: 길 → 繼善 篇 (7) 참조

施: 베풀, 줄 → 繼善 篇 (7), 存心 篇 (5) 참조

仁: 사랑, 애정, 박애(博愛), 인덕(仁德), 인자(仁慈)

樊遲問仁 子曰愛人: 번지가 仁을 물으니 공자께서 "사람을 사랑하는 것이다"라고 하셨다[論語(顔淵)]. / 君子篤於親 則民興於仁: 군자가 (위정자가) 친척에게 애정이 돈독하면 백성들은 그 사랑에 감동하여 분발한다[論語(泰伯)].

布: 베풀, 줄

施恩布惠: 은혜를 베풀다. / 布施: (재물을) 베풀어 주다, 희사하다.

德: (공)덕, 덕행, 선행, 은덕, 은혜 → 繼善 篇 (6) 참조

乃: 결국, 드디어, 마침내 → 勤學 篇 (6) 참조

世: 代, 世 → 가계(家系)를 이어받는 순서

第十世孫: 제10代 손(孫) / 世世孫孫(=代代孫孫): 끝없이 이어지는 代

代: (족보의) 대(代), 세대(世代)

世代: 대대, 여러 대 / 世代務農: 대대로 농사를 짓다. / [成] 代代相傳: 대대로 전해지다, 길이 전하다.

榮: 영광스러울 → 勤學 篇 (6) 참조

昌: 창성할, 번영할, 흥할, 흥왕할

榮昌: 번창하다. / [成] 昌盡必殃: 번영 뒤에는 반드시 재앙이 따른다. / 貧道今晚指引玄德榮昌之地: 오늘 밤 제가(중이 자기를 낮추는 말) 현덕이 번창했던 곳으로 안내하겠습니다(元, 高文秀).

懷: 품을, 간직할

懷恨在心: 마음에 한을 품고 있다. / 胸懷壯志: 가슴에 큰 뜻을 품다.

妬: 질투할, 시기할 → 省心 篇 (上) (46) 참조

報: 보복할, 복수할

[成] 報仇雪恨: 원수를 갚고 (보복하고, 복수하고) 원한을 풀다.

冤: 원수 → 省心 篇 (上) (33) 참조

與: 그, 그것

我國有銅鼓一隻 與厚有一十二寸: 우리나라에 구리로 된 북 하나가 있는데 그 두께가 12촌 정도 된다(西遊記).

爲: 당할, 될, 被에 해당함 → 省心 篇 (上) (43) 참조

患: 근심할, 걱정할 → 存心 篇 (3) 참조

損: 손해를 입힐(끼칠) → 正己 篇 (26) 참조

顯達: 입신출세하다 → 勤學 篇 (6) 참조

雲: 멀(世代相隔較遠함), (代數가) 먼 후손

雲孫: 8대손 → 잉손(仍孫)의 아들

玄孫之子爲來孫 來孫之子爲昆孫 昆孫之子爲仍孫 仍孫之子爲雲孫: 현손의 아들이 내손이고 내손의 아들이 곤손이고 곤손의 아들이 잉손이고 잉손의 아들이 운손이다[爾雅(釋親)].

仍: 7대손

雲仍(=仍雲): 운손(8대손)과 잉손(7대손)을 합친 말로 곧 遠孫(먼 후손)이라는 뜻임

衆: 뭇사람, 많은 사람 → 正己 篇 (16) 참조

成家: ① 부자가 되다 ② 어느 분야(학문, 예술, 기술 등)에서 일가(一家)를 이루다

豈有: (反語에 쓰여) 어찌~할 수가 있는가? → 省心 篇 (上) (31) 참조

長: (시간적으로) 길, 오랠

長別: 오래도록 헤어지다. / ㉄ 夜長夢多: 밤이 길면 꿈이 많다. / 夏季晝長夜短: 여름철에는 낮이 길고 밤이 짧다.

久: (시간이) 길, 오랠, 오래 갈 → 存心 篇 (5) 참조

長久: (시간이) 길고 오래다, 영구하다

長久之計(=長久之策): 영구한 계획(계책)

改: 바꿀, 변경할

改判: 원판결을 바꾸다(뒤집다). / 改宗(=改信): 종교를 바꾸다. / 改名: 이름(명칭)을 바꾸다. / ㉄ 改頭換面: 단지 겉만 바꾸고 내용은 그대로이다. → 간판만 바꾸다. / 我要撒謊 我改姓: 거짓말이라면 내 성을 갈겠다. / 改名換姓: 이름과 성을 바꾸다.

異: 따로따로 떨어질, 나눌, 가를

首足異處 四枝布裂[55] (呂氏春秋) / (부분적 해석) 首足異處: 머리와 발이 분리되다(=살육당하여 죽다). ※ 枝=肢 / (종합적 해석) 머리와 발을 끊어 죽이고 사지(四肢)를 찢다. / 手足異處, 四支布陳[56] (漢, 袁康) / (부분적 해석) 手足異處: 손발이 (끊어져) 따로 놓이다(=사지가 찢겨 죽다)[57]. ※ 支=肢 / (종합적 해석) 수족을 끊어 죽이고 사지를 펴서 늘어놓다.

體: 몸, 신체

身高體重: 신장과 몸무게 / 量體裁衣: 몸을 재서 옷을 재단하다. / ㉄ 體無完膚: 몸에 상처가 없는 곳이 없다, 상처투성이다. / 異體: (이 글에서는) 참수(斬首)를 당하여 몸과 머리가 나뉨을 의미함

因: ~ 때문에, ~로 말미암아, ~(으)로 인하여 → 正己 篇 (26), 勤學 篇 (6) 참조

巧: (말이) 거짓일(겉만 꾸밀, 실속이 없을) → 省心 篇 (上) (36) 참조

巧言不如直道: 교언은 솔직하게 말하는 것만 못하다. / 巧僞不如拙誠: 교묘한 (그럴듯한) 가식보다 서투른 정성이 낫다. / 巧語(=巧言): 교묘하게 꾸며대는(둘러대는) 말, 실속 없는 미사여구, 입에 발린 말 → 省心 篇 (上) (36) 참조

生: 생길, 일어날, 야기할, 나올 → 正己 篇 (22) 참조

禍: 재앙, 재난 → 繼善 篇 (1), 正己 篇 (26), 戒性 篇 (5) 참조

起: 발생할, 일어날, 생길

平地起風波: 평지에 풍파가 일어나다. / ㉄ 見財起意: 재물을 보자 흑심이 생긴다(=見物生心).

---

55) 布裂: 갈라져 나뉘다(=찢어지다).

56) 布陳: 분포하여 진열하다.

57) 부분적 해석은 檀國大學校編 大韓漢辭典의 字解임

禍起蕭墻: 화(禍)가 집안에서 일어나다. → 내분(內紛)이 일다.

傷: 다칠, 상할, 해로울, 해칠 → 正己 篇 (10), 正己 篇 (19) 참조

是: ~때문일 → 원인을 나타냄 ※ 省心 篇 (上) (3) 참조

仁: 어질 → 正己 篇 (26) 참조

之: ~가, ~이, ~는(은) → 主格에 붙는 토임 ※ 孝行 篇 (2), 勤學 篇 (2) 참조

김: 부를 → 孝行 篇 (4) 참조

御: 임금에 관한 사물에 붙이는 경칭(敬稱)

御筆: 임금의 글씨나 그림 / 御路(=御道): 거둥길 / 御寶(=御璽): 옥새 / 御覽: 임금이 보시다.

製: 글, 문장, 시문

御製(=聖製): 임금이 지은 글

| 參考 |

眞宗皇帝: 北宋의 제3대 황제로 성은 趙, 이름이 恒이고 廟號가 眞宗이며 道教를 신봉했다.

---

(2) 遠非道之財 戒過度之酒, 居必擇隣 交必擇友, 嫉妬勿起於心 讒言勿宣於口, 骨肉貧者莫疏 他人富者莫厚, 克己以勤儉爲先 愛衆以謙和爲首, 常思已往之非 每念未來之咎 若依朕之斯言 治家國而可久

도리에 어긋난 재물은 멀리하고 도에 지나친 술을 경계하라. 반드시 이웃을 가려서 살고 친구도 반드시 가려서 사귀어야 한다. 질투는 마음속에서 꿈틀거리지도 못하게 하고 남을 헐뜯는 말은 입에 담지도 말지니라. 혈족 중에 가난한 사람을 소외시키지 말고 타인 중에 부유한 자를 (부자라고 해서) 떠받들지 말라. 자기의 사욕(私慾)을 억제하는 데는 근면과 검소를 첫째로 삼아야 하고, 뭇사람을 (차별 없이) 사랑하려면 겸손함과 온화함을 으뜸으로 여겨야 한다. 지난날의 잘못을 항상 되새겨 생각해 보고 장차 범할지 모를 과오를 늘 걱정해야 하느니라. 만약 朕(나)의 이 말들대로 (실천)한다면 가정이나 나라를 다스림이 장구(長久)할 것이니라(神宗皇帝御製).

| 字句 풀이 |

遠: 멀리할, 가까이하지 않을

敬而遠之(=敬遠): 공경하되 가까이하지는 않다. / 敬鬼神而遠之: 귀신을 공경하되 멀리하다[論語(雍也)].

他爲人刻薄 所以朋友們都遠着他: 그는 사람됨이 각박하기 때문에 친구들 모두가 그를 멀리한다.

非: 어긋날, 위배될, ~에 맞지 않을 → 戒性 篇 (6) 참조

道: 도리(道理) → 사람이 마땅히 행하여야 할 바른길

㊌ 頭頭是道: 말하는 것, 일하는 것, 모두 하나하나가 도리에 맞다. / 吾聞鳥有鳳者 恒出於有道之國: 내가 듣기로 새 중에 봉황이라는 새가 있는데 항상 도리가 살아 있는 나라에 출현한다고 한다(唐, 韓愈).

過: 지나칠, (분수에) 넘칠, 초과할 → 省心 篇 (上) (50) 참조

度: (알맞은) 한도, 정도

强度: (힘의) 세기, (물체의) 굳기 / 飮酒無度: 한도도 없이 음주하다. / 長短適度: 길이가 알맞다.

擇: 가릴, 고를, 선택할

擇一: 하나를 고르다. / 擇日: 날을 받다. / 不擇手段: 수단(방법)을 가리지 않는다. / ㊌ 飢不擇食: 배가 고프면 찬밥 더운밥 가리지 않는다. → 시장이 반찬

交: 사귈, 교제할, 교유(交遊)할

與朋友交而不信乎: 벗과 사귈 때 (혹시) 신실하지 않았는가[論語(學而)]?

※ 曾子가 매일 반성하는 세 가지 중의 하나

嫉: 질투할, 시기할, 시샘할

嫉視: 시기하여 보다. → 질투의 눈으로 보다. / ㊌ 嫉賢妬能: 자기보다 현명하고 능력 있는 사람을 질투하다.

讒: 헐뜯을, 험담할, 비방할, 참언할

聽信讒言: 헐뜯는 말을 곧이 듣다. / 信口讒言: 입에서 나오는 대로 함부로 참언하다. / 讒害忠良: 충실하고 선량한 사람을 헐뜯어서 해치다.

宣: 의사(意思)를 말할, 드러낼, 드러내 밝힐, 토로할, 표현할

含懷不能宣: 가슴에 품고 있는 회포를 다 말할 수 없다(李商隱).

㊌ 心照不宣: 말로는 드러내지 않아도 서로 마음으로 통하고 있다. / 欣感之幸, 筆舌難宣: 기뻐서 감격스러운 그 행복감을 글과 말로는 다 표현하기 어렵다(宋, 蘇軾).

骨: 뼈 → 省心 篇 (上) (19) 참조

肉: (사람의) 살

筋肉: 힘살 → 筋肉勞動: 육체노동 ↔ 精神勞動: 정신노동

㊌ 心驚肉跳(=心驚肉顫): 마음이 놀라서 가슴이 두근거리고 살이 떨리다. → 공포에 떨다.

骨肉: 뼈와 살 → 骨肉之親의 준말로 부모와 자식, 형제와 자매 등의 혈족(血族)을 말한다.

骨肉團聚: 혈족들이 한자리에 모이다.

厚: 떠받들, 후대할, 우대할, 중시할, 존중할

厚待: 우대하다, 후대하다, 후하게 대접하다

㊌ 厚此薄彼: 한쪽은 우대하고 (중시하고) 다른 쪽은 냉대하다(경시하다). → 불공평하게 대하다, 편애하다. / ㊌ 厚古薄今: 옛것을 중시하고 지금 것을 경시하다. ↔ ㊌ 厚今薄古

克: 이길, 억제할, 극복할

㊌ 以柔克剛: 부드러움으로 굳셈을 이기다. / 我戰則克: 나는 싸우면 이긴다(禮記).

克己: 자기의 감정이나 사욕(私慾)을 이성(理性)으로 억제하여 이기다

克己復禮爲仁: 극기하고 예를 실천함이 (곧) 仁이다[論語(顔淵)].

㊌ 克己奉公: 극기하고 공익을 받들다(=滅私奉公).

以~爲: ~을 ~(으)로 여기다(삼다)

以我爲主: 나를 주관자로 삼다. / 以勞動爲光榮: 노동을 영광으로 삼다. / 以廠爲家: 공장을 집으로 여기다.

先: 위(上), 첫째, 수위(首位), 선행사(先行事), 급선무, 중요한 일

以儒教爲先: 유교를 으뜸으로 삼다(北史). / 教學爲先: 가르치고 배우는 일을 첫째로 삼다(禮記).

愛: 사랑할

㊌ 愛之重之: 매우 사랑하고 소중히 여기다. / ㊌ 愛屋及烏: (누구를 사랑하면 그의) 집과 (지붕의) 까마귀까지 사랑한다. / 汎愛衆 而親仁: 뭇사람을 평등하게 사랑하되 특히 어진 이와 가까이 지낸다[論語(學而)].

謙: 겸손할 → 安分 篇 (5) 참조

和: 온화할, 부드러울, 친절할, 따스할

謙和: 겸손하고 온화하다. / 言辭謙和: 말씨가 겸손하고 온화하다. / ㊌ 風和日暖: 바람이 온화하고 햇볕이 따스하다. / 心平氣和: 마음이 평온하고 태도가 부드럽다. / 性謙和 善與人交 賓無貴賤: 성품이 겸손하고 온화해서 남들과 잘 사귀고 손님은 귀천을 가리지 않는다[晉書(良吏傳)].

首: 첫째, 제일, 으뜸

首席: 맨 윗자리 → 首席代表 / 首富: 첫째가는 부자 / ㊌ 首屈一指: 첫째로 손꼽다, 제일(이다), 으뜸(가다).

已往: 과거, 이전, 종전, 지나간 일

不究已往: 이전의 일은 따지지 않는다. / ㊌ 已往不咎: 지나간 일은 책하지 않겠다.

已往的事 就不要再提了: 과거의 일은 더는 언급하지 마라.

非: 과오, 잘못, 악행, 허물 → 正己 篇 (23) 참조

㊌ 文過飾非: 잘못을 감추다(감추어 주다).

每: 늘, 항상, 언제나

每到星期日 就出去玩玩: 언제나 일요일이 되면 놀러 나간다.

無計劃之工作 每不能成功: 계획이 없는 일은 항상 성공하지 못한다.

念: 걱정할, 염려할

釋念: 마음을 놓다, 안심하다. → 希釋念: 아무쪼록 안심하시기 바랍니다.

挂念: 걱정하다, 염려하다. → 挂念母親的病: 어머니의 병환을 걱정하다.

未來: 아직 오지 않은 때, 장래 → 省心 篇 (上) (9) 참조

咎: 잘못, 허물, 과오, 죄(과)

負咎: 잘못의 책임을 지다. / 歸咎于人: 허물을 남에게 돌리다(뒤집어씌우다), 책임을 전가하다.

依: 따를, 좇을, 말을 들을

你依不依? 너는 하라는 대로 하겠는가? / 依着他的話辦: 그의 말대로 하다. / ⑰ 百衣百順: 무조건 따르다.

朕: 짐 → 황제의 자칭(自稱), 나(我)

朕爲始皇帝: 짐은(나는) 시황제다(史記). / 天子自稱曰朕: 천자의 자칭을 짐이라 한다(史記).

斯: 이(것)

如斯之不幸: 이(와) 같은 불행 / 斯人: 이 사람 / 斯時: 이때 / 斯道: 이 길 / 歌于斯 哭于斯: 이로 (이 문제로) 웃기도 하고 울기도 하다.

治: 다스릴, 처리할, 관리할

勤儉治家: 근면과 검소로 집안을 다스리다. / ⑰ 治國安民: 나라를 잘 다스려 백성을 편안하게 하다.

| 參考 |

神宗皇帝: 北宋의 第六代 황제로 성은 趙, 이름이 頊(1048~1085)이고 廟號가 神宗임

---

(3) 一星之火 能燒萬頃之薪 半句非言 誤損平生之德 身被一縷 常思織女之勞 日食三飡 每念農夫之苦 苟貪妬損 終無十載安康 積善存仁 必有榮華後裔 福緣善慶 多因積行而生 入聖超凡 盡是眞實而得

한 점의 불티가 만 경이나 되는 들판의 섶나무도 불태울 수 있고 반 마디의 그릇된 말이 평생 쌓은 공덕도 그르치며 훼손할 수가 있더라. 몸에 한 오라기의 실을 걸치더라도 언제나 베 짜는 여인들의 수고를 생각하고, 하루 세끼 밥을 먹더라도 항상 농부들의 노고를 기억하라. 만일 탐욕과 질투가 (지나치고) 악랄(惡辣)하면 마침내 오랜 세월 동안 (몸과 마음이) 평안함과 건강함을 누리지 못할 것이다. (그러나) 선행을 쌓으며 어진 마음을 품고 살면 반드시 후손들에게 영화가 있느니라. 福緣(인연 소관으로 타고나는 복)이나 善慶(선행을 쌓아서 얻는 복)은 다만(오직) 덕행을 쌓음으로 인해서 생길 뿐이며 범인(凡人)보다 뛰어나 성인의 경지에 들어가려면 모두가 다 참으로 진실해야 만이 뜻을 이룰 수 있을 것이니라(高宗皇帝御製).

| 字句 풀이 |

星: 점, 부스러기, 작은 방울(조각) → (눈에 보이는) 별처럼 작은 것

星火(=火星): 불꽃, 불똥, 불씨, 불티 / 唾沫星子, 침방울 / 星火四濺(=火星四濺): 불똥이 사방으로 튀다. / [成] 星火燎原(=星星之火, 可以燎原): 한 점의 불씨가 온 들판을 태울 수 있다.

能: ~할 수 있을 → 繼善 篇 (6), 戒性 篇 (7), 訓子 篇 (5) 참조

燒: (불)태울, 불사를

燒荒: (개간하려고 또는 적이 방목을 못 하도록) 들판에 불을 지르다. / 燒柴做飯: 나무를 때서 밥을 짓다. / 項羽遂燒夷齊城郭: 항우는 마침내 齊의 성곽을 불태우고 무너뜨렸다(漢書).

萬: 일만, 천의 열 배 → 많은 수를 일컫기도 함

萬國: 세계 모든 나라 / [成] 千軍萬馬(=千兵萬馬): 많은 군사와 군마(=大軍) / 萬乘之國: 일만 대의 병거를 가진 나라[孟子(梁惠王上)] → 大國

頃: 경 → 땅 면적의 단위로 1頃은 100畝임

※ 1步는 1坪(사방 6尺)이고 100步가 1畝인데 秦 이후로는 240步를 1畝라 한다. 그러나 한국에서는 30坪이 1畝이다[58].

萬頃: (한국의 평수로) 3,000만 평 → 地面이나 水面이 한없이 넓다는 표현

[成] 萬頃蒼波(=碧波萬頃): 한없이 너른 바다

薪: 섶(나무), 땔나무

薪水: 땔나무와 물 → 봉급, 급료로 轉義된다. / 喫薪水: 월급으로 생활하다. / 薪水階級: 샐러리맨 계층 / [成] 抱薪救火: 섶을 안고 불을 끄다. → 더 큰 화를 자초하다.

半: (절)반, 2분의 1

半折: 반으로 꺾다. / 半切: 반으로 자르다 / 半之半: 반의 반 / 半價: 반값 / 半曇: (날씨가) 반쯤 흐리다. / 半球: 지구를 동서 또는 남북으로 반분한 것의 한 부분 → 北半球 南半球 / 半眞半假: 진실 반 거짓 반

句: 마디 → 말의 수를 세는 단위

只說一句: 딱 한 마디만 말하다. / 說幾句話: 몇 마디의 말을 하다. / 一句整話: 한마디의 조리가 있는 말

半句: 짧은 말, 一句의 반 → (대개) 一言半句와 같은 말로 쓰임

半句道謝的話沒有: 일언반구 고맙다는 말도 없다.

非: 옳지 아니할, 그를 → 戒性 篇 (4), 省心 篇 (上) (29) 참조

誤: (일을) 그르칠, (손)해를 끼칠, 지장을 줄

切勿自誤: 제발 자신을 망치지 마라. / [成] 誤人子弟: 남의 자식을 망치다(그르치다). /

---

58) 教學社編 大漢韓辭典 참조

誤人不淺: 남에게 적지 않은 해를 끼치다.

損: 손상을 줄, 손상시킬, 훼손할 → 省心 篇 (上) (26) 참조

被: (옷)을 입을, (몸에) 걸칠

及其爲天子也 被袗衣: (舜 임금이) 천자가 되시자 화려하게 수를 놓은 옷을 입으셨다[孟子(盡心下)].

[成] 被褐懷玉: 거친 베옷을 입었지만 옥을 품고 있다. → 옷은 초라해도 학문과 덕망이 높다.

縷: 실, 올

一縷(=一縷綫, 一絲一縷): 한 오라기의 실, 실 한 올(가닥) / ※ 一縷가 가늘고 약한 형세를 비유할 때는 "一縷의 希望"으로 쓰인다. / ※ 縷의 뜻에 대한 考察 / 縷의 뜻은 "실"이지만 한편 褸(누더기)와 통용되기도 하여서 身被一縷를 해석할 때 "한 올의 실을 몸에 걸치다"보다 "한 벌의 누더기를 몸에 걸치다"가 더 나은 것 같아서 망설이기도 하였으나 우리 말에 "실오라기 하나 걸치지 않은 알몸"이라는 말이 있고 중국인들도 一縷를 "一絲一縷(한 오라기의 실)"로 풀고 있어서 "한 오라기의 실"로 결정한다.

織: 베를 (피륙을) 짤

織布: 베를 짜다. → 織布機: 베틀 / 耕而食 織而衣: 농사지어 밥 먹고 베를 짜서 옷을 입다[莊子(盜跖)].

織女: 베 짜는 여자 → 織女星의 略語로도 쓰인다.

織女星: 칠석날 밤에 牽牛星과 만난다는 별

勞: 노고, 수고, 고생

一天的辛勞: 하루의 노고 / 不辭辛勞: 고생을 마다하지 않다.

勤恤其民 與之勞逸: 백성들을 힘써 돕고 노고와 안일을 함께 누렸다(左傳).

飧: 식사(食事) → 끼니로 먹는 음식[59]

每: 늘, 항상, 언제나 → 省心 篇 (下) (2) 참조

念: 기억할, 마음에 둘

永遠念你的好處: 당신의 은혜는 영원히 잊지 않겠습니다. / 伯夷叔齊不念舊惡: 백이와 숙제는 (남이 저지른) 예전의 잘못을 기억하지 않았다[論語(公冶長)].

農: 농사지을

忙于農事: 농사짓는 일에 바쁘다. / 農忙季節: 농번기 / 不違農時: 농사철을 어기지 않게 하다[孟子(梁惠王上)].

夫: (육체노동에 종사하는) 사람

轎夫: 가마꾼 / 漁夫: 고기 잡는 사람 / 車夫: 인력거꾼, 마부, 운전기사 → 운전사의 경칭 / 農夫: 농사짓는 사람 → 지금은 農民이라고 함

---

59) 檀國大學校編 大韓漢辭典 의 字解

苦: 괴로움, 고난, 고통 → 省心 篇 (上) (36) 참조

苟: 만일, 만약, 가령

苟富貴 無相忘: 만약 부귀해지더라도 (우리) 서로 잊지 말자.

苟不努力 必將落後: 만일 노력하지 않으면 반드시 장차 낙오(落伍)된다.

貪: 탐할, 욕심을 부릴 → 繼善 篇 (4), 正己 篇 (26) 참조

損: 냉혹할, 신랄(辛辣)할, 악독할, 악랄(惡辣)할, 야박할, 지독(至毒)할

說話太損: 말이 몹시 신랄하다. → 說話: 말 / 這法子眞損: 이 방법은 정말 악랄하다. → 法子: 방법

說話不要太損: 너무 야박하게 말하지 말라. → 說話: 말하다.

十: 열 → 많다는 뜻으로도 쓰인다.

十目所視: 많은 눈이 보고 있다. / ⑩ 十死莫贖: 골백번 죽어도 속죄할 수 없다.

十年: 오랜 세월

⑬ 十年河東 十年河西: 십 년이면 강산도 변한다.

載: 년, 해

十載(=十年): 오랜 세월 / ⑩ 千載一遇: 천년에 한 번 만나다, 만나기 어려운 좋은 기회 / ⑩ 十載寒窓
(=十年寒窓): 오랜 세월 힘써 공부하다.

康: 건강할, 탈이 없을

病體康復: 아프던 몸이 건강을 회복하다. / 全家康泰: 온 집안이 모두 건강하고 평안하다.

安康: 평안하고 건강하다

全家安康: 온 집안이 모두 평안하고 건강하다. / 祝你安康: 당신이 평안하고 건강하기를 빕니다.

積: 쌓을, 쌓일, 모을, 누적할 → 繼善 篇 (6) 참조

存: (마음을, 마음에, 생각을, 생각에) 가질, 간직할, 둘, 먹을, 품을

⑩ 存心不良: 먹은 마음이 나쁘다. / 心存良計: (마음)속에 좋은 계책을 품었다. /

存着甚麽心: 무슨 마음을 먹고 있니? / 他存幻想: 그는 환상을 품고 있다.

君子所以異於人者 以其存心也 君子以仁存心 以禮存心: 군자가 일반인과 다른 까닭은 그가 품고 있는
마음 때문인데 군자는 仁을 마음에 두고 있고 예를 마음에 두고 있다[孟子(離婁下)].

華: 호화로울, 번영할, 창성할

華貴之家: 호화롭고 부귀한 집

榮華: 부귀하고 현달(顯達)하다

一生榮華: 평생 영화를 누리다. / ⑩ 榮華富貴: 부귀영화를 누리다.

後: 자손, 후손, 후대 → 繼善 篇 (2) 참조

裔: 자손, 후손, 후예

華裔: 중국인의 자손 / 華裔美國人: 중국계 미국인

後裔: 자손, 후손, 후예, 후대, 후사(後嗣)

緣: 인연, 연분

姻緣: 혼인의 연분 / 緣因: 현재의 결과를 낳게 한 원인 / 緣分: 인연에 의하여 맺어진 人倫 및 남녀의 관계 / 福緣: (복을 받을 인연이 있어서) 타고나는 복[60]

有緣千里來相會: 연분이 있으면 천리 밖에서도 와서 만난다

慶: (행)복

餘慶: (선행을 한 보답으로 뒷날) 자손이 받는 복 / 善慶: 선행을 한 결과로 얻어지는 복록 → 積善之家 必有餘慶(易經)에서 나온 말이며 (역시) 단국대학교편 대한한사전의 자해임

多: 다만, 단지

多見其不知量也: 다만 그가 분수를 알지 못함을 드러낼 뿐이다[論語(子張)].

行: 덕행

行比伯夷: 덕행은 백이에 비할 수 있다(楚辭).

入: 들, 들어갈

入神: 신(神)의 경지에 들다. → 바둑에서 9단이 되다.

聖: 성인 → 存心 篇 (3) 참조

超: (순서 등을) 뛰어넘을, 앞지를, 초월할

㉙ 超群絶倫: 남들보다 뛰어나다. / ㉙ 超人一等: 남들보다 한 단계 뛰어나다.

㉙ 超前絶後: 前代를 능가하고 뒤따를 자가 없다.

凡: 범인, 보통 사람

㊦ 凡聖一如(=凡聖不二): 범인과 성인의 본성은 같다. / ㉙ 入聖超凡(=超凡入聖): 범인을 초월하여 성인의 경지에 들다. / 說法三十七年 霑甘露味 入聖超凡者 莫記其數 壇經序: 설법한 지 37년 동안 (하늘에서 내리는) 감로의 맛에 젖어서 입성초범한 사람이 그 수를 헤아릴 수 없다.

盡: 모두, 다, 전부 → 繼善 篇 (6), 省心 篇 (上) (41) 참조

是: 정말로, 진짜로, 참말로, 확실히 → 형용사나 동사형 술어 앞에서 강한 긍정을 표시하며 的確(확실히, 정말, 참으로), 實在(확실히, 정말, 참으로)의 뜻을 지닌다.

天氣是冷: 날씨가 참 춥다. / 他是不知道: 그는 정말 모른다. / 那部影片是好 你應該去看: 이 영화는 참 좋으니 너는 꼭 가서 보아야 한다.

眞: 참될, 진짜일, 정말일 → 正己 篇 (17) 참조

---

60) 檀國大學校編 大韓漢辭典의 字解

實: 진실할, 참될, 성실할

誠實: 정성스럽고 참되다. → 誠實性: 정성스럽고 참된 성품

實心: 진심, 참마음 → 以實心行實事: 진심으로 실질적인 일을 하다.

忠實: 충직하고 성실하다. → 忠實的朋友: 충실한 친구

眞實: 참되다, 거짓이 없다, 사실 그대로이다

眞實情況: 진상(眞相) / 眞實的感情: 거짓 없는 감정 / 眞實地反映: 거짓 없이 반영하다. / 眞實地描寫當時的情景: 당시의 정경을 사실 그대로 묘사하다.

得: 이룰, 이루어질, 성공할, 성취할, 다 될, 완성될, 완성할

得計: 계획이 이루어지다. / 得功: 공을 이루다. / 得志: 뜻(소원)을 이루다. / 飯得了: 밥이 다 되었다. / 那座大樓得了: 저 고층건물이 완공되었다. / 得意: 뜻을 이루다, 마음먹은 일을 성취하다. → 戚 得意滿面: 뜻을 이루어 기쁜 표정이 얼굴에 가득하다.

| 參考 |

高宗皇帝: 北宋 徽宗의 9남으로 성은 趙, 이름은 構(1107~1187), 자는 德基이며 北宋이 망하자 南京으로 도피하여 南宋을 세우고 초대 황제가 됨

---

(4) 欲知其君 先視其臣 欲識其人 先視其友 欲知其父 先視其子 君聖臣忠 父慈子孝

그 임금을 알려면 먼저 그의 신하를 보고, 그 사람을 알려면 먼저 그의 친구를 보고, 그 아비를 알려면 먼저 그의 자식을 보라. 임금이 성스러우면 신하는 충성을 하고 아비가 자애로우면 자식은 효도를 한다(王良).

| 字句 풀이 |

欲: 하고자 할, 바랄, 원할, 희망할 → 孝行 篇 (1), 正己 篇 (19), 省心 篇 (上) (9) 참조

其: 그(의) → 繼善 篇 (9), 孝行 篇 (2), 戒性 篇 (5) 참조

先: (시간이나 순서상의) 먼저, 우선, 미리, 앞서 → 正己 篇 (19) 省心 篇 (上) (9) 참조

視: 볼 → 正己 篇 (23) 참조

臣: 신하 → 省心 篇 (上) (44) 참조

識: 알, 알아볼 → 省心 篇 (上) (40), 省心 篇 (下) (1) 참조

聖: 성스러울 → 위대하고 거룩하며 고결한 품성을 두루 갖추고 있다

神聖: 신과 같이 성스럽다. → 神聖視: 신성하게 여기다. / 聖人: 지혜와 덕이 높고 사리에 정통하여 인류의 스승이 될 만한 사람 / 聖而不可知之, 之謂神: 성스러워 (그 실체를) 다 알 수 없는 그분, 그분을 神이라 한다[孟子(盡心下)].

忠: 충성할, 충성을 다할 → 存心 篇 (18), 省心 篇 (上) (15) 참조

慈: (부모가 자식을 또는 윗사람이 아랫사람을) 사랑할, 자애로울

敬老慈幼: 노인을 공경하고 어린이를 사랑하다.

慈母嚴父: 자애로운 어머니와 엄(격)한 아버지, 모친과 부친

| 參考 |

王良: 春秋時代 晉나라 사람, 以下不詳임

---

(5) 水至淸則無魚 人至察則無徒

물이 너무 맑으면 고기가 없고 사람이 너무 깨끗하면 (따르는) 사람들이 없다(家語).

| 字句 풀이 |

至: 지나칠, 과분할

剋核大至: 핍박이 몹시 지나치다[莊子(人間世)].

淸: 맑을, 깨끗할 → 正己 篇 (11) 참조

魚: 물고기 → 省心 篇 (上) (18) 참조

察: 깨끗할, (청렴)결백할, 맑고 고상(淸高)할

察察: 깨끗하다, 결백(潔白)하다. / 吾聞之 新沐者必彈冠 新浴者必振衣 安能以身之察察: 내가 듣기로 새로 머리를 감은 사람은 반드시 갓을 털고 새로 몸을 씻은 사람은 반드시 (먼지를 털려고) 옷을 흔든다고 했는데 (나는) 어떻게 (더욱) 몸이 깨끗해질 수 있을까(楚辭)?

徒: 무리, 대중(大衆)

不法之徒: 불법을 恣行하는 무리 / 酒徒: 술꾼들 / 能言距楊墨者 聖人之徒也: (正道를 해치는) 楊朱와 墨翟의 학설을 말로 막아낼 수 있는 사람들은 (바로) 성인의 大衆이었다[孟子(滕文公下)].

| 參考 |

家語(=孔子家語): 공자의 언행과 제자들과의 문답 등을 적은 책

(6) 春雨如膏 行人惡其泥濘 秋月揚輝 盜者憎其照鑑

봄비는 (만물을 자라게 함으로) 기름 같이 귀중하지만, 행인들은 (그 비로 인한) 흙탕길을 싫어하고, 가을 달은 밝은 빛을 발하여 세상을 밝혀 주지만 도적은 그 환히 살펴보는 것을 싫어한다(許敬宗).

| 중국의 속담 |

[諺] 春雨貴如油, 春風吹倒牛

① 봄비는 기름과 같이 귀중하고 봄바람이 불면 황소도 넘어뜨린다.

② 봄비는 풍년을 가져오고 봄바람은 흉년을 부른다.

| 字句 풀이 |

春: 봄 → 繼善 篇 (9) 참조

雨: 비 → 省心 篇 (上) (13) 참조

膏: 기름

膏血: (사람의) 기름과 피 → 피땀으로 얻는 이익 / 壓搾膏血: 고혈을 짜내다.

金樽美酒千人血 玉盤佳肴萬姓膏: 금 술잔의 맛있는 술은 뭇 백성의 피요, 옥 쟁반의 좋은 안주는 만백성의 기름이라[61]. / 膏火: 기름으로 켜는 등불 → 膏火明滅: 등잔불이 가물거리다.

惡: 싫어할 → 正己 篇 (16) 참조

泥: 진흙, 진창

[成] 泥田鬪狗: 진창에서 싸우는 개 / 泥路(=泥塗): 진창길, 흙탕길 / 泥坑: 진흙 구덩이, 수렁 / 陷入泥坑(=陷在泥坑裏): 수렁에 빠지다.

濘: 진흙탕, 진창, 수렁

濘路: 진창길 / 濘水: 흙탕물 / 泥濘(=濘泥): 진창, 진흙탕 / 陷入泥濘: 진창에 빠지다. / 連日降雨 土路上全是泥濘: 연일 비가 내려 비포장도로가 온통 진창이 되어 버렸다.

秋: 가을

初秋(=新秋): 초가을 ↔ 晩秋(=深秋): 늦가을

[諺] 一場秋雨一場寒: 가을비가 한 번씩 내릴 때마다 그만큼 추워진다.

月: 달

賞月: 달 구경하다, 달맞이하다. / 皎月高挂: 휘영청 밝은 달이 높이 걸려 있다. / 皎皎月光(=皎皎的月

---

61) 春香傳에서 이 도령(이몽룡)이 暗行御史를 除授받고 남원으로 내려가 변 사또의 잔치에서 어사출또(御史出頭) 직전에 지어 읊은 諷刺詩(金樽 美酒詩)의 첫 句節임

光): 휘영청[62] 밝은 달빛

㊙ 月暈而風, 礎潤而雨: 달무리가 지면 바람, 주춧돌이 축축하면 비 → 일에는 前兆가 있다.

揚: (드)날릴, 휘날릴, 흩날릴

揚塵: ① 먼지가 흩날리다. ② 飛散 먼지

飄揚: 바람에 휘날리다. / 抽穗揚花: 이삭이 패어 꽃가루가 흩날리다.

日月淑清而揚光 五星循軌不失其行: 해와 달은 청명하게 빛나고 五星은 궤도를 따라 그 행로를 잃지 않는다(淮南子). → 揚光은 "빛나다" "빛을 발하다"로 다음에 나오는 揚輝와 같다.

輝(=煇, 暉): (햇)빛, 광채

斜輝(=餘輝): 석양, 斜陽, 落照, 殘照 / 春輝(=三春輝): 봄의 따뜻한 햇빛 → 부모의 은혜(또는 어머니의 따뜻한 보호)에 비유하며 三春은 봄의 석 달을 뜻함 / 誰言寸草心 報得三春輝: 한 치의 작은 풀 같은 효심으로 그 크신 어버이의 은혜를 다 갚을 수 있다고 누가 말할 것인가[孟郊(遊子吟)]? / ㊙ 寸草春輝: 한 치의 작은 풀은 봄볕의 은혜에 보답할 수 없고 자식은 부모의 은혜를 갚을 수 없다.

揚輝(=揚煇, 揚暉): 빛나다, 빛내다, 빛을 내다, 광채를 내다

虹蜺揚輝: 무지개가 광채를 내다(後漢書).

符采照爛 流景揚輝: 美玉의 무늬와 색채가 찬란하고 반짝이는 빛이 광채를 낸다[曹植(七啓)].

盜: 훔칠, 도둑질할

盜案: 도난 사건 / 盜賣公物: 공공물을 훔쳐서 팔다.

㊙ 掩耳盜鈴: 귀를 막고 방울을 훔치다, 눈 가리고 아웅한다, 얕은 수로 속이려 한다.

憎: 싫어할 → 勤學 篇 (7), 訓子 篇(9) 참조

照: (빛으로) 쪼일, 비출, 비칠

陽光普照大地: 햇빛이 대지를 두루 비추다. / 月亮照得如同白晝一樣: 달빛이 대낮처럼 밝게 비치다.

鑑: (밝게) 살필, 察也, (자세히) 살펴볼

鑑查: 잘 살펴서 조사하다. / ㊙ 鑑貌辨色: (남의) 안색이나 태도를 살피다. → 눈치를 살피다.

鑑照: (아랫사람의 사정을) 살피다, 살펴 주시다, 굽어보시다, 諒察하시다.

惟希鑑照: 오직 굽어살펴 주시길 바랍니다. / 監察物證: 증거를 자세히 살피다.

照鑑: 비추어 보다, 똑똑히 살피다, (神佛이 내려다보듯) 환히 살펴보다

伏希陛下照鑑不惑: 엎드려 바라옵건대 폐하께서는 미혹되지 않게 밝히 살펴보소서(舊唐書).

| 參考 |

許敬宗: 唐初의 정치가로 자는 延族, 벼슬은 禮部尙書, 侍中, 中書令 등이었다.

---

62) 달빛이 몹시 밝은 모양

(7) 大丈夫見善明故 重名節於泰山 用心精故 輕死生於鴻毛

대장부는 식견이 좋고 현명함으로 名分과 절조(節操)를 태산보다 더 중하게 여기고 마음가짐이 순결함으로 죽고 사는 것을 기러기 털보다도 가볍게 여긴다(景行錄).

| 字句풀이 |

大丈夫: ① 사내답고 씩씩한 남자 ② 지조가 굳어 불의에 굽히지 않는 남자

※ 正己 篇 (2), 正己 篇 (17) 참조

見: 식견, 견해, 생각, 의견 → 存心 篇 (19), 省心 篇 (上) (15) 참조

善: 옳을, 좋을, 훌륭할 → 正己 篇 (6), 戒性 篇 (6) 참조

明: 총명할, 현명할, 슬기로울, 명철할 → 順命 篇 (5), 存心 篇 (3), 訓子 篇 (2) 참조

故: 고로, 그러므로, 그래서, 때문에, 까닭에 → 正己 篇 (22), 省心 篇 (上) (44) 참조

重: 중시할, 중하게 여길, 존중할

爲人所重: 사람들로부터 중시되다. / [成] 重男輕女: 男尊女卑와 같다. / [成] 重洋輕土: 외국 것을 중시하고 자국 것을 경시하다.

名: 명분(名分) → 명칭과 그에 따르는 本分 ※ 戒性 篇 (5) 참조

必也正名乎: 반드시 명분을 바로잡겠다[論語(子路)].

節: 절개, 절조, 지조

守節: 절개를 지키다. / 高風亮節: 고상한 품격과 깨끗한 절개 / 變節降敵: 절개를 바꾸고 적에게 항복하다.

於: ~보다(더)

重於泰山: 태산보다 무겁다. / 苛政猛於虎: 가혹한 정치는 호랑이보다 무섭다(禮記). / 霜葉紅於二月花: 서리 맞은 단풍잎이 2월의 꽃보다 붉다.

泰: 클

橫泰河: 큰 강을 건너다(漢書). → 泰河는 大河임

泰尊: 제사 지낼 때 쓰는 큰 술잔 → 尊은 樽과 같으며 音은 "준"이다

泰山: 중국 山東省에 있는 산으로 五嶽의 하나이며 다음과 같이 여러 의미로 쓰인다.

① 높고 큰 산

泰山峻嶺: 큰 산과 험한 재(고개) / 人固有一死 死 或重於泰山 或輕於鴻毛: 사람은 본래 한 번은 죽는데 그 죽음이 누구는 태산보다 무겁고 누구는 기러기 털보다 가볍다(司馬遷).

泰山不讓土壤 故能成其大: 태산은 (작은) 흙덩이도 사양하지 않고 받아 들여서 큰 산이 될 수 있었다

(書經). / ㊲ 泰山歸來不見山: 태산에서 돌아오니 다른 산은 눈에 들어오지도 않는다

泰山崩於前而色不變: 태산이 눈앞에서 무너져도 안색 하나 변하지 않다

② (추상적으로) 사람이나 사물이 크다는 뜻

   -사람의 경우

    泰山北斗(=泰斗): 뭇사람의 존경을 받는 사람, (한 분야에서) 大家, 권위자, 一人者, 巨頭

    音樂界的泰斗: 음악계의 대가 / 文學泰斗: 문학의 대가

   -무정물의 경우

    ㉮ 태산 같은 은혜 ㉯ 할 일이 태산 같다. 걱정이 태산이다.

    ㉱ (不變不動하는) 태산의 이미지(Image)를 빌릴 때 → 태산같이 믿는다.

用心: 마음가짐, 마음씨, 속마음, 생각, 의도, 목적

有用心: 달리 (다른) 생각이 있다. / 究竟他用心何在: 도대체 그의 의도는 어디에 있는가? / ㊌ 用心若鏡: 마음가짐이 (사심이 없어) 거울처럼 깨끗하다.

精: 깨끗할, 純潔할, 純粹할, 精白할

精鹽: 정제한 소금 / 精金: 순금 / ㊌ 精金美玉: 순금과 아름다운 옥 → 인격과 시문이 순결하고 아름답다.

輕: 가볍게 여길 → 正己 篇 (3) 참조

死: 죽을 → 順命 篇 (1) 참조

生: 살(아갈), 생존할 → 繼善 篇 (7), 順命 篇 (1) 참조

鴻: 큰기러기

鴻鵠: 큰기러기와 고니, 큰 새의 총칭 → 큰 뜻을 품은 사람

鴻鴈麋鹿: 큰기러기와 기러기 고라니와 사슴[孟子(梁惠王上)]

㊌ 鴻儔鶴侶: 큰기러기와 두루미 떼 → 고결하고 傑出한 무리

毛: 털

羊毛: 양털 / 毛皮: 털가죽 → 털이 붙은 채로의 가죽 / 多如牛毛: 쇠털같이 많다.

鴻毛: 기러기 털 → 가볍고 보잘것없는 사물의 비유

是以國權輕於鴻毛 而積禍重於丘山: 그러므로 나라의 권력은 기러기 털보다 가볍고 겹치는 재앙이 산보다 무겁다(戰國策).

(8) 憫人之凶 樂人之善 濟人之急 救人之危

남의 凶事에 (같이) 슬퍼하고 남의 慶事에 (같이) 기뻐하며 남의 다급한 일을 도와주고 남의 위태한 일을 막아주어야 한다. / ※ 이 원문은 南宋 李昌齡의 太上感應 篇에 나오며 문장의 전체에서 전반부에 해당하고 다음의 글은 생략된 그 후반부이다.

見人之得 如己之得 見人之失 如己之失: 남이 성공하는 것을 보면 자기가 성공한 것처럼 좋아하고 남이 실패하는 것을 보면 자기가 실패한 것처럼 해야 한다.

| 字句 풀이 |

憫: 슬퍼할, 애도할, 비탄할, 비통할[63)]

憫悼: 비통해하며 슬퍼하다. / 憫慟: 애통해하다. / 憫然涕下: 비통하게 눈물을 흘리며 울다. / 憫凶: 부모의 喪 → 朕以不德 少遭憫凶: 짐은 부덕해서 어릴 때 부모상을 당했다[後漢書(獻帝紀)].

凶: 사람이 죽을

凶信(=凶問, 凶聞, 凶報, 凶音): 사망 통지(=訃告, 訃音) / 凶衣(=凶服): 상복 / 凶禮(=喪禮): 喪中에 행하는 예절 / 凶事(=喪事): 사람이 죽는 일과 그에 따라 치르는 葬禮의 모든 일들 / 吉事尙左 凶事尙右: (혼례 등의) 경사에서는 왼쪽 자리를 높이 여기고 喪事에서는 오른쪽 자리를 높이 여긴다(老子).

※ 이 글에서 凶의 해석을 필자는 "凶事"로 했는데 중국인들도 "凶事"로 하고 있다.

樂: 기뻐할, 즐거워할 → 孝行 篇 (2), 正己 篇 (22), 訓子 篇 (4) 참조

善: 좋을, 吉할, 祥瑞로울, 행복할

善事: 좋은 일, 吉한 일, 吉事 / 善祥(=善瑞, 吉兆, 吉祥, 吉瑞): 좋은 일이 있을 조짐(兆朕)

善祥未臻 陰陽不和: 길조가 미치지 않는 것은 음양이 조화롭지 않기 때문이다(漢書).

※ 중국인들도 善을 "好事"로 풀었는데 好事의 뜻은 慶事다.

濟: 도울, 구제할

[成] 經世濟民: 세상을 다스리고 백성을 구제하다.

[成] 濟困扶危: 가난한 사람을 구제하고 위급한 사람을 도와주다.

急: 다급한(위급한, 절박한, 급박한, 긴급한) 일, 急務

當務之急: 당면한 급선무 / 襄王告急于晉: 양왕이 위급한 일을 진나라에 알리다(史記).

救: (위험, 위기, 재난 등을) 막을, 저지(제지)할 → 正己 篇 (13), 戒性 篇 (9) 참조

危: 위태할, 위험할 → 省心 篇 (上) (5), 省心 篇 (下) (1) 참조

---

63) 教學社編 現代 中韓辭典의 字解

(9) 經目之事 恐未皆眞 背後之言 豈足深信

직접 보고 겪은 일도 다 참된 사실이 아니었는지 (혹시 착오는 없는지) 걱정되는데 (하물며) 등 뒤에서 한 말을 어찌 깊이 믿을 가치가 있겠는가?

| 字句 풀이 |

經: 겪을, 경험할, 체험할 → 省心 篇 (上) (28) 참조

目: (지켜)볼, 주시할 → 天命 篇 (3) 참조

事: 일 → 繼善 篇 (4), 存心 篇 (20), 訓子 篇 (2) 참조

恐: 염려할, 마음을 쓸 → 勤學 篇 (8) 참조

未: 아닐 → 繼善 篇 (6), 正己 篇 (9), 省心 篇 (上) (35) 참조

眞: 진실할, 진짜일, 정말일, 사실일, 정확할

這是眞的: 이것은 정말이다(사실이다). / 戍 信以爲眞: (가짜를) 정말이라고 (사실이라고) 믿다. / 戍 眞人眞事: 실존 인물과 실제의 사실 / 戍 眞心實意: 성심성의(誠心誠意), 진실한 마음

背: 등

負背: ① 등에 지다. ② 등지다(=배반하다). / 擦背(=搓背): 등을 문지르다, 때밀이하다.

老爺爺的背都駝了: 할아버지의 등은 완전히 굽었다. / ※ 背駝: 등이 굽다. / 駝背: 곱사등이

後: (공간적으로)

往後退: 뒤로 물러서다. / 落在人後: 남의 뒤로 처지다. / 村前村後各有一條河: 마을의 앞뒤에 각각 한 줄기씩의 강이 있다.

背後: (등) 뒤, 뒤쪽, 뒤에서, (남)몰래

背後誹謗: (등) 뒤에서 남몰래 헐뜯다. / 山背後有幾戶人家: 산 뒤에 인가가 몇 호 있다.

言: 말(씀) → 正己 篇 (5) 참조

豈: 어찌, 어떻게 → 正己 篇 (22) 참조

足: ~할 가치가 있을, (족히) ~할 만할, (~ 하기에) 족할 → 否定과 의문의 형태로 쓰인다. ※ 省心 篇 (上) (45) 참조

戍 不足爲奇: 珍奇하게 여길 만한 가치도 없다. / 何足道哉: 무슨 말을 할 가치가 있겠나?

深: 깊이, 매우, 대단히, 아주

深表同情: 깊이 동정을 표하다. / 深感痛心: 매우 마음 아프게 생각하다.

信: 믿을 → 孝行 篇 (6), 省心 篇 (上) (16) 참조

深信: 깊이 (굳게) 믿다, 확신하다. / 戍 深信不疑(=深信無疑): 굳게 믿어 의심치 않다, 철석같이 믿다.

(10) 不恨自家汲繩短 只恨他家苦井深

자기 집 두레박줄이 짧은 것은 탓하지 않고 오직 남의 집 쓴 우물이 (맛도 없으면서) 깊기만 하다고 원망하는구나.

| 字句 풀이 |

恨: 원망할

[成] 恨天怨地: (자기의 불행을 놓고) 하늘과 땅을 원망하다.

恨死: 몹시 원망스럽다. → 我恨死這種鬼天氣: 나는 이런 변덕스러운 날씨가 몹시 원망스럽다. ※ 중국인들은 恨을 "怪(탓하다)" 또는 "埋怨(원망하다)"로 해석한다.

汲: 물을 길을

汲水機(=給水機, 揚水機): 급수기 / 汲道: 물길, 도랑 / 汲綆(=汲索): 두레박줄 / 從井裏汲水: 우물에서 물을 긷는다. / [佛] 汲水功德: 목마른 사람에게 물을 길어서 주는 공덕 / [成] 汲深綆短: 깊은 우물물을 긷기에는 두레박줄이 짧다. → 능력이 모자라다.

繩: (밧)줄, 새끼

草繩: 새끼 / 鋼絲繩: 쇠줄 / 繩索: 밧줄 / 繩梯: 줄사다리 / 繩戲(=繩伎): 줄타기(놀이)

短: 짧을 → 省心 篇 (上) (27) 참조

只: 단지, 다만, 오직 → 戒性 篇 (4), 省心 篇 (上) (3) 참조

苦: (맛이) 쓸, 맛없을

苦菜: 씀바귀, 고들빼기 / 苦草: 고추 / 苦木: 소태나무 / 苦味: 쓴맛 / 酸甛苦辣: 신맛, 단맛, 쓴맛, 매운맛 등 갖가지의 맛 → 온갖 고초 苦水, 쓴 물, 硬水, 센물 → 못 먹는 물

井: 우물

[成] 渴而穿井(=臨渴掘井): 목이 말라야 우물을 파다. → 이미 때가 늦다.

苦水井: 쓴 물, 곧 못 먹는 물이 나는 우물 → 苦井과 같다.

苦井(=苦水井): 쓴 물(苦水)이 나는 우물 → 苦井水: 물맛이 쓴 우물물

(11) 贓濫滿天下 罪拘薄福人

뇌물(賂物)을 탐하여 법을 어기는 자가 천하에 가득해도 (막상) 죄줄 때는 복이 없는 사람만 붙잡

히느니라. / ※ 죄주다: 죄에 대하여 벌을 주다. ↔ 죄받다: 지은 죄에 대하여 벌을 받다.

| 字句 풀이 |

贓: 뇌물을 받을

納賄曰贓: 뇌물을 받는 것을 贓이라고 한다(廣韻). / 朝士多贓貨: 조정의 관리들은 뇌물로 모은 재물이 많았다(北史). / 贓官: 뇌물을 받는 관리 → 贓官汚吏: 뇌물을 탐하고 행실이 나쁜 관리(貪官汚吏와 같다)

濫: 법에 어긋날, 나쁜 짓을 저지를 → (때로는) "도둑질하다"의 뜻으로도 쓰인다.

贓濫: 뇌물을 탐하여 법을 어기다[64]. / 小人窮斯濫矣: 소인은 궁하면 곧 나쁜 짓을 한다[論語(衛靈公)].

滿: 가득 찰, 가득할 → 天命 篇 (4), 訓子 篇 (3) 참조

天下: 온 세상 → 存心 篇 (4) 참조

罪: 죄줄, 죄를 다스릴, 징벌할, 벌을 줄, 벌할

四罪而天下咸服: 악명이 높았던 네 사람을 처벌하자 천하가 다 복종했다(書, 舜典).

罪人不孥: (죄줄 때는) 당사자만 벌하고 妻子에게까지 미치지 않게 하다[孟子(梁惠王下)].

有過不罪 無功受賞 雖亡不亦可乎: 죄가 있어도 벌하지 않고 공로가 없어도 상을 받으니 대저 (그런 나라는) 망하는 것이 오히려 옳지 않겠느냐(韓非子)?

拘: (붙)잡을, 체포할

拘束: (법에 따라) 붙잡아 가두다 / 拘引(=拘致): 訊問하려고 피의자를 잡아끌고 어떤 곳으로 가다. / 拘捕: 붙잡다, 체포하다. → 拘捕嫌犯: 혐의자(용의자)를 체포하다. / 被拘于某處: 모처에 붙잡혀 있다. / 拘票: 구속영장, 拘引狀

薄: 적을, 많지 아니할

薄俸(=薄祿): 적은 봉급 / ㉝ 薄利多賣(=薄利多銷): 적은 利文으로 많이 팔다.

福: (행)복 → 繼善 篇 (1), 省心 篇 (上) (27) 참조

薄福: 복이 적다. → (轉義되어) "복이 없다" "불행하다" "팔자가 사납다" 등으로 쓰인다.

---

(12) 天若改常 不風卽雨 人若改常 不病卽死

하늘이 만약 정상적인 질서를 바꾸면 바람이 불지 않아도 곧 비가 오고 사람이 만약 綱常을 바꾸면 병이 들지 않아도 곧 죽는다.

---

64) 檀國大學校編 大韓漢辭典 의 字解임

天: 하늘 → 繼善 篇 (1) 참조

改: 바꿀, 변경할 → 省心 篇 (下) (1) 참조

㉾ 面不改色: 안색 하나 바꾸지 않는다. → 泰然自若한 모양 / ㉾ 改朝換代: 왕조가 (정권이) 바뀌다.

常: (정상적인) 질서

天行有常: 우주의 운행에는(정상적인) 질서가 있다[荀子(天論)]. / 悠悠蒼天 曷其有常: 가없이 넓고 먼 하늘에 어찌 마땅히 (정상적인) 질서가 있지 아니하겠느냐[詩(唐風)]?

風: 바람이 불

終日風爲終風: 종일 바람이 불다가 폭풍으로 변했다(毛傳). → 終風은 폭풍이다.

天大雷電以風 禾盡偃 大木斯拔: 하늘에서 크게 우레와 번개가 치고 또 바람이 불으니 벼가 모두 쓰러지고 큰 나무는 다 뽑혔다(書經).

卽: 곧, 바로 → 複文에 쓰이어 앞뒤 句를 이어주는 역할을 한다.

留念할 것은 "곧"과 "바로"가 "즉시(즉각)"이라는 뜻이 아니라는 것이며, 해석할 때는 생략해도 가하다는 것이다. / 如是卽可: 그렇다면 좋다. / 明年卽能完成: 내년이면 곧 완성할 수 있다. / 學校畢業卽就業: 학교를 졸업하면 곧 취직한다.

雨: 비가 올, 비가 내릴

雨終日(=雨竟日): 종일 비가 오다. / ㉾ 密雲不雨: 짙은 구름이 잔뜩 끼었지만 비는 오지 않는다.

常: 강상(綱常) → 綱常은 三綱과 五常(=五倫)이다.

三綱: 유교 도덕의 기본이 되는 세 가지 綱(벼리 → 근본, 主體) / 君爲臣綱 父爲子綱 夫爲婦綱: 임금은 신하의 벼리가 되고, 아버지는 아들의 벼리가 되고, 남편은 아내의 벼리가 된다.

五常(=五倫): 사람이 지켜야 할 다섯 가지 도리(윤리)

① 仁, 義, 禮, 智, 信: 사랑, 정의, 예절, 슬기, 신용

② 父義 母慈 兄友 弟恭 子孝: 아버지는 의리로 어머니는 사랑으로 형은 우애로 동생은 공경으로 자식은 효도로 대한다.

③ 父子有親 君臣有義 夫婦有別 長幼有序 朋友有信: 부자간에는 친애함이, 군신 간에는 의리가 부부 간에는 분별함이, 어른과 아이 간에는 차례가, 붕우 간에는 믿음이 각각 있어야 한다.

(13) 國正天心順 官淸民自安 妻賢夫禍少 子孝父心寬

나라가 올바르면 (正道로 가면) 天心이 편안하고 관리가 결백하면 백성들이 자연히 평안하며, 아내

가 현명하면 남편에게 재앙이 없고 자식이 효도하면 아버지의 마음이 관대해지신다(壯元詩).
※ 少(적다)는 "없다"로 意譯한다.

| 字句 풀이 |

國: 나라, 국가 → 戒性 篇 (5) 참조

正: 옳을, (올)바를, 公正할, 도리에 맞을

正論: 이치에 바른 언론 / 正道(=正路): 바른길, 옳은 길 / [成] 公明正大: 공정(公正)하고 명백하며 바르고 옳아서 사사로움이 없다. / [成] 義正詞嚴: 도리는 바르고 말은 엄격하다. / 經界不正 井地不均: 경계를 정하는 일이 도리에 맞지 않으면 井地가 고르지 못하다[孟子(滕文公上)].

※ 井地: 井 字 모양으로 구획한 땅

順: 기뻐할, 즐길, 편안할, 安樂할

父母其順矣乎: 부모님이 어찌 기뻐하시겠는가(中庸)?

官: 관리 → 存心 篇 (13), 戒性 篇 (5) 참조

淸: 결백할, 청렴할 → 正己 篇 (26) 참조

民: 백성

恢復民信: 백성의 신뢰를 회복하다. / [成] 民康物阜 백성이 평안하고 물자가 풍족하다.

[成] 民以食爲天: 백성은 식량을 하늘로 여긴다.

自: 자연히, 당연히, 저절로 → 繼善 篇 (9), 正己 篇 (18) 참조

安: 편안할 → 正己 篇 (11), 存心 篇 (15) 참조

妻: 아내 → 存心 篇 (18), 戒性 篇 (5) 참조

賢: 어질, 현명할 → 訓子 篇 (2), 省心 篇 (上) (26) 참조

夫: 남편 → 戒性 篇 (5), 省心 篇 (上) (3) 참조

寬: 관대할, 너그러울 → 正己 篇 (18) 참조

| 參考 |

壯元詩: "壯元及第한 詩"라는 뜻인데 及第者가 未詳이다.

---

(14) 木從繩則直 人受諫則聖

나무는 먹줄을 따르면 (받아들이면) 곧아지고 사람은 諫言을 받아들이면 성스러워진다(孔子).

木: 나무 → 正己 篇 (25), 省心 篇上 (15) 참조

從: 따를, 좇을, 말을 들을, 순종할

在家從父 出門從夫 夫死從子也: (친정)집에서는 아버지를 따르고 출가하면 남편을 따르고 남편이 죽으면 자식을 따른다. / 從諫如流 改過勿吝: 간언을 받아들임이 마치 흐르는 물처럼 순조롭고 잘못을 고침에 주저하지 않는다(唐, 陸贄). → 임금을 칭송하는 말

繩: 먹줄

木直中繩 輮以爲輪: 나무가 곧으면 먹줄에 꼭 들어맞고 부드러우면 (휘어서) 차바퀴를 만든다[荀子(勸學)]. / 從繩: 먹줄을 받아들이다 → 受繩과 같으며 (아예) 원문에 受繩으로 된 譯本도 있다 / 木從繩則正 后從諫則聖: 나무가 먹줄을 따르면 (받아들이면) 곧아지고 임금이 간언을 받아들이면 거룩해진다(書經).

直: 곧을, 꼿꼿할, 굽지 아니할, 똑바를

直道(=直路): 곧은 길 / 直立: 꼿꼿이 서다. / 這棵樹長得直: 이 나무는 곧게 자랐다.

蓬生麻中不扶而直: 쑥이 삼 속에서 자라면 붙들어 주지 않아도 곧게 성장한다[荀子(勸學)].

受: 받아들일, 용납할

君子以虛受人: 군자는 겸허함으로 남을 容納한다(易經).

諫: 간언하는 말

納諫: (임금이 신하의) 간언을 받아들이다(채택하다). / 受諫: 간언(諫言)을 받아들이다.

㊎ 拒諫飾非: 간언을 거부하고 (도리어) 잘못을 감추다. / 從諫若轉圜: 받아들이기를 마치 둥근 물건을 굴리듯이 쉽게 한다(漢書, 諫言). / 强於行義 弱於受諫 孔子家語: (사람이) 義를 행하는 데는 강하나 간언을 받아들이는 데는 약하다.

聖: 성스러울 → 省心 篇 (下) (4) 참조

| 出典 |

孔子家語, 子路初見 篇

---

(15) 一派靑山景色幽 前人田土後人收 後人收得莫歡喜 更有 收人在後頭

온통 푸른 산의 경치가 그윽하고 韻致가 있어 아름다운데 (그 속에서 인생들은) 앞 사람의 논밭을 뒷사람이 차지하고 있구나. (그러나) 뒷사람은 차지했다고 기뻐하지 마라. 또다시 접수할 사람이 (바

로 그) 뒤에 있느니라 [65]. / ※ 韻致: 高雅한 品格을 갖춘 멋

| 字句 풀이 |

派: 경치, 날씨, 소리, 말, 기분, 분위기 등의 뜻을 지닌 말 앞에서 반드시 一과 결합하여 "온통" "모두" "전부" "완연히" "완연한" 등의 표현으로 가득 차거나 넘쳐난다는 뜻을 나타낸다. 예를 들면 다음과 같다.

一派春光: 완연한 봄빛(이다). / 一派胡言: 온통 헛소리(다). / 一派笑聲: 온통 웃음소리뿐(이다)

※ "一派"라는 말은 우리말에는 없다. 그래서 한국의 모든 譯本에는 (예외 없이) "한 줄기" "한 갈래" "한 가닥"이라고 잘못 해석하고 있다.

景: 경치, 풍경, 풍치

欣賞夜景: 야경을 감상하다. / 雪景: 눈이 내린 경치 / ㊌ 良辰美景: 좋은 시절에 아름다운 경치

色: 경치

夜色朦朧: 밤 경치가 흐릿하다.

景色: 경치, 풍경

㊌ 景色宜人: 경치가 마음에 들다. / 景色如畫: 풍경이 그림과 같다. / 景色美麗: 경치가 아름답다.

幽: 그윽할, 그윽하고 韻致가 있을

幽境: 그윽하고 운치가 있으며 경치가 좋은 곳

鳥鳴山更幽: 새들이 지저귀니 산속이 더욱 그윽하고 운치가 있다(南朝梁, 王籍).

庭園布置得很幽雅: 정원이 매우 그윽하고 운치가 있고 우아하게 배치되었다.

前: (시간으로) 앞, 이전 → 省心 篇 (上) (50) 참조

前人: 앞사람, 옛사람, 이전 사람, 先人, 선대의 사람 / 前人未踏: ① 앞사람이 아무도 가 보지 못하다. ② 아무도 해보지 못하다. / 前人開路 後人行: 이전 사람이 길을 내면 후인은 통행한다. / ㊧ 前人栽樹 後人乘凉: 앞사람이 나무를 심으면 뒷사람이 더위를 식힌다

田: 밭, 농지, 경작지 → 正己 篇 (21) 참조

土: 땅, 토지

田土: 논밭 / 橘洲田土仍膏腴: (귤이 많이 나는) 귤주의 논밭은 여전히 땅이 걸고 기름지다(杜甫). / 土爲田之大名 田爲已耕之土 郝懿行義疏: 땅은 田地의 총칭이고 밭은 이미 경작한 땅이다.

後人: 뒷사람, 후대(후세)의 사람

前人掘井 後人喫水: 앞사람이 우물을 파면 뒷사람이 마신다.

---

65) 그윽하다: 깊숙하고 아늑하다.
    아늑하다: 품에 포근히 안긴 듯이 주위가 보드라운 느낌이 있고 한갓지다.

🈺 前人之失 後人之鑑: 앞사람의 실패는 뒷사람의 거울이다.

收: 차지할, 취할

使人收下縣 項羽記: (項羽는) 사람을 시켜 下縣을 차지했다(史記). / ※ 下縣: 郡에 딸린 屬縣

得: 동사 뒤에 쓰여 동작이 이미 완성되었음을 나타냄 → 了에 해당함

坐得樓上: 2층에 앉았다. / 寫得好: (글씨를) 잘 썼다. ↔ 寫得不好: 잘 못 썼다.

莫: (하지) 말 → 繼善 篇 (4), 存心 篇 (14), 省心 篇 (上) (17) 참조

歡: 기뻐할, 즐거워할, 좋아할, 기쁠, 즐거울

盡情歡歌: 마음껏 즐겁게 노래하다. / 歡呼: 기뻐서 부르짖다. → 鼓掌歡呼: 손뼉을 치며 환호하다. / 歡度: 즐겁게 보내다(지내다). → 歡度春節: 설을 즐겁게 지내다. / 🈺 歡蹦亂跳: 기뻐서 깡충깡충 뛰다.

喜: 기뻐할, 즐거워할 → 正己 篇 (5), 省心 篇 (上) (7) 참조

歡喜: 기뻐할, 좋아할, 기쁠, 즐거울

滿心歡喜: 마음에 기쁨으로 가득 차다.

他是我所歡喜的人: 그는 내가 좋아하는 사람이다.

他歡喜打籃球: 그는 농구(籠球) 하기를 좋아한다.

更: 다시, 또, 재차, 계속하여

更行幾步: 다시 몇 걸음을 더 가다. / 百尺竿頭 更進一步: 백척간두에서 또 한 발 내딛다.

收: 접수할, 받을

收禮品(=收禮物): 선물을 접수하다(받다).

後: (공간적으로) 뒤 → 省心 篇 (下) (9) 참조

頭: 쪽, 면, 편, 측

樓後頭: 누각 뒤 ↔ 樓前頭: 누각 앞 / 後頭: 뒤 / 前頭: 앞 / 後頭: 뒤

事情不能只顧一頭: 일은 단지 한 측면만을 고려할 수가 없다.

只可一面倒 不能站兩頭: 한쪽으로만 치우칠 수는 있어도 양편에 설 수는 없다.

※ 頭가 方位詞의 뒤에 올 때 → 上頭: 위 / 下頭: 아래 / 外頭: 밖

---

(16) 無故而得千金 不有大福 必有大禍

이유도 없이 千金(큰 돈)을 얻는다면 (이는) 큰 복이 있는 것이 아니고 반드시 큰 禍가 있을 것이다 (蘇東坡).

| 字句 풀이 |

故: 까닭, 이유, 원인 → 勤學 篇 (6) 참조

得: 얻을 → 天命 篇 (5) 참조

千金: 큰돈, 많은 돈 → 訓子 篇 (3) 참조

| 參考 |

蘇東坡: 宋의 文人으로 이름은 軾(1036~1101), 자는 子瞻, 호가 東坡이며 唐宋 八大家의 한 사람이다.

---

(17) 有人來問卜 如何是禍福 我虧人是禍 人虧我是福

어떤 사람이 점을 치러 와서 "어떻게 하면 화가 되고 어떻게 하면 복이 되나요?" 하고 묻기에 "내가 남을 해롭게 하면 (나에게) 화가 되고 남이 나를 해롭게 하면(나에게) 복이 된다"라고 대답해 주었다 (康節邵先生).

| 字句 풀이 |

有: 어느, 어떤, 웬

有一天: 어느 날 / 有時候: 어떤 때 / 有人這麼說過: 누군가가 이렇게 말했다.

來: 올, 이를, 도달할 → 順命 篇(4), 訓子 篇 (1), 省心 篇 (上) (30) 참조

問: 물을 → 勤學 篇 (1) 참조

卜: 점을 칠

卜定: 점쳐서 결정하다, 점으로 정하다. / 吉凶未卜: 길흉을 점칠 수 없다.

⑳ 未卜先知: 점치지 않고도 미리 알다. → 앞날을 내다보다.

問卜: 점을 치다

求籤問卜: 제비를 뽑아 점을 치다. / ⑳ 求神問卜: 신령에게 빌기도 하고 점을 치기도 하다.

如: 여하 → 의문사이며 대개 "如何" "何如"의 형태로 쓰인다.

如何: 어찌할꼬, 어찌하랴. / 恐危社稷, 如何: 사직이 위태할까 두렵구나, 어찌할꼬[漢書(霍光傳)].

是: 이다 → 영어로 "is" ※ 正己 篇 (6), 省心 篇 (上) (30) 참조

虧: 해를 입힐, 해칠, 손해를 보게 할, 배신할, 저버릴

虧不着你: 너에게 손해는 끼치지 않겠다.

你放心吧 虧不了你: 안심해라 너를 해롭게 하지 않을 터이니.

⑳ 人不虧地 地不虧人: 사람이 땅을 저버리지 않으면 땅도 사람을 저버리지 않는다.

打人的縮腿睡 捱打的伸腿睡: 때린 놈은 오그리고 자고 맞은 놈은 뻗고 잔다.

(18) 大廈千間 夜臥八尺 良田萬頃 日食二升

천 칸이나 되는 큰 집을 지녔어도 밤에 잠을 자는 데는 8척이면 족하고 기름진 전답을 萬頃이나 가지고 있어도 밥 먹고 사는 데는 하루 두 됫박이면 족하다. / ※ 다음은 중국의 속담으로 이 글의 앞 句節과 유사하다. / 🔊 大廈千間夜眠七尺: → 臥가 眠으로 된 것을 注目하자.

| 字句 풀이 |

廈: 큰 집

廈屋: 큰 집 / 大廈: 큰 집, 고층건물, (고층) 빌딩 / 高樓大廈: 고층건물, 빌딩 / 大廈林立: 고층건물이 빼곡히 들어서다. / 大廈將顛 非一木所支也: 큰 집이 넘어지려고 할 때 나무 하나로는 지탱할 수 없다(隋, 王通). → 나라의 위기를 한 사람이 막을 수 없다. / 大廈之材 非一丘之木: 한 산의 나무로는 큰 집을 세울 수 없다(漢, 王褒). → 나라를 위해서는 모두가 힘을 합쳐야 한다.

間: 칸 → 방을 세는 단위

一間臥室: 침실 한 칸 / 兩間屋子: 방 두 칸

夜: 밤 → 正己 篇 (10), 存心 篇 (17), 勤學 篇 (4) 참조

臥: 잠을 잘, 睡眠할, 眠也

臥起: 취침과 기상 → 일상생활 / 臥衣: 잠옷 / 熟臥(=熟睡, 熟眠): 깊이 잠이 들다. 잘(달게) 자다. / 臥具(=寢具): 이부자리와 베개 / 臥苦枕塊(=寢苦枕塊): (부모의 상을 치르는 동안) 자식이 흙덩이를 베개로 하고 거적 위에서 잠을 자는 예법[宋史(徐積傳)]

尺: 자, 척 → 길이의 단위 ※ 省心 篇 (上) (14), 省心 篇 (上) (18) 참조

良: 좋을 → 存心 篇 (14) 참조

良田: 기름진 논밭 / 良田美土: 비옥한 전답

萬頃: (지면이나 수면이) 한없이 넓다는 표현 → 省心 篇 (下) (3) 참조

日: 날, 하루 → 繼善 篇 (3), 省心 篇 (上) (29) 참조

食: 먹을 → 正己 篇 (14), 存心 篇 (17) 참조

升: 되, 됫박 → 容量의 단위

一升米: 쌀 한 되, 한 되의 쌀 / 十合爲一升: 열 홉이 한 되이다(說苑).

(19) 久住令人賤 頻來親也疏 但看三五日 相見不如初

(남의 집에) 오래 머물러 있으면 사람이 천스러워지고, 자주 찾아오면 친하던 사이도 멀어진다. 단지 3일이나 5일만에라도 (또) 찾아가면 서로 만나는 기분이 처음 같지는 않다.

| 字句 풀이 |

久: 오랠, (시간이) 길 → 存心 篇 (5), 省心 篇 (下) (1) 참조

住: 묵을, 머무를, 체류할

住一天(=住一日): 하루를 묵다. / 住一夜(=住一個晚上): 하룻밤 묵다.

令: ~(으)로 하여금 ~하게 할 → 戒性 篇 (6), 訓子 篇 (7) 참조

賤: 천할 → 安分 篇 (2), 存心 篇 (5) 참조

頻: 자주, 자꾸, 누차, 잇달아

頻來詢問: 자주 문의하러 오다 / [成] 捷報頻傳: 勝戰報가 잇달아 전해지다.

該路段交通事故頻發: 이 구간은 교통사고가 자주 일어난다.

親: 친(근)할, 사이가 가까울

父子有親: 父子間의 道는 친밀함에 있다(五倫의 하나).

[諺] 親別交財 交財兩不來: 친한 사이에는 돈거래를 하지 마라. 돈거래를 하면 사이가 나빠진다.

親莫親于父子 近莫近于夫妻: 父子間만큼 친한 사이는 없고 夫婦間만큼 가까운 사이도 없다.

也: ~(라) 해도, 그래도, 역시 → 省心 篇 (上) (2) 참조

疏: 소원할, 사이(관계)가 멀 → 戒性 篇 (6), 省心 篇 (上) (3), 省心 篇 (上) (43) 참조

但: 다만, 단지 → 孝行 篇 (6), 省心 篇 (上) (2) 참조

看: 찾아갈, 방문할, 만나러 갈

回老家看父母: 고향에 가서 부모를 찾아뵙다. / 有空我來看你: 틈이 나면 너를 찾아가겠다. / 看朋友去: 친구를 만나러 가다.

相: 서로 → 繼善 篇 (7) 참조

見: 만날 → 正己 篇 (5), 存心 篇 (13), 戒性 篇 (10) 참조

初: 처음, 최초

初登舞臺: 처음(으로) 무대에 오르다(공식 석상에 나가다).

[成] 初出茅廬: 처음(으로) 세상에 나가(=풋내기, 신출내기).

(20) 渴時一滴如甘露 醉後添盃不如無

목마를 때 물 한 방울은 달콤한 이슬과 같으나 술에 취한 뒤에 添盞을 하는 것은 (아예) 한 잔도 마시지 않는 것만 못하다.

| 字句 풀이 |

渴: 목마를 → 繼善 篇 (4) 참조

時: 때, 시기 → 正己 篇 (9), 戒性 篇 (2) 참조

滴: (액체의) 방울

水滴: 물방울 / 雨滴: 빗방울 / 汗滴: 땀방울

甘: (맛이) 달, 달콤할

⓪ 甘吞苦吐: 달면 삼키고 쓰면 뱉는다. / ⓪ 甘之如飴: 엿 같이 달게 여기다. → 고된 일을 기꺼이 하다.

露: 이슬

露珠: 이슬방울/ 朝露: 아침 이슬 → 짧은 목숨, 덧없는 것 / ⓪ 風餐露宿(=露宿風餐): 바람과 이슬을 무릅쓰고 한데서 자고 먹다. / 甘露: (맛이) 단 이슬 → 다음과 같은 의미가 있다.

① 천하태평의 兆朕으로 내리는 祥瑞로운 이슬

② 불교에서 天酒라고도 하며 한번 맛보면 不老長生한다고 한다.

醉: 취할 → 正己 篇 (10), 存心 篇 (13) 참조

後: 뒤, 다음 → 存心 篇 (13), 勤學 篇 (6) 참조

添: 더할 → 戒性 篇 (4) 참조

盃: 잔

一盃酒: 술 한 잔 / 敬一盃: 한 잔을 올리다. / 添盃(=添盞): 술이 들어 있는 잔에 술을 더 따르다. / 乾盃: 잔을 비우다, 건배하다. / 爲世界平和乾盃: 세계평화를 위해 건배! / 擧盃祝健康: 잔을 들어 건강을 기원하자.

無: 없을 → 天命 篇 (2), 省心 篇 (上) (29), 省心 篇 (上) (54) 참조

---

(21) 酒不醉人人自醉 色不迷人人自迷

술이 사람을 취하게 하는 것이 아니라 사람이 스스로 취하는 것이며 女色이 사람을 홀리는 것이 아

니라 사람이 스스로 미혹에 빠지는 것이다. / ※ 다음은 世俗에서 口傳되는 이 글의 뒷부분이다.

花不送春春自去 人非迎月月自來: 꽃이 봄을 보내는 것이 아니라 봄이 스스로 가는 것이며, 사람이 달을 맞아들이는 것이 아니라 달이 스스로 오는 것일세.

| 字句 풀이 |

色: 여색(女色) → 남자의 눈에 비치는 여자의 아름다운 얼굴 ※ 正己 篇 (9), 正己 篇 (14) 참조

迷: (미)혹할, 유혹할, 홀릴, 매혹될, 빠질, 탐닉

迷色: 여색에 빠지다. / ㉞ 迷人眼目: 사람의 눈을 홀리다. / 景色迷人: 경치가 사람을 잡아 끈다. / 被花言巧語所迷惑: 감언이설에 현혹되다. / 南國的風景是迷人的: 남국의 풍경은 매력적이다.

---

(22) 公心若比私心 何事不辦 道念若同情念 成佛多時

(사람의) 公德心이 만일 이기심과 똑같이 강하다면 (세상을 위해서) 무슨 일인들 잘 해내지 못하겠는가? (또한) 道心이 만일 남녀 간의 애정과 똑같이 뜨겁다면 이미 오래전에 부처가 되었을 것이다.

※ 公德心 → 公衆道德心 / 道心(=道念) → 字句 풀이 참조

| 字句 풀이 |

公: 국가나 사회 또는 대중에 관계되는 일

公益: 사회 일반의 이익 / 公安: 공공(公共)의 안녕과 질서 / 公園: 공중(公衆)을 위한 유원지 / 公用物: 나라나 公共團體가 사용하는 公共의 물건

若: 만일, 만약 → 天命 篇 (4), 戒性 篇 (9), 省心 篇 (上) (24) 참조

比: 같을

老嫂比母: 늙은 형수는 어머니와 같다. / 靑年人好比初升的太陽: 젊은이는 마치 갓 떠오르는 태양과 같다. / 學習好比逆水行舟 不進則退: 공부는 마치 강물을 거슬러 가는 배와 같아서 앞으로 나아가지 않으면 뒷걸음질 친다. / ※ 好比: 마치 ~(과)와 같다.

私心: 이기심 → 存心 篇 (19) 참조

何: 무슨, 무엇, 어떤, 어느

何罪之有? 무슨 죄가 있느냐? / 何憂何慮: 무엇을 근심하고 무엇을 걱정하느냐? / 精神一到 何事不成: 정신을 한 곳으로 집중하면 무슨 일인들 이루지 못하랴(朱子語類). / ※ 到는 倒(쏟다)와 통용

辦: (일)할, 처리할

我在市廳辦公: 나는 시청에서 근무하고 있다. / 那事我辦不了: 나는 그 일을 해낼 수 없다. / 按原則辦事: 원칙대로 일을 처리하다. / 項梁常爲主辦: 항량은 언제나 주동자가 되어 일을 처리했다(史記). / ※ 辦 대신 辨을 쓰는 譯本들이 많은데 이때 辨은 辦의 古字로 쓰인 것이니 해석도 辦의 뜻을 적용해야 한다.

道: 도(道) → 불교, 불교도, 佛徒, 僧侶

貧道: 중이나 도사가 자기를 겸손하게 일컫는 말 / 道俗五萬餘人: 중과 일반인 5만여 사람(南史) / 聽琴知道行: 거문고 소리만 듣고도 道力을 알다. / ※ 道行: 수도한 道力이나 法力

㊤ 道高一尺 魔高一丈: 道力이 한 자(尺) 높아지면 魔力은 한 장(丈) 높아진다. / 修行이 精進한 만큼 마귀의 유혹도 강해진다. → 불교의 수행자들에게 경고하는 말이다. / ※ 1丈은 10尺

念: 생각, 마음

雜念: 잡생각 / 邪念: 사특한 생각 / 餘念: 어떤 일에 생각을 쓰면서 또 다른 일에 쓰는 생각 → 흔히 "없다"와 함께 쓴다. / 道念(=道心): 부처의 깨달음인 보리(菩提)를 구하는 마음, 佛道의 正覺을 구하는 마음 / 一念之差: 약간의 생각 차이 / 懷念故鄕: 고향을 자연사하다그리워하다.

同: 같을, 동일할 → 戒性 篇 (4) 참조

情: (남녀 간의) 애정, 사랑

墜入情網: 애정의 덫에 걸리다. 사랑의 포로가 되다. / 一見鍾情: 첫눈에 반하다. / 談情說愛: 사랑을 속삭이다. / 情念(=情思): 남녀 간에 서로 사랑하는 생각 → 애정 / ㊤ 情人眼裏出西施: 사랑하는 사람의 눈에는 (상대방이) 西施로 나타난다. → 눈에 콩깍지가 씌다.

※ 西施: 춘추 시대 越王(句踐)이 吳越 전쟁에서 패한 후 吳王(夫差)에게 바친 월나라 미녀

佛: 부처, 佛陀, 釋迦牟尼

成佛: 부처가 되다. → 중생의 번뇌를 벗고 佛果를 이루다. / 佛果: 불도를 닦아 이르는 부처의 지위 / 佛心: 부처님의 마음 → 慈悲心 / 佛光: 중생을 깨우치는 부처님의 광명 / 佛生日(=誕辰日, 佛誕日): 부처님오신 날(음력 4월 8일), 석가탄신일 / 佛眼相看: 부처님의 눈으로 보다. → 好意로 대하다, 너그럽게 봐주다.

多時: 장시간, 오랫동안, 시간이 많이 경과하다

多時未見面: 오랫동안 만나지 못했다. / 等候多時: 장시간 기다리다.

---

(23) 巧者言 拙者默 巧者勞 拙者逸 巧者賊 拙者德 巧者凶 拙者吉 嗚呼! 天下拙 刑政徹 上安下順 風淸弊絶

巧者는 말하기를 좋아하고 拙者는 말이 없다. 巧者는 수고로우나 拙者는 편안하고 巧者는 교활하나 졸자는 덕이 있으며, 巧者는 불행하나 拙者는 행복하다. 오호라! 천하가 모두 拙하다면 (법이

필요 없으니) 刑法은 철폐될 것이고, 임금과 백성은 함께 편안하고 즐거울 것이며, 사회의 풍조가 깨끗해지고 모든 폐단이 사라질 텐데(濂溪先生).... / ※ 이 글은 拙者를 찬양하는 詩 곧 拙賦다.

| 字句 풀이 |

巧者: 재주가 있는 반면 말에 거짓이 있는 사람 → 省心 篇 (上) (36) 참조

言: 말할 → 正己 篇 (4), 存心 篇 (13) 참조

※ 이 글에서 言(말하다)을 중국인들은 "愛說話(말하기를 좋아하다)"로 해석한다.

拙者: 아둔한 반면 꾸밈없이 순수한 사람 → 省心 篇 (上) (36) 참조

默: 말이 없을

默坐: 말없이 앉아 있다. / 默悼: 말없이 애도하다. / 默察近況: 근황을 말없이 살피다. / 威 沈默寡言: 입이 무겁고 말이 적다, 寡默하다. / 爲烈士默哀: 열사를 위해 묵념하다.

勞: 수고할, 일할 → 孝行 篇 (1), 正己 篇 (22) 참조

逸: 한가할, 편안할

勞逸不均: 누구는 힘들게 일하고 누구는 한가하다. / 勞逸結合: 일과 휴식을 적절하게 결합하다.

威 以逸待勞: 휴식으로 힘을 길러서 지친 적을 친다.

賊: 교활할, 약을, 약삭빠를

老鼠眞賊: 쥐는 정말 교활하다. / 又賊又壞: 교활하고도 나쁘다.

※ 중국인들은 賊을 狡黠 또는 狡猾로 해석하는데 이들은 모두 똑같이 "교활하다"이다.

德: 덕을(은혜를) 베풀

又從而振德之: 또 그러한 후에 그들을 분발시키고 은덕을 베풀어 주어야 한다[孟子(滕文公上)].

西德於秦: 서쪽으로 진나라에 덕을 베풀었다(戰國策).

凶: 불길할, 불행할, 상서롭지 못할

凶地: 풍수(風水)가 불길한 땅 ↔ 吉地

凶兆: 불길한 徵兆 / 凶命: 악운 / 厄運: 불길한 身數 / 凶相: 불길한 相, 橫死할 상

吉: 길할, 상서로울, 운이 좋을, 행복할

威 逢凶化吉: 禍가 福이 되다. → 轉禍爲福 / 立春大吉: 입춘을 맞이하여 행복을 비는 글

吉凶如糾纏: 禍와 福은 꼰 새끼와 같다. → 吉과 凶은 맞붙려 있다.

嗚: 아, 오호라 같이 탄식하는 소리

呼: 아, 오호라 같이 탄식하는 소리

嗚呼: 아아, 오호라! → 讚美나 慨嘆을 나타내는 말 / 嗚呼哀哉, 아아! 슬프도다! / 嗚呼 曾謂泰山不如林放乎: 아아! 어찌 태산의 신령이 (예의 근본을 물은) 임방 만도 못하다고 생각하느냐[論語(八佾)]?

天下: 온 세상 → 存心 篇 (4), 省心 篇 (下) (11) 참조

刑: 형(벌)

齊之以刑: (백성을) 형벌로 다스리다[論語(爲政)].

政: 법, 法制

道之以政: (백성을) 법으로 인도하다[論語(爲政)]. / 以法正民曰政 以道誨人曰敎: 법으로 백성을 바르게 하는 것을 政(법)이라 하고 도리로 사람을 가르치는 것을 敎(교육)라 한다[字彙(支部)].

徹: 거둘, 제거할, 치울, 철수할 → 撤과 통용

徹簾還政: 주렴을 걷고 정사를 임금께 돌려드리다. → 임금이 나이가 어려서 어머니가 대리로 정사를 돌보다가 임금이 나이가 들 때 돌려드리는 일 / 徹兵(=撤兵): 주둔했던 군대를 철수하다.

※ 원문이 徹 대신 撤로 된 譯本도 있으나 뜻은 같다.

上: 임금, 군주

㊎ 欺上瞞下: 임금과 백성을 모두 속이다. / 上自將而往: 임금이 몸소 거느리고 가셨다(史記).

下: 백성

上之化下 得其道: 임금이 백성을 교화시키는 일은 도에 부합한다(韓愈).

順: 기뻐할 → 省心 篇 (下) (13) 참조

風: 풍조(風潮)

勤儉成風: 근면과 검소가 세상의 풍조가 되다. / 不正之風: 나쁜 (좋지 못한) 풍조 / ㊎ 相沿成風: 답습(踏襲)하면서 점차 풍조가 되다.

淸: 맑을, 깨끗할 → 正己 篇 (11), 省心 篇 (下) (5) 참조

弊: 폐단(弊端), (폐)해, 해악, 병폐

弊政(=惡政): 나쁜 정치 / 弊風(=弊習): 해로운(나쁜) 풍습 / 有利無弊: 이익만 있고 해는 없다. / 改正弊病: 병폐를 시정하다. → 弊病: 병폐, 폐단

絶: 다 없어질, 다할, 끊어질

氣絶: 숨이 끊어지다, 죽다. / 絶望: 희망이 끊어지다. / ㊎ 糧斷米絶: 양식이 다 떨어지다. / 盡援絶: 탄알도 떨어지고 지원군도 끊기다. / ㊎ 風淸弊絶(=弊絶風淸): 사회 풍조가 淨化되고 폐단이 사라지다.

| 參考 |

濂溪先生: 北宋의 儒學者로 성은 周 이름은 敦頤(1017~1073), 자는 茂叔이며 호가 濂溪이므로 世人이 염계 선생이라 불렀고 저서로는 太極圖說, 通書 등이 있다.

| 出典 |

周敦頤集, 拙賦

(24) 德微而位尊 智小而謀大 無禍者鮮矣

덕도 없으면서 지위가 높거나 지혜도 짧으면서 도모하는 일이 크다면 (그러한 경우에) 禍를 당하지 않는 자는 드물다(易).

| 字句 풀이 |

德: 덕(인격적으로 남을 敬服시키는 힘) → 正己 篇 (12), 正己 篇 (26) 참조

微: 없을

微君之功 不能獲此大捷: 그대의 공로가 없었던들 이런 大勝을 획득할 수 없었네.

微管仲 吾其被髮左衽矣: 관중이 없었다면 우리는 이미 머리털을 풀어헤치고 옷깃을 왼편으로 하는 오랑캐가 되었을 것이다[論語(憲問)].

位: 지위 → 正己 篇 (26), 安分 篇 (7), 戒性 篇 (5) 참조

尊: (지위나 서열이) 높을, 존귀할

朋友之間不分尊卑: 친구 간에는 지위의 고하를 따지지 않는다. / 天子者 勢位至尊 無敵於天下: 천자란 권세와 지위가 가장 높고 천하에 당할 자가 없다[荀子(正論)].

智: 지혜 → 順命 篇 (5), 存心 篇 (2), 存心 篇 (7) 참조

小: 짧을

蟪蛄不知春秋 此小年也: 매미는 봄과 가을을 모르는데 이는 수명이 짧아 여름 동안만 살기 때문이다[莊子(逍遙遊)]. ※ 小年: 짧은 수명, 수명이 짧다. / 小知不及大知 小年不及大年: 지혜가 짧은 사람은 지혜가 뛰어난 사람을 따르지 못하고 수명이 짧은 사람은 장수하는 사람을 따르지 못한다[莊子(逍遙遊)]. / ※ 知는 "지혜"의 뜻에서 智와 同字이다.

謀: 계획, 계략, 계책, 꾀 → 存心 篇 (19) 참조

大: 클 → 正己 篇 (2), 戒性 篇 (5) 참조

鮮: 드물, 적을 → 訓子 篇 (5) 참조

矣: 결정 판단을 나타내는 어조사 → 繼善 篇 (9), 勤學 篇 (1), 訓子 篇 (5) 참조

| 參考 |

易: 易經 또는 周易을 말하며 이는 三經(詩經, 書經, 易經)과 五經(詩經, 書經, 易經, 禮記, 春秋)의 하나이다.

(25) 官怠於宦成 病加於小愈 禍生於懈怠 孝衰於妻子 察此 四者 愼終如始

관리는 높은 자리에 오를 때에 태만해지고 병은 조금 차도가 있을 때 더해지며 事故는 (마음이) 해이해졌을 때 일어나고 효심은 처자에 의해 미약해지는 것이니 이 네 가지를 잘 살펴서 시종일관 신중을 기해야 하느니라(說苑).

| 類似한 글 |

患生於官成 病殆於小瘳 禍生於懈慢 孝衰於妻子 此四者 愼終如始也 鄧析子: 재앙은 관직이 높아졌을 때 생기고 병은 조금 차도가 있을 때 위태해지며 사고는 게으르고 소홀히 할 때 일어나고 효심은 처자에 의해 미약해진다. (그러니) 이 네 가지는 시종일관 신중을 기해야 한다.

| 字句 풀이 |

官: 관리 → 存心 篇 (13) 참조

怠: 게으를, 나태할, 태만할, 해이할 → 正己 篇 (22) 참조

於: ~에 → 시간을 나타냄

馬克思生於1818年: 마르크스는 1818년에 태어났다. / 於進口之時: 수입(輸入)할 때에 → 進口: 수입하다.

宦: 벼슬(아치), 관리

仕宦: 벼슬을 하다, 관리가 되다. / 宦途(=宦路): 벼슬길 / 顯宦(=顯官): 고관, 고위 관리 / ㉝ 達官顯宦: 지위와 명성이 높은 관리

成: 성공할, 성취할 → 勤學 篇 (6), 訓子 篇 (5) 참조

宦成(=官成): 높은 벼슬자리에 오르다, 벼슬길에서 출세하다.

病: (질)병 → 正己 篇 (10) 참조

加: 더할

加溫: 온도를 더하다(올리다). / 病勢加重: 병세가 더 심해지다. / 小有才幹: 재간이 좀 있다. / ㉝ 喜上加喜: 경사에 경사를 더하다. / 加減不得: 더할 수도 없고 덜 수도 없다.

小: 조금, 좀, 약간, 다소

小康狀態: (혼란 등이) 약간 잠잠해진 상태 / 今病小愈: 오늘 병이 좀 나아졌다[孟子(公孫丑下)].

愈: 병이 나을

足疾已愈: 발병이 이미 다 나았다. / 還沒痊愈: 아직 완쾌되지 않았다. / 希望你早日痊愈: 하루속히 완쾌되기를 바랍니다.

禍: 사고(事故)

車禍(=輪禍): 차(량) 사고 / 惹禍: 사고를 일으키다.

生: (사건 등이) 생길, 발생할, 일어날 → 存心 篇 (20) 참조

懈: 게으를, 나태할, 태만할, 해이할

紀律懈弛: 기율이 해이하다. / ⑭ 夙夜匪懈: 아침 일찍부터 밤늦게까지 태만하지 않다.

※ 懈弛: 엄하지 않다, 무르다, 느슨하다, 늘어지다.

怠: 게으를, 나태할, 태만할, 해이할 → 正己 篇 (22), 勤學 篇 (6) 참조

懈怠: 게으르다, 태만하다.

從不懈怠: 지금까지 태만한 적이 없다. / 懈怠鬼兒: 게으름뱅이

學習上不可懈怠: 공부하는 데 게을러서는 안 된다. → 공부에 태만은 禁物이다.

孝: 효도 → 存心 篇 (17) 참조

衰: 미약해질, (쇠)약해질

風勢漸衰: 바람이 점점 약해지다. / 記憶力衰退: 기억력이 쇠퇴하다.

於: ~에 의해, ~에 의하여 → 被動을 나타냄

御人以口給 屢憎於人: 말재주로 사람을 제압함으로 늘 남에 의해 미움을 받는다[論語(公冶長)].

魏惠王兵數破於齊 秦: 위혜왕의 군대는 누차 제와 진에 의해 패망했다(史記).

業精於勤 荒於嬉: 학업은 근면에 의해 정통해지고 逸樂에 의해 거칠고 서툴러진다.

妻子: 아내와 자식 → 存心 篇 (18) 참조

察: 살필 → 正己 篇 (15), 正己 篇 (26), 省心 篇 (上) (9) 참조

此: 이(것) → 正己 篇 (1) 참조

者: 가지 → 數詞 뒤에 쓰여 앞에서 거론한 사람이나 사물을 가리킨다.

二者必居其一: 반드시 두 가지 (둘) 중 하나에 있다. / 兩者缺一不可: 두 가지에서 하나가 빠지면 안 된다.

愼: 삼갈, 신중할, 조심할 → 正己 篇 (7), 正己 篇 (24) 참조

終: 끝 → 省心 篇 (上) (33) 참조

愼終: 일의 끝을 신중히 처리하다, 끝까지 삼가고 조심하다.

始: 시작, 처음 → 省心 篇 (上) (33) 참조

愼終如始: 일의 끝도 처음과 같이 신중하게 처리하다, 시종일관 신중하다

愼終如始 則無敗事: 신종여시하면 실패하는 일이 (실패가) 없다(老子).

| 參考 |

說苑: 漢의 劉向(B.C. 77?~6)이 지은 책으로 舜 임금 때부터 漢初까지 세상에 알려지지 않았던 일 중에 본받을 만한 것을 모아 엮었다. → 20권이다.

(26) 器滿則溢 人滿則喪

그릇이 가득 차면 넘치고 사람이 교만하면 망한다(景行錄).

| 類似한 글 |
物極則復 器滿則覆: 사물의 발전이 극도에 이르면 쇠퇴의 길로 반복하고 그릇이 가득 차면 엎질러진다(新唐書). → 復은 反으로 覆은 傾으로도 쓴다.

| 字句 풀이 |
器: 그릇 → 勤學 篇 (3) 참조
滿: 가득 찰 → 天命 篇 (4) 참조
溢: (물이) 넘칠
河水四溢: 강물이 사방으로 넘치다. / 江水溢出堤堰: 강물이 제방을 넘쳐 흐른다.
滿: 교만할 → 安分 篇 (5) 참조
喪: (패)망할, 멸망할
殷遂喪: 은나라는 결국 망했다(書經). / 夫如是 奚而不喪: 그가 이와 같은데도 어찌 망하지 않습니까[論語(憲問)]? / ※ 중국인들도 喪을 "滅亡"으로 해석한다.

(27) 尺璧非寶 寸陰是競

(지름이) 한 자(尺)나 되는 큰 寶玉이 보배가 아니고 寸陰을 다투는 것이 참된 보배다.

| 字句 풀이 |
尺: 자, 척 → 省心 篇 (上) (14) 참조
璧: (둥근, 環狀의, 아름다운) 옥
⑭ 白璧微瑕: 흰 옥에 작은 흠집 → 옥의 티
尺璧: (직경이 한 자나 되는) 큰 보옥, 진귀한 구슬
古人賤尺璧而重寸陰 懼乎時之過已: 옛사람이 척벽을 천시하고 촌음을 중시한 것은 시간이 가는 것을 겁냈기 때문이다(曹丕). / 聖人不貴尺之璧 而重寸之陰 時難得而易失也: 성인이 척벽을 귀히 여기지 않고 촌음을 중시한 것은 시간이 얻기는 어렵고 잃기는 쉽기 때문이다(淮南子).

非: 아닐 → 否定의 뜻을 나타냄 ※ 天命 篇 (2) 참조

寶: 보배, 보물 → 正己 篇 (7), 勤學 篇 (6) 참조

寸: 치(1/10尺의 길이), 마디(손가락 하나의 너비) → (이상의 뜻이) "매우 짧다" "몹시 작다"로 轉義된다.

寸刻(=寸陰): 짧은 순간 / 寸劇: 짧은 연극, 토막극

陰: 시간, 광음, 세월

惜陰: 시간을 아끼다. / 光陰: 시간, 세월 / ㉺ 光陰似箭: 세월은 나는(날아가는) 화살과 같다.

寸陰: (해 그림자가 한 치 거리를 움직이는) 매우 짧은 시간 → 寸刻, 寸景, 寸光, 寸晷, 寸時, 寸輝 등과 같다.

大禹聖者乃惜寸陰 至於衆人當惜分陰: 성자이신 우 임금이 도리어 촌음을 아끼셨다면 일반인으로서는 마땅히 분음이라도 아껴야 한다(晉書). → 寸은 1/10尺이고 分은 1/100尺이다.

是: 목적어와 동사 사이에 쓰이어 목적어를 轉置시키는 역할을 하며 강조의 뜻이 있다.

蠱惑旣深 惟其言是聽: 미혹이 이미 깊어지자 오직 그 말 만을 듣게 된다(淸, 紀昀).

吾少孤 及長 不省所怙 惟兄嫂是依: 내 어려서 고아가 되었고 장성해서도 부모의 얼굴을 모르는 채 오직 형수만을 (부모처럼) 의지했다(韓愈). / 丹朱傲 惟慢遊是好: 단주는 고집이 세고 제멋대로 돌아다니며 놀기만을 좋아했다(書, 益稷). → 丹朱: 堯임금의 아들

競: 경쟁할, 겨룰, 다툴

競艶: 미모를 다투다. / 競存: 생존 경쟁(하다) / 競走: 달음질로 겨루다. / 競馬: 말달리기를 겨루다. / 競速: 속도 경쟁(하다) → 競速滑氷: 스피드 스케이팅

---

(28) 羊羹雖美 衆口難調

양고기 국이 비록 맛이 좋으나 뭇사람의 입맛을 다 맞추기는 어렵다.

| 字句 풀이 |

羊: 양 → 가축의 일종

披着羊皮的狼: 양의 탈(가죽)을 쓴 이리, 위선자

㉺ 挂羊頭賣狗肉(=羊頭狗肉): 양 머리를 내걸고 개고기를 팔다, 표리부동하다.

羹: 국 → 存心 篇 (15) 참조

雖: 비록(~라도) → 繼善 篇 (9) 참조

美: 맛 좋을, 맛이 있을

金樽美酒千人血: 금 술잔의 맛있는 술은 수많은 백성의 피다(春香傳). / 膾炙與羊棗孰美: 膾炙와 羊棗

는 어느 것이 맛이 있습니까[孟子(盡心下)]? / ※ 膾炙: 회와 구운 고기 / 羊棗: 고욤 → 고욤나무의 열매

衆: 뭇사람, 많은 사람 → 正己 篇 (16), 省心 篇 (下) (1) 참조

口: 입맛, 구미(口味)

可口: 맛있다, 입에 맞다. → 美味可口: 음식이 맛깔스럽다(입에 맞다). / 五味令人口爽: 五味는 사람의 입맛을 상쾌하게 한다(老子). / ※ 五味: 다섯 가지의 맛을 조화시켜 만든 식품

難: 어려울 → 繼善 篇 (7), 正己 篇 (8), 戒性 篇 (6) 참조

調: 음식의 간을 맞출

調味: 음식의 간을 맞추다, 맛을 내다. → 調味料: (맛을 내는) 양념

調口: (간을) 입맛에 맞추다. → 和五味以調口: 다섯 가지의 맛을 섞어서 입맛에 맞추다(國語).

---

(29) 白玉投於泥塗 不能汚穢其色 君子行於濁地 不能染亂其 心 故松柏可以耐雪霜 明智可以涉危難

흰 옥은 진흙탕에 던져도 그 (본연의) 색깔이 더러워질 理가 없고 군자는 혼탁한 곳에 가더라도 그 마음이 오염되거나 변할 理가 없다. 특히 松柏은 눈과 서리에도 견딜 수 있고 명철한 지혜는 위험과 재난을 잘 건너갈 수 있게 하느니라(益智書).

| 字句 풀이 |

白: 흴, 하얄

㉚ 白髮紅心: 머리는 희어도 (몸은 늙어도) 마음은 젊다.

㉚ 白骨難忘: 죽어서 흰 뼈가 되어도 은혜를 잊을 수 없다.

玉: 아름다운 돌(美石) → 勤學 篇 (3), 訓子 篇 (10) 참조

投: 던질

㉚ 投鞭斷流: 말채찍만 던져도 강의 흐름을 막는다, 군사가 많다.

㉚ 投珠與豕: 돼지에게 진주를 던져 주다. → 가치를 모르는 자에게 헛짓하다.

於: ~에, ~로 → 동작의 방향이나 귀착점을 나타냄

由城內遷於郊外: 시내에서 교외로 옮기다. / 獻身於敎育事業: 교육 사업에 몸을 바치다.

泥: 진흙, 진창 → 省心 篇 (下) (6) 참조

塗: 진흙, 진창

㉚ 生靈塗炭: 백성이 도탄에 빠지다. → 生靈: 백성 / 塗炭: 진흙과 숯불 속(에 빠지다) → 몹시 고통스

러운 지경(에 처하다) / 如以朝衣朝冠 坐於塗炭: 조의를 입고 조관을 쓰고서 마치 진구렁이나 숯불 속에 앉아 있는 것 같이 여겼다[孟子(公孫丑上)].

泥塗: 진흙, 진창, 진흙탕, 뻘(→ 호수나 연못에 쌓인 진흙)

積其泥塗 以爲丘阜: 뻘이 쌓여서 언덕이 된다(宋, 曾鞏). / 泥塗軒冕: 고위 고관을 진흙처럼 하찮게 여기다. / ※ 泥塗에 "하찮게 여기다"의 뜻이 있음

不能: ~일 이(치)가 없다, ~할 이(치)가 없다 → 가능성이나 蓋然性에 대한 부정의 뜻을 나타낸다.

他不能是不道德的人: 그는 부도덕한 사람일 이(치)가 없다.

汚: 더러울, 불결할, 더러워질, 더럽힐 → 正己 篇 (19) 참조

穢: 더러울, 불결할

穢水(=汚水): 더러운 물 / 穢物(=汚物): 더러운 것 / 穢濁(=汚濁): 더럽고 흐리다.

汚穢: 더럽다, 더럽혀지다

汚穢的衣服: 더러워진 의복 / 汚穢的行爲: 불결한 행위

色: 색(깔), 빛(깔)

日光有七色: 햇빛에는 일곱 가지 색(깔)이 있다.

君子: 학식과 덕망이 높은 사람, 小人의 상대어 → 正己 篇 (9), 正己 篇 (23) 참조

行: 갈

上行: 위쪽으로 올라감 ↔ 下行: 아래쪽으로 내려감 / 日行千里: 하루에 천 리를 가다. / 行方不明: 간 곳을 모르다. / 竓 行百里者半九十: 100리를 가려는 자는 90리를 반으로 친다. → 일은 끝이 더 어렵다는 말

濁: 흐릴, 더러울, 혼탁할

竓 濁涇淸渭: 물이 흐린 涇水와 물이 맑은 渭水 → 두 강물의 맑고 흐림이 뚜렷이 구분된다는 점에서 "涇渭"라는 말이 나왔고 그 뜻은 "옳고 그름(의 분별)"이며 "涇渭가 분명하다" "涇渭를 따지다" "涇渭가 밝다" 등으로 쓰인다.

地: 곳, 장소

住所地: 주소가 있는 곳 / 産地(=産出地): 산출한 곳 / 目的地: 목적하는 곳

無地: (몸 둘) 곳이 없다 → 몸 둘 바를 모르다 → 竓 惶恐無地: 황공하여 몸 둘 곳을 모르다.

染: (나쁜 것에) 물들, 영향을 받을, 때 묻을, 더럽혀질, 오염될

竓 一塵不染: 티끌 하나도 때 묻지 않았다. → 身居鬧市 一塵不染: 번삽한 도시에 살아도 조금도 악습에 물들지 않았다. / 染俗(=染塵): 세속에 물들다.

亂: 달라질, 변할, 바뀔

巡就戮時 顔色不亂: 순번에 따라 곧 죽이는 순간에도 안색이 바뀌지 않았다(韓愈).

故: 특히[66] → 말머리를 돌리는 發語詞 역할을 한다.

※ 이 원문은 白玉, 君子, 松柏, 明智 등을 主題로 한 글로서 각 주제에 따르는 글들은 列擧만 했을 뿐, 독립되어 있다. 따라서 松柏이 눈과 서리를 견디고 明智가 위난을 잘 건너가도록 하는 것은 松柏과 明智의 固有한 일이지 白玉과 君子와는 아무런 상관이 없다. 그런데도 故를 "그러므로"나 "그런고로"라고 해석하는 것은 잘못이라고 본다.

松: 소나무

㉾ 松餅: 송편 / 松子(=松毬, 松果): 솔방울 / 松津(=松脂, 松膠): 송진 / 松竹: 소나무와 대나무

柏: 측백나무, 잣나무(→ "잣나무"는 한국에서만 쓰는 이름이다)

殷人以柏: (토지신을 모시는 社에) 은나라 사람들은 잣나무를(심어) 社樹로 사용했다[論語(八佾)]. / ※ 社樹는 神主의 상징으로 심는 나무임

松柏: 소나무와 잣나무 → 모두 상록수임으로 절개와 장수를 상징한다.

歲寒然後 知松柏之後彫也: 한겨울의 추위가 닥치고 나서야 비로소 松柏이 (다른 나무보다) 뒤늦게 시듦을 알게 된다[論語(子罕)].

可以: ~할 수 있을 → 正己 篇 (12), 勤學 篇 (6) 참조

耐: 참을, 견딜

耐久: 오래 견디다 → 耐久力: 오래 견디는 힘 / 耐飢: 배고픔을 참고 견디다. → 駱駝耐飢能力很强: 낙타는 배고픔을 참고 견디는 힘이 매우 강하다. / ㉾ 喫苦耐勞: 고생이나 수고를 참고 견디다.

雪: 눈 → 省心 篇 (上) (53) 참조

霜: 서리

霜下: 서리가 내리다. / 霜晨: 서리 내린 추운 아침 / 霜月: 서리 내리는 달 → 음력 동짓달의 별칭 / 霜下傑: 서리 맞은 / ※ 俊傑: 菊花의 별칭

涉: 건널

涉渡(=涉度, 徒涉): (걸어서) 물을 건너다. / 涉川: 내를 건너다. / 涉江(=涉河): 강을 건너다. / 涉海: 바다를 건너다. / ㉾ 跋山涉水(=跋涉): 산을 넘고 물을 건너다. / ㉾ 涉(于)春氷: 봄에 살얼음 위로 건너다. → 위험한 짓을 하다.

危: 위험

㉾ 危在旦夕: 위험이 조석에 달려 있다. 위험이 눈앞에 닥치다.

㉾ 轉危爲安: (병세나 情勢가) 위험한 고비를 벗어나 호전되다.

危及生命: 위험이 생명에 미치다. / 危及國家安全: 위험이 국가의 안전에 미치다.

---

66) 檀國大學校編 大韓漢辭典 의 字解

難: 재난, 재앙, 환난, 불행

遭難: 재난을 당하다. / 患難與共: 환란을 함께 하다. / 大難臨頭: 큰 재난이 눈앞에 닥치다.

危難: 위험과 재난

危難之時: 위난의 시기, 위난을 당한 때 / 救人于危難之間: 사람을 위난에서 구하다.

---

(30) 入山擒虎易 開口告人難

산에 들어가 호랑이를 (사로)잡기는 쉬우나 입을 열어 남에게 (무엇을) 부탁하기는 어렵다.

※ 다음은 중국의 속담인데 우리의 원문과 恰似하다. / ㉗ 上山擒虎易 開口求人難: 산에 올라가서 범을 사로잡기는 쉽지만 입을 열어 남에게 부탁하기는 어렵다. → 우리의 入山이 上山으로 되고 우리의 告가 求로 되었는데 告와 求는 "부탁하다"는 뜻에서 같다.

| 字句 풀이 |

入: 들, 들어갈 → 省心 篇 (下) (3) 참조

山: 산 → 勤學 篇 (2) 참조

擒: 붙잡을, 사로잡을

七縱七擒: (병법에 능해서) 잡았다 놓아주었다를 마음대로 하다(三國志). → 諸葛亮이 南蠻의 추장 孟獲을 일곱 번 잡았다가 일곱 번 놓아준 故事에서 나온 말

㉗ 擒龍要下海 打虎要上山: 용을 잡으려면 바다에 가야 하고 범을 잡으려면 산에 가야 한다. → 산에 가야 범을 잡지.

虎: 범, 호랑이 → 省心 篇 (上) (19) 참조

易: 쉬울 → 正己 篇 (8), 正己 篇 (22) 참조

開: (닫힌 것을) 열

開門迎入: 문을 열고 맞아들이다.

㉗ 開門揖盜: 문을 열고 도둑에게 절하며 맞아들이다. → 화를 자초하다.

開口: (어떤 부탁을 하려고) 입을 떼다, 입을 열다, 말을 하다.

跟人借錢還眞難開口: 남에게 돈을 빌리려고 입을 떼기가 과연 정말 어렵구나.

開口相求: 입을 열어 부탁하다. → 相은 어조사의 역할이고 求는 "부탁하다"임

這是不好開口相求的: 이것은 부탁하기가 거북합니다만….

告: 부탁할, 요구할, 청(구)할

哀告(=哀求): 간절히 부탁하다. / 告哀, 하소연(하며 도움을 청)하다. / 告貸(=告借): (돈을) 빌려달라고 부탁하다. / 告幫: (금전적인) 도움을 청하다 → 和朋友告幫: 친구들에게 도움을 청하다. / 告糴: (팔아 줄 것을) 부탁하여 곡식을 사들이다. / 孔子厄於陳蔡 從者七日不食 告糴於野人 得米一石焉 孔子家語: 공자가 陳과 蔡의 경계에서 종자들이 7일 동안 굶는 고생을 하다가 야인에게 부탁하여 쌀 한 섬을 사들였다.

---

(31) 遠水不救近火 遠親不如近隣

먼 곳에 있는 물은 가까운 곳의 불을 끄지 못하고 먼 곳에 있는 친척은 가까이 사는 이웃만 못하다.

| 類似한 글 |

失火而取水於海 海水雖多 火必不滅矣 遠水不救近火也: 불이 났을 때 바다에서 물을 끌어온다면 바닷물이 비록 많아도 불은 반드시 꺼지지 않을 것이니, (역시) 먼 곳의 물은 가까운 곳의 불을 끄지 못하는 구려(韓非子).

| 字句 풀이 |

遠: (거리가) 멀→ 繼善 篇 (9), 省心 篇 (上) (40) 참조

水: 물 → 孝行 篇 (6), 省心 篇 (上) (15) 참조

救火: 불을 끄다 → 正己 篇 (13) 참조

近: 가까울 → 勤學 篇 (1), 省心 篇 (上) (51) 참조

親: 친척 → 省心 篇 (上) (40) 참조

隣: 이웃 → 省心 篇 (上) (53) 참조

---

(32) 日月雖明 不照覆盆之下 刀刃雖快 不斬無罪之人 非災橫禍 不入愼家之門

해와 달이 비록 밝아도 엎어 놓은 동이의 밑은 비출 수 없고, 칼날이 비록 잘 들어도 죄 없는 사람의 목은 벨 수 없으며, 뜻밖의 재앙도 조심하는 사람의 대문은 들어갈 수 없다(太公).

| 字句 풀이 |

日: 해, 태양

⑱ 日落西山: 해가 서산에 지다. / 紅日東升: 붉은 해(아침 해)가 동쪽에서 떠오르다.

月: 달 → 省心 篇 (下) (6) 참조

日月: 해와 달

日月無私照: 해와 달은 모든 사물을 공평하게 비춘다.

⑱ 日月如梭: 해와 달이 베틀의 북과 같이 오가다. → 세월이 빠르다.

明: 밝을 → 省心 篇 (上) (11), 省心 篇 (上) (15) 참조

照: 비출, 쪼일, 비칠 → 省心 篇 (下) (6) 참조

覆: 뒤집힐, 뒤집어 엎을, 뒤집혀 엎어질

覆甄: 엎어 놓은 시루 / 覆盂: 엎어 놓은 사발 → 견고하고 안정되다. / 覆轍: 전복된 수레의 바퀴 자국 → 실패의 교훈 / 覆巢之下無完卵: 엎어진 새 둥지 밑에 성한 알이 없다. → 한 집안이 滅門을 당하다. / 君者舟也 庶人者水也 水則載舟 水則覆舟: 임금이란 배고 백성이란 물이다. 그 물이 배를 실어 나르기도 하고 (배를) 뒤집어엎기도 한다[荀子(王制)].

盆: 동이, 와기(瓦器) → 물, 술 등을 담는 질그릇

⑱ 覆盆之冤: (엎어 놓은 동이의 밑은 빛이 닿지 못하듯) 어디에도 호소할 곳이 없는 원한

盆下無由見太陽: (엎어 놓은) 동이의 밑은 해를 볼 길이 없다(唐, 劉長卿). → 억울함을 호소할 길이 없다.

下: 밑, 아래 → 正己 篇 (21) 참조

刀: 칼 → 繼善 篇 (9) 참조

刃: 칼날

⑱ 迎刃而解(=迎刃自解): (대나무가) 칼날에 닿자마자 갈라지다. → 일이 잘 풀리다.

刀刃: 칼날

刀刃鈍了: 칼날이 무디어졌다.

快: 날카로울, 예리할, 잘 들

把刀磨快: 칼을 날카롭게 갈다. / ⑱ 快刀斬亂麻(=快刀亂麻): 잘 드는 칼로 어지러운 삼 가닥을 자르다. → 복잡하게 얽힌 일을 明快하게 처리하다.

斬 :벨, 끊을, 자를

斬首: 목을 베다. / 處斬(=處以斬刑): 참수형에 처하다. / 剖棺斬屍: 관을 쪼개고 시체의 목을 베다. → 死後에 큰 죄가 드러났을 때 追施하던 극형

災: 재난, 재앙, 재해

⑱ 招災惹禍: (스스로) 재난을 부르다(자초하다)

救災恤隣: 재난에서 구제하고 금품으로 이웃을 돕다(左傳).

非災: 뜻밖의 재앙[67]

當日全家遇非災: 그날에 온 집이 (일시에) 뜻밖의 재앙을 당했다(金, 董解元).

我救了你非災 有誰救我橫禍: 나는 네가 당한 뜻밖의 재앙에 도와주었건만 나의 횡화(뜻밖의 재앙)에는 어느 누가 도와주었나(元, 關漢卿)?

橫: 뜻밖의, 의외의, 갑작스러운 → 省心 篇 (上) (51) 참조

橫禍: 뜻밖의 (불의의, 갑작스러운) 재앙

內修極而橫禍至者 皆天也 非人也: 마음 닦는 일에 정성을 다했는데도 橫禍가 닥치는 것은 다 하늘의 뜻이지 사람 탓이 아니다(淮南子). / 非災橫禍(=橫禍非災, 橫禍飛災): 뜻밖의 재앙

※ 중국인들도 非災橫禍를 意外的災禍 또는 飛來橫禍로 풀었는데 모두 다 "뜻밖의 재앙"이라는 뜻이다.

家: 사람 → 戒性 篇 (4), 省心 篇 (上) (41) 참조

門: (대)문 → 省心 篇 (下) (1) 참조

---

(33) 良田萬頃 不如薄藝隨身

기름진 논밭이 만 경이라도 하찮은 재주 하나를 몸에 지닌 것만 못하다(太公).

| 字句 풀이 |

良田: 기름진 논밭, 옥답(沃畓) → 省心 篇 (下) (18) 참조

萬頃: (지면이나 수면이) 한없이 넓다는 표현 → 省心 篇 (下) (3) 참조

薄: 하찮을, 보잘것없을, 변변치 못할

薄技(=薄才): 하찮은 기술(재주) / 只仗薄技糊口: 단지 하찮은 기술 하나로 입에 풀칠을 하고 있다.

隨: ~에 딸려 있을, 附帶할, 附帶하여 지닐

隨身: 몸에 지니다, 휴대하다. / 隨身用品: 휴대품(携帶品), 소지품(所持品) / 隨着鎖有兩把鑰匙: 자물쇠에 열쇠가 둘 딸려 있다. / 隨着自行車有鈴兒: 자전거에 벨이 달려 있다. / 隨身帶着救急的藥: 구급약을 몸에 지니고 있다.

---

67) 檀國大學校編 大韓漢辭典 의 字解

(34) 接物之要 己所不欲 勿施於人 行有不得 反求諸己

(다른) 사람들과 사귀는 가장 중요한 원칙은 자기가 원하지 않는 것을 남에게 행하거나 하도록 시키지 말아야 하는 것이다. 그렇게 그 원칙을 다 실천하고도 未洽한 점이 있으면 돌이켜 보고 (그 원인을) 자기에게서 찾아야 한다(性理書). / ※"己所不欲 勿施於人"은 論語(衛靈公)에도 있다.

| 字句 풀이 |

接: 사귈, 교제할

接交: 관계를 맺다, 교제하다, 사귀다, 어울리다. / 接交朋友: 친구와 사귀다. / 君子之接如水 小人之接如醴: 군자의 사귐은 물과 같고 소인의 사귐은 단술과 같다(禮記).

物: 남, 다른 사람 → 正己 篇 (12) 참조

接物: 남들(사람들)과 사귀다(교제하다). / 免遭物議: 대중의 비난을 모면하다. / 處事接物: 일을 처리하면서 사람들과 사귀다.

要: 가장 중요한 것, 요점, 關鍵(열쇠, 키포인트)

綱要: 골자 / 摘要: 요점만 따서 적다 / 擇要記錄: 요점만 골라 기록하다.

己: 자기, 자신 → 正己 篇 (1), 戒性 篇 (7) 참조

所: 동사 앞에 "所 + 동사"의 형태로 쓰여 그 동사와 함께 명사적 성분이 된다. → 繼善 篇 (9) 참조

⑱ 所剩無幾: 남은 것이 별로 없다. / 別有所圖: 의도하는 바가 따로 있다. / 所答非所問: 대답이 묻는 것이 아니다, 동문서답이다. / 無所不知: 모르는 것이 없다.

勿: 하지 말, 금하는 말 → 繼善 篇 (2), 正己 篇 (3), 省心 篇 (上) (17) 참조

施: (시)행할, 실행할, 실시할

施法: 법령을 시행하다. / 施工: 공사를 하다. / 施政: 정무(政務)를 시행하다, 정치를 하다. / 施禮: 예를 행하다, 절하다, 인사하다. → 向主人施禮: 주인에게 절하다. / ⑱ 無計可施: 어찌할 방도가 없다.

於: ~에게 → 繼善 篇 (8), 孝行 篇 (5), 戒性 篇 (5) 참조

人: 남, 다른 사람 → 繼善 篇 (8), 省心 篇 (上) (16), 省心 篇 (上) (51) 참조

行有: 그렇게 다 하고도 ~이 있으면

行有餘力 則以學文: (弟子는 앞에서 열거한 일들을) 다하고도 여력이 있으면 또 글을 배워야 한다[論語(學而)].

得: 만족할, 得意할 → 바라던 일이 뜻대로 이루어져서 뽐내다, 뜻을 이루다, 마음에 들다

面有得色: 얼굴에 得意한 빛이 있다. / 得意之作(=得意的作): 회심작(會心作) → 會心: 마음에 들다,

만족하다. / ⑱ 得意揚揚(=意氣揚揚): 득의하여 기쁜 빛이 얼굴에 가득한 모양

反: 돌이켜 볼, 반성할

自反無愧: 스스로 반성해 보아도 부끄러운 것이 없다.

自反而縮: 스스로 돌이켜 보아도 올바르다[孟子(公孫丑上)].

求: 찾을

⑱ 吹毛求疵: 털을 불어가며 흠을 찾다, 생트집을 잡다.

⑱ 實事求是: (空理空論이 아닌) 실제적인 일에서 진리를 찾다.

諸: ~에(서), ~에게 → 之와 於의 合音임

反求諸己: 돌이켜 보고 잘못된 원인을 자기에게서 찾는다. / 子張書諸紳: 자장이 (이 말을) 허리띠에 적었다[論語(衛靈公)]. / 君子求諸己 小人求諸人: 군자는 (허물을) 자기에게서 찾고 소인은 남에게서 찾는다[論語(衛靈公)]. / 發而不中 不怨勝己者 反求諸己而已矣: 쏘아서 맞지 않아도 자기를 이긴 자를 원망하지 않고 돌아보아 화살이 빗나간 원인을 자기에게서 찾을 뿐이다[孟子(公孫丑上)]. / 射有似乎 君子 失諸正鵠 反求諸己身: 사수(射手)는 군자와 닮음이 있나니 정곡에서 벗어나면 스스로 反求諸己 하느니라(中庸).

(35) 酒色財氣四堵墻 多少賢愚在內廂 若有世人跳得出 便是 神仙不死方

(사람이 삼가야 할) 술, 여색, 재물, 怒氣 등 네 가지가 마치 담을 두른 듯 에워싸고 있는데, 허다한 賢者와 愚者들이 그 안쪽에 갇혀 있다. (이런 상황에서) 만약 어떤 世人(세상 사람)이 그 담장을 뛰어넘어 탈출할 수 있다면 (이것이) 곧 신선의 죽지 않는 처방이니라.

| 字句 풀이 |

氣: 분노, 怒氣, 성, 화

氣衝衝: 노기 騰騰하다, 노기 衝天하다. ↔ 喜洋洋: 기뻐서 싱글벙글하다. / 生氣: 화를 내다. / 別生氣: 화내지 마라. / 好生氣: 툭하면 화를 낸다. / 酒色財氣: 술, 여색, 재물, 怒氣 → 경계해야 할 네 가지

堵: 담(장)

堵列: 담처럼 죽 늘어서다 혹은 그 대열 / 觀者如堵: 구경꾼들이 많아 담을 두른 듯하다.

墻: 담(장) → 正己 篇 (25) 참조

堵墻: 담(장) → (둘러선 사람들이 많아서) 담장을 두른 듯하다는 말로 쓰인다.

孔子射於矍相之圃 蓋觀者如堵墻: 공자가 확상의 學宮(공자가 활쏘기를 배운 곳)에서 활을 쏘시는데 어찌 구경꾼들이 담을 두른 듯하지 않았겠느냐[禮(射義)]? / 集賢學士如堵墻 觀我落筆中書堂: 집현전의 학사들이 담을 두른 듯이 내가 中書堂에서 낙필하는 것을 구경했다(杜甫). → 落筆: 붓으로 쓰거나 그리다. / ※ 中書堂 → 中書省의 政事堂

多少: 허다(許多)하다, 무수히 많다, 셀 수 없을 만큼 많다

南朝四百八十寺 多少樓臺烟雨中 杜牧 江南春詩: 南朝에 산재한 480개의 절에서 허다한 누대가 안개비 속에 잠겨 있네. → 南朝: 남쪽의 王朝들

賢: 어진 이, 현명한 사람 → 正己 篇 (26) 참조

愚: 어리석은 사람, 愚人, 바보

古之愚也直: 옛날의 바보는 정직했다[論語(陽貨)].

在: ~에 있을 → 天命 篇 (2) 참조

內: 안, 속, 내부 → 訓子 篇 (5) 참조

廂: 쪽, 편, 방면

這廂: 이쪽 ↔ 那廂: 저쪽 / 一廂情願: 일방적인 바람, 一方的으로 원하다. ↔ 兩廂情願: 쌍방이 원하다. / 占領兩廂: 양쪽을 점령하다. / ※ 內廂의 해석을 중국인들은 裏面(내부, 속, 안)이나 其中(그 속, 그 안)으로 해석하는데 이는 廂의 뜻이 "곁채" "행랑" 등과 같이 무슨 집이나 방이 아니고 방향을 가리키는 "쪽" "편" "방면" 이기 때문이다

有: 어떤, 어느, 웬 → 省心 篇 (下) (17) 참조

世人: 세상 사람

世人皆濁 我濁淸: 세인이 모두 혼탁해도 나만이 홀로 깨끗하다(楚辭).

跳: 뛰어넘을, 솟구칠

跳躍: 뛰어오르다, 점프하다. / 跳身: 몸을 위로 솟구치다. / 跳鱗: (물 위로) 뛰어오르는 물고기 / 跳球: (농구에서의) 점프 볼(Jump Ball). / 撐竿跳高: 장대높이뛰기(를 하다)

得: ~할 수 있을 → 동사 뒤에 쓰이어 가능함을 나타냄

喫得喫不得: 먹을 수 있을지 어떨지.

出: 탈출할, 빠져나올, 이탈할

緣高出險: 높은 데를 기어올라가 위험한 곳을 빠져나왔다[管子(形勢解)].

便: ~하면, ~이면, 그렇다면 곧 → 省心 篇 (上) (24) 참조

是: 이다(영어로 "is"에 해당함) → 正己 篇 (6) 참조

神仙: 속세를 떠나 자연과 벗하고 고통과 질병과 죽음도 없이 산다는 想像의 사람 → 省心 篇 (上) (55) 참조

方: (약) 처방, 藥方文

方子: 처방전 → 開方(子): 처방전을 내다. / 驗方: 검증된 처방 → 잘 듣는 처방 / 偏方(兒): 민간 요법의 처방 / 不死方: 죽지 않고 영원히 살게 한다는 전설상의 약 처방

< 立敎 篇 >

(1) 立身有義而孝爲本 喪祀有禮而哀爲本 戰陣有列而勇爲本
治政有理而農爲本 居國有道而嗣爲本 生財有時而力爲本

사람이 세상을 살아가면서 지켜야 할 道理가 있으니 효도가 근본이요, 喪事와 제사에 지켜야 할 예의가 있으니 哀悼가 근본이요, 전쟁터에도 지켜야 할 次序가 있으니 용기가 근본이요, 나랏일을 처리함에 이치가 있으니 농사가 근본이요, 국가를 통치함에 正道가 있으니 後嗣가 근본이요, 돈을 버는 데에 때가 있으니 노력이 근본이다(孔子). / ※ 이 글에 한해서 治政은 행정 차원의 다스림이고 居國은 체제 유지 차원의 다스림으로 본다. / ※ 다음은 생략된 이 글의 첫머리다.

行己有六本焉 本立然後爲君子也: 사람의 처신(몸가짐)에 여섯 가지 근본이 있는데 이들 근본이 바로 선 후에야 군자가 될 수 있다

| 字句 풀이 |

立: 생존할, 존재할

自立: 제힘으로 살다. / 獨立: 다른 것에 굴복하거나 의존하지 않고 살다. / 威 勢不兩立: 적대적인 사물이나 사람과 공존할 수 없다.

身: 몸 → 正己 篇 (7), 正己 篇 (26), 省心 篇 (上) (14) 참조

立身: 자립하다

立身社會 自有很多無奈: 사회에서 자립으로 살아가노라면 자연히 부득이한 일이 많이 있기 마련이다. / ※ 立身은 立身出世의 준말이기도 한데 이 글에서는 立身處世(세상에서 사람들과 사귀며 살아 가다)의 준말로 쓰였다. 왜냐하면, 효도란 입신출세와 상관없이 모든 인간의 본분이기 때문이다.

義: (사람이 지켜야 할 올바른) 道理 → 勤學 篇 (3) 참조

孝: 효도 → 存心 篇 (17), 省心 篇 (下) (25) 참조

爲: 이다 → 正己 篇 (7), 戒性 篇 (5) 참조

本: (사물의) 근본 → 戒性 篇 (5) 참조

喪: 상사(喪事) → 죽은 사람에 관한 일, 葬禮, 葬儀

吊喪: (상사에) 吊問하다. → 吊文, 吊喪하는 글 / 辦喪事: 장례를 치르다. / 治喪委員: 장의(葬儀)위원 / 喪事尙白: 장례에는 흰색을 중시한다.

祀: 제사(祭祀)

祀典(=祭典): 제사의 儀式 / 祀事: 제사에 관한 일 / 夫祀 國之大節也: 무릇 제사란 나라의 큰일(행사)이다(國語).

禮: 예도, 예(절) → 戒性 篇 (1) 참조

約我以禮: 예도로 나를 단속해 주시다[論語(子罕)].

哀: 애도할, 슬퍼할

哀哭: 슬퍼하며 소리 내어 울다. / 默哀: 묵도(默悼)하다. → 肅立默哀: 숙연히 서서 묵도하다. / 向故人家屬表示深切的哀悼: 고인의 가족에게 깊은 애도의 뜻을 표하다.

戰: 싸움, 전쟁 → 存心 篇 (8) 참조

陣: 싸움터, 전쟁터

上陣殺敵: 싸움터에 나가 적을 죽이다. / 臨陣指揮: 싸움터에서 지휘하다. → 陣頭指揮하다. / 陣沒(=陣亡): 싸움터에서 죽다, 전사하다. → 陣沒將士: 전몰장병

列: (자리나 지위의) 차례, 석차, 位次

班列: 신분이나 계급의 차례 / 陳力就列 不能者止: (周任이 말하기를) "제 位次에 맞는 벼슬에 나아가 능력을 펼치다가 감당치 못하면 그만두라"라고 했다[論語(季氏)].

勇: 용기 → 正己 篇 (3), 存心 篇 (4) 참조

治: 다스릴, 처리할, 관리할 → 省心 篇 (下) (2) 참조

政: 政의 뜻을 列擧하면 다음과 같다.

① 政治 → 議政: 의회 정치의 준말 ↔ 專政: 독재 정치

② 政務(행정) → 財政:재무 행정 / 郵政: 우편 행정 / 民政: 민사 행정

③ 政府 → 黨政協議: 당과 정부가 협의하다.

④ 政事 → 정치에 관한 일과 政務(행정)로 나누어지는데 한마디로 하면 "나랏일"이다.

※ 이 글에서 政의 해석을 政事(나랏일)로 한다 → 중국인들도 政事로 한다.

理: 이치, 도리, 사리 → 戒性 篇 (4) 참조

農: 농사, 농업

農桑: 농업과 蠶業 / 在家務農: 집에서 농사를 짓다. / 農事繁忙: 농사일이 바쁘다.

不違農時 穀不可勝食也: 농사철을 어기게 하지 않으면 곡식을 이루 다 먹을 수가 없게 된다[孟子(梁惠王上)].

居: 다스릴

士居國家得以諸公大夫: 士(선비)가 나라를 다스리니 모든 公大夫들과 뜻이 잘 맞았다(逸周書). → 公

大夫: 秦漢 때의 爵位 이름

國: 나라, 국가 → 戒性 篇 (5), 省心 篇 (下) (13) 참조

道: 도리(道理) → 사람이 마땅히 행하여야 할 바른길 ※ 省心 篇 (下) (2) 참조

君子愛財 取之有道: 군자도 재물을 좋아하지만, 그것을 가지는 데는 도리를 지킨다.

嗣: 후사, 계승자, 후계자 → 임금의 자리나 직위를 잇는 사람

夫晉侯非嗣也 而得其位: 모든 晉의 제후들은 後嗣가 아닌데도 그 자리를 얻어냈다(國語).

生: 만들어낼, 생산할, 불(릴), 增殖할 → 存心 篇 (20) 참조

財: 돈, 금전, 財物(돈이나 그 밖의 값나가는 물건의 총칭)

財路: 돈줄, 돈벌이 방법(수단) / 財本: 본전, 밑천 / 財穀: 돈과 곡식 / 發財: 돈을 벌다. 부자가 되다. /
財囊(=錢囊): 돈주머니 / 生財: 돈을 벌다, 재산을 늘리다. / 財奴(=財虜, 財迷, 財黑): 구두쇠, 노랑이,
守錢奴 → 돈에 인색한 사람 / ㉐ 生財有道: ① 돈을 벌어도 정당하게 벌어야 한다. ② 돈 버는 솜씨가
있다. / ※ 중국인들도 生財를 "發財(돈을 벌다)"로 해석한다.

時: 때, 시기 → 正己 篇 (9), 戒性 篇 (2), 省心 篇 (下) (20) 참조

力: 노력할, 힘쓸, 힘을 다할, 盡力할

力作: 힘써 일하다. / 力戰: 힘을 다해 싸우다. / 力諫: 힘써 간하다.

辦事不力: 일을 하면서 盡力하지 않다. → 일이 疎忽하다.

力作不求富 富自到矣: 힘써 일을 하면 富를 구하지 않아도 富가 스스로 찾아온다(漢, 王充).

| 出典 |
孔子家語(六本 篇)

---

(2) 爲政之要 曰公與淸 成家之道 曰儉與勤

나랏일을 하는 데에 가장 중요한 것은 公正과 청렴이요, 집이 부자가 되는 방도는 검소와 근면이다
(景行錄).

| 字句 풀이 |

爲: 다스릴, 治理할, 政事를 행할

善人爲邦百年: 착한 사람이 나라를 100년 동안 다스린다면[論語(子路)]…. / 能以禮讓爲國乎 何有:

예를 지키고 겸양할 수 있다면 나라를 다스림에 무슨 문제가 있겠는가[論語(里人)]?

政: 政事(나랏일) → 立敎 篇 (1) 참조

要: 가장 중요한 것, 요점, 關鍵 → 省心 篇 (下) (34) 참조

曰: ~이다

一曰健康: 첫째는 건강이다. / 二曰: 둘째는 ~이다. / 三曰加緊團結 四曰勵行憲政: 셋째는 단결을 강화하는 것이고 넷째는 헌정을 힘써 실행하는 것이다.

公: 공변될, 공정할, 공평무사할, 사사로움(사심)이 없을 → 存心 篇 (19) 참조

公買公賣: 공정하게 사고팔다. / 公明正大: 공정하고 명백하며 바르고 옳아서 사사로움이 없다.

與: ~과(~와) → 명사, 대명사, 명사구를 竝列한다(=和).

工業與農業: 공업과 농업 / 老師與學生: 스승과 학생

淸: 청렴할, 결백할 → 正己 篇 (26), 省心 篇 (下) (13) 참조

成家: 부자가 되다 → 省心 篇 (下) (1) 참조

道: 방법, 방도, 방책, 수단

養生之道: 양생을 하는 방법 / 治世不一道 便國不必法古: 세상을 다스리는 데는 하나의 방법만 있는 것이 아니므로 나라를 이롭게 하기 위해서는 꼭 옛것을 본받아야 할 필요는 없다[商君書(便法)]. / 卽以其人之道 還治其人之身: 바로 그 사람의 방법으로 그 사람을 다스리다. → 以眼還眼 以牙還牙: 눈에는 눈, 이에는 이

儉: 검소할, 아낄 → 正己 篇 (26), 存心 篇 (13) 참조

勤: 근면 → 正己 篇 (7), 正己 篇 (20), 省心 篇 (上) (48) 참조

---

(3) 讀書起家之本 循理保家之本 勤儉治家之本 和順齊家之本

독서는 입신출세의 근본이고 順理를 따르는 것은 집안의 基盤을 保全하는 근본이며 근면과 검소는 살림살이를 꾸려 나아가는 근본이고 화목과 순종은 가정을 (정신적으로) 다스리는 근본이다.

| 字句 풀이 |

讀書: 책을 읽다 → 繼善 篇 (6), 正己 篇 (12), 訓子 篇 (4) 참조

起: 몸을 일으켜 세상에 나서다, 출세하다

蕭何 曹參 皆起秦刀筆吏: 소하와 조참은 모두 진나라의 문서를 기록하는 하급 관리에서 출세를 했다(漢書).

漢高帝以三尺劍 起布衣 五年而倂天下: 한고제는 三尺의 칼만으로 평민의 신분에서 몸을 일으켜 세

상에 나아가 5년 만에 천하를 합병했다(蘇軾). → 漢高帝: 한나라 高祖(劉邦)의 시호

起家: 집에서 조정의 부름을 받고 나아가 관직에 임명되다. "출세하다"로 轉義된다[68].

吾以布衣起家至方伯: 나는 평민의 신분으로 출세하여 方伯(관찰사)에까지 이르렀다(司馬光).

循: (규칙, 인습, 관례, 순서 등을) 따를, 좇을, 준수할

循流: 흐름(대세)에 따르다. / 循分度日: (자기의) 분수를 따라 조촐하게 살아가다. / 循例辦理: 전례에 따라 처리하다. / ㉓ 循法循理: 법과 도리에 따르다.

理: 도리, 사리, 이치 → 戒性 篇 (4), 立敎 篇 (1) 참조

保: 보전할, 보존할, 유지할 → 正己 篇 (8), 省心 篇 (上) (14) 참조

治家: 가사를 처리하다, 집안일을 하다, 살림살이를 꾸리다

勤儉治家: 근검절약으로 살림을 꾸리다. / 治家從儉: 집안 살림을 검소하게 하다.

和: 화목할 → 省心 篇 (上) (2) 참조

順: 순종할, 복종할, 따를 → 天命 篇 (1), 孝行 篇 (6) 참조

和順: 화목하고 순종하다, 얌전하다, 착하다, 온순하다

性情和順: 성격이 온순하다. / 父母不失其常 則子孫和順: 부모가 綱常을 잃지 않으면 자손은 화목하고 순종한다(管子).

齊: 다스릴

欲齊其家者 先修其身: 가정을 다스리고자 하면 먼저 자신부터 수양한다(大學).

欲治其國者 先齊其家: 나라를 다스리고자 하면 먼저 가정부터 다스린다(大學).

修身齊家治國平天下: 먼저 자기를 수양한 후에 가정을 다스리고 然後에 나라를 다스리고 然後에 천하를 평정한다.

---

(4) 一生之計在於幼 一年之計在於春 一日之計在於寅 幼而 不學 老無所知 春若不耕 秋無所望 寅若不起 日無所辦

평생의 계책은 어릴 때 달려 있고 일 년의 계책은 봄에 달려 있으며 하루의 계책은 새벽에 달려 있으니, 어려서 배우지 않으면 늙어서 아는 것이 없고 봄에 만약 논밭을 갈지 않으면 가을에 바랄 것이 없고 새벽에 만약 일어나지 않으면 그날 할 일이 없다(孔子三計圖).

---

68) 檀國大學校編 大韓漢辭典의 字解

| 類似한 글 |

一年之計莫如樹穀 十年之計莫如樹木 終身之計莫如樹人: 일 년의 계책으로 곡식을 기르는 일 만한 것이 없고, 십 년의 계책으로 나무를 기르는 일 만한 것이 없고, 평생의 계책으로는 사람을 기르는 일 만한 것이 없다[管子(權修)]. / 一年之計在於春 一日之計在於晨 一家之計在於和 一生之計在於勤: 일 년의 계책은 봄에 달려 있고, 하루의 계책은 새벽에 달려 있고, 한 가정의 계책은 화목에 달려 있고, 평생의 계책은 근면에 달려 있다(增廣賢文).

| 字句 풀이 |

計: 계책, 계획 → 繼善 篇 (6), 存心 篇 (12) 참조

在於: (성공 여부가)~에 달려 있을, ~로 결정될

生命在於運動: 생명은 운동에 달려 있다. / 去不去在於你自己: 가느냐 가지 않느냐는 너 자신에 달려 있다. / 在於做不做 不在於能不能: (문제는) 하고 안 하고에 달려 있지 할 수 있고 없고에 달려 있지 않다.

幼: (나이가) 어릴

幼童軍: 보이(걸)스카우트 / 幼輩(=晚輩): 후배, 손아랫사람 / 年幼失學: 나이 어릴 때 배우지 못했다.

春: 봄 → 繼善 篇 (9), 省心 篇 (下) (6) 참조

寅: 인시(寅時), 새벽 3시에서 5시 사이

寅初: 인시의 첫 시각 곧 3시 직후 ↔ 寅末: 인시의 마지막 시각 곧 5시 직전

寅半(=寅正): 인시의 중간 곧 새벽 4시경

耕: (논)밭을 갈 → 勤學 篇 (7) 참조

秋: 가을 → 省心 篇 (下) (6) 참조

望: 바랄, 기대할, 희망할 → 存心 篇 (5) 참조

起: 일어날, 몸을 일으킬 → 繼善 篇 (3) 참조

辦: (일)할, 처리할 → 省心 篇 (下) (22) 참조

※ 辦 대신 辨을 쓰는 譯本도 있는데 이때 辨은 辦의 古字로 쓰인 것이니 해석도 辦의 뜻을 적용해야 한다.

| 參考 |

孔子三計圖: 공자가 三計를 그림으로 그렸다는데 전해지지 않는다.

---

(5) 五敎之目 父子有親 君臣有義 夫婦有別 長幼有序 朋友有信

五倫의 조목은 (이러하니) 父子有親과 君臣有義와 夫婦有別과 長幼有序와 朋友有信이다(性理書).

| 字句 풀이 |

五敎: 五倫의 가르침 → 五倫: 다섯 가지의 人倫

※ 人倫: 사람과 사람과의 관계에서 지켜야 할 질서와 도리

目: 조목

要目: 중요한 조목 / 大綱細目: 큰 항목과 작은 조목 / 請問其目: 그 조목을 여쭙겠습니다[論語(顔淵)].

親: 친(근)할, 사이가 가까울 → 省心 篇 (下) (19) 참조

父子有親: 부자간에는 친애함이 있어야 한다.

義: 의리(義理), 情誼 → 繼善 篇 (7), 省心 篇 (上) (2) 참조

君臣有義: 임금과 신하 간에는 의리가 있어야 한다. 곧 임금은 禮로 신하를 대하고 신하는 충성으로 대하는 의리이다.

婦: 아내, 처

婦家: 처의 생가 → 친정 / 婦公(=婦翁): 처의 父 → 장인

別: 분별할, 구별할, 辨別할 → 正己 篇 (26) 참조

夫婦有別: 부부간에는 분별이 있어야 한다. 곧 남편은 外事를 아내는 內事를 맡는 역할의 구분이다.

長: (나이가) 많을 → 訓子 篇 (7) 참조

序: 차례, 순서

以長幼爲序: 나이로 순서를 정하다. / 循序漸進: 차례대로 점차 나아가다. / 長幼有序: 연장자와 연하자 윗사람과 아랫사람 간에는 先後와 尊卑의 次序가 있어야 한다.

信: 믿음, 신의, 신용

有信: 신용이 있다, 믿음직하다. ↔ 失信: 신용을 잃다. / 朋友有信: 친구 간에는 신의가 있어야 한다.

---

(6) 三綱 君爲臣綱 父爲子綱 夫爲婦綱

三綱이란, 임금은 신하의 벼리가 되고 아버지는 아들의 벼리가 되고 남편은 아내의 벼리가 되는 것이다. / ※ "벼리"란 그물의 위쪽 코를 꿴 굵은 줄을 말하는데 "大本" "主體" 등으로 轉義될 수 있다.

| 字句 풀이 |

綱: 벼리

㊙ 綱擧目張: 벼리를 들어 올리면 모든 코는 저절로 펴진다. → 핵심(요점)을 파악하면 나머지는 저절로 해결된다.

三綱: 유교 도덕의 기본이 되는 세 가지 綱

綱常罪人: 三綱五常(=綱常)을 범한 사람 / 綱常之變: 강상(綱常)에 관계되는 變故

三綱五常: 유교의 도덕 규범인 三綱과 五常, (略語로) 綱常 → 省心 篇 (下) (12) 참조

爲: ~이(가) 될 → 勤學 篇 (6) 참조

㊀ 爲富不仁: 부자가 되려면 어질 수가 없다. / ㊀ 爲人師表: 타인의 모범이 된다. / 深谷爲陵: 깊은 골짜기가 언덕이 되다. / 變沙漠爲良田: 사막이 변하여 기름진 밭이 되다.

---

(7) 忠臣不事二君 烈女不更二夫

충신은 두 임금을 섬기지 않고, 열녀는 두 남편을 섬기지 않는다(王蠋).

| 字句 풀이 |

忠臣: 나라와 임금을 위하여 충절을 다하는 신하

忠臣不怕死: 충신은 죽음을 두려워하지 않는다.

事: 섬길, 모실 → 孝行 篇 (2), 存心 篇 (18) 참조

烈: 節義를 지키는 의지가 굳셀

烈士: 절의를 굳게 지키는 사람 / 烈夫(=烈丈夫): 절의를 굳게 지키는 대장부

烈女: ① 정조를 굳게 지키는 여자 ② 죽음으로 정조를 지킨 여자

有王成者 聞袁氏有姿色 挾勢欲娶之 袁氏曰吾聞烈女不更二夫 寧死不失身也 遂往夫墓痛哭 縊死樹下: 王成이라는 자가 있었는데 원 씨가 예쁘다는 소문을 듣고 권세로 그녀에게 장가들려고 하니 원 씨가 말하기를 "나는 열녀라면 두 남편을 섬기지 않는다고 들었으니 차라리 죽을지언정 몸을 더럽히지 않겠다" 하고 즉시 남편의 묘에 가 통곡을 하고 나무에 목을 매어 죽었다[元史(列女傳, 袁氏)].

更: 겪을, 경험할

更嘗: 몸소 겪다, 실제로 경험하다. / 更練: 경험을 쌓아서 익숙하게 하다. / 更事(=更世): 세상일을 겪다. → 少不更事: 젊어서 경험이 적다. / 皇太子生長深宮 不更外事: 황태자는 깊은 궁궐에서 자라나서 바깥일을 경험하지 못했다(唐會要).

| 參考 |

王蠋: 전국시대 齊나라 사람으로 燕나라가 쳐들어왔을 때 王蠋이 어질다는 말을 듣고 그가 사는 畫邑의 30리 안으로 군대가 들어가지 말도록 하고 귀순을 懷柔하자 이 글과 같은 말을 남기고 自決했다고 한다.

(8) 治官莫若平 臨財莫若廉

관직(官職)의 遂行에는 公正이 제일이고 재물 앞에서는 청렴이 제일이다(忠子).

| 字句 풀이 |

治: 처리할 → 省心 篇 (下) (2), 立敎 篇 (1) 참조

治本: 근본적인 처리 ↔ 治標: 일시적인, 末梢的인 처리

治公: 공무를 처리하다(보다, 집행하다). / 治家: 가사를 처리하다.

官: 직무, 직분, 官職

俊乂在官: 재주가 뛰어난 사람이 (俊才가) 관리가 되어 奉職하고 있다(書經)[69].

莫若(=莫如): ~와 같은 것이 없다, ~하는 것이 제일이다. → 訓子 篇 (4) 참조

平: 공평할, 公正할

刑政平而百姓歸之: 刑事의 행정이 공정하면 백성이 歸依한다(荀子). / ※ 歸依: 돌아와 의지함, 불교에 의지함

㉮ 物不得其平則鳴: 사물은 공평한 대우를 받지 못하면 반드시 불평이 일어난다. / 平分: 공평하게 나누다. → 平分利益: 이익을 공평하게 나누다.

臨: 만날, 마주 대할, 맞닥뜨릴, 부닥칠, 직면할

必也臨事而懼 好謀而成者也: (나는) 반드시 일을 대하면 겁을 내고 신중하며 계획을 잘 세워서 일을 성취시키는 자와 함께하겠다[論語(述而)].

臨財: 재물을 대하다(만나다).

臨財毋苟得 臨難毋苟免: 재물을 만나도 苟且하게 얻지 말고 위난을 만나도 구차하게 謀免하지 말라(禮記). → "苟且하다"는 "떳떳하지 못하다"이다.

廉: 청렴할, 깨끗할 → 正己 篇 (26) 참조

| 參考 |

忠子: 一切未詳임

---

69) 檀國大學校編 大韓漢辭典의 해석

(9) 凡語必忠信 凡行必篤敬 飮食必愼節 字畫必楷正 容貌必端莊 衣冠必整肅 步履必安詳 居處必正靜 作事必謀始 出言必顧行 常德必固持 然諾必重應 見善如己出 見惡如己病 凡此十四者 皆我未深省 書此當座右 朝夕視爲警

모든 말은 반드시 정성이 담기고 믿음성이 있어야 하며, 모든 행실은 반드시 돈후하고 공손해야 하며, 음식은 반드시 삼가서 절제해야 하고, 글자는 반드시 楷書로 또박또박 바르게 써야 하며, 용모는 반드시 단정하고 정중해야 하며, 의관은 마땅히 반듯하고 엄숙해야 하며, 걸음걸이는 반드시 천천히 걸어 점잖아야 하고, 거처는 항상 조용해야 하며, 무슨 일을 시작할 때는 반드시 처음부터 잘 살펴야 하고, 말을 할 때는 반드시 자기의 행실을 돌이켜 보아야 하며, 사람이 행해야 할 불변의 도리는 반드시 굳게 지켜야 하고, (무엇을) 승낙하거나 약속할 때는 반드시 신중히 검토한 후에 결정해야 하며, 남의 선행을 보면 마치 자기가 한 것처럼 좋아하고, 남의 악행을 보면 마치 자기의 잘못인 양 자숙해야 한다. 무릇, 이 열네 가지는 다 나도 끊임없이 깊은 성찰을 계속하고 있는 것이니 이것을 써서 좌우명으로 삼아 아침저녁으로 보고 또 경계할지니라(張思叔座右銘).

| 字句 풀이 |

凡: 모든 → 正己 篇 (20), 戒性 篇 (10), 省心 篇 (上) (52) 참조

語: 말, 언어 → 天命 篇 (3) 참조

忠: 정성을 다할, 극진할

爲人謀而不忠乎: 남을 위해 일을 도모함에 정성을 다하지 않은 것은 아닌지[論語(學而)]?

信: 미쁠, 믿음성이 있을, 信義가 있을

信言: 진실한 말, 믿음성이 있는 말

信言不美 美言不信: 진실한 말은 꾸밈이 없고 꾸민 말은 믿음성이 없다(老子).

忠信: 정성스럽고 믿음성이 있다.

忠信禮之本也: 충신은 예의 근본이다(禮記).

行: 행실 → 存心 篇 (7), 戒性 篇 (5) 참조

篤: 도타울, 敦篤할, 敦厚할

※ 도탑다(=돈독하다, 돈후하다): 인정이 깊다(두텁다). / 君子篤於親 則民興於仁: 군자가 친척에게 돈독하면 백성들은 仁에 興起한다[論語(泰伯)]. → 興起: 감동되어 떨쳐 일어나다.

敬: 공손할

㊈ 必恭必敬(=畢恭畢敬): 매우 공손하다.(정중하다) / 接遇肅正謂之敬: 남을 접대할 때에 엄숙하고 단정하게 대하는 것을 敬(공손)이라고 한다(新書).

篤敬: 돈후하고 공손하다

言忠信 行篤敬 雖蠻貊之邦 行矣: 말이 忠信하며 행실이 돈후하고 공손하면 비록 오랑캐 라에서도 行世할 수 있다[論語(衛靈公)]. → 行世: 그 사회에서 사람의 도리를 행하다.

愼: 삼갈, 신중할, 조심할 → 正己 篇 (7), 正己 篇 (24), 省心 篇 (下) (25) 참조

節: 알맞게 조절할, 절제할

節食減肥: 음식을 조절하여 체중을 줄이다.

愼言語節飮食: 말을 조심하고 음식을 알맞게 조절하다(易經).

字: 글자

字謎: 글자 수수께끼 → (예를 들어) 99의 답은 "白"이다.

識字憂患: 글자를 아는 것이 도리어 근심을 사게 된다.

畫: (漢字의) 획 → 글씨나 그림에서 한 번 그은 줄이나 점을 통틀어 일컫는 말

"人"字二畫(="人"字是兩畫): "人" 자는 2획이다. / "天"字四畫: "天" 자는 4획이다.

字畫(=筆畫): 글자의 획, 글자와 획 → 글자

楷: 해서(楷書) → 흘려 쓰지 않고 또박또박 正字로 쓰는 書體名

正: (서체 등이) 법도에 맞을, 단정할

字迹端正: 필적이 단정하다. / 正字(=正書, 正楷, 正體): 한자의 正字體, 楷書 / 楷正: (글씨체가) 바르고 똑똑하다, 단정하다, 깔끔하다.

容: 얼굴, 용모, 모습, 자태

笑容: 웃는 얼굴 ↔ 怒容: 화낸 얼굴 / 君子之容舒遲: 군자의 자태는 여유가 있고 급하지 않다(禮記).

貌: 얼굴, 용모, 모습

才貌雙全(=才色兼備): 재능과 용모를 다 갖추다.

端: 곧을, 바를, 단정할

端然正坐: 단정하게 바로 앉다.

莊: 엄숙할, 엄격할, 정중할, 무게가 있어 존귀하게 보일

端莊: 단정하고 엄숙하다(의젓하다, 침착하다). / 儀態端莊: 태도나 동작이 단정하고 무게가 있다. / 相貌端莊: 용모가 단정하고 정중하다. / 臨之以莊則敬: 백성들을 대할 때 정중하게 하면 그들이 존경한다[論語(爲政)].

衣冠: 옷과 갓 → 士 이상의 옷차림(禮貌)

ⓕ 衣冠濟濟(=衣冠楚楚): 옷차림이 깔끔하고 단정하다.

整: 단정할, 반듯할

衣着整潔: 옷차림이 단정하고 깨끗하다. / 衣冠不整: 옷차림이 흐트러져 있다. → 단정치 못하다.

肅: 엄숙할, 근엄할, 숙연할

肅立默哀: 엄숙히 기립하여 묵념을 하다.

ⓕ 肅然起敬: 숙연하여 공경하는 마음이 생기다. 숙연히 옷깃을 여미다.

步: (발)걸음

邁一步: 한 걸음 내딛다(전진하다) / ⓕ 步步高升: 한 걸음 한 걸음 높이 올라가다, 차츰차츰 승진하다.

履: (발)걸음

步履: 걸음걸이, (발)걸음, 행보, 보행, 거동, 행동 / 步履忽忙: 행보가 바쁘다.

ⓕ 步履艱難(=步履維艱): (노인이나 환자가) 보행이 어렵다(힘겹다).

安: 천천히 할, 徐緩할, 느릴, 느릿할, 느긋할

安步: 천천히 걷다. / 安驅: 말을 천천히 몰아 느릿느릿 가다. / 安歌: 차분하게 노래를 부르다.

騏驥之蹦躅 不如駑馬之安步: 준마(駿馬)가 머뭇거리며 가지 못하는 것은 둔한 말이 천천히 걷는 것만 도 못하다[史記(淮陰侯傳)].

詳: 신중(愼重)할

詳交: 사귐을 신중하게 하다. / 詳選: 신중하게 선발하다. / 詳慮: 신중하게 고려하다. / 詳恕: 신중하고 관대하다. / 安詳: 침착하다, 차분하다, 점잖다, 듬직하다. / 擧止安詳: 행동거지가 침착하다. / 態度安 詳: 태도가 점잖다. / 詳言: 말을 신중하게 하다. → 及在鄕黨 詳言正色: 고향에 가면 말을 신중하게 하 고 엄정한 태도를 보인다(後漢書). / 老敎授安詳的面容含着微笑: 노교수의 점잖은 얼굴이 미소를 머 금고 있다. / 吾聞詳交者不失人: 나는 "사귐을 신중하게 하면 사람을 잃지 않는다"라고 들었다(晉, 葛 洪). → "사람을 잃는다"라는 말은 사람을 잘못 본 탓으로 곧 멀어지게 된다는 뜻이다.

居: 살, 거주할 → 安分 篇 (6), 戒性 篇 (6), 省心 篇 (上) (40) 참조

處: 곳, 장소 → 繼善 篇 (7), 戒性 篇 (4) 참조

正: 항상, 언제나, 늘

何以正善人少 惡人多 世說新語: 왜 항상 착한 사람은 적고 악한 사람은 많은가?

靜: 조용할, 고요할 → 正己 篇 (26) 참조

ⓕ 夜靜人稀: 밤이 깊어 조용하고 인적이 뜸하다.

作: 비롯할, 시작할

天下大事 必作於細: 천하의 큰일도 반드시 작은 것에서 비롯된다(老子).

烝民乃粒 萬邦作乂: 백성들이 쌀밥을 먹은 뒤에야 천하가 안정되기 시작한다[書(益稷)].

謀: 자세히 살펴볼, 헤아릴, 고찰할, 살필

謀面: 얼굴빛을 살피다. / 謀志: 백성들의 마음을 살피다.

作事謀始: 일을 할 때는 시작 단계에서 잘 살펴야 한다(易經.)

始: 처음, 시작 → 省心 篇 (上) (33), 省心 篇 (下) (25) 참조

出言: 말을 하다 또는 그 말 / 出言有章: 말하는 것이 조리가 있다.

㊌ 出言成章(=出口成章): 말이 떨어지자마자 문장이 이루어지다.

顧: 돌이켜볼, 뒤돌아볼

回顧已往: 지난 일을 되돌아보다. / ㊌ 瞻前顧後: 앞뒤를 살피다. → 사전에 신중을 기하다.

常: 변함없을, 고정불변할, 일정할, 항구적일

冬夏常靑: 사시사철 변함없이 푸르다. / ㊌ 無常(하다): 生滅과 흥망이 머무르지 않고 끊임없이 변하다, 덧없다. → "人生이 無常하다"라고 쓰인다.

德: 도덕, 사람으로서 마땅히 지켜야 할 도리

德望: 덕행으로 얻은 名望 / 常德(=常道): (자나깨나 늘 지켜야 하는) 不變의 道理 / 沛然德教溢乎四海: 비가 억수로 쏟아지는 것처럼 德教가 온 세상에 넘쳐흐른다[孟子(離婁上)]. → 德教, 도덕으로서 사람을 올바른 길로 인도하는 가르침 / ※ 중국인들은 常德을 "日常道德"으로 해석한다.

固: 굳게, 굳건히, 굳이, 단호히

固辭不受 굳이 사양하고 받지 않다. / 據險固守: 험준한 곳에 의지하여 굳게 지키다.

持: 지킬, 견지할, 유지할

㊌ 持戒: 계율을 지키다. ↔ 破戒: 계율을 어기다. / 持法: 법을 지키다. → 持法森嚴: 엄격하게 법을 지켜 집행하다. / 持正: 정도(正道)를 지키다. → 持正不阿: 정도를 지켜 영합하지 않다.

固持: 굳게 지키다, 堅持하다, 固守하다.

然: 허락할, 승낙할, 약속할

然許: 허락하다. / 然信: 허락(약속)하다, 허락(약속)한 말을 굳게 지키다.

相然信以死: 죽어도 변함없기를 굳게 약속하다(史記).

諾: 허락할, 승낙할

輕諾必寡信: 가볍게 승낙하면 반드시 믿음성이 적다(老子). / 諾言: 승낙의 말, 언약, 公約

※ 違背諾言: 언약을 어기다. ↔ 履行諾言: 언약을 이행하다.

然諾: 허락(하다), 승낙(하다), 약속(하다)

重然諾: 허락(약속)을 중히 여기다. / 不輕然諾: 경솔히 승낙(또는 약속)하지 않는다. / 不負然諾: 한번 승낙한 (또는 약속한) 것은 어기지 않는다.

重: 삼갈, 신중할, 정중할

鄭重: 정중하다, 신중하다. / 持重: 신중하다 → 國 老成持重: 노련하고 신중하다. / 重用兵者强 輕用
兵者弱: 용병을 신중하게 하는 자는 강하고 경솔하게 하는 자는 약하다[荀子(議兵)].

應: 승낙할, 응낙할, 허락할, 받아들일

有求必應: 요구하면 반드시 들어준다. / 應人之請: 남의 요구를 들어주다. → 들어주다, 부탁이나 요구
를 받아들이다. / 這事是我應下來的 由我負責: 이 일은 내가 승낙한 것이니 내가 책임지겠다.

見: 볼 → 繼善 篇 (4) 참조

善: 선행 → 繼善 篇 (1), 省心 篇 (上) (23) 참조

惡: 악행 → 繼善 篇 (2) 참조

病: 흠, 결함, 결점, 착오, 과실, 病弊(병통과 폐단)

毛病: 과실, 실수, 잘못 / 通病: 공통된 결점 / 學而不能行謂之病: 배워서 실천하지 못하면 이를 두고 병
폐라 한다(莊子). / 犯了主觀主義的毛病: 주관주의의 잘못을 저질렀다.

偸懶是一般人的通病: 게으름을 피우는 것은 일반인의 공통된 결점이다.

他在工作中從來不出毛病: 그는 작업 중에 여태껏 실수를 한 적이 없다.

凡: 무릇, 대저, 대체로 보아서, → 省心 篇 (上) (22) 참조

此: 이(것, 곳, 때) → 正己 篇 (1), 省心 篇 (下) (25) 참조

者: 가지 → 省心 篇 (下) (25) 참조

未: 계속될

未 續也 : 未는 續(계속될 속) 자이다(揚子方言)[70] / .不止: 그치지 아니할, 멎지 아니할[71]

深: 깊이 → 省心 篇 (下) (9) 참조

省: 성찰할, 반성할, 돌이켜 볼, 점검할

吾日三省吾身: 나는 날마다 세 가지로 나 자신을 반성한다[論語(學而)].

書: (글씨를)쓸, 기록할, 기재할

國 罄竹難書: 죄가 너무 많아 다 쓸 수 없다. / 子張書諸紳: 자장이 (이 말씀을) 띠에 썼다[論語(衛靈
公)]. → 書紳: 잊지 않으려고 큰 띠에 적는다.

當: ~(으)로 삼을(여길, 간주할, 칠)

把別人的事當自己的事: 남의 일을 자신의 일로 여기다.

養生者 不足以當大事 惟送死 可以當大事: 부모님 생시에 봉양하는 것을 큰일로 삼기에는 부족하고
오직 죽은 이를 장사지내야 큰일로 칠 수 있다[孟子(離婁下)].

---

70) 敎學社編 大漢韓辭典의 字解임

71) 敎學社編 大漢韓辭典의 字解임

座: 자리, 좌석

入座(=入坐, 就座, 就坐, 落座): 자리에 앉다.

㉿ 座無虛席: 빈자리가 없이 꽉 들어차다. → 초만원을 이루다.

右: 오른쪽, 우측, 우편

向右: 오른쪽으로 ↔ 向左: 왼쪽으로 / 向右轉: 우향우! ↔ 向左轉: 좌향좌!

車輛必須靠右行駛: 차량은 우측통행을 해야 한다.

座右: 여기에서 座右는 座右銘의 준말로 본다. ※ 座右銘의 설명은 正己 篇 (10) 참고

朝夕: 아침저녁 → 늘, 날마다 ※ 省心 篇 (上) (13) 참조

視: 볼 → 正己 篇 (23), 省心 篇 (下) (4) 참조

爲: 병렬(竝列)의 관계를 나타낸다.

得之爲有財 古之人皆用之: (上等의 목재를 사용하는 문제가 제도상) 가능하고 또 재산이 있다면 옛사람들은 모두가 그것을 사용하였다[孟子(公孫丑下)].

警: 경계할 → 正己 篇 (26) 참조

| 參考 |

張思叔: 北宋의 학자로 이름은 繹이고 思叔은 자이다. 性理學의 大家이며 程伊川의 제자임.

| 出典 |

小學, 嘉言 篇

---

(10) 一不言朝廷利害邊報差除 二不言州縣官員長短得失 三不言衆人所作過惡之事 四不言仕進官職趨時附勢 五不言財利多少厭貧求富 六不言淫媒戲慢評論女色 七不言求覓人物干索酒食 又人付書信 不可開坼沈滯 與人幷坐 不可窺人私書 凡入人家 不可看人文字 凡借人物 不可損壞不還 凡喫飮食 不可揀擇去取 與人同處 不可自擇便利 凡人富貴 不可歎羨詆毁 凡此數事 有犯之者 足以見用意之不肖 於存心修身 大有所害 因書以自警

첫째 조정의 이해관계와 국경에서의 보고와 관직의 임명에 대하여 말하지 말고, 둘째 地方 관원들의 장단점과 잘잘못을 말하지 말며, 셋째 일반 백성들이 저지른 범죄 사건을 말하지 말고, 넷째 선비가 관직에 출사하여 時俗에 영합하고 권세에 아부하는 것을 말하지 말며, 다섯째 재물과 이익의 많

고 적음과 가난을 싫어하고 부자가 되려고 하는 것을 말하지 말고, 여섯째 여자의 미모를 놓고 음담패설(淫談悖說) 거리로 삼아 희롱하고 멸시하는 조로 品評하는 짓을 말하지 말며, 일곱째 남의 재물과 酒食을 討索질하는 것을 말하지 말라. / 또한, 남이 부탁한 편지를 뜯어보거나 지체시키지 말고, 남과 함께 나란히 앉아 있을 때 남의 사적인 편지를 엿보지 말며, 무릇 남의 집에 갔을 때 남의 文書를 들여다보지 말고, 무릇 남의 물건을 빌려왔으면 고장을 내거나 돌려주지 않거나 하지 말며, 무릇 음식을 먹을 때 가려서 입에 맞으면 먹고 입에 안 맞으면 먹지 않는 그러한 짓을 하지 말고, 남과 함께 한 장소에서 지낼 때 자기에게 편리하고 이로운 것만 골라 챙기지 말며, 무릇 남의 富貴를 찬탄하고 부러워하거나 험담하지도 말라. / 大抵 이상과 같이 열거한 일에 (하나라도) 저촉되는 것이 있으면 이는 평소 마음 씀씀이가 착하지 못함을 충분히 보여주는 증거이며, (그렇다면) 본심을 보존하고 몸과 마음을 닦는 데에 크게 해로울 素地가 있을 것이다. 그런 까닭으로 이 일들을 글로 써두고 자기 스스로를 경계할지니라(范益謙座右銘).

| 字句 풀이 |

不言: 말을 하지 않는다

不言之花: → 桃花와 李花의 別稱 / 不言之化: 말 없는 덕의 감화 / ㉙ 不言之敎: 無言의 가르침 / ㉙ 不言而喩: 말하지 않아도 안다, 말할 필요도 없다. / 桃李不言 下自成蹊: 복숭아와 오얏은 말이 없는데 그 밑에는 저절로 작은 길이 생긴다(史記).

朝廷: 군주를 중심으로 한 중앙 통치 기구

其在宗廟朝廷 便便言: 그분(공자)이 종묘와 조정에 계실 때에는 말씀을 잘하셨다[論語(鄕黨)].

利害: 이익과 손해

利害衝突: 이해가 충돌하다. / 不計利害: 이해관계를 따지지 않는다.

邊: 국경, 변경, 변방

戍邊: 변경을 지키다. / 邊防: 변경의 수비 / 邊防軍: 국경 수비군

報: 어떤 소식을 전달하는 서면 문건[72]

邊報: 변경에서 조정에 보고하는 문서

近日邊報 中外鼓舞: 요사이 변보는 조정의 안팎에 용기를 북돋아 주었다(宋史).

差: 등급을(차례를) 매길

列官職 差爵祿: 관직을 서열대로 배열하고 작록의 등급을 매기다(荀子).

除: 제수(除授)할, 제수될, 任官할, 임관될

---

72) 檀國大學校編 大韓漢辭典의 字解임

初除之官: 처음 제수된 관리(漢書) / 除授(=除拜, 除官): 관직을 주다, 임관하다.

差除: 관직을 임명하다[73].

州: 고을 → 중국 옛 행정구역의 명칭으로 지금의 省에 해당하며 현재는 蘇州, 德州, 揚州 등과 같은 地名에 남아 있다.

縣: 고을 → 중국 행정구역의 명칭으로 州(현재는 省)의 아래에 속한다.

州縣: 주와 현 → 지방

州縣官: 지방 관원의 통칭

官: 관청, 官衙

官務: 관청의 사무 → 官員의 직무 / 官文書: 관청의 공문서 / 官飯: 관청의 밥 / 喫官飯: 관청의 밥을 먹다. → 관리로 일하다. / 官費: 관아에서 지출하는 비용 / 官物: 관아의 물품 / 官奴: 관아의 사내종

員: 어떤 분야에 종사하는 사람

官員: 벼슬아치, 공무원, 관리 / 館員: 도서관 박물관 등의 직원 / 敎職員: 학교의 교원 및 직원 / 賣票員(=售票員): 표 파는 사람 / 郵便集配員: 우편물을 郵遞筒에서 모으고 또는 각 집으로 배달하는 직원

長短: 장점과 단점, 옳음과 그름(是非), 나음과 못함(優劣) → 戒性 篇 (4) 참조

得失: 얻음과 잃음, 이익과 손해, 성공과 실패, 옳고 그름, 좋고 나쁨, 장단점, 잘잘못 등을 두루 이르는 말

各有得失: 각각 장단점이 있다. / 得失參半: 잘잘못이 반반이다.

衆: 보통의, 평범한

衆夫: 보통 사람, 일반인 / 衆醫: 평범한 의원

衆人: 보통 사람, 일반인

君子之所爲 衆人固不識也: 군자가 하는 일은 보통 사람들이 본래 알지 못한다[孟子(告子下)].

作: (행)할 → 天命 篇 (5), 訓子 篇 (2), 省心 篇 (上) (31) 참조

過惡: 잘못, 죄악

臧否品藻 不掩人過惡: 선과 악을 평가하고 있으므로 사람의 죄악은 숨기지 못한다(宋, 劉恕).

仕: 선비

有仕於此 而子悅之: (예를 들자면) 여기에 한 선비가 있어 자네가 그를 좋아하는데[孟子(公孫丑下)]….

進: 벼슬길에 나아갈, 出仕할

治則進 亂則退 伯夷也: (세상이) 다스려지면 출사하고 어지러우면 물러나는 것이 백이였다[孟子(公孫丑上)].

職: 직무, 임무, 직책, 직분, 구실(→ 관청의 직무)

---

73) 檀國大學校編 大韓漢辭典의 字解임

ⓕ 有職有權: 직무와 그에 상응하는 권한이 있다. / 共爲子職而已矣: 공손히 자식된 직분을 다할 따름이다[孟子(萬章上)]. → 共은 恭과 통용된다.

趨: 붙좇을, 빌붙을, 아부할, 迎合할

趨勢游利爲先: 권세에 아부하고 이익을 추구하는 일을 우선으로 한다(三國志).

ⓕ 趨炎附勢(=趨炎附熱): 권세에 아부하다(빌붙다).

時: 시속(時俗), 時流, 세상의 돌아가는 형편, 時勢

入時: (주로 차림새가) 시류(유행)에 맞다. / 合時: 시대나 유행에 맞다, 시의적절하다. / 以其時考之則可矣: 세상의 돌아가는 형편으로 살펴본다면 지금이 바로 그럴 때이다[孟子(公孫丑下)].

趨時: 시속(時俗)에 영합하다, 時俗을 따르다

不趨時以沽名 白居易: 시속에 영합하여 명예를 추구하지 않는다.

趨時附勢 朱子語類: 시속을 따르고 권세에 아부한다.

附: 붙을, 따를, 붙좇을

ⓕ 附炎棄寒: 세력이 강하면 붙좇고 쇠퇴하면 버린다.

阿附權貴: 권세가 있거나 신분이 높은 사람에게 아부하다.

勢: 권세, 세력 → 正己 篇 (26), 省心 篇 (上) (33) 참조

附勢: 권세에 아부하다. / ⓕ 附勢趨炎(=趨炎附勢): 권세에 아부하다.

財利: 금전상의 이익, 재물과 이익

嘗與鮑叔賈 分財利: (나는) 일찍이 포숙아와 함께 장사하여 財利를 나눈 적이 있었다(史記).

合方氏 掌達天下之路 通其財利: 합방씨는 천하의 모든 도로가 막힘 없이 통하여 財利가 잘 유통되도록 하는 일을 맡았다(周禮).

※ 合方氏: 周나라 관청의 한 部署名으로 도로와 財利의 유통 등을 주관했다.

多少: 많고 적음, 多寡

無論多少: 많건 적건 관계없이(관계없다)

多少不等 長短不齊: (수량의) 많고 적음이 같지 않고 길이가 고르지 않다.

厭: 싫어할

厭世家: 세상과 인생을 싫어하는 사람 ↔ 樂天家: 세상과 인생을 즐겁게 여기고 모든 일을 樂觀的으로 보는 사람 / 夫子時然後言 人不厭其言: 선생님께서는 시의적절하게 말씀을 하심으로 사람들이 그의 말씀을 싫어하지 않았다[論語(憲問)].

貧: 가난, 빈곤

ⓕ 貧病交加(=貧病交迫): 가난과 질병이 겹치다.

求: 바랄, 희망할 → 存心 篇 (6) 참조

富: 부자 → 省心 篇 (上) (48) 참조

淫: 음란할, 음탕할 → 正己 篇 (22), 省心 篇 (上) (25) 참조

媟: 더러울, 지저분할

淫言媟語(杜牧): 음란하고 지저분한 말 / 艶詞媟語(黃徹): 색정적(色情的)이고 더러운 말 / 淫媟(=淫褻): 음란하고 외설(猥褻)하다. → 猥褻: 색정에 관하여 (풍속을 해칠 정도로) 醜雜하다(난잡하다).

戲: 농담할, 戲弄할, 장난할

酒後戲談: 취중 농담, 취중에 농담하다.

慢: 멸시할, 업신여길

慢心: (自滿하여) 남을 업신여기는 마음 / 慢侮: (남을) 업신여기다. / 慢神虐民: 신(神)을 멸시하고 백성을 학대하다(書經).

評: 품평할

㉭ 評頭論足(=評頭品足): 여자의 두발이나 발 모양 등을 품평하다. → 여자의 용모에 대해 이러쿵저러쿵하다.

論: 평가하여 결정할, 評定할, 따질

㉭ 論功行賞: 공을 평가하여 상을 주거나 표창하다. / ㉭ 論長論短: 이러쿵저러쿵 是와 非를 따지다.

女色

① 여자의 美貌

君子耳不聽淫聲 目不視女色: 군자는 귀로 음란한 소리를 듣지 말고 눈으로 여자의 미모를 보지 말라(荀子).

② (남자가) 여자와의 육체적 관계

求: 요구할

力求改進: 개선(改善)을 강력히 요구하다. / ㉭ 求全責備: (남에게) 완전무결하기를 강요하다, 너무 까다롭게 요구하다. / 無求備於一人: 한 사람에게 완벽할 것을 요구하지 않는다[論語(微子)].

覓: 구할, 찾을

求覓: 독촉하여 받아 내다[74]. / 猛獸覓食: 맹수가 먹이를 찾아다닌다.

㉭ 尋親覓友: (생계가 어려워서) 친척이나 친구를 찾아다닌다.

物: 재물 → 正己 篇 (26), 省心 篇 (上) (53) 참조

干: 구할, 요구할, 추구할, 바랄

子張學干祿: 자장이 官職을 구하는 방법을 배우려고 하였다[論語(爲政)]. → 干祿(녹봉을 구하다)은 "관직을 구하다"로 意譯됨 / 識其不可 然且至 則是干澤也: (제왕이 성군이 될 수 없음을) 알고도 그래도 왔다면 이는 은택 곧 벼슬을 바라는 것이다[孟子(公孫丑下)].

---

74) 檀國大學校編 大韓漢辭典의 字解임

索: 달라고 할, 요구할, 요구하여 받아 낼, 독촉하여 받을

索飯: 밥을 요구하다. / 討索: 돈이나 물건을 억지로 달라고 하다. / 催索: 달라고 재촉하다. / 索求(=索要): 요구하다, 강요하다. / 索款(=索銀): 돈을 요구하다. / 索欠(=索債): 빚을 독촉하다. / 干索: 요구하여 받아 내다. / 索求賄賂: 뇌물을 강요하다.

付: 부탁할, 맡길, 기탁할

付託: 맡기다, 의뢰(依賴)하다, 위탁(委託)하다. / 付託得人: 적당한 사람에게 위탁하다. → 託은 托으로도 쓴다.

書: 편지, 서신

情書(=情信): 연애 편지, 사랑의 편지 / ㉝ 書不盡言: 글(편지)로는 할 말을 다 할 수 없다. → 보통 편지 끝에 쓰는 말

信: 편지, 서신

寫信: 편지를 쓰다. / 來信: 편지가 오다. / 信封(=信皮): 편지 봉투 / 寄信: 편지를 부치다. / 寄一封信: 편지를 한 통 부치다.

書信: 편지, 서신

書信交往: 서신 왕래(하다). / 書信體小說 書簡體小說 / 書信經(=書簡經): 신약전서에 사도들이 편지 형식으로 적은 성경 → 바울의 열네 편과 야고보, 베드로, 요한, 유다 등이 쓴 여덟 편이 있다.

不可: (~해서는) 안 된다 → 正己 篇 (4) 참조

開: (붙어 있거나 연결된 것이) 벌어지다, 분리되다, 떨어지다

開封: (편지나 포장을) 뜯어 열다. / 兩塊木板沒粘好 又開了: 두 장의 판자가 접착이 좋지 않아 또 떨어졌다.

坼: 갈라질, 벌어질, 쪼개질, 터질

坼封: (편지 등의) 봉한 것을 뜯다. / 坼甲: 씨의 껍질이 터지고 싹이 나오다. / 天旱地坼: 날이 가물어 땅이 갈라지다(淮南子). / 開坼: 봉한 편지나 서류를 뜯어 보다. → 아랫사람에게 보내는 편지 겉봉에 쓰던 말 / ㉥ 박 승지 댁 시하인 開坼

沈: 지체할, 지연할, 지연시킬, 정체할

沈一沈再辦: 좀 지체했다가(기다렸다가) 다시 하자.

滯: 지체할, 지연될, 정체할, 정체될

滯納: (세금 등의) 납부를 지체하여 기한을 넘기다. / 滯獄: (재판의) 판결이 지체되다, 지연된 소송 사건 / 沈滯: (시일이) 지연되다, (모든 일이) 進展하지 않고 停滯되어 있다. / 停滯不前:정체되어 나아가지 못하다.

與: 함께, 더불어 → 省心 篇 (上) (45) 참조

幷(=竝): 나란히 할, 가지런히 할

幷肩而行: 어깨를 나란히 하고 가다. / 幷轡而馳: 말고삐를 나란히 하여 달리다. / 幷行綫: 평행선(平行綫)

坐: 앉을 → 存心 篇 (1) 참조

窺: 엿볼, 몰래 볼, 훔쳐볼

窺其行動: 그의 행동을 엿보다. / 暗地裏窺聽: 남몰래 엿듣다. / 窺察敵人的動靜: 적의 동정을 몰래 살피다. / 禁止窺看他人試卷: 남의 시험지를 엿보지 마라.

私: 개인의, 개인적인, 사적인

私財: 개인의 재산 / 私見: 사적인 견해 / 私利: 개인의 잇속, 사리사욕 / 私塾: 개인이 세운 글방(서당) / 私邸: 개인의 저택 ↔ 官邸 / 私書(=私信): 사적인 편지 → 私書를 "사사로운 글"로 해석한 譯本들이 많으나 中韓辭典에는 私書가 私信과 同義語로 되어 있고 중국인들도 私信으로 풀었는데, 私信은 "사적인 편지"라는 뜻이다.

凡: 무릇 → 省心 篇 (上) (22), 立敎 篇 (9) 참조

入: 들(어갈) → 省心 篇 (下) (3), 省心 篇 (下) (30) 참조

看: (바라)볼 → 孝行 篇 (6) 참조

文字: 문서(文書)[75] ※ 文書: 문권(文券)과 문부(文簿)

文簿: 나중에 詳考할 문서와 帳簿 / 文券: 땅이나 집 또는 그 밖의 권리를 증명하는 문서

借: 빌릴, 꿀

借票: 차용 증서 / 借款: 돈을 꾸다, 돈을 빌려주다, 꾼 돈 / 借火: (담뱃)불을 빌리다. / 借酒澆愁: 술의 힘을 빌려 근심을 풀다.

物: 물건

⑭ 物阜民豊: 물건이 많이 나고 백성들의 생활이 풍족하다. / ⑭ 物美價廉: 물건도 좋고 값도 싸다. / ⑭ 物離鄕貴 人離鄕賤: 물건은 고향(생산지)을 떠나면 귀해지고 사람은 고향을 떠나면 천해진다.

損: 손상시킬, 훼손할 → 省心 篇 (上) (26), 省心 篇 (下) (3) 참조

壞: 고장 날, 망가질, 부서질, 부술

損壞: 손상(파손, 훼손)시킬, 망칠, 못 쓰게 만들, 손상(파괴)할 / 手機壞了: 핸드폰이 고장 났다. / 手錶壞了: 손목시계가 고장 났다. / 損壞公物: 공공물(公共物)을 파손하다. / 損壞船隻: 선박을 파손하다. / 自行車壞了: 자전거가 부서졌다. / 糖喫多了 容易損壞牙齒: 사탕을 많이 먹으면 치아를 쉽게 손상시킨다.

還: 돌려줄, 반납할 → 省心 篇 (上) (34), 省心 篇 (上) (53) 참조

喫: 먹을, 마실, 피울, 빨 → 正己 篇 (14) 참조

飮食: 음식물 → 正己 篇 (10) 참조

揀: 가릴, 고를, 선택할

---

75) 檀國大學校編 大韓漢辭典의 字解임

挑揀: 고르다, 선택하다. / 揀好的: 좋은 것을 고르다. / 揀要緊的說: 요긴한 것을 골라서 말하다. / 有滋味珍饈揀口兒供: 맛있는 진귀한 음식을 입에 맞게 고르도록 陳設했다(元, 喬吉).

※ 揀口兒: 입에 맞는 음식을 고르다. → 兒는 어조사임

擇: 가릴, 고를, 선택할 → 省心 篇 (下) (2) 참조

揀擇: 가리다, 고르다, 선택하다, 뽑다

揀擇佳期: 결혼 날을 고르다. / ※ 옛날 임금의 아내나 며느리나 사윗감을 고를 때 "揀擇하다"라고 했다.

去: (내)버릴

去兵 去食: (첫째) 무기를 버리고 (둘째) 식량을 버린다[論語(顏淵)]. / ※ 子貢의 질문에 대한 공자의 대답으로 부득이 버릴 경우의 우선순위이며 정치에 가장 중요한 것은 民信(국민의 신뢰)이라는 뜻이다.

取: 가릴, 고를, 가려 뽑을, 골라 뽑을, 選拔할

取擇: 가려 뽑다, 선택하다. / 取舍: 쓸 것은 쓰고 못 쓸 것은 버리다. → 舍는 捨로도 쓴다. / 取捨選擇: 취사해서 선택하다(골라잡다). / 取士必得: 선비를 골라 뽑으면 반드시 인재를 얻는다[孟子(告子下)].

去取: 버림과 취함, 取舍와 같음 → 못 쓸 것은 버리고 쓸 것은 취하다(가려 뽑다).

去取必須愼重: 去取는 반드시 신중하게 해야 한다.

※ 이 글에서 去取를 "입에 맞으면 먹고 입에 안 맞으면 먹지 않는다"로 意譯한다.

同: 같이, 함께

同行同止: 같이 가고 같이 멎다. → 끝까지 행동을 같이하다. / 我們在工廠和工人同喫 同住 同勞動: 우리들은 공장에서 근로자들과 함께 먹고 함께 거주하고 함께 노동한다.

處: (다른 사람과) 함께 지낼

不好處(=處不來): 함께 지내기가 어렵다. ↔ 容易處: 함께 지내기가 쉽다.

和睦相處: 화목하게 함께 지내다. / 和平共處: 평화공존 하다. / 相處多年: 다년간 같이 지내다.

同處

① 같은 장소에서 거처하다, 함께 거주하다, 같이 살다, 同居하다.

同處一室: 한집에서 같이 살다. / 善人同處 則日聞嘉訓: 착한 사람과 동거하면 날마다 교훈이 되는 좋은 말을 듣고 산다(後漢書).

② 어떤 상황에 함께 처하다(빠지다). / 同處困境: 곤경에 함께 빠지다.

③ 동료로서 함께 일하다. 남과 함께 일을 하다. / 在工廠同處三年: 공장에서 3년간 같이 일했다.

我們在一個單位同處了兩年: 우리는 한 부서에서 2년간 함께 일했다.

便: 편할, 편리할

便于携帶: 휴대에 편(리)하다. / 輕便: 가볍고 편(리)하다, 簡便하다.

利: 이로울, 유리할, 유익할

互助兩利: 서로 도우니 양편이 다 이롭다. / 利器: 실용에 편리한 기계 → 交通利器: 교통에 편리한 수단

便利: 편하고 쉽다, 편하고 유익하다

超市就在附近 購物很便利: 슈퍼마켓이 바로 부근에 있어서 물건 사기가 매우 편리하다.

※ 超市(=超級商場): 슈퍼마켓

富貴: 재산이 많고 지위가 높다 → 順命 篇 (1), 安分 篇 (2) 참조

歎: 감탄할, 찬탄할, 歎과 嘆은 同字임 → 正己 篇 (26) 참조

羨: 부러워할, 탐낼

羨歎: 부러워하며 감탄하다. / 歆羨: 부러워하다. / 歎羨: 찬탄하며 부러워하다. / 羨慕: 부러워하다. → 不要羨慕他人的財富: 남의 富를 부러워하지 마라. / 不勝歎羨: 찬탄하며 부러워해 마지않다.

詆: 헐뜯을, 비방할, 중상할

詆嘲: 헐뜯고 비웃다. / 醜詆: 악랄하게 헐뜯다.

毀: 헐뜯을, 비방할, 중상할 → 省心 篇 (上) (7) 참조

詆毀: 헐뜯다, 비방하다, 중상하다

惡言詆毀: 악담하며 헐뜯다. / 吹毛求疵地詆毀: 흉을 들추어내며 중상하다.

此: 이와 같이, 이에

此令: 이에(이와 같이) 명령한다 / 此泐: 이상과 같이 말씀드립니다. / 此復: 이와 같이 회답합니다. → 答信의 끝에 씀 / 此請台安: 이에 문안드립니다. / 特此布告: 이상과 같이 포고함

數: 일일이 열거할, 하나하나 말할

數罪: 죄상(罪狀)을 낱낱이 열거하다. / ㉙ 數典忘祖: 典故는 열거하면서 조상의 역사는 잊고 있다. → 근본을 망각하다.

犯: (법이나 규칙에) 저촉될, 어길, 위반할

犯紀律: 규율을 위반하다. / 知法犯法: 법을 알면서 법을 어기다.

者: 것 → 勤學 篇 (6), 省心 篇 (上) (10) 참조

足以: 충분히 ~할 수 있다, ~하기에 족하다

吾力足以擧百鈞 而不足以擧一羽: (왕에게 아뢰는 자가 말하기를) "내 힘은 삼천 근을 충분히 들 수 있지만, 또한 깃털 하나도 들 수 없습니다[孟子(梁惠王上)]." (라고 한다면 왕께서는 믿으시겠습니까?)

用: 쓸, 사용할 → 存心 篇 (13), 省心 篇 (上) (1), 省心 篇 (上) (49) 참조

意: 마음 → 正己 篇 (5), 存心 篇 (2), 存心 篇 (19) 참조

肖: 닮을

子肖其父: 아들은 그 아비를 닮는다. / 肖像: 조각이나 그림으로 된 얼굴 모습 / 語聲頗肖其兄: 말소리가 자못 그 형을 닮았다. / 不肖: 자식이 아비를 닮지 않아 그의 덕망과 유업을 계승하지 못하다(=불효

자). ※ "착하지 않다" "어질지 못하다" "못나다" "미련하다" 등으로 轉義된다.

丹朱之不肖 舜之子亦不肖: 요임금의 아들 丹朱는 못나고 어질지 못했고 순임금의 아들 또한 못나고 어질지 못했다[孟子(萬章上)].

存: 보존할, 보전할, 간직할

存其心 養其性: 본심을 보존하고 천성을 기른다[孟子(盡心上)]. / 存心: 본심을 보존하다.

※ 存心養性의 준말로서 "본심을 보존하여 천성을 기르다"는 뜻이고 宋代 新儒學의 실천 命題로 욕망 등에 의해서 본심을 해치지 않고 항상 그 본연의 상태를 유지하는 일이다.

修身: 심신을 닦다, 심신을 陶冶하다 → 戒性 篇 (5) 참조

大: 크게, 대단히, 몹시, 매우, 완전히, 철저히 → 정도가 심함을 나타냄

大笑一通: 크게 한번 웃다. / 眞相大白: 진상이 완전히 밝혀졌다. / 天已大亮: 날이 이미 훤하게 밝아졌다.

所: (~하는)바, (~할)바 → 繼善 篇 (9), 省心 篇 (下) (34) 참조

害: 해로울, 유해할

蒼蠅是一種害蟲: 파리는 일종의 해충이다.

因: 그런 까닭으로, 그래서

若民則無恒産 因無恒心: 일반 백성들로 말하자면 恒産이 없으면 그 때문에 恒心도 없다[孟子(梁惠王上)]. / ※ 恒産: 일정한 生業 / 恒心: 늘 가지고 있는 변함없는 마음

書: (글씨를) 쓸 → 立敎 篇 (9) 참조

以: ~(으)로 (써) → 繼善 篇 (1), 存心 篇 (18), 省心 篇 (上) (34) 참조

警: 경계할, 조심할, 주의할 → 正己 篇 (26), 立敎 篇 (9) 참조

| 參考 |

范益謙: 宋의 학자로 이름은 冲, 자는 元長이고 益謙은 號이다

| 出典 |

小學, 嘉言 篇

---

(11) 武王問太公曰 人居世上 何得貴賤貧富不等 願聞說之 欲知是矣   太公曰 富貴如聖人之德 皆由天命 富者用之有節 不富者家有十盜

무왕이 태공에게 묻기를 "사람이 세상을 사는데 어찌하여 빈부와 귀천이 같지 않고 불공평합니까? 바라건대 (선생님의) 설명을 들어 확실히 알고자 합니다."라고 하니 태공이 "부귀는 성인의 덕과 같

아서 모두 하늘의 뜻에 달려 있습니다. (또한) 부자는 씀씀이에 절제가 있으나 부유하지 못한 자는 집안에 열 가지 도둑이 있습니다"라고 대답했다.

| 字句 풀이 |

問: 물을, 질문할 → 勤學 篇 (1), 省心 篇 (下) (17) 참조

曰: 가라사대, ~라고 말할 → 繼善 篇 (1), 正己 篇 (25) 참조

得: 가능할, ~ㄹ 수 있을 → 동사 앞에 쓰이어 가능을 나타낸다.

君子之至於斯也 吾未嘗不得見也: 군자께서 이곳에 오시면 내 일찍이 만나 뵐 수 없었던 적이 없었다 [論語(八佾)]. / 聖人 吾不得而見之矣 得見君子者 斯可矣: 내가 성인을 만날 수 없다면 군자라도 만날 수 있으면 좋겠다[論語(述而)].

何得: 어찌 ~할 수 있으랴

在上何得不驕 持滿何得不溢: 윗자리에 있으면서 어찌 교만하지 않을 수 있으며 가득 찬 술잔을 손에 들고서 어찌 넘치지 않을 수 있으랴(三國魏).

等: 같을, 동등할 → 戒性 篇 (9) 참조

願: 바라건대, 바라노니

願陛下親之信之: 바라건대 폐하께서는 믿어 주소서(諸葛亮).

聞: 들을 → 繼善 篇 (4), 正己 篇 (23) 참조

說: 설명할, 해설할

說淸楚: 명료하게 설명하다. / 一說就懂: 설명하자마자 곧 이해한다. / 他說了又說 我還是不懂: 그는 설명하고 또 설명했지만 나는 여전히 이해가 되지 않는다.

之: 文末에 쓰여 의미상 목적어 역할을 하는 어조사 → 正己 篇 (16) 참조

欲: 하고자 할, 바랄, 원할, 희망할 → 孝行 篇 (1) 참조

是: 확실히 → 省心 篇 (下) (3) 참조

聖人: 지혜와 덕이 뛰어나고 사리에 밝아 인류의 스승이 될 만한 사람

孔子被後人尊爲聖人: 공자는 후세 사람들에게 성인으로 받들어진다.

㊟ 聖人也有三分錯: 성인도 些小한 잘못은 있다.

皆: 모두, 다 → 繼善 篇 (3), 戒性 篇 (4), 省心 篇 (上) (43) 참조

由: ~에 달려 있을 → 順命 篇 (5), 省心 篇 (上) (48) 참조

天命: 하늘의 뜻, 하늘이 정한 운명, 하늘의 명령

君子有三畏 畏天命 畏大人 畏聖人之言: 군자는 세 가지 두려워해야 할 것이 있으니 하늘의 뜻과 위대한 사람과 성인의 말씀이 그것이다[論語(季氏)].

節: 절제할, 절약할 → 正己 篇 (26) 참조

富: 부유할, 재산이 많을 → 順命 篇 (1), 存心 篇 (4), 省心 篇 (上) (2) 참조

盜: 도둑

㈀ 盜亦有道: 도둑들도 그들 사이에는 도덕이 있다.

㈀ 盜憎主人: 도둑이 도리어 집주인을 미워하다. → ㈀ 賊反荷杖: 도둑이 도리어 매를 든다.

| 參考 |

武王: 周나라 文王의 아들로 이름은 發이다. 父王의 뜻을 따라 太公을 太師로 삼아 殷나라 紂王을 쳐서 멸하고 천하를 통일했다.

---

(12) 武王曰何謂十盜 太公曰 時熟不收爲一盜 收積不了爲二盜 無事燃燈寢睡爲三盜 慵懶不耕爲四盜 不施功力爲五盜 專行巧害爲六盜 養女太多爲七盜 晝眠懶起爲八盜 貪酒嗜慾爲九盜 强行嫉妬爲十盜

무왕이 "무엇을 열 가지 도둑이라고 합니까?" 하고 물으니 태공이 "곡식이 익었는데도 제 때에 거두지 않는 것이 첫째의 도둑이고, 거두어서 쌓아두는 일을 다 끝내지 않고 중동무이하는 것이 둘째의 도둑이며, 하는 일도 없이 등불을 켜놓고 자는 것이 셋째의 도둑이고, 게을러서 논밭을 갈지 않는 것이 넷째의 도둑이며, 몸에 지닌 기술과 능력을 펼치지 않고 놀려두는 것이 다섯째의 도둑이고, 남을 교묘하게 속이고 해치기를 일삼는 것이 여섯째의 도둑이며, 딸을 너무 많이 기르는 것이 일곱째의 도둑이고, 낮잠을 잔 후 일어나기를 싫어하는 것이 여덟째의 도둑이며, 酒色을 탐하는 것이 아홉째의 도둑이고 남을 지나치게 질투하는 것이 열 번째의 도둑입니다"라고 대답했다.

※ 중동무이하다: 일이나 말을 끝맺지 못하고 중간에서 그만두거나 끊어 버리다.

| 字句 풀이 |

何: 무엇 → 存心 篇 (19), 省心 篇 (下) (22) 참조

謂: ~(이)라고 (말)할, ~(이)라고 부를 → 省心 篇 (上) (23) 참조

何謂: 무엇을 ~라고 하는가?, ~란 무엇인가? / 何謂幸福: 행복이란 무엇인가?

何謂浩然之氣: 무엇을 호연지기라고 합니까[孟子(公孫丑上)]?

時: 적기일, 때맞출, 시기에 알맞을

時雨(=及時雨): 때맞추어 오는 비, 단비 / 陰陽調風雨時: 음과 양이 조화를 이루니 바람과 비가 제 때에 알맞다(漢書).

熟: (곡식 과일 등이) 익을, 여물

麥子熟了: 보리가 익었다. / 熟透: 잘 익다, 무르익다. / 熟透的柿子: 무르익은 감

收: 거둘, 수확할, 가을걷이할

收莊稼: 농작물을 거둬들이다. / 春天播種 秋天收穫: 봄에 씨 뿌리고 가을에 거둬들이다.

積: 쌓을 → 繼善 篇 (6), 省心 篇 (下) (3) 참조

了: 마칠, 끝낼, 끝날

不了了之: (일을) 끝내지 않은 채 그대로 두다. / 没完没了: 한도 끝도 없다. → 끝없이 이어지다. / [成] 一了百了: 한 가지가 끝나면 (요점이 해결되면) 모든 일이 뒤이어 끝난다. / 晨起早掃 食了洗滌: 새벽에 일어나 일찍 청소하고 식사를 마치고 세탁을 한다(漢, 王褒).

燃: (불을) 붙일, 점화할

點燃鞭炮: 폭죽(爆竹)에 불을 붙이다. / 把柴燃着了: 땔나무에 불을 붙였다.

燈: 등(불)

點燈: 등불을 켜다. ↔ 滅燈: 소등하다. / 燃燈: 등불을 켜다. / 燃燈會: 음력 정월 보름에 등불을 켜고 부처에게 복을 빌며 노는 모임 / 把燈吹滅: 등불을 불어서 끄다. / [諺] 燈不點不亮: 등불도 켜지 않으면 밝지 않다. → 부뚜막의 소금도 넣어야 짜다.

寢: (잠을) 잘 → 正己 篇 (25) 참조

睡: (잠을) 잘

想睡: 자고 싶다, 졸리다. / 裝睡: 자는 척하다. / 似睡似不睡: 잠이 들락 말락 하다. / [成] 早起晩睡: 일찍 일어나고 늦게 자다. → 부지런히 일하다.

寢睡: 잠을 자다

父母寢睡之後 燃火讀書: 부모님이 잠이 드신 후에 불을 켜고 책을 읽었다[魏書(祖瑩傳)].

※ 寢睡는 "잠"의 높임말이기도 하다.

慵: 게으를, 나태할

賦性慵惰: 천성이 게으르다. / 慵人: 게으름뱅이

懶: 게으를, 나태할

慵懶(=慵惰): 게으르다. / [成] 好喫懶做: 먹기만 좋아하고 일에는 게으르다. / [諺] 人勤地不懶: 사람이(농부가) 부지런하면 땅은 게으르지 않다. → 부지런한 농부에게는 나쁜 땅이 없다. / 春事闌珊 心情慵懶: 봄철 농사일이 거의 끝나가니 마음이 게을러진다(明, 王玉峰).

耕: (논) 밭을 갈 → 勸學 篇 (7), 立敎 篇 (4) 참조

施: (재능, 솜씨, 수완 등을) 발휘할, 펼칠, 보일

施妙手: 묘수를 발휘하다(펼치다). / 施爲: (능력, 수완 등을) 발휘하다. → 任意施爲: 마음대로 능력을 발휘하다. / 施展: (재능이나 수완 등을) 발휘하다. → 施展絕技: 절묘한 기술을 펼치다.

功: 기술, 솜씨

基本功: 기본적인 기술(基本技) / 練功: 기술을 연마하다. / 唱功: (중국 전통극의) 노래 솜씨

力: 능력 → 存心 篇 (2) 참조

專: 전념할, 집중할, 몰두할, 專一할

用心不專: 몰두해서 마음을 쓰지 않는다.

不專心致志 則不得也: 온 마음을 다하고 뜻을 다하지 않으면 터득하지 못한다[孟子(告子上)].

行: (행)할, 실행할 → 繼善 篇 (5), 存心 篇 (13), 立敎 篇 (9) 참조

巧: (말이) 거짓일 (겉만 꾸밀, 실속이 없을) → 省心 篇 (上) (36) 참조

害: 해칠 → 天命 篇 (5), 省心 篇 (上) (51) 참조

養: 기를 → 省心 篇 (上) (15) 참조

女: 딸 → 訓子 篇 (7) 참조

太: 너무, 몹시, 심히 → 正己 篇 (10) 참조

多: 많을 → 正己 篇 (10), 省心 篇 (上) (26) 참조

晝: 낮 → 正己 篇 (25) 참조

眠: (잠을) 잘

不眠之夜: 잠 못 이루는 밤 / 睡眠: 잠, 잠을 자다.

懶: ~하기 싫을(싫어할)

腿懶: 나다니기 싫어하다, 발 옮기기를 귀찮아하다. / 懶得: ~하기 싫다. → 天太熱 我懶得上街: 날이 너무 더워서 거리에 나가기 싫다. / 懶怠: 귀찮아지다. → 身體不好 話也懶怠說了: 몸이 안 좋아 말하는 것조차 귀찮다. / ⑭ 懶喫懶喝: 먹기도 마시기도 싫다(귀찮다). → 식욕이 없다.

起: 일어날, 몸을 일으킬 → 繼善 篇 (3), 立敎 篇 (4) 참조

貪: 탐할 → 繼善 篇 (4), 正己 篇 (26), 省心 篇 (下) (3) 참조

酒: 술 → 訓子 篇 (7), 省心 篇 (上) (3), 省心 篇 (上) (44) 참조

嗜: (특별히) 즐길, 좋아할

嗜賭: 도박을 좋아하다. / 嗜酒: 술을 좋아하다.

慾: 욕심, 욕망 → 正己 篇 (8), 正己 篇 (13), 省心 篇 (上) (25) 참조

嗜慾: 정욕, 향락의 욕망 / 嗜慾無厭: 끝없이 향락의 욕망을 탐하다.

吾血氣尙盛 不能絶嗜慾 御女猶可以生子: 내 혈기가 아직 왕성하여 정욕을 끊을 수 없고 여자와 상관

하여 여전히 아들을 낳을 수 있다(斷袖 篇).

强: 억지 쓸, 억지로 할, 강제로 할, 무리하게 할, 강제로 시킬, 강요할, 강제할

※ 억지: 무리하게 내세우는 고집 / 억지로: 강제로, 무리하게 / 强求, 강요하다 / 强辯: 끝까지 우겨 대다, 생떼를 쓰다. / 强買强賣, 억지로 사고팔다. / 戒 牽强附會: 당치 않는 말을 억지로 끌어다 붙이다.

强行: 억지로 하다, 강제로 시행하다.

强行通過: 억지로 통과시키다.

嫉: 질투할, 시기할 → 省心 篇 (下) (2) 참조

妬: 질투할, 시기할 → 省心 篇 (上) (46), 省心 篇 (下) (1) 참조

嫉妬: 시기하다

他很羨慕你 但幷不嫉妬你: 그는 너를 매우 부러워하고는 있지만, 결코 너를 시기하지는 않는다.

---

(13) 武王曰 家無十盜而不富者何如 太公曰 人家必有三耗 武王曰 何名三耗 太公曰 倉庫漏濫不蓋 鼠雀亂食爲一耗 收種失時爲二耗 拋撒米穀穢賤爲三耗

무왕이 "집에 열 가지 도둑이 없는데도 부유하게 되지 않는다면 어째서 그렇습니까?" 하고 물으니 태공이 "그런 사람의 집에는 반드시 세 가지의 낭비가 있습니다"라고 대답하자 무왕이 또 "세 가지 낭비란 무엇을 지칭하는 것입니까?" 하고 물으니 태공이 "창고가 새고 부실해도 덮지 아니하여 쥐와 새들이 마구 먹어 대는 것이 첫째 낭비요, 곡식을 심고 거두는 때를 놓치는 것이 둘째 낭비요. 米穀을 땅에 흘리는 등 불결하게 다루어 제값을 받지 못하게 하는 것이 셋째 낭비입니다"라고 대답했다.

| 字句 풀이 |

而: ~인데도, ~이면서 → 勤學 篇 (5) 참조

者: ~(하)면 → 순접의 접속사 ※ 天命 篇 (5), 省心 篇 (上) (45) 참조

何: 어째서, 어찌, 왜, 무엇 때문에 → 孝行 篇 (5) 참조

如: 그러할

安知榮辱之所如: 영광과 치욕이 그러하게 될 줄을 어찌 알리오[張衡(歸田賦)].

人: 그 사

有個人找你 哎 人哪裏去了: 어떤 사람이 널 찾아왔어. 어! 그 사람 어디 갔지?

耗: 소모할, 소비할, 낭비할

耗財: 돈을 낭비하다. → 耗財買臉: 돈으로 체면을 사다.

耗費: 낭비하다. → 白白地耗費時間: 헛되이 시간을 낭비하다.

名: 이름 지을, 부를, 命名할, 지칭할, 일컬을, 표현해 낼, 형용할

ⓐ 感激莫名: 그 감격을 형용할 수가 없다. / ⓐ 莫名其妙: 그 오묘함을 표현해 낼 수 없다. / 蕩蕩乎民 無能名焉: (그 공덕이) 크고 넓어서 백성들은 무어라 표현할지를 몰랐다[論語(泰伯)].

倉: 곳간, 곳집, 창고

米倉: 쌀 창고, 쌀광 / 糧食滿倉: 양식이 창고에 가득하다. / 倉廩實則知禮節: 창고가 차야 예절을 안다.

庫: 곳간, 곳집, 창고

入庫: 창고에 넣다. ↔ 出庫: 창고에서 꺼내다.

庫丁: 창고지기, 庫지기 / 庫存: 재고(在庫) → 庫存貨物: 재고품(在庫品)

倉庫: 곳간, 창고

書是人類經驗的倉庫: 책은 인류 경험의 창고.

漏: (액체 등이) 샐 → 天命 篇 (6) 참조

濫: 낡은, 부실할, 질이 낮을

濫惡: 품질이 粗惡하다. / 濫劣: 품질이 낮다. / ⓐ 陳詞濫調: 낡아 빠진 논조, 진부한 말, 케케묵은 말 / 行濫: 물건이 질이 떨어지고 견고하지 못하다[76]. / 行濫 謂器用之物 不牢不眞 唐律疏議: 행람이란, 그 릇과 도구 등의 물건들이 견고하지 못하고 진짜가 아니라는 뜻이다.

金銀器皆行濫 非眞物 資治通鑑: 금 그릇과 은그릇 모두가 품질이 떨어지고 진품이 아니다.

蓋: 덮을, 씌울

蓋蓋子: 뚜껑을 덮다. / 蓋瓦: 기와로 지붕을 이다(덮다). / 蓋被(=蓋被蓋, 蓋被窩): 이불을 덮다. / ⓐ 蓋棺論定: 사람의 평가는 관 뚜껑을 덮고서야 결정된다.

鼠: 쥐

家鼠: 집쥐 / 鼷鼠(=小家鼠): 생쥐 / 野鼠(=田鼠, 爬山鼠): 들쥐

雀: 참새, 작은 새

雀羅: 참새 그물 / ⓐ 歡欣雀躍: 기뻐서 참새처럼 깡충깡충 뛰다.

亂: 함부로, 마구

亂喫: 마구 퍼먹다. / 亂闖: 마구 뛰어들다, 난입하다. / 亂用: (돈이나 물건을) 함부로 쓰다, 濫用하다 / ⓐ 亂砍濫伐: 함부로 벌목을 하다.

食: 먹을 → 正己 篇 (14), 存心 篇 (17), 省心 篇 (下) (18) 참조

---

76) 檀國大學校編 大韓漢辭典의 字解임

種: 심을 → 天命 篇 (6), 省心 篇 (上) (23) 참조

失: 시기를 놓칠, 失機할 → 訓子 篇 (6) 참조

時: 때, 시기 → 正己 篇 (9), 戒性 篇 (2), 省心 篇 (下) (20) 참조

拋: (내)던질, 버릴, 방치할

拋物線: 물건을 비스듬히 던질 때 생기는 곡선 / 拋却舊包袱: 낡은 보따리를(생각을) 던져 버리다. / ⑱

拋磚引玉: 벽돌을 던져서 구슬을 끌어내다. → 남의 高見을 들으려고 먼저 자기의 모자란 의견을 내놓다.

撒: 엎지를, 쏟을, 흘릴, 흩뜨릴, 떨어뜨릴, 널브러질

撒了湯: 국을 엎질렀다. / 撒在地上的豆子: 땅에 널려 있는 콩 / 撒豆子在路上: 길에 콩을 흘렸다. / 書包裏的東西全撒了: 책가방 속의 물건이 모두 쏟아졌다.

撒落: 떨어지다, 널리다. → 茶几下撒落了不少瓜子: 찻상 밑에 많은 수박씨가 널려 있다.

拋撒: (쌀 등을) 흘리다

米粒拋撒滿地: 쌀알이 땅에 가득히 흘려져 있다. / 在路上拋撒着米飯: 길에 쌀밥이 흘려 있다.

米: 쌀

粳米: 멥쌀 / 糯米(=江米): 찹쌀 / 白米(=精米, 細米): 흰쌀 / 糙米(=粗米, 玄米): 매조미쌀, 현미 / 米粥: 쌀죽 / 米糠: 쌀겨

穀: 곡식

五穀: (다섯 가지 곡식) → 벼(稻), 보리(麥), 조(粟), 콩(菽), 기장(黍)

穢: 더러울, 불결할 → 省心 篇 (下) (29) 참조

賤: (값이) 쌀, 헐할

㊂ 圖賤買老牛: 싼 것을 사려다가 늙은 소를 사다. → 싼 게 비지떡

㊎ 賤賣不賖: 헐값에는 팔아도 외상은 주지 않는다. → 싸구려에는 외상이 없다.

※ 穢賤의 해석을 중국인들이 "使之髒汚跌價(불결하게 다루어서 값이 떨어지게 하다)"로 하여 필자의 해석과 일치한다.

---

(14) 武王曰 家無三耗而不富者何如 太公曰 人家必有一錯 二誤 三癡 四失 五逆 六不祥 七奴 八賤 九愚 十强 自招其禍 非天降殃

무왕이 "집에 세 가지의 낭비가 없는데도 부유하게 되지 않는다면 왜 그렇습니까?" 하고 물으니 태공이 "그런 사람의 집에는 반드시 다음 열 가지 곧 첫째 錯, 둘째 誤, 셋째 癡, 넷째 失, 다섯째 逆,

여섯째 不祥, 일곱째 奴, 여덟째 賤, 아홉째 愚, 열째 强이 있어서 스스로 재앙을 부르는 것이지 하늘이 내려 주는 것이 아닙니다"라고 대답했다.

| 字句 풀이 |

① 錯: 養男不敎訓 ② 誤: 嬰孩不訓 ③ 癡: 初迎新婦不行嚴訓

④ 失: 未語先笑 ⑤ 逆: 不養父母 ⑥ 不祥: 夜起赤身 ⑦ 奴: 好挽他弓

⑧ 賤: 愛騎他馬 ⑨ 愚: 喫他酒勸他人 ⑩ 强: 喫他飯命朋友

※ 이상은 다음 回의 글에서 무왕의 요청에 대한 태공의 대답 그대로이며 이에 대한 우리말 설명도 역시 다음 回로 미룬다.

自: (자기) 스스로 → 繼善 篇 (3) 참조

招: 부를, 초래할 → 安分 篇 (5) 참조

其: 그(의) → 繼善 篇 (9) 참조

禍: 재앙 → 繼善 篇 (1) 참조

非: 아닐 → 天命 篇 (2) 참조

天: 하늘 → 繼善 篇 (1) 참조

降: 내려 줄, 賜給할, 下賜할

降福(=降祐, 降祚, 降祉): 복을 내려 주다. ↔ 降災(=降禍): 재앙을 내려 주다.

降祥: 吉祥을 내려 주다. → 吉祥, 길조(吉兆) / 作善降之百祥 作不善降之百殃: (하늘이) 선행을 하면 온갖 吉兆를 내려 주고 악행을 하면 온갖 재앙을 내려 준다(書經).

殃: 재앙, 禍 → 省心 篇 (上) (50) 참조

---

(15) 武王曰 願悉聞之 太公曰 養男不敎訓爲一錯 嬰孩不訓爲二誤 初迎新婦不行嚴訓爲三癡 未語先笑爲四失 不養父母爲五逆 夜起赤身爲六不祥 好挽他弓爲七奴 愛騎他馬爲八賤 喫他酒勸他人爲九愚 喫他飯命朋友爲十强 武王曰 甚美誠哉 是言也

무왕이 "그 설명을 더 듣고 상세히 알게 되기를 원합니다"라고 부탁하니 태공이 "자식을 기르면서 교훈하지 않는 것이 첫째 錯이고, 幼兒 때부터 훈계하지 않는 것이 둘째 誤이며, 새 며느리를 처음 맞이할 때부터 엄하게 가르치지 않는 것이 셋째 癡이고, 말도 꺼내기 전에 먼저 웃는 것이 넷째 失이며, 부모를 봉양하지 않는 것이 다섯째 逆이고, 밤에 자다가 알몸으로 일어나는 것이 여섯째 不祥이며,

남의 활을 당기기 좋아하는 것이 일곱째 奴이고, 남의 말(馬)에 올라타기를 좋아하는 것이 여덟째 賤이며, 남의 술을 마시면서 다른 사람에게 술을 권하는 것이 아홉째 愚요, 남의 밥을 먹으면서 제 친구를 불러들이는 것이 열째 强입니다"라고 대답하자 무왕이 "참으로 유익해서 좋고 정성스럽도 다! 이 말씀이여!"라고 칭송했다.

| 字句 풀이 |

願: 바랄, 원할, 희망할 → 戒性 篇 (5) 참조

悉: 다 알, 잘 알, 상세히 알

悉知: 자세히 알다, 잘 알다. / 熟悉: 익히 알다, 熟知하다, 깊이 알다, 충분히 알다.　熟悉本地的情形: 이 지방의 사정을 숙지하고 있다.

悉其要害 願爲前驅: 그곳의 要衝地를 잘 알고 있으니 先驅를 서고자 합니다(魏書).

養: 기를 → 省心 篇 (上) (15), 立敎 篇 (12) 참조

男: 아들 → 訓子 篇 (7) 참조

敎: 가르칠 → 存心 篇 (19), 訓子 篇 (1) 참조

訓: 가르칠, 훈계할, 타이를, 가르쳐 인도할

訓蒙: 어린아이나 초학자를 가르치다. / 聽伊尹之訓己也: (太甲은) 이윤이 자기를 훈계한 것을 모두 따 랐다[孟子(萬章上)]. / 訓戒: 타일러서 경계하다. → 訓戒放免: 경범죄자 등을 타일러서 놓아주는 일

訓民: 백성을 가르치다. → 訓民正音: (세종 28년에 반포한) 우리나라 글자(한글)

敎訓: 가르치고 타이르다, 훈계하다, 꾸짖다

敎訓孩子: 아이를 훈계하다. / 敎訓了他一頓: 그를 한 번 꾸짖었다. / 動不動就敎訓別人: 걸핏하면 남 을 훈계한다.

嬰: 갓난아기, 갓난아이, 갓난애, 갓난이, 영아, 젖먹이

嬰幼兒: 영아와 유아 / 嬰兒(=嬰孩): (한 돌이 못 된) 젖먹이 / 嬰兒車(=嬰孩車): 유모차

孩: 아이, 어린아이, 幼兒

女孩子: 여자아이 ↔ 男孩子: 남자아이

孩子: 어린아이 → 孩子臉: 동안(童顔) / 孩子氣: 애티, 稚氣 → 孩子氣未除: 애티를 아직 못 벗다.

嬰孩: 어린아이, 幼兒

人自生至終 大化有四 嬰孩也 少壯也 老耄也 死亡也: 사람이 태어나서 죽을 때까지 큰 변화로 네 가 지 때가 있는데 어린아이 때와 젊고 씩씩한 때와 노쇠할 때와 죽을 때이다(列子).

初: 처음, 최초 → 省心 篇 (下) (19) 참조

迎: 맞이할, 영접할

出迎: 나가서 맞이하다. / 歡迎: 기꺼이 맞이하다. / 迎賓: 손님을 맞이하다. / 戌 送舊迎新: 묵은해를 보내고 새해를 맞이하다.

新: 신혼(新婚)의, 결혼한

新親: 새 사돈 / 新女婿: 새 사위 / 新房: 신혼부부의 침실 / 新婚之夜: 결혼 첫날밤

新娘(子)(=新婦, 新嫁娘, 新媳婦兒, 新姑娘): 새색시 ↔ 新郎(=新姑爺): 새신랑 / ※ 娘과 孃은 통용함

婦: 며느리

長婦: 큰며느리, 맏며느리 / 媳婦: 며느리 → 媳婦好做 婆婆難當: 며느리 노릇은 쉽고 시어머니 노릇은 힘들다.

行: ~할, 실행할, 행할 → 繼善 篇 (5) 참조

嚴: 엄할, 엄격할 → 訓子 篇 (5), 訓子 篇 (8) 참조

未: 아직 ~하지 않을 → 省心 篇 (上) (14) 참조

語: 말할 → 正己 篇 (17) 참조

先: (시간이나 순서상의) 먼저, 미리 → 正己 篇 (19), 省心 篇 (上) (9) 참조

笑: 웃을

微笑: 미소 짓다. / 笑死(=笑殺): 우스워 죽겠다. / 笑破嘴唇: 입이 째지게 웃다.

笑臉迎人: 웃는 얼굴로 맞이하다. / 戌 眉開眼笑: 싱글벙글 웃다.

養: 봉양할 → 孝行 篇 (2) 참조

夜: 밤 → 正己 篇 (10) 참조

起: 일어날 → 繼善 篇 (3) 참조

赤: 알몸이 될, (알몸을) 드러낼, 벌거벗을

赤膊(=赤背, 打赤膊): 웃통을 벗다. / 赤足(=赤脚): 맨발을 하다.

赤裸(=赤露): (알몸을) 들어내다, 발가벗다.

赤裸裸: 발가벗은 모양 → 赤裸裸一絲不挂: 실오라기 하나 걸치지 않고 다 벗다.

身: 몸 → 正己 篇 (7) 참조

赤身: 알몸이 되다, 발가벗다 또는 알몸

戌 赤身裸體(=赤身露體): 몸에 실오라기 하나 걸치지 않고 발가벗다.

好: 좋아할 → 正己 篇 (16) 참조

挽: (잡아)당길

挽弓: 활을 당기다. / 他弓莫挽 無門關: 남의 활을 당기지 마라.

他: 남, 타인 → 正己 篇 (26) 참조

弓: 활

戌 弓折矢盡: 활은 부러지고 화살도 바닥이 났다.

ⓤ 弓上弦刀出鞘: 시위가 활에 걸리고 칼이 칼집에서 뽑히다. → 전투 준비가 완료되다.

愛: 좋아할, 즐거울

愛好: 좋아하다. → 人人愛好的東西: 누구나 좋아하는 것 / 愛酒家: 술을 좋아하는 사람 / ⓢ 愛不釋手: 좋아하여 손을 떼지 못한다. / 愛戴高帽(子): 뽐내기 좋아하다, 남이 치켜세워 주는 것을 좋아하다.

騎: (동물이나 교통수단 등을) 올라탈

騎車: 자전거나 오토바이를 타다. / 騎馬: 말을 타다. / ⓢ 騎馬找馬: 말을 타고 있으면서 말을 찾는다. → 업은 아이 삼 년 찾다. / ⓤ 騎馬坐轎 修來的福: 말을 타는 것이나 가마를 타는 것도 전생에 닦은 복대로이다.

馬: 말 → 勤學 篇 (5) 참조

喫: 먹을, 마실 → 正己 篇 (14), 立敎 篇 (10) 참조

ⓢ 喫不愁穿不愁: 먹고 입는 데 걱정하지 않는다.

勸: 권할 → 正己 篇 (26), 省心 篇 (上) (52) 참조

飯: 밥 → 正己 篇 (14) 참조

命: 부를 → 孝行 篇 (4) 참조

朋友: 벗, 동무, 친구 → 戒性 篇 (5), 省心 篇 (上) (44) 참조

甚: 참으로, 정말

左右皆曰甚然: 좌우 모두가 "참으로 그렇습니다"라고 말했다(戰國策).

美: 좋을, 훌륭할

ⓤ 美不美鄕中酒: 좋건 싫건 내 고향 술맛이 제일이다. / ⓢ 價廉物美: 값도 싸고 물건도 좋다. ⓢ 完美無缺: 전혀 흠 없이 좋다.

誠: 참될, 진실할, 성실할, 정성스러울

出于誠心: 진심에서 우러나다. / 心意不誠: 마음이 진실하지 않다. / 心地坦誠: 마음씨가 솔직하고 진실하다. / 非誠賈 不得食于賈: 성실치 못한 장사꾼은 장사로 못 먹고 산다(管子).

哉: ~도다, ~로다 → 감탄을 나타내는 어조사 ※ 戒性 篇 (6) 참조

是: 이(것) → 勤學 篇 (6) 참조

言: 말(씀) → 正己 篇 (5), 省心 篇 (下) (9) 참조

也: 句의 끝에 쓰여 감탄의 어기를 나타낸다.

何其智之明也: 어찌 그리도 지혜가 밝은지(史記)!

< 治政 篇 >

(1) 一命之士 苟有存心於愛物 於人必有所濟

末端의 관리라도 진실로 萬物을 사랑하는 데에 마음을 둔다면 반드시 남들로부터 도움을 받을 것이다(明道先生).

| 字句 풀이 |

命: 품계(品階), 爵位 → 周代의 官階이며 一命에서 九命까지 九等級이 있음

賜不受命 而貨殖焉: 子貢은 官爵을 받지 않고 장사를 하여 돈을 벌었다[論語(先進)].

※ 賜는 (공자의 제자) 子貢임

一命: 가장 낮은 관직 → "처음 관직을 받다" "관직이 가장 낮다' 등으로도 轉義된다

一命之榮: 처음 벼슬에 임명된 영광 / 一命而傴: 처음 벼슬을 받고 허리를 굽히다. → 공자의 선조인 정고보(正考父)가 벼슬이 오를수록 공손했다는 故事가 있음.

士: 선비 계층 → 公卿大夫와 서민 사이의 중간 계층으로 官吏도 포함됨

苟: 진실로, 참으로

苟志於仁矣 無惡也: 진실로 仁에 뜻을 둔다면 나쁜 짓은 할 수가 없다[論語(里人)].

有: (동사 앞에 놓이는) 어조사 → 存心 篇 (3), 訓子 篇 (5) 참조

存: (마음을, 마음에, 생각을, 생각에) 가질, 간직할, 둘, 먹을, 품을 → 省心 篇 (下) (3) 참조

心: 마음 → 天命 篇 (2), 存心 篇 (8) 참조

於: ~에, ~에 대해 → 대상을 나타냄

忠於祖國: 조국에 충성하다. / 仰不愧於天: 하늘에 우러러 부끄럽지 않다. / 無濟於事: 일에 도움이 되지 않는다. / 獻身於敎育事業: 교육 사업에 몸을 바치다.

愛: 사랑할 → 省心 篇 (下) (2) 참조

物: 만물(萬物) → 省心 篇 (上) (34) 참조

愛物: 만물을 사랑하다

親親而仁民 仁民而愛物: (군자가) 친척에게 친애하면 백성에게도 인자할 수 있고 백성을 인자하게 대하면 萬物도 (온갖 사물도) 사랑하게 된다[孟子(盡心上)].

於: ~에 의해, ~에 의하여 → 피동을 나타냄 ※ 省心 篇 (下) (25) 참조

人: 남, 타인, 다른 사람 → 繼善 篇 (8) 참조

必有: 반드시 있다

三人行 必有我師焉: 세 사람이 길을 가면 그중에 반드시 나의 스승이 있다.

所: (~하는, ~할) 바 → 「所 + 동사」의 형태로 쓰여 그 동사와 함께 명사적 성분이 된다

※ 繼善 篇 (9) 참조

濟: 도울, 구제할 → 省心 篇 (下) (8) 참조

無濟于事: 일에 도움이 되지 않는다.

| 參考 |

明道先生: 宋의 학자로 성은 程 이름은 顥(1032~1085) 자는 伯淳이며, 명도선생은 世人들이 그렇게 부른 것이고 그의 학문에서 우주와 인간의 본성이 본래 동일하다고 하는 사상은 萬物一體觀에 입각한 것이다. 伊川과 程頤는 그의 아우들이다.

| 出典 |

二程全書(明道行狀 篇). 小學(嘉言 篇)

---

(2) 上有麾之 中有乘之 下有附之 幣帛衣之 倉廩食之 爾俸爾祿 民膏民脂 下民易虐 上蒼難欺

위에서는 (高位層이) 지휘하고 중간에서는 (官吏가) 받들어 시행하고 아래에서는 (백성이) 순종하고 따른다. (말하자면 上中下가 손발이 맞아 나라가 잘 다스려지고 있다 그러나 한편 上과 中에 말하노니) 예물로 받아 입고 있는 비단과 먹고 있는 곳간의 祿米와 그대들의 모든 俸祿 그 모두가 다 백성들의 膏血이 아니고 무엇이랴! (却說하고) 아래로 백성을 학대하기는 쉬우나 위로 하늘을 속일 수는 없느니라(唐太宗御製云). / ※ 말하자면 → 쉽게 다른 말로 나타낼 때 쓰는 말

却說 → 화제를 돌리어 딴말을 꺼낼 때 쓰는 말

| 字句 풀이 |

上: (막연한 상태의) 위

上知天文 下知地理: 위로는 천문을 알고 아래로는 지리를 안다. → 博學多識하다.

有: (동사 앞에 놓이는) 어조사 → 存心 篇 (3) 참조

麾: 지휘할

麾軍前進: 군을 지휘하여 전진하다.

之: 文末에 쓰여 의미상 목적어 역할을 하는 어조사 → 正己 篇 (16) 참조

中: 중간, 가운데 → 正己 篇 (14) 참조

乘: 받들, 받들어 시행할, 奉行할

乘天: 하늘의 뜻을 받들다. / 在亶乘茲大命: 이 御命을 성실하게 받들어 시행하고 있는 중이다[書(君奭)].

下: (막연한 상태의) 아래

上有父母 下有兒女: 위로는 부모님이 계시고 아래로는 자녀들이 있다.

附: 순종할, 따를

百姓附 淮南子: 백성이 따르다. / 四夷未附 王禹偁: (중국) 사방의 오랑캐들이 아직 따르지 않는다. ※ 오랑캐 → (옛날 중국이) 中原 이외의 각 민족을 멸시하여 부르던 말

幣: 비단

事之以皮幣 不得免焉: (狄人이 침공할 때 그들에게) 皮幣를 바치며 섬겨도 화를 면치 못했다[孟子(梁惠王下)]. → 皮幣: 짐승의 가죽과 비단

帛: 비단

幣帛: (예물용) 비단 / 布帛菽粟: 포백과 콩과 조(곡류)로서 입을 것과 먹거리를 의미하며 布帛은 면직물(綿織物)과 견직물(絹織物)로서 織物의 총칭이다.

衣: (옷을) 입을 → 存心 篇 (17) 참조

倉: 곳간, 곳집, 창고 → 立敎 篇 (13) 참조

廩: 식량, 양식, 祿米(→ 祿俸으로 받는 쌀)

廩人繼粟: 름인이 곡식을 끊임없이 대주다[孟子(萬章下)]. ※ 廩人 → (周代에) 미곡의 출납을 맡은 관원 / 廩庫(=廩囷): 쌀 곳간 → 囷은 둥근 곳간을 뜻함 / 廩生: 명(明)나라 때 官에서 祿米를 받던 生員

食: 먹을 → 正己 篇 (14) 참조

爾: 너, 그대 → 存心 篇 (3) 참조

俸: 녹(봉), 봉급, 봉록, 급료

領俸: 봉급을 받다. / 俸廩(=俸米): 봉급으로 주는 미곡

小吏皆勤事 而俸祿薄: 하급 관리들은 모두 일을 열심히 하지만 봉급이 박했다(漢書).

祿: 녹(봉), 봉급, 봉록 → 省心 篇 (上) (34) 참조

民: 백성 → 省心 篇 (下) (13) 참조

膏: 기름 → 省心 篇 (下) (6) 참조

脂: 기름(기), 굳기름(脂肪)(→ 三大 營養素의 하나로 常溫에서 굳어 있는 기름)

脂肪肝 → 肝細胞의 반이 넘게 脂肪으로 차 있는 肝臟 / 民膏民脂(=民脂民膏, 脂膏): 백성의 땀과 기름, 백성의 피와 땀(의 結晶), 백성이 고생하여 얻은 성과, 膏血[省心 篇 (下) (6) 참조]

搾取民脂民膏(=搜刮百姓的脂膏): 백성의 膏血을 짜내다(착취하다).

易: 쉬울 → 正己 篇 (8) 참조

虐: 학대할, 가혹할

方命虐民: 하늘의 뜻을 거역하고 백성을 학대하다[孟子(梁惠王下)].

民之憔悴於虐政: 백성이 가혹한 정치에 시달려 피로하다[孟子(公孫丑上)].

蒼: 하늘

蒼空(=蒼穹, 穹蒼, 蒼極, 蒼冥, 蒼旻, 旻天, 蒼宇, 蒼天, 穹天, 蒼玄, 穹玄, 蒼昊, 穹昊): 하늘

難: ~할 수 없을 → 省心 篇 (上) (19) 참조

欺: 속일 → 天命 篇 (3) 참조

| 參考 |

唐太宗(599~649): 唐의 제2代 임금으로 성명은 李世民이며 父王인 高祖(李淵)를 도와 隋 등 사방을 정복하고 唐나라를 세움으로 중국을 통일했다. / 唐太宗御製云: 당 태종이 지은 글에서 말한다.

---

(3) 當官之法 唯有三事 曰淸曰愼曰勤 知此三者 知所以持身矣

관리(官吏)가 되어서 지켜야 할 도리로 오직 세 가지 할 일이 있으니 그것은 청렴함이고 신중함이고 근면함이다. 이 세 가지를 알면 (관리로서 어떻게) 몸가짐을 (처신을) 해야 할지를 알게 된다(童蒙訓).

| 字句 풀이 |

當: ~이(가) 될

當官: 관리가 되다. → 當官的: 관리 / 當記者: 기자가 되다. / 當老師: 선생님이 되다. / 當教師: 교사가 되다. / 當代表: 대표가 되다. / 當兵: 군인이 되다(군대에 가다). → 當兵的: 군인

官: 관리, 공무원, 벼슬아치 → 存心 篇 (13) 참조

之: ~하고서, ~하여[77]

之, 猶而也: 之는 而와 같다(淸, 吳昌瑩).

法: 도리 → 사람이 지켜야 할 준칙

法者 天下之程式也 萬事之儀表也: 도리란 천하의 준칙이고 모든 일의 본보기이다(管子).

唯: 오직, 오로지, 다만

---

77) 檀國大學校編 大韓漢辭典의 字解임

唯一無二: 오직 하나밖에 없다. / 唯有一法: 단 (오직) 한 가지 방법이 있을 뿐(이다).

有: 있을 → 繼善 篇 (5), 省心 篇 (上) (18) 참조

事: 일 → 繼善 篇 (4) 참조

曰: ~이다 → 立敎 篇 (2) 참조

一曰水 二曰火 三曰木 四曰金 五曰土: 첫째 水이고, 둘째 火이고, 셋째 木이고, 넷째 金이고, 다섯째 土이다(書, 洪範).

淸: 결백할, 청렴할 → 正己 篇 (26) 참조

愼: 삼갈, 신중할 → 正己 篇 (7) 참조

勤: 근면할, 부지런할 → 正己 篇 (7) 참조

知: 알 → 安分 篇 (1) 참조

此: 이(것) → 正己 篇 (1) 참조

者: 가지 → 省心 篇 (下) (25), 立敎 篇 (9) 참조

所: (~하는) 바, (~할) 바 → 繼善 篇 (9) 참조

以: ~할, ~를(을) 할, 행위를 할, 행할

視其所以: 그가 행한 바를 보다[論語(爲政)].

持: 다스리다, 관리하다

勤儉持家: 근검으로 집안을 다스리다.

身: 몸 → 正己 篇 (7) 참조

持身(=持己): 몸을 삼가다, 몸가짐을 하다 또는 몸가짐, 처신하다.

持身端方: 단정하게 몸가짐을 하다. / 持身嚴正: 엄정하게 몸을 삼가다.

持身淸正: 청렴하고 바르게 처신하다. / 愼於持身: 처신하는 데에 신중해야 한다(說苑).

矣: 결정(단정) 판단 등을 나타내는 어조사 → 繼善 篇 (9) 참조

| 參考 |

童蒙訓: 宋의 呂本中이 아이들을 위한 교훈으로 이들에게 좋은 격언 등을 모아서 역은 책 3권

童: 아이

[成] 童顔鶴髮: 아이 얼굴에 흰 머리 → 노인이 혈색이 좋다.

蒙: 아동, 어린아이

訓蒙: (주로 서당에서) 아동이나 初學者를 가르치다.

訓蒙字會: 조선 中宗 때 崔世珍이 펴낸 아동 漢字 학습서

童蒙: 아동, 어린아이

童蒙先習: 조선 中宗 때 朴世茂가 쓴 어린이 한자 책 / 中人猶不覺 童蒙安能知: 보통 사람까지도 깨

닫지 못하는데 어린아이가 어찌 알 수 있겠는가?

訓: 교훈, 가르침

家訓: 집안의 조상이나 어른이 자손들에게 일러주는 가르침 / 遺訓: 돌아가신 어른이 남긴 교훈 / 內訓: 부녀자들에 대한 교훈 / 不足爲訓: 교훈으로 삼을 만한 것은 못 된다.

| 出典 |

小學(嘉言 篇)

---

(4) 當官者 必以暴怒爲戒 事有不可 當詳處之 必無不中 若先 暴怒 只能自害 豈能害人

官吏로서는 반드시 激怒하는 것을 禁制로 삼아야 한다. 어떤 일이 잘 풀리지 않더라도 마땅히 일을 신중하게 처리하다 보면 반드시 적중(的中)되어서 해결되지 않는 일이 없을 것인데 만약, 먼저 화(火)부터 심하게 낸다면 단지 자기만 해칠 뿐이지 어찌 (이 일로) 남을 해롭게 할 수 있겠는가?

※ 禁制 → (무엇을) 못하게 금하고 제지하다.

| 字句 풀이 |

以~爲: ~을(를) ~(으)로 삼다(여기다) → 省心 篇 (下) (2) 참조

暴: 세찰, 맹렬할, 사나울, 난폭할

暴雨: 세차게 쏟아지는 비, 소나기 / 暴擧: 난폭한 행동 / ㉝ 暴風驟雨: 세찬 바람과 소나기

怒: 성낼, 화낼 → 正己 篇 (5), 戒性 篇 (4) 참조

暴怒: 격노(激怒)하다, 激烈하게 성을 내다

始皇暴怒 幽閉母后: 시황제가 격노하여 母后(임금의 어머니)를 가두었다(後漢紀).

醫生囑咐他 切忌暴怒: 의사가 그에게 격노하기를 절대 삼가도록 당부했다.

戒: 금제(禁制) → (무엇을) 못하게 금하고 제지하다

君子有三戒: 군자는 세 가지 禁制가 있다[論語(季氏)].

有: 동사 앞에 놓이는 어조사 → 存心 篇 (3) 참조

不可: ~할 수 없다 → 順命 篇 (3) 참조

當: 마땅히 → 正己 篇 (2), 存心 篇 (3) 참조

詳: 신중할 → 立敎 篇 (9) 참조

處: 처리할

處事: 일을 처리하다. → 處事嚴緊, 일을 빈틈없이 처리하다.

(成) 處之泰然: 침착하게 일을 처리하다. / 處理家務: 집안일을 처리하다.

中: 딱 맞을, (꼭) 들어맞을, 명중할, 적중할, 합격할

考中: 시험에 합격하다. ↔ 考不中: 시험에 불합격하다. / 猜中: 짐작(예상, 추측)이 적중하다. ↔ 猜不中: 예상이 맞지 않는다. / 相中: 선을 보아 마음에 들다. / 你說中了: 네 말이 맞았다. / 切中: 적중하다. → 切中要害: 정곡(正鵠)을 찌르다. / (成) 正中下懷: 바로 제 마음에 꼭 맞습니다. → 下懷는 "제 마음"으로 해석

若: 만일, 만약 → 天命 篇 (4) 참조

先: (시간이나 순서상의) 먼저 → 正己 篇 (19) 참조

只: 단지, 다만 → 戒性 篇 (4) 참조

能: ~할 수 있을 → 繼善 篇 (6) 참조

自: 자기, 자신, 본인

自負: 자기가 자기의 가치와 능력을 믿다. → 自負心: 자신감(自信感)

(成) 自繩自縛: 자기의 밧줄로 자기를 묶다. → 자기의 잘못으로 자기가 화를 입다.

害: 해칠, 해롭게 할 → 天命 篇 (5) 참조

豈: 어찌 → 正己 篇 (22) 참조

人: 남, 타인 → 繼善 篇 (8) 참조

---

(5) 事君如事親 事長官如事兄 與同僚如家人 待群吏如奴僕 愛百姓如妻子 處官事如家事 然後能盡吾之心 如有毫末不至 皆吾心有所未盡也

임금 섬기기를 자기 부모를 섬기듯 하고, 관청의 長 섬기기를 형님을 섬기듯 하며, 직장 동료들과 친절하게 지내기를 가족과 같이하고, 여러 아전 대우하기를 마치 아끼는 자기 노복과 같이하며, 백성들 사랑하기를 처자와 같이하고, 관청 일 처리하기를 집안일처럼 하고 난 후에야 나의 衷心을 다했노라고 할 수 있는 것이다. (그러나) 만일 털끝만큼이라도 극진한 데까지 이르지 못한 점이 있다면 (이는) 모두 내가 충심을 다하지 못한 탓이니라.

| 字句 풀이 |

事: 섬길, 모실 → 孝行 篇 (2) 참조

君: 임금 → 正己 篇 (26) 참조

如: ~과(와) 같게 할 → 繼善 篇 (4) 참조

親: 어버이, 부모 → 孝行 篇 (2) 참조

長: 우두머리, 首領, 책임자, 長官

站長: (철도의) 역장 / 校長: 학교의 장 / 村長: 마을의 장

以沛公爲碭郡長: 패공을 탕군의 책임자로 삼았다[漢書(高帝紀)].

※ 沛公: 漢高祖 劉邦이 帝位에 오르기 전의 칭호 / 碭郡: 秦代에 河南城에 두었던 郡 이름

官: 관청, 官衙 → 立敎 篇 (10) 참조

長官: 한 관청의 우두머리, 행정기관의 장, 國務를 分掌한 행정각부의 우두머리

淸朝一省的長官叫巡撫: 淸代에 한 省의 長官을 순무라고 불렀다.

兄: 형 → 戒性 篇 (5) 참조

與: 친하게 지낼, 사귈, 어울릴, 교제할

與國: 우호국, 친선 관계가 있는 나라 / 和坦率的人好相與: 솔직한 사람과는 사귀기 쉽다.

兩人相與多年 從未有過嫌隙: 두 사람은 다년간 친하게 지내면서 틈이 벌어진 적이 없다.

同: 같을, 동일할 → 戒性 篇 (4), 省心 篇 (下) (22) 참조

同價紅裳: 같은 값이면 다홍치마

同門受學(=同門修學): 한 스승 밑에서 학문을 배우고 닦다.

僚: (한 관청에서 지위가 같은) 관리, 同官

同官爲僚: (한 관청에서 지위가) 같은 官員이 "僚"이다(左傳).

家人: 가족, 한집안 식구

家人團聚: 가족들이 한자리에 모이다.

之子于歸 宜其家: 아가씨가 시집간다네 (부디) 그 가족들과 화목하여라[詩(周南)].

待: (사람을) 대(우)할

優待: 우대하다. / 虐待: 학대하다. / 以禮相待: 예로 대하다, 禮遇하다. / 寬待俘虜: 포로를 관대하게 대하다.

群: 많은, 많을, 여럿의, 허다한

群僚(=群司): 많은 벼슬아치 / ⑧ 群雄割據: 많은 영웅이 각 지방에 웅거하다.

吏: 아전, (옛날의) 하급 관리, 官衙의 심부름꾼 → 戒性 篇 (5) 참조

奴: 종, 노예 → 省心 篇 (上) (36) 참조

僕: 종, 하인

男僕: 남자 종 / 女僕: 여자 종 / 一僕二主: 종은 하나 주인은 둘 → 부리는 사람이 더 많다.

奴僕: 종, 노예, (옛날)하인

衛靑奮於奴僕: 위청은 노복들에게 激憤했다(漢書). ※ 衛靑은 사람 이름임

愛: 사랑할 → 省心 篇 (下) (2), 治政 篇 (1) 참조

百姓: 국민의 예스러운 말 → 省心 篇 (上) (34) 참조

妻子: 아내와 자식 → 存心 篇 (18), 省心 篇 (下) (25) 참조

處: 처리할 → 治政 篇 (4) 참조

官事: 관청의 일

官事不攝 焉得儉: (管仲은) 관청의 일을 (그의 家臣에게) 겸직시키지 않았으니 어찌 검소하다고 할 수 있으랴[論語(八佾)].

家事: 집안일

操持一切家事: 온갖 집안일을 처리하다.

然: 연후(然後)에, 그러한 뒤에[78]

後: 뒤, 나중, 다음 → 存心 篇 (13) 참조

然後: 그리고 나서, 그런 후에, 그다음에 → 어떤 동작이나 상황이 경과한 뒤

構怨於諸侯 然後快於心與: (왕께서는) 제후들과 원한을 맺은 후라야 마음이 시원하시겠습니까[孟子(梁惠王上)]? / 歲寒然後 知松柏之後彫也: 한겨울의 추위를 겪은 후에야 비로소 송백이 (다른 나무들보다) 뒤늦게 시듦을 안다[論語(子罕)].

能: ~할 수 있을 → 繼善 篇 (6) 참조

盡: 다할, 힘껏 할, 전부 발휘할 → 存心 篇 (18) 참조

吾: 나 → 正己 篇 (6) 참조

之: (종속 관계를 나타내는) ~의 → 繼善 篇 (6) 참조

心: 진심, 誠心, 衷心

心愛: 진심으로 사랑하다. / 心契: 진심이 통하는 친구 / 心愛之人: 진심으로 사랑하는 사람 / 心愛之物: 애지중지하는 물건 / 以力服人者 非心服也 力不贍也: 힘으로 남을 복종시키면 진심으로 복종하는 것이 아니고 힘이 부족해서 부득이 복종하는 것이다[孟子(公孫丑上)].

如: 만약, 만일 → 存心 篇 (2) 참조

有: 있을 → 繼善 篇 (5) 참조

毫: 가는 털

羊毫: (붓을 만드는) 양털 → 羊毫筆: 양털 붓

秋毫: 가을에 털갈이하고 새로 난 鳥獸의 가는 털 → 매우 미세한 것을 형용하는 말

明足以察秋毫之末 而不見輿薪: "눈의 시력이 (좋아서) 추호의 끝도 살필 수 있으나 수레에 가득 실은

---

78) 敎學社編 大漢韓辭典의 字解임

섶나무는 보지 못한다"(고 말한다면 왕께서는 믿으시겠습니까?)[孟子(梁惠王上)].

末: (사물의) 끝, 끄트머리

毫末之利: 털끝만큼의 적은 이익 → 지극히 적은 이익

㊎ 秋毫之末: 가을에 새로 난 가는 털의 끝, 극히 微細한 것

至: 극(極)에 이를, 극진한 데까지 이를, 至極할

陽至而陰 陰至而陽: 양이 극에 이르면 음이 되고 음이 극에 이르면 양이 된다(國語). / 冬至 陰之極 夏至 陽之極 張守節正義: 겨울이 극에 이르면 陰이 극에 이르고 여름이 극에 이르면 陽이 극에 이른다.

皆: 모두, 다 → 繼善 篇 (3) 참조

未: 아닐, ~하지 못할 → 繼善 篇 (6) 참조

也: 어조사로서 句의 끝에 쓰여 판단 결정 설명의 어감을 나타냄 → 繼善 篇 (6) 참조

---

(6) 或問 簿 佐令者也 簿所欲爲 令或不從 奈何 伊川先生曰 當以誠意動之 今令與簿不和 便是爭私意 令是邑之長 若能以事父兄之道事之 過則歸己 善則唯恐不歸於令 積此誠意 豈有不動得人

어떤 사람이 묻기를 "主簿는 縣令을 보좌하는 사람인데 가령 주부가 하고자 하는 일을 현령이 혹시 들어주지 않으면 어떻게 합니까?" 하니, 伊川先生이 "마땅히 정성스러운 마음으로 그를 감동시켜야 합니다. 지금 현령과 주부의 不和는 비록 개인적인 견해로 다투는 것이라 해도 현령은 현의 長官이니까 할 수만 있다면 힘이 닿는 데까지 자기 父兄을 섬기는 도리로 그를 섬겨서 잘못된 일이 있으면 (그 책임을) 자기 탓으로 돌리고 잘한 일이 있으면 행여나 그 功이 현령에게 돌아가지 않으면 어찌할까 하고 오로지 걱정하는 등등 이러한 誠意들을 쌓고 쌓으면 어찌 그를 감동시키지 못하고 그의 환심을 사지 못하겠습니까"라고 대답했다.

| 字句 풀이 |

或: 어떤 사람, 아무개, 或者, 某人

或告之曰: 어떤 사람이 일러 말하기를 / 或謂孔子曰 子奚不爲政: 어떤 사람이 공자에게 말하기를 "선생께서는 왜 정치를 하지 않으십니까"라고 했다[論語(爲政)].

問: 물을, 문의할, 질문할 → 勤學 篇 (1) 참조

簿: (벼슬 이름인) 主簿의 준말 → 조선 때 文官으로 從六品 벼슬

※ 鼇主簿傳(토끼전, 토생원전)에 의하면 龍宮에서 자라의 벼슬은 主簿였던 것 같다.

※ 龍宮: 전설에서 바닷속에 있다는 龍王의 궁전

佐: 도울, 도와줄, 補佐(=輔佐)할

佐僚(=佐吏): 상관을 돕는 관원, 屬官, 보좌관, / 補佐(=輔佐): 지위가 높은 사람을 돕다. / 佐佑: 돕다, 도와주다. / 力弱者助力强者爲佐 力强者助力弱者爲佑 形音義字典: 힘이 약한 자가 힘이 강한 자를 돕는 것이 佐이고 힘이 강한 자가 힘이 약한 자를 돕는 것이 佑이다. → 要約하면 佐는 약자가 강자를 돕는 것이고 佑는 강자가 약자를 돕는 것이다. / ※ 保佑: 보호하고 돕다. → 하느님이 保佑하사 우리나라 萬歲

令: (벼슬 이름으로) 한 官衙의 長, 長官

中書令: 中書省의 長官 / ※ 中書省: 국가의 機務, 詔命, 祕記 등을 管掌하는 최고 관서의 하나

縣令: 縣의 長官 → 秦, 漢 때에 萬戶 이상의 縣에 두었음

者: 사람 → 繼善 篇 (1) 참조

欲: 하고자 할 → 孝行 篇 (1) 참조

爲: (행) 할 → 繼善 篇 (1) 참조

或: 혹, 或은 → 가령(만일, 만약) ~한다면

恐其或失: 혹시 (만일) 잃을까 걱정스럽다(大戴禮). / 不可或忽: 혹 (만일) 소홀히 하면 안 된다.

從: 따를, 좇을, 말을 들을 → 省心 篇 (下) (14) 참조

奈: 어찌할, 어떻게 할

無奈: 어찌할 수 없다. / 怎奈: 어찌하랴? / 怎奈是寡不敵衆: 어찌하리오, 衆寡不敵인 것을.

何: 어떻게 (어찌) ~하겠는가? → 反問을 나타냄

談何容易: 말하기가 어찌 쉽겠는가? / 匡人其如予何: 광 땅 사람들이 도대체 나를 어떻게 하겠는가[論語(子罕)]? / 賜也何敢望回: 제가(子貢이 자기를 낮추는 말) 어떻게 감히 顏回를 바라보겠습니까[論語(公冶長)]?

奈何: 어떻게 할까? 어찌하겠는가? → 反問을 나타냄

無可奈何: 어찌할 수가 없다. / 其奈我何: 그들이 나를 어떻게 하겠는가?

先生助之奈何: 선생이 도와주시는데 어찌하겠는가(戰國策)? / 民不畏死 奈何以死懼之: 백성들이 죽음을 두려워하지 않는데 어떻게 죽음으로 그들을 위협하겠는가?

當: 마땅히 (반드시, 당연히) ~해야 할 → 正己 篇 (2) 참조

以: ~(으)로(써), ~(을)를 가지고 → 繼善 篇 (1) 참조

誠: 참될, 진실할, 성실할, 정성스러울, 眞也, 實也 → 立敎 篇 (15) 참조

意: 마음, 뜻, 생각 → 正己 篇 (5) 참조

動: 감동할, 감동시킬

至誠而不動者 未之有也: 지극히 정성을 다했는데도 감동하지 않는 자는 아직 없다[孟子(離婁上)].

之: 그(사람) → 목적어 ※ 繼善 篇 (1) 참조

今: 지금, 현재 → 勤學 篇 (5) 참조

與: ~과 (~와) → 立敎 篇 (2) 참조

和: 화목할 → 省心 篇 (上) (2) 참조

便: 비록 ~일지라도, 설령 ~하더라도 → 假設의 讓步를 나타냄

便喫些虧 我也甘心情願: 비록 손해를 좀 보더라도 나는 기꺼이 원한다. / 卽便不成功也沒有多大妨礙: 설사 성공하지 못한다 해도 대단한 지장은 없다. / ※ 卽便은 便과 뜻이 같다.

便是: "설혹" "설령"의 뜻을 지닌 慣用語로서 便의 뜻과 같다.

便是再遠的距離 也能跑完: 비록 더 먼 거리라 해도 끝까지 달릴 수 있다

便是他不許去 我也要去: 설령 그가 허락하지 않더라도 나는 가겠다.

爭: 다툴, 싸울 → 省心 篇 (上) (44) 참조

私: 개인의, 개인적인, 사적인 → 立敎 篇 (10) 참조

意: 견해, 의견

這一段話很有新意: 이 말에는 새로운 견해가 꽤 들어 있다.

文中立意新穎: 글 중의 着想이 嶄新하다. → 立意: 착상 / 新穎: 참신하다.

是: 이다 → 영어로 "is"에 해당함 ※ 正己 篇 (6) 참조

邑: 읍 → 縣의 별칭

邑令(=邑宰, 邑主, 邑侯): 縣令(→ 현의 長官)과 같은 말

邑城(=縣城): 현의 소재지를 둘러싼 城 또는 그 현의 소재지

長: 우두머리, 長官 → 治政 篇 (5) 참조

若: 만약, 만일, ~라면 → 天命 篇 (4) 참조

能: 능할, 능히 할, 잘할, 善也, 능력이 있을, ~할 힘이 있을 → 省心 篇 (上) (50) 참조

是 不爲也 非不能也: 이는 (스스로) 하지 않는 것이지 하지 못하는 것이 아닙니다[孟子(梁惠王上)].

事: 섬길, 모실 → 孝行 篇 (2) 참조

父兄: "아버지와 형"의 뜻이 "家長(집안 어른)"으로 轉義된다. → 訓子 篇 (5) 참조

道: 도리(道理) → 사람이 마땅히 행하여야 할 바른길 ※ 省心 篇 (下) (2) 참조

過: 과오(실수)를 범할, 잘못할, → 存心 篇 (1) 참조

則: ~하면 곧, ~하면 ~할 → 순접의 접속사 ※ 正己 篇 (5) 참조

歸: 돌려줄

歸罪于我: 죄를 내 탓으로 돌리다. ↔ 歸罪于人: 죄를 남 탓으로 돌리다.

己: 자기, 자신 → 正己 篇 (1) 참조

善: 잘할, 잘 처리할, 잘 해낼

工欲善其事 必先利其器: 장인이 일을 잘하려면 반드시 먼저 연장을 날카롭게 해야 한다[論語(衛靈公)]. / 🈺 善戰不如善守: 잘 싸우기보다 잘 지키는 편이 낫다.

唯: 오직, 오로지, 다만→ 治政 篇 (3) 참조

恐: 염려할, 마음을 쓸, 念也 → 勤學 篇 (8) 참조

歸: 돌아갈 → 省心 篇 (上) (14) 참조

歸省: 객지에서 부모를 뵈러 고향 집으로 돌아가거나 돌아오다.

於: ~에게 → 繼善 篇 (8) 참조

積: 쌓을(쌓일), 모을(모일), 累積할 → 포개져 쌓임 ※ 繼善 篇 (6) 참조

🈺 積非成是: 틀린 것도 누적되면 옳은 것으로 된다.

🈺 積小成大: 작은 것도 쌓고 쌓으면 크게 된다. → 티끌 모아 태산

🈺 積少成多: 적은 것도 쌓이고 쌓이면 많아진다. → 티끌 모아 태산

此: 이(것) → 가까운 사물을 가리키는 지시대명사. 彼의 對 ※ 正己 篇 (1) 참조

豈有: (反語에 쓰여) 어찌 ~할 수가 있는가? → 省心 篇 (上) (31) 참조

得人: 인심을 얻다, 사람의 호감을 사다.

行之以齒牙 不可謂得人: 말로 행세를 하면 인심을 얻었다고 말할 수 없다(國語).

得人之道在于知人: 인심을 얻는 길은 사람을 알아보는 데에 달렸다.

| 參考 |

伊川先生: 宋의 학자로 성은 程, 이름은 頤(1033~1107), 자는 正叔이고 伊川伯을 지냈으므로 伊川先生이라 하며 明道先生의 아우이고 性理學의 大家다. 저서에는 易傳, 春秋傳 등이 있다.

---

(7) 劉安禮問臨民 明道先生曰 使民各得輸其情 問御吏 曰正己以格物

유안례가 백성을 다스리는 도리를 물으니 명도 선생이 "백성으로 하여금 각자가 그들의 진심을 털어놓을 수 있도록 해야 합니다"라고 대답했다. (유안례가 또) 아전들을 거느리는 도리를 묻자 (명도 선생이) "먼저 자신을 바르게 함으로써 남을 바로잡아야 합니다"라고 대답했다.

| 字句 풀이 |
臨: 다스릴, 통치할

臨民(=牧民): 백성을 다스리다. / 臨國莅民 晏子春秋: 나라와 백성을 다스리다. / 臨下以簡 御衆以寬: 까다롭지 않고 大泛함으로 아랫사람을 다스리고 寬容으로 大衆을 다스린다(書經).

民: 백성 → 省心 篇 (下) (13) 참조

使: 하여금, ~하도록 할, ~하게 할, ~시킬 → 正己 篇 (10) 참조

各: 각자, 각각, 각기, 저마다 → 戒性 篇 (6) 참조

得: 가능할, ~ㄹ 수 있을 → 동사 앞에 쓰이어 가능을 나타낸다. ※ 立敎 篇 (11) 참조

輸: (事情 등을) 알릴, 일러줄, 보고할, 통보할

輸寫: 숨김없이 心中을 털어놓다, 吐露하다. / 陳軫爲王臣 常以國情輸楚 戰國策: 陳軫은 왕의 신하가 되고부터 항상 나라의 정세를 초나라에 알려주었다. / 皆輸寫心腹 無所隱匿: 모두가 속마음을 털어놓고 감추는 것이 없었다(漢書). / ※ 중국인들도 輸를 "表達"로 해석하는데 그 뜻은 "(사상이나 감정을) 표현하다"이다

情: 감정, 마음, 생각, 뜻, 진심

情緖: 감정의 실마리 / ㉳ 情見乎辭: 진심이 말에 보이다(드러나다). / 情緖激昂: 감정이 격앙되다. / 何謂人情 喜怒哀懼愛惡欲 七者弗學而能: 무엇을 사람의 감정이라 하는가? 기쁨, 분노, 슬픔, 두려움, 사랑, 미움, 탐욕이다. 이 일곱 가지는 배우지 않아도 잘 한다(禮記).

輸情: 진심을 털어놓다

拳拳輸情: 매우 眞摯하게 진심을 털어놓다(三國志). / 服罪輸情者雖重必釋: 자기의 죄를 인정하고 진심을 털어놓는 자는 비록 죄가 중해도 반드시 석방했다(三國志).

御: 다스릴, 治也, 통치할, 통솔할, 거느릴

御下: 아랫사람을 거느리다. / 御衆以寬: 관용(寬容)으로 대중을 다스리다(書經). / 皇帝親御六師: 황제가 친히 六軍을 통솔했다(舊唐書). / 振長策而卸宇內: 긴 채찍을 휘둘러 천하를 다스렸다(賈誼).

吏: 아전 → 戒性 篇 (5) 참조

正: 바르게 할, 바로잡을, 고칠, 是正할

正人先正己: 남을 고치기 전에 먼저 자신을 바로잡아야 한다.

自己不正 如何正人: 자신이 올바르지 않은데 어떻게 남을 바르게 하겠는가?

格: 바르게 할, 바로잡을, 고칠

格非: 잘못을 바로잡다. / 惟大人 爲能格君心之非: 오직 위대한 사람이라야 곧 임금의 마음이 그릇된 것을 바로잡을 수 있다[孟子(離婁上)]. / 道之以德 齊之以禮 有恥且格: 덕으로 이끌고 예로 다스리면 (백성이) 염치를 알고 또 스스로 바로잡는다[論語(爲政)].

物: 남, 다른 사람 → 正己 篇 (12) 참조

| 參考 |

劉安禮: 이름은 立之이고 자가 安禮이며, 伊川先生의 사위인데 吏史에 정통했다고 한다.

(8) 迎斧鉞而正諫 據鼎鑊而盡言 此謂忠臣也

부월(斧鉞)로 목을 베는 斬刑에도 (屈하지 않고) 맞서서 바른말로 諫하고 정확(鼎鑊)에 삶아 죽이는 酷刑에도 맞서서 直言을 한다면 이런 사람을 충신이라고 한다(抱朴子).

| 字句 풀이 |

迎: (정면으로) 맞설, 맞받아칠

迎擊: (공격해 오는 적을 나아가) 맞받아치다. / 迎擋: 맞서다, 대항하다. / 迎敵: 적과 맞서다. / 迎戰: (적을) 맞받아치고 싸우다. / 吳使伍員迎擊 大破楚軍於豫章: 오나라는 伍員으로 하여금 맞받아치게 하니 楚軍을 예장에서 크게 격파했다(史記).

※ 伍員은 초나라 사람으로 父兄이 모두 초왕에 피살당하자 오나라로 도망했음

斧: 도끼

斧斤: 각종 도끼의 총칭

斧斤以時入山林: 도끼를 정해진 때에만 산의 숲속으로 들어가게 하다[孟子(梁惠王上)].

斧斤伐之 可以爲美乎: 도끼로 나무를 베어내니 (산에 나무가) 무성할 수 있겠는가[孟子(告子上)].

鉞: 큰 도끼 ※ 大斧: 古代 무기의 일종이며 刑具로도 쓰였음

斧鉞之人: 참형을 받을 사람 / 王左杖黃鉞: 임금의 왼편에 황금 도끼를 들고 있다(書經). / 甘冒斧鉞以陳: 참형(斬刑)을 覺悟하고 진술하다(國語).

斧鉞: 작은 도끼와 큰 도끼 → 고대의 무기로서 주로 刑具로 쓰였고 "斬刑"으로도 轉義된다.

而: ~하면서 → 말을 잇는 접속사

㉺ 鳴鼓而攻之: 북을 울리면서 공격하다.

正: 곧을, (똑)바를

正學: 바른 학문 ↔ 曲學: 그른 학문

正覺: 바른 깨달음 / 正道(=正路, 正途): 바른길 / 正直: 바르고 곧다. / 正論: 바른 언론

諫: 간(언)할 → 임금이나 윗사람에게 충고함 ※ 省心 篇 (上) (18) 참조

正諫: 바른말로 (곧은 말로) 간하다.

正諫死節 臣下之則也: 바른말로 간하고 죽기로 절개를 지키는 것이 신하의 법도이다(管子).

據: 맞설, 저항할, 항거할

夫執介冑而後能據敵者 春秋繁路: 武士가 갑옷과 투구를 집어 든 후에야 대적자와 능히 맞섰다.

鼎: (발이 셋 달린) 솥

鼎沸: 솥의 물이 끓다. → 물이 끓듯이 소란한 모양새 / 亟問 亟餽鼎肉: (繆公이 子思를 대우함에 있어) 자주 문안하고 자주 삶은 고기를 보내셨다[孟子(萬章下)]. ※ 鼎肉: 솥에 삶은 고기

鑊: (발이 없는) 가마솥 → 鼎大而無足曰鑊 顏師古注: 鼎이 크고 발이 없으면 鑊이다.

※ 죄인을 삶아 죽이는 刑具로도 쓰였다. / 鑊煮(=鑊烹): 죄인을 솥에 삶아 죽이는 酷刑

鼎鑊: 세 발 달린 솥과 발 없는 가마솥 → (轉義되어) 죄인을 삶아 죽이던 酷刑

盡: 남김없이 말할, 자세히 말할

書不盡言 言不盡意: 글로는 말하고자 하는 바를 다 표현할 수 없고 말로는 마음속에 있는 것을 다 표현할 수 없다(易經).

盡言: 꺼리지 않고 할 말을 다하다 → "直言(하다)"로 轉義된다.

敬請盡言: 직언은 삼가기를 바랍니다. / 唯善人能受盡言: 오직 어진 사람만이 直言을 받아들인다(國語).

此: 이(것) → 正己 篇 (1) 참조

※ "此"를 筆者는 "이런 사람"으로 意譯했는데 중국인들도 "這樣的人(이러한 사람)"으로 해석한다.

謂: ~(이)라고 (말)할, ~(이)라고 부를(일컬을) → 省心 篇 (上) (23) 참조

忠臣: 나라와 임금을 위하여 충절을 다하는 신하 → 立教 篇 (7) 참조

| 參考 |

抱朴子: 晉의 葛洪(281?~341)이며 자는 稚川이고 自號를 抱朴子라 했고 일생을 神仙術의 수련에 힘썼으며 저서에 抱朴子, 神仙傳, 肘後備急方 등이 있다.

< 治家 篇 >

(1) 凡諸卑幼 事無大小 毋得專行 必咨稟於家長

무릇 모든 손아랫사람은 일이 크고 작고를 막론하고 마땅히 제멋대로 하지 말고 반드시 집안 어른께 아뢰어서 지시를 받아야 한다(司馬溫公).

| 字句 풀이 |

凡: 무릇 → "대체로 보아서," "헤아려 생각하건대" 등의 뜻을 지닌 일종의 發語辭임 ※ 省心 篇 (上) (22) 참조

諸: 모든 → 繼善 篇 (3) 참조

卑: (신분이나 지위가) 낮을

卑屬: 친족 관계에서 손아랫사람 ↔ 尊屬: 어버이와 같은 항렬 이상의 친족

卑行: 낮은 항렬, 아래 항렬 / 卑官: 하급 관리 또는 관리 자신의 謙辭 / 尊卑長幼: 지위의 높고 낮음과 나이의 많고 적음

幼: (나이가) 어릴 → 立敎 篇 (4) 참조

卑幼: 손아랫사람 → 항렬이 낮거나 나이가 어린 사람

無: ~(을) 막론하고, ~할 것 없이, ~에 관계없이

事無大小 應愼處理: 일이 크고 작고를 막론하고 응당 신중히 처리해야 한다

無愚智皆知之: 어리석은 자나 지혜로운 자를 막론하고 다 알고 있다.

毋: 말 → 禁止辭임

有過毋憚改:잘못이 있으면 고치기를 꺼리지 말라. / 毋友不如己者: 자기보다 못한 사람과 벗하지 말라 [論語(子罕)]. / ㉙ 寧缺毋濫: 차라리 모자랄지언정 지나치지는 말라.

得: 마땅히, 모름지기, 반드시 → 戒性 篇 (3) 참조

專: 제멋대로 할, 독단할, 專斷할, 擅斷할

專橫(=專恣): 권세를 독차지하여 제멋대로 하다. / 專權: 권력을 마음대로 휘두르다. / 專擅(=擅專): 제멋대로 하다. / ㉙ 專橫跋扈: (전횡하여) 제멋대로 하며 날뛰다(설치다). / 恃權專擅: 권세를 믿고 제멋대로 하다. / 一個人不敢擅專: 한 사람이 감히 제멋대로 할 수 없다.

行: ~할, 행할, 실행할 → 繼善 篇 (5) 참조

專行: 제멋대로 독단하여 행하다.

必: 반드시, 꼭 → 繼善 篇 (6) 참조

咨: 물을 → 諮와 同字임

咨決(=咨斷): 물어서 결정하다. / 咨訪: 물어보려고 찾아가다. / 咨白: 윗사람에게 아뢰다, 보고하다. / 咨詢: 의견을 묻다, 상의하다. / 咨議: 의견을 묻고 의논하다.

稟: 사뢸, 아뢸, 여쭐, 보고할 → 稟은 (本字인) 稟의 俗字임

稟申: 상급 관청에 보고하다. / 稟議: 웃어른이나 上司에게 여쭈어 의논하다. / 稟奏: 신하가 임금에게 아뢰다. / 咨稟: (일을) 물어보고 지시를 받다, 보고하다, 가르침을 청하다. / 稟告(=稟達): 웃어른이나 上司에게 아뢰다(보고하다). / 凡百庶僚 無忘咨稟: 모든 일반 관료들은 보고하는 일을 망각하는 일이 없었다(唐, 元稹). / 游夏之徒 常咨稟焉: 子游와 子夏의 제자들은 항상 여쭈어 가르침을 청했다(晉, 陶潛). / ※ 자유와 자하는 공자의 제자들로 모두 文學에 뛰어났다.

於: ~에게 → 繼善 篇 (8) 참조

家長: 집안의 어른

| 參考 |

司馬溫公: 繼善 篇 (6) 참조

| 出典 |

小學(嘉言 篇)

---

(2) 待客不得不豊 治家不得不儉

손님을 대접할 때에는 하는 수 없이 풍족해야 하고 집안 살림살이를 꾸릴 때에는 검소하지 않을 수 없다.

| 字句 풀이 |

待: 대접할, 접대할

待飯: 식사를 대접하다. / 客人來了先待茶: 손님이 오시면 먼저 차를 대접한다.

以季孟之間待之: (齊의 景公은 孔子를) 季氏와 孟氏의 중간 정도로 대접하겠다[論語(微子)].

客: 손(님) → 訓子 篇 (1) 참조

待客: 손님을 대접하다. / 待客用: (손님) 접대용 / 待客廳: 응접실 / 不得不(=不得已, 不可不, 不能不): 하는 수 없이, 어쩔 수 없이, 반드시 ~해야 한다, ~하지 않으면 안 된다, ~하지 않을 수 없다. / 我不得不同意了: 나는 하는 수 없이 동의했다. / 不得不早回去: 빨리 돌아가지 않으면 안 된다.

豊: 풍부할, 풍족할, 넉넉할

[成] 豊衣足食: 衣食이 풍족하다, 살림이 넉넉하다. / 受了豊盛的款待: 풍성한 대접을 받았다.

治家: 살림살이를 꾸리다 → 立敎 篇 (3) 참조

儉: 검소할, 아낄 → 正己 篇 (26) 참조

---

(3) 痴人畏婦 賢女敬夫

어리석고 못난 사람은 아내를 두려워하고 현명한 여자는 남편을 공경한다(太公).

| 字句 풀이 |

痴: 어리석을, 멍청할, 바보(같을) → 順命 篇 (5) 참조

痴話: 바보 같은 소리, 넋 빠진 소리

痴笑: 바보스런(얼빠진) 웃음, 바보스럽게(바보처럼) 웃다, 멍청히 웃다.

痴人(=痴物, 痴漢, 痴子): 바보, 못난이, 멍청이, 머저리, 얼간이 → (예문은) 順命 篇 (5) 참조

畏: 두려워할 → 正己 篇 (26) 참조

婦: 아내, 처 → 立教 篇 (5) 참조

賢: 어질, 현명할 → 訓子 篇 (2) 참조

女: 여자, 여성 → 訓子 篇 (6) 참조

女正位乎內 男正位乎外: 여자는 안에서의 일에 주인이 되고 남자는 밖에서의 일에 주인이 된다[易(家人)]. / ※ 正位의 뜻은 "그 위치의 주인이 되다"이다[79].

敬: 공경할, 존경할 → 孝行 篇 (2) 참조

夫: 남편 → 戒性 篇 (5) 참조

---

(4) 凡使奴僕 先念飢寒

무릇 노복을 부릴 때에는 먼저 그들의 배고픔과 추위를 걱정해야 한다.

| 類似한 글 |

婢僕 代我之勞 當先恩而後威 乃得其心 擊蒙要訣: 비복(계집종과 사내종)은 내 수고를 대신하고 있으니 마땅히 은혜가 앞서고 위엄은 뒤로해야 그들의 마음을 얻는다.

| 字句 풀이 |

凡: 무릇 → 省心 篇上 (22) 참조

使: 부릴, 일을 시킬

使民以時: 제때 (농번기를 피하여) 백성을 부리다[論語(學而)].

㉞ 使臂使指: (팔이나 손가락을 쓰듯이) 마음대로 부리고 지시하다, 쥐고 흔들다.

奴僕: 종, 노예, (옛날)하인 → 治政 篇 (5) 참조

先: (시간이나 순서상의) 먼저 → 正己 篇 (19) 참조

念: 걱정할, 염려할 → 省心 篇 (下) (2) 참조

飢寒: 굶주림과 추위 → 省心 篇 (上) (25) 참조

---

79) 檀國大學校編 大韓漢辭典의 字解임

(5) 子孝雙親樂 家和萬事成

자식이 효도하면 兩親이 즐겁고 집안이 화목하면 모든 일이 잘된다.

※ 家和萬事成은 중국의 속담이며 成은 대개 興으로 바뀐다.

| 字句 풀이 |

子: 아들 → 繼善 篇 (6) 참조

孝: 효도할 → 孝行 篇 (2) 참조

雙: 짝(을 지을), 쌍(의), 한 쌍(의), 둘(의)

雙手: 두 손 / 雙姓(=複姓) / 雙安: 두 사람이 다 건강하다. → 父母雙安: 부모가 다 건강하다.

雙全: 둘 다 온전하다. → 父母雙全: 양친이 다 (건재해) 계시다.

ⓢ 雙目皆明: 두 눈이 멀쩡하다. ↔ 雙目失明: 두 눈이 실명하다, 멀다.

親: 어버이, 부모 → 孝行 篇 (2) 참조

雙親: 양친, 부모 / ⓢ 雙親在堂(=雙親健在): 양친이 건재하시다.

樂: 기쁠, 즐거울, 기뻐할, 즐거워할 → 孝行 篇 (2) 참조

家: 집(안) → 順命 篇 (5) 참조

和: 화목할 → 省心 篇 (上) (2) 참조

萬事: 모든 일, 온갖 일 → 順命 篇 (2) 참조

成: 이룰 → 訓子 篇 (2) 참조

(6) 時時防火發 夜夜備賊來

항상 불이 나지 않도록 예방해야 하고, 밤마다 도둑이 들지 못하도록 대비해야 한다.

※ (직역하면) 防火發: 불이 나는 것을 방지하다. / 備賊來: 도둑이 드는 것을 대비하다.

| 字句 풀이 |

時: 늘, 언제나, 항상

時有錯誤: 늘 실수가 있다. / 學而時習之: 배우고 (그것을) 늘 익히다[論語(學而)].

時時: 늘, 언제나, 항상

時時處處嚴格要求自己: 언제나 어디서나 자신에게 엄격하다. / 他時時想起童年往事: 그는 늘 어릴 적 지난 일을 회상한다.

防: 막을, 방지할 → 正己 篇 (10) 참조

火: 불 → 正己 篇 (13) 참조

發: 불이 날, 불이 붙을, 불놓을, 불붙일, 點燃할

發火: 불이 붙다, 불이 나다(일다), 點火하다, 불을 붙이다. / 發火做飯: 불을 붙여 밥을 짓다.

夜: 밤 → 正己 篇 (10) 참조

夜夜: 밤마다, 매일 밤 / 夜夜笙歌: 밤마다 생황 반주에 노래하다, 밤마다 술과 노래로 즐기다.

備: 대비할, 방비할

備戰備荒: 전쟁과 기근에 대비하다.

㊀ 有備則制人 無備則制于人: 대비가 있으면 남을 지배하고 대비가 없으면 남에게 지배당한다.

賊: 도둑

㊀ 賊反荷杖: 도둑이 도리어 매를 든다. 잘못한 사람이 큰소리치다.

外賊好攔 家賊難防: 바깥 도둑은 막기 쉬워도 집안 도둑은 막기 어렵다.

來: 올, 이를, 도달할 → 順命 篇 (4) 참조

---

(7) 觀朝夕之早晏 可以卜人家之興替

아침밥과 저녁밥이 이르고 늦음을 보고 그 사람의 집이 흥할지 망할지를 점칠 수 있다(景行錄).

| 字句 풀이 |

觀: (바라)볼 → 省心 篇 (上) (8) 참조

朝夕: 아침밥과 저녁밥, 朝夕飯 (株)[80]

之: ~이(~가), ~는(~은) → 主格에 붙는 토임 ※ 孝行 篇 (2) 참조

早: (때가) 이를, 빠를

時候還早: 때가 (시간이) 아직 이르다. / 早睡早起: 일찍 자고 일찍 일어나다.

晏: 늦을

晏起: (아침에) 늦게 일어나다, 늦잠 자다. / 晏食: 늦은 식사, 저녁밥 曰何晏也: (염자가 조정에서 퇴근

80) 教學社編大漢韓辭典의 字解임

하자) 공자께서 "왜 늦었느냐?" 하고 물으셨다[論語(子路)].

可以: ~ 할 수 있을 → 正己 篇 (12) 참조

卜: 점을 칠 → 省心 篇 (下) (17) 참조

人: 그 사람 → 立教 篇 (13) 참조

興: 흥할, 창성할, 번창할, 번영할, 왕성할

生意越來越興: 사업이 갈수록 번창해지다. ※ 生意 → 사업(事業) / 賣買一日興一日: 장사가 날로 잘 된다.

替: 망할, 멸망할, 쇠할, 쇠퇴할

興替: 흥망, 흥하고 망하다. / 隆替: 흥함과 쇠함, 흥함과 망함, 흥망, 盛衰 / 世事興替: 세상일은 흥하기도 망하기도 한다. / 以古爲鏡 可以知興替: 옛일을 거울로 삼으면 흥망을 알 수 있다[舊唐書].

| 參考 |

景行錄: 繼善 篇 (7) 참조

---

(8) 婚娶而論財 夷虜之道也

장가들고 시집가는 일에서 (婚事에서) 재물을 논하는 것은 오랑캐들이나 하는 짓이다(文仲子).

| 字句 풀이 |

婚: 혼인(할), 결혼(할)

同姓不婚: 같은 姓끼리는 결혼하지 않는다(國語). / 婚事: 혼인에 관한 모든 일

婚處: 혼인하기에 적당한 자리

娶: 장가들다

娶妻: 아내를 얻다, 장가들다. / 娶嫁(=嫁娶): 시집가고 장가드는 일 / 冠而後娶: 관례(冠禮)를 치른 후에 장가를 든다(孔叢子).

婚娶: 혼인(하다), 결혼(하다) → 장가들고 시집가는 일

男女婚娶 不過其時: 남녀의 혼인은 그 시기를 넘기지 마라(後漢書).

論: 논할, 따질, 문제로 삼을

論貨: 제품의 질과 양을 따지다. / 依法論罪: 법에 따라 죄를 논하다(따지다). / 不論多少: 많고 적음을 문제로 삼지 않는다. / 慸 論長論短: 이러쿵저러쿵 장단점을 따지다(문제로 삼다).

財: 재물 → 正己 篇 (17) 참조

論財: 재물을 논하다

婚姻毋論財: 혼인할 때 재물을 논하지 마라[明史(太祖紀)].

夷: 오랑캐

四: 사방의 오랑캐 → 東夷, 西戎, 南蠻, 北狄 등으로 중국이 인근 민족을 얕잡아 부르던 이름

虜: 오랑캐 → 고대 중국의 남방에서 북방 소수민족을 멸시하여 부르던 말

虜廷(=虜庭): 북방 오랑캐의 조정 / 虜酋: 북방 오랑캐의 두목 / 虜兵: 북방 오랑캐의 군사 / 虜酒: 북방 오랑캐가 빚은 술

之: ~의 → 종속관계를 나타냄 ※ 繼善 篇 (6) 참조

道: 도리(道理) → 省心 篇 (下) (2) 참조

| 參考 |

文仲子: 隋나라 학자로 이름이 王通(580~617), 자가 仲淹, 호가 文中子이고, 育英에 힘써서 고명한 杜如晦, 魏徵 등을 배출했으며 文仲子는 그가 卒한 뒤에 제자들이 지은 私諡이다.

< 安義 篇 >

(1) 夫有人民而後有夫婦 有夫婦而後有父子 有父子而後有兄弟 一家之親 此三者而已矣 自兹以往 至于九族 皆本於三親焉 故於人倫爲重也 不可不篤

무릇 인류가 있는 연후에 夫婦가 있고 부부가 있는 연후에 父子가 있고 부자가 있는 연후에 형제가 있으니 한 집안에서 가장 친밀한 관계는 이 세 가지(곧 三親)일 뿐이다. 이로부터 더 나아가 九族에까지 이르게 되는데 그 모두가 다 三親에서 비롯된다. 그러므로 (三親은) 人倫에서 (매우) 중요하며 마땅히 (서로) 敦篤하게 지내야 한다(顏氏家訓).

| 字句 풀이 |

夫: 무릇, 대저 → 發語詞[81]임

夫天地者: 무릇 천지란, 무릇 천지라는 것은…. / 夫仁者 己欲立而立人: 대저 어진 사람이란 자기가 서

---

81) 발어사란, 의미는 없고 글귀의 앞에 놓여서 말머리를 꺼내는 어조사임

고자 하면 남도 서도록 해 준다[論語(雍也)].

有: 있을 → 繼善 篇 (5) 참조

人民: 인류(人類) → 사람을 다른 생물과 구별하여 일컫는 말

昔宇宙初開之時 只有女媧兄妹二人在崑崙山 而天下未有人民 獨異志下: 옛날 우주가 처음 열릴 때 여와 자매 두 사람만이 곤륜산에 있고 천하에는 아직 人類가 없었다. → 여기에서 兄은 "언니" 즉 "姊"임으로 兄妹는 姊妹임 / ※ 女媧(=女媧氏): 중국의 천지창조 신화 속의 여신이며 인류의 시조로 여긴다.

而後: 이후(에), 연후(에), 그런 뒤에

確有把握而後動手: 확실히 파악한 연후에 손을 대다.

先跟他商量 而後再做決定吧: 먼저 그와 상의한 이후에 다시 결정하자!

子與人歌而善 必使反之 而後和之: 공자께서는 남과 함께 노래를 부르시다가 그가 잘 부르면 반드시 반복하게 하시고 그런 뒤에 (화음을 맞추어) 따라 부르셨다[論語(述而)].

夫婦: 남편과 아내

夫婦有別: 五倫의 하나로 부부간에는 침범할 수 없는 인륜상의 분별이 있다. → 立敎 篇 (5) 참조

父子: 아버지와 아들

父子相傳(=父傳子承, 父傳子傳): 대대로 아버지가 아들에게 전하다.

兄弟: 형과 아우 → 戒性 篇 (5) 참조

親: 친(근)할, 친밀할, 사이가 가까울 → 省心 篇 (下) (19) 참조

此: 이(것) → 正己 篇 (1) 참조

者: 가지 → 省心 篇 (下) (25) 참조

而已: ~뿐(이다), ~일 따름이다

略表謝意而已: 약간의 사의를 표한 것뿐이오.

夫子之道 忠恕而已矣: 스승의 道는 忠과 恕일 뿐이다[論語(里仁)].

自: ~로부터, ~에서 (시작하여), ~에서(부터)

有朋自遠方來: 벗이 먼곳에서부터 찾아오다[論語(學而)].

兹: 이, 이것, 여기

兹理易明: 이 이치는 알기 쉽다. / 兹事體大: 이 일은 큰 사건이다.

㉿ 念兹在兹: 생각하는 것은 이것이다, 늘 이것만을 생각하고 있다.

以: 더욱(더), 한층 더, 다시 더, 또

及其後世 日以驕淫: 그 후세에 이르러 날로 더욱 교만하고 음란해졌다[史記(秦本紀)].

淫侈之俗 日日以長: 음란하고 사치스러운 풍속이 날마다 더욱 더해갔다(漢, 賈誼).

往: 갈

往來: 오가다, 오고 가고 하다. / 一同前往: 함께 앞으로 나아가다. / 寒往則暑來 暑往則寒來: 추위가 가니 더위가 오고 더위가 가니 추위가 온다(易經).

至: 이를, 도달할, 올, 갈 → 繼善 篇 (9) 참조

于: ~(에)까지, ~에(로) → 동작의 귀착점을 표시한다.

于今: 지금까지, 현재까지 / 聲聞于天: 소리가 하늘에까지 들리다[詩(小雅, 鶴鳴)]. / 由城內遷于郊外: 시내에서 교외(시외)로 옮기다. / 延安一別 于今十年: 연안에서 헤어진 뒤 지금까지 10년이 된다.

族: 일가(一家), 집안, 親族 ※ 一家: 한 집안, 本과 姓이 같은 겨레붙이[82)]

親族(=親屬): 촌수가 가까운 일가(一家) / 三族: ① 부모 형제 처자 ② 父系(자기 집안), 母系(외가), 妻系(처가)의 세 겨레붙이 / 九族: 高祖, 曾祖, 祖父, 父, 自己, 子, 孫子, 曾孫, 玄孫 / 克明俊德 以親九族: 구족이 화목함으로써 그 높은 덕을 똑똑히 밝혀 주었다[書(堯典)]. / 九族者 據己上至高祖 下及玄孫之親: 구족이란 자기를 근거로 위로는 고조에 이르고 아래로는 현손에 이르는 친족을 말한다[詩(王風)].

皆: 모두, 다 → 繼善 篇 (3) 참조

本: 근본으로 할, 기본으로 삼을, (~에) 근거할, 근거로 삼을, 비롯할, 기원할

本此原則進行: 이 원칙에 근거하여 진행하다. / 本此: 이를 근거로 삼다. / 每句話都有所本: 말마다 모두 근거가 있다(근거로 삼는 바가 있다). / 夫律雖本於聖人 然執而行之者 有司也: 무릇 법령은 비록 제왕에서 비롯되지만, 그러나 이를 집행하는 자는 벼슬아치이다(韓愈).

於: ~에(서) → 繼善 篇 (6) 참조

三親: (세 가지의 가장 친밀한 관계인) 夫婦, 父子, 兄弟

焉: 文末語氣助詞 → 文末에 쓰여 어기를 강조함 ※ 孝行 篇 (5) 참조

故: 고로, 그러므로, 그래서, 때문에, 까닭에 → 正己 篇 (22) 참조

倫: 윤상(倫常) → 사람과 사람 사이에 지켜야 할 도덕으로서 尊卑와 長幼 사이의 관계를 지칭한다.

欲潔其身而亂大倫: 자기 몸을 깨끗이 하려고 大倫을 어지럽히다[論語(微子)].

※ 大倫 → 사람으로서 지켜야 할 기본 윤리 / 內則父子 外則君臣 人之大倫也: 안으로는 부자간의 윤리와 밖으로는 군신 간의 윤리가 사람의 大倫이다[孟子(公孫丑下)].

人倫: 사람이 사회적 관계에서 지켜야 하는 도리

使契爲司徒 敎以人倫: (순임금은) 설(契)을 司徒로 삼아 人倫을 가르치게 했다[孟子(滕文公上)]. → 司徒: 교육 담당 고급 관리 / 背人倫而禽獸行: 인륜을 어기고 禽獸처럼 행동하다(管子). / 人倫大事:

---

82) 집안: 가까운 살붙이의 겨레

살붙이(=피붙이): 혈육 계통이 가까운 사람

겨레: 한 조상에서 태어난 자손들의 무리

겨레붙이: 한 겨레가 되는 사람들

사람으로서 겪는 중대한 일 곧 혼인이나 장례 등을 말한다.

爲: ~할 → "爲+단음절 형용사"의 형식 ※ 省心 篇 (上) (35) 참조

重: 중요할, 중대할, 要緊할

重詞輕用: 중요한 의미의 말을 가볍게 쓰다. / 禮與食孰重 曰禮重: "예와 밥은 무엇이 더 중요한가?"하고 물으니 "예가 더 중요합니다"라고 대답했다[孟子(告子下)].

不可不(=不得不): ~하지 않을 수 없다, (마땅히) ~해야 한다 → 正己 篇 (22) 참조

篤: 도타울, 敦篤할, 敦厚할 → 立敎 篇 (9) 참조

| 參考 |

顔氏家訓: 齊의 顔之推(531~?)가 자손들을 위하여 편집한 책으로 立身과 治家의 중요성과 세속의 잘잘못을 지적하는 내용으로 되어 있다.

---

(2) 兄弟爲手足 夫婦爲衣服 衣服破時更得新 手足斷處難可續

형제는 손발과 같고 부부는 옷과 같으니 옷이 해어지면 새것으로 바꿀 수 있지만 손발이 끊어질 때는 이어 달기가 정말 어렵느니라(莊子).

| 字句 풀이 |

兄弟: 형과 아우 → 戒性 篇 (5) 참조

爲: (서로) 같을

昔如水上鷗 今爲罝中: 옛날에는 물 위의 갈매기와 같더니 지금은 그물 속의 토끼와 같구나(唐, 杜甫). → 罝는 "토끼 그물"이다. / 寄松爲女蘿 依水如浮萍: 소나무에 寄生하는 것이 여라와 같고 물에 의존하는 것이 부평과 같다(曹植). ※ 女蘿: 이끼의 일종인데 주로 松柏에 기생한다. / 浮萍(=浮萍草): 개구리밥 → 물에 떠서 산다.

手: 손

手下: 손아래 → 手下親兵: 자기에게 직접 딸린 병졸

⑳ 手大遮不住天: 손이 아무리 커도 하늘은 가리지 못한다. → 능력에 한계가 있다.

足: 발

足下: 발밑, 서 있는 곳 → 千里之行 始於足下: 천릿길도 한 걸음부터(老子). / 足跗: 발등 / 足音: 발소리 / 足跡: 발자국, (걸어온) 발자취 / 足掌: 발바닥 / 足指: 발가락

手足: 손과 발 → 兄弟 또는 서로 뗄 수 없는 친밀한 관계 등의 비유로도 쓰인다.

君之視臣 如手足 則臣視君 如腹心: 임금이 신하 보기를 수족 같이 보면 신하는 임금 보기를 자기의 배와 심장 같이 본다[孟子(離婁下)]. / 刑罰不中 則民無所措手足: 형벌이 합당하지 않으면 백성들은 (불안해서) 수족을 둘 곳이 없다[論語(子路)]. / 手足之情(=手足之愛): 형제의 애정 / ㊛ 情同手足: 형제처럼 다정하다. / 手足情深: 형제처럼 애정이 깊다. / 親如手足: 형제처럼 친하다.

夫婦: 남편과 아내 → 安義 篇 (1) 참조

衣: 옷 → 省心 篇 (上) (45) 참조

服: 옷

洋服(=西服) ↔ 韓服

作業服(=工服, 工作服): 일복(일 옷) / 便服(=便衣, 平服, 平常服, 通常服): 보통 때에 입는 옷

衣服: 옷

穿衣服: 옷을 입다. ↔ 脫衣服: 옷을 벗다. / 衣服架(子): 옷걸이(Hanger) / 洗衣服: 옷을 빨다, 빨래하다.

破: 찢어질, 망가질, 해어질

破紙: 찢어진 종이 / 紙破了: 종이가 찢어졌다. / 破袴: 찢어진 바지 / 破衾: 해어진 이불 / 破布: 누더기 조각 → 破布片: 넝마쪽 / 衣服破了: 옷이 해어졌다. / 袜子破了: 양말이 해어졌다.

時: ~(하)면 → 접속사로 而에 해당함[83]

※ 破時의 해석을 중국인들이 "破了(해어지다)"로 해석하는데 여기에서 時를 "때"로 해석하지 않는 점에 주목하기 바란다.

更: 바꿀, 교체할 → 省心 篇 (上) (52) 참조

得: ~할 수 있을 → 동사 뒤에 쓰이어 가능함을 나타냄 ※ 省心 篇 (下) (35) 참조

聽得清: 똑똑히 들을 수 있다. / 哭笑不得: 울 수도 웃을 수도 없다. → 이러지도 저러지도 못하다. / 這東西曬得曬不得: 이것은 햇볕에 말려도 괜찮을는지.

新: 새것

嘗新: 맏물(=첫물, 햇것)을 맛보다. / 新舊對比: 새것과 낡은 것의 대조

溫故知新: 옛것을 익히고 새것을 알다[論語(爲政)].

㊛ 喜新厭舊: 새것을 좋아하고 옛것을 싫어하다. → 주로 남자의 애정을 두고 하는 말

斷: 끊어질

斷肢: 사지(四肢)가 끊어지다. / 腸斷: 창자가 끊어지다. → 창자가 끊어질 듯이 비통하다. / 斷弦: 현악기의 줄이 끊어지다. → 아내가 죽다. / 斷線風箏: 줄이 끊어진 연 → 떠난 뒤 소식이 없는 사람(=咸興差使)

處: 때, 시간 → 省心 篇 (上) (41) 참조

---

83) 檀國大學校編 大韓漢辭典의 字解임

※ 중국인들의 원문에는 處가 "時"로 되어 있다.

難: 어려울 → 繼善 篇 (7) 참조

可: 정말, 참으로 → 강조의 語氣를 나타냄 ※ 正己 篇 (26) 참조

績: 이을, 이어 달, 잇댈

㊤ 狗尾續貂: 담비 꼬리에 개 꼬리를 잇다[84]. / 鳧脛雖短 續之則憂 鶴脛雖長 斷之則悲: 오리의 다리가 비록 짧아도 (다른 것으로) 이어 달아 주면 걱정스러우며 학의 다리가 비록 길어도 끊어 주면 슬프다(莊子).

---

(3) 富不親兮貧不疏 此是人間大丈夫 富則進兮貧則退 此是 人間眞小輩

부유하다고 (특별히) 가까이하지 않고 가난하다고 멀리하지 않는다면 곧 인간 중에 대장부이고 부유하면 끌어올리고 가난하면 내친다고 하면 곧 인간 중에 참으로 못난 小人輩다(蘇東坡).

| 字句 풀이 |

富: 부유할 → 順命 篇 (1) 참조

親: 가까이할, 접근할 → 省心 篇 (上) (46) 참조

兮: 어기를 일시 멈추었다가 다시 일으키는 역할을 한다. → 省心 篇 (上) (18) 참조

貧: 가난할 → 順命 篇 (5) 참조

疏: 소원할, 사이(관계)가 멀, 가깝지(친하지) 않을 → 戒性 篇 (6) 참조

此: 그렇다면, 곧

有德此有人: 덕이 있으면 곧 따르는 사람이 있다(大學).

是: 이다 → 正己 篇 (6) 참조

人間: 사람 → 天命 篇 (3) 참조

大丈夫: 사내답고 씩씩한 남자, 지조가 굳어 불의에 굽히지 않는 남자 → 正己 篇 (2) 참조

則: ~하면 곧, ~하면 ~할 → 순접의 접속사 ※ 正己 篇 (5) 참조

進: 끌어올릴, 登用할, 拔擢할

進近: 가까운 사람을 발탁하다. / 進封: 끌어올리고 작위를 주다.

※ 중국인들이 進을 "提拔(등용하다, 발탁하다)"로 해석한다.

---

84) 晉書의 "貂不足 狗尾續"에서 나온 말

進君子退小人: 군자를 등용하고 소인을 내보낸다(禮記). / 閉絶私路 拔進英雋: 사사로이 청탁하는 길을 막고 끊어서 공정하게 선발하여 英才를 등용했다(漢書).

退: 면직(免職)할, 罷免할

退姦進良: 간사한 사람을 내보내고 어진 선비를 등용하다(荀子). / 進賢退愚 蠻夷率服: 어진 이를 등용하고 어리석은 자를 파면하니 오랑캐들이 모두 복종했다(蘇軾).

※ 중국인들이 退를 "罷黜(면직하다. 해임하다)"로 해석한다.

眞: 참으로, 진실로, 정말(로)

眞美: 참으로 아름답다. / 眞好: 정말(로) 좋다. / 眞感激: 참으로 감격스럽다. / 他眞來嗎: 그가 정말로 올까? / 我眞不知道: 나는 정말 모른다. / 時間過得眞快: 시간이 참으로 빨리 간다.

小: 小人 → 인격이 鄙劣한 사람, 간사하고 도량이 좁은 사람 ※ 勤學 篇 (6) 참조

君子在野 小人在位: 군자는 民間에 있고 소인들이 벼슬자리를 차지하고 있다(書經).

輩: 무리, 部類, 徒黨, 것들, 놈들, 따위들

無能之輩: 무능한 것들 / 無恥之輩: 부끄러움도 모르는 놈들

< 遵禮 篇 >

(1) 居家有禮 故長幼辨 閨門有禮 故三族和 朝廷有禮 故官爵序 田獵有禮 故戎事閑 軍旅有禮 故武功成

집안에 예절이 있는 고로 위아래의 분별이 있고, 안방에 예절이 있는 고로 三族이 화목하고, 조정에 예절이 있는 고로 관직과 작위에 位階秩序가 있고, 사냥에 예절이 있는 고로 軍事가 익숙하게 숙달되고, 軍隊에 예절이 있는 고로 戰功이 이루어진다(孔子).

| 字句 풀이 |

居: 집, 거처

新居: 새집 ↔ 故居: 옛집

遷居: 이사하다. / 居無定址: 주거 부정(不定) / 居在山之左: 집이 산의 왼편에 있다(列仙傳).

居家: 집, 주택

悉燒宮廟官府居家 二百里內無復子遺: 궁전과 종묘와 관청과 주택이 다 타서 二百里 안에는 다시 살아남은 자가 없었다[後漢書(董卓傳)].

有: 있을 → 繼善 篇 (5) 참조

禮: 예(절), 禮度 → 戒性 篇 (1) 참조

故: 고로, 그러므로, 그래서, 때문에, 까닭에 → 正己 篇 (22) 참조

長: 어른, 연장자, 손윗사람 → 正己 篇 (26) 참조

幼: 아이, 어린이

㉓ 扶老携幼: 노인을 부축하고 아이를 이끌다.

長幼: 연장자와 연소자, 손윗사람과 손아랫사람, 어른과 아이

長幼有序 → 五倫의 하나[孟子(滕文公上)] ※ 立敎 篇 (5) 참조

辨: 구별할, 분별할, 가릴, 분간할

明辨眞假: 참과 거짓을 분명히 가리다. / 男女有辨: 남녀 간에는 서로 분별이 있어야 한다(墨子).

閨: 안방, 내실, 도장방, 閨房, 婦女居室

妾身守空閨 良人行從軍: 남편은 군대를 따라 싸움터로 떠나고 妾身 홀로 빈 안방을 지새운다(曹植).
→ 妾身: 아내가 자기를 낮추어 이르는 말

門: (대)문 → 省心 篇 (下) (1) 참조

閨門: 안방의 문 → (轉義되어) 부녀자가 거처하는 곳 즉 안방

帝拂衣而去 曰 何必謀於閨門: (태후가 불가하다고 힘껏 말하자) 임금이 화가 나서 옷소매를 뿌리치고 나가면서 "하필이면 안방에서 의논을 했습니까?"라고 했다(新五代史).

族: 일가, 집안, 친족 → 安義 篇 (1) 참조

三族: 세 친족 → 부모, 형제, 처자

三族之罪: 죄를 범한 본인과 함께 三族을 벌하는 큰 죄

和: 화목할 → 省心 篇 (上) (2) 참조

朝廷: 군주를 중심으로 한 중앙 통치 기구 → 立敎 篇 (10) 참조

官: 관직(官職) → 立敎 篇 (8) 참조

爵: 벼슬, 작위 → 古代 귀족이나 功臣에게 주던 벼슬로 公, 侯, 伯, 子, 男의 다섯 등급이 있었다.

封爵: 작위를 주다. / 爵祿(=爵秩): 작위와 俸祿 / 爵高位危: 작위가(신분이) 높을수록 그 地位는 위태롭다.

官爵: 관직과 爵位

官爵不審 則姦吏勝: 관작이 분명하지 않으면 不正한 관리가 得勢한다[管子(七法)].

序: 차례를 매길, 차례(순서)를 정할, 차례(순서)를 따를, 차례대로 배열할

序坐: 순서대로 앉다. / 序立: 순서대로 서다. / 序列: 차례대로 늘어선 줄 / 序進: 차례대로 앞으로 나아

가다. / 序爵: 작위의 순서대로 차례를 배열하다. / 序齒就坐: 연령순으로 앉다.

田: 사냥(할)

焚林而田 竭澤而漁: 숲을 태워 사냥을 하고 못을 말려 고기를 잡다(淮南子).

獵: 사냥(할)

狩獵: 사냥(하다). / 獵狗(=獵犬): 사냥개 / 獵槍: 사냥총

田獵: 사냥(하다)

哀公好田獵: 애공은 사냥을 좋아했다[詩(齊風)]. / 吾王 庶幾無疾病與 何以能田獵也: 우리 임금은 아마 병이 없으신가 보다 (그렇지 않다면) 어떻게 사냥을 하실 수 있겠는가[孟子(梁惠王下)]?

戎: 군대, 전쟁

戎服(=戎衣): 군복 / 戎器: 병기, 무기 戎士: 병졸, 병사, 戎旗, 軍旗 / 戎場: 싸움터 / 戎略: 작전계획, 戰略 / 戎裝: 전투 장비 / 戎備: 전쟁 준비 / ⑩ 投筆從戎: 붓을 던지고 從軍하다. → 從軍: 싸움터로 나아가다.

事: 일 → 繼善 篇 (4) 참조

戎事: 軍事 → 군대, 군비, 전쟁 등에 관한 일

閑: 익숙해질, 숙달될, 熟習할(익숙하게 익히다)

閑捷: 숙련되고 민첩하다. / 閑達: 익숙하다, 숙달하다, 익숙하게 통달하다. / 閑達故事: 예일을 익숙하게 통달하다(後漢書). / 機警閑捷: 기지가 있고 영민하며 숙련되고 민첩하다(元, 辛文房). / 君子之馬 旣閑且 馳: 군자의 말은 이미 숙달되고 또한 잘 달린다[詩(大雅)]. / ※ 機警: 기지(機智)가 있고 영민(英敏)하다[85].

軍: 군대(軍隊) → 군인의 집단

軍事: 군대에 관한 일체의 일 / 軍史: 군대의 역사 / 軍使: 교섭의 임무를 띠고 적진으로 가는 군대의 使者 / 軍師: 으뜸 장수 밑에서 작전을 짜는 사람 / 軍士: 군인, 士兵

旅: 군대

軍旅: 군대 / 軍旅生活: 군대 생활 / 出身軍旅: 군대 출신이다. / 體操勁旅: 체조 강팀 / 强兵勁旅: 정예부대 / 勁旅: 강한 군대 → 운동경기에서는 "강팀"이라고 함 / 王赫斯怒 爰整其旅: 왕이 발끈 화를 내어 이에 그의 군대를 정비했다[詩(大雅)]. / 軍旅之事 未之學也: 군대의 일은 배우지 못했다[論語(衛靈公)].

武: 軍, 軍事

武臣: 무관인 신하, 武裝 / 軍裝, 군사 장비 / 武略: 군사상 책략, 戰略 / 武人(=武士): 군인 / 武將: 군대의 장수 / 武力: 군대 (군사상)의 힘 / 武官: (군인의 신분으로) 軍務를 맡아보는 관리, 옛날 武科 출신의 벼슬아치

功: 공(로) → 存心 篇 (4) 참조

---

85) 檀國大學校編 大韓漢辭典의 字解임

武功: 전쟁에서 세운 공, 戰功, 軍事上의 공적 / 文王受命 有此武功 旣伐于崇 作邑于豊: 문왕은 하늘의 명을 받고 이러한 戰功을 세웠는데 이미 숭나라까지 정벌하였고 풍에다 도성을 축조했다[詩(大雅)]. → 豊: 땅 이름

| 出典 |

禮記(仲尼燕居 篇)

---

(2) 君子有勇而無禮爲亂 小人有勇而無禮爲盜

官吏가 용기만 있고 예절이 없으면 반역(反逆, 叛逆)을 하고 小人이 용기만 있고 예절이 없으면 도둑질을 한다(孔子). / ※ 이 글이 論語(陽貨)에도 있는데 但 거기에는 禮가 義로 되어 있다.

| 字句 풀이 |

君子: 벼슬아치, 관리 → 벼슬이 높은 관리를 말한다.

君子思不出其位: 관리의 생각은 그의 직위에서 벗어나지 못한다. / 君子謂人君以下至在位士也 孔穎達疏: 군자란 임금 이하 職位에 있는 관리까지를 일컫는 말이다. / 無君子莫治野人 無野人莫養君子: 관리가 없으면 백성을 다스리지 못하고 백성이 없으면 관리를 부양하지 못한다[孟子(滕文公上)].

勇: 용기 → 正己 篇 (3) 참조

而: ~나, ~되, ~지만 → 대립적인 사실을 이을 때 쓰임 ※ 孝行 篇 (4) 참조

爲: 곧 → 위를 이어받아 아래를 일으키는 承接 관계임

同於已爲是之 異於已爲非之: 자기와 같으면 곧 옳다고 하고 자기와 다르면 곧 그르다고 한다(莊子).

亂: 반란을 일으킬, 반역할

亂謀: 반란의 음모, 逆謀 / 亂臣: 반란을 일으킨 신하

君爲倒君 臣爲亂臣 國家之衰也 可坐而待之: 임금은 倒君이고 신하가 난신이면 나라가 쇠망하는 것은 앉아서 기다려 볼만 하다(管子).

※ 倒君: 허물이 있어도 고치지 않는 임금

國之將亡 賢人隱 亂臣貴: 나라가 곧 망하려면 어진 이는 은거하고 난신이 중시된다(史記).

小人: 인격이 낮고 도량이 좁은 사람 → 勤學 篇 (6) 참조

盜: 도둑질할, 훔칠 → 省心 篇 (下) (6) 참조

(3) 朝廷莫如爵 鄕黨莫如齒 輔世長民莫如德

조정에서는 작위가 제일이고 고향에서는 나이가 제일이고 군주를 보좌하고 백성을 다스리는 데는
덕이 제일이다(曾子).

| 字句 풀이 |

莫: 없을 → 訓子 篇 (4) 참조

⑭ 莫與等倫: 같이 견줄 만한 자가 아무도 없다. / 普天之下 莫非王土 率土之濱 莫非王臣: 온 천하가
왕의 땅이 아닌 곳이 없고 온 나라의 안에 왕의 신하가 아닌 자가 없다[孟子(萬章上)].

如: (~와) 같을 → 繼善 篇 (6) 참조

爵: 작위, 벼슬 → 遵禮 篇 (1) 참조

鄕: 고향

鄕愁: 고향을 그리워하는 마음(또는 시름) / 鄕信: 고향 소식 / 鄕書: 고향에서 온 편지 / ⑭ 背井離鄕:
고향을 등지고 떠나다. → 井에도 "고향"의 뜻이 있음

黨: 마을 → 周代의 행정구역 단위로 500家가 사는 곳

五家爲隣 五隣爲里 四里爲族 五族爲黨: 다섯 집이 隣이고 5隣이 里이고 4里가 族이고 5族이 黨이다(漢書).

鄕黨: 고향

孔子於鄕黨 恂恂如也 似不能言者: 공자께서 고향에서는 공손하셔서 마치 말도 잘 못 하는 사람 같았
다[論語(鄕黨)]. / 宗廟尙親 朝廷尙尊 鄕黨尙齒 行事尙賢: 종묘에서는 촌수가 가까운 친족을 높이고
조정에서는 지위가 높은 사람을 높이고 고향에서는 연장자를 높이고 일을 처리할 때는 어진 이를 높인
다[莊子(天道)].

齒: 나이, 年齡

天下有達尊三 爵一 齒一 德一: 천하가 인정하는 존귀한 것이 세 가지가 있으니 작위가 한 가지요, 나
이가 한 가지요, 덕망이 한 가지이다[孟子(公孫丑下)]. / ⑭ 沒齒難忘: 평생 잊을 수 없다. / ⑭ 馬齒徒
增: 헛되이 나이만 먹다. → 馬齒: 자신의 나이에 대한 겸사

輔: 도울, 보좌할

輔國安民: 국정을 보좌하고 백성을 평안하게 하다. / 輔佐國政: 국정을 보좌하다. / 輔弼之臣: 보필하
는 신하 / ⑭ 相輔相成: 相扶相助하다.

世: 代 → 한 임금의 통치 기간

其或繼周者 雖百世 可知也: 아마 누군가가 周나라를 계승한다면 비록 百代 후의 일이라도 알 수 있을
것이다[論語(爲政)].

輔世: 君主를 보좌하다 ※ 世, 한 임금의 통치 기간 → 轉義하여 "君主"로 해석한다.

夫拓跋垂統 必俟聖明 輔世匡治 亦須良佐: 무릇 나라를 세우고 帝位를 자손에게 전하는 일은 제왕의 총명을 기다려야 하고 군주를 보좌하여 정사를 바로잡는 일도 역시 어진 보필자를 기다려야 한다(三國志). → 俟와 須는 "기다리다"임

長: 통치할, 통솔할

許由鞠躬 辭長九州 三國魏: 허유는 허리를 굽혀 절을 하며 九州 다스리는 것을 사양했다. → 九州: 중국 전체의 영토 / 擢從解組之餘 復寄長民之任: 퇴직한 뒤 일지라도 (그를) 발탁해서 백성 다스리는 임무를 다시 맡겼다(蘇轍).

民: 백성 → 省心 篇 (下) (13) 참조

德: 덕 → 인격적으로 남을 敬服시키는 힘 ※ 正己 篇 (12) 참조

輔世長民: 군주(君主)를 보좌하고 백성을 다스리다.

※ 이 句節은 難解하여 譯者마다 필자와 뜻을 달리하고 있으나 다행히 嶺南大 中 國文學硏究室叢書 15. 孟子譯注(公孫丑章句下)에서 필자와 동일한 해석을 이미 해 놓았고 중국인들도 필자와 같게 해석했는데 다음 글은 그들의 "輔世長民"에 대한 풀이이다. / 輔佐當世的國君統治人民 → (國譯하면) "當代의 군주를 보좌하고 백성을 다스리다"이다. / ※ 國君은 "君主" "國王"과 같다.

| **出典** |

孟子(公孫丑下)

---

(4) 老少長幼 天分秩序 不可悖理而傷道也

노소 간의 次序와 장유 간의 차서는 하늘이 내려 준 질서이니 그 이치에 어긋나거나 그 도리를 해쳐서는 아니 된다.

| **字句 풀이** |

老: 늙은이, 노인, 高齡人

敬老慈幼 無忘賓旅: (五霸會盟의 셋째 명령에) 노인을 공경하고 어린이를 사랑하며 손님과 나그네를 忽待하지 말라[孟子(告子下)].

少: 연소자, 젊은이

少長有禮 上下咸和: 연소자와 연장자 간에 예의가 있어야 위아래가 모두 화목하다(晉, 潘勗).

老少: 늙은이와 젊은이

老少同樂: 늙은이와 젊은이가 함께 즐기다. / 老少皆宜: 노인이나 젊은이나 모두에게 적합하다.

長: 어른, 연장자, 손윗사람 → 正己 篇 (26) 참조

幼: 어린이, 아이 → 遵禮 篇 (1) 참조

長幼: 손위와 손아래, 연장자와 연하자, 어른과 아이 → 遵禮 篇 (1) 참조

天: 하늘 → 繼善 篇 (1) 참조

分: 나누어 줄, 급여할, 베풀

分封: 군주가 땅이나 작위를 하사하다. / 分貧振窮: 가난한 사람에게 (재물을) 나누어 주고 곤궁한 사람을 구조하다(左傳). / 廣廉 得賞賜輒分其麾下: 李廣은 청렴해서 상으로 내리는 재물을 받으면 즉시 그의 부하들에게 나누어 주었다[史記(李廣傳)].

秩: 차례, 순서, 질서

秩然不紊: 질서가 정연하여 흐트러짐이 없다.

序: 차례, 순서 → 立敎 篇 (5) 참조

秩序: 차례, 순서, 질서 / 有秩序地入場: 질서 있게 입장하다. / 遵守秩序: 질서를 지키다. / 秩序整然(=秩序井然): 질서 정연하다. / 建立秩序: 질서를 세우다.

不可: (~해서는) 안 된다 → 正己 篇 (4) 참조

悖: (도리에) 어긋날, 위배될, 벗어날, 어그러질

悖禮: 예의에 어긋나다. / 悖說(=悖談, 悖言): 도리에 어긋난 말 / 悖倫兒: 인륜에 어긋난 짓을 하는 사람 / 貨悖而入者 亦悖而出: 도리에 벗어난 방법으로 모은 재산은 역시 그러한 방법으로 빼앗긴다(大學). →"㰳 悖入悖出"의 出處임 / 言悖而出者 亦悖而入: 도리에 벗어난 말을 하면 역시 도리에 벗어난 말을 듣는다(大學). →"㰳 悖出悖入"의 出處임

理: 도리, 이치, 사리 → 戒性 篇 (4) 참조

悖理(=背理): 도리 (이치, 사리)에 어긋나다, 불합리하다.

而: 그 위에 (또), (또)한, 그리고, 게다가 → 병렬의 관계임 ※ 正己 篇 (26) 참조

傷: 해칠 → 正己 篇 (10) 참조

道: 도리(道理) → 省心 篇 (下) (2) 참조

---

(5) 出門如見大賓 入室如有人

대문을 나서면 (사람을 대할 때) 귀빈을 만나는 것처럼 恭遜하게 하고 방에 들어갈 때는 (안에) 누군가가 있는 것처럼 敬虔하게 하라.

出: (안에서 밖으로) 나갈, 나올 → 正己 篇 (24) 참조

門: (대)문 → 省心 篇 (下) (1) 참조

出門: 집을 나서다, 외출하다

出門如賓 承事如祭: 집을 나서면 모든 사람을 귀빈처럼 대하고 일을 맡으면 제사 모시듯 정성을 다한다(左傳).

如: (~과) 같게 할, ~처럼 할 → 繼善 篇 (4) 참조

見: 만날 → 正己 篇 (5) 참조

大: 높을, 존귀할, 위대할, 훌륭할

大官: 높은 관직, 높은 관직에 있는 사람 / 說大人則藐之 勿視其巍巍然: 신분이 높은 사람을 설득하려면 그를 하찮게 여기고 그의 드높은 모습은 바라보지 말라[孟子(盡心下)].

賓: 손(님) → 訓子 篇 (1) 참조

大賓: 귀빈(貴賓), 國賓

出門如見大賓 使民如承大祭: 집을 나서면 (사람을 대할 때) 귀빈을 만나는 듯이 하고 백성에게 일을 시킬 때는 큰 제사를 받들 듯한다[論語(顔淵)].

入: 들, 들어갈 → 省心 篇 (下) (3) 참조

室: 방 → 天命 篇 (3) 참조

有: 있을 → 繼善 篇 (5) 참조

人: 어떤 사람, 或人, 누군가 → 天命 篇 (5) 참조

---

(6) 若要人重我 無過我重人

만약 남이 나를 존중하기를 바란다면 내가 먼저 남을 존중하는 것보다 더 나은 것이 없다.

| 字句 풀이 |

若: 만약, 만일, ~라면 → 天命 篇 (4) 참조

要: 바랄, 원할, 희망할

要成功先得喫苦: 성공하기를 바란다면 먼저 고생을 해야 한다.

各國人民都要和平: 각 나라의 백성은 모두 평화를 바란다.

若要人不知 除非己莫爲: 만약 남이 모르기를 바란다면 자기가 그 짓을 하지 말아야 한다.

人: 남, 다른 사람 → 繼善 篇 (8) 참조

重: 중시할, 중하게 여길, 존중할 → 省心 篇 (下) (7) 참조

過: 더 나을, 뛰어넘을, 초월할

無過: 더 나은 것이 없다[86].

由也好勇過我: 由는 용맹을 좋아하는 것이 나보다 더 낫다[論語(公冶長)]. → 由는 子路임

---

(7) 父不言子之德 子不談父之過

아비는 자식의 品德을 말하지 말고 자식은 아비의 허물을 말하지 말라. / ※ 品德 → 인품과 德性

| 字句 풀이 |

父: 아버지 → 孝行 篇 (1) 참조

不言: 말을 하지 않음, 無言 → 立敎 篇 (10) 참조

子: 아들 → 繼善 篇 (6) 참조

之: ~의 → 종속관계를 나타냄 ※ 繼善 篇 (6) 참조

德: 품덕(品德)

君子進德脩業: 군자는 품덕이 더 나아지도록 향상시키며 학문을 닦는다(易經). / 德之不修: 품덕이 닦아지지 않는다[論語(述而)]. → 공자가 스스로 걱정하고 있는 네 가지 중의 하나임 / 酒德: 술을 마실 때의 점잖은 품덕, 좋은 음주 태도 → 속된 말로 "술버릇" / 酒德不雅(=沒有酒德): 술버릇이 나쁘다.

談: 말할 → 正己 篇 (26) 참조

過: 잘못, 허물, 과실, 실수 → 正己 篇 (4) 참조

< 言語 篇 >

---

(1) 言不中理 不如不言

말이 이치에 맞지 않으면 (아예) 말을 하지 않는 것만 못하다(劉會).

---

86) 檀國大學校編 大韓漢辭典의 字解임

| 字句 풀이 |

言: 말(씀) → 正己 篇 (5) 참조

中: 딱 맞을, (꼭) 들어맞을, 적중할, 명중할 → 治政 篇 (4) 참조

中的: 과녁(표적)을 맞히다(명중하다). / 中意: 마음에 들다(맞다). / 一語中的: 한마디로 급소(핵심)를 찌르다.

不中: 맞지 않음, 합당하지(적합하지) 않음

不中意: 마음에 안 든다(맞지 않다). / 辦法不中: 방법이 적합하지 않다. / 刑罰不中 則民無所措手足: 형벌이 합당하지 않으면 백성들이 손발을 둘 데가 없다[論語(子路)].

理: 이치, 사리, 도리 → 戒性 篇 (4) 참조

不如: ~만 못함, ~하는 편이 나음 → 繼善 篇 (6) 참조

夷狄之有君 不如諸夏之亡也: 오랑캐 나라에 군주가 있다 해도 중국의 제후국에 군주가 없는 것만 못하다[論語(八佾)].

| 參考 |

劉會: 一切 未詳임

---

(2) 一言不中 千語無用

한마디 말이 (사리에) 맞지 않으면 천 마디 말도 쓸데가 없다.

| 字句 풀이 |

一言: 한마디의 말 → 戒性 篇 (5) 참조

詩三百 一言以蔽之 曰思無邪: 시 300편을 한마디로 요약하면 "생각에 사악함이 없다"고 말할 수 있다 [論語(爲政)]. / 一言而可以興邦 有諸: 한마디 말로 나라를 일으킬 수 있다고 하니 그런 말이 있습니까 [論語(子路)]?

千: 천(백의 열 곱) → "매우 많다"라는 뜻으로도 쓰인다. ※ 存心 篇 (12) 참조

千言萬語(=千語萬言): 천 마디 만 마디의 말 → 수 없는 말

語: 말, 언어 → 天命 篇 (3) 참조

無用: 쓸데(쓸모, 필요)가 없다 → 正己 篇 (15) 참조

(3) 口舌者 禍患之門 滅身之斧也

입과 혀라는 것은 재앙의 문이고 몸을 (찍어) 죽이는 도끼이다(君平).

| 字句 풀이 |

口: 입 → 孝行 篇 (4) 참조

舌: 혀

舌尖(=舌端): 혀끝 / ㉙ 舌敝脣焦: 혀가 헐고 입술이 타다. → 입이 닳도록 말하다.

㉙ 舌尖殺人不見血: 세 치 혀가 사람을 죽인다.

者: ~란, ~라는 것은, ~라는 자는(사람은) → 主語의 뒤에 쓰이어 뜻을 강하게 하며 잠시 어감의 정지를 나타낸다.

風者 空氣流動而成: 바람이란 공기의 유동으로 일어난다.

廉頗者 趙之良將也: 염파라는 사람은 조나라의 훌륭한 장수였다.

禍: 재앙, 재난 → 繼善 篇 (1) 참조

患: 재앙, 재난 → 省心 篇 (上) (8) 참조

禍患: 재앙, 재난, 재해

根除禍患(=消除禍患): 재난을 없애다.

故民迷惑而陷禍患: 그래서 백성이 미혹되고 재난에 빠져 벗어나지 못하다(荀子).

門: 문 → 省心 篇 (下) (1) 참조

滅: (멸)망할, 끊어질, 없어질, 죽을, 죽일

滅族(=滅戶, 滅門): 온 가족을 모조리 죽이다. / 滅口: 내막을 아는 사람을 죽여서 입을 막아 비밀을 지키다. / 滅門之禍(=滅族之禍): 온 가족이 피살되는 큰 재앙 / 以滅口爲威脅: 누설하면 죽인다고 협박하다.

身: 몸, 신체 → 正己 篇 (7) 참조

之: ~(하)는, ~한 → 繼善 篇 (6) 참조

斧: 도끼, 斤也 → 治政 篇 (8) 참조

也: 이다

孔子 人也: 공자는 노나라 사람이다. / 知之爲知之 不知爲不知 是知也: 아는 것을 안다고 하고 모르는 것을 모른다고 하는 것이 곧 아는 것이다[論語(爲政)]. / 是不爲也 非不能也: 이것은 하지 않는 것이지 할 수 없는 것이 아닙니다[孟子(梁惠王上)]. / 蓮 花之君子者也 周敦頤 愛蓮說: 연꽃은 꽃 중에 군자로다.

| 參考 |

君平: 漢의 蜀郡 사람으로 姓은 嚴, 이름은 遵, 字가 君平이고 卜筮에 능했으며 老子에 心醉하여 저서로 老子指歸가 있다.

(4) 利人之言 煖如綿絮 傷人之語 利如荊棘 一言利人 重値千金 一語傷人 痛如刀割

남을 이롭게 하는 말은 따뜻하기가 부드러운 솜과 같고 남에게 상처를 주는 말은 날카롭기가 가시와 같다. 한마디의 말이 남을 이롭게 할 때는 요긴하기로 값지기가 천금과 같고 한마디의 말이 남의 마음을 상하게 할 때는 아프기가 칼로 베는 것 같다.

| 字句 풀이 |

利: 이롭게 할, 유익하게 할

愛人利人者 天必福之: 남을 사랑하고 이롭게 하는 사람은 하늘이 반드시 복을 준다(墨子).

毫不利己 專門利人: 조금도 이기적이 아니고 오로지 남을 이롭게 한다.

煖: 따뜻할 → 存心 篇 (17) 참조

如: (~와) 같을 → 繼善 篇 (6) 참조

綿: 솜, 絮也 → 솜에는 풀솜(=명주 솜)과 木花의 솜이 있다

㊜ 綿裏藏針: 솜 속에 바늘을 숨기다. → 外柔內剛 言中有骨

綿毛: 솜털 / 綿襪: 솜버선 / 綿中刺 笑裏刀: 솜 속에 바늘을 감추고 웃음 속에 칼을 품다.

絮: 솜

絮衣: 솜옷, 핫옷 / 絮縷: 솜과 실 → 微細한 사물의 泛稱 / 絮纊: 솜 → 絮之細者曰纊: 絮가 고운 것을 "纊"이라 한다(小爾雅). / 蠻夷不蠶 采木綿爲絮 藝文類聚: 오랑캐는 養蠶을 하지 않음으로 木綿을 따서 솜을 만든다. → 木綿은 다년생 木花다.

傷: 남의 감정(기분, 자존심)을 상하게 할, 화나게 할

開口傷人(=出口傷人): 말로 남의 감정을 상하게 하다.

利: 날카로울, 예리할

利刀(=利刃, 利劍): 예리한 칼 / 利鏃: 날카로운 살촉 / 堅甲利兵: 견고한 갑옷과 날카로운 무기[孟子(梁惠王上)] / 利觜: 날카로운 부리 → 말 잘하는 입

荊: 가시나무

㊜ 負荊請罪: 스스로 가시 刑杖을 짊어지고 사죄하며 처벌을 바라다.

荊榛: 가시덤불 → 荊榛塞路: 가시덤불이 길을 막다.

棘: 가시, 箴也, 바늘, 침

棘木(=棘樹): 가시나무 / 棘魚: 가시고기 / 棘鐵線: 가시철사 / 棘木之下: 가시나무의 아래 → 古代에 訟事를 처리하던 곳 / 棘皮動物: 껍질에 가시가 돋은 동물 → 해삼, 성게, 불가사리 등

荊棘: 가시나무

㊌ 荊棘載途: 가는 길이 모두 가시덤불이다.

一言: 한마디의 말(씀) → 戒性 篇 (5) 참조

重: 요긴할, 중요할, 중대할 → 安義 篇 (1) 참조

値: 가치가 서로 맞먹을, 값어치가 서로 같을

春宵一刻値千金: 봄밤의 一刻은 천금과 같다[宋, 蘇軾(春宵)].

千金: 천금 → 큰돈, 많은 돈 ※ 訓子 篇 (3) 참조

一語: 한마디 말 → 省心 篇 (上) (35) 참조

痛: 아플

痛不可言: 말을 못 할 정도로 아프다. / 痛症: 아픈 증세 / 痛處: 아픈 곳 / 腹痛(=肚痛): 배앓이, 배가 아프다. / 頭痛, 머리가 아프다.

刀: 칼 → 繼善 篇 (9) 참조

割: (칼로) 벨, 자를, 끊을

心裏像刀割一樣: 가슴이 칼로 에이는 듯하다. / ㊌ 割鷄焉用牛刀: 닭 잡는데 어찌 소 잡는 칼을 쓰랴. / ※ 에이다(=에다): 칼 따위로 도리어 내듯 베다.

---

(5) 口是傷人斧 言是割肉刀 閉口深藏舌 安身處處牢

입은 사람을 해치는 도끼이고 말은 (사람의) 살을 에이는 칼이니 입을 다물고 혀를 깊이 감춘다면 어느 곳을 가더라도 立身出世의 길이 견고할 것이다.

|類似한 글|

口是禍之門 舌是斬身刀 閉口深藏舌 安身處處牢 馮道(舌詩): 입은 재앙의 문이고 혀는 몸을 베는 칼이니 입을 다물고 혀를 깊이 감추면 어느 곳을 가더라도 立身出世의 길이 견고할 것이다.

|字句 풀이|

是: ~이다 → 正己 篇 (6) 참조

傷: 해칠 → 正己 篇 (10) 참조

斧: 도끼 → 治政 篇 (8) 참조

言: 말 → 正己 篇 (5) 참조

肉: (사람의) 살 → 省心 篇 (下) (2) 참조

閉: (입을) 다물

口噤閉而不言: 입을 다물고 말을 하지 않다(楚辭). → 噤도 "(입을) 다물다"임 / 閉嘴: 입을 다물다. / 樂得閉不上嘴: 좋아서 입을 다물 수 없다. / 閉口: 입을 다물다, 말을 하지 않다, 沈默하다, 緘口不言하다. / 戌 閉口藏舌(=閉口結舌): 입을 다물고 말을 하지 않는다.

深: 깊을 → 孝行 篇 (1) 참조

藏: 숨길, 감출

戌 藏而不露: (재능을) 숨기고 드러내지 않다. / 戌 藏龍臥虎: 숨어 있는 용과 누워 있는 호랑이 → 숨은 인재 / 藏心: 속마음을 숨기다. / 藏身: 몸을 숨기다.

安身: 입신출세하다

蓋崇德莫大乎安身: 무릇 덕을 닦아 쌓는 일은 입신출세하는 데에 더없이 큰 힘이 된다(晉書). / 安身不牢: 입신의 지위가 미덥지 않다(안정감이 없다).

※ 安身에는 "몸을 의탁하다"는 뜻도 있는데 이는 省心 篇 (下) (1)에서 적용됨

處處: 곳곳(에), 도처(에), 어디든지, 어디서나, 가는 곳(마다) → 戒性 篇 (4) 참조

處處野梅開 家家臘酒香: 가는 곳마다 들에는 매화가 피고 집집마다 섣달에 빚은 술 향기가 진동하네(蘇軾).

牢: 굳을, 견고할, 단단할, 튼튼할, 확실할, 미더울, 든든할, 야무질, 안정감이 있을

牢記: 똑똑히 기억하다, 명심하다. / 牢守(=牢護): 굳게 지키다. / 牢約: 굳은 언약 / 辦事不牢: 일 처리가 미덥지 못하다. / 戌 牢不可破: 견고하여 깨뜨릴 수 없다. → 의지가 굳고 확고하다. / 牢固的坝擋住了洪水: 견고한 제방이 홍수를 막았다.

---

(6) 逢人且說三分話 未可全抛一片心 不怕虎生三個口 只恐人情兩樣心

사람을 만나면 속에 있는 진심을 단지 3割 정도만 이야기하고 온통 다 털어놓지 마라. (그리고 또) 호랑이의 으르렁거리는 입이 세 개나 되더라도 두려워하지 말고 다만 인간들이 품고 있는 두 가지의 다른 마음을 무서워하라. / ※ 이 글의 前半部는 중국의 속담이며 且가 只로 未可가 不可로 바뀌기도 한다.

| 字句 풀이 |

逢: 만날, 마주칠 → 繼善 篇 (7) 참조

且: 다만, 단지

崆峒小麥熟 且願休王師: 공동산에 밀이 익었으니 다만 천자의 군대가(훈련을 멈추고) 휴식하기를 바라네(唐, 杜甫). → 崆峒은 산 이름이고 익은 곡식의 피해를 걱정하는 시임

且願花枝長在 莫披離: 다만 꽃가지가 흩어지지 말고 오래 보존되기를 바랄 뿐일세(蘇軾).

說: 말할, 이야기할 → 正己 篇 (26) 참조

分: 小數의 단위 → 10분의 1割

10釐爲分: 10리가 分이다(算經). → 釐는 小數의 하나로 1의 100분의 1, 分의 10분의 1이다.

有十分把握: 100% 자신 있다. / 7分功勞 3分失誤: 7할의 공로와 3할의 잘못

三分: 10분의 3, 근소함, 보잘것없이 작거나 적음

三分話: 3할의 말, 내심을 다 보이지 않는 말 ↔ 十分話: 100%의 말, 숨김없이 다 한 말

三分醉: 좀(약간, 거나하게) 취하다.

㊙ 三分人材 七分打扮: 서 푼어치의 사람도 옷으로 칠 푼어치가 되다, 옷이 날개다.

三分是實 七分是虛: (三國演義는) 3할이 실화고 7할이 虛構다.

未可: 不可(~해서는 안 된다)와 같음 → 正己 篇 (4) 참조

全: 모두, 다, 전부, 온통

全勝: 모두 이기다. ↔ 全敗: 모두 지다. / 全交給我吧: 모두 내게 맡겨라. / 全錯了: 다 틀렸다. / 全癒(=全快): 병이 다 나았다. / 全燒: 전부 타 버리다. / 全廢: 다 폐지하다. / 全治: 병을 다 고치다.

抛: 드러낼, 폭로할

抛露: 드러내다. / ㊙ 抛頭露面: (부녀자가 또는 주제넘게 대중 앞에) 얼굴을 드러내다.

露面抛頭 封神演義: 露面抛頭는 抛頭露面과 같은 말임

一: 온(통), 전(부)

一天的星斗: 온 하늘의 별 / 一冬: 온 겨울, 겨우내 / 一身汗: 온몸의 땀 / 一臉的雀斑: 온 얼굴의 주근깨 / ㊙ 一路平安: 가시는 길에 내내 평안하길(빕니다).

片: 말, 소리, 마음, 기분, 분위기, 경치, 氣象 등에 쓰일 때는 "一" 자를 앞에 두며, "온통" "전부" "가득할" 등의 뜻을 담아서 풀이한다.

一片樂聲: 가득한 음악 소리 / 一片胡言: 온통 허튼소리 / 一片丹心: 정성으로 가득 찬 마음 (또는 충성심) / 一片春色: 흐드러진 봄빛 ※ 흐드러지다 → 한창 盛하다.

心: 진심, 誠心, 衷心 → 治政 篇 (5) 참조

不: (~하지) 말, 莫也 → 孝行 篇 (3) 참조

怕: 두려워할

老鼠怕猫: 쥐는 고양이를 무서워한다. / 老虎也怕人: 호랑이도 사람을 두려워한다.

俠客不怕死 怕死事不成: 의협심이 있는 사람은 죽음을 겁내지 않는다 (만일) 죽음을 겁내면 일이 成事되지 않는다(元稹).

虎: 호랑이, 범 → 省心 篇 (上) (19) 참조

生: 생동할, 생기가 돌, 원기에 찰 → "으르렁거리다"로 轉義한다 但 이는 필자만의 窮餘之策이다.

㉐ 生龍活虎: (용이나 범처럼) 활력이 넘치다, 씩씩하다, 원기 왕성하다. / 生氣勃勃: 생기 발랄하다. / 生氣: 생생한 기운, 활기, 활력 / 大地充滿春天的生氣: 대지에 봄날의 생기가 넘쳐흐른다.

個: 낱, 개, 하나

五個梨: 배 5개 / 個個: 낱낱, 개개, 각기, 하나하나 / 個體: (따로 된) 낱낱의 물체 / 個性: 개인이나 個體의 타고난 특성

只: 다만, 단지, 오직 → 戒性 篇 (4) 참조

恐: 염려할, 마음을 쓸, 念也 → 勤學 篇 (8) 참조

情: 가지다

情我做着屛風: 내가 만든 병풍을 가지고 있다(元, 曾瑞). / 위는 檀國大學校編 大韓漢辭典의 字解이며 중국인들의 譯本에는 원문에 情이 懷(품다)로 되어 있다.

兩: 두, 둘

兩條心: 두 마음, 딴 마음 / 兩端: 두 끝 / 兩翼: 두 날개 / 兩手空空: 두 손이 텅 비다, 빈털터리 / 一嘴兩舌: 一口二言(하다).

樣: 가지, 종류

各式各樣的花草: 각양각색의 화초 / 許多樣動物: 많은 종류의 동물 / 擺了四樣菜: 네 가지 요리를 차려 놓았다.

兩樣: 다르다

他的脾氣和人兩樣: 그의 성미는 보통 사람과 다르다. / 吹開紅紫還吹落 一種東風兩樣心: 바람이 불으니 紅紫가 피고 또 불으니 (이제는) 떨어지는구나. 한 종류의 동풍도 마음이 다른가 보다(宋, 范成大). → 紅紫: 붉은 꽃과 보라색 꽃

---

(7) 酒逢知己千鍾少 話不投機一句多

술은 知己를 만나면 천 잔도 모자라고 말은 서로 마음이 맞지 않으면 한 마디도 많다.

※ 이 글은 중국의 속담이며 거기에는 鍾이 杯(술잔)로 되고 一句가 半句로 된다.

| 字句 풀이 |

酒: 술 → 訓子 篇 (7) 참조

知己: 자기를 알아주는 사람 → 莫逆한 벗, 절친한 친구

人生得一知己足矣: 사람의 일생에 知己를 하나만 얻어도 족하다. / 海內存知己 天涯若比鄰: 나라 안에 知己가 있다면 그가 아무리 먼 곳에 있더라도 바로 이웃에 있는 것처럼 지낼 것이다(唐, 王勃).

鍾: 술잔

昔有遺諺 堯舜千鍾 孔子百觚 孔叢子: 옛날에 "요순은 천 잔이요 공자는 백 잔이다"라는 속담이 있었다.

少: 모자랄, 부족할

少一半: 반절(半折)이 모자라다 → 一半은 折半임 / 數數看 少不少: 모자라지 않는지 세어 보라 → 數數는 "수를 세다"임 / 少一人: 한 사람이 모자라다. / 少一缺二: 이것저것 다 모자라다, 모든 것이 부족하다.

話: 말

㉿ 話不虛傳: 들은 말이 거짓이 아니다, 소문 대로다. / 土話: 사투리 / 留話: 말을 남기다, 메시지(Message)를 남기다. / 講話: 말하다, 발언하다.

投: (마음이) 맞을, 합치할, 합할, 투합할

脾氣相投: 성격이 서로 맞다. / ㉿ 情投意合: 마음과 뜻이 맞다, 배짱이 맞다. / 兩人性情投合: 두 사람의 마음이 맞다.

機: 마음, 생각, 뜻, 심정, 의사

大人機: 大人君子의 마음 ↔ 俗人機: 못난 사람의 마음 / 殺機(=殺意, 殺氣): 사람을 죽이려는 생각 / 殺機畢露: 살의가 모두 폭로되다. / 動殺機: 살의를 일으키다. / 心機: 마음, 생각, 심정, 기분 / ㉿ 費盡心機: 심혈을 기울이다. / 靈機: 기발한 생각, 영감, 재치, 기지 → 動靈機: 기지를 발휘하다. / 才高難入俗人機: 재덕(才德)이 뛰어난 사람은 못난 사람의 마음속으로 들어가기 어렵다(元, 王實甫).

投機: 견해가 일치하다, 의견이 맞다, 마음(뜻, 생각, 기분, 취향)이 맞다, 意氣投合하다, 배짱이 맞다

兩人一見面就談得很投機: 두 사람은 만나자마자 대화하고 마음이 잘 맞았다. / 我們一路上談得很投機: 우리는 길을 가는 동안 내내 대화하고 뜻이 잘 맞았다.

句: 마디 → 말의 수를 세는 단위 ※ 省心 篇 (下) (3) 참조

一句: (말) 한마디

一句話: 한마디로 말하면 / 一句話 只能用民主的方法: 한마디로 말해 민주적 방법을 쓸 수밖에 없다. / ※ 只能: 다만 ~할 수 있을 뿐이다. / ※ 一句와 半句에 대한 所見

이 원문은 明나라 陳汝元의 金蓮記에 실린 글인데 거기에는 一句가 半句로 되어 있고 중국인들의 譯

本에도 원문에 半句로 되어 있어서 半句가 맞는 것으로 보인다.

그런데도 필자가 一句를 쓰는 것은 우리나라의 역본들이 거의 모두가 一句로 되어 있으며 특히 필자의 所藏本 중에 가장 오래된 역본(1931년 출판)에도 一句로 된 점이 결정적인 이유다.

多: 많을 → 正己 篇 (10) 참조

< 交友 篇 >

(1) 與善人居 如入芝蘭之室 久而不聞其香 卽與之化矣 與不善人居 如入鮑魚之肆 久而不聞其臭 亦與之化矣 丹之所藏者赤 漆之所藏者黑 是以君子必愼其所與處者焉

善人과 함께 있으면 마치 香草가 있는 방에 들어간 것과 같이 시간이 지나면 그 향기를 맡지 못하게 되는데 이는 곧 그 향기와 더불어 同化가 된 것이요 악인과 함께 있으면 마치 절인 생선 가게에 들어간 것과 같이 시간이 지나면 그 악취를 맡지 못하게 되는데 이도 역시 그 악취와 더불어 동화가 된 까닭이니 (예를 들어) 朱砂를 몸에 지니고 있으면 붉어지고 (옻)칠을 지니고 있으면 검어지는 것과 같은 이치다. 그러므로 군자는 장차 함께 지낼 사람의 선택에 반드시 신중을 다해야 하느니라.

※ 同化: ① 다른 사물이나 현상을 닮아서 그 성질이 같아진다. ② 동식물이 영양분을 섭취하여 제 몸에 알맞은 성분으로 변화시킨다(孔子).

|類似한 글 |

與善人居 如入芝蘭之室 久而自芳也 與惡人居 如入鮑魚之肆 久而自臭也 顏氏家訓: 선인과 함께 지내면 마치 향초의 방에 들어간 것과 같아서 시간이 지나면 자기 몸에서 향내가 나고 악인과 함께 지내면 마치 생선 가게에 들어간 것과 같아서 시간이 지나면 자기 몸에서 악취가 난다. / 與善人居 如入芝蘭之室 久聞而不知其香 卽與之化矣 孔子家語: 선인과 함께 있으면 향초의 방에 들어간 것과 같아서 한동안 냄새를 맡고 나면 (그 이후로) 향기를 느끼지 못하게 되는데 이는 곧 그 향기와 더불어 동화가 된 까닭이다.

|字句 풀이 |

與: ~함께, ~더불어 → 省心 篇 (上) (45) 참조

居: (~함께) 있을(지낼)

思與鄕人居 若朝衣朝冠坐於塗炭也 韓詩外傳: 속된 사람과 함께 있는 것을 마치 朝衣朝冠 차림으로 더러운 곳에 앉은 것 같이 생각했다. / ※ 朝衣朝冠 → (朝臣이) 조정에 나갈 때 입는 예복과 모자 / 塗炭 → "더러운 곳"을 비유함

入: 들, 들어갈 → 省心 篇 (下) (3) 참조

芝: 영지, 지초

⑲ 芝焚蕙嘆: 지초가 불에 타니 혜초가 슬프하다(同類相憐). / 芝艾: 지초와 쑥 → 좋은 것과 나쁜 것, 賢愚, 貴賤 / ⑲ 芝艾同焚: 지초와 쑥(賢愚, 貴賤)이 함께 화를 당하다.

蘭: 난초 → 正己 篇 (5) 참조

芝蘭: 지초와 난초 → 모두 향초로서 "고상한 덕성과 품행" "순결한 우정" "훌륭한 才智" 등의 뜻이 들어 있다.

⑲ 芝蘭之交: 순결한 교제와 우정 / ⑲ 芝蘭玉樹: 교양이 있고 훌륭한 (남의) 子弟

芝蘭之室(=芝蘭室): 지초와 난초의 방, 君子의 거처, 감화력이 있는 좋은 환경

久: 시간이 길, 오랠, 오래 갈 → 存心 篇 (5) 참조

⑲ 久而久之: 긴 시간이 지나다, 오랜 시일이 지나다, 오래되면 → 주로 副詞 的用法으로 쓰인다.

聞: (냄새를) 맡을

聞見: 냄새를 맡다. ↔ 聞不見: 냄새를 못 맡다. / ⑲ 臭不可聞: 맡을 수 없을 만큼 냄새가 독하다. → 코를 들 수 없다. / ※ 見: 喉覺을 나타내는 동사 뒤에서 느낀 감각을 표시함

鼻子堵着了聞不見: 코가 막혀서 냄새를 맡을 수 없다.

其: 그것(의) → 繼善 篇 (9) 참조 ※ 여기에서는 "芝蘭"을 가리킴

香: 향기, 향내

噴香: 향기가 진동하다. / 芳香: (꽃) 향기 → 百花的芳香: 온갖 꽃향기 / 香臭: 향기와 악취 / 其香始升上帝居歆: 그 향기가 처음으로 올라가니 天帝께서 흠향하셨다[詩(大雅)]. → 居는 어조사임

卽: 곧 → "다름이 아니라"의 뜻이 들어 있다.

色卽是空 空卽是色 般若心經: 色은 곧 空이고 空은 곧 色이다. → (불교적 해석에 의하면) 형태를 갖춘 모든 물질적 존재는 인연에 따라 생성되는 것이어서 곧 실체가 없는 것이고 (또한) 無實體 그것이 곧 실체가 있는 形相이다. / ※ 色: 형태를 갖춘 모든 물질적 존재 (또는 形相)

空: (만물은 인연에 의하여 생겨날 뿐 고정된 실체가 없다는 뜻으로) 無實體를 뜻한다.

之: 그(것, 사람) → 사물을 대신하는 목적어로서 여기에서는 앞에 있는 "香"을 가리킨다.

※ 繼善 篇 (1) 참조

化: (얼음이나 눈 등이) 녹을

氷化了: 얼음이 녹았다. / 雪化了: 눈이 녹았다. / 太陽一出來 氷雪都化了: 해가 한번 떠오르자 얼음과 눈

이 다 녹았다. / 化凍: (얼음이나 얼었던 것이) 녹다. → 大地剛開始化凍: (얼었던) 대지가 막 풀리기 시작했다. ※ 산에서 눈이 녹으면 땅으로 스며들어 흙과 하나가 되는 이치를 轉義하여 "同化되다"로 해석했다.

不善人: 악행을 하는 사람, 악인 → 繼善 篇 (1) 참조

鮑: (소금에) 절인 생선 또는 말린 생선, 鹽漬魚, 乾魚物

鮑羹: 절인 생선국 / 鮑氣: 절인 생선 비린내 / 鮑魚: 절인 생선, 건어물

肆: 가게, 매점, 점방, 점포

茶肆: 다방 / 酒肆: 술집 / 小肆: 작은 가게 / 肆夥: 가게 점원

鮑魚之肆: (절인) 생선 가게 → 악인이나 소인배가 모이는 곳

臭: 악취 → 香(향기)의 對

臭氣: 악취 / 腥臭: 비린내와 악취 / 一薰一蕕 十年尙猶有臭: 향초와 악취 나는 풀을 뒤섞어 놓으면 10년이 되어도 여전히 악취가 난다(左傳). → 선과 악이 함께 있으면 선이 악에 가리어진다는 비유임

亦: 역시 → 繼善 篇 (8) 참조

丹: 朱砂, 丹砂 → 붉은색 광물이어서 "붉다"는 뜻으로 쓰인다.

丹霞: 붉은 노을 / 丹霄: 붉게 노을 진 하늘 / 㘲 丹脣皓齒: 붉은 입술과 하얀 이 → 미녀의 얼굴 / 丹靑: 적색과 청색 → 옛날 사찰 등의 천정, 벽, 기둥 등에 적색과 청색 위주의 색깔들로 알록달록하게 그린 그림

之: 도치법(倒置法)에서 목적어가 동사의 앞에 올 때 목적어와 동사의 사이에 끼우는 어조사임 → 丹之 所藏者와 漆之所藏者에서의 之에 해당함

富而不驕者鮮 吾唯子之見: 부유하면서 교만하지 않은 사람은 적은데도 나는 오직 그대 하나만을 보게 된다(左傳). / 父母 唯其疾之憂: 부모는 오직 자식의 질병만을 걱정한다[論語(爲政)].

所: 무의미 어조사 → 대부분 句 중간에 쓰이어 음절을 조절하는 작용을 한다.

他所考慮的: 그가 생각하고 있는 것 / 大家所提的意見: 여러 사람이 제기한 의견 / 我所認識的人: 내가 아는 사람 / 人所共知的事實: 사람들이 모두 알고 있는 사실

藏: (몸에) 지닐, 간직할, 품을

藏在心裏: 마음에 간직하다. / 珍藏: 소중히 간직하다. / 有遠大計劃藏之于胸: 원대한 계획을 가슴에 품고 있다. / 君子藏器於身 待時而動: 군자는 재능을 몸에 지니고 있다가 때를 기다려서 사용한다(易經).

者: ① 사람 → 繼善 篇 (1) 참조, ② ~(하)면 → 天命 篇 (5) 참조

※ 이 글에서 ①의 뜻을 적용해도 可하나 필자는 ②의 뜻으로 한다

赤: 붉을 / 㘲 面紅耳赤: (부끄럽거나 흥분하여) 얼굴이 귀밑까지 빨개지다. / 㘲 近朱者赤 近墨者黑: 주사를 가까이하면 붉어지고 먹을 가까이하면 검어진다.

漆: (옻)칠 → 省心 篇 (上) (11) 참조

黑: 검을

黑眸: 검은 눈동자 / 黑髮: 검은 머리털 / 黑雲: 먹구름 / 黑煙: 검은 연기 / 夫鵠不日浴而白 烏不日黔而黑: 무릇 고니는 날마다 목욕하지 않아도 희고 까마귀는 날마다 검게 물들이지 않아도 검다(莊子).

是: 이(것) → 勤學 篇 (6) 참조

以: 까닭, 원인, 이유, 연고

進步甚速 良有以也: 진보가 매우 빠른 데는 과연 원인이 있다.

不以人廢言: (군자는) 사람을 이유로 그 사람의 좋은 말까지 묵살하지 않는다[論語(衛靈公)].

何其久也 必有以也: 어찌 그리 오래 걸렸는지는 반드시 까닭이 있겠지[詩(邶風)].

是以: 이 때문에, 그래서, 그러므로

計劃欠妥 是以遭遇困難: 계획이 적절하지 않아서 이 때문에 곤란을 당했다.

事情都過去了 是以不再追究誰是誰非: 사건은 이미 지나가 버렸다. 그래서 다시 누가 옳은지 그른지를 따지지 않겠다 → 都는 "이미"의 뜻을 적용한다.

君子: 학식과 덕망이 높은 사람 → 소인의 상대어 ※ 正己 篇 (9) 참조

愼: 삼갈, 신중할, 조심할 → 正己 篇 (7) 참조

其: 장차, 將也 → 正己 篇 (18) 참조

處: (다른 사람과) 함께 지낼 → 立敎 篇 (10) 참조

---

(2) 與好學人同行 如霧露中行 雖不濕衣 時時有潤 與無識人同行 如厠中坐 雖不汚衣 時時聞臭

학문을 좋아하는 사람과 더불어 同行하면 마치 안개 속을 걷는 것 같아서 비록 옷이 젖지는 않더라도 항상 습기가 (배어) 있고 무식한 사람과 동행하면 마치 측간에 앉아 있는 것과 같아서 비록 (오물로) 옷이 더러워지지는 않더라도 항상 구린내를 맡느니라(家語).

| 字句 풀이 |

好: 좋아할 → 正己 篇 (16) 참조

學: 학문(學問)

學行: 학문과 덕행 / 學說: 학문상의 주장이나 이론 체계 / 學老於年: 나이에 비해 (젊은 데도) 학문이 깊다. / 同門修學: 한 스승 밑에서 같이 학문을 닦고 배우다. / [成] 才疏學淺: 재능이 모자라고 학문이 얕다.

同: 같이, 함께 → 立敎 篇 (10) 참조

行: 걸을, (걸어)다닐 → 勤學 篇 (4) 참조

霧: 안개

霧下: 안개가 끼다. / 霧大: 안개가 짙다. / ㉾ 濃霧: 짙은 안개 / 霧茫茫的山路: 안개가 자욱한 산길 /
㉾ 五里霧中: 널리 낀 안개 속, 迷宮 → 그 속에서 길을 잃고 갈피를 잡지 못한다는 뜻

露: 이슬 → 省心 篇 (下) (20) 참조

霧露: 안개[87]

霧露濛濛: 안개가 자욱하다(漢, 嚴忌).

中: 속, 안 → 繼善 篇 (6) 참조

雖: 비록(~라도) → 繼善 篇 (9) 참조

濕: 젖을, 적실, 축축할

全身(=渾身)濕透了: 온몸이 흠뻑 젖었다. / 衣裳給雨濕了: 옷이 비에 젖었다. / 露水濕了衣服: 이슬로
옷이 젖었다. / ㉾ 濕手抓麵: 젖은 손으로 밀가루를 쥐다. → 관계를 끊을 수 없다.

衣: 옷 → 省心 篇 (上) (45) 참조

時時: 늘, 언제나, 항상 → 治家 篇 (6) 참조

潤: 물기, 水氣, 수분

吹雲吐潤 浮氣蓊鬱: 구름을 불어 일으키고 수분을 내뿜어 아지랑이가 자욱했다[曹植(吹雲贊)].

無識: 지식이나 식견이 없다 → 正己 篇 (26) 참조

厠: 뒷간, 便所, 化粧室

厠所: 변소 / 公厠(=公共厠所): 공중변소 / 水厠: 수세식 변소 / 男厠: 남자(용) 변소 / 女厠: 여자(용) 화장실

坐: 앉을 → 存心 篇 (1) 참조

汚: 더러워질 → 正己 篇 (19) 참조

| 參考 |

家語(=孔子家語): 省心 篇 (下) (5) 참조

---

(3) 晏平仲善與人交 久而敬之

안평중은 사람과 사귀기를 능숙하게 잘하는구나! (사귄 지) 오래되어도 (여전히 서로) 공경하다니
(孔子)! / ※ 이 글에 대한 程子의 註解

人交久則敬衰 久而能敬 所以爲善 朱熹集注: 사람의 교제가 오래되면 그 공경함이 쇠미해

지는데 오래되어도 서로 화목하고 공경하니까 그래서 "잘한다"라고 하는 것이다.

| 字句 풀이 |

善: 잘할, 잘 처리할, 잘 해낼 → 治政 篇 (6) 참조

交: 사귈, 교제할, 交遊할 → 省心 篇 (下) (2) 참조

敬: 공경할, 존경할 → 孝行 篇 (2) 참조

之: 뜻은 없고 語氣만 고르는 어조사 → 正己 篇 (26) 참조

| 參考 |

晏平仲: 春秋 때 齊의 名臣으로 이름은 嬰, 字가 平仲이고 높이는 이름으로 晏子 (B.C. ?~500)이며 저서에 晏子春秋가 있다.

| 出典 |

論語(公冶長)

---

(4) 相識滿天下 知心能幾人

顔面이 있는 사람은 온 세상에 가득해도 마음을 깊이 알아주고 가까운 사람은 몇이나 될까?

| 字句 풀이 |

相識: 아는 사이 (또는 사람), 舊面, 알고 지내는 사람 → 省心 篇 (上) (40) 참조

滿: 가득할 → 天命 篇 (4) 참조

天下: 온 세상 → 存心 篇 (4) 참조

知心: 절친하여 마음을 알아주는 사람

㉿ 知心換命: 知心을 위하여는 목숨도 버린다. / 知心從此別 相憶鬢毛斑: 마음을 알아주던 우리가 헤어지는 이 순간부터 귀밑머리가 반백(斑白)이 되도록 서로 그리워할 것일세(唐, 李嘉祐).

能: 가까이할, 사이좋을, 화목하게 지낼, 親善할(→ 사이좋게 지냄)

柔遠能邇: 먼 곳은 懷柔(→ 어루만져 달램)하고 가까운 곳은 親善한다[書(舜典)]. → 원근 간에 懷柔策을 쓴다. / 何素不與曹參相能: 어찌 평소에 曹參과 서로 화목하게 지내지 않는가(史記)?

幾: 몇, 얼마

幾日(=幾天): 몇 날, 며칠 / 幾月: 몇 달 / 幾年(=幾歲): 몇 해 / 幾千: 몇천 / 幾億: 몇 억 / 幾句話: 몇 마디 말 / 幾十幾百: 몇십 몇백

(5) 酒食兄弟千個有 急難之朋一個無

술친구는 수없이 많이 있어도 재난을 당했을 때 도와주는 친구는 한 명도 없구나.

| 類似한 글 |

自古說 酒肉兄弟千個有 急難之中一個無 快心 篇初集 5回: 예로부터 "술친구는 수없이 많이 있어도 위급한 재난의 현장에는 한 명도 없다"라는 말이 전해진다. / ※ 이 글에서의 急難(위급한 재난)과 원문에서의 急難(재난에서 구출하다)의 뜻이 전혀 다른 점을 留意한다.

| 字句 풀이 |

酒食兄弟: (함께 어울려 먹고 마시며 놀기만 하는) 술친구[88]

※ "酒食兄弟"를 중국인들은 酒肉朋友 또는 酒肉兄弟로 해석하는데 酒肉朋友와 酒肉兄弟는 같은 말로서 "먹고 마시며 놀기만 하는 술친구"라는 뜻이다.

千: 천(백의 열 곱) → "매우 많다"는 뜻으로도 쓰임 ※ 存心 篇 (12) 참조

個: 명, 사람

各個點呼: 한 명씩 부르는 점호 / 各個戰鬪: 병사 개개인이 벌이는 전투 / 他們一個個都是生龍活虎的小夥子: 그들은 한 사람 한 사람 모두가 펄펄 뛰는 청년들이다.

急: (危難에서) 구해 낼, 救出할

急國艱: 국난에서 구해 내다(後漢書). / 子棄家急朋友之患至是乎: 자기는 가정을 잘 보살피고 친구의 재난을 구제하는 일에 지극히 성실하였다(新唐書). → 子棄는 "사람 이름"이고 家는 "가정을 보살피다"임

急難: 재난에서 구출하다

鶺鴒在原 兄弟急難: 할미새 한 마리가 들판에 있으니 형제들이 날아와 재난에서 구해 주네[詩(小雅)]. / ※ 할미새는 원래 물가에 사는데 제 처소를 잃고 들판에 있으면 그것이 재난이다. 또한 할미새는 평소 걸을 때 늘 꽁지를 흔들어서 그 모습이 마치 危難을 알리는 것 같다 하여 鶺鴒在原을 "형제간에 재난을 당하면 서로 돕는다"는 말로도 쓴다. → 鶺鴒은 "脊令"으로도 쓴다.

之: ~(하)는, ~한 → 繼善 篇 (6) 참조

朋: 벗, 친구 → 戒性 篇 (5) 참조

---

88) 檀國大學校編 大韓漢辭典의 字解임

(6) 不結子花休要種 無義之朋不可交

열매를 맺지 않는 꽃은 심지 말고 의리 없는 친구는 사귀지 마라.

| 字句 풀이 |

結: (열매를) 맺을, (열매가) 열릴

㉙ 開花結果: 꽃이 피고 열매를 맺다. / 樹上結了不少果實: 나무에 많은 열매가 열렸다.

子: 열매, 과실, 實也, 씨(앗)

松子: 솔씨 / 瓜子: 오이씨 / 花子: 꽃씨 / 大麻子 삼씨

春種一粒粟 秋收萬顆子: 봄에 한 알의 곡식을 심으면 가을에 많은 열매를 거둔다(唐, 李紳).

家有一李樹 結子殊好: 집에 오얏나무가 한 그루 있는데 열매를 맺으면 맛이 참 좋다(世說).

花: 꽃 → 省心 篇 (上) (52) 참조

休: (~하지) 말 → 戒性 篇 (4) 참조

休要: ~하지 마라

休要如此: 이렇게 하지 마라. / 休要啼哭: 소리 내어 울지마라.

種: 심을 → 天命 篇 (6) 참조

義: 의리 → 繼善 篇 (7) 참조

不可: (~해서는) 안 된다 → 正己 篇 (4) 참조

交: 사귈, 교제할 → 省心 篇 (下) (2) 참조

---

(7) 君子之交淡如水 小人之交甘若醴

군자의 사귐은 담박(淡泊)하기가 물과 같고 소인의 사귐은 달기가 단술과 같다.

| 類似한 글 |

君子之接如水 小人之接如醴: 接은 交와 같고 醴는 醴와 通用한다(禮記).

| 字句 풀이 |

君子: 학식과 덕망이 높은 사람 → 正己 篇 (9) 참조

交: 사귐, 교제, 友誼 → 存心 篇 (16) 참조

淡: 담박(淡泊)할, 맛이 느끼하지 (진하지) 않고 맑을 → 正己 篇 (11) 참조

小人: 인격이 낮고 도량이 좁은 사람 → 勤學 篇 (6) 참조

甘: (맛이) 달, 달콤할 → 省心 篇 (下) (20) 참조

若: 같을 → 天命 篇 (3) 참조

醴: 단술, 甘酒

醴酒: 단술 甘酒 / 醇醴: 진한 단술 / 醎 醴酒不設: (더 이상) 단술을 마련하지 않는다. → 예우가 점점 소홀해지다.

---

(8) 路遙知馬力 日久見人心

길이 멀어야 말의 힘을 알고 오래 겪어 보아야 사람의 마음을 안다.

| 字句 풀이 |
路: 길, 道也 → 繼善 篇 (7) 참조

遙: (거리가) 멀

路途遙遠: 갈 길이 아득히 멀다. / 遙拜(=望拜): 멀리서 하는 절 / 遙祝老家的親人新春愉快: 멀리서 고향 친지들에게 즐거운 설 명절이 되기를 빕니다. → 老家는 "고향"이고 新春은 "설"이다.

知: 알 → 安分 篇 (1) 참조

馬: 말 → 勤學 篇 (5) 참조

力: 힘, 능력 → 存心 篇 (2) 참조

日久: 시일이 경과하다, 시일이 오래 지나다 → 日久生情: 시일이 지나 정이 생기다

醎 日久天長(=日久月深): 오랜 세월이 지나다. → 日久天長自然就知道: 오랜 시일이 지나면 자연히 알게 된다.

見: 알

醎 相形見絀: (다른 것과) 비교해 보면 부족함을 알게 된다.

你怎麽見得呢: 너는 어떻게 알았느냐? ※ 見 猶知也 高誘注에서 見은 知와 같다.

何用見其是齊侯也: 무엇을 근거로 그가 齊나라 제후라는 것을 알았느냐(穀梁傳)?

< 婦行 篇 >

(1) 女有四德之譽 一曰婦德 二曰婦容 三曰婦言 四曰婦工也

여자에게는 네 가지 품행의 讚美가 있으니 첫째가 婦德이요, 둘째가 婦容이요, 셋째가 婦言이요, 네째가 婦工이다(益智書). → 讚美는 "美德을 기림"이다.

|字句 풀이|

德: 품행

大德不踰閑 小德出入可也: 큰 품행이 법도를 벗어나지 않으면 작은 품행은 들랑날랑하는 융통성이 있어도 괜찮다[論語(子張)]. / 民生厚而德正: 백성들의 생활이 넉넉하고 품행이 모두 方正했다(左傳). / 中林之士 有純一之德: 草野에 묻혀 사는 선비들은 순수한 품행을 갖추고 있었다(晉, 干寶).

四德: 여자가 해야 할 네 가지의 품행 곧 婦德, 婦容, 婦言, 婦工(=婦功)

譽: 기릴, 칭찬할, 찬양할

㉺ 譽不絶口: 칭찬이 끝이 없다. / 李白被譽爲詩仙: 이백은 詩仙으로 칭송된다. / 譽之爲英雄: 그를 영웅이라고 칭송하다. / ※ 譽를 이 글에서만 "讚美"로 意譯한다.

曰: ~이고, ~이라 하고 → 사물을 열거할 때 쓰임 ※ 治政 篇 (3) 참조

婦: (성년의) 여자, 여성

婦事: 여자의 일 → 길쌈, 자수, 바느질 등 / ㉺ 婦孺皆知: 여자와 아이도 다 안다.

婦怨無終: 여자가 한을 품으면 죽어도 잊지 않는다(左傳).

婦德: (四德의 하나로) 여자의 貞順한 품행 → 貞順은 "貞淑하고 柔順하다"임

婦容: (四德의 하나로) 여자의 단정한 용모와 몸가짐

婦言: (四德의 하나로) 여자의 올바른 말씨

工: 일, 작업 → 功과 통용

日工: 낮일 ↔ 夜工: 밤일 / 上工: 일을 시작하다. ↔ 下工: 일을 마감하다.

手工: 손으로 하는 일 / 工蟻: 일개미 / 工蜂: 일벌 / 工服(=工衣, 工裝): 작업복

婦工(=婦功): 여자의 일 → 길쌈, 刺繡, 바느질(裁縫) 등

|出典|

益智書: 天命 篇 (4) 참조

(2) 婦德者 不必才名絶異 婦容者 不必顔色美麗 婦言者 不必 辯口利詞 婦工者 不必技巧過人也

婦德이란 재주와 평판이 특별히 뛰어날 것까지는 없고 婦容이란 반드시 얼굴이 아름다와야 하는 것이 아니며 婦言이란 반드시 말솜씨가 좋아야 하는 것이 아니고 婦工이란 반드시 손재주가 남보다 더 나을 것까지는 없다.

| 字句 풀이 |

者: ~란, ~라는 것은, ~라는 자는(사람은) → 言語 篇 (3) 참조

不必: (반드시) ~한다고는 할 수 없다, (반드시) ~할 것까지는 없다

善始者不必善終: (일을 처음에) 잘 시작한 사람이 반드시 마무리를 잘한다고는 할 수 없다(史記). / 不必 穿禮服 穿便服也行了: 예복을 입을 것까지는 없고 평복을 입어도 괜찮다. / 我自己能搬 你不必幫忙了: 나 혼자 옮길 수 있으니 네가 도울 것까지는 없다. → 幫忙은 "일손을 돕다"임

才: 재주, 재능, 재간, 力量

⑳ 德才兼備: 덕과 재능을 함께 갖추다. / ⑳ 大才小用: 큰 재능이 썩고 있다, 큰 재주가 작은 일에 쓰이다.

名: 명성, 명예, 평판 → 天命 篇 (5) 참조

才名: 재주와 명성

才名塞天地: (그의) 재주와 명성이 천지에 가득했다(陸游).

絶: 매우, 몹시, 심히, 가장, 제일, 특별하게

絶愛: 매우 사랑하다. / 絶妙的音樂: 매우 아름다운 음악 / 絶好的機會: 매우 좋은 기회 / 景色絶佳: 경치가 매우 좋다. / 絶細的麵: 매우 가는 국수

異: 남다를, 남달리 뛰어날, 비범할, 특별할, 유별날, 색다를

異人: 뛰어난(비범한) 사람, (유)별난 사람 / 異味: 특수한(색다른) 맛, 별미 / 異方異俗: 다른 지방(나라) 들의 색다른 풍속 / 異彩: 특별한 색채, 特色 → ⑳ 大放異彩: 크게 이채를 띠다, 뛰어나게 빛을 내다. / 異香撲鼻: 특이한 향기가 코를 찌르다.

絶異: 특별히 (월등하게) 뛰어나다, 몹시 유별나다

(延宗) 氣力絶異 馳騁行陣 勁捷若飛: (연종은) 기력이 몹시 뛰어나서 말을 내몰아 軍陣을 순행할 때에 그 힘차고 민첩함이 마치 나는 듯했다(北齊書).

顔: 얼굴, 낯

⑳ 厚顔無恥: 낯가죽이 두꺼워 부끄러움을 모르다.

㉌ 鶴髮童顔: 흰머리에 아이 얼굴, 머리는 늙었으나 얼굴은 아이 같다.

色: 낯, 얼굴

㉌ 色如死灰: 얼굴이 무표정하다. → 死灰: 사그라든 재 / ㉌ 眉飛色舞: 희색이 만면하다.

㉌ 義形于色: 의로운 마음이 얼굴에 드러나다. / 溪邊有二女 色甚美 列仙傳: 시냇가에 있는 두 여자 얼굴이 매우 예쁘다. / 顔色: (통용되는 뜻이) "낯빛" "낯색"이지만 "얼굴"로 意譯한다.

美: 아름다울, 고울, 예쁠

㉌ 良辰美景: 좋은 시절에 아름다운 경치 / 婦女年三十而美色衰矣: 여자의 나이 30이면 예쁜 용모가 퇴색된다(韓非子). / 美人: 얼굴이 고운 여자 → 美人計: 미인을 미끼로 하여 사람을 꾀는 계책

麗: 고울, 아름다울, 예쁠

秀麗: 뛰어나게 아름답다. → 景色秀麗: 경치가 수려하다. / ㉌ 美辭麗句: 곱게 꾸민 말과 글귀 / 辭采甚麗: 말씨와 풍채가 매우 아름답다.

美麗: 아름답다, 곱다, 예쁘다

美麗的花朵(=美麗的鮮花): 아름다운 꽃

祖國的山河是多麽莊嚴美麗: 조국의 산하는 정말 얼마나 장엄하고 아름다운가!

辯: 말 잘할, 말재주가 좋을

辯才: 말재주 → 此人頗有辯才: 이 사람은 말재주가 상당히 있다. / 善者不辯 辯者不善: 착한 사람은 말재주가 좋지 않고 말재주 좋은 사람은 착하지 않다(老子).

口: 말, 言語

口才: 말재간, 말재주, 말주변, 口辯 / 口德: 말의 에티켓(예절)

㉖ 口是風 筆是踪: 말은 바람, 글은 흔적이다. → 말은 없어지나 글은 흔적이 있다.

辯口: 말을 잘하다, 말재주가 있다, 구변이 있다, 언변이 뛰어나다

齊襄王聞睢辯口: 제나라 양왕은 睢가 언변이 좋다는 말을 들었다(史記). → 睢는 전국시대 魏나라 람 范睢를 말함

利: ~을 잘할

利 善也 玉 篇 刀部: 利는 "~을 잘하다"이다.

詞: 말 → 辭와 混用

歌詞: 노랫말 / 詞約: 말(이나 글)이 간결하다. / 詞指: 말(이나 글)의 뜻 / ㉌ 詞不達意: 말(이나 글)의 뜻이 통하지 않는다. / ㉌ 詞窮理絶(=詞窮理盡): 더 댈 이유가 없어 말문이 막히다.

利詞(=利辭): (막힘 없이) 능란한 말

辯口利詞(=辯口利辭, 辯口利舌): 말솜씨가 좋다.

巧言利辭 行姦軌 韓非子: 교묘하고 능란한 말은 멀지 않아 법을 어기고 紛亂을 일으킨다.

技: 기술, 기교, 솜씨, 재주, 재능, 재간

絕技: 뛰어난 기술 ↔ 末技: 하찮은 기술 / ㉒ 黔驢之技: 보잘것없는 (하찮은) 재주

※ 黔驢는 "검은 당나귀"인데 이를 처음 본 호랑이가 겁을 내다가 (당나귀는) 뒷발질하는 재주밖에 없는 것을 알아채고 잡아먹었다는 故事에서 유래됨

巧: 재주, 솜씨 → 省心 篇 (上) (34) 참조

技巧: 솜씨, 재주, 기술, 테크닉 / 發揮技巧: 솜씨를 발휘하다. / 表演技巧: 연출 기법 / 寫作技巧: 문장 작성 기법 / 繪畵技巧: 그림을 그리는 솜씨

過: 더 나을, 뛰어넘을, 優越할, 超越할 → 遵禮 篇 (6) 참조

卓犖力過人: 동탁의 힘은 보통 사람보다 뛰어났다[後漢書(董卓傳)].

過人之力: 남보다 센 힘, 남의 힘보다 세다.

---

(3) 其婦德者 淸貞廉節 守分整齊 行止有恥 動靜有法 此爲婦德也 婦容者 洗浣塵垢 衣服鮮潔 沐浴及時 一身無穢 此爲婦容也 婦言者 擇詞而說 不談非禮 時然後言 人不厭其言 此爲婦言也 婦工者 專勤紡績 勿好暈酒 供具甘旨 以奉賓客 此爲婦工也

그래서 婦德이란 (몸으로는) 행실이 깨끗하고 정조를 지키며 (살림에는) 알뜰하게 절약하고 (옷차림은) 분수를 지켜서 단정하게 하며 제반 행동거지에는 염치를 차릴 줄 알고 앉으나 서나 모든 기거동작에 법도가 있으니 이것이 부덕이요, 婦容이란 먼지와 때를 씻고 빨아서 옷이 산뜻하고 깨끗하며 제때 목욕하여 온몸에 더러운 것이 없으니 이것이 부용이요, 婦言이란 쓸 말만을 가려서 하고 禮가 아니면 말을 안 하며 (말을 하게 되면) 시의적절하게 하여 사람들이 그 말을 싫증 내거나 싫어하지 않으니 이것이 부언이요, 婦工이란 오로지 길쌈에만 매달리고 게으름을 피워 쏘다니거나 술 마시기를 좋아하지 않으며 (때에 따라) 맛있는 음식을 장만하여 차려 놓고 손님을 받들어 섬기니 이것이 부공이다.

|類似한 글|

盥浣塵穢 服飾鮮潔 沐浴以時 身不垢辱 是謂婦容 / 擇辭而說 不道惡語 時然後言 不厭於人 是謂婦言 / 專心紡績 不好戲笑 絜齊酒食 以奉賓客 是謂婦功

때를 세척하고 옷과 장식품을 산뜻하고 깨끗하게 하며 제때 목욕하여 몸이 더럽지 않도록 하는 것 이것을 부용이라 하고, 말을 골라서 하며 나쁜 말은 하지 않고 적절한 때에 말을 해서 남에게 싫증이 나지 않게 하는 것 이것을 부언이라 하고, 베 짜는 일에만 몰두하여 히히덕거리고 노는 것을 좋아하지 않으며 정

결한 곡식으로 술을 빚고 밥을 지어 손님을 받드는 것 이것이 부공이다(列女傳).

| 字句 풀이 |

其: 이에, 그래서 → 發語辭임

其左高宗: 이에 (그래서) 고종을 멀리했다(書經).

淸: 행실이 깨끗할, 고결할

擧世皆濁我獨淸: 온 세상이 모두 더러운데 나만이 홀로 깨끗하다(楚辭).

貞: (여자가) 정조를 지킬

貞女不更二夫: 정조가 굳은 여자는 두 남편을 섬기지 않는다(史記).

廉: 검소할, 알뜰할, 절약할, 儉也 / 廉, 儉也, 廣韻, 廉은 "儉" 자다.

不以奢爲樂 不以廉爲悲: 낭비하지 않으면 즐거워지고 검소하지 않으면 슬퍼진다(淮南子).

節: 절제할, 절약할 → 正己 篇 (26) 참조

守: 지킬 → 繼善 篇 (6) 참조

分: 분수, 분한 → 安分 篇 (6) 참조

守分: 자기의 분수를 지키다 → 安分 篇 (6) 참조

ⓢ 守分守己: 자기의 분수에 만족하고 본분을 지키다.

整: 단정할, 반듯할 → 立敎 篇 (9) 참조

齊: 단정할, 가지런할, 整然할

衣服穿得很齊整: 옷을 매우 단정하게 입었다. / 隊伍的步伐很齊: 대열의 보조가 매우 정연하다. / 這個
人生得很齊整: 이 사람은 용모가 매우 단정하다.

架上的書放得非常齊整: 책꽂이의 책이 매우 가지런히 놓여 있다.

整齊: 단정하다, 깔끔하다

服裝整齊(=着裝整齊, 衣冠整齊): 복장이 단정하다.

把書整齊地擺在書架上: 책을 책꽂이에 단정하게 진열했다.

止: 멎을, 그칠, 그만둘 → 安分 篇 (4) 참조

行止: 감과 멈춤, 행함과 그만둠, 起居動作, 行動擧止, 擧動, 품행, 행실

行止不檢: 행동거지가 신중하지 못하다. / 行止有虧: 행실이 온전하지 않다.

行止 非人所能也 吾之不遇魯侯 天也: (무슨 일을) 하고 못 하고가 사람의 힘만으로 안 될 때가 있다.
내가 (이번에) 노나라 임금을 만나지 못한 것은 하늘의 뜻이다[孟子(梁惠王下)].

恥: 부끄러움(부끄럼), 수치

知恥近乎勇: 수치를 아는 것은 용기에 가깝다. / ⓢ 恬不知恥: 뻔뻔스러워 수치를 모른다. / 人不可以無
恥: 사람이 廉恥가 없으면 안 된다[孟子(盡心上)]. / 有恥: 부끄러워할 줄 아는 마음을 가지다. → 염치를 차릴 줄 안다. / 行己有恥: 몸가짐에서 (처신할 때) 수치를 아는 마음을 가지다[論語(子路)]. / 有恥且格: 부끄러워하는 마음을 가지면서 스스로 바로잡아 바른길로 나아가다[論語(爲政)].

動: (사람이) 움직일, 起居動作을 할, 행동할

⑧ 輕擧妄動: 경솔하고 분별없이 행동하다 또는 그런 행동

非禮勿言 非禮勿動: 예가 아니면 말하지 말고 예가 아니면 행하지 말라[論語(顏淵)].

上面不動 下面也動不了: 위에서 (솔선하여) 움직이지 않으면 밑에서는 움직일 리 없다.

靜: 가만히 있을, 움직이지 아니할, 靜止할

靜水: 고인 물 / 動靜: 움직임과 멈춤, 활동과 정지, 動態, 기거동작, 행동거지, 몸가짐 / 瞭望動靜: 멀리서 동태를 살피다. / 偵察敵人的動靜: 적의 동태를 살피다. / ⑧ 風平浪靜: 바람도 자고 파도도 잠잠하다. → 무사 평온하다. / 樹欲靜而風不止 子欲養而親不待也: 나무는 가만히 있으려 해도 바람이 그치지 않고 자식은 모시려고 해도 어버이가 기다려 주시지 않는다(韓詩外傳). / 動靜不失其時: 모든 기거동작은 제때를 놓치지 말아야 한다(易經).

法: 도리(사람이 지켜야 할 준칙) → 治政 篇 (3) 참조

※ 法을 여기에서는 "法度"로 意譯한다. → 法度는 "생활상의 예법과 제도"를 말한다.

此: 이(것) → 正己 篇 (1) 참조

爲: ~이다 → 正己 篇 (7) 참조

洗: 씻을, 닦을, 빨, 깨끗하게 할

洗手: 손을 씻다. → 한국에서는 "洗面"의 뜻으로 쓰인다. / 洗耳: 귀를 씻다. → 옛날 許由가 堯임금이 자기에게 나라를 禪讓하겠다고 하는 말을 듣고 귀가 더러워졌다고 하여 냇물에 가서 귀를 씻은 故事가 있어 "세상의 名利를 멀리하다"라는 뜻으로 쓰인다.

⑧ 洗心革面: 더러운 마음을 씻고 새사람이 되다. → 改過遷善하다.

浣: (때를) 씻을, (옷을) 빨, 澣也 → 澣도 "씻다" "빨다"임

浣婦: 빨래하는 여자, 洗濯婦 / 浣衣: 옷을 빨다. / 浣滌 → 洗滌 / 浣濯 → 洗濯 / 洗浣: 모든 더러운 것을 씻고 빨고 깨끗이 하다. / 浣熊: 미국 너구리 → 음식물을 물에 씻어 먹는 습관으로 생긴 이름 / 浣胃滌腸: 위와 장을 씻어 내다(明, 劉基). → 그래서 병을 근절시키다.

塵: 때, 먼지, 티끌

塵土: 티끌과 흙, 흙먼지 → 塵土飛揚: 흙먼지가 날리다. / 一塵不染: 티끌 하나 묻지 않다. → 조금도 오염되지 않다. / ⑧ 塵合泰山: 티끌 모아 태산 / 吸塵器(=除塵器): 眞空淸掃機

垢: 때, 먼지, 더러운(불결한) 것

油垢: 기름때 / 垢泥: (몸의) 때 / 塵垢: 먼지와 때 / 去垢: 때를 벗기다. → 去垢劑: 세제(洗劑) / 塵垢囊: 먼지와 때만 가득한 자루 → 무식한 사람 / 牙垢: 치석(齒石) / ⑧ 洗垢索瘢: 때를 씻고 흉터를 찾다.

363

→ 남의 허물을 들추어내다. / 塵垢秕糠: 먼지, 때, 쭉정이, 겨 → 無用之物, 廢棄物

衣服: 옷 → 安義 篇 (2) 참조

鮮: (빛깔이) 산뜻할, 선명할

衣着鮮麗: 옷차림이 산뜻하고 곱다. / 色彩鮮艷: 색깔이 선명하고 곱다. / 朝日豔且鮮: 아침에 떠오르는 해가 곱고도 선명하다(李白). / 這塊布顔色太鮮: 이 천은 색상이 매우 선명하다 → 顔色은 "색채"임

潔: 깨끗할, 청결할

鮮潔: 산뜻하고 깨끗하다. / 潔己奉公: 자기를 깨끗이 하고 公務에 힘쓰다.

潔樽候光: 술잔을 깨끗이 닦아 놓고 기다리겠습니다. → 招待狀에 쓰는 글귀

盥浣塵穢 服飾鮮潔: 때를 말끔하게 씻어 내니까 옷과 꾸밈새가 산뜻하고 깨끗해졌다(後漢書).

西子蒙不潔: 則人皆掩鼻而過之: 西子라도 더러운 것을 뒤집어쓰고 있으면 사람들이 모두 코를 막고 지나갈 것이다[孟子(離婁下)]. → 西子는 越나라 美女인 西施를 말함

沐: 머리를 감을, 濯髮할

新沐者必彈冠: 새로 머리를 감은 사람은 반드시 갓의 먼지를 턴다(楚辭).

㊌ 沐雨櫛風: 비로 머리를 감고 바람으로 빗질하다. → 風雨를 무릅쓰고 東奔西走하다.

浴: 몸을 씻을, 미역감을, 목욕할

淋浴: 샤워(하다). / 海濱浴場: 해수욕장 / 沐浴: 머리를 감고 몸을 씻다. / 沐浴齋戒: (제사지내기 전에) 목욕하고 음식을 삼가며 不淨한 것을 멀리하는 일 / 新浴者必振衣: 방금 목욕한 사람은 반드시 옷을 흔들어 먼지를 턴다(楚辭). → 깨끗해진 몸이 外物로 더러워질까 조심한다는 뜻

及: 제시간에 댈

來得及(=赶得及): 제시간에 댈 수 있다. ↔ 及不來(=來不及, 赶不及): 제시간에 댈 수 없다.

時: 때, 시간, → 正己 篇 (9), 省心 篇 (上) (12) 참조

及時: 때맞다, 때맞추다, 時機適切하다, 適時이다

及時雨: 제때 내리는 비, 단비 / 及時播種: 제 때에 씨를 뿌리다. / 及時措施: 시기적절한 (時宜에 맞는) 조치 / 這場雨下得眞及時: 이번 비는 정말 제때 왔다.

一: 온(통), 전(부) → 言語 篇 (6) 참조

身: 몸, 신체 → 正己 篇 (7) 참조

穢: 더러운 것

飀清風以埽穢: 맑은 바람이 일어 더러운 것을 쓸고 갔다(晉, 葛洪). / ※ 無穢를 중국인들은 "乾乾淨淨 (깨끗하다. 청결하다)" 또는 "沒有汚穢(더러운 것이 없다)"로 하고 있다.

擇: 가릴, 고를, 선택할 → 省心 篇 (下) (2) 참조

詞: 말 → 婦行 篇 (2) 참조

說: 말할 → 正己 篇 (26) 참조

談: 말할 → 正己 篇 (26) 참조

禮: 예(절) → 戒性 篇 (1) 참조

時: 때맞출, 때를 얻을, 때(시기, 時宜)에 알맞을(적절할), 適時(제때) 일 → 立敎 篇 (12) 참조

孔子 聖之時者也: 공자는 성인으로서 時宜에 알맞게 行하시는 분이시다[孟子(萬章下)].

然: 그러한 뒤에, 然後에 → 治政 篇 (5) 참조

然後: 그리고 나서, 그러한 후에, 그다음에 → 治政 篇 (5) 참조

言: 말할 → 正己 篇 (4) 참조

厭: ① 싫증 날, 물릴 → 正己 篇 (22) 참조 ② 싫어할 → 立敎 篇 (10) 참조

言: 말 → 正己 篇 (5) 참조

專: 오로지, 오직, 외곬으로

專力: 오직 한 가지 일에만 힘쓰다. / 專念: 오직 한 가지만을 생각하다.

專用: ① 오직 그것만 쓰다. → 한글 專用 ② 오직 한 계층이나 부문에만 쓰다. → 專用語

勤: 부지런할, 노력할, 힘쓸, 온 힘을 기울일, 일을 꾸준히 할 → 勤學 篇 (6) 참조

㊂ 勤學苦練: 부지런히 배우고 꾸준히 익히다.

紡: (고치나 목화 등에서) 실을 자을(뽑을), 길쌈할

紡線: 실을 뽑다. → 紡線娘(=紡織娘): 베짱이 / 紡織: 실을 뽑아 피륙을 짜는 일 / 紡車: 물레 → 車의
音은 "거" "차" 모두 쓴다.

績: 실을 자을(뽑을), 길쌈할

績麻: 삼을 삼다, 길쌈하다. / 不績其麻 市也婆娑: 길쌈을 하지 않으면 시장도 閑散하다[詩(陳風)]. →
婆娑는 "쇠퇴한 모양"임 / 紡績: 길쌈(하다), (고치나 목화 등의) 섬유에서 실을 잣다(뽑다) 또는 그 일
※ 紡은 누에고치에서 績은 麻에서 실을 뽑는 것을 이른다.

勿: 아니할, 않을 → 否定의 뜻을 가지며 不에 해당한다.

勿照之明: (일부러) 비추는 것이 아닌 자연의 광명 / 勿曉得: 알지 못한다, 모른다.

君子于役 如之何勿思: 군자가 公務로 지방에 나가서 바쁘게 일을 하는데 이를 어찌 걱정하지 않으랴
[詩(王風)]! / 犁牛之子騂且角 雖欲勿用 山川其舍諸: 얼룩소 새끼가 색이 붉고 또 뿔이 반듯해서 비록
제물로 쓰지 않으려 해도 산천의 神이 어찌 그것을 내버려두겠는가[論語(雍也)]. → 勿用에 留意한다.

好: 좋아할 → 正己 篇 (16) 참조

逛: (게으름을 피워) 놀며 돌아다닐, 헤맬[89]

---

89) 民衆書林編 民衆 엣센스 中國語辭典의 字解임

你上哪兒暈去了: 너는 어디를 쏘다녔느냐?

酒: 술을 마실 → 正己篇 (17) 참조

供: (음식을 床에) 차려 놓을, 陳設할

上供: (神佛 앞에) 床을 (제물을) 차려 놓다, 제사상을 차리다.

在烈士靈前供果品: 열사의 영전에 과일을 차려 놓다.

具: (음식을) 마련할, (酒食을) 장만할, 준비할

謹具薄禮: 삼가 보잘것없는 선물이나마 마련했습니다. / 供具: 食器를 차려 놓고 음식을 준비하여 놓다[90]. / 敬具菲酌 恭候光臨: 삼가 변변치 않은 술이나마 마련했사오니 왕림해 주시기 바랍니다.

甘: 맛있는 음식

稼穡作甘: 농사를 지어 맛있는 음식을 만들다[書(洪範)].

爲肥甘不足於口與: 맛있는 음식이 입에 부족하기 때문입니까[孟子(梁惠王上)]?

旨: 맛있는 음식

夫君子之居喪 食旨不甘 聞樂不樂: 무릇 군자가 부모상을 당하고 있을 때는 맛있는 음식을 먹어도 맛이 없고 음악을 들어도 즐겁지 않다[論語(陽貨)].

甘旨: 맛있는 음식

甘旨奉養: 맛있는 음식으로 (어버이를) 봉양하다.

餓漢不待甘旨: 굶주린 사람은 甘旨를 기다리지 않는다. → 시장이 만찬이다.

以: ~(으)로(써) → 繼善篇 (1) 참조

奉: 받들 → 正己篇 (26) 참조

賓客: 손(님) → 訓子篇 (1) 참조

---

(4) 此四德者 是婦人之所不可缺者 爲之甚易 務之在正 依此而行 是爲婦節

이와 같이 네 가지 품행이란 여자에게 없으면 안 되는 귀중한 것으로 이 일들을 해 나가는 것이 어찌 그리 쉬울까마는 오직 성실함을 앞세우고 힘써 노력하면서 (위로부터 열거해 내려오는) 이대로 실천하기만 하면 이것이 곧 여자의 (아름답고 자랑스러운) 일이다.

---

90) 檀國大學校編 大韓漢辭典의 字解

| 字句 풀이 |

此: 이와 같이(이같이), 이처럼, 이렇게, 이에, 如此 → 立敎 篇 (10) 참조

胡此畏忌: 무엇 때문에 이처럼 두려워하고 꺼리는가[詩(大雅)]?

⑱ 長此以往: 늘 이렇게 해 나가다. → 계속 이 상태로 나가다. / 此批: 이같이 (이에) 批答한다.

德: 품행 → 婦行 篇 (1) 참조

者: ~란, ~라는 것은 → 言語 篇 (3) 참조

是: ~이다 → 正己 篇 (6) 참조

婦: (성년의) 여자, 여성 → 婦行 篇 (1) 참조

人: 사람, 인간 → 繼善 篇 (7) 참조

之: ~가(~이), ~는(~은), 主格에 붙는 토임 → 孝行 篇 (2) 참조

所: 동사 앞에 놓여 동작을 받는 사물을 나타내면서 동사 뒤에 다시 사물을 뜻하는 者나 的을 쓰는 경우임

吾家所寡有者: 우리 집에 부족한 것 / 我所反對的: 내가 반대하는 것

不可: (~해서는) 안 된다 → 正己 篇 (4) 참조

不可逾越: (어느 한도를) 넘어서는 안 된다.

缺: 빠질, 없을

缺牙: 이가 빠지다. / 缺了幾頁: 몇 페이지가 빠졌다. / 一人也缺不了: 한 사람이라도 빠져서는 (없어서는) 안 된다. / ⑱ 缺喫缺穿: 먹고 입을 것이 없다. → 가난하다.

⑱ 缺一不可: 하나라도 빠져서는 (없어서는) 안 된다.

者: (사물을 가리키는) 것 → 勤學 篇 (6) 참조

爲: (행)할 → 繼善 篇 (1) 참조

之: 그것, 이것 → 繼善 篇 (1) 참조

甚: 어찌, 왜

你笑甚: 너는 어찌 (왜) 웃느냐? / 甚相見匆匆如此: 서로 만나기를 어찌 이처럼 바쁘게 서두르느냐(淸, 鄭澐)? / ※ 匆은 悤(=忽)과 同字임

易: 쉬울 → 正己 篇 (8) 참조

務: 힘쓸, 노력할, 일삼을 → 安分 篇 (1) 참조

之: 뜻은 없고 語氣만 고르는 어조사 → 正己 篇 (26) 참조

在: 뜻을 둘, 중요시할

我那在這些酒食: 내 어찌 이런 먹는 것에 뜻이 있겠나(元, 佚名氏)?

讀書人不在黃道黑道 總以事理爲要: 선비는 吉日이나 凶日을 찾는 운명을 중요시하지 않고 언제나 事理를 중요하게 여긴다(紅樓夢).

正: 성실할, 진실할

王問臣 臣不敢不以正對: 왕께서 臣에게 물으셨기에 臣이 감히 성실함으로 대답하지 않을 수 없었습니다[孟子(萬章下)].

依: ~대로, ~따라, ~에 의해서

依法處斷: 법대로 처단하다. / 排隊依次買票: 줄을 서서 차례대로 표를 사다. / [成] 依此類推: (그 밖의 것은) 이로써 (이러한 방식으로) 유추한다.

此: 이(것) → 正己 篇 (1) 참조

而: 상태를 나타내는 말을 (뒤에 있는) 동사와 연결시킨다. 이 경우 而는 대부분 接尾 詞化한다.

匆匆而來: 바쁘게 서둘러 오다 / 盤旋而上: 빙빙 돌면서 올라가다. / 侃侃而談: 당당하고 차분하게 말하다.

行: ~할, ~행할, 실행할 → 繼善 篇 (5) 참조

是: 이(것) → 勤學 篇 (6) 참조

爲: ~이다 → 正己 篇 (7) 참조

節: 일

大節: 국가 민족의 존망이 달린 큰일(=重大事) ↔ 小節: 사소한 작은 일 / [成] 細枝末節: 지엽적인 사소한 일 / 不拘小節: 작은 일에 얽매이지 않는다. / 臨大節而不可奪也 君子人與: 국가적인 大節과 직면해서도 (그 절개를) 빼앗을 수 없다면 (이는) 군자다운 사람인가[論語(泰伯)]?

※ 婦行 篇 ①에서 婦行 篇 ④까지는 원래 한 項目의 글이어서 중국인들의 譯本에는 그렇게 한 문장으로 되어 있다. 그래서 필자도 다음의 글에서 하나로 묶어 글 전체의 이해를 돕도록 시도해 보았다.

① 女有四德之譽 一曰婦德 二曰婦容 三曰婦言 四曰婦工也

② 婦德者 不必才名絶異 婦容者 不必顔色美麗 婦言者 不必辯口利詞 婦工者 不必技巧過人也

③ 其婦德者 淸貞廉節 守分整齊 行止有恥 動靜有法 此爲婦德也 / 婦容者 洗浣塵垢 衣服鮮潔 沐浴及時 一身無穢 此爲婦容也 / 婦言者 擇詞而說 不談非禮 時然後言 人不厭其言 此爲婦言也 / 婦工者 專勤紡績 勿好暈酒 供具甘旨 以奉賓客 此爲婦工也

④ 此四德者 是婦人之所不可缺者 爲之甚易 務之在正 依此而行 是爲婦節

뜻 풀이

① 여자에게는 네 가지 품행의 讚美할 일이 있으니 첫째가 婦德이요, 둘째가 婦容이요, 셋째가 婦言이요, 넷째가 婦工이다. → 讚美: 美德을 기리다.

② 婦德이란 재주와 평판이 특별히 뛰어날 것까지는 없고 婦容이란, 반드시 얼굴이 아름다워야 하는 것이 아니며 婦言이란, 반드시 말솜씨가 좋아야 하는 것이 아니고 婦工이란, 반드시 손재주가 남보다 더 나을 것까지는 없다.

③ 그래서 婦德이란 (몸으로는) 행실이 깨끗하고 정조를 지키며 (살림에는) 알뜰하게 절약하고 (옷차림

은) 분수를 지켜서 단정하게 하며 제반 행동거지에서는 염치를 차릴 줄 알고 앉으나 서나 모든 기거동작에는 법도가 있으니 이것이 부덕이요, 婦容이란 먼지와 때를 씻고 빨아서 옷이 산뜻하고 깨끗하며 제때 목욕하여 온몸에 더러운 것이 없으니 이것이 부용이요, 婦言이란 쓸 말만을 가려서 하고 禮가 아니면 말을 안 하며 (말을 하더라도) 시의적절하게 하여 사람들이 그 말을 싫증 내거나 싫어하지 않으니 이것이 부언이요, 婦工이란 오로지 길쌈에만 매달리고 게으름을 피워 쏘다니거나 술 마시기를 좋아하지 않으며 (때에 따라) 맛있는 음식을 장만하여 차려 놓고 손님을 받들어 섬기니 이것이 부공이다.

④ 이와 같이 네 가지 품행이란 여자에게 없으면 안 되는 귀중한 것으로 이 일들을 해 나가는 것이 어찌 그리 쉬울까마는 오직 성실함을 앞세우고 힘써 노력하면서 (위로부터 열거해 내려오는) 이대로 실천하기만 하면 이것이 곧 여자의 (아름답고 자랑스러운) 일이다(益智書).

---

(5) 婦人之禮 語必細

여자의 禮度는 말소리가 반드시 곱고 보드라워야 한다(太公). → 禮度는 "예의로 지켜야 할 법도"이다.

| 字句 풀이 |

禮: 예(절), 禮度 → 戒性 篇 (1) 참조

語: 말소리

語勢: 말소리의 高低와 抑揚 / 語音: 말소리 / 語感: 말소리나 말투가 풍기는 맛이나 느낌

一聽他的語音 就知道他不是北方人: 그의 말소리를 한 번 듣고 그가 북방인이 아니라는 것을 곧 알았다.

細: 고울, 보드라울, 부드러울, 여릴 → 粗(거칠다)의 對

細柳: 갓 나온 여린 버들가지 / 細沙: 고운 모래 / 細鹽: 고운 소금 / 麵粉磨得很細: 밀가루를 매우 보드랍게 갈다. / 大不踰宮 細不過羽: 크기로는 궁궐을 넘지 못하고 보드랍기로는 깃털보다 더하지 못하다(國語).

---

(6) 賢婦令夫貴 惡婦令夫賤

어진 아내는 남편을 귀하게 만들고 악한 아내는 남편을 천하게 만든다.

※ 惡婦가 佞婦로 된 譯本도 있는데 이때 佞의 뜻은 "奸邪하다"이다.

| 字句 풀이 |

賢: 어질 → 訓子 篇 (2) 참조

婦: 아내, 妻 → 立敎 篇 (5) 참조

令: 하여금, ~로 하여금 ~하게 하다 → 戒性 篇 (6) 참조

夫: 남편 → 戒性 篇 (5) 참조

貴: 귀할, 尊高할

民爲貴 社稷次之 君爲輕: 백성이 가장 귀하고 사직이 그다음이며 임금은 (오히려) 대수롭지 않은 셈이다[孟子(盡心下)].

惡: 악할, 나쁠, 不良할 → 繼善 篇 (4) 참조

不要把別人的好心當作惡意: 남의 호의를 악의(나쁜 뜻)로 여기지 말라. / 惡人有惡報: 악한 사람에게는 악한 應報가 있기 마련이다. / ※ "악하다"에는 다음 두 가지의 뜻이 들어 있다.

① 마음이나 행동이 못되고 나쁘다. → 악한 마음, 악한 짓

② 성질이 모질고 사납다. → 악한 짐승, 악한 강도

賤: 천할 → 安分 篇 (2) 참조

---

(7) 家有賢妻 夫不遭橫禍

집에 어진 아내가 있으면 남편이 뜻밖의 재앙을 당하지 않는다.

| 字句 풀이 |

妻: 아내 → 存心 篇 (18) 참조

賢妻(=賢婦): 어진 아내 / ㉙ 賢妻良母(=賢母良妻): 어진 아내이자 어진 어머니

遭: (나쁜 일을) 당할, 받을, 입을

艱(=當故): 부모상을 당하다. / 遭罪: 죄를 (벌을) 받다. / 遭災: 재해를 입다. / 遭水: 수해를 입다. / 遭病(=遭疾): 병에 걸리다. / 遭難: 재난을 당하다. → 遭難信號: 遭難船이 구조를 요청하는 신호

橫: 뜻밖의, 의외의, 갑작스러운, 정상이 아닌 → 省心 篇 (上) (51) 참조

禍: 재앙, 재난 → 繼善 篇 (1) 참조

橫禍: 뜻밖의 재앙 → 省心 篇 (下) (32) 참조

(8) 賢婦和六親 佞婦破六親

어진 아내는 六親을 화목하게 하고 간사한 아내는 육친을 갈라놓는다.

| 字句 풀이 |

和: 화목할 → 省心 篇 (上) (2) 참조

六親(=六戚): 여섯 親族 → 父, 母, 兄, 弟, 妻, 子

㉮ 六親不認: 육친도 모른다. → 몰인정하다 (또는) 사사롭지 않고 공정하다.

佞: 간사할, 아첨할

佞臣: 간신 / 佞猾: 간사하고 교활하다. / 佞惡: 간사하고 악하다. / 囹圄空虛 國無佞民: 감옥이 텅 비고 나라에는 간사한 백성이 없었다(宋, 洪适). / 放鄭聲 遠佞人 鄭聲淫 佞人殆: 정나라 음악을 몰아내고 간사한 사람을 멀리해야 한다. 정나라 음악은 음란하고 간사한 사람은 위태하기 때문이다[論語(衛靈公)].

破: 가를, 나눌, 쪼갤, 깨뜨릴

一破兩半: (절)반으로 가르다(쪼개다). / 牢不可破: 견고하여 깨트릴 수 없다. / 破浪前進: 파도를 가르며 앞으로 나아가다. / 破字: 한자의 자획을 나누거나 합하여 맞추는 수수께끼 / 破二作三: 둘을 나누어 셋으로 만들다. → 사리를 분석하다. / ㉮ 破竹之勢(=勢如破竹): (칼로) 대를 가르듯 하는 맹렬한 기세

< 增補 篇 >

(1) 善不積不足以成名 惡不積不足以滅身 小人 以小善爲無益而弗爲也 以小惡爲無傷而弗去也 故惡積而不可掩 罪大而不可解

선행을 끊임없이 쌓지 않으면 족히 이름을 떨칠 만큼 크게 될 수는 없고 악행도 계속해서 쌓지만 않는다면 족히 身世를 망칠 만큼 되지는 않을 수 있건마는 小人이 작은 선행을 별 이익이 없다고 생각하여 행하지 않고 (또) 작은 악행을 상관없다고 생각하여 버리지를 않는다. 그래서 악행이 累積되어 숨길 수 없게 되고 죄가 (마냥) 커져서 풀어 줄 수 없게 된다(周易).

| 字句 풀이 |

善: 선행, 착한 일, 좋은 일 → 繼善 篇 (1) 참조

積: 쌓을(쌓일), 모을(모일), 累積할(→ 포개져 쌓이다) → 繼善 篇 (6), 治政 篇 (6) 참조

足以: 족히(충분히) ~할 수 있다 → 立敎 篇 (10) 참조

成名: 명성을 얻다(세우다), 이름을 날리다(떨치다), 유명해지다

成名作: 성공작 → 명성을 세운 작품 / ㉙ 一擧成名: 단번에 유명해지다. / ㉙ 成名成家: 명성을 얻고 일가를 이루다. / 博學而無所成名: (달항 마을 사람들이 공자를 평하기를) "박학하지만 (어느 한 가지도) 이름을 떨친 것이 없다"라고 말했다[論語(子罕)].

惡: 악행 → 繼善 篇 (2) 참조

滅: (멸)망할, 끊어질, 없어질, 죽을, 죽일 → 言語 篇 (3) 참조

滅身: 자신을 파멸시키다, 죽이다, 죽다 [91]

雖滅身碎首未足以報非常之恩: 비록 머리를 부수고 죽더라도 그 특별한 은혜에 족히 보답할 수는 없다 (宋, 曾鞏).

※ 이 글에 한해서 滅身을 "身世를 망치다"로 意譯한다. → 身世는 "一身上의 처지나 형편"이다.

小人: 인격이 낮고 도량이 좁은 사람 → 勤學 篇 (6) 참조

以~爲: ~을 ~(으)로 삼다(여기다, 생각하다) → 省心 篇 (下) (2) 참조

益: 이익, 이득, 도움 → 正己 篇 (1) 참조

無益: 쓸데(쓸모)없다, 도움이 안 된다, 이로운 것이 없다 → 正己 篇 (26) 참조

㉙ 無益于事: 일에 도움이 안 된다. / 吾嘗終日不食 終夜不寢以思 無益: 나는 전에 종일 먹지 않고 밤새도록 자지도 않고 생각만 해 본 적이 있는데 아무런 이익이 없었다[論語(衛靈公)].

弗: 아닐 → 不보다 뜻이 강하다.

自愧弗如(=自愧不如): 남보다 못한 것을 스스로 부끄러워하다. / 弗與共戴天(=不俱戴天): 한 하늘 아래서 같이 하늘을 이고 살아갈 수 없다.

爲: (행)할 → 繼善 篇 (1) 참조

傷: 해로울, 방해될, 支障을 줄, 沮害할(→ 沮害는 "막아서 못하게 해치다"임)

無傷: 지장이 없다, 방해되지 않는다, 아무런 관계도 없다

彼雖不允: 그가 비록 허락하지 않아도 지장이 (상관이) 없다(無傷). / ㉙ 無傷大體(=無傷大雅): 전체적으로 지장이 없다. / 何傷乎 亦各言其志也: 무엇이 支障을 주겠느냐? 다만 각자 제 뜻을 말할 뿐이다 [論語(先進)]. / 無傷也 是乃仁術也 見牛未見羊也: 상관없습니다. 이것이 곧 仁術입니다. 소는 보시고

---

91) 檀國大學校編 大韓漢辭典의 字解임

양은 보지 못하셨던 탓입니다[孟子(梁惠王上)].

去: (내)버릴 → 立敎 篇 (10) 참조

去勢: 불알을 까서 버리다. / [成] 去僞存眞: 가짜를 버리고 진짜를 남기다. / [成] 掐頭去尾: 거두절미(去頭截尾)하다, 쓸모없는 부분을 떼어 버리다.

故: 고로, 그래서, 그러므로 → 正己 篇 (22) 참조

不可: ~할 수 없다 → 順命 篇 (3) 참조

掩: 가릴, 덮을, 숨길, 감출, 감쌀

掩口而笑: (손으로) 입을 가리고 웃다. / 掩惡揚善(=掩過揚善): 남의 잘못은 숨기어 주고 잘한 점은 드러내다. / [成] 瑕不掩瑜: 결점이 있지만, 장점을 가릴 정도는 못 된다. → 장점이 더 많다.

罪: (범)죄, 죄악 → 天命 篇 (7) 참조

大: 클, 성장할[92] ※ 訓子 篇 (7) 참조

解: 풀 → 얽힌 것을 풀어 줄

解罰: 형벌을 풀어 주다. / 解綁: 결박을 풀다. / 解結: 매듭을 (응어리를) 풀다. / 解纜(=解維): 밧줄을 풀다. → 배가 출항하다. / 解民懸(=解民倒懸, 解倒懸): 거꾸로 매달린 백성을 풀어 주다. → 극도의 困苦에 처한 백성을 구제하다. ※ 解倒懸은 孟子(公孫丑上)에 있음

| 參考 |

周易: 易(經)을 말함 → 省心 篇 (下) (24) 참조

---

(2) 履霜堅氷至 臣弑其君 子弑其父 非一朝一夕之事 其所由來者漸矣

서리를 밟는 때가 되면 멀지 않아 얼음이 단단하게 어는 嚴冬이 닥치는 것처럼 신하가 임금을 자식이 부모를 시해하는 일은 하루아침이나 하룻저녁의 사건이 아니고 그 일을 도모하는 것이 서서히 점차적으로 진행된 것이다.

| 類似한 글 |

臣弑君 子弑父 非一旦一夕之故也 其漸久矣: 신하가 임금을 자식이 부모를 시해하는 것은 일조일석의 일이 아니고 그 일을 도모하는 것은 오래도록 점차적으로 진행되었다(史記).

92) 두산동아(주)編 동아프라임 中韓辭典(탁상판)의 字解임

| 字句 풀이 |

履: 밟을, 디딜

履虎尾: 범의 꼬리를 밟다. → 위험한 짓 / [成] 如履薄氷: 살얼음을 밟는 것 같다.

立不中門 行不履閾: (공자께서) 서 계실 때는 문의 가운데에 서지 않으시고 (드나들어) 다니실 때는 문지방을 밟지 않으셨다[論語(鄕黨)].

霜: 서리 → 省心 篇 (下) (29) 참조

履霜: 서리를 밟다. → 서리가 내려 이를 밟게 되면 곧 엄동이 올 것을 안다. / 履霜之戒(=秋霜之戒): 서리를 밟는다는 것은 곧 얼음이 언다는 예고 임으로 이 일에서 깨달아 미리 앞날의 禍亂에 대비하라는 경계임

堅: 굳을, 단단할, 견고할

[成] 堅不可破: 견고해서 깨뜨릴 수 없다. / [成] 堅如磐石: 반석과 같이 단단하다. → 磐石은 盤石과 같다.

氷: (물이) 얼

立冬之日, 水始氷: 입동에 물이 얼기 시작한다(漢書).

孟冬之月 水始氷 地始凍: 음력 10월에 물도 얼고 땅도 얼기 시작한다[禮(月令)].

堅氷: 견고하고 두꺼운 얼음이 얼다. → "큰일이 일어난다"라는 뜻으로 轉義된다.

至: 올, 이를, 도달할 → 繼善 篇 (9) 참조

履霜堅氷至: 서리를 밟을 때가 되면 곧 얼음이 두껍게 얼 때가 온다 → 이처럼 어떤 일의 徵候가 보이면 가까운 시일에 큰일이 일어날 것이다.

臣: 신하 → 省心 篇 (上) (44) 참조

弑: 시해할, 아랫사람이 윗사람을 죽일 → 주로 신하가 임금을 자식이 부모를 죽이는 것을 말함

弑親案: 부모 시해 사건 / 弑逆(=弑戮, 弑殺, 弑害): 임금이나 부모를 죽이는 일 → (그러나) 주로 임금을 죽이는 일을 말한다. / 凡自內虐其君曰弑 自外曰戕: 대개 내부에서 임금을 죽이는 것을 弑라 하고 외부의 소행을 戕이라 한다(左傳). → 虐과 戕은 死와 뜻이 같다.

其: 그(의), 그것(의) → 繼善 篇 (9) 참조

君: 임금 → 正己 篇 (26) 참조

子: 아들 → 繼善 篇 (6) 참조

父: 아버지 → 孝行 篇 (1) 참조

非: 아닐 → 天命 篇 (2) 참조

[成] 一朝一夕(=一旦一夕): (하루아침이나 하루 저녁과 같은) 짧은 시일 / 非一朝一夕之功: 일조일석의 업적이 아니다. / 不是一朝一夕所能完成的: 일조일석에 완성할 수 있는 것이 아니다.

之: ~의 → 繼善 篇 (6) 참조

事: 일, 사건 → 繼善 篇 (4) 참조

萬事如意: 모든 일이 뜻대로 되다. / 物有本末 事有始終: 사물에는 주된 것과 부차적인 것이 있고 일에는 처음과 끝이 있다(大學).

所: 동사 앞에 놓여 동작을 받는 사물을 나타내면서 동사 뒤에 다시 사물을 뜻하는 者나 的을 쓰는 경우임 → 婦行 篇 (4) 참조

由: 도모할, 꾀할

乃由裕民: 이에 곧 백성을 가르치고 인도하기를 도모했다(書(康誥)).

來: 동사 뒤에 붙는 어조사 → 順命 篇 (5) 참조

漸: 차차로 나아갈, 점점(차츰차츰) 발전할, 漸進할, 緩進할

鴻漸: 고니가 낮은 곳에서 높은 곳으로 점차 날아오르다.

鴻漸之翼: 점점 높고 멀리 나는 고니의 날개 → 뛰어난 재능과 큰 인재를 비유하며 漢書에 보임

漸敎: 淺近한 데서 深奧한 데로 차례를 따라 說하는 敎法 ↔ 頓敎: 문득 깨달아서 佛果를 얻는 敎法

< 八反歌八首 >

여덟 편의 反語的인 노래로 자식을 사랑하는 그 만큼 부모님에게도 효도하라는 歌詞로 되어 있다. 篇名인 "八反歌八首"는 簡略해서 "八反歌"라고도 한다.

(1) 幼兒或詈我 我心覺懽喜 父母嗔怒我 我心反不甘 一喜懽 一不甘 待兒待父心何懸 勸君今日逢親怒 也應將親作兒看

간혹 어린 아들이 나를 나무라면 내 마음은 즐거움을 느끼지만, 부모님이 나에게 책망하며 화를 내시면 내 마음은 도리어 달갑지 않다. (다 같은 나무람이고 책망인데도) 한편은 마음에 들고 한편은 싫다니! 자식을 대하는 마음과 부모님을 대하는 마음이 어찌 이다지도 거리가 먼고? 그대들에게 권고하는데 오늘 (즉시) 부모님으로부터 책망하심과 진노하심을 당한다고 하더라도 마땅히 부모님을 (달갑지 않게 여기지 말고) 자식을 (기쁘게) 대하는 것처럼 대해야 하느니라.

| 字句 풀이 |

幼: (나이가) 어릴 → 立敎 篇 (4) 참조

兒: 아들 → 省心 篇 (上) (51) 참조

或: 혹(或) → 或是와 間或(=或間)의 준말

或是는 "가다가(→ 어쩌다, 이따금)"와 "더러(→ 이따금)" 및 "어쩌다(→ 간간이, 이따금)" 등이며, 間或(=或間)은 "간간이" "어쩌다" "이따금"으로 (혹시와 간혹은) 둘 다 뜻이 같지만 (이 글에서) 필자는 "間或"으로 해석한다. / 恐其或失 大戴禮: 그가 혹시 뜻을 이루지 못할까 염려된다.

詈: 꾸짖을, 나무랄, 욕할, 욕하며 꾸짖을

忿詈: 화내면서 꾸짖다. / 詈言: 꾸짖는(욕하는) 말 / 申申而詈: 계속해서 꾸짖다(욕하다).

覺: 느낄, 감지할

覺得: ~라고 느끼다. → 覺得熱: 덥다고 느끼다. / 覺得頭暈: 어지러움을 느끼다. / 不覺失口道: 무심코 말하다. / 不覺的: 어느덧, 어느새 / ㊌ 不知不覺: 무의식중에, 자기도 모르는 사이(에)

懽: 기쁠, 기뻐할, 좋아할, 歡과 同字

懽送: 기꺼이 보내다. ↔ 懽迎: 기꺼이 맞다. → 맞이하다. / 懽顔(=懽容): 기쁜 얼굴, 희색이 만면하다. / 懽心: 즐거워하는 (좋아하는) 마음 → 博取懽心: 환심을 얻다(사다). / 討人懽心, 남의 환심을 사다.

喜: 기뻐할, 즐거워할 → 正己 篇 (5) 참조

懽喜(=歡喜): 기쁨, 즐거움 / 滿心懽喜: 마음이 기쁨으로 가득 차다.
她掩藏不住心中的懽喜: 그녀는 가슴속의 기쁨을 감출 수 없었다.

嗔: 책망할, 나무랄

嗔斥: 나무라다, 꾸짖다, 질책하다. / 嗔怪, 나무라다, 꾸짖다, 책망하다.
我做事冒昧 您別嗔怪我: 제가 일을 분별없이 하더라도 책망하지 말아 주십시오.

怒: 성낼, 화낼 → 正己 篇 (5) 참조

反: 도리어, 반대로, 거꾸로, 역으로

將恥辱反以爲榮: 치욕을 도리어 영광으로 여기다. / 喫下這藥 反而更疼了: 이 약을 먹으니 도리어 더 아프다.

甘: 달가워할, 달갑게 여길, 즐거워할, 기분이 좋을

甘心: 달갑게 여기다 또는 그 마음 / 不甘: 달가워하지 (달갑게 여기지) 않다, 내키지 않다, 싫어하다, 원하지 않다. / 甘受處分: 처분을 달갑게 받다. / 不甘落後: (남에게) 뒤떨어지기를 싫어하다. / ㊌ 不甘示弱: (남에게) 약점 보이는 것을 싫어하다. / 甘心瞑目: 달갑게 (기꺼이) 눈을 감다. → 죽어도 여한이 없다. / 貧賤常甘分 梅堯臣: 가난하고 비천해도 항상 자기 분수를 달갑게 여기다.

一: 한편, 한쪽으로는

喜懽(=喜歡): 마음에 들다, 호감을 가지다, 좋아하다, 사랑하다. / 我頂喜懽秋天: 나는 가을을 가장 좋아한다. / 你喜懽呢 就買下: 마음에 들면 사라.
父母之年不可不知也 一則以喜 一則以懼: 부모의 나이는 모르면 안 된다. (그러나 알면) 한편으로는

(장수하심으로) 더욱 기쁘고 한편으로는 (노쇠하심으로) 도리어 두렵다[論語(里仁)]. → (以의 뜻으로) 以喜에서는 "더욱"이고 以懼에서는 "도리어"이다.

待: (사람을) 대(우)할 → 治政 篇 (5) 참조

何: 어찌 → 孝行 篇 (5) 참조

懸: 현격할, 멀리 떨어질, 거리가 멀, 동떨어질, 차이가 많을, 큰 차이가 날

懸異(=懸殊): 현격하게 다르다. / 貧富懸隔: 빈부의 차이가 크다. / 懸如天壤(=天懸地隔, 天壤之差): 거리가 하늘과 땅 차이이다. / 懸隔: 멀리 떨어지다, 차이가 많다. → 千里懸隔: 천 리나 멀리 떨어지다.

勸: 권(고)할, 충고할, 타이를 → 正己 篇 (26) 참조

君: 그대, 자네 → 正己 篇 (26) 참조

逢: (~을) 당할, (어떤 일을) 당할, ~이 될

每逢禮拜天: 항상 일요일이 되면 / 逢節過節: 명절이 되면 명절을 쇠다. → 해마다 똑같은 방법으로 지내다. / 逢變(=當變): 변을 당하다. → 變은 "예사 상태에 어그러진 현상이나 사고"를 뜻한다. / 㘿 逢凶化吉: 화를 당한 것이 (도리어) 복이 되다. → 轉禍爲福과 같음

親: 어버이, 부모 → 孝行 篇 (2) 참조

也: ~(라) 해도, 그래도, 역시 → 省心 篇 (上) (2) 참조

事情雖多 也該休息: 일이 비록 많지만 그래도 쉬어야 한다.

跑最後一名也要堅持跑完: 꼴찌로 달리지만 그래도 완주해야 한다.

應: 응당(히), 마땅히 → 省心 篇 (上) (31) 참조

將: ~을, ~를

將門關好: 문을 잘 닫다. / 將他請來: 그를 오라고 청하다. / 蘇秦將連橫 說秦惠王: 소진은 연횡책을 진의 혜왕에게 설명했다(戰國策). / 他將錢和藥方交給了我: 그는 돈과 처방전을 내게 건네주었다.

作: ~한 체할, (어떤) 태도나 표정을 지을 (나타낼, 꾸밀)

作怒容: 짐짓 성난 얼굴을 하다. / 裝模作樣(=裝腔作勢): 虛張聲勢하다. → (실속도 없이) 허세를 부리다, 잘난 체하다, 티를 내다. / 㘿 裝聾作啞: 듣지도 못하고 말도 못 하는 척하다. → 모르는 체하다. / 出則窈窕作態: 나가면 貞淑한 태도를 짓는다(後漢書).

看: 대(우)할

不知天下士 猶作布衣看: 천하에 뛰어난 선비를 몰라보고 여전히 평민으로 여기고 대우했다(唐, 高適). 㘿 刮目相看(=刮目相待): 눈을 비비고 (새로운 안목으로) 대(우)하다. → 상대방의 학식이나 재주가 갑자기 발전했을 때 놀라서 하는 말

(2) 兒曹出千言 君聽常不厭 父母一開口 便道多閑管 非閑管 親掛牽 皓首白頭多諳練 勸君敬奉老人言 莫敎乳口爭長短

제 자식들은 천 마디의 말을 해도 그대의 귀에는 언제나 싫증이 나지 않는데 부모님은 한번 입을 열었다 하면 곧바로 쓸데없는 간섭이 많다고 여기는구나 쓸데없이 간섭하는 것이 아니고 부모님은 (그대가) 걱정되시어 그러신단다. 백발의 연로하신 부모님은 세상의 이치를 대부분 잘 아시고 경험이 많으시기 때문이시지, 그대에게 권고하노니 늙으신 어른의 말씀을 최선을 다하여 준수하기만 할 뿐 (감히) 젖먹이 입으로 하여금 이러쿵저러쿵 따지지 말게 하도록 할지니라.

| 字句 풀이 |

曹: (복수를 나타내는) ~들 → 存心 篇 (3) 참조

出: 말을 꺼낼, 발표할, 公布할

出辭氣 斯遠鄙倍矣: 말을 할 때는 곧 저속하고 도리에 어긋남을 멀리해야 한다[論語(泰伯)]. → 辭氣는 "말투"를 의미한다. / 禮樂征伐自天子出: 예악과 정벌은 천자로부터 公布된다[論語(季氏)]. / 出言(=出口): 말을 하다. → 立敎 篇 (9) 참조

千: 천(백의 열 곱) → "매우 많다"는 뜻으로도 쓰임 ※ 存心 篇 (12) 참조

聽: 귀[93]

滿聽(=滿耳): (소리가) 귀에 가득하다.

常: 늘, 항상 → 正己 篇 (22) 참조

厭: 싫증 날, 물릴 → 正己 篇 (22) 참조

開口: 입을 떼다(열다), 말을 하다 → 省心 篇 (下) (30) 참조

便: 즉시, 곧, 바로 → 동작을 개시하는 시간을 나타내며 就나 卽에 해당된다.

善屬文 擧筆便成: 문장을 잘 지으면 손에 붓을 쥐는 순간 곧바로 글이 된다(三國志). → 屬文은 "글을 짓다"임 / 天一亮他便下地去了: 날이 밝자 그는 즉시 밭으로 나갔다.

說了便做: 말을 하면 곧 한다. / 我說去 便去: 나는 간다면 곧 간다.

道: (~라고) 생각할(여길)

辦了這件事的 你道是誰: 이 일을 한 사람이 누구라고 생각하는가?

我道是誰呢 原來是你: 누군가? 하고 생각했는데 알고 보니 너였구나. → 原來는 "알고 보니"임

---

93) 檀國大學校編 大韓漢辭典의 字解임

多: 많을 → 正己 篇 (10) 참조

閑: 관계없을, 쓸데없을

閑人莫入(=閑人免進): 無用者 출입금지 / 閑事: 자기와 상관없는 일, 남의 일 / 少管閑事: 남의 일에 끼어들지 마라. / 閑言: 쓸데없는 말, 허튼소리 / 少說閑言: 쓸데없는 말은 그만두자.

管: 간섭할, 관섭할, 관여할, 상관할, 참견할

多管: 쓸데없이 간섭하다. / [成] 多管閑事: 남의 일에 부질없이 참견하다. / 不該管的事不管: 간섭하지 말아야 할 일에는 간섭하지 않는다. / 有甚麽危險都不管: 어떤 위험이 있어도 상관없다.

非: 아닐 → 天命 篇 (2) 참조

掛: 걱정할, 근심할, 염려할, 마음에 걸릴, 挂念할(挂와 同字)

老挂在心上: 늘 걱정이 되다 → 老는 "늘, 언제나, 항상"임

你要安心工作 不要挂家: 너는 집안일 걱정하지 말고 일에만 전념하라.

別挂着我: 나는 걱정하지 마라. / 他總挂着這件事: 그는 줄곧 이 일이 마음에 걸렸다.

牽: 근심할, 늘 생각할

[成] 牽腸挂肚: 마음에 걸리다(걱정하다). / 牽挂: 걱정하다, 근심하다. / 家裏的事不用牽挂: 집안일은 걱정하지 마라. / 請不必牽挂那些瑣事: 그런 하찮은 일에 근심할 필요 없습니다.

挂牽(=挂念, 牽挂): 걱정(하다), 근심(하다), 염려(하다), 늘(항상) 마음에 걸리다. / 免挂牽 興衰事 總由天: 근심에서 벗어나라 흥하고 쇠하는 일은 모두 하늘에 달려 있느니라(明, 徐元).

皓: 흴

[成] 皓齒明眸(=明眸皓齒): 흰 이와 맑은 눈동자 → 여자의 미모

皓皓: 온통 흰 모양 → 皓皓白髮(=皜皜白髮): 온통 하얀 머리털 → 그러한 노인

皓雪: 흰 눈 / 皓髯: 흰 수염 / 皓鳩: 흰 비둘기 → 상서로운 새

首: 머리털, 두발

首如飛蓬: (산란한) 머리털이 바람에 나는 쑥 같다[詩(衛風)]. / 皓首(=白首): 흰머리, 白髮 → 노인 / 皓首無依: 노년에 의지할 데가 없다. / 皓首而歸: 흰머리로 (노년에) 돌아오다(李陵).

皓首窮經: 늙어서도 경서를 연구하다, 노년에도 학문에 힘쓰다.

白: 흴, 하얄 → 省心 篇 (下) (29) 참조

頭: 머리카락, 머리털, 두발

頭鬚: 두발과 수염 / 分頭: (두발의) 가르마를 타다. / 梳頭: 머리(털)를 빗다. / 剃頭: 두발을 깎다. / 推光頭: 머리(털)를 빡빡 깎다. → 推光은 "빡빡 깎다"임

白頭: 허옇게 센 머리털, 백발 → (이 글에서는) 연로한 부모를 뜻함

音書早晩慰白頭: 편지(소식)만이 언제나 늙으신 부모를 위로했다(淸, 孫枝蔚). → 早晩에는 "언제나"의 뜻도 있음

多: 대부분, 대개, 대체로 → 省心 篇 (上) (33) 참조

諳: (잘) 알, 知也, 익숙하게 알, 熟知할, 능숙할, 정통할

諳事: 사리(이치)를 알다. / 不諳世事: 세상일에 어둡다. / 諳熟: (어떤 분야에) 잘 알다, 정통하다. / 諳熟文學: 문학에 정통하다. / 諳識: 잘 알다, 정통하다. / 素諳書藝: 평소 서예에 능숙하다.

練: 경험이 많을 (풍부할)

練事: 경험이 많아서 세상일에 환하다. / 練達: 경험이 많아 세상 물정을 잘 안다. / 練達世事: 경험이 많아 세상일에 훤하다. / 昔靡不練: 예전에 경험이 많아 안 겪은 일이 없다(漢書).

勸君: 그대에게 권면하노니 → 正己 篇 (26) 참조

敬: 온 마음을 기울일, 혼신의 힘을 쏟을

執事敬: 일을 할 때는 최선을 다한다[論語(子路)]. / 敬業: 일이나 학업에 전심전력하다(최선을 다하다). 敬業精神: 투철한 직업 정신 / 敬業愛崗: 일에 충실하며 직장을 사랑한다. → 崗은 "직장"의 뜻도 있다./ 俄 敬業樂群: 일에 전념하면서 동료들과 사이가 좋다.

奉: (명령을 받아) 시행할, 준수할, 그대로 따를

後天而奉天時: 하늘의 뜻이 나타난 뒤에 일을 도모할 때는 하늘의 뜻을 그대로 따라야 한다(易經). → 天時는 "하늘의 뜻"임 / 參謀議者 盡心奉之於後: (統帥者는 앞에서 전력을 다하여 시행하고) 모의에 참여한 자는 뒤에서 全心으로 명령을 준수해야 한다(韓愈).

言: 말씀 → 正己 篇 (5) 참조

莫: (~하지) 말 → 繼善 篇 (4) 참조

敎: 하여금, ~로 하여금 ~하게 할

敎他進來吧: 그 사람을 들어오도록 하시오! / 敎人如此發憤勇猛向前: 사람들로 하여금 이처럼 분발하여 용맹스럽게 전진하도록 했다(朱熹). / 敎臣殺君 非賢人之行也: 신하로 하여금 임금을 살해하도록 시키는 것은 어진 사람이 할 짓이 아니다(墨子).

乳: 젖먹이의, 어릴 → 갓 태어난 아이를 형용하는 말

乳兒: 젖먹이 / 乳犢: 젖 먹는 송아지 / 乳猪: 젖먹이 새끼 돼지

口: 입 → 孝行 篇 (4) 참조

爭: (是非, 可否를) 따질, 논할

不爭價錢多少: 값의 다소를 따지지 않다. / 不必再爭了: 더 이상 따질 필요 없다.

滕侯薛侯來朝 爭長: 등과 설의 제후가 조회에 와서 예를 행하는 선후를 놓고 따졌다(左傳).

長短: 장단점, 是非, 優劣 → 戒性 篇 (4) 참조

爭長短(=爭長論短, 爭長競短): 옳고 그름을 따지다, 사소한 일로 옥신각신하다.

(3) 乳兒尿糞穢 君心無厭忌 老親涕唾零 反有憎嫌意 六尺軀 來何處 父精母血成汝體 勸君敬待老來人 壯時爲爾筋骨敝

어린 자식의 오줌똥은 더러워도 그대의 마음에는 싫거나 꺼림이 없더니 늙으신 어버이가 콧물과 침을 흘리실 때는 도리어 혐오하는 기색이 있구나. / 그대의 여섯 자 몸이 어디서 왔는고? 아버지의 精水와 어머니의 피가 그대의 몸이 되었다네. 그대에게 권고하노니 늙으신 어른을 공경을 다하여 대접해 드려라. (그분은) 젊으실 때부터 그대를 위하여 일을 하시느라고 몸이 疲弊해지셨느니라.

| 字句 풀이 |

尿: 오줌, 소변

排尿(=撒尿): 오줌을 누다, 소변을 보다.

糞: 똥, 대변 → 省心 篇 (上) (49) 참조

穢: 더러울, 불결할 → 省心 篇 (下) (29) 참조

厭: 싫어할 → 立敎 篇 (10) 참조

忌: 꺼릴, 싫어할, 기피할

忌油膩: 느끼한 음식을 싫어하다. / 忌生冷: 날것이나 찬 것을 기피하다. / ㉙ 百無禁忌: 조금도 꺼리는 것이 없다.

涕: 콧물

涕淚交流: 콧물과 눈물이 뒤범벅되다. / 淸水鼻涕: 맑은 콧물 / 涕淚俱下: 콧물과 눈물이 함께 떨어지다. / 流鼻涕: 콧물을 흘리다. / 目淚下落, 鼻涕長一尺: 눈에서는 눈물이 흐르고 코에서는 콧물이 한 자나 된다(王褒). / 中心孔悼 涕淚漣洏: 衷心으로 몹시 슬퍼하여 콧물과 눈물이 흘러내린다(王粲). → 孔은 "몹시"임

唾: 침, 타액, 口液

唾沫: 침 / 吐唾沫: 침을 뱉다. / 咽唾沫: 침을 삼키다. / 唾沫星子: (튀어 흩어지는) 침방울 / 唾沫星子四濺: 침방울이 사방으로 튀다

涕唾: 콧물과 침

顑頤折頞 涕唾流沫: 주걱턱에 콧등이 구부러져서 콧물과 침을 흘린다(漢書).

※ 涕唾를 "눈물과 침"으로 해석하는 譯本이 대부분이다. 그러나 눈물은 "더럽다"는 뜻으로는 쓰이지 않는 말임으로 잘못된 해석이라고 본다.

零: (눈물, 콧물, 나뭇잎 등이) 떨어질, (눈비 등이) 내릴

涕零: 눈물이나 콧물이 떨어지다. / 草木零落: 초목이 (시들어) 떨어지다. / 靈雨旣零: 단비가 이미 내렸

다[詩(鄘風)].

反: 도리어, 반대로 → 八反歌 (1) 참조

有: 있을 → 繼善 篇 (5) 참조

憎嫌: 싫어하다, 혐오하다 → 勤學 篇 (7) 참조

意: 기, 기운 → 戒性 篇 (6) 참조

六尺: 여섯 자 → 성인 남자의 체구

軀: 몸 → 戒性 篇 (6) 참조

來: 올, 이를, 도달할 → 順命 篇 (4) 참조

何處: 어디, 어느 곳

住在何處: 어디에 사느냐? / 何處去: 어디로 가느냐?

精: 정액(精液), 精水

受精: 정받이 → 암수의 生殖세포가 서로 합치는 현상 / 射精(=吐精): 남성의 생식기에서 정액을 내쏘다.

血: 피, 혈액 → 正己 篇 (9) 참조

成: ~이(가) 될, ~으로 될 → 戒性 篇 (3) 참조

㊌ 憂思成病: 걱정 근심이 병이 되다. / 桑田變成海了 人哪能不老呢: 뽕밭이 변하여 바다가 되었는데 (그렇게 변했는데) 사람이 어찌 늙지 않을 수 있겠는가!

汝: 너, 그대 → 省心 篇 (上) (51) 참조

體: 몸, 신체 → 省心 篇 (下) (1) 참조

待: 대접할 → 治家 篇 (2) 참조

老來: 늘그막, 老後

老來子: 늘그막에 본 아들 / 老來得子: 늘그막에 아들을 보다. / 老來少: 몸은 늙어도 마음은 젊다. / 老來俏: 늙은이가 부리는 멋 / 想起老來的日子: 노후의 나날을 생각해 본다.

壯: 젊을

不能使之永壯而不老: 그로 하여금 영원히 젊고 늙지 않게 할 수는 없었다(抱朴子).

時: 때, 시기 → 正己 篇 (9) 참조

爲: 위하여 (행)할

古之學者爲己 今之學者爲人: 옛날의 학자는 자기를 위하여 (학문을) 했으나 오늘의 학자는 남을 위하여 (학문을) 한다[論語(憲問)].

爾: 그대, 너 → 存心 篇 (3) 참조

筋: 근육(힘살)

㊌ 筋疲力盡: 기진맥진하다. / 筋肉: 힘살 → 筋肉勞動: 육체노동 / 筋力: 근육의 힘 → 체력

凡藥 以酸養骨 以辛養筋 以鹹養脉: 무릇 약이란 신 것으로 뼈를 다스리고, 매운 것으로 근육을 다스리고, 짠 것으로 혈관을 다스린다(周禮).

骨: 뼈 → 省心 篇 (上) (19) 참조

筋骨: 근육과 뼈 → 몸, 신체

鍛煉筋骨: 몸을 (신체를) 단련하다. / 戚 鋼筋鐵骨: 근육과 뼈가 (몸이) 강철 같다.

天將降大任於是人也 必先苦其心志 勞其筋骨: 하늘이 장차 큰일을 어느 사람에게 내리려 할 때에는 반드시 먼저 그 마음을 괴롭게 하고 그의 몸을 수고롭게 하느니라[孟子(告子下)].

敝: 쇠약해질, 疲弊할(→ 지치고 쇠약해지다)

刑肅而民敝: 형벌이 엄하면 백성이 피폐해진다(禮記).

土敝則草木不長: 땅이 疲弊하면 초목이 자라지 않는다(禮記).

---

(4) 看君晨入市 買餅又買餻 少聞供父母 多說供兒曹 親未啖 兒先飽 子心 不比親心好 勸君多出買餅錢 供養白頭光陰少

들리는 말에 그대가 새벽에 시장에 들어가서 떡도 사고 과자도 산다는데 부모님에게 드린다는 소문은 없고 제 자식들에게 준다는 말만 자자(藉藉)하더라. / 부모님이 맛도 보시기 전에 제 자식이 먼저 배가 부르니 (이에) 아들로서 부모님을 생각하는 그대의 마음은 부모님이 (잘 먹는 손자들을 보시고) 마음이 기뻐서 흐뭇하신 것에 비교할 수 없으리라. / 그대에게 권고하노니 떡 살 돈을 충분히 내어 餘生이 얼마 남지 않은 老父母님을 잘 봉양할지니라.

| 字句 풀이 |

看: 들을, 聽聞할

看君話王室 感動幾銷憂: 그대가 왕실에 대해 이야기하는 것을 듣고 감동이 되어 근심이 거의 사라졌다네(杜甫).

晨: 새벽 → 正己 篇 (10) 참조

入: 들어갈 → 省心 篇 (下) (3) 참조

市: 저자, 시장, 場 → 省心 篇 (上) (40) 참조

買: 살 → 省心 篇 (上) (54) 참조

餅: 떡

餅師: 떡장수 / 餅肆: 떡집, 떡 가게 / 戚 畫餅充飢: 그림의 떡으로 허기를 채우다, 실속이 없다.

又: ~도 하고, 동시에, 더하여, 한편 → 몇 가지가 동시적 상황임을 나타낸다.

可笑又可氣: 우습기도 하고 화도 난다. / 吐又瀉: 토하기도 하고 설사도 한다.

他是教授 又是作家: 그는 교수이면서 동시에 작가이기도 하다.

饊: (카스텔라, 케이크 등의) 과자

饊餅店: 제과점 / 蛋饊(=鷄蛋饊): 카스텔라

少: 적을 → 正己 篇 (14) 참조

※ "적다"는 뜻이지만 이 글에서는 "없다"로 해석한다.

聞: (전하여) 들리는 말, 소문, 소식, 뉴스

醜聞: 더러운 소문, 스캔들 ↔ 美聞: 좋은 소문

珍聞: 희귀한 뉴스, 토픽(Topic) / 風聞: 떠도는 소문 / 要聞: 중요 뉴스

供: 드릴, 바칠, 올릴, 줄

供酒: 술을 드리다(바치다, 올리다). / 供饌: 음식을 주다(드리다). / 供給: 물품을 需要에 따라 대어 주다. / 供僧: 중에게 재물 등을 주다(施主하다). / 在烈士靈前供果品: 열사의 영전에 과일을 올리다.

說: 말 → 省心 篇 (上) (24) 참조

未: 아직 ~하지 않을 → 省心 篇 (上) (14) 참조

啖: 먹을

啖飯: 밥을 먹다. / 啖嘗: 먹어 보고 맛보다. / 啖嚼(=啖咋, 啖噬): 씹어 먹다. / 飮啖如常: 먹고 마시는 것은 여전하다. / 健啖(=健飯, 善飯): 무엇이나 잘 먹는다, 식성이 좋다.

先: (시간이나 순서상의) 먼저 → 正己 篇 (19) 참조

飽: 배부를 → 存心 篇 (17) 참조

飽暖思淫慾: 배부르고 등 따시면 음욕을 생각한다.

㈜ 飽漢不知餓漢子飢(=飽肚不知餓肚飢): 제 배가 부르면 남 배고픈 줄 모른다.

子: 아들 → 繼善 篇 (6) 참조

比: (~에) 비(교)할 수 있을

老嫂比母: 나이 많은 형수는 어머니에 비할 수 있다. / 近隣比親: 가까운 이웃은 친척에 비교할 수 있다. / 堅比金石: 단단하기가 쇠와 돌에 비할 수 있다.

不比: ~과는 비교도 안 된다, ~에 비할 수 없다, ~만 (~보다) 못하다

他的家境不比往年: 그의 가정 환경은 이전보다 못하다.

年紀大了 不比年輕時的身體: 나이가 들으니 몸이 젊을 때만 못하다.

好: 기뻐할, 좋아할, 즐길

好奇心: 새롭고 기이한 것을 좋아하는 마음 / 敏而好學: 총명하면서도 학문을 좋아하다[論語(公冶長)].

/ 好管閑事: 자기와 상관없는 일에 참견하기를 좋아하다.

多: 충분히[94]

多加小心: 충분히 주의하다.

出: 낼, 支出할

入不敷出: 수입이 지출보다 적다. / 有錢出錢 有力出力: 돈이 있으면 돈을 내고 힘이 있으면 힘을 내라.

錢: 돈 → 省心 篇 (上) (3) 참조

供: 받들, 모실, 받들어 모실

供侍: 곁에서 시중들고 받들다. / 供命: 명령을 받들어 행하다. / 供奉: 모시어 받들다. 받들어 섬기다. / 敬事供上曰恭: 웃어른을 공경하고 섬기고 받드는 것이 恭(奉行하다)이다(逸周書).

養: 봉양할(부모나 조부모를 받들어 모심) → 孝行 篇 (2) 참조

供養: 奉養하다 → 부모나 조부모를 받들어 섬기다

母尚在 供養甚篤: (方進은) 모친이 아직 살아계셔서 매우 돈독하게 봉양했다[漢書(翟方進傳)]. / 供養父母是我們子女的義務: 부모님을 봉양하는 것이 우리 자녀들의 의무다.

白頭: 연로하신 부모 → 八反歌 篇 (2) 참조

光: 시간, 날, 세월, 광음

時光: 시간, 세월, 광음 / 時光可貴: 시간은 귀중하다. / 浪費時光: 시간을 낭비하다. / 虛度時光: 세월을 헛되이 보내다. / 時光一年一年地過去了: 세월은 한 해, 한 해 지나갔다.

陰: 광음, 시간, 세월 → 省心 篇 (下) (27) 참조

光陰: 시간, 세월 / 虛度光陰: 시간을 헛되이 보내다. / 光陰如梭(=日月如梭): 세월이 (베틀의) 북 같이 빠르다. / 光陰如逝水: 세월이 흐르는 물 같이 빠르다. / 光陰如箭: 세월이 나는 살 같이 빠르다.

少: 적을, 많지 아니할 → 正己 篇 (14) 참조

---

(5) 市間賣藥肆 惟有肥兒丸 未有壯親者 何故兩般看 兒亦病 親亦病 醫兒不比醫親症 割股還是親的肉 勸君亟保雙親命

시장의 약 파는 가게에 오직 아이를 살찌게 하는 약만 있고 부모님을 강건하게 하는 약은 없구나! 무엇 때문에 (이렇게 자식의 약과 어버이의 약) 두 가지를 (相反되게 비교하여) 取扱하고 있는가? 자식도 아프고 (동시에) 부모님도 아프시다고 할 때 자식을 치료하는 일은 부모님의 병을 치료하는 일에 비교도 할 수 없이 가볍느니라. / 割股를 하더라도 그 베어낸 허벅지 살조차 역시 부모님의 살덩

---

94) 民衆書林編 民衆 엣센스 中國語辭典의 字解임

어리이다. (→ "身體髮膚는 受之父母"라고 하지 않던가?) 그대에게 권고하노니 시급히 서둘러서 부모님의 수명을 (길이길이) 保全해드릴지어다.

| 字句 풀이 |

間: 막연한 장소나 범위를 나타냄 → 天命 篇 (3) 참조

坊間: 거리, 골목, 동네, 市街, 市井, 市中 / 人間: (인간) 세상

賣: 팔, 販賣할

㉾ 賣刀買犢(=賣劍買牛): 칼을 팔아 송아지를 사다.

㉸ 賣瓜的說瓜甜: 참외 장수는 참외가 달다고 말한다, 自畵自讚하다.

藥: 약 → 存心 篇 (14) 참조

肆: 가게, 매점, 점방, 점포 → 交友 篇 (1) 참조

惟: 오직, 오로지, 다만, 단지, 唯와 통용 → 正己 篇 (20) 참조

肥: 살찔, 살질

天高馬肥: 하늘이 높고 말은 살이 찐다. 가을은 좋은 계절이라는 말

㉸ 肥猪拱門: 살찐 돼지가 (주둥이로) 문을 열고 들어오다, 뜻밖의 행운이 굴러들어 오다.

丸: 환약, 알약

丸散膏丹: (환약, 가루약, 고약, 단약 등) 약의 총칭

喫了幾顆丸子病就好了: 몇 알의 환약을 먹고 병이 곧 나았다.

未有: 있지 않다, (아직) 없다

未有頭緖: 아직 실마리(단서)가 없다. / 未有不散之筵: 끝나지 않는 연회는 없다. → 환락도 끝날 때가 있다.

壯: 강건할, 힘이 셀, 기력이 왕성할, 튼튼할

㉾ 年輕力壯: 젊고 힘이 세다. / 老當益壯: 늙을수록 더욱 기력이 왕성해야 한다(後漢書).

㉾ 身強力壯: 몸이 건장하고 힘이 넘치다.

者: 것 (여기에서는 약을 뜻함) → 勤學 篇 (6) 참조

何故: 왜, 무엇 때문에

何故遲到: 무엇 때문에 늦었느냐? / 何故如此: 왜 이런가? 왜 이와 같은가?

兩: 둘, 두 → 言語 篇 (6) 참조

般: 가지, 종류, 방법

百般: 여러 가지, 갖가지, 百方 / 萬般: 여러 가지, 모든 것, 온갖 / 萬般辛勞: 온갖 고생 / 萬般世相: 온갖 世態 / 百般勸解: 백방으로 타이르다.

兩般: 두 가지

兩般肚腸: 두 가지 마음(蘇軾) → 肚腸은 "마음"임

看: 取扱하다 → 사물이나 사건을 다루거나 처리하다

㉭ 另眼看待: 다른 시각으로(특별히) 취급하고 대하다.

亦: ~도(역시), 또(한) → 繼善 篇 (8) 참조

亦農亦醫: 농사도 하고 동시에 의료 활동도 하다.

病: 병이 날, 병에 걸릴, (병을) 앓을 → 孝行 篇 (2) 참조

今吾尙病 病愈 我且往見: 지금은 내가 아직 앓고 있으니 병이 나으면 곧 가서 만나겠습니다[孟子(滕文公上)].

醫: 병을 고칠, 치료할 → 省心 篇 (上) (51) 참조

頭痛醫頭 脚痛醫脚: 두통이면 머리를 각통이면 다리를 치료하다. → 彌縫策임

症: (질)병

癆症: 폐병 / 害癆症: 폐병에 걸리다. → 害는 "병에 걸리다"임 / 絶症(=不治之症): 불치의 병, 죽을병 / 身患絶症: 죽을병에 걸리다. / 急症: 위급한 병 → 得了急症: 위급한 병에 걸렸다.

割: (칼로) 벨, 자를, 끊을 → 言語 篇 (4) 참조

股: 넓적다리, 허벅지, 大腿部

股肱: 다리와 팔, 股肱之臣의 준말 / 讀書欲睡 引錐自刺其股: (蘇秦은) 글을 읽다가 잠이 오면 송곳으로 자기의 허벅지를 찔렀다(戰國策). / 割股: 허벅지의 살을 베어내다. → 충신이나 효자가 그의 임금이나 부모의 병을 고치려고 자기의 허벅지 살을 베어 먹이던 일 / 介子推至忠也 自割其股以食文公: 개자추는 지극히 충성스러워서 스스로 자신의 허벅지를 베어 文公에게 먹였다[莊子(盜跖)].

還: 역시, 여전히 → 孝行 篇 (6) 참조

是: 이다. 영어로 is에 해당함 → 正己 篇 (6) 참조

肉: (사람의) 살 → 省心 篇 (下) (2) 참조

亟: 속히, (시)급히, 다급하게, 빨리, 조속히, 절박하게

亟欲籌商: 빨리 상의하고 싶다. / 需款甚亟: 돈이 매우 급히 필요하다. / 亟待救濟: 절박하게 구제를 기다리다.

保: 보전(保全)할, 유지할 → 正己 篇 (8) 참조

雙親: 양친, 부모 → 治家 篇 (5) 참조

命: 목숨, 생명, 수명 → 正己 篇 (26) 참조

保命: 목숨을 (길이) 보전하다, 생명을 유지하다. / 保命方: 목숨을 길이 보전하는 방법(長生術)

(6) 富貴養親易 親常有未安 貧賤養兒難 兒不受饑寒 一條心兩條路 爲兒終不如爲父 勸君養親如養兒 凡事莫推家不富

부귀하면 부모님을 봉양하기가 쉬우나 (그래도) 부모님은 항상 편안하지 않으셨고 빈천하면 자식을 기르기가 어렵지만 (그래도) 자식은 굶주리거나 추위에 떨어 본 적이 없다.

하나의 마음으로 두 갈래 길에서 부모님을 위하는 일이 암만해도 자식을 위할 때만 못 하구나. 그대에게 권고하노니 부모님 모시기를 자식을 기를 때의 애정과 같은 수준으로 하고 매사에서 집이 부유하지 않다고 핑계하여 책임을 전가하지 말지어다.

| 字句 풀이 |

富貴: 재산이 많고 지위가 높다 → 順命 篇 (1) 참조

養: 봉양할 → 孝行 篇 (2) 참조

易: 쉬울 → 正己 篇 (8) 참조

常: 늘, 항상 → 正己 篇 (22) 참조

有: (동사 앞에 놓이는) 어조사 → 存心 篇 (3) 참조

未: 아닐 (否定을 나타냄) → 繼善 篇 (6) 참조

安: 편안할 → 正己 篇 (11) 참조

貧賤: 가난하고 미천하다 → 安分 篇 (2) 참조

養: 기를, 키울, 양육할 → 省心 篇 (上) (15) 참조

未有學養子而后嫁者也: 자식을 (낳아) 기르는 것을 배운 후에 시집을 가는 여자는 없다(大學).

難: 어려울 → 繼善 篇 (7) 참조

受: 당할, 만날, 받을, 입을, 被動詞 → 順命 篇 (5) 참조

當衆受辱: 여러 사람 앞에서 창피를 당하다.

饑寒: 굶주리고 추위에 떨다 → 省心 篇 (上) (25) 참조

條: 갈래, 가닥, 줄기 → 가늘고 길거나 그런 느낌이 드는 유/무형의 것을 셀 때 쓰인다.

一條心: 하나의 마음 / 一條性命: 하나의 목숨 / 一條命運: 하나의 운명 / 一條河: 한 줄기 강, / 一條山脈: 한 줄기 산맥 / 一條小路: 한 줄기 오솔길 / 兩條腿: 두(개의) 다리 / 三條船: 배 세 척

爲: 위하여 (행)할, 爲行 → 八反歌 (3) 참조

終: 암만해도, 아무리 하여도

凡事: 모든 일, 萬事, 每事 / 凡事起頭難: 모든 일은 처음이 어렵다. / 凡事豫則立 不豫則廢: 매사가 미

리 대비하면 성공하고 그렇지 않으면 실패한다(中庸). / 有斐君子 終不可諠兮: (학문과 수양이) 훌륭하신 군자여! 암만해도 잊을 수가 없구려(大學)! → "암만해도"는 "아무리 생각하거나 힘써 보아도"이다.

莫: (~하지) 말 → 繼善 篇 (4) 참조

推: 떠넘길, 轉嫁할, 핑계를 댈, 핑계 삼을, 책임을 미룰(회피할)

推搪: 핑계를 대어 발뺌하다. / 推病: 병을 핑계 삼다. / 推病請假: 병을 핑계로 휴가를 신청하다. / 百般推搪: 온갖 핑계로 책임을 떠넘기며 발뺌하다. / 不要把重擔子推給人家: 무거운 책임을 남에게 미루지 마라. / 郕 推三推四(=推三阻四): 갖가지 핑계를 대며 거절하다(회피하다).

---

(7) 養親只有二人 常與兄弟爭 養兒雖十人 君皆獨自任 兒飽煖親常問 父母饑寒不在心 勸君養親須竭力 當初衣食被君侵

모셔야 할 부모님은 단지 두 분뿐이신데 (서로 안 모시려고) 항상 형제들과 다투면서 기를 자식은 비록 그 수가 열 명이라도 그대는 그 모두를 혼자서 (기꺼이) 도맡는구나. 부모님은 손자들이 배는 부른지 옷은 따뜻한지 등을 늘 묻고 계시지만 (그대는) 부모님의 饑寒에 관심도 없는구려. 그대에게 권고하노니 부모님을 모시는 일에 마땅히 최선을 다할지어다. (지금 그대가 지닌 재산은) 원래 (부모님의) 재산이었는데 그대에게 빼앗긴 바 되었느니라.

| 字句 풀이 |

只: 다만, 단지, 오직 → 戒性 篇 (4) 참조

與: ~과, ~함께, 더불어 → 省心 篇 (上) (45) 참조

爭: 싸울, 다툴 → 省心 篇 (上) (44) 참조

雖: 비록(~라도) → 繼善 篇 (9) 참조

皆: 모두, 다, 전부 → 繼善 篇 (3) 참조

獨自: 홀로, 단독으로, 혼자(서)

獨自出游: 홀로 여행을 떠나다. / 獨自一人: 혼자(만으로) / 弟弟獨自一人在家: 동생 혼자 집에 있다. → 弟弟는 "아우" "남동생"임

任: (일 등을) 맡을, 담당할

任教: 교직을 맡다, 교편을 잡다. / 任務: 맡은 일 / 任咎: 잘못의 책임을 떠맡다. / 在大學任課: 대학에서 강의를 맡고 있다. / 他曾歷任課長 處長 部長等職: 그는 일찍이 과장 처장 부장 등의 직을 맡았었다

飽煖: 배부르게 먹고 따뜻하게 입다 → 飽食煖衣의 준말로 存心 篇 (17) 참조

飽煖思淫慾(=飽煖生淫慾): 衣食이 풍족하면 음욕이 생각난다(일어난다).

問: 물을, 질문할 → 勤學 篇 (1) 참조

在: ~에 있을 → 天命 篇 (2) 참조

須: 모름지기 (마땅히, 반드시) ~하여야 한다 → 繼善 篇 (4) 참조

竭: (힘 등을) 다할

竭忠: 충성을 다하다. / 竭誠招待: 성심껏 (정성을 다하여) 초대하다. / ㉙ 力竭聲嘶: 힘이 다하고 목도 쉬다.

竭力: 있는 힘을 다하다, 진력하다

竭力掙扎: 힘을 다해 버티다. / ㉙ 盡心竭力: 마음을 다하고 힘을 다하다.

臣下竭力盡能 以立功於國: 신하들은 힘을 다하고 능력을 다하여 나라에 공을 세웠다(禮記).

當: 그 → 무슨 일이 일어난 때나 장소를 가리킴 ※ 正己 篇 (10) 참조

當代: 그 시대 / 當今: 현재, 지금, 오늘날, 요사이, 요즘 / 當初: 애초, (애)당초, 원래, (맨)처음, 과거, 이전, 그전 / 當今社會: 요즘 사회 / 當代傑作: 당대의 걸작(→ 뛰어난 작품) / 當初幾天: 처음 몇 날 / 當初那裏是湖水: 그곳은 원래 호수였다. / 當初是當初 現在是現在: 과거는 과거이고 현재는 현재다.

衣食: 의복과 식량 → (轉義하여) 生活

㉙ 衣食無虞: 생활에 걱정이 없다. / 衣食足以後知廉恥: 생활이 넉넉해야 염치를 안다. / 衣食茶水: (집안) 살림 / 衣食飯碗: 생계, 직업, 생계를 위한 일자리 / ※ 이 글에서는 "財産"으로 意譯한다.

被: (~에게, ~에 의해) ~당할(받을, 입을). 被動詞 → 戒性 篇 (9) 참조

侵: 빼앗아 차지할, 奪取할

侵奪: (남의 것을) 빼앗다(가로채다). / 侵漁: (고기를 잡듯이 남의 것을) 빼앗다, 착취하다. / 侵漁百姓(=侵漁小民): 백성을 착취하다. / 哀侯侵陘庭之田: 애후는 형정의 논밭을 빼앗았다(左傳). → 陘庭은 땅 이름임

---

(8) 親有十分慈 君不念其恩 兒有一分孝 君就揚其名 待親暗 待兒明 誰識高堂養子心 勸君漫信兒曹孝 兒曹親子在君身

부모님에게는 (자식에 대한) 至極한 慈愛가 있어도 그대는 그 은혜를 염두에도 두지 않으면서 제 자식에게 한 푼어치의 효행 하나만 있어도 그대는 곧바로 그 功을 칭송하기에 바쁘구나.

부모님을 대하는 데는 어리석고 자식을 대하는 데는 총명하니 그 누가 부모님의 자식 기르는 심정을 알아주리오. 그대에게 권고하노니 자식들의 효행을 믿지 말지어다.

(또한 그대는) 자식들에 대한 부모 노릇과 부모님에 대한 아들 노릇이 그대 자신의 하기에 달려 있느

니라. → 자식은 제 부모가 하는 대로 따라 배운다고 하지 않던가?

|字句 풀이|

十: 십, 열

㉓ 十死莫贖: 열 번 죽어도 속죄할 수 없다. / ㉓ 十步九回頭: 열 걸음에 아홉 번 돌아보다. → 아쉬운 이별

分: 10분의 1. 割 → 言語 篇 (6) 참조

十分: 완전하다, 가득하다, 극도에 달하다, 지극하다, 충분하다 → 100%를 뜻함

十分話: 숨김없이 다 한 말 / 有十分的理由: 충분한 이유가 있다.

有十分把握: 100%의 自信이 있다. → 把握은 "自信"임

慈: (부모의 자식에 대한) 사랑, 자애

爲人父 止於慈: 남의 아비가 되어서는 (지극한) 자애에 머물러야 한다(大學).

念: 염두에 둘, 기억할, 잊지 않고 있을 → 省心 篇 (下) (3) 참조

恩: 은혜, 은덕 → 繼善 篇 (7) 참조

一分: 매우 작은 부분이나 적은 분량

一分力量: 약간의 힘 / 一分錢一分貨: 한 푼으로는 한 푼어치의 물건밖에 살 수 없다.

孝: 효도 → 存心 篇 (17) 참조

就: 곧, 즉시, 바로, 당장 → 짧은 시간 내에 동작이 이어짐을 나타냄

你先走 我就去: 네가 먼저 가라. 나도 곧 갈게. / 一推就倒: 한번 밀기만 해도 바로 넘어진다. / 一聽就明白: 한번 듣기만 하면 즉시 안다.

揚: 칭송할, 칭찬할

㉓ 揚人抑己: 남을 칭찬하고 자기를 낮추다.

君子崇人之德 揚人之美: 군자는 남의 덕행을 崇尙하고 남의 長點을 칭송한다(荀子).

名: 공, 공로, 공적, 공훈

名 功也: (注) 名은 공(로)이다(韋昭). / 勤百姓以爲己名 其殃大矣: 백성을 수고롭게 일 시킨 것을 자기의 공로로 삼으면 그 재앙이 크리라(國語).

待: (사람을) 대(우)할 → 治政 篇 (5) 참조

暗: 어리석을, (사리에) 어두울 → 正己 篇 (26) 참조

明: 총명할, 명철할, 똑똑할 → 順命 篇 (5) 참조

君之所以明 兼聽也 所以暗 偏信也: 임금이 총명하면 널리 의견을 듣고 어리석으면 어느 한쪽만 믿는다(新唐書).

誰: 누구 → 省心 篇 (上) (53) 참조

識: 알, 알아볼 → 省心 篇 (上) (40) 참조

高: 높을 → 天命 篇 (2) 참조

堂: 집, 몸채, 안채

堂廡: 집(의 범칭) → 廡는 행랑채(곁채)임 / 高堂: 높은 집 → (轉義되어) 부모, 兩親 / 高堂大廈: 높고 큰 집, 고층 빌딩 / 金玉滿堂: 금과 옥이 집에 가득하다(老子). / 汝爲高堂不得來 我爲高堂不得行: 그대는 부모님 때문에 올 수 없고 나도 부모님 때문에 갈 수 없네(明 夏完淳).

漫: ~(하지)말, 莫也 → 금하는 말

漫道貧非病: 가난하면 병이 없다고 말하지 말라(宋, 陸游). / 漫云女子不英雄: 여자는 영웅이 없다고 말하지 말라(清 秋瑾). / 牛女漫愁思 秋期猶渡河: 견우와 직녀는 근심하고 슬퍼하지 말라. 가을에는 銀河를 건널 수 있단다(杜甫).

信: 믿을 → 孝行 篇 (6) 참조

盡信書 則不如無書: 서경을 모두 다 믿는다면 (아예) 서경이 없는 것만 못하다[孟子(盡心下)].

在: ~에 달려 있을 → 順命 篇 (1) 참조

身: 자기, 자신 → 孝行 篇 (5) 참조

< 孝行 篇 (續) >

---

(1) 孫順家貧 與其妻傭作人家以養母 有兒每奪母食 順謂妻曰 兒奪母食 兒可得 母難再求 乃負兒往歸醉山北郊 欲埋掘地 忽有甚奇石鐘 驚怪試撞之 春容可愛 妻曰得此奇物 殆兒之福 埋之不可 順以爲然 將兒與鐘還家 懸於樑撞之 王聞鐘聲清遠異常而覈聞其實 曰昔郭巨埋子 天賜金釜 今孫順埋兒 地出石鐘 前後符同 賜家一區 歲給米五十石

孫順은 집이 가난하여 아내와 함께 남의 집에서 품팔이로 일을 하여 어머니를 봉양하는데 (그에게는 어린) 자식이 있어 항상 어머니의 밥을 빼앗아 먹는지라. / 順이 아내에게 이르기를 "아이가 어머니의 밥을 빼앗아 먹으오, (우리가) 자식은 또 낳을 수 있지만 어머니는 다시 모실 수 없는 일이오"라

고 말하고 (아내와 상의를 한 후) 결국 아이를 업고 귀취산 북쪽 郊外로 가서 묻으려고 막 땅을 파기 시작하자 갑자기 아주 신기한 石鐘이 나타났다. (이에) 놀랍고도 괴이하여 시험 삼아 두드려 보니 그 소리가 잘 울려 퍼져 우렁우렁한 것이 듣기에 좋았다. (그러자) 아내가 말하기를 "이런 기묘한 물건을 얻게 되는 것은 필시(반드시) 아이의 복일 것이니 아이를 묻으면 안 되겠어요"라고 하니 順도 그렇다고 생각하여 鐘과 함께 아이를 업고 집으로 돌아와 鐘을 대들보에 매달고 두드렸더니 (때마침) 임금님이 들으시고 그 종소리가 맑고 深遠한 것이 예사롭지 않아서 진상을 조사하도록 하여 그 사실을 아시게 되자 말씀하시기를 "예전에 郭巨가 아들을 묻으려 할 때는 하늘이 황금 솥을 내려 주었고 이제 孫順이 아들을 묻으려 하자 땅이 石鐘을 내어놓으니 前事와 後事가 절묘하게 부합되는구나!"라고 하시면서 집 한 채를 하사하시고 해마다 쌀 五十石을 주시더란다.

| 字句 풀이 |

與: 함께, 더불어 → 省心 篇 (上) (45) 참조

傭: 삯을 받고 일을 할, 품팔, 품팔이할, 雇傭될

傭食: 품팔이로 입에 풀칠하다. / 傭人(=雇傭人): 삯을 받고 남의 일을 하는 사람, 품팔이꾼, 머슴 / 陳涉少時 嘗與人傭耕: 진섭은 젊었을 때 남에게 고용되어 농사를 지은 적이 있었다(史記). → 傭耕은 "머슴살이로 농사를 짓다"임

作: 일할, 작업할, 노동할

㉐ 深耕細作: 깊이 갈고 꼼꼼하게 일하다. / 傭作: 고용되어 일하다. / 傭作借書: 품팔이 일을 한 대가로 책을 빌리다(晉, 葛洪). / 日出而作 日入而息: 해 뜨면 일하고 해 지면 쉰다(擊壤歌). / 工作: 일하다(작업하다, 노동하다). → 你在哪個單位工作: 당신은 어느 부서에서 일하고 있나요?

以: ~(으)로(써) → 繼善 篇 (1) 참조

每: 늘, 항상, 언제나 → 省心 篇 (下) (2) 참조

奪: 빼앗을

㉐ 奪食搶肉: 野獸가 (熾烈하게 다투며) 먹이를 서로 빼앗다.

㉐ 換骨奪胎: 뼈를 바꾸고 태를 빼앗다. → 남이 지은 글의 뜻을 본떴으나 그 짜임새와 수법을 바꾸어 더욱 아름답고 전혀 새로운 글로 발전시킨 것을 말하며 "면모를 일신하다"는 뜻으로 쓰임

食: 밥 → 音이 "사"임 ※ 訓子 篇 (9) 참조

謂: 말할, 이를

何謂天: 무엇을 "天"이라고 말하는가? / 或謂: 어떤 이가 이르기를 (말하기를) / 可謂迅速: 빠르다고 말할 수 있다. / 人謂予曰: 어떤 사람이 내게 이르되 (말하기를). / 所謂: 이른바 → 這是所謂三段論法: 이것이 이른바 삼단논법이다.

曰: ~라고 말할 → 繼善 篇 (1) 참조

可: ~할 수 있을 → 順命 篇 (3) 참조

得: 얻을 → 天命 篇 (5) 참조

難: ~할 수 없을 → 省心 篇 (上) (19) 참조

再: 다시, 또 → 順命 篇 (3) 참조

求: 얻을 → 順命 篇 (3) 참조

乃: 결국, 드디어, 마침내 → 勤學 篇 (6) 참조

因時間倉促 乃作罷: 시간이 촉박해서 결국 그만두었다.

負: (등에) 질, 멜 → 正己 篇 (5) 참조

負老提幼(=負老携幼): 노인을 업고 아이의 손을 잡다. → 사람이나 동물의 경우에는 "업다"로 표현한다.

往: 갈 → 安義 篇 (1)참조

歸醉山: 산 이름 → 산의 위치와 현재의 이름 등은 알 수 없음

※ 醉山으로 된 譯本도 多數 있다. 그러나 "往歸"라는 말은 없기 때문에 "歸醉山"이라고 해야 한다.

郊: 성 밖, 郊外, 市外 → 都城 밖 50리 乃至 100리 이내의 지역이며 50리 이내를 近郊라 하고 그 밖 100리 이내를 遠郊라 한다.

郊野(=郊原): 교외의 들판 / 郊游: 교외 소풍(가다), 들놀이(하다), 피크닉(하다). / 郊墟: 교외의 들판과 언덕 / 時秋積雨霽 新凉入郊墟: 때마침 가을로 접어들고 장마도 개자 교외의 들판과 언덕에 초가을의 서늘한 기운이 스며들기 시작하는구나(韓愈).

欲: 막~하려고 할 → 戒性 篇 (5) 참조

埋: (파)묻을

埋骨: 뼈를 묻다. → "죽다"로 轉義됨 / 埋地雷: 지뢰를 묻다. / 埋骨不埋名: 사람은 죽더라도 이름은 남는다.

掘: (땅을) 팔

掘墓人: 무덤을 파는 사람 → 스스로 파멸을 자초하는 사람 / 掘室求鼠: 쥐 잡으려고 방을 파내다. → 빈대 잡으려고 초가삼간 태우다. / 臨渴掘井: 목이 말라야 우물을 파다. → 다급해야 서두른다.

忽: 갑자기, 돌연, 문득, 별안간, 느닷없이, 뜻밖에, 불의에, 홀연(히)

燈忽地滅了: 등불이 갑자기 꺼졌다. / 天氣忽冷忽熱: 날씨가 갑자기 추웠다가 더웠다가 하다, 변덕이 심하다. / 忽明忽暗: 갑자기 밝았다가 어두웠다 하다. → 깜박이다, 반짝이다.

歌聲忽而高忽而低: 노랫소리가 갑자기 높았다가 낮았다 하다.

有: 나타날, 생겨날 → 없던 것이 발생(출현)함을 나타냄 ※ 省心 篇 (上) (50) 참조

甚: 심히, 매우, 아주, 몹시 → 省心 篇 (上) (7) 참조

奇: 기이할, 괴상할, 괴이할, 신기할, 이상야릇할, 진기할, 특수할, 특이할

奇想: 기발한 생각 → 奇想天外: 상식을 벗어난 엉뚱한 생각 / 奇蹟: 사람의 생각이나 힘으로는 할 수 없는 기이하고 불가사의한 일 / 奇貨: 진기해서 값이 오를 것으로 예상되는 財貨 / ㉿ 奇貨可居: 奇貨는 보관해 두고 때를 기다릴 만하다.

石: 돌 → 省心 篇 (上) (31) 참조

鐘: 종, 쇠북 → 고대의 악기

打鐘(=敲鐘): 종을 치다. / 鐘聲: 종소리 / 鐘樓(=鐘閣): 종을 달아 두는 집 / ㉾ 鐘不撞不鳴 鼓不敲不響: 종이나 북은 치거나 두드리지 않으면 울리지 않는다, 불 안 땐 굴뚝에는 연기 나지 않는다.

驚: 놀랄 → 正己 篇 (26) 참조

怪: 괴상할, 괴이할, 기이할, 이상할, (모양이) 이상야릇할, 불가사의할

怪力: 초인적인 큰 힘 / 怪癖: 괴상한 버릇 / 怪漢: 행동이 殊常한 놈 / 怪疾: 원인을 모르는 이상한 병 / 怪聞, 괴상한 소문 / 怪獸: 괴상하게 생긴 짐승 / 奇巖怪石: 기이하고 괴상한 바위와 돌

試: 시도할, 시험 삼아 해 볼, 시험해 볼

試演: (연극이나 공연을) 리허설하다. / 試射: (활, 총 따위를) 시험적으로 쏘다. / 試食: (맛을 알려고) 먹어 보다. / 試運轉: (기계나 자동차 등을) 시험적으로 운전하여 보다.

撞: 두드릴, 때릴, 칠

撞木: 징을 치는 丁字形의 佛具 / 撞門: 문을 두드리다. / 撞鐘: 종을 치다. / 撞破: 쳐서 깨뜨리다, 擊破하다. / 撞擊: 치다, 때리다. / 撞球: 긴 막대기 끝으로 공을 쳐서 굴려 공과 공을 맞히는 실내 놀이 / 海浪撞擊着礁石: 파도가 암초를 치다.

之: 그것 → 목적어로 여기에서는 鐘을 가리킴 ※ → 繼善 篇 (1) 참조

舂: 종용(從容)할, 침착할 → 從(종용하다, 침착하다)과 뜻이 같다.

容: 조용할, 차분할, 침착할, 태연할, 여유로울, 유연할

從容: 느긋하고 한가한(조용한, 침착한) 모양, 편안하고 태연한 모양 / ㉿ 從容就義: 두려워하지 않고 침착하게 정의를 위해 희생하다. / ㉿ 從容自如(=從容自若): 침착하고 태연하다, 泰然自若하다.

舂容

① 소리가 잘 울려 퍼져 우렁우렁하다[95]. / ② 소리가 은은하고 낭랑하다[96].

前聲旣舂容 後聲復晃盪: 앞소리가 이미 우렁우렁 울려 퍼졌는데 뒷소리가 또 거듭해서 일렁거린다 [唐, 張說(山夜聞鐘詩)].

---

95) 教學社編 大漢韓辭典의 字解임

96) 檀國大學校編 大韓漢辭典의 字解임

可愛: 귀엽다, 사랑스럽다

天眞可愛的孩子: 천진하고 귀여운 아이 / 眼睛生得可愛: 눈매가 귀엽게 생겼다.

可愛非君 可畏非民: 사랑스러우면 임금이 아니고 무서우면 백성이 아니다(書經).

此: 이(것) → 正己 篇 (1) 참조

物: 물건 → 省心 篇 (上) (50) 참조

殆: 반드시, 마땅히, 꼭

若人心如鐵石 殆不背我: 만약 사람의 마음이 철석과 같다면 반드시 나를 배반하지 않을 것이다(新唐書).

之: ~의 → 繼善 篇 (6) 참조

福: (행)복 → 繼善 篇 (1) 참조

之: 그(사람) → 목적어로 여기에서는 兒를 가리킴 ※ 繼善 篇 (1) 참조

不可: (~해서는) 안 된다 → 正己 篇 (4) 참조

以爲: (~로) 여기다, 생각하다, 간주하다

不以爲苦 反以爲樂: 고생으로 여기지 않고 도리어 기쁨으로 생각한다. / 冥冥而行者 見寢石以爲伏虎也: 깜깜한 밤에 길을 가는 자는 가로로 놓인 돌을 보고 엎드린 호랑이로 여긴다(荀子).

然: 그럴, 그러할 → 이치에 맞음을 인정하는 말

不然: 그렇지 않다. / 說的容易 其實不然: 말은 쉽지만, 실제는 그렇지 않다. / 不知然否: 그런지 아닌지 모른다. / 不盡然: 다 그렇다고는 할 수 없다. / 以爲然: 그렇다고 여기다(생각하다). / 不以爲然: 그렇다고는 여기지 않는다. / 子曰雍之言然: 공자께서 "옹의 말이 옳다"고 하셨다[論語(雍也)].

將: 데리고 갈(올), 거느릴, 이끌, 인솔할, 동반할

將幼弟而歸: 어린 동생을 데리고 돌아가다. / 挈婦將雛: 부녀자를 이끌고 어린아이를 데리고 가다(오다). 居數月 其馬將胡駿馬而歸: 수개월 있다가 그 말은 胡의 준마를 이끌고 돌아왔다(淮南子).

與: ~과, 더불어, 함께 → 省心 篇 (上) (45) 참조

還: 돌아올, 돌아갈

還來: 돌아오다. ↔ 還去: 돌아가다. / 還家: 집으로 돌아오다(돌아가다). / 生還: 살아서 돌아오다(돌아가다). / ⑳ 倦鳥知還: 새도 날다가 지치면 제 둥지로 돌아올(돌아갈) 줄 안다.

懸: 걸, 걸어 놓을, 달, 달아맬, 매달

耳懸鈴鼻懸鈴: 귀에 걸면 귀걸이 코에 걸면 코걸이 / 縣羊頭賣狗肉(=羊頭狗肉): 양 대가리를 걸고 개고기를 판다. / 縣弧: 활을 문의 왼편에 걸다. → 아들 출생의 표시로 그 아들이 활 잘 쏘기를 바란다는 뜻

於: ~에 → 省心 篇 (下) (29) 참조

樑: (대)들보 → 省心 篇 (上) (15) 참조

王: 임금 → 正己 篇 (26) 참조

聞: (귀로)들을 → 繼善 篇 (4) 참조

聲: 소리

鼓聲: 북소리 / 雨聲: 빗소리 / 風聲: 바람 소리 / 脚步聲: 발소리 / 掌聲: 박수 소리 / 留聲機: 축음기(蓄音機) / 噪聲(=噪音): 노이즈(Noise), 騷音

淸遠: 맑고 深遠하다 → 深遠은 "深藏하고 遠大하다"임

※ ⑭ 深遠音: 八音의 하나 → 소리가 뱃속에서 울려 나와 사방에 들리며 듣는 이로 하여금 깊은 이치를 깨닫게 한다는 부처의 음성

異: 다를, 같지 않을

⑭ 異乎尋常: 보통 때와 다르다, 심상치 않다. / ⑭ 同床異夢: 한 잠자리에서 서로 다른 꿈을 꾸다.

⑭ 日新月異: 날마다 새롭고 달마다 다르다, 발전이 빠르다.

常: 보통의 일, 평범한 일, 常例, 通例

⑭ 習以爲常: 버릇이 되어 예삿일로 되다.

異常: 예사롭지 않다, 심상치 않다

表情異常: 표정이 예사롭지 않다. / 異常之事 非國休福: 심상치 않은 일은 나라의 慶事가 아니다(後漢書).

而: 그래서, 그러므로, ~ 때문에 (등으로) 말을 잇는 접속사 → 繼善 篇 (2) 참조

覈: 핵실(覈實)할 → 실태를 (사실을, 진상을) 조사하다

覈得: 핵실하여 속셈을 알아내다. / 覈明: 핵실하여 밝히다. / 覈正: 핵실하여 바로잡다. / 覈辨: 핵실하여 밝히다(분명하게 하다). / 覈考: 핵실하려고 拷問하다. → 考는 "拷問하다"임

聞: 들어서 알, 알, 깨달을, 이해할

多聞: 많이 들어서 알다. / ⑭ 聞一知十: 하나를 들으면 열을 안다. → 하나를 들어서 알면 열도 안다. / ⑭ 博聞強記(=博聞強識): 견문이 넓고 기억력이 좋다. → 사물을 널리 들어 많이 알고 기억력이 좋다.

朝聞道 夕死可矣: 아침에 도를 듣고 깨달으면 저녁에 죽어도 좋다[論語(里仁)].

實: 사실, 실제 → 戒性 篇 (4) 참조

昔: 예전, 옛날, 과거

今勝于昔: 지금이 예전보다 낫다. / 今昔對比: 현재와 과거를 대조하다(비교하다). / ⑭ 今非昔比: 지금은 옛날에 비할 바가 아니다, 많이 변했다. / ⑭ 昔非今是(=今是昨非): 과거는 잘못되고 지금이 옳다.

天: 하늘 → 繼善 篇 (1) 참조

賜: 하사할, 내릴, (내려)줄 → 戒性 篇 (5) 참조

金: (황)금 → 繼善 篇 (6) 참조

釜: (가마)솥 → 원래는 "가마솥"이었으나 (지금은) 널리 "솥"으로 쓰인다.

釜中生魚: 솥 안에 물고기가 생기다. → 極貧의 형용

釜中魚(=釜中之魚): 솥 안에 노는 물고기 → 생명이 얼마 남지 않은 사람

今: 지금, 이제, 현재 → 勤學 篇 (5) 참조

地: 땅 → 正己 篇 (26) 참조

出: 내놓을, 낼 → 八反歌 篇 (4) 참조

前: (시간적으로) 앞, 이전 → 省心 篇 (上) (50) 참조

後: (시간적으로) 뒤

不久以後: 곧이어, 머지않아, 곧 ↔ 不久以前: 요전, 얼마 전 / ㊌ 先公後私: 먼저 공적인 일을 하고 뒤에 사적인 일을 하다. / ㊌ 先斬後奏: (죄인을) 먼저 처결하고 (상부는) 뒤에 보고하다. ↔ ㊌ 先奏後斬

符: (꼭) 들어맞을, 딱 맞을, 符合할, 일치할

言行相符: 언행이 일치하다. / 說話前後不符: 말이 앞뒤가 맞지 않다. / 名不符實: 이름과 실제가 맞지 않다.

同: 같을, 동일할 → 戒性 篇 (4) 참조

符同: 서로 일치하다, 符合하다 → 符信이 서로 맞는 것처럼 딱 맞다

皆與魯史符同: 모두 노나라 역사와 일치한다(唐, 劉知幾).

與風聞符同 南朝梁: 떠도는 소문과 부합한다(沈約).

家: (건물로서의) 집

家役: 집을 짓거나 고치는 일 / 家屋: 집 / 家賃: 집세 家邸(=家第): 집, 邸宅 / 家座: 집터의 위치와 경계

區: 건물을 세는 단위

有田一廛 有宅一區 世世以農桑爲業: 밭 한 뙈기의 집터와 집 한 채가 있어 대대로 농사와 누에치기를 직업으로 삼았다(漢書).

歲: 해마다, 매년

歲考: 해마다 관리의 치적을 심사하는 일 / 歲貢: 속국(屬國)이 매년 황제의 조정에 바치는 貢物 또는 백성이 매년 조정에 바치는 土産物

給: 줄, 내려줄, 賜給할, 賜與할

給濟: 금품을 주어 구제하다. / 給助: 금품을 주어 도와주다. / 給廩: 녹미(祿米)를 주다. / 給食(=給喫): 먹을 것을 주다. / 給與: 돈이나 물품을 주다 또는 그 금품

米: 쌀 → 立教 篇 (13) 참조

石: 섬, 석 → (곡식이나 술 등의) 용량의 단위로 열 말(十斗)임

一石米: 한 섬의 쌀 / 一石五斗: 한 섬 닷 말 / 一石是十斗: 한 섬은 열 말이다.

| 孫順과 石鍾 |

손순은 신라 제42대 興德王 때 사람으로 孫舜이라고도 하며 하사받은 집은 한 동안 살다가 절에 喜捨하여 절 이름을 弘孝寺라 하였고 石鍾을 그곳에 달아 놓았는데 眞聖王 때 도적이 가져갔고 절만 남아

있었다고 삼국유사에 전하며 손순은 慶州孫氏의 시조가 되었고 석종은 신라 三器의 하나가 되었다.

| 郭 巨 |

곽거는 後漢 때 사람으로 중국 二十四孝의 하나이다. 다음은 郭巨埋兒의 글이다.

郭巨家貧養母 有子三歲 母常減食與之 巨謂妻曰 貧乏不能供給 子奪母膳 子可再有 母不可再得

欲埋之掘地三尺 見黃金一釜 上有書云 天賜孝子郭巨 官不得奪 人不得取 三綱行實圖

곽거가 집이 가난한 중에 어머니를 봉양하는데 세 살 된 아들이 있어서 어머니가 항상 밥을 덜어 그에게 주는지라. (하루는) 巨가 아내에게 이르기를 "집이 빈궁하여 먹을 것을 충분히 댈 수도 없고 자식이 어머니의 밥을 빼앗는데 (보고만 있을 수도 없구려). 자식은 또 낳을 수 있지만 어머니는 다시 모실 수 없소"(라고 말하고) 자식을 묻으려고 땅을 석 자쯤 파니까 황금 솥 하나가 나타났는데 그 (솥) 위에 글이 있어 (내용에) 이르기를 "하늘이 효자 곽거에게 하사하노니 官이 빼앗지 말고 타인이 취하지 말지니라"라고 쓰여 있었다.

| 出典 |

三國遺事, 孝善 篇

---

(2) 商德 值年荒癘疫 父母飢病濱死 尙德 日夜不解衣 盡誠安慰 無以爲養則刲髀肉食之 母發癰吮之卽瘉 王嘉之 賜賚甚厚 命旌其門 立石紀事

상덕은 흉년이 들고 전염병이 퍼진 때를 당해서 부모님이 굶주리고 병이 들어 거의 죽게 되신지라 (이에) 상덕이 밤낮을 가리지 않고 옷 벗을 겨를도 없이 편안하시도록 위로해 드리기에 정성을 다했으며 (더 이상) 봉양할 길이 없을 때는 (자신의) 허벅지 살을 베어 먹이기도 하고 어머님에게 종기가 났을 때는 입으로 (고름을) 빨아 드리니 즉시 낫기도 하였다. (이런 사실을 알게 된) 임금이 가상히 여겨 후하게 상을 내려 주시고 (또) 분부하여 그의 집 문에 旌門을 세우고 碑를 세워 그 사실을 기록하도록 하시었다.

| 字句 풀이 |

值: 만날, 당할, (어떤) 때를 맞이할, (~에) 즈음할

值此佳日: 이 좋은 날을 맞이하여 / 值國慶日: 국경일을 맞이하다. / 眼下正値秋收時節: 지금 한창 추수 때를 맞이했다.

年: 작황, 수확

年飢: 작황이 흉작이다, 흉년이 들다.

年飢用不足 如之何: 흉년이 들어서 국가의 재정이 모자라니 어찌할까요[論語(顔淵)]?

荒: 기근, 흉년(이 들), 곡식이 잘 여물지 아니할, 수확이 좋지 않을

荒歲(=荒年): 흉년 / 連逢荒年: 연속해서 흉년을 맞다.

年荒: 곡식이 흉작이다, 흉년이 들다

年荒世業空 弟兄羈旅各西東: 흉년이 들어 물려받은 가업을 비워 두고 형제들이 객지로 사방 흩어져 살았다(白居易).

癘: (전) 염병, 돌림병

癘疾: (전) 염병, 돌림병 / 四時皆有癘疾: 사계절 모두 전염병이 발생했다(周禮).

疫: (전) 염병, 돌림병

疫鬼: 전염병을 퍼뜨린다는 귀신 / 鼠疫: 흑사병(페스트) / 癘疫(=疫癘): (전)염병의 총칭

山川之神 則水旱癘疫之災 於是乎禜之: 산천의 신령은 곧 수재 한재 전염병의 재앙이다. 그래서 그에게 이 재앙들을 멀리해 달라고 제사를 지내어 비는 것이다(左傳).

飢: 굶주릴 → 省心 篇 (上) (25) 참조

病: 병이 날 → 孝行 篇 (2) 참조

濱: 임박할, 다가올, 절박할, 가까울

濱死: 거의 죽게 되다, 죽음에 임박하다. / 是以濱於死: 이 때문에 (그래서) 죽음에 임박하게 되었다(國語).

日夜: 밤낮을 가리지 않고, 밤낮(으로), 주야(로)

日夜不停地工作: 밤낮 쉬지 않고 일하다. / 工場日夜稼動: 공장을 밤낮으로 가동하다.

解: 벗을

解巾: 두건을 벗다. → 관직에 나아가다. / 解冠: 관을 벗다. → 관직을 떠나다.

㊟ 解甲歸田: 갑옷을 벗고 (제대하고) 귀농(歸農)하다.

誠: 정성

㊟ 誠可格天: 정성이 지극하면 하늘도 감동한다(=至誠이면 感天이다).

慰: 위로할 → 몸과 마음의 괴로움을 풀도록 따뜻이 대하다

安慰: (몸과 마음이) 편안하도록 위로하다. / 無以: ~할 수가(도리가, 방도가, 길이) 없다. / 無以爲生: 생계를 유지해 나갈 길이 없다. / 安慰獎: 위로상 → 敗者를 위로하기 위해 주는 賞

不積跬步 無以至千里: 발걸음을 내딛지 않으면 천 리에 이를 수 없다.

同學們關懷給了我很大的安慰: 동창들의 배려가 나에게 큰 위안을 주었다.

有子七人 莫慰母心: 자식이 일곱이나 되어도 어머니의 마음을 위로하지 못하다(詩經).

則: ~하자 ~하다 → 두 가지 일이 시간적으로 이어져서 진행됨

每一巨彈墮地 則火光迸裂: 큰 포탄이 땅에 떨어지자마자 불길이 솟구쳤다.

刲: 벨, 자를, 끊을

刲股: 넓적다리의 살을 베어내다.

髀: 넓적다리, 허벅지

髀骨: 넓적다리뼈, 大腿骨

肉: (사람의) 살 → 省心 篇 (下) (2) 참조

㉚ 髀肉之嘆(=髀肉復生): (蜀의 劉備가) 오랫동안 말을 타지 않아 허벅지 살만 쪘다고 탄식하다.

癰: 종기(腫氣), 종양(腫瘍)

㉚ 吮癰舐痔: 종기의 고름을 빨고 치질을 핥다, 지나치게 아첨하다.

吮: (입으로) 빨

㉚ 吮疽之仁: 부하에 대한 장수의 극진한 사랑

※ 戰國 때 衛의 장수 吳起가 부하 병사의 종기의 고름을 빨아 준 故事

卽: 즉시, 즉각, 이내, 바로, 곧

知錯卽改: 잘못을 알면 바로 고친다. / ㉚ 一觸卽發: 한번 닿으면 즉시 폭발하다. → 위급한 상태를 표현함 / 招之卽來 揮之卽去: 오라면 곧 오고 가라면 곧 간다.

瘳: 병이 나을

快瘳(=快差): 병이 완전히 나음 / ※ 중국에서는 快瘳(=快差)를 쓰지 않고 痊癒(=痊愈)라고 한다.

嘉: 가상(嘉尙)히 여길, 갸륵하게 여길, 기릴, 칭찬할

嘉獎: 칭찬하고 장려하다. / 嘉尙: 착하게 여기어 칭찬하다. / 嘉嘆: 가상히 여기어 감탄하다, 극구 칭찬하다.

賚: 하사품

周有大賚 善人是富: 주 나라에는 (하늘이 주신) 큰 선물이 있어서 착한 사람이 참으로 많다[論語(堯曰)].

賜賚: 상을 내려주다

成祖大喜 賜賚甚厚 長安客話: 성조(明의 제3대 임금)가 크게 기뻐서 매우 후하게 상을 내려 주었다.

命: 분부할, 명(령)할

命駕: (마부에게) 명하여 車馬를 준비시키다.

旌: 표창할, 기릴

旌閭: 충신, 효자, 열녀 등이 사는 마을 입구에 旌門을 세워 표창하는 일

旌門: 충신, 효자, 열녀 등을 표창하려고 그의 집 앞에 세우던 붉은 문

立: (물건을) 세울

把傘立在門後頭: 우산을 문 뒤에 세우다.

石: 비(석), 비갈(碑碣) → 네모지거나 갓돌을 얹은 것을 "碑"라 하고 머리가 둥근 것을 "碣"이라 한다.

功績銘乎金石 呂氏春秋: 공적을 쇠와 돌비석에 새겼다.

紀: 기록(기재)할, 적을, 記와 통용

紀事: 사실을 기록하다. / 紀實: 실제 상황을 적다. → 紀實小說: 실화(논픽션) 소설

事: 일, 사건 → 繼善 篇 (4), 增補 篇 (2) 참조

| 參考 |

尙德: 신라 景德王 때 사람으로 "割髀供親의 효자"라고 칭송되었다고 하며 三國遺事에는 向得으로 되어 있는데 이는 向이 姓으로 되면 音이 "상"으로 변하고 德의 原音이 "득"에 가깝기 때문에 생긴 착오인 듯하다고 한다.

| 出典 |

三國遺事, 孝善 篇

---

(3) 都氏家貧至孝 賣炭買肉 無闕母饌 一日於市晚而忙歸 鳶忽攬肉 都悲號至家 鳶旣投肉於庭 一日母病索非時之紅柿 都彷徨柿林不覺日昏 有虎屢遮前路以示乘意 都乘 至百餘里山村 訪人家投宿 俄而主人饋祭飯而有紅柿 都喜 問柿之來歷 且述己意 答曰亡父嗜柿 故每秋擇柿二百個 藏諸窟中而至此五月 則完者不過七八 今得五十個完者 故心異之 是天感君孝 遺以二十顆 都謝出門外 虎尙俟伏 乘至家 曉鷄喔喔 後母以天命終 都有血淚

도 씨는 집이 가난해도 효성이 지극했으므로 숯을 팔아 고기를 사서 어머니의 반찬에 (고기를) 빠뜨리지 않았다. 하루는 장에서 (일이) 늦게 끝나 서둘러서 귀가하는데 솔개 한 마리가 느닷없이 고기를 가로채 가거늘 도 씨가 슬피 울며 집에 도착하니 그 솔개가 고기를 이미 마당에 던져 놓았더라. (또) 어떤 날은 어머니가 아프신 중에 때 아닌 홍시를 찾으시기에 도 씨가 감나무 숲속을 헤매다가 날이 저문 줄도 몰랐다. (그때) 웬 호랑이가 자꾸 앞길을 가로막으며 (제 등에) 타라는 시늉을 하여 도 씨가 탔더니 (순식간에) 백 리 남짓한 산골 마을까지 도달하게 되어 어느 집을 찾아 들어가 유숙하기로 했다. (그리고) 조금 있자니까 주인이 제삿밥을 차려 내왔는데 (놀랍게도 거기에) 홍시가 있는지라.

도 씨는 (속으로) 쾌재를 부르며 (그) 홍시의 내력(유래)을 물어보는 한편 또한 자기의 意向(의도, 목적)을 밝히자 (주인이) 대답하기를 "先親께서 홍시를 좋아하셨기로 가을철마다 감 두 접을 골라서 토굴 속에 저장해 두었다가 (이듬해) 五月 이맘때가 되면 흠 없이 성한 것은 겨우 七~八개에 지

나지 않았었는데 오늘은 (무려) 五十개나 성한 것을 건지게 된 고로, 마음속으로 (그 점을) 이상하게 여기고 있던 차였는데 이제 듣고 보니 과연 하늘이 당신의 효성에 감동한 것이 분명합니다"라고 하면서 二十덩이를 (선물로) 주었다. / (이에) 도 씨가 고맙다고 인사하고 문밖을 나왔더니 (그) 호랑이가 여전히 엎드려 대기하고 있기에 (그를) 타고 집에 당도하자 새벽닭이 "꼬끼오"하고 울더란다. 훗날 (그의) 어머니가 天壽를 다하고 돌아가셨을 때는 도 씨가 피눈물을 흘렸다고 한다.

| 字句 풀이 |

氏: 씨 → 성이나 이름 및 字號 뒤에 붙이는 敬稱

顔氏家訓, 北齊의 顔之推가 지은 교훈서이며 立身治家의 법 등을 내용으로 한다.

至: 지극할, 극진할, 극에 이를 → 治政 篇 (5) 참조

炭: 숯, 목탄

炭窯: 숯가마 / 燒炭: 숯을 만들다. / 炭火: 숯불

肉: 고기

精肉: 살코기 / 精肉店: 푸줏간 / 肉湯(=肉羹): 고깃국

闕: 빠뜨릴, 빠질, 뺄, 빌, 없을

闕食(=缺食): 끼니를 거르다. / 闕文(=缺文): 문장에서 빠진 글귀나 글자, / 闕席(=缺席): 출석에서 빠지다, 출석하지 않다. / 闕一不可: 하나라도 빠져서는 안 된다.

饌: (반) 찬, 음식

饌需(=饌品): 반찬감, 찬거리 / 饌價: 찬값, 반찬값 / 酒饌(=酒肴): 술과 안주 또는 술과 음식 / [成] 饌玉炊金: 음식은 옥과 같고 땔나무는 금과 같다(물가가 비싸다).

一日: 어느 날, 하루 → "하루는"으로 쓰이는 어느 한 날

將來有達到目的之一日: 장래에 목적을 달성할 (어느) 날이 있겠지.

晩: 늦을, 늦어질

晩到(=遲到): 지각하다, 延着하다. / [成] 晩時之歎: 때늦은 한탄 / [成] 大器晩成: 큰 그릇은 늦게 이루어진다.

忙: 서둘러~할, 서두를, 다그칠

別忙 慢慢來: 서두르지 말고 천천히 해라.

[成] 忙中有錯(=忙中出錯): 서둘면 실수가 생긴다. 급히 먹는 밥이 체한다.

鳶: 솔개

[成] 鳶飛魚躍: 솔개는 날고 물고기는 뛴다, 동물들이 자연 그대로 삶을 즐기다.

攫: (가로) 챌, (낚아) 챌, 빼앗을, 탈취할

鷹攫兎: 매가 토끼를 낚아챘다. / 餓虎攫羊: 굶주린 호랑이가 양을 낚아챘다.

食於道旁 烏攫其肉: 길가에서 밥을 먹는데 까마귀가 그 고기를 가로챘다(漢書).

悲: 슬플, 비통할, 슬퍼할, 상심할

孤雁悲啼: 외로운 기러기가 슬피 울다. / ㊌ 悲不自勝: 슬픔을 자제하지(참지) 못하다. ↔ ㊌ 喜不自勝

號: 큰 소리로 울, 통곡할, 울부짖을, 목놓아 울

泣血號天: 하늘을 우러러 피눈물을 흘리며 울부짖는다(韓愈). / 仰天悲號: 하늘을 우러러 슬피 통곡하다.

悲號(=哀號): 슬피 통곡하다(목놓아 울다), 비통하여 울부짖다.

庭: 뜰, 뜨락, 마당 → 본채 앞의 뜰

庭院: 뜰, 뜨락, 마당 / 庭院樹: 마당 옆의 나무 / 前庭後院: 앞뜰과 뒤뜰 / ㊌ 門庭若市(=門前成市): 문 앞이 방문객이 많아 장마당 같다.

索: 바랄, 원할, 찾을

我索折一枝斷腸柳 錢一杯送別酒: 내가 원하는 것은 애를 끊게 하는 한 가지의 버들을 꺾어 줄 것과 송별주 한 잔의 돈일세(元曲). / ※ 元曲: 元代의 雜劇을 이른다.

紅: 붉을

紅一點: 푸른 잎 속의 한 송이 붉은 꽃, 남자 속에 끼인 하나의 여자

柿: 감

棗栗梨柿: 제사에 쓰는 대추, 밤, 배, 감의 과일 → 柿는 枾의 俗字임

紅柿: (흠뻑 익어서) 붉고 말랑말랑한 감, 軟柿

彷: 헤맬, 왔다 갔다 할, 배회할, 방황할

徨: 헤맬, 왔다 갔다 할, 배회할, 방황할

彷徨: 헤매다

彷徨岐路: 갈림길에서 헤매다.

枾: 감나무

柿葉: 감나무 잎 / 柿盤: 감나무의 뿌리 / 木中根固柿爲最 俗謂之柿盤: 나무 중에 뿌리가 단단하기로는 감나무가 첫째임으로 세인들은 감나무의 뿌리를 柿盤이라고 한다(唐, 段成式).

林: 숲, 수풀

松林: 소나무 숲 / 竹林: 대나무 숲 / 防風林: 바람막이 숲

昏: (날이) 저물, 어두워질

天色已經昏黑: 날이 이미 저물어 캄캄하다.

昏暮叩人之門戶: (해가 지고) 어두워질 무렵 남의 집 문을 두드리다[孟子(盡心上)].

有: 웬, 어느, 어떤 → 省心 篇 (下) (17) 참조

屢: 몇 번이고, 누차, 연이어

㉞ 屢戰屢勝: 연전연승하다. / ㉟ 屢挫不餒: 실패를 거듭해도 실망하지 않는다.

遮: (왕래를) 막을 (차단할)

遮斷去路: 갈 길을 막다(차단하다). / 遮道(=遮路): 길을 막다, 교통을 차단하다. / 遮車: 차 앞을 가로막다.

前: (공간에서의) 앞

㉞ 前程萬里(=鵬程萬里): 앞길이 양양하다.

㉞ 前車之鑑(=前車之覆, 後車之鑑): 앞차가 뒤집히는 것은 뒤차의 귀감이 된다.

以: ~를(을) 할, 행할, 행위를 할 → 治政 篇 (3) 참조

視其所以: (그가) 행한 바를 보다[論語(爲政)].

示: 표시할, 보일, 나타낼, 알릴, 가리킬

示意: (표정, 동작 등으로) 뜻을 알리다. / 暗示: 거동이나 표정으로 넌지시 알리다. / 以目示意: 눈짓하다. / 擧手示意: 손을 들어 뜻을 알리다.

乘: (탈것을) 탈

乘車: 차를 타다. / 乘船(=乘舟): 배를 타다.

餘: ~여(남짓) → 어떤 수량에 차고 조금 남는 정도

三十餘歲: 30여 세, 30 남짓한 나이 / 十餘名: 10여 명, 열 명 남짓한 사람

里: 리 → 거리의 단위

㉞ 五里霧中: 5리의 區間이 온통 안개 속(이다). / 古者三百步爲里: 고대에는 300步가 1里였다(穀梁傳).

村: 마을, 동네

村民: 마을 주민 / 村巷: 마을의 골목(길) / 村口有一棵大樹: 마을 어귀에 큰 정자나무 한 그루가 서 있다.

訪: 찾을, 찾아다닐, 방문할, 심방할

有客來訪: 손님이 찾아오시다. / 訪慰: 방문하여(찾아가서) 위로하다.

人: 어떤 사람 → 天命 篇 (5) 참조

投: 숙박할, 投宿할, 머무를

暮投石壕村: 날이 저물어 석호촌에서 숙박했다(杜甫).

宿: 묵을, 숙박할, (하룻밤을) 잘, 밤을 지낼

獨寐寤宿: 홀로 자다 깨다 하며 하룻밤을 지새웠다[詩(衛風)].

孟子去齊 宿於晝: 맹자가 제 나라를 떠날 때 晝(땅이름)에서 유숙했다[孟子(公孫丑下)].

投宿: 잠잘 곳을 찾아 묵다

平明發兮蒼梧 夕投宿兮石城: 새벽에 창오에서 출발하고 저녁에 석성에서 유숙한다(漢, 劉向).

俄: 잠시후, 얼마 안 되어, 오래지 않아

俄而季梁之疾自瘳: 오래지 않아 계량의 병이 저절로 나았다(列子). / ※ 季梁: 춘추 때 隨의 賢臣

而: 어조사로서 형용사나 부사의 접미사임

俄而烏雲密布: 잠시 후 먹구름이 잔뜩 끼었다. / 俄而日出: 잠시 후 해가 떴다.

主: (임자로서의) 주인, → 省心 篇 (上) (39) 참조

且夫天地之間 物各有主: 게다가 하늘과 땅의 만물은 모두 다 주인이 있다(蘇軾, 前赤壁賦).

饋: 운반할

饋運: 양식이나 재물을 운반하다. / 饋路: 군량이나 재물을 운반하는 길 / 帶甲十萬 千里饋糧: 갑옷을 입은 장졸 10만이 군량을 천 리까지 운반했다(孫子, 作戰).

歷: 격을, 경험할, 지나올

歷程: 겪어 온 과정(노정, 경로) / 歷盡千辛萬苦: 갖은 고생을 다 겪어 오다.

來歷: 유래, 겪어 온 과정 (자취)

調査來歷: 내력을 조사하다. / 來歷不明: 유래가 확실치 않다.

且: 또(한), 그리고, 또, 게다가, 더욱이 → 戒性 篇 (3) 참조

式歌且舞: 아! 노래하면서 또 춤을 추는도다[詩(小雅)]!

述: 밝힐

明之 大使回國述職: 대사가 귀국하여 맡은 바 직무를 보고하다.

述職者 述所職也: 술직이란, 자기가 맡은 바 직무를 보고한다는 뜻이다[孟子(梁惠王下)].

意: 의향(=의도, 목적). 희망, 생각

⑭ 意在言外: (진짜) 의향은 말 밖에 있다. 말이 함축적이다.

申侯伯善持養吾意 吾所欲則先我爲之: 신후백은 내 의향을 미리 알아 도와주기를 잘하여 내가 하고자 하는 바를 내 앞서서 그 일을 해준다(呂氏春秋).

答: 대답할, 회답할

答辭: (식장에서) 式辭나 축사에 대하여 대답하는 말 / ⑭ 答非所問: 엉뚱하게 대답하다, 동문서답하다.

亡: 죽을

亡母: 죽은 어머니 / 亡夫: 죽은 남편 / 亡後(=死後): 죽은 뒤

嗜: 좋아할, 즐길 → 立敎 篇 (12) 참조

文王嗜膽: 문왕은 쓸개를 좋아했다(新論).

每: ~마다 → 그 때에는 늘, 매(번)

每春: 봄마다. / 每年(=每歲): 해마다. / 每五天去一回: 닷새마다 한 번 간다.

諸: ~에(서) → 省心 篇 (下) (34) 참조

窟: 토굴, 움

冬則居營窟: 겨울에는 토굴에서 살았다(禮記). / 上者爲營窟: 위에 있는 자들은 토굴을 만들었다[孟子

(滕文公下)]. / ※ 營窟은 (역시) 토굴임

完: 흠이 없을, 온전할, 완벽할

完膚: 흠 없는(상처 없는) 피부 / 㪍 覆巢無完卵(=覆巢之下無完卵): 엎어진 둥지 밑에 성한 알이 없다.

過: (수량이나 정도를) 넘을, 초과할, 남을

過不足: 남음과 모자람 / 年過半百: 나이가 쉰이 넘었다. / 過分必害: 분한(分限)을 넘으면 반드시 해롭다(宋書).

不過: (겨우) ~에 지나지 않는다, 겨우 ~이다, (단지) ~에 불과하다

今年不過二十歲: 금년에 겨우 20세이다. / 㪍 不過如此: 겨우 이 정도에 불과하다.

異: 이상히 여길, 의아해할, 신기하게(기이하게) 여길(생각할).

驚異的: 놀랍고 이상히 여길만한(것)

是: 과연~이다(하다) → 긍정의 강조를 나타냄

你是聰明: 너는 과연 총명하다.

感: 감동할

感泣(=感涕): 감동하여(감격하여) 울다. / 感咽: 감동하여 목이 메다. / 木石猶感 而況臣乎: 목석조차 감동하는데 하물며 저야말로 더 말하리오(晉書, 謝玄傳).

遺: 줄, 선물(선사)할

遺扇: (단오절의 풍속으로) 부채를 선물하다. / 令遺絹二匹: (진식은 자복하는 도적에게) 비단 두 필을 주라고 했다[後漢書(陳寔傳)].

以: ~를(을) → 사물에 대한 처치를 나타낸다.

投我以木瓜 報之以瓊琚: 모과를 내게 던져 주면 고운 패옥(좋은 선물)으로 갚을게[詩(衞風, 木瓜)].

問以經濟策 茫如墜煙霧: 경세제민의 책략을 물으니 안개를 드리운 것처럼 모호했다[李白(嘲魯儒詩)].

顆: 덩이 → 덩어리 모양의 물건을 세는 단위

一顆金印 重八百餘斤: 800근 남짓한 무게의 금 도장 한 덩이(水滸傳)

謝: 감사할

謝恩肅拜: (임금의) 은혜에 감사하며 경건하게 절하다.

㪍 謝天謝地: 천지신명께 감사하다, 감지덕지다, 오, 하느님! 감사합니다.

尙: 아직(도), 여전히 → 동작이나 상태가 지속됨을 나타냄

尙有疑問: 여전히 의문이 남아 있다. / 年齡尙小: 나이가 아직 어리다. / 今吾尙病: 지금은 내가 여전히 병중에 있으니[孟子(滕文公上)].

俟: 기다릴, 대기할

俟于門外: 문밖에서 기다리다. / 俟河之淸(=百年河淸): 흐린 황하가 맑아지기를 기다리다.

伏: 엎드릴, 俯伏할

伏拜: 엎드려 절하다. / 伏地(=伏在地上): 땅에 엎드리다. / 伏惟(=伏以): 삼가 엎드려 생각하옵건대

曉: 새벽

曉星: 샛별(明星) → 새벽에 보이는 별 / 曉鐘: 새벽종 / 曉頭: 꼭두새벽 / 公鷄報曉: 수탉이 새벽을 알리다. / 破曉: 동이 트다.

鷄: 닭

公鷄(=牡鷄, 雄鷄): 수탉 ↔ 母鷄(=牝鷄, 雌鷄): 암탉

曉鷄: 새벽을 알리는 닭(우는 소리), 새벽닭 / 喔喔曉鷄鳴: "꼬끼오!" 하고 새벽닭이 운다(明, 吾邱瑞). / 🔡 犬守夜 鷄司晨: 개는 밤을 지키고 닭은 새벽을 알린다.

喔: 닭이 울 또는 그 소리, 꼬끼오, 꼬꼬

喔喔: 喔과 동일하다. / 公鷄喔喔叫: 수탉이 "꼬끼오" 하고 운다.

鷄初喔 鳥再啼: 닭이 처음 울고 나서 뒤이어 새들이 운다(淸, 徐倬).

以: 마칠

無以 則王乎: (왕께서 이야기를) 끝내지 말고 더 하라고 하신다면 王道를 말씀드릴까요[孟子(梁惠王上)]?

命: 수명(壽命) → 정해진 목숨의 年限

天命: 타고난 수명, 天壽 / 有顏回者好學 不幸短命死矣: 안회라는 자가 학문을 좋아했는데 불행이 수명이 짧아서 죽었다[論語(先進)].

有: 나타날, 생길 → 없던 것이 발생, 출현함을 나타냄 ※ 省心 篇 (上) (50) 참조

淚: 눈물

淚汪汪: 눈물이 글썽글썽하다. / 淚痕未乾: 눈물 자국이 아직 마르지 않다. / 淚似雨淋(=淚如雨下): 눈물이 비 오듯 하다.

血淚: 피눈물 → 극도로 슬퍼서 흘리는 눈물

血淚故事: 피눈물 나는 이야기 / 血淚仇: 피눈물 맺힌 원한 → 肉親이 죽임당한 원한

| 參考 |

都氏: 조선 哲宗 때 사람이라고만 전해진다.

< 廉義 篇 >

(1) 印觀賣綿於市 有署調者以穀買之而還 有鳶攫其綿 墮印觀家 印觀歸于署調曰 鳶墮汝綿於吾家 故還汝 署調曰 鳶攫綿與汝 天也 吾何爲受 印觀曰 然則還汝穀 署調曰 吾與汝者市二日 穀已屬汝矣 二人相讓 幷棄於市 掌市官 以聞王並賜爵

인관이 시장에서 솜을 팔고 있는데 서조라는 사람이 곡식으로 솜을 사 가지고 돌아가더니 웬 솔개가 그 솜을 채다가 인관의 집에 떨어뜨렸다. 인관이 서조에게로 돌려보내려고 말하되 "솔개가 당신의 솜을 내 집에다 떨어뜨렸기로 당신에게 돌려보내렵니다"라고 하니 서조가 하는 말이 "솔개가 솜을 채다가 당신에게 준 것은 하늘의 소행인데 내가 왜 (그것을) 받겠습니까?"라고 하기에 인관이 말하되 "그렇다면 (솜 값으로 받은) 당신의 곡식을 돌려보내겠소"라고 했다. (그러자) 서조가 말하기를 "나와 당신이라는 두 사람이 사고판 지가 이틀이 지났으니 곡식은 이미 당신의 소유가 돼 버렸소이다"라고 하면서 두 사람이 서로 양보하다가 (마침내 솜과 곡식을) 함께 시장 바닥에다 버려 버리고 말았다. (이에) 시장을 주관하는 관리가 (이 일을) 임금에게 아뢰니 (임금이 두 사람) 모두에게 벼슬을 내려 주었더란다.

| 字句 풀이 |

綿: 솜, 소캐 → 言語 篇 (4) 참조

綿中刺 笑裏刀: 솜 속에 바늘을 숨기고 웃음 속에 칼을 품다.

還: 돌아갈, 돌아올 → 孝行 篇(續) (1) 참조

墮: 떨어뜨릴, 落下시킬

墮淚: 눈물을 떨구다 / ㉠ 墮甑不顧: 떨어뜨려 이미 깨진 시루는 깨끗이 단념하라.

歸: 돌려보낼, 돌려줄, 반환할 → 省心 篇 (上) (53) 참조

還: 돌려줄, 반환할 → 省心 篇 (上) (34) 참조

還付(=還附, 還送): 돌려보내다. / 還書: (빌린) 책을 돌려주다.

與: 줄 → 存心 篇 (6) 참조

何爲: 무엇 때문에, 어째서, 왜 → 戒性 篇 (5) 참조

然則: 그렇다면, 그러면

然則不去爲好: 그러면 가지 않는 것이 좋겠다. / 然則如之何而可: 그렇다면 어찌해야 좋단 말인가?

與: ~과(~와) → 立敎 篇 (2) 참조

※ 접속사로서 명사, 대명사, 명사구를 병렬한다.

陰與陽: 음과 양 / 仁與義: 인과 의 / 美國與中國: 미국과 중국

者: ~란, ~라는 것(사람)은 → 婦行 篇 (2) 참조

※ 뜻을 강하게 하는 어조사로 주로 主語의 뒤에 쓰이며 잠시 어감상의 정지를 나타낸다.

三光者 日月星: 세 가지 발광체란 해와 달과 별이다.

北山愚公者 年且九十 面山而居: 북산 우공이라는 사람은 나이 90세에도 산을 마주하고 살았다(列子).

市: 사고팔, 매매할, 거래할

互市: (변경이나 항구에서 외국인과) 교역하다.

沽酒市脯 不食: 사고파는 술과 육포는 먹지 않으셨다[論語(鄕黨)].

屬: ~의 것이다

勝利終屬我們: 승리는 마침내 우리의 것이다.

矣: (문장 끝에 쓰여 동작의 완료를 나타내는) 어조사

悔之晩矣: 후회해도 늦었다. / 由來久矣: 유래가 오래되었다. / 不幸短命死矣: 불행히 명이 짧아 죽었다[論語(雍也)]. / 今乘輿已駕矣: 오늘은 수레에 이미 말을 매어 놓았는데도[孟子(梁惠王下)]…

讓: 양보할 → 存心 篇 (4) 참조

幷: 함께, 같이 → 立敎 篇 (10) 참조

兩者幷重: 둘이 같이 중요하다. / 同時幷進: 동시에 함께 나아가다. / 兩說幷存: 두 가지 설이 함께 존재하다.

棄: (내)버릴, 폐기할 → 正己 篇 (15) 참조

㈎ 棄之如敝屣: 헌신짝 버리듯 하다.

掌: 맡을, 주관할, 관리할

掌印: 도장을 관리하다, 결정권을 갖고 있다.

舜使益掌火: 순임금은 익으로 하여금 불에 관한 일을 맡게 했다[孟子(滕文公上)].

聞: 아뢸, 보고할

臣具以表聞: 신(臣)은 의관을 정제하고 표를 올려 아뢰나이다(李密).

以聞: 아뢰어 알게 하다 → 신하가 임금께 글을 올릴 때 쓰는 말

謹拜表以聞: 삼가 절을 하고 표를 올려 아뢰나이다(李密, 陳情表).

冒顔以聞: 윗사람이 좋지 않은 낯빛을 하더라도 할 말을 다 하여 아뢰다(曹植).

並(=竝): 모두, 다, 전부

並封諸侯: 모두 제후에 봉했다. / 大胡笳十八拍 小胡笳十九拍 並蔡琰: 큰 날라리(胡笛) 18章과 작은

날라리 19章은 모두 채염이 지었다[明, 陳繼儒].

爵: 벼슬, 작위 → 遵禮 篇 (1) 참조

| 參考 |

印觀과 署調: 신라 때 사람들이라는 것 외에는 不詳임

| 出典 |

三國史節要

---

(2) 洪公耆燮 少貧甚無聊 一日早婢兒踊躍獻七兩錢曰 此在鼎中
米可數石 柴可數馱 天賜天賜 公驚曰 是何金 卽書失金人推去等
字 付之門楣而待 俄而姓劉者來問書意 公悉言之 劉曰 理無失金
於人之鼎內 果天賜也 盍取之 公曰 非吾物 何 劉俯伏曰 小的昨
夜爲竊鼎來 還憐家勢蕭條而施之 今感公之廉价良心自發 誓不
更盜 願欲常侍 勿慮取之 公卽還金曰 汝之爲良則善矣 金不可取
終不受 後 公爲判書 其子在龍爲憲宗國舅 劉亦見信身家大昌

홍기섭公이 젊었을 때 가난하여 몹시 적적하게 지냈다. (그러던) 어느 날 새벽에 하녀 아이가 (기분이 좋아서) 깡충깡충 뛰어와 돈 일곱 냥을 바치며 하는 말이 "이 돈이 솥 안에 있어요... (이 돈이면) 쌀로는 대략 두세 섬의 값이고 땔나무로 치면 얼추 서너 바리가 되겠네요. (이는 필시) 하늘이 주셨을 거예요, (아니) 하늘이 주셨어요"라고 (신나게) 이야기하니까 公도 놀라며 가로되 "이것이 어찌 된 돈일까?"하고 말하는 동시에 즉시 "돈을 잃은 사람은 찾아 기시오"라는 등의 글을 써서 門楣(상인방)에 붙이고 기다리는데, 조금 있으니까 姓이 劉라고 하는 사람이 오더니 글의 뜻을 물어서 公이 다 알려 주자 유 씨가 하는 말이 "(사람이라면) 남의 솥 안에다 돈을 잃을 이치는 만무하고 참으로 (이 돈은) 하늘이 주셨는데 어찌 거두어 가지지 않으십니까?"하고 물으니 公이 가로되 "내 재물이 아닌데 어떻게 가지겠습니까?"라고 대답하자 유 씨가 (갑자기) 땅에 엎드리면서 하는 말이 "(사실은) 소인이 어젯밤에 솥을 훔치려고 왔다가 집안 형편이 하도 쓸쓸해서 도리어 가련한 생각이 들어 그 돈을 놓고 갔었는데 지금 (이 순간) 어르신께서 (그토록) 청렴하시고 선량하심에 감동하여 (소인의) 양심이 저절로 (잠에서) 깨어나게 되었습니다. (그래서 이제) 다시는 도적질을 하지 않을 것을 맹세하오며 원하옵건대 어르신을 항상 곁에서 모시고자 소망하오니 그 돈은 염려하지 마시고 가지소서" 하고 아뢰자 公은 즉시 돈을 돌려주면서 가로되 "그대가 착한 사람이 되면 좋은 일이나 돈은 가질 수

없네"라고 (단호하게) 말하며 끝내 받지 않았다. 훗날에 公은 判書가 되고 그의 아들 在龍이는 憲宗의 장인이 되었으며 유 씨 역시 신임을 받아서 자기 一身과 집안이 크게 흥왕하였다고 한다.

| 字句 풀이 |

公: 남자의 姓, 시호, 아호, 관작 등에 붙이는 존칭

愚公(移山), 張公, 忠武公, 參判公, 參議公

聊: 즐거울, 즐길, 즐거워할

無聊: 심심하다, 답답하다, 따분하다, 지루하다, 적적하다, 무의미하다, 재미가 없다. ↔ 有趣 / 與子別後 益復無聊: 당신과 헤어진 후로 더욱더 재미가 없고 적적해졌다(李陵). / 無事可做 無聊得很: 할 일이 없어서 매우 따분하다. / 每天重複無意義的工作 太無聊了: 매일 의미 없는 일이 반복되어서 몹시 지루했다. / ※ 無聊가 無料로 된 譯本이 있음을 밝혀 둔다.

一日: 어느 날, 하루 → "하루는"으로 쓰이는 어느 한 날 ※ 孝行 篇(續) (3) 참조

早: 새벽, 이른 아침

從早到晚: 새벽부터 저녁까지 / ㉡ 早出暮歸(=早出暮入, 早出晚歸): 새벽에 나가고 저녁에 돌아오다.

婢: 계집종, 하녀

婢僕: 계집종과 사내종, 여종과 남종

耕當問奴 織當問婢: 농사일은 남종에게 물어야 하고 베 짜는 일은 여종에게 물어야 한다(宋書).

踊: 뛸, 뛰어오를, 도약할

跛子不踊: 절름발이는 뛰지 않는다. / 踊身投海: 몸을 솟구쳐 바다에 뛰어들다.

躍: 뛸, 뛰어오를, 도약할

躍進: 힘차게 뛰어 나아감, 빠르게 발전(진보)함 / 躍動: 뛰는 듯이 생기 있고 힘차게 움직이다. → "약동하는 심장 소리"로도 쓰인다. / 踊躍: (기뻐서) 껑충껑충 뛰다, (좋아서) 날뛰다. / ※ 勇躍(용기 있게 뛰어 나아가다)과 구별됨. 喜訊傳來 踊躍歡呼: 기쁜 소식이 전해지자 껑충껑충 뛰며 환호하다.

獻: 드릴, 바칠, 올릴

獻金: 돈을 바치다 또는 그 돈 / 獻花: 꽃을 드리다. / 把靑春獻給祖國: 청춘을 조국에 바치다.

兩: (화폐의 단위) 량 → 한국에서는 "냥"이라 한다.

貨幣最低位爲分 十分爲錢 十錢爲兩: 화폐의 가장 낮은 단위가 푼이고, 열 푼이 일 전이며, 십 전이 한 냥이다(增補文獻備考). ※ 一兩은 十錢이다.

鼎: 세 발 솥 → 팽형의 刑具 → 治政 篇 (8) 참조

※ 후대에는 형구나 禮器로 쓰였으나 원래는 취사용이었으며 이 글에서도 밥솥을 가리킴

㉡ 鍾鳴鼎食之家: 종을 울려 식구를 모으며 솥을 늘어놓고 식사하는 대갓집

可: 대강, 대략, 약, 얼추, 쯤, 정도

長可六尺: 길이는 약 6척, / 飮可五六斗: 술이 얼추 五 六 말 정도(史記, 滑稽傳) / 年可三十: 나이는 대략 서른 살 정도, 나이는 삼십가량

數: 몇, 두어, 서너너덧, 대여섯

有數十人: 몇십 명이 있다. / 不過三數人而已: 서너 사람에 불과할 뿐이다.

數口之家 可以無飢矣: 몇 식구의 가족이 굶지 않을 수 있다[孟子(梁惠王上)].

石: 석, 섬 → 곡식의 용량을 재는 단위 → 孝行 篇(續) (1) 참조

柴: 땔감, (섶)나무, 장작

柴把: 나뭇단, 장작 다발 / 打柴: 땔나무하다 → 打柴的: 나뭇꾼 / 柴米油鹽: 땔감, 곡식, 기름, 소금 → 생활필수품

馱: (짐)바리 → 마소에 실은 짐을 세는 量詞

來了三馱貨: 세 바리의 물건이 왔다.

推: 연유를 캐어낼 (밝혀낼, 규명할), 근원을 캘, 궁구할

推給: 찾아서 내어 주다. / 推尋: 찾아서 가져오다(가져가다). / 推捉: (범인을) 찾아서 잡다. / 推去: 찾아서 가져가다. / ⑩ 推本溯源: 근본을 캐고 근원을 따지다. 근원을 캐다. 원인을 찾다.

等: 등, 따위 → 열거한 사물의 뒤에 쓰여 같은 유의 것이 더 있음을 나타낸다.

白頭山 金剛山 智異山等 五大靈山: 백두산, 금강산, 지리산 등 五大 신령한 산

付: 붙일, 붙을, 附와 통용

付壁書: 벽에 붙이는 글씨

楣: 문미(門楣) → 문 위에 가로 댄 나무, 상인방(上引枋)

待: 기다릴

⑩ 拭目以待: 눈을 비비고 기다리다, 확신하고 있다. / ⑩ 守株待兔: 나무의 그루터기를 지키며 토끼를 기다리다, 요행을 바라고 융통성이 없다.

姓: 성 → 한 혈통끼리 가지는 칭호

姓氏: 남의 姓의 존칭 / 姓甚名誰: 성은 무엇이고 이름은 무엇이냐?

書: 글(월), 문장

書意: 씌어 있는 글의 본뜻 / 書頭: 글머리, 글의 첫머리 → 序頭(차례의 첫머리)와 구별

悉: 다, 모두, 모조리, 전부, 죄다

悉聽尊命: 모두 다 분부대로 하겠습니다.

果: 과연, 정말, 참으로

果眞如此: 과연 정말 이러했다. / 果不出所料: 과연 짐작했던 대로였다.

盍: 어찌 아니할

盍往視之: 어찌 가 보지 않는가? / 盍各言爾志: 어찌 너희들 각자의 소망을 말하지 않느냐[論語(公冶長)]?

取: 가질, 취할, 거둘, 거두어들일

取去: 가지고 가다, 가지러 가다. ↔ 取來: 가지고 오다, 가지러 오다.

取回: 가지고 돌아오다. / 敗中取勝: 지는 싸움에서 승리를 거두다.

俯: 굽힐, (몸을) 구부릴, 숙일

祈請俯察: 굽어 살펴 주시기 바랍니다. / 仰不愧於天 俯不怍於人 二樂也: 위를 우러러보아도 하늘에 부끄럽지 않고 아래를 굽어보아도 인간에 부끄럽지 않은 것이 두 번째 즐거움이요[孟子(盡心上)]….

俯伏: (고개를 숙이고) 땅에 엎드리다

猛獸將搏 弭耳俯伏: 맹수가 짐승을 덮치려는 순간 귀를 늘어뜨리고 엎드린다(六韜).

的: (불특정의) 사람이나 사물을 가리킴

男的: 남자 / 女的: 여자 / 送報的(=送報員, 送報生): 신문 배달부 / 喫的: 먹을 것 / 小的: 소인, 저 → 옛날 노복이나 백성이 주인이나 官吏에게 자신을 일컫던 말 / 大人 小的是東京差來的: 각하, 소인은 동경에서 파견되어 온 자입니다(元, 高文秀).

昨: 어제

昨今: 어제와 오늘, 近來, 近日, 요즈음 / 昨醉未醒: 어제 마신 술이 아직 덜 깨다.

爲: ~(를)을 하기 위하여 → "爲 + 동사(절)"의 형식으로 목적을 나타냄

爲求進步而學習: 발전을 추구하기 위하여 공부하다.

爲避免差錯而再檢查一遍: 착오를 모면하기 위해 다시 한번 검사하다.

竊: 훔칠, 도둑질할, 절취할

竊物而逃: 물건을 훔치어 달아나다. / 竊鉤者誅 竊國者爲諸侯: 띠쇠(허리띠 고리)를 훔친 좀도둑은 사형당하고 나라를 훔친 큰 도둑은 제후가 된다(莊子).

還: 도리어, 반대로 → 戒性 篇 (8) 참조

憐: 불쌍히 여길, 동정할, 가엾게 생각할

憐恤: 불쌍히 여겨 돕다. / 同病相憐 吳越春秋: 같은 병을 앓는 사람끼리 서로 동정하다.

勢: 형편, 형세

其勢無所得食: 그 형편이 먹을 것이 없을 정도였다[史記(淮陰侯傳)].

蕭: 쓸쓸할, 처량할, 적적할, 생기가 없을, 호젓할

蕭索: 쓸쓸한 모양 / 蕭颯: 쓸쓸한 바람소리 / 秋風蕭瑟: 가을바람이 스산하다. / 蕭閑的古寺: 쓸쓸하고 고요한 옛 절

蕭條: 쓸쓸하다, 스산하다, 적막하다, 적적하다, 생기가 없다

山蕭條而無獸兮 野寂漠其無人: 산은 짐승 한 마리 없이 쓸쓸하고 들판은 사람 하나 없이 적막하네(楚辭).

施: 베풀, 줄, 희사할 → 繼善 篇 (7) 참조

施粥: (빈민에게) 죽을 나눠 주다. / 施米: (빈민에게) 구호미를 나누어 주다.

廉: 청렴할, 깨끗할 → 正己 篇 (26) 참조

价: 착할, 선량할, (덕이) 클, 큰 덕이 있을

价藩: 큰 덕이 있어서 나라의 울타리가 되는 사람 / 价人: 착한 사람, 덕이 큰 사람(큰 덕이 있는 사람)

价人維藩 大師維垣: 덕이 큰 인물과 위대한 스승은 나라의 울타리를 지탱해 준다[詩(大雅)].

良: 어질, 착할

良心: 선천적인 착한 마음, 도덕의식 / 良心不壞: 양심이 나쁘지 않다. 양심적이다. / 良心地辦事: 양심적으로 일하다 / 說良心話: 양심적인 말을 하다. / ㊛ 家貧思良妻 國亂思良相: 집이 가난하면 어진 아내를 생각하고 나라가 어지러우면 어진 재상을 생각한다.

發: (잠이나 취기에서) 깨어날

景公飲酒醒 三日而後發: 경공은 술을 마시고 宿醉 상태로 있다가 3일 후에 깨어났다(晏子春秋).

誓: 맹세할

誓不悔恨: 결코 후회하지 않을 것을 맹세하다. / 誓死保衛祖國: 조국을 지킬 것을 목숨을 걸고 맹세하다. / 不達目的誓不罷休: 목적을 이루지 못해도 결코 중도에 그만두지 않을 것을 맹세하다.

更: 다시, 또, 되풀이해서 → 省心 篇 (下) (15) 참조

欲: 바랄, 희망할, 원할

㊛ 暢所欲言: 하고 싶은 말을 마음껏 하다.

侍: (곁에서) 모실, 시중들, 섬길

侍親: 부모를 곁에서 모시다(시중들다). / 侍臣: 임금을 가까이에서 모시는 신하, 近臣 / 侍立: 모시고 서 있다, 서서 모시다.

慮: 걱정할, 근심할, 염려할, 우려할

不必過慮: 너무 염려할 필요가 없다. / 不足爲慮: 걱정할 필요가 없다. / 可慮的事情: 걱정되는 일

爲: ~이 될 → 勤學 篇 (6) 참조

良: 선량한 사람, 양민(良民)

㊛ 誣良爲盜: 양민을 모함하여 도적으로 만들다. / ㊛ 除暴安良: 폭력을 제거하여 良民들을 편안하게 하다.

善: 좋을, 옳을, 훌륭할 → 正己 篇 (6) 참조

判書: (조선 때) 六曹의 長官(으뜸 벼슬). 正二品임.

※ 六曹 → 吏曹, 禮曹, 兵曹, 戶曹, 刑曹, 工曹

憲宗: 조선 제24代 임금

舅: 장인, 시아버지

舅姑: 장인과 장모, 시부모

昏禮 壻親迎 見於舅姑: 혼인 예식에서 사위가 몸소 마중을 나가서 장인과 장모를 뵙는다(禮記).

國舅: 임금의 장인, 王后의 父

府院君: 임금의 장인에게 주던 正一品의 封爵

見: ~(을) 받을, ~(를) 당할, 피동사 → 省心 篇 (上) (24) 참조

信: 믿을, 신임할, 신용할 → 孝行 篇 (6) 참조

⑯ 偏聽偏信: 한쪽 말만 곧이곧대로 듣다. / ⑯ 將信將疑: 반신반의하다.

昌: 흥왕할, 흥할, 창성할, 번영할 → 省心 篇 (下) (1) 참조

| 參考 |

洪耆燮: 조선 英祖 때 工曹判書를 지냈고 淸白吏였다고 한다.

※耆가 基나 虁로 된 譯本도 있음을 밝혀 둔다.

| 出典 |

大東奇聞

---

(3) 高句麗平原王之女 幼時好啼 王戲曰 以汝將歸于愚溫達 及長 欲下嫁于上部高氏 女以王不可食言固辭 終爲溫達之妻 蓋溫達家貧行乞養母 時人目爲愚溫達也 一日溫達自山中 負楡皮而來 王女訪見曰 吾乃子之匹也 乃賣首飾 而買田宅器物 頗富 多養馬以資溫達 終爲顯榮

고구려 평원왕의 딸이 어릴 적에 울기를 잘하여 왕이 놀려 주려고 "너를 장차 바보 온달에게 시집보낼 것이다"라고 했는데 (막상) 장성하게 되자 下嫁로 上部高氏에게 시집보내려 했다. (그러자) 딸은 임금이 食言을 해서는 안 된다는 이유로 단호히 거절하고 끝내 온달의 아내가 되었다. 아마도 추측하건대 온달은 집이 가난하여 구걸로 어머니를 봉양하니까 당시 사람들이 (그를) 일컬어 "바보 온달"이라고 불렀던 것 같다. / 하루는 온달이 산(속)에서 느릅나무 껍질을 짊어지고 오는데 임금의 딸이 (그를) 찾아가 만나서 이르기를 "제가 바로 당신의 아내입니다"라고 했다. 이리하여 (지니고 있던) 장신구를 팔아 논밭과 집을 사고 그릇과 세간 등을 장만하고 보니 자못 부유해졌다. / (또한 王女는) 말을 남보다 잘 기르는 것으로 온달을 도와주어서 (온달은) 마침내 지위가 높아지고 영화롭게 되었다.

| 字句 풀이 |

好: 잘 ~할, ~하기 일쑤일, 걸핏하면 ~할

不好哭: 좀처럼 울지 않는다 / 好堵車: 걸핏하면 차가 막힌다. / 好暈船: 뱃멀미를 잘한다. / 好傷風: 감기에 잘 걸린다.

啼: (소리 내어) 울

[成] 啼天哭地: 하늘을 보고 울부짖고 땅을 치며 운다. / [成] 啼笑皆非: 울 수도 웃을 수도 없다, 이러지도 저러지도 못하다.

戲: 놀려 줄, 농담할, 장난할, 희롱할 → 立敎 篇 (10) 참조

前言戲之耳: 앞에서 한 (내) 말은 농담이었느니라[論語(陽貨)].

以: ~로 하여금 ~하게 할, ~로써 ~하도록 시킬

管仲以其君霸 晏子以其君顯: 관중은 그의 임금을 (천하에) 霸者가 되게 했고 안자는 그의 임금을 유명해지도록 했다[孟子(公孫丑上)].

將: 장차, 앞으로

吾將仕矣: 내 장차 나아가 벼슬을 하겠[論語(陽貨)]소. / 您的教導將永遠銘刻在我們的心中: 당신의 가르침은 앞으로 길이길이 저희의 마음속에 새겨질 것입니다.

歸: (여자가) 시집갈, 出嫁할

之子于歸 宜其室家: 아가씨(처녀)가 시집가네! 부디 부부간에 화목하여라[詩(周南)]!

于: ~에게, 於와 同字

[成] 問道于盲: 맹인에게 길를 묻다. / 求救于人: 남에게 구원을 청하다.

愚: 바보, 愚人 → 省心 篇 (下) (35) 참조

及: 미칠, 이를, 도달할 → 正己 篇 (9) 참조

將及十載: 곧 10년이 된다. / 自古及今: 예부터 지금에 이르기까지 / 已及入學年齡: 이미 입학할 나이가 되었다.

長: 장성할, 어른이 될, 성인이 될 → 訓子 篇 (6) 참조

欲: 곧(막, 바야흐로) ~하려고 할 → 戒性 篇 (5) 참조

嫁: 시집보낼

嫁女兒: 딸을 시집보내다. / 嫁給: ~에게 시집보내다. / 下嫁: 공주(公主)나 翁主가 귀족이나 신하에게 시집가다.

以: ~한 이유로, ~ 때문에, ~까닭에, ~(으)로 인하여 → 행위가 일어나게 된 원인을 나타낸다. ※ 繼善 篇 (2) 참조

君子不以言擧人 不以人廢言: 군자는 말 때문에 그 사람을 쓰지 않고 사람 때문에 (그의) 말까지 버리

지 않는다[論語(衛靈公)].

食: 거짓말을 할, 한 말을 실행하지 아니할, (약속을) 어길 (깨뜨릴, 지키지 아니할) → 食言과 뜻이 같다.

從不食言: 여태껏 식언하지 않았다. / 戚 食言而肥: 식언으로 배를 불리다(자기의 이익을 챙긴다).

固: 단호히, 굳게, 굳이, 재삼, 거듭 → 立敎 篇 (9) 참조

管仲固諫不聽: 관중은 거듭 간언했으나 받아들여지지 않았다(史記).

辭: 거절할, 사양할, 사절할

固辭不受: 굳이 거절하고 받지 않다. / 固辭: 단호히(한사코, 굳이, 극구) 사양하다(거절하다). / 推辭: (임명, 초대, 선물 따위를) 거절하다(사양하다, 물리다). / 請不要推辭: 제발 사양하지 마십시오.

禹拜稽首固辭: 우는 공손히 머리를 땅에 닿도록 조아리며 극구 사양했다(書經).

蓋: 아마도, 어쩌면 → 추측하는 말임

來會者 蓋千人: 참석자는 아마도 천 명은 될 것이다. / 蓋上世 嘗有不葬其親者: 아마도 추측건대 上古 시대에 일찍이 그의 부모를 장사 지내지 않는 자가 있었는데[孟子(滕文公上)]….

行: (걸어) 다닐

行客: 나그네, 길손 / 行商人: 도붓장수, 도부꾼 → 돌아다니며 물건을 파는 사람

乞: 구걸할, 동냥할, 빌어먹을

乞丐(=乞人, 乞兒): 거지, 동냥아치, 비렁뱅이 / 行乞: 동냥하다, 구걸하다. / 沿街行乞: 이 거리 저 거리로 구걸하다. / 門前乞食: 이 집 저 집 돌아다니며 빌어먹다.

路有行乞者: 길거리에는 구걸하는 사람들이 있었다(管子).

時: 당시, 그때

時擧於秦: (百里奚는) 그때 秦나라에 등용되었다[孟子(萬章上)].

時人: 그 당시 사람

論語者 孔子應答弟子時人及弟子相與言而接聞於夫子之語也: 논어란 공자가 제자들에게 응답하고 당시의 사람들과 제자들이 서로 대화하고 또 공자의 말을 직접 들은 것 등을 그 내용으로 한다(漢書).

目: 일컬을, (지)칭할

目以豪傑: 호걸로 일컬었다. / 以其目君: 그를 임금으로 일컬었다(穀梁傳).

爲: ~라고 부를 → 正己 篇 (12) 참조

自: ~에서, ~로부터 → 安義 篇 (1) 참조

楡: 느릅나무

楡莢: 느릅나무의 열매 / 桑楡: 저녁 해가 뽕나무와 느릅나무의 가지에 걸려 있다고 해서 해거름(日暮)을 뜻하고, 이에서 桑楡暮景(해거름의 경치 → 늘그막)의 成語가 나왔다.

皮: (식물의) 껍질

剝皮: 껍질을 벗기다. / 樹皮: 나무껍질 / 橘皮: 귤껍질 / 香蕉皮: 바나나 껍질 / 稻皮: 겉겨, 왕겨

訪: 찾을, 찾아다닐, 방문할 → 孝行 篇(續) (3) 참조

訪問: (남을) 찾아보다, 찾아가다. / 訪勝: 명승지를 찾아다니다. / 訪尋失散親人: 이산가족을 찾다.

見: 만날 → 正己 篇 (5) 참조

乃: (바로) ~이다 → 勤學 篇 (6) 참조

子: 당신, 그대

子以爲奚: 당신은 어떻게 생각하십니까? / 以子之矛 陷子之楯 何如: 당신의 창으로 당신의 방패를 뚫어보면 어떨까요[韓非子]? / ※ 楯은 盾과 同字임

匹: 배우자, 배필, 짝 ※ 匏瓜(바가지) → (轉義되어) 홀아비

歎匏瓜之無匹兮: 홀아비가 아내가 없어서 탄식하네(曹植)!

乃: 이에, 이리하여, 그래서, 그리하여

因山勢高峻 乃在山腰休息片時: 산이 높고 험하여 이에 중턱에서 잠시 쉬었다.

首: 머리

㉿ 昂首闊步: 머리를 들고 활보하다, 자신에 넘쳐 힘차게 걷다.

㉿ 搔首尋思: 머리를 긁으며 생각에 잠기다.

飾: 치렛거리, 장식품, 액세서리

飾品(=飾物): (귀고리, 반지, 목걸이 등의) 장신구, 액세서리 / 戴首飾(=帶首飾): 장신구를 착용하다. / 首飾樓(=首飾行): 귀금속 장식품 가게 / 首飾: (여자의) 머리 장식품, 헤어 액세서리 → 본래는 머리 장식품이었으나 나중에는 널리 귀고리, 반지, 목걸이, 팔찌 따위의 장신구로 확대됨

宅: 집, 가옥, 주택

陽宅: 사람이 세상에서 사는 집 ↔ 陰宅: 무덤 / 宅地: 집터 / 人之居舍曰宅: 사람이 사는 집이 宅이다(玉篇).

田宅: 논밭(田畓)과 집

式入山牧十餘歲 羊致千餘頭 買田宅: 아! 입산하여 목축한 지 십여 년, 양이 천여 마리가 되고 전택도 장만했네(史記)!

器物: 그릇, 세간, 연장, 등을 통틀어 하는 말

器物要保管好: 기물은 잘 보관해야 한다.

頗: 자못, 꽤, 매우, 몹시, 제법, 상당히, 대단히

頗佳: 매우 좋다. / 頗多: 꽤 많다. / 頗久: 몹시 오래되다. / 頗有道理: 상당히 일리가 있다.

富: 부유할, 재산이 많을, 넉넉할 → 順命 篇 (1) 참조

多: (~보다) 나을, 뛰어날, 잘할, 훌륭할

孰與他多: 그와 견주어 누가 더 나으냐? / 孰與仲多: 둘째와 비교하여 누가 더 나으냐(史記)?

養: 기를 → 省心 篇 (上) (15) 참조

資: 도울

資敵罪: 이적죄(利敵罪) / 資敵行爲: 이적행위 / 堯何以資汝: 요임금은 왜 당신을 도우셨습니까(莊子)?

顯: 영달할, 고귀할, 지위나 명성이 높을 → 天命 篇 (5) 참조

榮: 영광스러울 → 勤學 篇 (6) 참조

顯榮: 흥왕하고 번영하다, 입신출세하여 영화롭게 되다

太公九十乃顯榮兮: 태공은 90세에 마침내 입신하여 영화롭게 되었다(楚辭).

| 參考 |

高句麗: 三國(高句麗, 百濟, 新羅) 중의 하나로 朱蒙이 세웠음

平原王: 고구려 제25대 임금으로 이름은 陽城 또는 湯(在位 559~590)이며 一名 平崗上好王이다. ※
EBS TV 중학 3학년 한문 책에는 平岡王으로 되어있고 예부터 민간설화에서도 "평강 공주"라고 했다.

溫達: 고구려 平原王 때의 장군으로 北周 武帝의 군사를 쳐서 승리한 공으로 大兄이라는 벼슬에 올랐다.

| 出典 |

三國史記, 列傳溫達 篇

< 勤學 篇 >

(1) 朱子曰 勿謂今日不學而有來日 勿謂今年不學而有來年 日月逝矣 歲不我延 嗚呼老矣 是誰之愆

주자가 이르기를 "오늘 배우지 않아도 내일이 있다고 말하지 말고 금년에 배우지 않아도 내년이 있다고 말하지 말라. 세월은 (쉬지 않고) 흘러만 갈 뿐이지 (그) 세월이 나에게 시간을 끌어 주지 않는다. 아! (미처 배우기도 전에) 늙어 버렸구나! 이는 누구의 잘못인가?"라고 말했다.

※ 시간을 끌다 → 시간을 미루거나 늦추다.

| 字句 풀이 |

勿: (하지) 말 → 금하는 말 ※ 繼善 篇 (2) 참조

謂: 말할

可謂: ~라고 말할 수 있다(말할 만하다). / 或謂: 누가 말했다.

此之謂大丈夫: 이를 대장부라고 말한다[孟子(滕文公下)].

而: ~하나, ~하지만 → 역접의 접속사 ※ 天命 篇 (6) 참조

來: 장차 올, (앞으로) 다가올

來日: (오늘의) 다음날 또는 미래 / 來年: 다음 해, 명년 / [成] 來者可追: (지난 일은 어찌할 수 없지만) 다가올 일은 바로잡을 수 있다. → 論語(微子)에 있는 말임

日月: 세월, 광음, 시간

日月飛逝: 시간(세월)이 쏜살같이 날아간다. / 日月如流(=歲月如流): 세월이 흐르는 물같이 빨리 지나간다.

逝: (시간이나 물 등이) 지나갈, 흐를, 흘러갈

逝者如斯夫 不舍晝夜: (세월이) 흘러가는 것이 이와 같도다. 밤낮없이 쉬지 않으니[論語(子罕)]….

矣: ~뿐(이다) → 限定의 뜻을 나타내며 耳와 같다.

赴東海而死矣: 동해로 뛰어들어 죽을 뿐(戰國策).

歲: 세월, 시간, 광음

歲去人老: 시간(세월)이 가면 사람은 늙는다.

[成] 歲不我與: 시간(세월)은 나를(사람을) 기다려 주지 않는다. → 論語(陽貨)에 있는 말

延: (시간을) 끌, (뒤로) 미룰, 늦출, 느슨하게 할, 연기할, 지연시킬

延期: 정한 때를 뒤로 물리다. / 遷延時日: 시일을 질질 끌다.

遇雨順延(=雨天順延): 비가 오면 다음 날로 차례를 따라 미루다.

嗚呼: 아! 오호라! → 탄식하는 소리 ※ 省心 篇 (下) (23) 참조

嗚呼 天不助我也: 아! 하늘도 나를 도와주지 않는구나.

矣: 도다 → 감탄을 나타내는 어조사

甚矣 吾衰也 久矣 吾不復夢見周公: 심하도다! 나의 노쇠함이여, 오래되었구나! 내가 꿈에서 다시 주공을 뵙지 못한 지가[論語(述而)].

是: 이(것) → 勤學 篇 (6) 참조

誰: 누구 → 省心 篇 (上) (53) 참조

愆: 잘못, 과실, 과오, 허물

前愆: 지난날의 과오, 이전의 잘못 / 侍於君子有三愆: 군자를 모시는데 (범하기 쉬운) 세 가지 잘못이 있으니[論語(季氏)]…

| 參考 |

朱子: 朱文公→ 存心 篇 (10) 참조

(2) 少年易老學難成 一寸光陰不可輕 未覺池塘春草夢 階前梧葉已秋聲

(세월은 빨라서) 소년이 늙기는 쉬우나 학문은 이루기 어려우니 짧은 한순간도 가벼이 여기지 말라. 연못가 제방의 봄풀이 꿈에서 아직 깨어나지도 않았는데 섬돌 앞에(떨어진) 오동잎은 벌써 가을을 알려주고 있구나.

| 字句 풀이 |

少: 어릴 → 存心 篇 (13) 참조

少年: 아주 어리지도 않고 완전히 자라지도 않은 남녀 / ㊌ 少不更事: 나이가 어려 경험이 적다. / 人少 則慕父母: 사람이 어려서는 부모를 사모한다[孟子(萬章上)].

易: 쉬울 → 正己 篇 (8) 참조

老: 늙을 → 勤學 篇 (7) 참조

學: 학문

㊌ 學無止境: 학문에는 끝이 없다. / ㊌ 淺學菲才: 학문이 얕고 재주가 보잘것없다.

難: 어려울 → 繼善 篇 (7) 참조

成: 이룰 → 訓子 篇 (2) 참조

寸: 치(1/10尺의 길이), 마디(손가락 하나의 너비)

※ 이상의 뜻들이 "매우 짧다" "매우 작다"로 轉義된다 → 省心 篇 (下) (27) 참조

㊌ 寸步不讓: 한 발자국도 (조금도) 양보하지 않는다.

光: 시간, 세월, 광음 → 八反歌八首 篇 (4) 참조

陰: 시간, 세월, 광음 → 省心 篇 (下) (27) 참조

光陰: 시간, 세월 → 八反歌八首 篇 (4) 참조

一寸光陰(=寸陰): (해 그림자가 한 치를 움직이는) 짧은 시간

光陰者 百代之過客也: 세월이란 영원한 나그네이다[李白(春夜宴桃李園序)].

㊾ 一寸光陰一寸金 寸金難買寸光陰: 시간은 금이지만 금으로도 시간을 살 수는 없다.

不可: (~해서는) 안 된다 → 正己 篇 (4) 참조

輕: 가볍게 여길 → 正己 篇 (3) 참조

未: 아직 ~하지 않을 → 省心 篇 (上) (14) 참조

覺: (잠이나 꿈에서) 깰 (깨어날)

如夢初覺: 마치 꿈에서 막 깨어난 듯하다. / 尙寐無覺: 아직도 깨지 않고 자고 있다[詩(王風)].

大夢方覺: 깊은 꿈에서 이제 막 깨어나다, 깨닫기 시작하다.

池: (연)못

㉵ 酒池肉林: 술이 못을 이루고 고기가 숲을 이루다, 호화로운 술잔치 / ㉵ 池魚之殃: 까닭 없이(재수 없이) 당하는 재앙 / ※ 楚나라 城門에 불이 나서 옆에 있는 못의 물로 불을 끄니 못이 말라 고기가 죽었다는 故事에서 나온 말임.

塘: 둑, 제방

河塘: 강둑 / 海塘: 방파제 / 塘路: (강이나 호수의) 둑길 / 塘工: 호안(護岸) 공사 / 池塘: (연)못의 둑, 제방 / 池塘生春草 園柳變鳴禽: 연못가(제방)에는 봄풀이 돋아나고 동산의 버드나무에는 지저귀는 새도 바뀌었네(謝靈運).

春: 봄 → 繼善 篇 (9) 참조

草: 풀 → 繼善 篇 (9) 참조

夢: 꿈

做夢也想不到: 꿈에도 생각지 못하다. / ㉵ 一場春夢: 한바탕의 봄 꿈, 덧없는 인생

階: 섬돌, 계단

階迎: 계단 아래에서 영접하여 경의를 표하다. / 階 登堂道也: 계단은 대청에 오르는 길이다(玉篇).

階前: 섬돌 앞, 뜰

㉵ 階前萬里: 만 리나 되는 먼 곳도 발밑의 뜰을 보듯 한다. → 임금이 지방행정의 잘잘못까지 환하게 알고 있다.

梧: (벽)오동나무

梧桐一葉落 天下盡知秋 廣羣芳譜: 오동잎 하나가 떨어지는 것을 보고 가을이 온 것을 천하가 다 안다. → 이 글은 "一葉知秋"의 출처이고 대개 "梧桐一葉落" 만으로도 쓰인다.

葉: 잎 → 省心 篇 (上) (15) 참조

已: 벌써, 이미 → 順命 篇 (2) 참조

秋: 가을 → 省心 篇 (下) (6) 참조

聲: (널리) 알릴, 선언할, 공언할, 선포할, 말할

聲張: (소식이나 소문을) 널리 퍼뜨리다, 두루 알리다. / 聲罪致討: (공개적으로) 죄를 선포하고 토벌하다.

聲言擊東 其實擊西: 동쪽을 친다고 알리고 실제는 서쪽을 치다[通典(兵6)]. → ㉵ 聲東擊西의 출처

(3) 陶淵明詩云 盛年不重來 一日難再晨 及時當勉勵 歲月不待人

도연명의 시에 이르기를 "한창 젊을 때는 (두 번) 다시 오지 않고 새벽도 하루에 거듭할 수 없으니 제때를 놓치지 말고 마땅히 (학문에) 힘써야 하느니라. 세월은 사람을 기다려 주지 않으니까"라고 했다.

| 字句 풀이 |

詩: 자연과 인생 등에 대한 감동적 느낌을 문학적인 표현으로 쓴 글

云: 말할, 이를 → 存心 篇 (13) 참조

盛: 기운찰, 한창일, 旺盛할, 强盛할, 壯盛할

士氣很盛: 사기가 매우 왕성하다. / 年輕氣盛: 나이가 젊고 기력이 한창이다. / 天子春秋鼎盛: 천자의 나이가 이제 한창 왕성한 때이다(漢書).

年: 일생의 한 시기(때)

老年: 늘그막, 늙을 무렵, 늙은 시절(때) / 靑年: 젊은 때, 젊을 적 / 童年: 어린 시절(때), 어릴 적 → 童年的記憶: 어린 시절의 기억 / 盛年: 원기(혈기)가 왕성한 젊은 때(시절), 청춘 시절, 한창때, 靑壯年 / 男子自二十一至二十九則爲盛年: 남자의 나이 21세에서 29세까지가 盛年이다(李公煥注).

重: 다시, 또, 재차, 거듭

重疊: 거듭 포개다(겹치다). / 重捷: 거듭 이기다. / 重來: 다시 오다. / 久別重逢: 오랫동안 헤어졌다가 다시 만나다. / ⑳ 重見天日: (암흑에서 벗어나) 다시 광명을 보다, 자유를 얻다. / ⑳ 捲土重來: (실패했다가) 힘을 길러 흙먼지를 일으키며 다시 쳐들어오다.

難: ~할 수 없을 → 省心 篇 (上) (19) 참조

難保他準來: 그가 꼭 온다고 보증할 수 없다.

再: 거듭할, 다시 할, 두 번 할, 되풀이할, 다시 계속될

靑春不再: 청춘은 다시 오지 않는다. / 朕言不再: 과인은 말을 두 번 하지 않는다(書經). / 過言不再: 잘못된 말(지나친 말)은 다시 하지 마라(禮記).

晨: 새벽 → 正己 篇 (10) 참조

及: (시간이나 기회를) 틈탈(이용할), 시기를 놓치지 않을, 제때를 맞출, 適時일, 시기가 적절할

及時的措施: 시의(時宜)에 맞는 조치 / 及時雨: 때맞춰 내리는 비, 단비 / 及時播種: (시기를 놓치지 않고) 제 때에 씨를 뿌리다[孟子(公孫丑上)]. / 國家閒暇 及是時明其政刑: 국가가 (내우외환이 없이) 한가하면 이때를 이용하여 (백성을 다스리는) 政令과 (사악을 바로잡는) 형벌을 엄격하고 공정하게 시행한다.

當: 마땅히(반드시, 당연히) ~해야 할 → 正己 篇 (2) 참조

勉: 노력할, 힘쓸, 진력할, 근면할, 부지런히 할 → 勤學 篇 (6) 참조

勵: 힘쓸, 애쓸

勉勵念書: 힘써 공부하다, 공부에 힘쓰다. / 勉勵: (스스로) 힘쓸(힘써 할), 힘을 다할, 노력할 / 夙夜 勤勵: 아침 일찍부터 밤늦게까지 부지런히 힘쓰다. / 長大之後 禁情割欲 勉勵爲善矣: 성장한 후에는 감정과 욕망을 억제하고 (오직) 선행을 하는 데만 힘썼다(漢, 王充).

歲: 세월, 시간, 광음 → 勤學 篇 (1) 참조

月: 세월, 광음

歲月不饒人: 세월은 사람에게 인정사정 두지 않는다. / ※ 饒에 "동정할" "양보할" "너그러울" "관대할" 등의 뜻이 있는 것을 勘案해서 "인정사정 두지 않는다"로 意譯한다.

待: 기다릴 → 廉義 篇 (2) 참조

| 參考 |

陶淵明: 東晉 사람으로 이름이 潛(365~427)이고 字가 淵明 또는 元亮이며 五柳先生은 그의 自號이다. 彭澤縣令을 마지막으로 벼슬을 그만두면서 (그 유명한) 歸去來辭를 지었고 田園으로 돌아가 詩와 술로 소일했다.

| 出典 |

陶淵明 雜詩

---

(4) 荀子曰 不積跬步 無以至千里 不積小流 無以成江河

순자가 이르기를 "반걸음이 (계속) 쌓이지 않으면 천 리에 도달할 수 없고 실개천들이 모이지 않으면 양자강과 황하 같은 큰 강이 될 수 없느니라"라고 했다

| 類似한 글 |

跬步不已 至於千里 覆簣而進 及於萬仞: 반걸음도 멈추지 않으면 천 리까지 갈 수 있고 한 삼태기의 흙이라도 붓고 또 붓고 계속 진행하면 만 길 높이의 산이 되느니라(北史).

| 字句 풀이 |

積: 쌓을(쌓일), 모을(모일), 누적할 → 繼善 篇 (6), 增補 篇 (1) 참조

積土而爲山 積水而爲海: 흙덩이가 쌓여서 산이 되고 냇물이 모여서 바다가 된다(荀子).

跬: 반걸음

跬步不離: 반보도 떨어지지 않다, 바싹 뒤따르다.

※ 跬와 頎는 同字이며 모든 辭典(玉篇)에서 跬를 主로 하고 頎를 副로 한다.

跬步: 반걸음(을 내디디다) / ⒬ 跬步千里: 반보를 내디뎌 천 리를 가다.

君子跬步而不忘孝也: 군자는 반걸음을 걸어도 효행을 잊지 않는다(禮記).

無以: ~할 수가(도리가, 방도가, 길이) 없다 → 孝行 篇(續) (2) 참조

至: 이를, 도달할, 올, 갈 → 繼善 篇 (9) 참조

千里: 천 리(백 리의 열 배), 매우 먼 거리

⒬ 千里之行始於足下: ⒮ 천 리 길도 한 걸음부터(老子)

⒬ 不遠千里: 천 리 길도 멀다 하지 않다[孟子(梁惠王上)].

流: 물길, 수도, 수로, 흐름 → 省心 篇 (上) (15) 참조

小流: 실개천, 작은 내, 細流

不積小流 無以成江海: 작은 내가 모여서 합치지 않으면 (양자)강이나 바다가 될 수 없다[荀子(勤學)].

成: ~이(가) 될, ~(으)로 될 → 戒性 篇 (3) 참조

⒬ 憂思成病: 근심이 병이 되다. / 磨成粉末: 가루가 되게 갈다.

成何體統: 무슨 꼴이냐? / 不成問題: 문제가 되지 않는다.

江: 양자강(揚子江). 大江과 長江은 양자강의 俗稱임

江南橘化爲枳: 양자강 남쪽의 귤을 江北에 이식하면 탱자가 된다.

長江後浪推前浪: 양자강의 뒤 물결이 앞 물결을 밀어낸다(끊임없이 新陳代謝를 하다).

河: 황하(黃河) → 황하의 물은 항상 흐리다

⒬ 河淸難俟: 황하의 물이 맑기를 기다릴 수 없다.

⒬ 百年河淸: 황하의 물이 맑기를 백 년 기다리다. 되지 않을 일을 두고 하는 말

江河: 큰 강(양자강과 황하)

若決江河 沛然莫之能禦也: 마치 江河가 터져 물이 세차게 쏟아지는 것 같아서(아무도 그를) 막을 수가 없었다[孟子(盡心上)].

| 參考 |

荀子: 正己 篇 (15) 참조

한 글자씩 풀어가는 명심보감

1판 1쇄 발행 2022년 12월 30일

역자 김철언

교정 윤혜원 **편집** 김다인
마케팅 박가영 **총괄** 신선미

펴낸곳 (주)하움출판사 **펴낸이** 문현광

이메일 haum1000@naver.com **홈페이지** haum.kr
블로그 blog.naver.com/haum1000 **인스타그램** @haum1007

ISBN 979-11-6440-250-2(03190)

좋은 책을 만들겠습니다.
하움출판사는 독자 여러분의 의견에 항상 귀 기울이고 있습니다.